ÉDEN DOS ALGORITMOS EM PYTHON

Blucher

Marco Antonio Leonel Caetano

ÉDEN DOS ALGORITMOS EM PYTHON

Éden dos algoritmos em Python

Editora Edgard Blücher Ltda.

Publisher Edgard Blücher
Editor Eduardo Blücher
Coordenador editorial Rafael Fulanetti
Coordenação de produção Andressa Lira
Produção editorial Kedma Marques
Preparação de texto Ana Lúcia dos Santos
Diagramação Roberta Pereira de Paula
Revisão de texto Lidiane Pedroso Gonçalves
Capa e imagem da capa Laércio Flenic

Blucher

Rua Pedroso Alvarenga, 1245, 4º andar
04531-934 – São Paulo – SP – Brasil
Tel.: 55 11 3078-5366
contato@blucher.com.br
www.blucher.com.br

Segundo o Novo Acordo Ortográfico, conforme 6. ed. do *Vocabulário Ortográfico da Língua Portuguesa*, Academia Brasileira de Letras, julho de 2021.

Dados Internacionais de Catalogação na Publicação (CIP)
Angélica Ilacqua CRB-8/7057

Caetano, Marco Antonio Leonel
Éden dos algoritmos em Python / Marco Antonio Leonel Caetano. – São Paulo : Blucher, 2024.
698 p. : il.

Bibliografia
ISBN 978-85-212-2047-3

1. Python (Linguagem de programação de computador) 2. Algoritmos I. Título

23-2143 CDD 005.13

Índices para catálogo sistemático:
1. Python

Obrigado pela vida, mãe,
Saudade eterna em nossos corações!
(in memoriam, Dona Cida)

PREFÁCIO

Éden é uma região descrita na Bíblia como o lugar onde Deus criou um jardim para Adão e Eva, o paraíso. Num sentido maior, a palavra *Éden* vem do hebraico, que deriva da palavra *edinu* – por sua vez, derivada do sumério, *edin*. Para todas essas ramificações da palavra, o significado é de planície ou estepe. No livro do Gênesis, Deus plantou um jardim no Éden (dentro do Éden).

Já a palavra *algoritmo* surgiu na Idade Média, vindo do nome persa de Muhammad ibn Musa Al-Khwarizmi. Conforme Roberto Imbuzeiro Oliveira – pesquisador titular do Instituto de Matemática Pura e Aplicada (IMPA) – conta em seu blogue do IMPA, consta na história que Al-Khwarizmi foi um grande astrônomo na Casa da Sabedoria do Califado Abássida, em Bagdá, no atual Iraque. Muhammad al-Khwarizmi possui uma vasta obra, tendo criado o sistema de numeração indo-arábico usado até os nossos dias, no Oriente Médio e no Ocidente.

No dicionário do site Wikipédia, ainda encontramos que *algoritmo é um conjunto de regras necessárias para a resolução de um problema*. Outra definição é a de *que constitui um processo computacional bem definido, baseado num conjunto de regras finito, que executa uma determinada tarefa*.

A ideia deste livro, *Éden dos algoritmos em Python*, é criar para o leitor um lugar confortável e amplo, constituído por diversos algoritmos que podem ser adaptados para uma grande variedade de problemas atuais, discutidos diariamente por acadêmicos e profissionais de mercado.

Nada melhor, então, do que um lugar onde se apresentem algoritmos prontos, mas com um grau razoável de explicação na criação e desenvolvimento de regras que resolvam problemas contemporâneos. E o que são problemas contemporâneos?

Na vida moderna, em que celulares nos dominam o tempo todo com mensagens e *fake news* (mentiras ou falácias), desejamos diariamente ganhar tempo para executarmos nossas tarefas e ficarmos livres dos problemas. Mas o que notamos é que, quanto maior a tecnologia, mais trabalho nos aparece. O tempo que deveria sobrar para fazermos algo tranquilo e agradável nos obriga a resolvermos outros problemas. E, assim, nunca temos o tão desejado tempo extra de descanso ou de diversão, ou de leitura de algo fora do nosso ambiente de rotina.

Muitos desses problemas, na verdade, já estão resolvidos no meio acadêmico. E não estão escondidos, são motivos de pesquisa moderna. Existem algoritmos que nossos celulares usam hoje para facilitar nossa mobilidade que estão prontos há mais de 100 anos!

O objetivo deste livro é apresentar, tentando manter uma linha do tempo quando assim for possível, algoritmos simples e complexos que descrevem muitos dos nossos problemas do dia a dia. Pobre do indivíduo que não conhece a história, pois, sem o conhecimento dela, repetimos os erros do passado. Por isso, pelo menos em algum grau de conhecimento, são apresentadas as origens dos problemas que geraram as soluções por meio dos algoritmos.

Começamos o texto, com a descrição histórica de algoritmos que foram os pais, os responsáveis pelos desafios de criar a máquina revolucionária que foi o computador. E como nada é perfeito, um pequeno erro pode nos levar a catástrofes e tragédias. Por exemplo, em 2010, o mundo financeiro quase foi levado a uma crise sem precedentes por causa de um pequeno erro de algoritmo, que deixou passar uma compra de uma opção com vencimento futuro num preço extremamente baixo. Sempre nos deparamos com atrasos em aeroportos, e quantas não foram as vezes que isso ocorreu por falha na escala de descanso de pilotos? E o que dizer de perdas de bilhões de dólares por fundos de investimentos, por falha nos algoritmos dos *traders* em operações de compra e venda, que deram errado?

Ainda piores são as tragédias que ocorreram em aviões da Boeing, quando um software tomava para si o controle da aeronave devido a erro nos sensores de velocidade e posição. Tudo isso está ligado, muitas vezes, a um pequeno erro de programação, cujas consequências podem até demorar, mas, quando aparecerem, levarão a tragédias.

É isso que abordamos no Capítulo 2, no qual mostramos a origem do Caos, como evitá-lo, como simular situações caóticas em ambientes e modelos que tomam o sistema dinâmico como principal base do funcionamento de equipamentos.

Como a humanidade evolui (dependendo da região ou da época, toma passos atrás na evolução), algoritmos também possuem ritmos frenéticos de desenvolvimento. Desde os primeiros algoritmos de Bhaskara para resolução de equações do segundo grau, estamos diariamente sendo expostos a novos e revolucionários algoritmos, resolvendo os mais variáveis tipos de problemas.

O Capítulo 3 mostra como um simples jogo provocou uma revolução no pensamento filosófico sobre a existência e comportamentos dos seres vivos, que estão nesse planeta muito antes de nós, humanos. E, assim, esses seres adquiriram uma enorme capacidade de adaptar-se e resolver problemas que nós, humanos, ainda estamos longe de atingir. É assim que se inicia o Capítulo 4, apresentando algoritmos conhecidos, como os bioinspirados, que são baseados a partir de padrões observados em colônias de formigas, insetos, abelhas etc.

Esses algoritmos bioinspirados nos fornecem, hoje, via GPS, nossa melhor rota para sairmos de casa e chegarmos ao nosso destino. Graças aos seres vivos das colônias e de suas regras de sociedade, esses algoritmos observam o todo, e não apenas o interesse sobre um problema isolado. Com isso, suas soluções são sempre ótimas do ponto de vista numérico.

E, como nosso corpo também se desenvolve e se modifica conforme o ambiente que nos cerca, graças à genética conseguimos entender, pelo menos em síntese, como passamos a informação de uma geração para a outra, não apenas por meio do conhecimento, mas também de informações na construção celular, mediante mutações em nosso DNA. E, observando-se isso, os algoritmos genéticos são apresentados no Capítulo 5, com diversas bibliotecas que nos permitem variar a abordagem e resolver inúmeros problemas.

Desde a segunda metade do século XX, a área de inteligência artificial tem feito parte do cotidiano da imaginação. Filmes e livros de ficção científica trataram inúmeras vezes de situações nas quais o computador domina o ser humano. Esses estudos no meio acadêmico são bem antigos, mas, nos tempos atuais, o assunto se destaca no cotidiano popular graças à internet e à enorme velocidade de processamento dos aparelhos eletrônicos.

E esses algoritmos podem aprender? Do ponto de vista estritamente matemático, sim, eles aprendem com seus erros e podem agir sozinhos. Por exemplo, a Nasa possui uma série enorme de sucessos nos lançamentos de seus robôs que percorrem e tomam decisões sozinhos em Marte, desde os anos 1970. Como o tempo de informação entre o centro de controle na Terra e o planeta onde se encontram os robôs tem um atraso bastante significativo, por isso os robôs devem aprender com seu deslocamento e decidir o melhor caminho, o mais rápido, o menos acidentado, a melhor hora de ligar e desligar sensores e assim por diante. O aprendizado de máquina, ou *machine learning* (em inglês) é apresentado no Capítulo 6, em problemas de classificação e determinação de padrões em dados.

Outra área de estudo em medicina e biomedicina que se desenvolveu de forma extraordinária foi a da neurociência. Os problemas e soluções rapidamente saltaram para o campo computacional, que se aproveitou da situação para criar e desenvolver algoritmos revolucionários, que hoje conhecemos como aprendizado profundo, ou, em inglês, *deep learning*.

Assim, no Capítulo 7, usamos exemplos simples e complexos, com algoritmos para resolver problemas de estimações como aquecimento global, mercado de ações e estimativas para casos e mortes da pandemia da covid-19.

No Capítulo 8, lembramo-nos do mais fantástico e ainda superutilizado filtro de sinais, estimador de variáveis e controlador digital, conhecido como *filtro de Kalman*. A revolucionária ideia de Kalman nos anos 1960 não somente ajudou as missões Apollo da Nasa, como ainda hoje nos ajuda nos modernos automóveis com autopiloto, que dirigem sozinhos e estão começando a chegar no cotidiano das pessoas. Mesmo em tempos mais antigos, o filtro de Kalman proporcionou grandes vitórias nos carros com partes automatizadas na Fórmula 1, nos anos 1990.

Todo o desenvolvimento dos algoritmos teve um primórdio magnifico, uma grande mudança de todos os tempos, graças a Isaac Newton. A invenção do cálculo diferencial e integral propiciou um completo entendimento sobre sistemas dinâmicos e sobre como o movimento dos corpos pode ser modelado. Por isso, abordamos no Capítulo 9 algoritmos relacionados com sistemas dinâmicos. Nele, apresentamos a essência de como se modela um sistema dinâmico e ferramentas utilizadas para simulação computacional. São apresentados modelos biológicos sobre presa e predadores; discutimos e detalhamos modelos epidemiológicos com simulações computacionais, modelos de poluição ambiental, modelo de invasão celular da covid-19, modelo de movimento orbital, modelo de reentradas de espaçonaves na atmosfera terrestre, modelo da AIDS, e terminamos com o modelo que representa o efeito estufa no aquecimento global.

Os conflitos têm seu modelo especial, onde alguns pesquisadores foram laureados com o Prêmio Nobel de Economia pela teoria dos jogos. No Capítulo 10, os jogos diferenciais são discutidos sob o ponto de vista matemático, e ataques e defesa entre inimigos ou oponentes são simulados.

Muitos são os artigos, filmes, documentários e livros que discutem o ódio nas redes sociais e como ele atinge pessoas indefesas. Uma das redes em que esse fenômeno mais interfere na vida das pessoas é o Twitter (agora com o novo nome de X após a compra pelo bilionário Elon Musk). Aprofundamos essa discussão no Capítulo 11, sob o ponto de vista da ciência dos dados, abrindo a caixa de desenvolvedores existente no Twitter (ou X). Por meio de algoritmos, coletando informações das mensagens automaticamente, apresentamos como análises de comportamento humano podem ser feitas mediante o índice de polarização, que utiliza um dicionário natural de palavras que expressam, com números entre -1 e +1, o sentimento de ódio ou de felicidade numa mensagem do usuário da rede.

Aplicações desses algoritmos são apresentadas para as *fake news* sobre a covid-19, sobre o incentivo para o desmatamento da Floresta Amazônica, para os focos de incêndio propagados na região amazônica, e a influência dos investidores no que se refere ao mercado de capitais.

O mercado de capitais (ou mercado financeiro) é especialmente tratado no Capítulo 12, no qual apresentamos alguns modelos de algoritmos que representam sensores para medir e alertar investidores sobre o melhor momento de compra e venda de ativos. Entre esses sensores, está a média móvel, o estocástico, o momento e o *On-Balance Volume*, com aplicação sobre dados da Bovespa (B3).

E, se desejamos investir, se desejamos ganhar tempo e mobilidade, nada melhor do que conhecermos quais algoritmos nos proporcionam a otimização dos sistemas. Dedicamos o assunto "Otimização" para o Capítulo 13. Nele, é feita uma revisão desde os algoritmos mais simples de otimização estática até os modelos mais complexos que envolvem otimização dinâmica. E, dentre as aplicações, apresentamos algoritmos relacionados à otimização do tratamento da AIDS, e à recuperação de florestas, a fim de ajudar a diminuir o aquecimento global, no sucesso de trajetórias em viagens espaciais, no combate à dengue e alunissagem ótima de espaçonaves.

A nossa vida se dá numa rede de conexão global. O Capítulo 14 é dedicado, em boa parte, à introdução e explicação sobre as ferramentas estatísticas existentes para se entender o comportamento das redes complexas. Redes como as de "pequeno mundo" (*small world*) são modeladas e simuladas via programação computacional. Aplicações são demonstradas usando-se o sentimento de ódio em relação à Amazônia e como se "comportaram" os sentimentos dos eleitores de Lula e Bolsonaro durante a eleição presidencial de 2022, com *clusters*, centralidade de intermediação e nodos principais, podendo ajudar a inferir quem venceria a eleição.

Mas e a programação computacional desses algoritmos? Uma vez elaborado um algoritmo, a linguagem de programação é apenas uma aplicação e torna o sucesso dependente da velocidade com que o resultado é apresentado. Linguagens muito antigas certamente teriam grandes desafios em relação aos atuais problemas, como no caso da análise de sentimentos no Twitter. Todavia, essas mesmas linguagens rodariam naturalmente algoritmos clássicos como os de simulação de sistemas dinâmicos e otimização.

Escolhemos a linguagem Python para os algoritmos deste livro porque é uma linguagem aberta, na qual existem bibliotecas de todos os tipos e aplicações. Usamos a versão 3.3.4 do Spyder contida no ambiente Anaconda. O Python que usamos foi 3.7.3 de 64-bit, com os programas rodando num computador Dell, core i7, com 32 Gb de Ram. Muitas das rotinas apresentadas, nas versões diferentes do Python, devem ter adaptações, como as que envolvem conexões de internet, no caso do Twitter, ou mapas para geolocalização. Mas a maioria dos algoritmos poderá usar as mesmas linhas de programação, talvez com poucas adaptações. A essência é apresentar qual o caminho para se resolverem os problemas, de modo que os algoritmos já concebidos se tornam prontos para adaptações em outras linguagens ou versões do próprio Python.

"Professor, o senhor poderia me enviar o código do capítulo 10 do seu livro?", escreveu-me certa vez um leitor. E muitos outros seguiram o caminho pelo interesse em ter o programa ou script em Python que estava no livro. Pensando nisso, colocamos à disposição do leitor, todos os scripts que estão nas páginas desse texto. Os scripts em Python podem ser baixados gratuitamente no GitHub, por meio do link: <https://github.com/malcaetano/Eden_Algoritmos_Python>.

Os programas estão divididos em pastas, por capítulos do livro. Mas, como todo bom programador de Python sabe, sendo uma linguagem livre e na nuvem da internet, muitas bibliotecas se alteram, e alguns programas podem não funcionar após a publicação do texto. Para tanto, caso não funcione, o leitor interessado nos programas deverá atualizar a biblioteca do texto em seu computador para que o script funcione adequadamente.

Como descrito antes, a linguagem de programação ajuda bastante a resolver nossos problemas, porém, a linha mestre que nos faz seguir o caminho da evolução é o algoritmo. Por isso, uma biblioteca que não funcione no Python é perfeitamente substituível por outra; mas o algoritmo não.

O livro é uma aspiração do autor, que trabalhou 35 anos de sua vida em todos os assuntos abordados, publicando-os em artigos, em outros livros, ou apenas expondo-os em palestras e aulas. Não temos a intenção de que o livro seja completo – nenhum livro será –, mas temos a ambição de que esse material incentive o leitor a programar os algoritmos aqui descritos para resolver seus próprios problemas.

Outro objetivo da obra é deixar registrada, do ponto de vista matemático e computacional, a história de grandes pesquisadores que nos deixaram um enorme legado de algoritmos, que representam o desenvolvimento do pensamento humano guardado e descansando no Éden do conhecimento.

Fazer uso desse conhecimento, ou desses algoritmos, é reviver um passado de glórias e fracassos por parte de pessoas que, muitas vezes, foram perseguidas por governos, como Alan Turing. Mesmo após Turing praticamente salvar o mundo da vitória nazista, ao criar algoritmos para quebrar a máquina enigma, ele foi perseguido pelo governo inglês por sua opção pessoal e sua sexualidade.

Da mesma forma, muitos métodos de otimização saíram de dentro de máquinas de guerra de governos e, apesar de terem sido concebidos para ajudar pessoas, foram transformados em armas para perseguir e matar seres humanos. Jogos diferenciais, por exemplo, é matéria obrigatória em academias de guerra em todos os países, mas também em cursos de Economia.

O que não dizer dos algoritmos genéticos, área em que muitas mulheres pesquisadoras foram esquecidas pela história, sendo elas as responsáveis pelas descobertas, enquanto homens receberam as condecorações do Prêmio Nobel? E, também, graças a elas, os algoritmos computacionais, de forma indireta, ajudam o tempo todo pessoas em suas tarefas do cotidiano, nas cidades e no campo.

Esperamos que o leitor tenha horas proveitosas e encante-se pelas histórias e pelos algoritmos descritos nas linhas dos capítulos a seguir, bem como que os estudantes, continuem nesse processo de entender e desenvolver novos algoritmos, tornando a vida do ser humano melhor e mais feliz.

Marco Antonio Leonel Caetano

CONTEÚDO

Capítulo **1**

Abrindo os portões do Éden

1.1 INTRODUÇÃO

Em nada o artigo original sobre a invenção de computadores lembra uma descrição técnica ou um guia de engenharia para a construção de uma máquina eletrônica. Muito pelo contrário: Alan Turing não dá nenhuma pista de sua intenção no *abstract* de *On Computable Numbers, with an Application to the Entscheidungsproblem*, de 1936. Esse artigo é considerado a pedra fundamental sobre a construção da chamada *Máquina Universal de Turing.*

Alan Turing escreve muito timidamente nas últimas linhas do *abstract* que: "De acordo com minha definição, um número é computável se seu decimal puder ser escrito por uma máquina". Mas que tipo de máquina seria essa? Após descrever toda a teoria sobre sequências enumeráveis e explicar como descrever números em máquinas por meio de lógica matemática, Alan Turing entra na seção 6 do artigo com a frase mais enfática sobre sua verdadeira intenção: "É possível inventar uma simples máquina a qual pode ser usada para calcular sequências computáveis". E o artigo entra nos detalhes da ideia de Turing sobre sequências, tabelas, regras para descrever letras e posições dos caracteres, para que pudessem ser interpretados por uma máquina universal. Por exemplo, Turing escreve na seção 9 que: "Assim um número arábico como 17 ou 999999999999999 pode ser tratado normalmente como um simples símbolo".

ON COMPUTABLE NUMBERS, WITH AN APPLICATION TO THE ENTSCHEIDUNGSPROBLEM

By A. M. TURING

[Received 28 May, 1936.—Read 12 November, 1936.]

The "computable" numbers may be described briefly as the real numbers whose expressions as a decimal are calculable by finite means. Although the subject of this paper is ostensibly the computable *numbers*, it is almost equally easy to define and investigate computable functions of an integral variable or a real or computable variable, computable predicates, and so forth. The fundamental problems involved are, however, the same in each case, and I have chosen the computable numbers for explicit treatment as involving the least cumbrous technique. I hope shortly to give an account of the relations of the computable numbers, functions, and so forth to one another. This will include a development of the theory of functions of a real variable expressed in terms of computable numbers. According to my definition, a number is computable if its decimal can be written down by a machine.

In §§9,10 I give some arguments with the intention of showing that the computable numbers include all numbers which could naturally be regarded as computable. In particular, I show that certain large classes of numbers are computable. They include, for instance, the real parts of all algebraic numbers, the real parts of the zeros of the Bessel functions, the numbers π, e, etc. The computable numbers do not, however, include all definable numbers, and an example is given of a definable number which is not computable.

Although the class of computable numbers is so great, and in many ways similar to the class of real numbers, it is nevertheless enumerable. In §8 I examine certain arguments which would seem to prove the contrary. By the correct application of one of these arguments, conclusions are reached which are superficially similar to those of Gödel[1]. These results have valuable applications. In particular, it is shown (§11) that the Hilbertian Entseheidungsproblem can have no solution.

In a recent paper Alonzo Church[2] has introduced an idea of "effective calculability", which is equivalent to my "computability", but is very differently defined. Church also reaches similar conclusions about the Entseheidungsproblem[3]. The proof of equivalence between "computability" and "effective calculability" is outlined in an appendix to the present paper.

1. Computing machines

We have said that the computable numbers are those whose decimals are calculable by finite means. This requires rather more explicit definition. No real attempt will be made to justify the definitions given until we reach §9. For the present I shall only say that the justification lies in the fact that the human memory is necessarily limited.

[1] Gödel, "Über formal unentscheidbaro Sätze der Principia Mathematica und ver-wandter Systeme, I", *Monatshefte Math. Phys.*, 38 (1931), 173–198.

[2] Alonzo Church "An unsolvable problem of elementary number theory", *American J. of Math.*, 58 (1936), 345–363.

[3] Alonzo Church "A note on the Entseheidungsproblem", *J. of Symbolic Logic*, 1 (1936), 40–41.

Figura 1.1 – Artigo de Alan Turing sobre a Máquina Universal.

O mundo teria de esperar até 1943 para ver os primeiros computadores eletrônicos emergirem a partir das ideias do artigo de Alan Turing. E um dos maiores responsáveis por essa realização foi von Neumann, que aplicou as ideias do artigo e colocou em prática as primeiras arquiteturas dos computadores eletrônicos. No Éden dos algoritmos, *tudo* e *nada* convivem em perfeita harmonia. No paraíso da lógica axiomática dos algoritmos, *Deus* é representado pelo número 1, e *nada*, representado por zero. A luz nesse Éden se materializa na sequência de *uns* e *zeros* para formar tudo o que se vê, o que se toca, o que se personifica em eventos reais do nosso cotidiano.

Uma palavra, uma frase, uma ação, enfim, quaisquer tipos de descrição do mundo real no mundo dos algoritmos são descritos por sequências como 1100001111010101011. Estes números são chamados de *códigos binários*, representados apenas por aquilo que Alan Turing permitiu em sua Máquina Universal, o número 1 e o número 0.

Todos os habitantes desse mundo finito dos algoritmos são formados de pequenas sequências de DNA, compostos de números zeros e números uns. Vamos supor que você, caro leitor, digite em qualquer software a palavra "amor". Cada letra dessa palavra é transformada dentro de uma tabela universal, conhecida como código ASCII (*American Standard Code for Information Interchange*). Uma pequena parte dessa tabela pode ser vista na Figura 1.2. Por exemplo, a letra "a" tem seu código binário 1100001.

Binário	***Símbolo***
1100001	a
1100010	b
1100011	c
1100100	d
1100101	e
1100110	f
1100111	g
1101000	h
1101001	i
1101010	j
1101011	k
1101100	l
1101101	m
1101110	n
1101111	o
1110000	p
1110001	q
1110010	r
1110011	s
1110100	t
1110101	u
1110110	v
1110111	w
1111000	x
1111001	y
1111010	z

Figura 1.2 – Código ASCII para letras minúsculas.

Cada número 1 pode ser uma pequena parte da placa de silício, conhecida como chip, que deixa passar corrente elétrica, sendo essa parte desligada em "off" quando o número é 0. E, com esse conjunto de liga/desliga, formado por 0 e 1, algoritmos recebem e enviam ordens, mantendo contato conosco, seres humanos. A propósito, a palavra *amor*, juntando-se todos os códigos de cada uma das letras, é:

1100001110110111011111110010

Uma simples palavra com grande significado, até mesmo quando representada em números binários dentro de uma máquina fria e calculista, como as pessoas dizem. A partir dessa ideia de representação, a necessidade de somar códigos, subtrair, dividir, enfim, de operar essas representações numéricas fez surgir novas áreas de conhecimento. Essas áreas despertaram novos e revolucionários algoritmos para traduzir cada vez mais próximo os eventos reais e humanos.

Mas Turing não teve a ideia sozinho, não foi o precursor de uma máquina para interpretar o mundo em números. Antes dele, muitos matemáticos e engenheiros inventaram máquinas de calcular. Mas Turing foi o primeiro em consolidar a ideia para a construção de uma máquina que compreendesse a mente humana e que seguisse instruções previamente determinadas por humanos.

Antes de Alan Turing, Gottfried Leibniz, que inventou ou descobriu o cálculo com Isaac Newton, já desafiava o infinito para se encaixar no mundo dos símbolos discretos e finitos.

Os dois grandes descobridores do cálculo não eram apenas de países diferentes, sendo Leibniz alemão e Newton, inglês. Eram de comportamentos opostos, sendo Leibniz mais sociável, mais participativo de grandes discussões filosóficas e culturais, enquanto Newton sempre foi considerado arredio e introvertido. A grande batalha de Leibniz foi contra o infinito, que deveria ser dominado e representado por um único símbolo para cada sequência de números.

Um dos infinitos dominados por Leibniz foi determinar onde os números seguintes poderiam terminar.

$$1-\frac{1}{3}+\frac{1}{5}-\frac{1}{7}+\frac{1}{9}-\cdots$$

Antes de Leibniz, o infinito era inatingível, era soberano, era aquele que dominava a matemática e era, sobretudo, único. Leibniz começou a modular e nomear os infinitos, colocando cada qual em seu devido lugar. O resultado da soma infinita da sequência anterior, se alguém tentar passar a vida toda somando, será finito, estático e especial. Essa soma é exatamente o número $\pi/4$.

Como uma soma que parece nunca terminar pode ser representada por um número irracional, como π? Isso se deve aos métodos desenvolvidos por Leibniz, algoritmos matemáticos para verificação sobre a convergência dos termos que compõem a série infinita. E, nesse caso, sim, a série tem um fim sólido sendo igual a

$$1-\frac{1}{3}+\frac{1}{5}-\frac{1}{7}+\frac{1}{9}-\cdots=\frac{\pi}{4}$$

O século XIX foi um alvoroço total em termos de pesquisa cientifica, com invenções por todos os cantos, e todas essas invenções foram empurradas pela matemática e por novos métodos de resoluções de problemas. O mundo matemático parecia sólido, visto que todo mundo tinha certeza de que 1 + 2 = 3. Na matemática, existem diversas estratégias teóricas para provar se uma teoria é sempre verdadeira, quando é verdadeira e sob quais condições ela deixa de funcionar.

Axiomas são sentenças lógicas que são aceitas sem demonstrações, consideradas óbvias e de consenso comum para o início de uma demonstração. Nos anos 1800, os matemáticos abusaram dos axiomas, fazendo com que esse artifício se proliferasse como uma epidemia. Isso causou um enorme desconforto no meio científico, o qual era rondado a todo instante pelo fantasma de um terremoto nas teorias.

Figura 1.3 – Gottfried Leibniz (1646-1716).

Fonte: <https://www.gettyimages.in/photos/gottfried-wilhelm-leibniz>.

Um dos matemáticos que se preocuparam com a proliferação de axiomas foi Giuseppe Peano, um professor italiano de grande renome. Peano nasceu em 1858 e defendeu seu doutorado em 1880. Uma de suas grandes contribuições em matemática foi para a teoria das equações diferenciais, construindo as condições necessárias e suficientes para as soluções dessas equações.

As equações diferenciais são os pilares da dinâmica da vida real, descrevendo todo e qualquer movimento, seja na física, na química, na biologia, na economia ou na medicina; e é amplamente utilizada na engenharia. A grande maioria dos equipamentos de engenharia são projetados com base na dinâmica dos corpos. Se vamos fazer previsão em meteorologia, precisamos de equações diferenciais. Se vamos montar redes de GPS para nossos celulares, precisamos de equações diferenciais. Ao comprarmos um forno micro-ondas ou uma máquina de lavar roupa, estamos comprando algo que usa equações diferenciais em seu projeto. E tudo isso aconteceu graças às regras de Peano, que conduzem condições corretas para se iniciar e terminar um projeto, indicando inclusive sob quais condições o projeto pode falhar.

E, com esse olhar crítico, Peano percebeu que a matemática teria problemas se uma limpeza e reorganização das coisas não fosse feita. Desde os gregos e, pela primeira vez, em 1889, Peano publicou um conjunto de regras para a aritmética se disciplinar. Eis os cinco pilares que sustentam a aritmética contemporânea:

1) 0 é um número;
2) o sucessor de qualquer número é um número;
3) se a e b são números e se seus sucessores são iguais, então, a e b são iguais;
4) o nulo não é sucessor de qualquer número;
5) Se S é um conjunto de números que contêm zero e se o sucessor de qualquer número n de S será também contido em S, então, S contém todos os números.

Os axiomas de Peano foram formulados de maneira muito precisa e cirúrgica, mas não foram os primeiros. Antes de Peano, em 1888, Richard Dedekind já tinha elaborado axiomas para a aritmética. Além desses cinco axiomas iniciais, existem mais quatro axiomas construídos por Peano, totalizando nove axiomas que são pilares da aritmética.

Por que esses axiomas são importantes? Porque, a partir dessa definição, todas as regras para demonstrações aritméticas derivam e seguem subindo degraus importantes em provas de novos teoremas. A teoria dos números, que trata das propriedades associativas, comutativas, reflexivas e outras tantas, depende fundamentalmente desses axiomas de Peano.

Figura 1.4 – Giuseppe Peano (1858-1932).

Fonte: <https://www.akg-images.com/CS.aspx?VP3=SearchResult&VBID=2UMESQJT278ZYD>.

Os axiomas de Peano, numa visão mais simplicista, tornam-se, então, um tipo de algoritmo, um tipo de regra que pode ser programada para que um computador tome decisão e prove, sem a dependência humana, diversos tipos de teoremas matemáticos. E como temia Peano, o século XX sofreu um grande terremoto na matemática.

O jovem Kurt Gödel, nascido em 1906 na cidade de Brno, na Tchéquia, com doutorado defendido em 1930, publicou, em 1931, com 25 anos de idade, dois teoremas que estremeceram a base de toda a matemática contemporânea. De forma elegante, Barrow (1994, p. 54) traduz para o leitor o que Gödel disse sobre os axiomas da matemática: "Os axiomas da aritmética contêm menos informações que algumas afirmações aritméticas, e por isso esses axiomas e as regras de raciocínio não podem determinar se essas afirmações são verdadeiras ou falsas".

Figura 1.5 – Kurt Gödel (1906-1978).

Fonte: <https://www.flickr.com/photos/levanrami/24246848265>.

Para o leitor entender melhor, o que Gödel afirmou é que, na matemática, podem existir afirmações que nunca poderão ser comprovadas como verdadeiras ou falsas. E um fato decorrente dessa afirmação (conhecido como corolário) é que não se pode provar se a matemática é consistente ou não apenas usando matemática. Essas duas afirmações têm um poder muito maior e por isso são tratadas como parte de um teorema: o *teorema da Incompletude* de Gödel.

Para Gödel, ou a aritmética será incompleta (existem teoremas que são verdade, mas não podem ser provados) ou será inconsistente (teremos contradições, como uma afirmação que pode ser verdadeira e falsa ao mesmo tempo). Para entendermos o grande drama da prova de Gödel, vamos observar esta simples frase: "Esta afirmação é falsa".

Se essa frase for falsa, ela é uma afirmação verdadeira. Mas, se ela é verdadeira, ela se contradiz, pois é falsa! Esse é um tipo famoso e antigo de exemplo que serve como demonstração de algo verdadeiro e falso ao mesmo tempo.

Os matemáticos tremeram com essa prova de Gödel. Tudo estaria perdido? Mas, segundo Rebecca Goldstein (2008, p. 22), Roger Penrose, famoso físico matemático e filósofo da Universidade de Oxford, interpretou esses teoremas de forma diferente: "...Os teoremas de Gödel não demonstram os limites da mente humana, e sim os limites dos modelos computacionais para a mente humana (basicamente, modelos que reduzem todo o pensamento ao seguir regras)".

Essa é uma observação muito importante, pois, a partir dela e dos teoremas de Gödel, não podemos afirmar que os algoritmos estruturados terão um poder de previsão maior do que a consistência e a completude provenientes dos axiomas matemáticos. Computadores poderão sozinhos evoluir a tal ponto de eles próprios criarem ou construírem algoritmos sem a mão humana? Se isso for realizado no futuro, devemos nos lembrar de que eles serão tão limitados quanto os humanos, pois o sistema original que gerou a formulação dos algoritmos é limitado e incompleto, como provou Gödel. Os algoritmos evoluem, poderão evoluir, mas continuarão sendo limitados dentro do sistema em que são gerados.

Essa limitação ou incompletude de qualquer sistema axiomático formal foi traduzida de forma interessante por Aczel (2003, p. 169):

> Vamos supor que alguém está trabalhando em um documento ou na tela do computador. Muitas coisas podem ser feitas: escrever, mover texto, recortar e colar informações, até inserir artes ou fórmulas de outros aplicativos. Mas não se pode deletar o documento em que se está trabalhando de dentro do próprio documento. Para fazer isso (ou para movê-lo para outro arquivo), é necessário sair do documento e realizar a operação de um sistema maior.

No Éden de sua vivência, gerados sob a nova concepção de Alan Turing, os algoritmos precisavam evoluir, tinham de evoluir. E, para isso, como nós, humanos, eles precisavam se comunicar. Nenhuma comunicação é possível sem uma linguagem, sem símbolos que possam ser interpretados por nós, humanos, e pelas máquinas que carregam em seu cérebro a lógica dos algoritmos. Um dos precursores da versão moderna do computador foi o Manchester Baby, um computador de 1948, com tamanho de palavra de 32-bit e velocidade de 1.2 milissegundos. Ele foi construído por Tom Kilburn e projetado pelo seu orientador, Frederic Calland Williams, sendo a base para o computador Manchester Mark I.

A Figura 1.6 apresenta como eram feitos os códigos para serem implementados no Manchester Baby, uma composição cansativa de 0 e 1. Esses códigos foram os suportes para os algoritmos e ajudaram inclusive a implementação de programas complexos até mesmo para os dias de hoje, como a busca pelos zeros da função zeta de Riemann para entender a origem dos números primos.

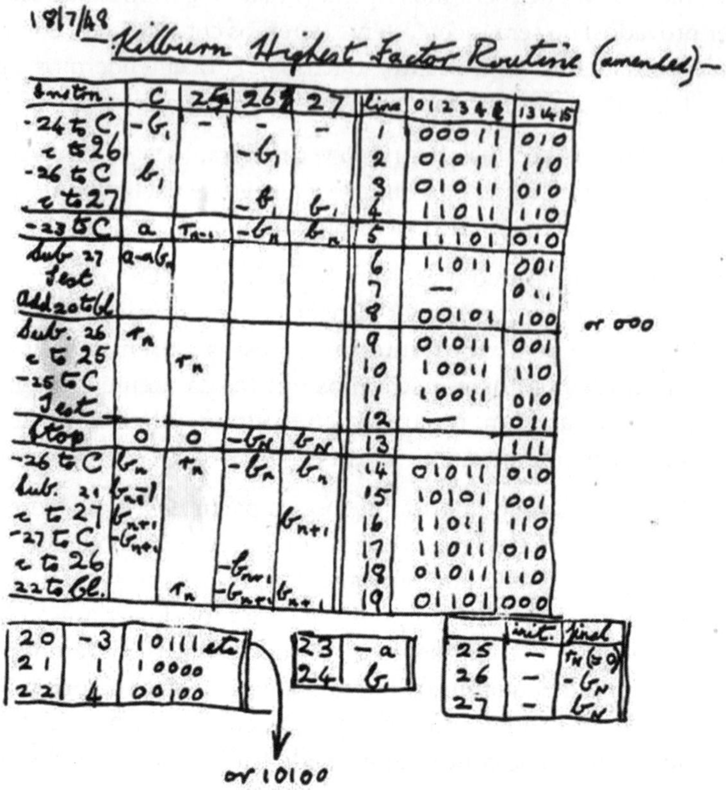

Figura 1.6 – Algoritmo para o computador Manchester Baby, de 1948.

Fonte: <https://images.computerhistory.org/blog-media/programing-the-eniac-BabyProgram.jpg>. Domínio público.

Partindo-se, então, da iluminação fornecida por Alan Turing, ano após ano a linguagem em código binário foi sendo ampliada com o aumento da capacidade de armazenamento dos computadores e de suas velocidades de processamento. Apesar de já existirem nos séculos anteriores máquinas para calcular operações aritméticas, elas não são consideradas computadores. Para que seja considerado um computador, não basta apenas um teclado e algumas fórmulas básicas a serem introduzidas. É necessária uma linguagem, algo que o computador entenda, repita e volte para o programador em forma de perguntas ou respostas solicitadas.

1.2 DIÁLOGO ENTRE *CRIADOR* E *CRIATURA*

Todo ser vivo do mundo precisa de uma linguagem para se comunicar, seja por gestos, por atitudes, por grunhido, enfim, algo que se torne padrão de repetição para que uma atitude coletiva seja desenvolvida. Pássaros emitem cantos diferenciados para diferentes situações como acasalamento, ataques de predadores, ou como forma de orientação dos filhotes. Todas as espécies se comunicam entre si, e até mesmo entre espécies diferentes, por meio de gestos ou movimentos característicos, para que sejam entendidos. Um pequeno cão abana o rabo de felicidade quando vê o dono ou late quando deseja algo, ou rosna para algum perigo iminente.

As ordens emitidas em códigos binários são conhecidas como formas de comunicação de baixo nível, muito importante e útil para o desenvolvimento de hardware. Para o verdadeiro cérebro funcionar e entender ordens emitidas pelos algoritmos, linguagens de alto nível começaram a aparecer nos anos 1950.

A mais tradicional e antiga, e ainda em uso, é o Fortran (*Formula Translator*). Foi criada por John Backus em 1957 para cálculos científicos, cálculos matemáticos e estatísticos de alto nível. Após o nascimento do Fortran, o Éden dos algoritmos seria povoado de linguagens, como se fosse uma revolta em torno da Torre de Babel. Diversos construtores correram para ter suas próprias linguagens voltadas para o tratamento de problemas específicos ou para serem utilizadas por determinadas máquinas de empresas. Assim, apareceram Algol (1958), Lisp (1958), Cobol (1959), Basic (1964), Pascal (1970), C (1972), SQL (1972), Ada (1980), C++ (1983), Visual Basic (1991), Python (1991), Java (1995), JavaScript (1995), e não param de surgir, a cada década, mais e mais linguagens inovadoras ou que permitem algoritmos mais velozes.

Todo diálogo fundamental entre humanos e máquinas se deve a formas de entradas das informações para as máquinas e formas de saída, ou seja, como elas respondem aos comandos, obedecendo os algoritmos implementados pelos programadores. Para algoritmos básicos, as diferenças são mínimas entre as linguagens, sendo apenas estruturais, devido aos formatos diferenciados entre os comutadores lógicos (SE-ENTÃO) e aos *loops* (FOR, WHILE).

Por exemplo, num momento de saudosismo, eu resolvi recuperar meu caderno do primeiro dia de aula de computação na faculdade (Figura 1.7). Isso foi no ano de 1985, e ainda posso sentir a ansiedade desse primeiro dia, em que finalmente eu começaria a programar (não foi bem assim). Na realidade, todas as aulas do semestre foram apenas simulações mentais passadas no quadro negro da professora e no caderno, pois não tínhamos computadores em todas as unidades da universidade (os tempos eram bem difíceis).

Sim, caro leitor. Já imaginou aula de computação sem computador? Os primeiros 10 computadores só chegaram dois anos depois do meu curso introdutório de computação, e, até então, o mais perto que tínhamos de prática era uma calculadora para resolver problemas de cálculo numérico. Mas, antes que pensemos: "que atraso!", os algoritmos simulados via calculadora são os mesmos de hoje nos melhores softwares. Por exemplo, caso se deseje calcular o ponto ótimo para um ajuste de visão tridimensional, deve-se usar Newton-Raphson. O GPS precisa informar a área de abrangência do sinal; ele usa algoritmo do Trapézio ou 1/3 de Simpson, ou 3/8 Simpson. Você quer simular o desempenho de aeronaves ou melhorias de um protótipo de Fórmula-1? Use algoritmo de Runge-Kutta.

Para todos esses métodos, construíamos o algoritmo na mente e, então, simulávamos no papel, usando calculadora para gerar pontos e desenhar em papel com escala Log, ou papel quadriculado, gráficos que pareciam perfeitos.

A Figura 1.7 mostra o algoritmo que minha professora passou no quadro negro, sobre como poderíamos ensinar um robô a trocar um pneu. E, observando-se as entradas e caixas, o algoritmo funciona ainda hoje: não importa a linguagem que você disponha, ele é o mesmo. Pode-se, ainda, observar minha dúvida escrita a lápis em cima da seta, perguntando: "todas as porcas foram desapertadas?". Essa ida e volta tinha um nome, e eu errei ao escrever "interação" ou "*loop*". O correto é *iteração*, que significa repetição de um processo.

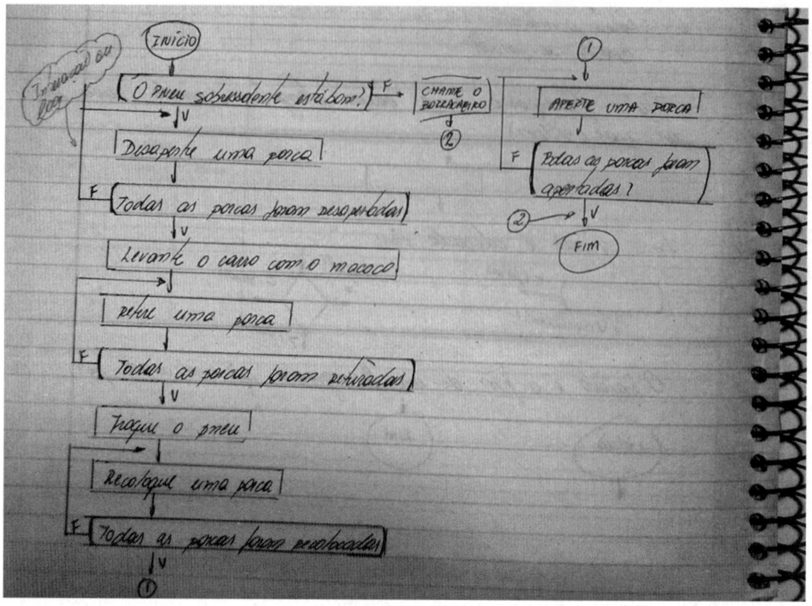

Figura 1.7 – Algoritmo para troca de pneu de automóvel.

Essa iteração vai ao encontro da mensagem original de Turing sobre como fazer um computador universal. É essa maneira de repetir para aprender que faz com que processos cansativos a serem realizados por humanos possam, sozinhos, ser colocados para rodar, rodar e rodar quantas vezes forem necessárias. Foi esse o princípio da *Bomb machine* de Alan Turing e do grupo responsável por decifrar as mensagens da Enigma, máquina nazista para codificar ordens de ataques na Segunda Guerra Mundial. As iterações das diversas rodas mecânicas em busca dos caracteres corretos faziam um barulho rotineiro, dia e noite, no laboratório do Reino Unido, e, quando paravam, era sinal de mensagem decifrada.

A conexão entre *loops* de iterações e perguntas lógicas usando SE-ENTÃO seguem os princípios dos axiomas de Peano até hoje, de modo que os algoritmos vivem no Éden perpétuo de sua evolução sem se importar se a linguagem é antiga ou recente.

Por exemplo, alguns dias depois do início de minha tão aguardada introdução à ciência da computação, um primeiro desafio que foi passado para nossa classe era construir um algoritmo para encontrar raízes de uma equação de segundo grau. Uma forma de pensar na elaboração de algoritmos que usávamos naquele tempo era projetar os fluxos das informações por meio dos conhecidos "fluxogramas". Um fluxograma nada mais é do que um conjunto de caixas com desenhos, representando entrada de dados, saída de dados, perguntas lógicas com SE-ENTÃO e os *loops* de iteração ou repetição dos processos.

A Figura 1.8 apresenta a solução do problema, que é a mesma provada por Bhaskara, a mesma que é utilizada há milênios. O ano de 1985 parece distante hoje, com o caderno surrado, tentando decifrar e programar o funcionamento de algo que nem máquina tínhamos para testar, mas é muito recente quando comparado com os dois mil anos que nos chegou à descoberta sobre como encontrar raízes de uma equação de segundo grau.

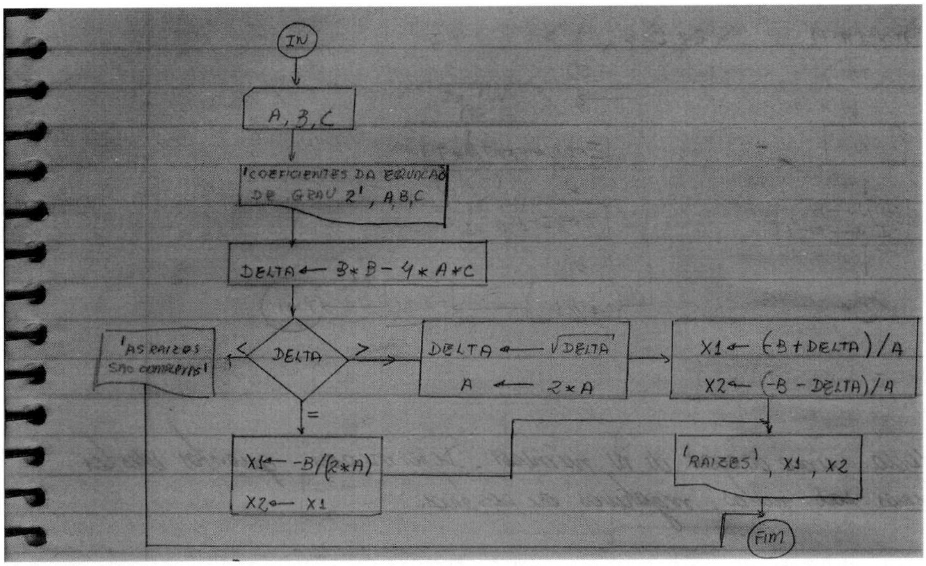

Figura 1.8 – Algoritmo para encontrar raízes de equação de segundo grau (1985).

Parecem palavras ao vento, mas, mesmo nas mais atuais linguagens de programação, a forma de se encontrarem as raízes de uma equação do segundo grau é a mesma. Isso não importa se a solução é via Excel, Visual Basic ou Python, porque o cerne que está no Éden dos programas, aquilo que realmente dá ordem a tudo é o algoritmo.

No ensino médio, é ensinado a nós o passo a passo de como encontrar raízes de equação de segundo grau, mas os professores não mencionam a palavra *algoritmo*. Coloca-se como regra que é preciso decorar os passos e resolver o problema. São eles:

Para uma equação $y = ax^2 + bx + c$:

1) leia os coeficientes *a*, *b*, *c*;
2) determine delta por meio de $\Delta = b^2 - 4ac$;
3) se delta é positivo, calcule as duas raízes da seguinte forma:

$$x_1 = \frac{-b + \sqrt{\Delta}}{2a}$$

$$x_2 = \frac{-b - \sqrt{\Delta}}{2a}$$

4) se delta é nulo, só terá uma raiz real, e o cálculo dever ser:

$$x_1 = x_2 = \frac{-b}{2a}$$

5) se delta é negativo, não existirá raiz real para a equação.

São cinco passos que, para quem já terminou o ensino médio, parecem infantis e em nada lembram as aulas sobre o assunto. Mas, para um programador iniciante, o problema volta a tornar-se mais complexo, apesar de a solução ter sido escrita há milênios. Os cinco passos são os apresentados no fluxograma a lápis da Figura 1.8. Lembro-me de que a sala inteira errou, parada, sem saber como fazer para usar o SE lógico da computação. No fluxograma, esse desvio lógico é desenhado pelo losango, onde se tem três saídas, uma com sinal <, outra com sinal = e por fim um último ramo com sinal >.

O losango lógico deve ser, nos dias atuais, pouco conhecido dos jovens programadores de linguagem de alto nível. O fluxograma, na realidade, desapareceu do ensino de programação com o surgimento das linguagens ditas estruturadas. Antes dessas linguagens, entre as primeiras estavam a linguagem Algol e a linguagem Pascal, em que a numeração das linhas não era mais necessária, e o comando GOTO praticamente desapareceu.

O desenho do losango e o fluxograma tornaram-se raridade nos projetos atuais dos softwares, mas a funcionalidade ainda está mais atual do que nunca. O desvio lógico com o comando conhecido como IF (ou SE) é que faz possível o desvio de problemas e erros nos cálculos, como divisão por zero ou raiz quadrada de número negativo.

E quando se pensa algoritmo, logo vem à mente desenvolver lógicas de programa em linguagem supersofisticada. Isso não é necessário, e, como dito em diversas vezes neste texto, o mais importante é o algoritmo. Como prova disso, vamos mostrar como se faz o fluxograma da Figura 1.8 no Excel, conforme apresentado na Figura 1.9.

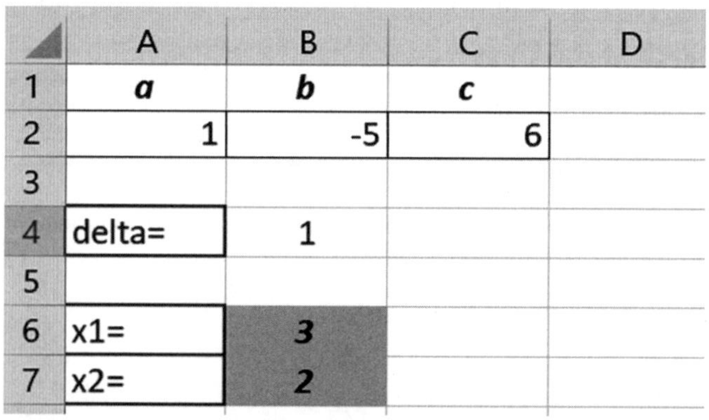

	A	B	C	D
1	*a*	*b*	*c*	
2	1	-5	6	
3				
4	delta=	1		
5				
6	x1=	***3***		
7	x2=	***2***		

Figura 1.9 – Algoritmo para raízes de equação do segundo grau em Excel.

Nesse exemplo, programamos as células do Excel para encontrar raízes da equação $y = x^2 - 5x + 6$, equação esta bastante conhecida dos colegiais e, como se sabe, com solução $x_1 = 3$ e $x_2 = 2$. Os valores dos coeficientes estão na linha 2, nas células A2, B2 e C2. Esse é o passo 1 do nosso algoritmo. A célula B4 é a equação do passo 2 do algoritmo, que, na forma do Excel, torna-se:

```
=B2^2-4*A2*C2
```

E então, entra em cena a função lógica IF (ou SE), que, antigamente, representávamos por losango. Ela é implementada nas células B6 e B7. Em comandos do Excel, as fórmulas serão:

6	x1=	=SE(B4>=0;(-B2+RAIZ(B4))/(2*A2);"NÃO EXISTE RAIZ REAL")
7	x2=	=SE(B4>=0;(-B2-RAIZ(B4))/(2*A2);"NÃO EXISTE RAIZ REAL")

Esses são os passos 3, 4 e 5 do algoritmo. A única diferença entre a linha 6 e a linha 7 no Excel é que, para x1, somamos a raiz quadrada de delta, e, para x2, subtraímos. Aí está o antigo losango lógico do fluxograma. O losango é a função SE, a pergunta é B4>=0, o ramo SIM é a fórmula após o primeiro ponto e vírgula, e o ramo NÃO é a frase "Não existe raiz real". As mesmas divisões do desenho no losango do fluxograma estão nas células do Excel, mas dificilmente as pessoas que operam mecanicamente se dão conta de trabalhar com algoritmos.

Pode-se perguntar: "Os cálculos na célula não são programações ou códigos?". É verdade, mas essas linhas fazem parte de um algoritmo, e a forma com que se resolve ou se programe não tem muita importância. Na realidade, tem importância quando se trata de um algoritmo que, numa linguagem, pode levar horas rodando, e, em outra, minutos. Mas, para simples algoritmos, a resolução sempre será a mesma.

Por exemplo, vamos observar a Figura 1.10. Ela coloca lado a lado o mesmo algoritmo de Bhaskara construído nas células do Excel, porém agora, em Visual Basic (VBA-Excel) e em Python.

```
Sub eq2grau()
Dim a As Single
Dim b As Single
Dim c As Single
Dim delta As Single
Dim x1 As Single
Dim x2 As Single

a = CSng(InputBox("a="))
b = CSng(InputBox("b="))
c = CSng(InputBox("c="))

delta = b ^ 2 - 4 * a * c

If delta > 0 Then
  x1 = (-b + Sqr(delta)) / (2 * a)
  x2 = (-b - Sqr(delta)) / (2 * a)
  MsgBox ("x1= " & x1 & "   x2 = " & x2)
ElseIf delta = 0 Then
  x1 = -b / (2 * a)
  MsgBox ("raiz dupla igual a x = " & x1)
Else
  MsgBox ("não existem raízes reais")
End If
End Sub
```

```
import math as m

a=float(input('a='))
b=float(input('b='))
c=float(input('c='))

delta=b**2 - 4*a*c

if delta>0:
   x1=(-b+m.sqrt(delta))/(2*a)
   x2=(-b-m.sqrt(delta))/(2*a)
   print('x1 = ',x1,' x2 = ',x2)
elif delta==0:
   x1=-b/(2*a)
   print('duas raízes reais e iguais a x = ',x1)
else:
   print('não existem raízes reais')
```

Figura 1.10 – Comparação do algoritmo para raízes de equação do segundo grau programado em linguagem VBA-Excel e Python.

Observando-se os dois códigos, muitas semelhanças saltam aos olhos; as leituras dos parâmetros seguem os mesmos padrões, depois a definição de delta, em seguida a estrutura do SE (If) e as impressões. No VBA a caixa de impressão se chama Msgbox e no Python essa mesma caixa de impressão tem o nome de *print*. Isso acontece, e deve mesmo sempre acontecer, porque ambos os códigos seguem o mesmo secular algoritmo.

A grande diferença entre um algoritmo construído sob uma linguagem de computador e as calculadoras antigas é que, na linguagem, o algoritmo pode se comunicar com o criador, pode conversar com o programador e responder a questões referentes ao problema. A isso se dá o nome de *entrada e saída de dados*, que, combinadas com os comandos de lógica de decisão, ajudam o criador do software a simular situações e receber de volta respostas a problemas complexos e demorados. Não é só o cálculo que importa, mas a criatura interfere no modo de pensar do seu criador, ou seja, do programador do código.

1.3 A BUSCA PELA ETERNIDADE DIVINA

O homem, em sua essência, sempre busca maneiras biológicas de prolongar a vida, tentando fugir da temerosa situação de morte, de eliminar doenças, de descobrir as causas do surgimento dos patógenos, de compreender as milhões de combinações do DNA... Nós humanos, estamos sempre tentando chegar ao infinito.

Seja o infinito recebendo o nome que se desejar, Deus, Criador, Eterno, esse é um tema muito abrangente, discutido em todas as religiões e em todas as áreas das ciências. *A criação de Adão*, do afresco pintado por Michelangelo no teto da Capela Sistina entre 1508 e 1510 é a perfeita busca pela conexão entre o humano e o seu Criador. Michelangelo usa a imagem para capturar o instante no qual a vida humana está prestes a começar.

Figura 1.11 – Obra *A criação de Adão*, de Michelangelo, na Capela Sistina.

Fonte: <https://pixabay.com/illustrations/the-creation-of-adam-michelangelo-4889767/>.

Os dedos de Adão e Deus se encontram, mas não se tocam, numa posição de inflexão no dedo de Adão, mostrando sua submissão e seu arrependimento pelos pecados, segundo historiadores especializados em obras de arte. A Cabala também possui uma relação e definição sobre o infinito e a presença de Deus. Conforme Aczel (2003, p. 38) descreve em seu livro, "... os cabalistas estavam cientes de que o infinito existe ao mesmo tempo como coleção infindável de itens discretos e como *continuum*. Deus era visto como ambas as infinidades, e como infinidades tão complexas que não poderiam ser concebidas pela mente humana...".

Na criação, de acordo com a Cabala (Figura 1.12), o raio de luz infinito adentrou o espaço e contraiu-se, formando dez esferas concêntricas (Aczel, 2003). As esferas ficam juntas num centro comum, em um ponto onde Deus reside, onde há um ponto no infinito.

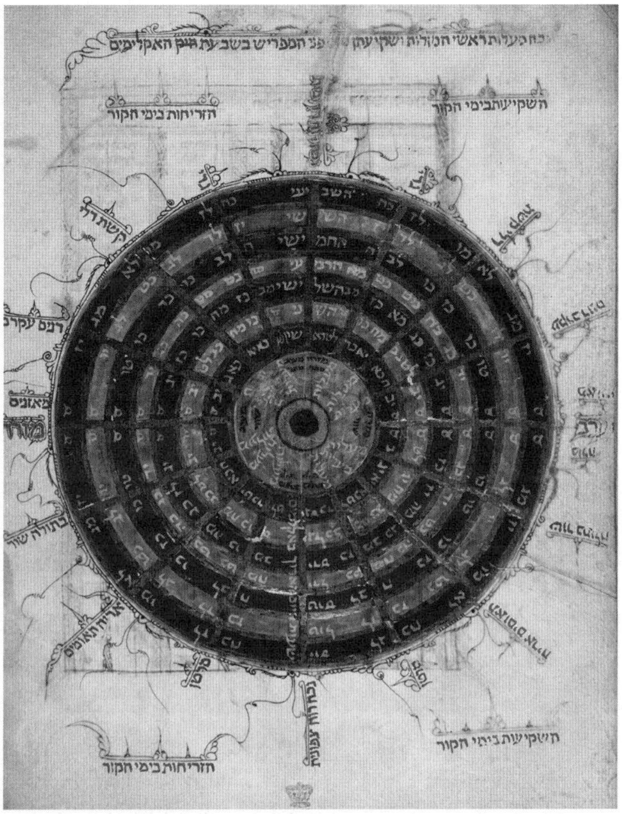

Figura 1.12 – Cabala antiga, encontrada no Museu Britânico.

Fonte: <https://www.bl.uk/press-releases/2020/february/hebrew-manuscripts>.

Os povos antigos mesoamericanos também buscavam contato com os deuses, oferecendo sacrifícios humanos para deixar os deuses contentes ou para acalmá-los após período de intensos eventos catastróficos. Em 1790, o calendário de pedra asteca, chamado de Pedra do Sol, foi descoberto enterrado na principal praça do México. A foto da Figura 1.13 é do disco que se encontra no Museu de História Natural de Nova Iorque.

No centro, encontra-se o deus do Sol, chamado de Tonatiuh, do qual uma das interpretações é de que ele representa a origem, o desenvolvimento e o fim da raça humana. Fora do centro, suas mãos armadas com garras de águia apertam corações humanos, porque, segundo os astecas, o sol é uma águia pela manhã, subindo ao céu. Esse calendário tinha um ciclo de 52 anos, que, quando terminava, celebrava-se uma cerimônia conhecida como "Fogo Novo".

Embora haja muita divergência entre estudos e hipóteses, diz-se, entre outras coisas, que a pedra era um repositório de corações humanos; e que ela era uma base para o sacrifício final de um combatente gladiador (Stuart, 2016).

Independentemente da cultura ou da religião, associar o infinito à supremacia de um deus ou de deuses sempre fez parte da aventura humana. Entre todos os povos, a busca pela explicação sobrenatural de eventos adversos sempre acaba caindo na figura de um ente divino e inatingível que tem todos os poderes para mudar os sacrifícios sofridos por nós, mortais. Usando orações, doações, ou sacrifícios, para muitas pessoas é um alento poder contar com uma figura divina e infinita, mesmo que, não sendo esta atingida em sua plenitude, é possível alcançar sua graça pela forma de algum contato.

Figura 1.13 – Calendário asteca (arquivo pessoal).

Na matemática, vários são os casos em que grandes pensadores, cientistas ou filósofos se renderam à busca em definir um todo-poderoso ou representá-lo de modo que as equações provassem seu infinito poder. Uma anedota bastante divulgada por historiadores de matemática, e com boa reprodução no Wikipédia (fazer a busca por Pierre-Simon Laplace), é sobre a visita de Laplace à Napoleão Bonaparte. Em sua conversa Laplace teria encantado o imperador francês a respeito de Deus, matemática e previsão:

"Me disseram que você escreveu este grande livro sobre o sistema do universo e jamais mencionou seu Criador?", disse Napoleão Bonaparte. "Eu não precisei dessa hipótese.", respondeu Pierre Simon Laplace. Dizem que Napoleão gostou da resposta e contou a Lagrange, grande matemático da época. Lagrange teria dito: "... ah essa é uma bela hipótese, ela explica tudo!". E, então, Laplace teria feito sua tréplica: "Majestade, esta hipótese realmente explica tudo, mas não permite predizer nada. Como estudioso, eu devo fornecer a você trabalhos que permitam predições". E ponto final. Laplace se tornou o maior matemático francês de seu tempo.

Esse encontro realmente ocorreu entre os anos de 1790 e 1825, entre o proeminente matemático Laplace e sua majestade Napoleão. Laplace tinha tudo para ser mais um camponês pobre, com vida curta e amarguras da França antiga. No entanto, graças à sua genialidade e às oportunidades oferecidas pelos vizinhos de seu pai, tornou-se uma lenda. Em Beaumont, França, onde vivia Laplace, os vizinhos de seu pai desde cedo perceberam a capacidade genial do menino em resolver problemas e apostaram suas fichas em seu estudo.

Laplace foi o primeiro a formular a teoria amplamente aceita sobre a formação das galáxias pela alta rotação de nuvens de poeira estelar. Mesmo o modelo que descreve o buraco negro entre as estrelas do Universo partiu de uma ideia primordial de Laplace. Ele produziu inúmeros trabalhos nas áreas de cálculo, mecânica clássica, astronomia e mecânica celeste. O encontro com Napoleão foi forçado por ele mesmo, para entregar os cinco volumes de seu livro *Mécanique Céleste*, leitura obrigatória para todo estudante de graduação e pós-graduação na área de astronomia ainda hoje. A descrição das perturbações nas órbitas dos planetas é perfeita, com erros ainda surpreendentes mínimos para nossos padrões de medidas.

Após lançar os pilares da teoria das probabilidades, Laplace recebeu muitas críticas sobre sua funcionalidade e utilidade. Para provocar a ira dos opostos, ele, então, calculou e divulgou qual a probabilidade de termos o dia de amanhã. Sim, em outras palavras, Laplace calculou qual a probabilidade de o nosso sol "nascer" amanhã, dado que ele tem surgido ao longo de todos os anos passados.

Passagens bíblicas relatam em diversas partes o dia do juízo final, ou, ainda, como será o apocalipse dos homens e do planeta. E mesmo o maior matemático de todos os tempos, Isaac Newton, sucumbiu a essa ideia e, baseado em vários trechos do texto sagrado, fez diversos cálculos, deixando a previsão de que o dia do juízo final será em 2060. Newton fez seus cálculos para decifrar o que ele considerava como conhecimentos secretos das escrituras sagradas em 1704, baseando-se no livro do profeta Daniel, no Antigo Testamento. Uma carta com seus conhecimentos está exposta na Biblioteca Nacional de Israel. Além das de Daniel, Newton ainda fez cálculos usando as profecias de Ezequiel.

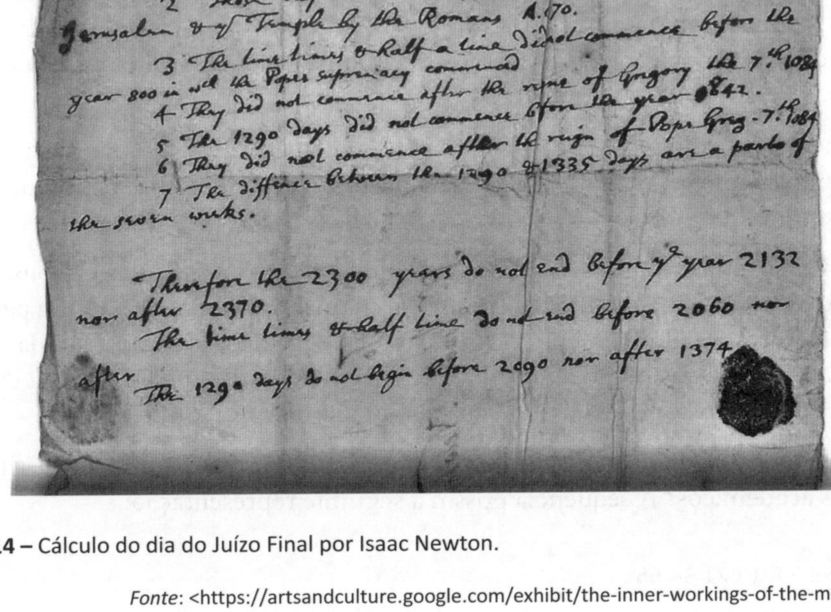

Figura 1.14 – Cálculo do dia do Juízo Final por Isaac Newton.

Fonte: <https://artsandculture.google.com/exhibit/the-inner-workings-of-the-mind-of-isaac--newton/3QJCvplzrFDeKA>.

Outro matemático, devoto de uma deusa hindu e nascido num vilarejo pobre da Índia, foi Rāmānujan, que só teve um livro para ler quando criança. Era um livro de matemática que ele levava para todo lugar, com mais de 6.000 fórmulas agrupadas como um guia de álgebra. Suas irmãs contaram que ele largou as brincadeiras ainda com 9 anos de idade para ficar o dia todo fazendo contas e mais contas em seus cadernos. Nem mesmo ir à escola ele quis, desistindo do ensino médio. Graças à ajuda de amigos, conseguiu um emprego como cobrador de impostos local no Porto de Madrasta.

Mas, nas horas livres, escrevia fórmulas e milhares de números em seus cadernos. Um certo dia, descobriu o nome de três grandes matemáticos da Inglaterra. Enviou uma carta para cada um, com a descrição sobre sua demonstração de 120 teoremas. Dois dos matemáticos nem leram a carta e jogaram-na no lixo, pensando se tratar de algo fraudulento ou coisa de louco.

O terceiro matemático era G. H. Hardy, idolatrado por Rāmānujan, mas que também jogou sua carta no lixo. No entanto, ao receber a visita de outro amigo matemático, Hardy comentou sobre a tal carta de um indiano. O amigo, John Littlewood, foi até a lixeira e viu que a carta ainda estava em seu interior e retirou-a para ler. Littlewood assustou-se com o que viu e alertou a Hardy de que ali estavam provas de diversos teoremas que muitos estavam atrás. Não era uma fraude, era uma preciosidade. Ambos passaram a noite inteira lendo e revisando os resultados e maravilharam-se com aquilo.

A história é contada em diversos livros da área de teoria dos números, e também entre os físicos tais como Michio Kaku (Kaku, 2000, página 195). Muitos cadernos dos estudos de Rāmānujan nem foram totalmente estudados e muitos dos seus resultados se aplicam a mais moderna teoria cosmológica. Rāmānujan é tão importante que já foi parte de figuras em notas de dinheiro e selos na Índia e no Reino Unido, sendo muito bem retratado em 2015 no filme "O homem que viu o infinito". O filme com direção de Matt Brown, distribuído pela Warner Bros, tem o ator Dev Patel interpretando Rāmānujan, apresentando diversas passagens de seus estudos em teoria dos números.

Alguns meses depois, Hardy conseguiu que Rāmānujan fosse para Londres, custeado com uma bolsa de Cambridge. Segundo Hardy contou sobre o fato, foram os cinco anos de maior progresso na história da teoria dos números. Rāmānujan aparecia todos os dias com páginas contendo de cinco a dez resultados novos na sala de Hardy. No total de sua vida, Rāmānujan produziu cerca de 4.900 páginas de resultados e centenas de teoremas, a maioria ainda sem prova.

Segundo Rāmānujan, seu desenvolvimento matemático era sempre alcançado graças à inspiração divina da deusa hindu Mahalakshmi, protetora da família, que aparecia em seus sonhos.

Algoritmos também buscam subir as escadarias longas e infinitas em busca do resultado final, o resultado analítico, ou como se chama, uma fórmula fechada para soltar um resultado finalizado com entradas constantes e fixas. Mas essas fórmulas, que seriam as tábuas de Deus no Éden de Adão, têm segredos e dificuldades. Uma dessas dificuldades é a muito conhecida sequência de Fibonacci.

Por que essa sequência é importante, tem nome especial e é amplamente difundida nos meios acadêmicos? A sequência possui a seguinte representação:

```
0 1 1 2 3 5 8 13 21 34 55 ...
```

Conta-se que ela foi descrita por Leonardo de Pisa, conhecido como Fibonacci, por volta do ano 1.200, para descrever o crescimento de uma população de coelhos. Os números descrevem o número de casais em uma população de coelhos depois de n meses com as seguintes hipóteses:

1) no primeiro mês, nasce apenas um casal;
2) casais reproduzem-se apenas no segundo mês de vida;

3) todo mês, cada casal fértil dá à luz um novo casal;

4) os coelhos nunca morrem.

Depois que a sequência ficou conhecida, muitas aplicações foram encontradas para sua utilização, como a forma das galáxias, as relações na filotaxia do girassol e do abacaxi, pinturas, arquiteturas grega e egípcia, o voo dos pássaros. Por fim, chegou-se ao *gold number*, que resulta no cálculo da razão áurea.

A regra da geração da sequência de Fibonacci é simples, e, observando os números, percebe-se que sempre um número é gerado pela soma dos dois termos anteriores.

O detalhe é que a sequência de Fibonacci pode também ser gerada por uma fórmula fechada, que representa cada termo, a qual é conhecida como *fórmula de Binet* (1786-1856):

$$x_n = \frac{1}{\sqrt{5}}\left[\left(\frac{1+\sqrt{5}}{2}\right)^n - \left(\frac{1-\sqrt{5}}{2}\right)^n\right]$$

Uma vez desejado conhecer o *n-ésimo* termo da sequência, basta substituir o valor na fórmula, que automaticamente se encontrará o valor de x. E na regra da sequência? Teríamos de repetir (fazer iteração) de todos os termos até o *n-ésimo*, para saber o resultado.

Então, qual a vantagem?

É que essas fórmulas mágicas, fechadas, terminadas, são raras e apenas existem para simples problemas. E, mesmo para complexos problemas que existem soluções em fórmulas grandes, muitas vezes os cálculos são demorados ou levam páginas e mais páginas, pois dependem de outros, como integrais, derivadas e limites. Essas fórmulas dependem de tantos desenvolvimentos que uma regra, apesar de cansativa como a iteração, torna-se muito mais rápida, visto que será realizada por computador.

Uma iteração subirá uma escadaria muito longa e demorada rumo ao infinito, mas poderá chegar nos limites do polegar de Adão, não encostar no dedo de Deus como no afresco de Michelangelo, mas próximo o suficiente para os padrões humanos ficarem satisfeitos.

Desde as primeiras linguagens, os comandos que determinam a iteração entre os termos são comuns em todas, como o comando de repetição *for* e o comando *while*. O que altera em cada linguagem é a forma como se chamam e acionam esses comandos; mas esses dois sempre existirão em linguagens de programação.

A ideia é começar nomeando o primeiro valor da sequência como *ult* (no caso, o número zero), uma variável que, da direita para a esquerda, seria o último número da sequência. Uma segunda variável necessária seria o *penul*, como penúltimo valor da direita para a esquerda (no caso o número 1).

	A	B	C	D	E	F
1	0	1	1	2	3	5
2	*ULT*	*PENUL*				

Figura 1.15 – Início da Sequência de Fibonacci.

É preciso observar a seguinte ordem de repetição, na qual o que é *penul* numa iteração se transforma em *ult* na próxima, enquanto o que é *soma* numa iteração segue para a próxima como *penul*:

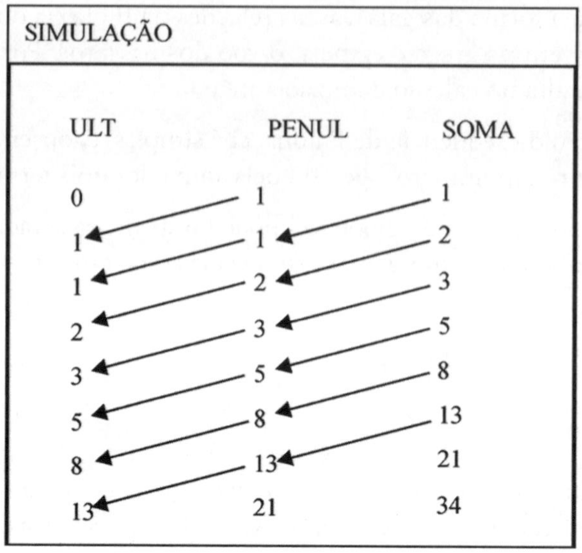

Figura 1.16 – Regra para mudança de variável entre as iterações.

Usando-se *While* (comando de repetição no computador), por exemplo, em Python, a repetição deve ser de tal forma que o valor da variável *ult* receba o valor de *penul* antes da próxima iteração, e a variável *penul* receba a *soma* anterior. Então, quem tinha valor *ult* é descartado para receber *penul*; quem tinha *penul* é descartado para receber a soma. E a nova *soma*? A nova soma só é realizada depois da realimentação do comando *no While*. Ensinando ao computador essa lei de repetição, é possível atingir o número desejado de Fibonacci, que será o mesmo da fórmula de Binet.

```
# fibonacci
n=int(input('nÃºmero de termos desejado = '))

ult=0
penul=1
i=3
while i<=n:
   soma=ult+penul
   print('termo = ',i,'fibonacci = ',soma)
   ult=penul
   penul=soma
   i=i+1
```

Rodando-se o algoritmo anterior para calcular os primeiros 20 termos da sequência de Fibonacci, tem-se o seguinte resultado:

```
número de termos desejado = 20
termo =  3 fibonacci =  1
termo =  4 fibonacci =  2
termo =  5 fibonacci =  3
termo =  6 fibonacci =  5
termo =  7 fibonacci =  8
termo =  8 fibonacci =  13
termo =  9 fibonacci =  21
termo =  10 fibonacci =  34
termo =  11 fibonacci =  55
termo =  12 fibonacci =  89
termo =  13 fibonacci =  144
termo =  14 fibonacci =  233
termo =  15 fibonacci =  377
termo =  16 fibonacci =  610
termo =  17 fibonacci =  987
termo =  18 fibonacci =  1597
termo =  19 fibonacci =  2584
termo =  20 fibonacci =  4181
```

A sequência sobe sem parar, como se estivéssemos subindo a escadaria infinita em busca do infinito eterno, do último número de Fibonacci possível, o mais próximo possível, como a figura de Adão querendo tocar o dedo de Deus.

A iteração, ideia proposta por Alan Turing sobre sua fita de tamanho infinito, é que tornou possível cálculos exaustivos que sempre levavam a erros humanos. A ideia de que a repetição pode encontrar a estabilidade como se fosse um Éden imutável fez aparecer inúmeras aplicações em todas as áreas da ciência. Por exemplo, um problema descrito na era de Euclides sobre como calcular o máximo divisor comum (MDC) é resolvido em milésimos de segundos em qualquer linguagem, de modo que o mais importante não é a linguagem em si, mas o método de resolução proposto em 300 a.C.

Qual é o MDC entre 348 e 156?

O algoritmo de mais de 2 mil anos nos ensina a seguir os passos dos pensadores antigos, no que hoje ensinamos aos estudantes do ensino médio. Nesse caso, o algoritmo é:

1) chama-se de n = 348 e m = 156;
2) divide-se n/m e observa-se o resto;
3) caso o resto não seja nulo, o novo n é 156, e o resto é o novo m;
4) repete-se a partir do passo 2;
5) se o resto for zero, interrompem-se as divisões e imprime-se o atual valor de m como o MDC.

Do passo 2 ao passo 4, quando nós, humanos, estamos calculando, fazemos a iteração de uma forma que nem percebemos. Mas, em termos de máquina, é a parte mais importante da computação, pois é com ela que uma máquina saberá como repetir uma operação e até quando repetir. De forma matemática, escrevemos o mesmo algoritmo (ou ensinamos aos jovens estudantes) da seguinte forma:

Iteração-1:

$$\begin{array}{r|l} 348 & \underline{156} \\ 36 & 2 \end{array}$$

Iteração-2:

156 | 36
12 4

Iteração-3:

36 | 12
0 3

Logo, temos que o número 12 é o MDC entre 348 e 156. Para poucas divisões esse algoritmo é fácil e realizável em qualquer exame de ensino médio com bom treino. Mas qual é o MDC entre 120588 e 100236? Programando-se o algoritmo de Euclides em Python, fica fácil encontrar que o MDC é 12. A parte principal do algoritmo é a seguinte:

```
n=int(input("n= "))                 # <--- leitura de n
m=int(input("m= "))                 # <--- leitura de m

antigo=n
novo=m
resto = antigo % novo
mdc=[]                              # < --- lista vazia para receber m
while resto !=0:                    # <----- repete enquanto resto não nulo
    resto=antigo % novo             # <--- divide n/m
    antigo=novo                     # <--- m se transforma em n
    novo = resto                    # <--- resto se transforma em novo m
    mdc.append(antigo)              # <--- salva m
```

As leituras de *n* e *m* abrem os procedimentos do algoritmo de Euclides. As variáveis *antigo* e *novo* servem para auxiliar na troca de *n* por *m*, enquanto o resto não for zero. Todos os procedimentos dos passos 2 a 4 estão dentro do comando *While*. No caso do Python, é possível ainda "empilhar" os números *m* enquanto não se chega ao divisor nulo. Isso é interessante porque, depois, podemos fazer um gráfico e observar todo o trabalho do algoritmo com suas idas e vindas nas tentativas de se descobrir o divisor comum dos números, sem se cansar e sem errar em suas decisões.

A Figura 1.17 apresenta as iterações entre as divisões e repetições nas trocas dos numeradores e divisores, até se chegar ao número 12. Esse tipo de gráfico é a presença mais clara do que se chama, em matemática e computação, de "convergência". Para cada passo o algoritmo caminha em direção a uma espécie de Éden "imutável", um lugar comum onde uma vez atingido não se poderá sair. O repouso do divisor comum no número 12 é o local onde os números 120588 e 100236 tem um "pai ou mãe" em comum, um "DNA" numérico mostrando a mesma raiz para eles.

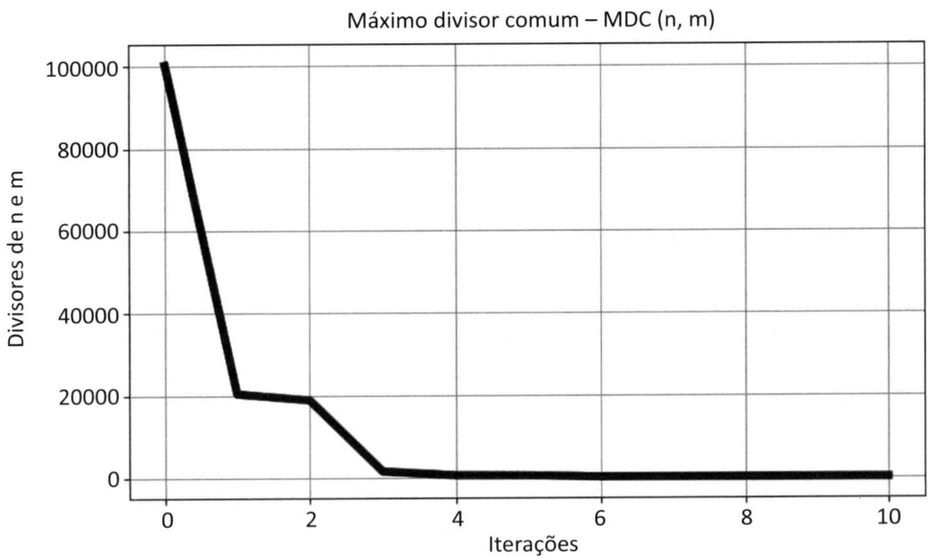

Figura 1.17 – Iterações para descobrir MDC entre 120588 e 100236.

A busca pela convergência é o desejo de todo pesquisador na área de ciências exatas, é o "santo graal" da matemática, pois, dessa convergência, soluções fechadas (ou analíticas, como se diz em matemática) podem ser elaboradas, como a fórmula de Binet para a sequência de Fibonacci.

Mas esse Éden de convergência não é sempre atingido; na realidade, ele é mais uma exceção do que uma regra, sempre atrapalhado pelos demônios que rondam o paraíso das soluções, como veremos no Capítulo 2. O demônio tem um nome: *caos*.

Esse algoritmo e outros estão no GitHub para serem baixados gratuitamente na pasta do repositório: <https://github.com/malcaetano/Eden_Algoritmos_Python/tree/main/Cap1>.

Algoritmo completo do MDC(n,m) – Python:

```
#Algoritmo do max div comum (mdc)
import matplotlib.pyplot as fig

n=int(input("n= "))                  # <--- leitura de n
m=int(input("m= "))                  # <--- leitura de m

antigo=n
novo=m
resto = antigo % novo
mdc=[]                               # < --- lista vazia para receber m
while resto !=0:                     # <----- repete enquanto resto não nulo
   resto=antigo % novo               # <--- divide n/m
   antigo=novo                       # <--- m se transforma em n
   novo = resto                      # <--- resto se transforma em novo m
   mdc.append(antigo)                # <--- salva m

```

```
print('++++++++++++ MDC ++++++++++++')
print('MDC(%d,%d) = %d' % (n,m,antigo))
print(mdc)

fig.plot(mdc,'-k',linewidth=5)
fig.grid
fig.ylabel('divisores de n e m', fontsize=16)
fig.xlabel('iterações',fontsize=16)
fig.grid()
fig.title('MÁXIMO DIVISOR COMUM - MDC(n,m)', fontsize=16)
```

Capítulo 2

O caos ronda o Éden

2.1 INTRODUÇÃO

O saudoso e genial Carl Sagan, ícone acadêmico de toda uma geração, discute a presença do demônio em diversas passagens do seu livro *O mundo assombrado pelos demônios* (1996). No desenvolvimento do Capítulo 7, Carl Sagan discute a presença do demônio no imaginário popular, na Bíblia e na vida de diversos santos da Igreja Católica. Em uma das passagens, ele comenta (p. 122):

> Desde o início, os demônios significavam muito mais do que uma simples metáfora poética para o mal no coração dos homens. Santo Agostinho ficava preocupado com os demônios. Ele cita o pensamento pagão prevalecente na sua época: "Os deuses ocupam as regiões mais elevadas, os homens as mais baixas, os demônios a região intermediária".

Ainda nessa passagem sobre o livro VIII de Santo Agostinho (*A Cidade de Deus*), Carl Sagan (1996, p. 123) explica o significado da palavra demônio para seu livro: "Podem assumir qualquer forma, e sabem muitas coisas – demônio significa 'conhecimento' em grego (...)."

Carl explica após esse parágrafo que, enquanto, em grego demônio significa conhecimento, ciência significa conhecimento em latim. E daí o título do seu livro, ao provocar o leitor sobre os mitos que perturbam o conhecimento científico dia após dia. No caso dos algoritmos, um dos demônios escondidos que perturbavam as primeiras pesquisas com computador era a divergência de resultados. Até a década de 1960, ninguém conseguia explicar como resultados tão diferentes podiam ser obtidos com apenas pequenas alterações em algumas condições iniciais. Algoritmos que levavam às soluções "sólidas", de repente, com pequenas alterações, divergiam para o infinito, em problemas que se tornavam intratáveis.

O primeiro a levantar discussão sobre o descontrole nas soluções de problemas com pequenas alterações nas condições iniciais foi James Clerk Maxwell (Barrow, 1994), no século XIX. Segundo Maxwell, a maioria dos fenômenos não lineares, como turbulências e condições atmosféricas, com incerteza ínfima em seu estado atual, impede-nos de prevermos com precisão seu estado futuro.

Desde os tempos de Isaac Newton e Leibniz, a matemática proporcionou, com o nascimento do cálculo diferencial e integral, a possibilidade de todas as áreas criarem cenários para suas atividades. Esses cenários, no início, eram voltados sempre para a área de astronomia, na tentativa de previsão de aparecimento de novos planetas. Foi utilizado, em seguida, pela engenharia, a princípio para os estudos das ciências mecânicas e hidráulicas, e, posteriormente, da eletricidade. Assim, matemática, física e engenharia apresentaram às outras áreas as possibilidades de criação de cenários numéricos, gerados por cálculos e equações, com a finalidade de gerar simulações de qualquer tipo de ambiente.

Esses conjuntos de equações chamam-se *modelos matemáticos*, utilizados para a simulação numérica de eventos relacionados com a realidade em todas as áreas. Desde a física, passando pela astronomia e pela engenharia, e chegando às áreas de economia, finanças e administração, todos os estudos de uma forma ou outra sempre usam como base algum tipo de modelo matemático composto de equações e lógicas.

Quando o modelo prescrito envolve movimento em relação ao tempo e ao espaço, como bolsas de valores, localização de empresas competitivas do mesmo setor, logística para transportes de pessoas e mantimentos, movimentos de aviões, bolas de basquete, molas, pêndulos, células, epidemias, enfim, tudo que nos interfere em espaço e tempo, diz-se que o modelo envolvido possui dinâmica. Então, possuirá, de alguma forma, equações com derivadas ou equações que precisam de integração.

Nesse aspecto, podemos imaginar uma equação composta de variação de taxas, em que a variável x pode ser o preço de algo, tamanho, volume etc. A diferença entre dois tempos t_1 e t_2 para dois valores dessa variável geralmente é indicada em um cálculo como:

$$\Delta x = x(t_2) - x(t_1)$$
$$\Delta t = t_2 - t_1$$

Para a medição da taxa de variação de x, a diferença da variável x em dois tempos diferentes deve ser dividida pelo intervalo de tempo da seguinte forma:

$$\frac{\Delta x}{\Delta t}$$

Por sua vez, essa taxa obedece a uma determinada regra, observada por alguma repetição do fenômeno estudado. Essa regra é, então, uma função, que explica como a taxa da variável x varia no tempo. Seja essa função de forma proporcional, linear, não linear ou mais complexa possível, ela será representada pela equação de diferenças:

$$\frac{\Delta x}{\Delta t} = f(t, x)$$

Caso essa função *f* tenha o tempo explícito em sua representação. Se o tempo não aparece nessa função de maneira explícita, então, a representação dessa taxa passa a ser:

$$\frac{\Delta x}{\Delta t} = f(x)$$

É nesse ponto que entra o cálculo diferencial e integral, que busca representar essa taxa não com uma diferença fixa ou grande do tempo, mas com uma representação chamada infinitesimal. Essa equação passa a receber o nome de equação diferencial com a representação:

$$\frac{dx}{dt} = f(x)$$

A equação diferencial exige que uma integral seja realizada para descobrir qual o valor da variável x, dada essa taxa de variação de x. Por exemplo, se for conhecida a taxa que um preço muda de valor a cada segundo, é possível descobrir qual é esse valor no segundo seguinte. O mais simples dos métodos numéricos para integrar a equação diferencial é conhecido como *método de Euler*, que funciona da forma descrita a seguir:

Partindo da taxa discreta:

$$\frac{\Delta x}{\Delta t} = f(x)$$

Então, transfere-se a variação do intervalo de tempo Δt para o lado direito da equação:

$$\Delta x = \Delta t.f(x)$$

Se usarmos o fato de que a variação discreta $\Delta x = x(t_2) - x(t_1)$, então, teremos que $x(t_2) = x(t_1) + \Delta t.f(x(t_1))$.

A equação diferencial agora foi aproximada por outra, conhecida como equação de diferenças. O algoritmo, para integrar numericamente a equação de diferenças, diz que o valor na variável no tempo futuro $x(t_2)$ é o mesmo quando se toma o valor dessa variável no tempo de hoje $x(t_1)$ e somar-se a ele o intervalo de tempo que se deseja integrar a cada passo, multiplicado pela regra ou função *f(x)*. De maneira mais metodológica, a regra se transforma em:

$$x_{k+1} = x_k + h * f(x_k)$$

em que $h = \Delta t$. Essa equação é conhecida como *equação discretizada da original*, da qual partimos antes, em que o símbolo "*d*" se apresentava no lugar do símbolo Δ. Entre os séculos XIX e XX, essa fórmula para previsão de fenômenos parecia, de certa forma, segura e confiável. No entanto, como foi afirmado antes, Maxwell já havia alertado ao mundo acadêmico sobre os problemas em sistemas não lineares. E essa forma de resolver equações diferenciais também é usada para tais sistemas.

Henri Poincaré, um dos maiores matemáticos do século XIX, fez um aprofundamento enorme desse assunto e elaborou teoremas do desenvolvimento da teoria de sistemas dinâmicos. Ele ganhou um prêmio por resolver um problema que afligia o mundo da astronomia. O conhecido problema dos três corpos estava travando o mundo astronômico, visto que os pesquisadores da época desejavam uma fórmula fechada, uma maneira de prever o deslocamento completo da Terra, levando-se em conta o Sol e um terceiro corpo, por exemplo a Lua, ou Marte, ou Júpiter.

Ao desenvolver a teoria de sistemas dinâmicos, Poincaré mostrou que o problema dos três corpos é um problema sem solução, para o qual não é possível uma fórmula integrável e fechada, mas propôs uma maneira engenhosa de resolvê-lo. Ele considerou o problema com apenas dois corpos, e aproximações sucessivas de perturbações pequenas de um terceiro corpo, por exemplo, a Lua, no caso do sistema Sol e Terra. A solução foi tão revolucionária que é a mesma utilizada hoje para os modernos projetos espaciais.

Ele próprio alertou para os problemas dos sistemas não lineares e, ao contrário de Maxwell, mostrou a complexidade dos resultados por meio de gráficos, conhecidos como mapas de Poincaré, espaço de fases, atratores, pontos estáveis e pontos instáveis. Mas os problemas realmente se aprofundaram com o advento dos computadores, sobretudo após a metade do século XX.

De posse das máquinas desenvolvidas a partir das ideias de Turing, o mundo se viu cada vez mais impelido na utilização de grandes computadores, buscando velocidade e precisão para realizar o sonho dourado da previsão sobre o futuro dos eventos naturais.

2.2 A BORBOLETA ENTRA NO ÉDEN

Um dos problemas que logo se tornou evidente é como os erros numéricos se propagam pelas previsões. O que antes, usando-se régua de cálculo, era desprezível para poucos passos, tornou-se um problema quase incontrolável com o uso das calculadoras eletrônicas e dos computadores. Por exemplo, vamos ver o que acontece com o mais simples dos modelos matemáticos, conhecido como crescimento exponencial, segundo o qual a variável y cresce com uma taxa que é proporcional ao valor atual existente. Explosões demográficas de populações são representadas por esse modelo, como crescimento de bactérias, vírus, inflação etc. A representação mais simples é do tipo:

$$\frac{dy}{dt} = y \tag{2.1}$$

Esse é um modelo que possui uma fórmula fechada, uma fórmula em que se colocam os valores, aperta-se o "enter", e a resposta é imediata. A solução para a dinâmica anterior é a simples e bela fórmula:

$$y(t) = y(0)e^{t} \tag{2.2}$$

Caso tenhamos o valor da condição inicial y(0), basta colocarmos o tempo desejado t no lado direito da fórmula, que saberemos instantaneamente o valor de y. Essa é a maneira que utilizamos para testar novos métodos numéricos e ver sua acurácia, pois temos a solução exata sempre.

Para compararmos os resultados, vamos supor que não saibamos a solução, e adotaremos como forma de resolução a equação discreta de Euler, colocando-se num algoritmo em Python. A condição inicial para y seja y(0) =1, e o intervalo de tempo h = 0.1. Isso significa que vamos ensinar o algoritmo a calcular iterativamente para cada 0.1 de tempo *t* o valor de y dependente do y anterior, usando a regra:

$$y_{k+1} = y_k + h * f(y_k) \tag{2.3}$$

Como a função f(y) = y (note que o lado direito da Equação 2.1 a função f(y) é a própria variável y), então, a Equação 2.4 será:

$$y_{k+1} = y_k + h * y_k \tag{2.4}$$

A Equação 2.4 será usada para simular o desenvolvimento do modelo (2.1), começando em t = 0 até t = 1. Quando t = 0, a variável discreta k = 0. Ao aumentar o tempo para t = 0.1, a variável k se altera para k = 1. E quando o tempo passa para t = 0.2, k = 2. Então, como se pode perceber, a variável k é um contador de iterações sendo, portanto, um número inteiro. A variável k conta o número de *loop* necessários na integração do modelo, para prever o futuro com o relógio do tempo, começando em 0, caminhando de 0.1 em 0.1, até finalizar em t = 1. O algoritmo em Python apenas com a solução numérica é o seguinte:

```
y=1
y_list=[y]
t=0
tf=1
n=10
h=tf/n
t_list=[t]
for i in range(0,n):
    t = t + h
    y = y + h*y
    t_list.append(t)
    y_list.append(y)
```

Toma-se a condição inicial y(0) =1 e o tempo final colocando ambos numa lista, definindo também qual o intervalo de tempo que será deslocado entre um tempo e outro. Nesse caso, define-se a quantidade de pontos *n*. Então, como se deseja h = 0.1, esse intervalo (também conhecido como passo de integração) é facilmente elaborado dividindo-se o tempo final pela quantidade de pontos, ou seja, h = tf / n, o que nos fornece h = 1/10 quando usamos 10 pontos. Nesse exemplo, como são 10 pontos, a variável k terminará valendo k = 10, indicando 10 iterações até a solução no ponto final.

O comando "for" é mais um comando de iteração, comentado no Capítulo 1. Ele, junto com "while", forma a magia da repetição e dos cálculos em computação. A nomenclatura dele no Python indica que a repetição deve ser realizada no intervalo entre 0 e a quantidade desejada de pontos com solução, que chamamos aqui de *n*.

Observando o resultado na Figura 2.1, parece uma boa solução, com característica de crescimento exponencial, como é realmente a função exponencial. Mas temos um problema.

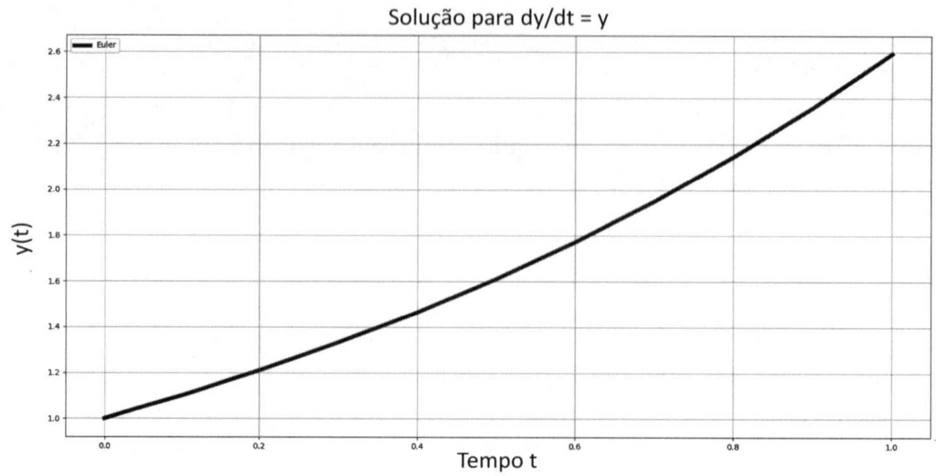

Figura 2.1 – Solução com o algoritmo de Euler.

Como escrito antes, nós sabemos a solução desse problema. Ela é conhecida pela Equação Exponencial (2.2). Torna-se interessante, então, compararmos o algoritmo de Euler (que é uma aproximação da solução) com a solução real.

```
# método de Euler
import matplotlib.pyplot as fig
import math
y=1
ysol=1
y_list=[y]
ysol_list=[ysol]
t=0
tf=1
n=10
h=tf/n
t_list=[t]
for i in range(0,n):
    t = t + h
    y = y + h*y
    ysol = 1*math.exp(t)
    t_list.append(t)
    y_list.append(y)
    ysol_list.append(ysol)

```

```
21 fig.plot(t_list,y_list,'-k', linewidth=5)
22 fig.plot(t_list,ysol_list,'--k', linewidth=5)
23 fig.grid()
24 fig.xlabel('tempo t', fontsize=16)
25 fig.ylabel('y(t)', fontsize=16)
26 fig.title('Solução para dy/dt = y', fontsize=16)
27 fig.legend(['Euler','Real'])
```

No algoritmo anterior, adicionamos a solução (2.2), que foi colocada no programa em Python nas linhas 7, 16 e 19. Em especial, a Equação (2.2) está programada com a função exponencial "exp", e o número 1 na frente da biblioteca "math" do Python indica a condição inicial y(0) = 1. Para os mesmos pontos anteriores que representam o resultado do modelo para cada tempo t, ao comparar-se as duas soluções, pode-se perceber como o acúmulo de pequenos erros aparece mesmo com poucos passos e para um problema tão simples (ver Figura 2.2). A linha tracejada é a resposta correta, exata, real, e a linha contínua, a resposta aproximada pelo algoritmo de Euler.

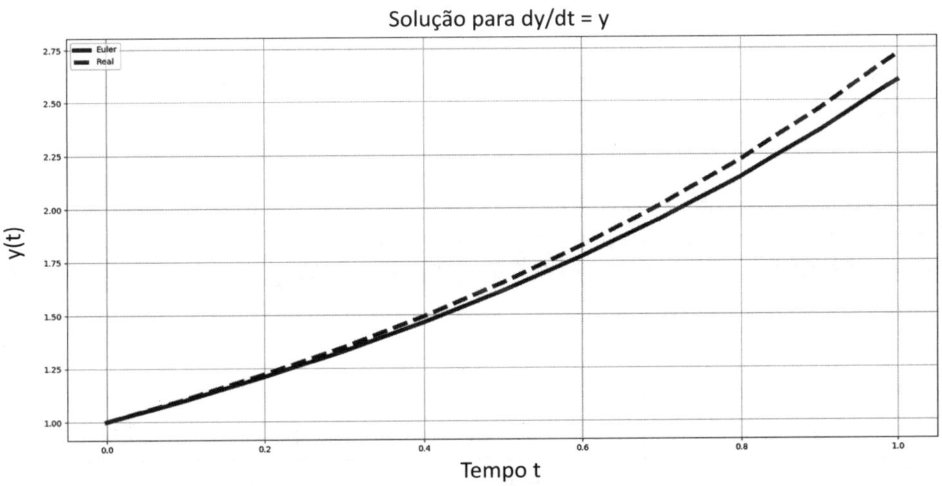

Figura 2.2 – Comparação entre algoritmo de Euler e solução exata para tempo final = 1.

Aumentando o tempo final para a solução de y(t), por exemplo tf = 5, com quantidade de pontos n = 50, isso fornecerá o mesmo passo de tempo h = 0.1. Mas o resultado visto na Figura 2.3 já está completamente defasado e errado em relação à solução exata (2.2).

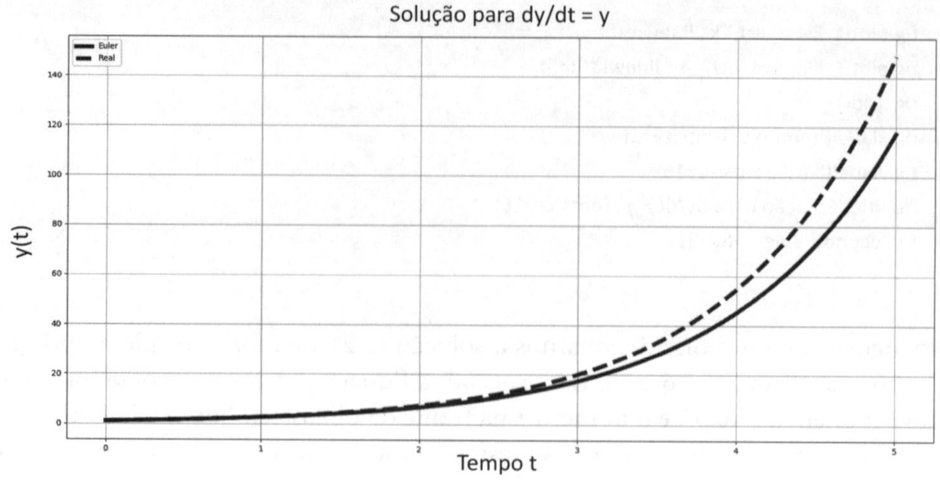

Figura 2.3 – Comparação entre algoritmo de Euler e solução exata para tempo final = 5.

Isso ocorreu devido aos pequenos erros de arredondamento entre um passo e outro. O que num primeiro passo poderia ser uma diferença na quinta casa decimal, alguns passos à frente contaminam os dígitos significativos. Como se diz no jargão acadêmico, "o diabo se esconde nos dados". Como curiosidade, a Tabela 2.1 apresenta apenas os três primeiros resultados comparativos entre as duas soluções. Em apenas três iterações, a divergência salta da terceira casa decimal para a segunda casa decimal.

Tabela 2.1 – Comparação entre as soluções

Iteração	Y(t) – Euler	Y(t) – Solução exata
0	1.0	1.0
1	1.1	1.10517
2	1.21	1.22140

Isso forçou os matemáticos numa corrida pelo desenvolvimento de novos e mais avançados algoritmos para integração, simulação e resolução desse tipo de equações. Nos anos 1960, mais de 100 mil pesquisadores ao redor do mundo estiveram envolvidos no desenvolvimento do projeto Apollo pela Nasa, fazendo aparecer uma avalanche de métodos numéricos. Desde então, surgiram métodos como integradores com controladores de passo, integradores do tipo Runge-Kutta, integradores do tipo múltiplos passos, integradores não lineares, integradores baseados no método de Monte Carlo e outras centenas de algoritmos apenas voltados para esse tipo de problema.

Mas um problema é a solução, o outro problema é o modelo que descreve a natureza. E isso não depende do método, visto que, se num problema de turbulência, as soluções se alternam entre estáveis e instáveis, elas continuarão com as oscilações e imprevisões para todos os métodos.

E foi com isso que se deparou Edward Norton Lorenz. Ele foi um matemático e meteorologista que estava trabalhando num sistema de previsão de tempo no *Massachusetts Institute of Technology* (MIT), nos Estados Unidos, nos anos 1960. O modelo matemático descrevia com equações diferenciais o escoamento convectivo na atmosfera. Lorenz rodava o algoritmo até um certo tempo final *tf*. Quando o computador parava de rodar o algoritmo, Lorenz tomava os resultados finais como as condições iniciais de um novo intervalo de tempo. E, para a sua surpresa, os resultados divergiam e oscilavam completamente, parecendo periódicos, mas nunca retornando ao mesmo ponto. O sistema de Lorenz era muito parecido com este:

$$\begin{cases} \dfrac{dx}{dt} = 7.85(y - x) \\ \\ \dfrac{dy}{dt} = -xz + 24.3x - y \\ \\ \dfrac{dz}{dt} = xy - 8z/3 \end{cases} \tag{2.5}$$

O sistema é formado por três equações diferenciais (por isso a letra "*d*" no lado esquerdo da equação), em que as variáveis x, y e z variam no tempo seguindo as regras do lado direito da equação.

No início, Lorenz achou que era erro em sua programação, mas, estudando o caso, percebeu que, ao tomar os valores da impressão, ele não estava copiando todo o número, pois o que é impresso não é o que se tem na memória do computador. Então, mesmo com erros de truncamento em casas decimais muito distantes, o sistema se comportava como outro modelo completamente diferente. Lorenz percebeu que o modelo que ele havia criado era extremamente sensível às variações do estado inicial.

A consequência veio anos depois dessa descoberta, abrindo-se um novo campo de pesquisa, conhecido como *teoria do caos*. A frase "uma borboleta que bate asas na China provoca um furacão nos Estados Unidos" foi difundida e espalhada em todas as áreas para descrever como o comportamento sensível de certos modelos não lineares às condições iniciais provocam grandes alterações em sistemas fechados. Mas de onde veio essa associação entre pequenas alterações numa região que causam catástrofes em outras?

A verdadeira frase é a seguinte: "O batimento de asas de uma borboleta no Brasil pode causar um tornado no Texas?". Essa pergunta é o título do artigo original de Lorenz (1972) no 139º Encontro da Associação Americana para o Avanço da Ciência, no dia 19 de dezembro de 1972. E Lorenz começa seu artigo respondendo de forma afirmativa e explicando os dois pontos principais para se responder a essa questão.

A parte fundamental do modelo de Lorenz é a integração numérica, conforme mencionado antes. Obviamente que o integrador de Euler não serve para esse caso, visto que são equações contínuas (por isso o diferencial "*d*") e não lineares, com essa não linearidade advinda da multiplicação entre as variáveis no lado direito do sistema, principalmente na segunda e terceira equação.

```
import numpy as np
from scipy.integrate import odeint
import matplotlib.pyplot as fig
from mpl_toolkits import mplot3d

# Condicao Inicial de x
X0 = 0
# Condicao Inicial de y
Y0 = 1
# Condicao Inicial de z
Z0 = 0

#Parametros do sistema
a = 7.85
b = 24.3
c = 8/3

# grade de tempos t
t = np.linspace(0, 60, 5000)

# Sistema de Eq. Diferenciais de Lorentz
def deriv(s, t, a, b, c):
    X, Y, Z = s
    dXdt = a*(Y - X)
    dYdt = -X*Z + b*X - Y
    dZdt = X*Y - c*Z
    return dXdt, dYdt, dZdt

# Condicoes inciais no Vetor
s0 = X0, Y0, Z0
# Integracao do sistema ##########################
res = odeint(deriv, s0, t, args=(a,b,c))
X, Y, Z = res.T

# Plot dados separados X, Y, Z
#plt.figure(facecolor='w')
ax=fig.subplot(311,facecolor='#dddddd', axisbelow=True)
ax.plot(t, X, 'k')
ax.set_xlabel('Tempo')
ax.set_ylabel('X')

ax=fig.subplot(312,facecolor='#dddddd', axisbelow=True)
ax.plot(t, Y, 'k')
ax.set_xlabel('Tempo')
ax.set_ylabel('Y')
```

```
47  ax=fig.subplot(313,facecolor='#dddddd', axisbelow=True)
48  ax.plot(t, Z, 'k')
49  ax.set_xlabel('Tempo')
50  ax.set_ylabel('Z')
51
52  fig.figure()
53  ax2 = fig.axes(projection='3d')
54  ax2.plot3D(X,Y,Z,'-k')
55  ax2.set_xlabel('X')
56  ax2.set_ylabel('Y')
57  ax2.set_zlabel('Z')
```

Para resolvermos esse sistema de Lorenz, precisamos de um integrador muito mais preciso, desenvolvido após os problemas que apareceram no integrador de Euler. Ele é conhecido como *integrador de Runge-Kutta*, com diversas ordens nas avaliações das derivadas formando variedades como Runge-Kutta de ordem 2, de ordem 3, de ordem 4, Runge-Kutta de 7/8 ordem, Runge-Kutta com passo variável, entre tantos métodos. Todos esses métodos estão implementados no Python, como visto no algoritmo anterior. A linha 32 desse algoritmo com a função odeint( ) é a linha na qual se chama a integração para resolver as equações de Lorenz. A biblioteca que deve ser importada é a scipy.integrate, que está na linha 2 do algoritmo.

Para vermos a sensibilidade desse sistema, separamos a resolução para três intervalos de tempo, até o aparecimento do Caos. A Figura 2.4 apresenta a solução, considerando um tempo final t = 10. As condições iniciais foram: x(0) = 0, y(0) = 1 e z(0) = 0, implementadas no algoritmo na linha 7, na linha 9 e na linha 11. Observando a Figura 2.4(a), percebe-se uma oscilação periódica no tempo até o seu final em t = 10. A Figura 2.4(b) descreve o comportamento das três variáveis ao mesmo tempo no gráfico de três dimensões. As posições das três variáveis partem da posição (0,1,0) e seguem em direção ao atrator periódico circular, e por lá os valores das três variáveis continuam estacionários até o tempo final t = 10.

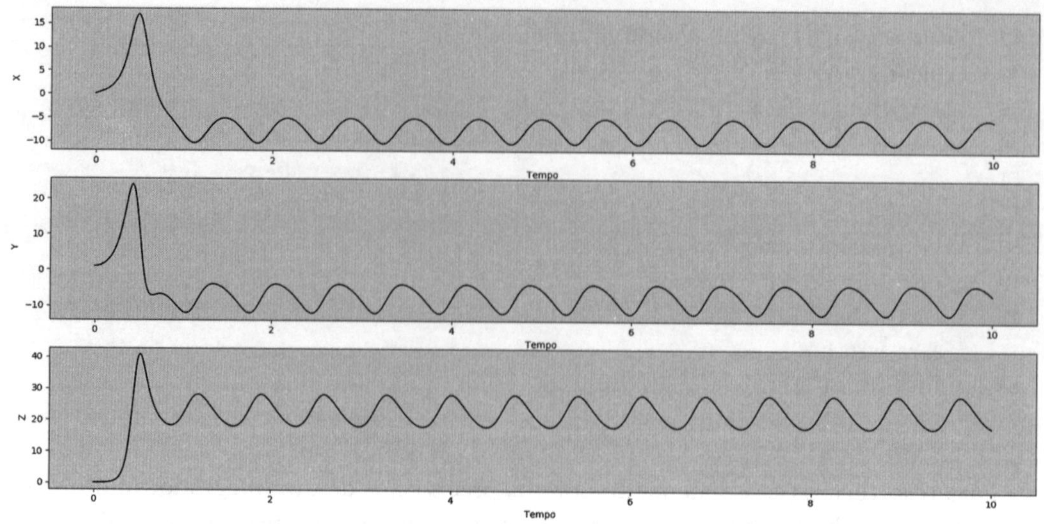

(a) Disposição no tempo de X, Y, Z

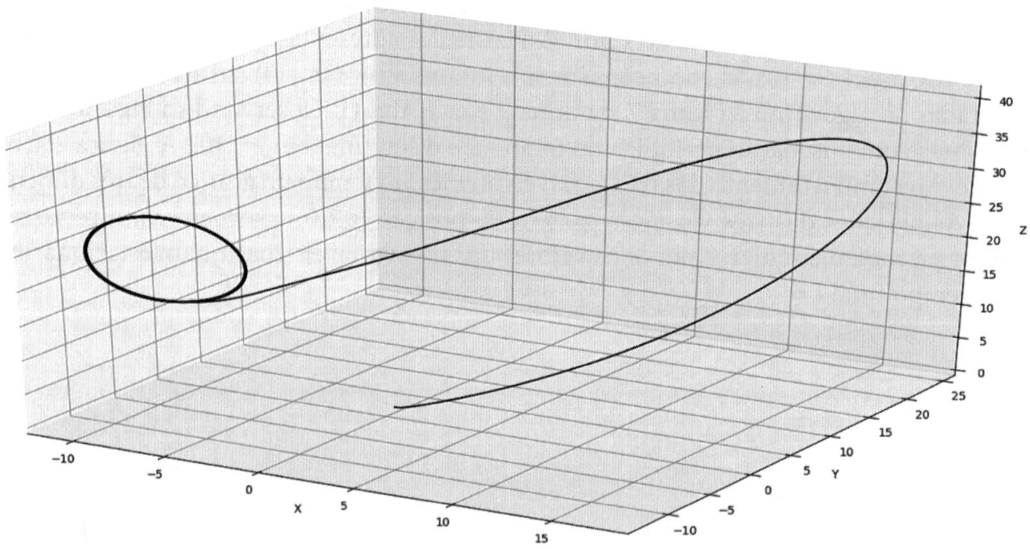

(b) Trajetória 3D das três variáveis

Figura 2.4 – Solução para as equações de Lorenz para tempo final tf = 10 com 5.000 pontos.

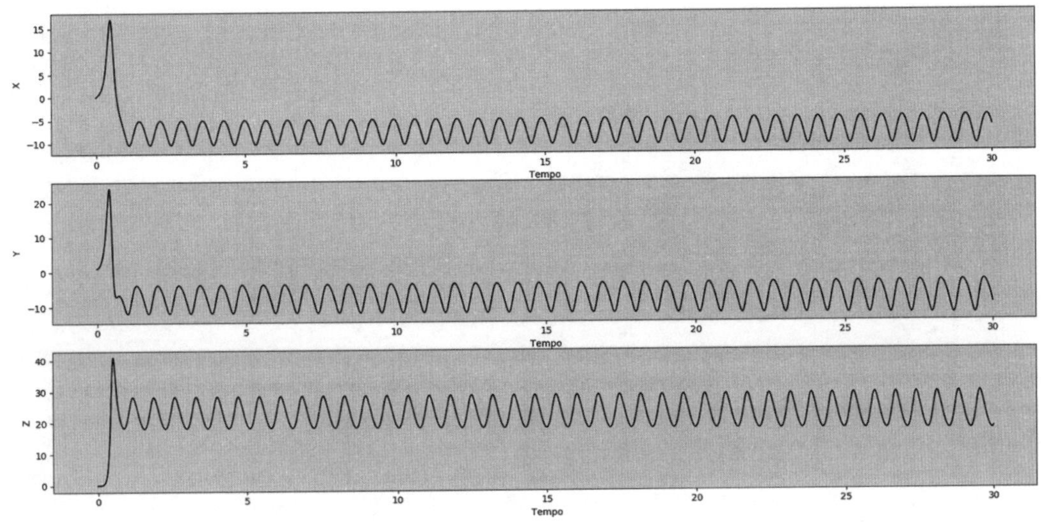

(a) Disposição no tempo de X, Y, Z

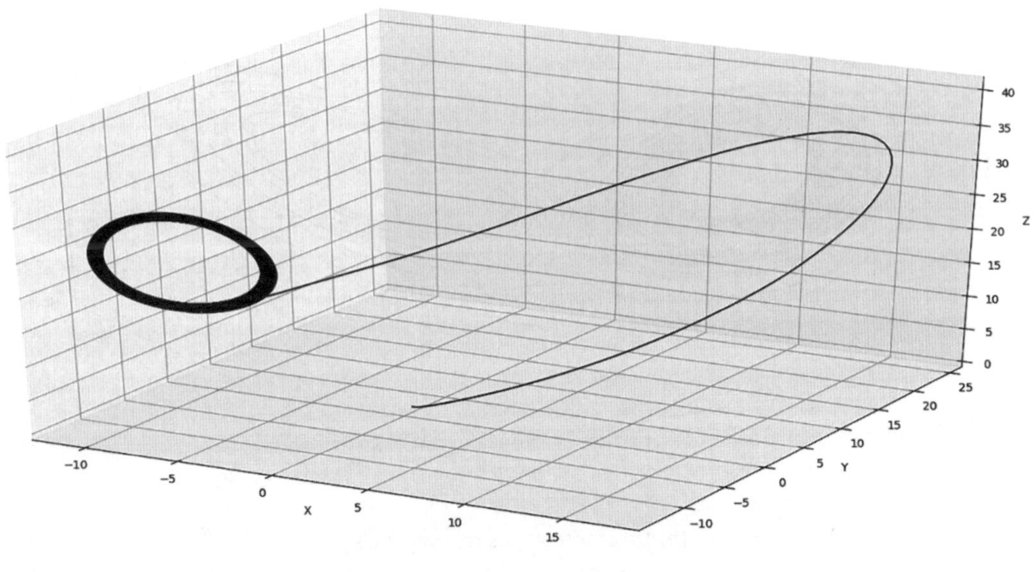

(b) Trajetória 3D das três variáveis

Figura 2.5 – Solução para as equações de Lorenz para tempo final tf = 30 com 5.000 pontos.

Na Figura 2.5, as condições iniciais são as mesmas anteriores, o número de pontos para a solução é o mesmo, somente alterando seu tempo final para o integrador. Nesse caso, o tempo final é t = 30. Observando a Figura 2.5(a) no eixo do tempo, não se percebe nenhuma alteração como para o tempo final t = 10. Ainda na Figura 2.5(b), a trajetória continua fixa ao redor do atrator.

Mas algo de estranho acontece quando expandimos novamente o tempo final, um pouco mais distante da origem. A Figura 2.6 apresenta o resultado quando o tempo final considerado é t = 60.

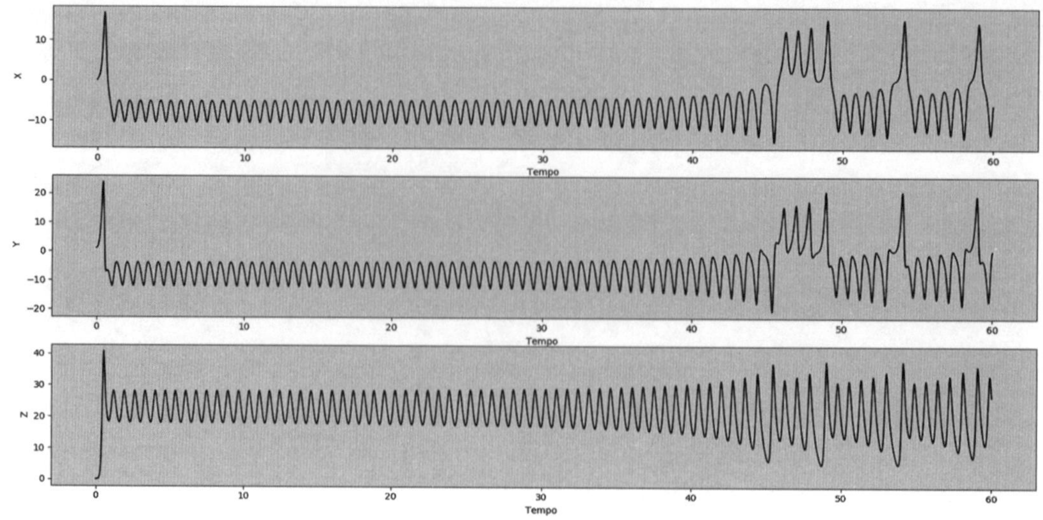

(a) Disposição no tempo de X, Y, Z

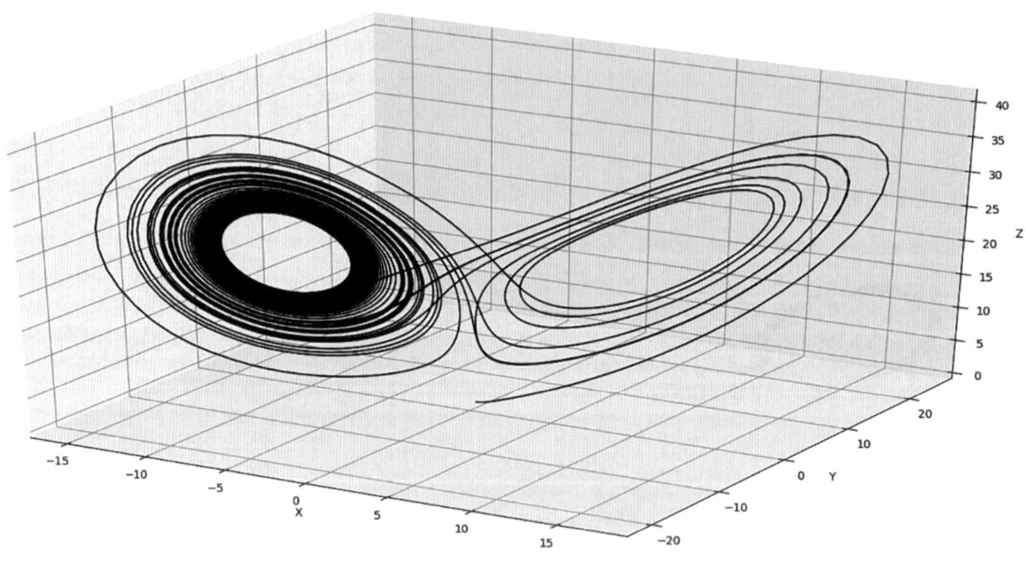

(b) Trajetória 3D das três variáveis

Figura 2.6 – Solução para as equações de Lorenz para tempo final tf = 60 com 5.000 pontos.

Na Figura 2.6(a), aproximando-se de t = 50, os comportamentos das variáveis vão se alternando entre valores positivos e negativos, aparentemente fora de controle, lembrando mais um movimento aleatório. Contudo, não é, de forma alguma, um movimento aleatório, pois sempre podemos repetir esses mesmos gráficos com mesma condição inicial. O que acontece é mais bem visualizado na Figura 2.6(b), em que percebemos que a trajetória encontrou outro atrator e, em alguns períodos, oscila ao redor do primeiro ponto; em outros momentos, salta para um segundo atrator, oscilando por outro período de tempo, voltando novamente ao atrator inicial.

Essa é uma figura clássica bastante conhecida para a solução do sistema de Lorenz (2.5), lembrando o formato de uma borboleta. Diversos trabalhos e aplicações já abordaram esse sistema e discutiram a figura da "borboleta" sob diversos aspectos.

Após a publicação e divulgação de sua descoberta, o sistema dinâmico de Lorenz foi o ponto de partida para que outros pesquisadores procurassem outros sistemas que poderiam convergir para o Caos. E outro modelo surpreendente veio de Otto E. Rössler, um alemão nascido em Berlim, em 1940, que se formou em medicina em 1966. Trabalhando com bioquímica, Rössler chegou a um modelo mais simples do ponto de vista de análise do que o modelo de Lorenz e provou, em 1975, num artigo, que esse sistema tinha o mais simples atrator caótico em sistemas dinâmicos. O sistema Rössler é o seguinte:

$$\begin{cases} \dfrac{dx}{dt} = -y - z \\ \\ \dfrac{dy}{dt} = x + 0.1y \\ \\ \dfrac{dz}{dt} = 0.1 + (x - 18)z \end{cases} \tag{2.6}$$

Partindo-se das mesmas condições iniciais de Lorenz (0,1,0) e adotando como tempo final t = 160, o resultado do sistema caótico de Rössler pode ser observado na Figura 2.7. A trajetória para x, y e z orbita um atrator, mas, em certos períodos, salta para fora do plano.

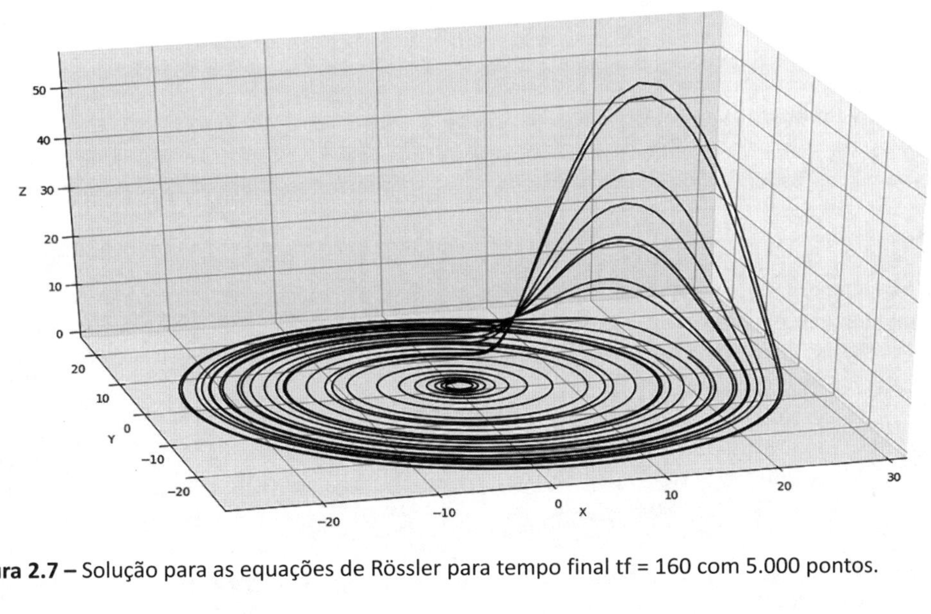

Figura 2.7 – Solução para as equações de Rössler para tempo final tf = 160 com 5.000 pontos.

O ponto interessante é que, quando observamos a evolução no tempo dessas variáveis (Figura 2.8), percebe-se que as componentes x e y se comportam como periódicas, enquanto a componente z apresenta picos sem nenhuma periodicidade e sem previsibilidade.

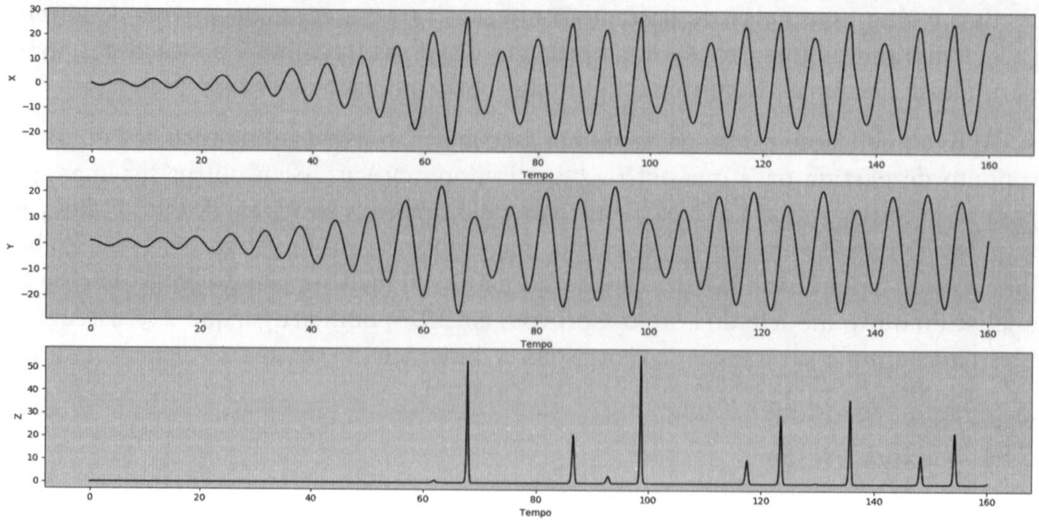

Figura 2.8 – Evolução no tempo para a solução de Rössler para tempo final tf = 160.

Uma conjunção perfeita acontece entre a matemática e o algoritmo, uma vez que o script, o programa, o algoritmo, enfim as linhas de raciocínio para um sistema caótico não precisam ser alteradas. A lógica continua sendo a mesma de se usar um integrador, de fornecer os pontos de partida, de ensinar a conexão entre as variáveis e de pedir que se retorne de sua caixa preta os resultados para x, y e z. Em linhas gerais, o algoritmo não sabe qual sistema está resolvendo; ele apenas toma as equações e segue nossa lógica de raciocínio em busca da solução.

Para o sistema de Rössler, o algoritmo em Python apresentado para o sistema de Lorenz é o mesmo, apenas trocando as linhas com os valores dos parâmetros e com as relações entre as variáveis, como apresentadas a seguir.

```
#Parametros do sistema
a = 0.1
b = 0.1
c = 18

# grade de tempos t
t = np.linspace(0, 160, 5000)

# Sistema de Eq. Diferenciais de Rossler
def deriv(s, t, a, b, c):
    X, Y, Z = s
    dXdt = -Y - Z
    dYdt = X + a*Y
    dZdt = b + (X - c)*Z
    return dXdt, dYdt, dZdt
```

2.3 BIFURCAÇÃO: CAMINHO EM DIREÇÃO AO CAOS

A biologia há muitos anos oferece estudos interessantes a respeito das populações e das relações entre a taxa de reprodução e extinção de espécies. Os biólogos perceberam anos atrás a relação entre crescimento descontrolado e o caminho da extinção. Matemáticos do século XIX ajudaram a biologia no entendimento, ou, ainda melhor, na explicação do porquê da existência e da extinção com pequenas variabilidades entre gerações.

O modelo que ajuda a descrever e explicar o crescimento ou o desaparecimento de populações está diretamente ligado à função logística. Esse modelo é baseado na conhecida curva-S, que mostra como uma população cresce rapidamente até um certo ponto e, depois desse ponto, diminui sua velocidade em direção à sua capacidade máxima de suporto, proporcionada pelo ambiente em que vive. O modelo logístico discreto é o seguinte:

$$x_{k+1} = rx_k\left(1 - x_k\right) \tag{2.7}$$

em que x_k é a quantidade de indivíduos observados no instante *k*, e r, a taxa de crescimento da população entre o instante *k* e o instante *k+1*. Uma equação simples, com implicações muito complexas. Vamos supor que nossa população começa com $x(0) = 0.1$ e tem taxa de crescimento $r = 1$. Esse algoritmo no Python é muito simples, usando apenas o conceito de lista dentro de um *loop* com comando "for".

Essas iterações respondem pelas simulações sobre como será o comportamento dessa população com alguns passos no futuro. Podemos rodar o algoritmo com apenas 100 repetições para vermos o resultado na Figura 2.9. No algoritmo, essas repetições concentram-se entre as linhas 8 e 10. As linhas 4, 5 e 6 são as condições iniciais da taxa de reprodução *r* e a condição inicial, além de salvar como primeiro elemento de uma lista *x* o valor inicial dessa população.

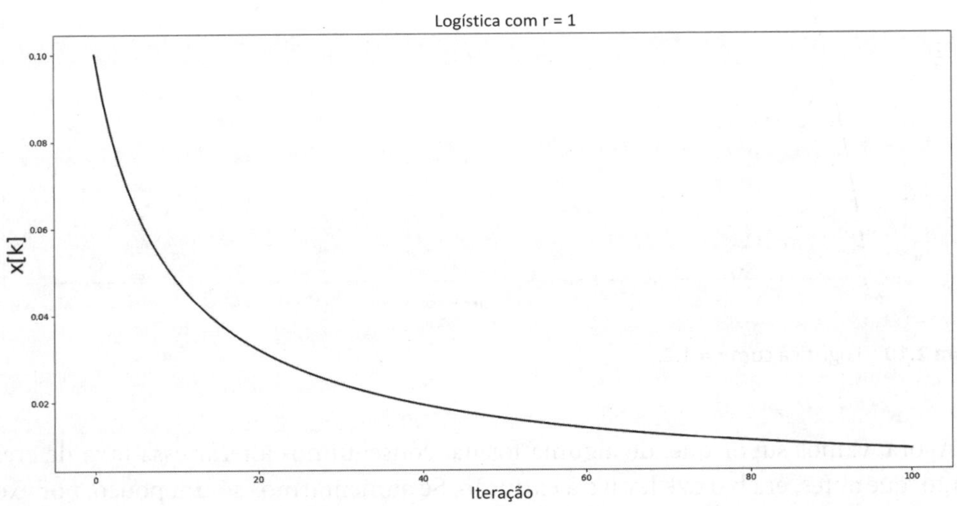

Figura 2.9 – Logística com r = 1.

O resultado é uma população rumo à extinção, como pode ser observado na Figura 2.9, uma vez que a taxa de crescimento *r* não compensa as mortes a que está submetida essa população com indivíduos *x*.

```
# Logistica
import matplotlib.pyplot as fig

r=3.84
a=0.1
x=[a]

for k in range(100):
    a = r*a*(1-a)
    x.append(a)

fig.plot(x,'-k',linewidth=2)
fig.xlabel('Iteração', fontsize=16)
fig.ylabel('x[k]', fontsize=24)
fig.title('Logistica com r = 3.8', fontsize=16)
```

Uma vez rumo à extinção, essa população apenas poderia compensar seu desaparecimento caso a taxa de reprodução aumentasse. Isso só é possível via algum tipo de controle externo, por exemplo, alguma lei que promova uma reserva ambiental, a proibição de caça, ou reprodução em laboratório para reintrodução no futuro nesse ambiente em que essa população vive.

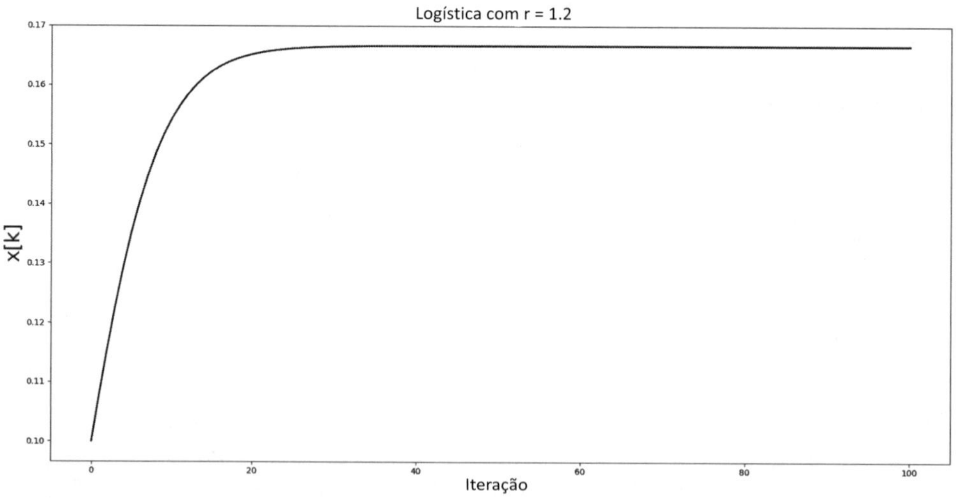

Figura 2.10 – Logística com r = 1.2.

Agora, vamos supor que, de alguma forma, conseguimos alterar essa taxa de crescimento, que antes, era baixa e levava à extinção. Se aumentarmos só um pouco, por exemplo com r = 1.2, podemos perceber na Figura 2.10 que nossa população inverte a curva e começa a crescer. Seu crescimento, no entanto, estaciona num ponto (em nosso caso próximo a x = 0.17), que é a conhecida *capacidade de suporte* dessa população, um limiar onde os recursos de vida local são os ideais para a população se manter estável.

Mas, se continuarmos a aumentar essa taxa, algo estranho começa a acontecer com essa nossa população x.

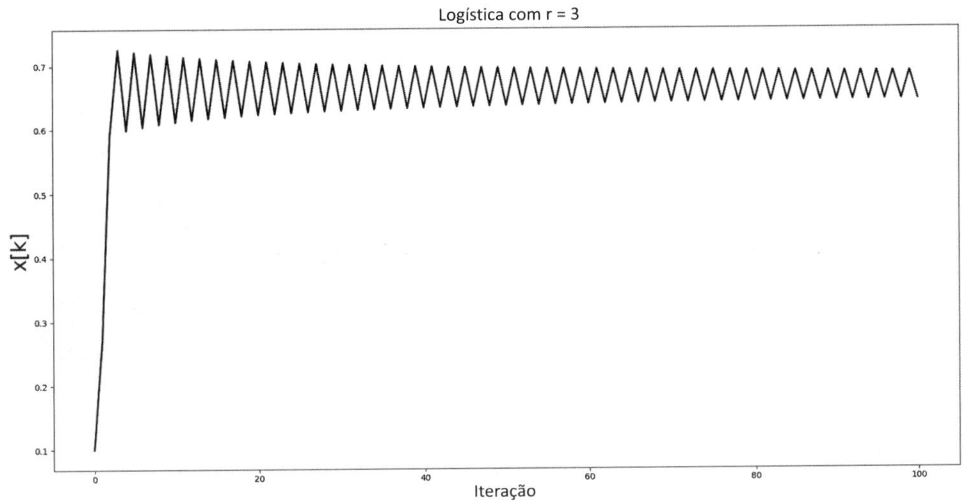

Figura 2.11 – Logística com r = 3.

É possível ver na Figura 2.11 que a população ainda continua crescendo, mas ela começa a oscilar freneticamente entre $x = 0.6$ e $x = 0.7$, numa competição periódica pela sobrevivência, e não fixada e determinada, como o que ocorria na taxa de $r = 1.2$. E se novamente aumentarmos a taxa para, digamos, $r = 3.8$, o resultado é ainda mais complexo e imprevisível, como mostrado na Figura 2.12.

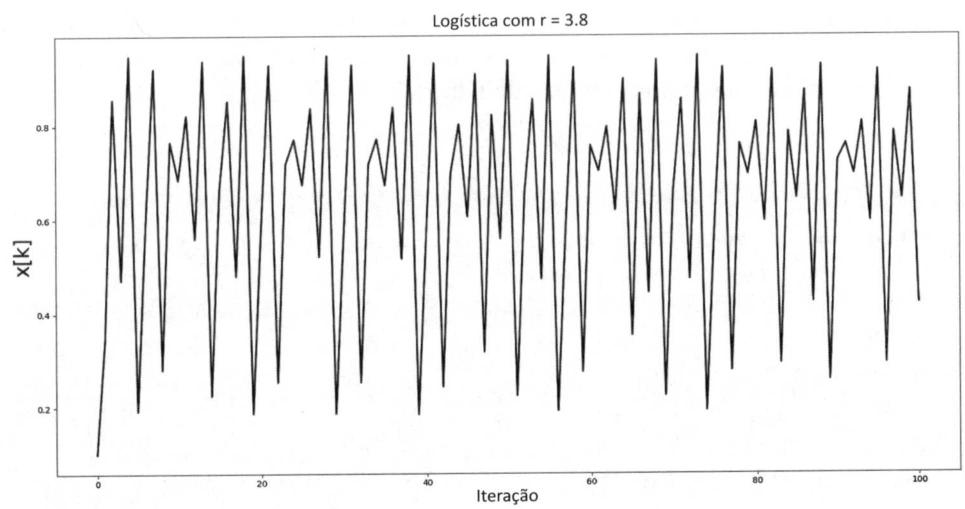

Figura 2.12 – Logística com r = 3.8.

Com essa taxa de crescimento de $r = 3.8$, a população tem explosão considerada de crescimento em certos períodos, combinados logo em seguida com sua quase extinção. Uma alternância catastrófica entre crescer e desaparecer aparece nesse simples sistema, lembrando um sistema aleatório, mas que não o é. Esse é um comportamento que parece imprevisível, mas que sempre apresentará os mesmos resultados numéricos caso a população inicial e a taxa de crescimento forem as mesmas. Isso não aconteceria caso o comportamento fosse de uma população aleatória para x. A explicação de tais alterações no comportamento da Equação (2.7) vem do mapa logístico apresentado na Figura 2.13.

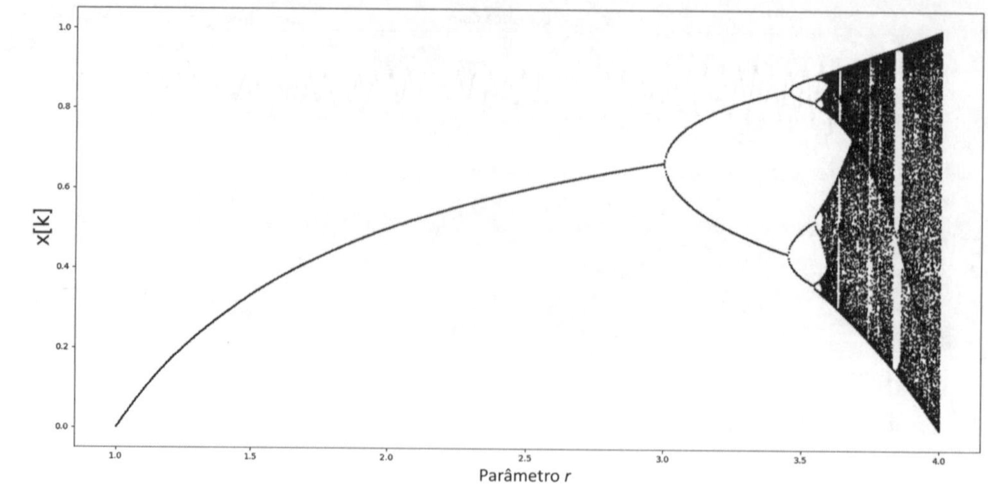

Figura 2.13 – Mapa logístico da bifurcação.

O mapa logístico é construído colocando-se no eixo horizontal não mais o tempo t nem a evolução das iterações de uma equação. No eixo horizontal ou das abscissas colocam-se diversos valores possíveis para o parâmetro r da Equação (2.7), e, no eixo vertical, os valores de x em seus valores finais. Caso x tenha convergência para algum valor fixo, o que se tem no gráfico é apenas um ponto. Na Figura 2.13, valores de r considerados entre 1 e 3 levam, após 1.000 iterações, a um ponto fixo, e, por isso, de ponto em ponto, a união desses valores de r forma uma linha contínua.

Mas, quando r ultrapassa o valor 3, não existe mais apenas um valor final para x, mas dois valores, e por isso x oscila como visto na Figura 2.11. O algoritmo a seguir mostra de que maneira se constrói o mapa logístico da Figura 2.13.

```
# bifurcaçao
import matplotlib.pyplot as fig
import numpy as np

n=1000
iteracao=1000
ultimas=200
r=np.linspace(1,4,n)
x=0.1*np.ones(n)

ax=fig.subplot(111)

for i in range(iteracao):
    x = r*x*(1-x)
    if i>=(iteracao-ultimas):
        ax.plot(r,x,'.k',markersize=2)

fig.xlabel('Parâmetro r', fontsize=16)
fig.ylabel('x[k]', fontsize=24)
```

A Figura 2.14 faz uma comparação de onde se localizam os valores oscilatórios finais para os resultados de x na Equação (2.7) quando o parâmetro $r = 3$. Em vez de x terminar num único valor, como visto nas Figuras 2.9 e 2.10, o valor máximo e o valor mínimo de x são exatamente os pontos marcados com "estrela". A linha tracejada mostra que esses dois valores aparecem quando o eixo horizontal marca o valor 3.

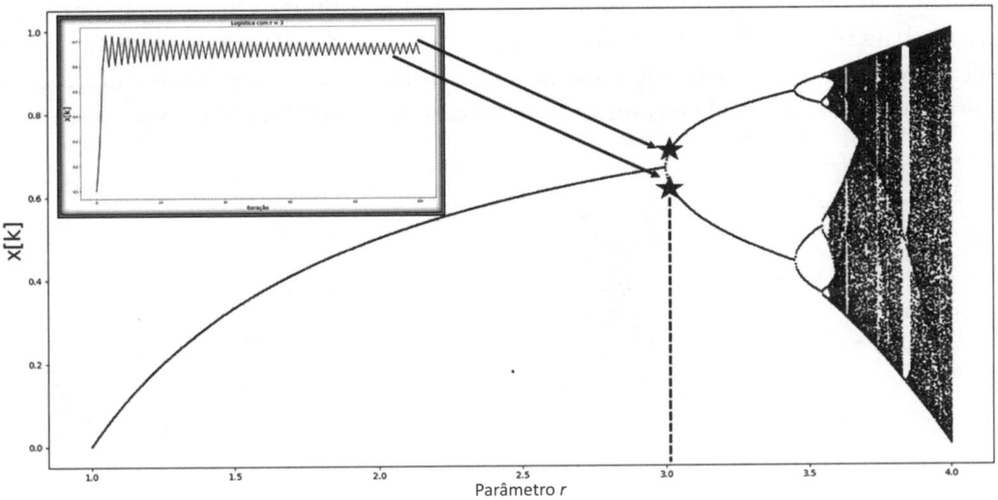

Figura 2.14 – Posição final de x para $r = 3$ e comparação no mapa logístico.

O mapa logístico, então, marca as posições finais da Equação logística (2.7), prevendo o caos, sem mesmo precisarmos simular via algoritmo. Os pontos nesse mapa já preveem o futuro da equação para cada valor r desejado, uma análise qualitativa que poupa esforço computacional.

Vimos na Figura 2.12 um resultado oscilatório quando $r = 3.8$, que parecia um movimento errático aleatório. Na realidade, até mesmo esses pontos são previsíveis para essa região do mapa logístico. Na Figura 2.15, marcamos apenas dois pontos com "estrela", mas, na linha tracejada, é possível ver inúmeros valores que a equação logística vai atingir. Todos esses pontos são os atratores da equação quando $r = 3.8$, e, em algum momento durante as iterações, esses pontos serão tocados pela variável x.

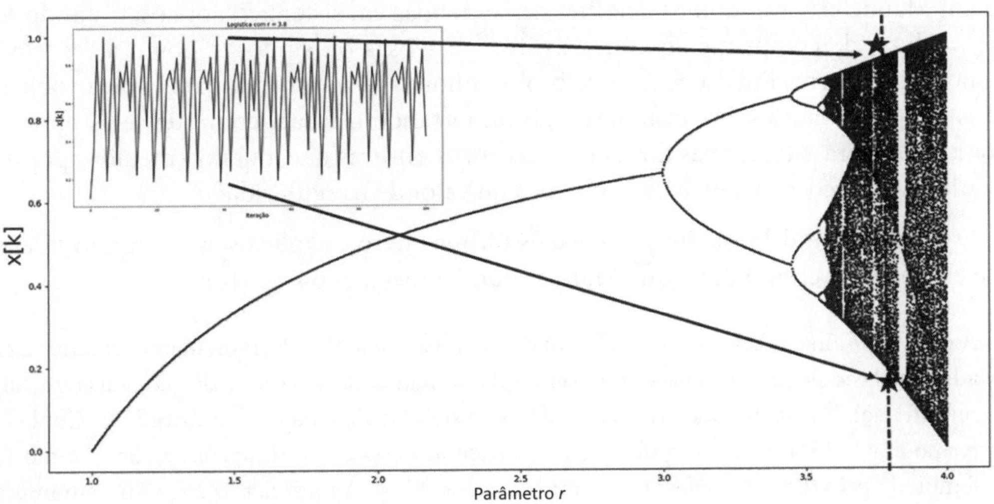

Figura 2.15 – Ponto máximo e mínimo de oscilação de x para $r = 3.8$ e suas localizações no mapa logístico.

Outra característica importante no mapa logístico é que seu padrão de bifurcação se repete infinitamente e de forma indefinida dentro da região do Caos. Qualquer recorte que se faça, por menor que seja, a mesma estrutura vista na Figura com o parâmetro r entre 1 e 4 é observada em valores de intervalos menores.

A Figura 2.16 apresenta a figura original do mapa logística e um pequeno recorte retangular ampliado. O recorte ampliado parece apenas uma repetição da figura original, mas é, de fato, outra região do mapa que exibe o padrão original. Quanto mais se mergulha em partes ínfimas do mapa, mais o padrão retorna ao da bifurcação original. Para se poder enxergar esse fantástico fenômeno, é necessário tomar o algoritmo da bifurcação anterior e refinar o valor de r, colocando nesse caso n = 10.000 na linha 5.

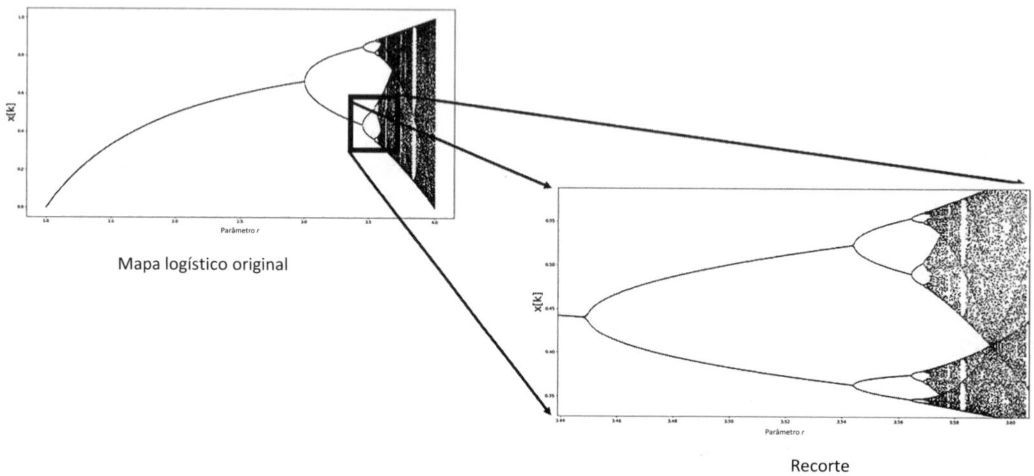

Figura 2.16 – Padrão de bifurcação continua infinitamente dentro do mapa logístico.

2.4 O CAOS NA CRIAÇÃO DA VIDA

Na Figura 2.16, é possível ver que, quanto mais aprofundamos e recortamos o mapa logístico, mais observamos que o padrão se repete nos ínfimos detalhes. Cada ponto desse mapa é conhecido como um atrator de solução, chamado também de "atrator estranho". Outros mapas são conhecidos quando a análise é feita de sistemas discretos, como o Conjunto de Julia, com atratores e repulsores fazendo parte do mapa. Em 1963, Benoît Mandelbrot estudou os detalhes desses mapas em sistemas caóticos, tratando sobre medidas de comprimento com estruturas rugosas ou sinuosas, como a recortada costa da Inglaterra. Em 1975, Mandelbrot cunhou o *termo fractal* para indicar objetos cujas irregularidades são constantes, não importando a escala com que se as observe. Como na Figura 2.16, mapas do caos fornecem estruturas que, quando medidas por determinadas funções matemáticas, têm mesmo valor de irregularidades.

O próprio Mandelbrot, em um de seus últimos livros, explica sobre o termo *fractal*, que ele ajudou a criar e divulgar (Mandelbrot; Hudson, 2004, p. 110):

> A obra da minha vida tem consistido em desenvolver uma nova ferramenta matemática a ser adicionada ao pequeno kit de sobrevivência da humanidade. Chamo-a de geometria fractal e multifractal. É o estudo da irregularidade, da instabilidade e da desuniformidade. Cunhei o termo em 1975. Fractal vem de fractus, particípio passado de frangere, quebrar, como fui lembrado pelo dicionário de latim de um de meus filhos. A mesma raiz sobrevive em muitas palavras comuns, inclusive fração e fragmento.

E também nos fornece sua própria explicação técnica de fractal em outro ponto desse mesmo livro (Mandelbrot; Hudson, 2004, p. 118): Um fractal apresenta um tipo especial de variância ou simetria que relaciona o todo com suas partes: o todo pode ser dividido em partes menores, cada uma delas num reflexo do todo. Pense numa couve-flor: cada florícolo pode ser desmembrado e é, em si mesmo, uma couve-flor (...)."

E foi pensando como escreveu Mandelbrot – que o todo pode ser dividido em partes menores e, ainda assim, será um reflexo do todo – que o matemático britânico Michael Fielding Barnsley, em 1987, criou modelos de fractais para repetir a natureza. Barnsley desenvolveu inúmeros modelos do que ele chamou de superfractais, que formam figuras espetaculares oriundas dos atratores estranhos, agora identificados como fractais.

Um dos mais conhecidos algoritmos é o da "samambaia de Barnsley", que, com simples equações e parâmetros fixos, repete o padrão de uma samambaia quando se usam pontos em gráficos. Barnsley descobriu dentro dos padrões aleatórios da samambaia quatro pequenos sistemas que, como em *loop*, repetiam as folhas. Cada sistema tem uma probabilidade p de ocorrência, representando a aleatoriedade na ramificação da samambaia.

Primeiro sistema (p ≤ 1%):

$$x_{k+1} = 0$$

$$y_{k+1} = 0.16y_k \tag{2.8}$$

Segundo sistema (1< p ≤ 86%):

$$x_{k+1} = 0.85x_k + 0.04y_k$$

$$y_{k+1} = -0.04x_k + 0.85y_k + 1.6 \tag{2.9}$$

Terceiro sistema (86% < p ≤ 93%):

$$x_{k+1} = 0.2x_k - 0.26y_k$$

$$y_{k+1} = 0.23x_k + 0.22y_k + 1.6 \tag{2.10}$$

Quarto sistema (93% < p ≤ 100%):

$$x_{k+1} = -0.15x_k + 0.28y_k$$

$$y_{k+1} = 0.26x_k + 0.24y_k + 0.44 \tag{2.11}$$

Esses quatro sistemas são transformações dos pontos (x,y) no plano e podem ser simplificados num modelo geral, usando-se para isso a notação matricial

$$\begin{bmatrix} x_{k+1} \\ y_{k+1} \end{bmatrix} = \begin{bmatrix} a & b \\ c & d \end{bmatrix} \begin{bmatrix} x_k \\ y_k \end{bmatrix} + \begin{bmatrix} e \\ f \end{bmatrix} \tag{2.12}$$

Nesse caso, os seis parâmetros (a, b, c, d, e, f) são armazenados numa tabela:

Tabela 2.2 – Parâmetros para a samambaia de Barnsley

Sistema	a	b	c	d	e	f
1	0	0	0	0.16	0	0
2	0.85	0.04	–0.04	0.85	0	1.6
3	0.2	–0.26	0.23	0.22	0	1.6
4	–0.15	0.28	0.26	0.24	0	0.44

O algoritmo, de maneira simples, torna-se o seguinte:

1) escolha o número de iterações (repetições);
2) sorteie um número entre 0 e 100 (inteiro);
3) se número sorteado for igual a 1, use os parâmetros do sistema 1 para calcular os pontos (x,y);
4) se número sorteado for maior do que 1 e menor ou igual que 86, use os parâmetros do sistema 2 para calcular os pontos (x,y);
5) se número sorteado for maior do que 86 e menor ou igual que 93, use os parâmetros do sistema 3 para calcular os pontos (x,y);
6) se número sorteado for maior do que 93, use os parâmetros do sistema 4 para calcular os pontos (x,y);
7) repita o passo 2 até chegar ao valor final escolhido no passo 1.

O número de iterações determina a precisão e os detalhes desejados na criação da samambaia fractal. A Figura 2.17 mostra o surpreendente resultado de quando escolhemos 50 mil repetições dos quatro sistemas descritos no algoritmo anterior.

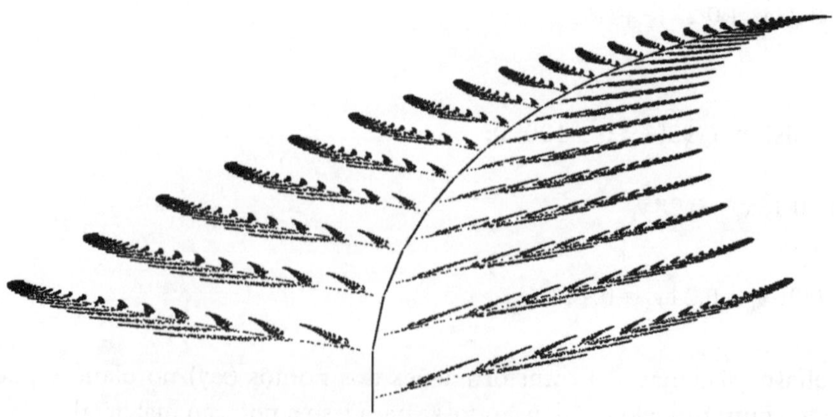

Figura 2.17 – Samambaia fractal de Barnsley com 50 mil iterações das Equações 2.8 a 2.12.

O algoritmo em Python para a samambaia de Barnsley é o seguinte:

```
# fractal da samambaia
import matplotlib.pyplot as fig
from random import randint
# Numero de iterações
n=50000
########### parametros ####################################
a_valor=[0,0.85,0.2,-0.15]
b_valor=[0,0.04,-0.26,0.28]
c_valor=[0,-0.04,0.23,0.26]
d_valor=[0.16,0.85,0.22,0.24]
e_valor=[0,0,0,0]
f_valor=[0,1.6,1.6,0.44]
############## inicializa a lista para fazer o grafico #################
eix=[]
eiy=[]
ax=fig.subplot(111)
############# valores iniciais de x e y
x=0
y=0
############### inicio das repeticoes ##################################
for j in range(n):
  p=randint(1,100)  #### sorteio de numero entre 1 e 100
  if p==1:
    a=a_valor[0]
    b=b_valor[0]
    c=c_valor[0]
    d=d_valor[0]
    e=e_valor[0]
    f=f_valor[0]
  elif p<=86:
    a=a_valor[1]
    b=b_valor[1]
    c=c_valor[1]
    d=d_valor[1]
    e=e_valor[1]
    f=f_valor[1]
  elif p<=93:
    a=a_valor[2]
    b=b_valor[2]
    c=c_valor[2]
    d=d_valor[2]
    e=e_valor[2]
    f=f_valor[2]
  elif p<=100:
    a=a_valor[3]
    b=b_valor[3]
    c=c_valor[3]
    d=d_valor[3]
```

```
        e=e_valor[3]
        f=f_valor[3]
    x = a*x+b*y+e   ####### primeira equacao do sistema
    y = c*x+d*y+f   ####### segunda equacao
    eix.append(x)
    eiy.append(y)

ax.plot(eix,eiy,'.k',markersize=2)   ##### grafico da samambaia
fig.axis('off')
```

2.5 A ARTE IMAGINÁRIA DO CAOS

Paul Erdős (1913-1996) foi o matemático que mais escreveu artigos e trabalhos científicos em colaboração com outros matemáticos. Nascido na Hungria, além de grande matemático, tinha a habilidade de fazer parcerias para o desenvolvimento de uma teoria. Ele escreveu e disse durante sua vida acadêmica diversas frases sobre a matemática e as descobertas em Matemática, como: "O matemático espreita por trás dos ombros de Deus para transmitir a beleza de Sua criação para o restante de Suas criaturas."

Outra frase de grande observação é: "Não é suficiente estar no lugar certo na hora certa. Você também precisa ter uma mente aberta no tempo certo". Essas e outras muitas expressões captadas ao longo de suas participações em palestras e congressos podem ser contempladas no seu currículo publicado pelo Wikipédia (procurar por Paul Erdos).

Muitos matemáticos da antiguidade chegaram a resultados fantásticos, que poderiam fazer a ciência e a vida de nosso dia a dia estar anos-luz de desenvolvimento. Mas estavam no momento errado, em que as pessoas não tinham mente suficiente para entender seus grandes pensamentos. Em muitos momentos da história, pesquisadores se perguntam se as técnicas, os números e os teoremas da matemática foram descobertos ou inventados.

As descobertas matemáticas nunca foram aceitas facilmente ou imediatamente adicionadas ao cotidiano das pessoas. Muito pelo contrário; disputas severas entre grupos, reinados e sociedades levaram até mesmo à morte aqueles que confrontavam as ideias aceitas. Foi assim com o número zero, com os números negativos e, por incrível que pareça, com os números racionais, ainda na época de Pitágoras. No entanto, uma das mais fascinantes descobertas ou invenções foi a dos números imaginários, também chamados de números complexos.

Sem essa descoberta, outras áreas importantes de nossas vidas não teriam se desenvolvido a ponto de chegarmos ao progresso e à tecnologia atuais. Aeronaves, automóveis, celulares e televisores são alguns dos resultados obtidos graças aos números imaginários. É com o uso dos números imaginários que se buscam pontos de estabilidades para se projetarem com controle total de movimento os objetos de engenharia, os novos medicamentos em química ou, até mesmo parques de diversão, com o uso da física.

A necessidade de algo novo como os números imaginários não aconteceu do dia para noite; ao contrário, ela remonta a diversos ensaios ainda no século XVI. Quando temos de resolver a equação $x^2 - 4 = 0$, nós sabemos que a solução consiste em $x = 2$ ou $x = -2$. Essa solução foi descrita pelo algoritmo de Bhaskara no século XII. Mas, muitas vezes, os antigos se deparavam com a equação $x^2 + 4 = 0$, o que os levava ao impulso de colocar como solução a representação $x = \sqrt{-2}$ ou $x = -\sqrt{-2}$. Mas como isso é possível?

Raiz quadrada de número negativo? Tanto os matemáticos hindus quanto os árabes resistiram a essa tentação.

Cardano foi o primeiro, em 1545, a usar a definição de raiz quadrada de número negativo ao mostrar uma solução formal para escrever o número 40 como resultado do produto entre as parcelas $5+\sqrt{-15}$ e $5-\sqrt{-15}$ (Dantzig, 1954). O assunto ganhou mais importância quando Scipione del Ferro, Tartaglia e Cardano desenvolveram uma fórmula para resolver equações cúbicas como $x^3 - 15x - 4 = 0$. Bombelli mostrou que soluções para as cúbicas também poderiam ser obtidas por soluções expressas como $p+\sqrt{-q}$ e $p-\sqrt{-q}$.

Descartes chamava a raiz quadrada de um número negativo de *imaginária*, acreditando que essas soluções, quando apareciam, significavam que o problema não tinha solução. Matemáticos se recusavam a aceitar soluções do tipo $\sqrt{-q}$, usando termos como *fictícias*, *sofisticadas* ou *impossíveis* (Dantzig, 1954, Capra, 2004). Leibniz, que divide a invenção do Cálculo com Newton, no século XVII atribuía qualidade mística à raiz quadrada do número –1; e, um século após ele, Leonhard Euler chamou esses números de impossíveis ou imaginários. Bombelli foi o primeiro a definir os números imaginários, os quais ele chamou de *números complexos*, colocando a letra "i" para representar $i = \sqrt{-1}$. E, com essa definição, uma série de operações de soma, subtração, produto e divisão são possíveis, de modo que a álgebra nos permite observar que $i^2 = -1$, $i^3 = -i$, $i^4 = 1$, e assim por diante.

Segundo Dantzig (1954), em 1631, o inglês Thomas Harriot criou uma maneira engenhosa de arrumar um lugar para representar os números complexos como raiz de polinômios. Junto com a ideia de Bombelli, a forma final culminou na representação que usamos ainda hoje para números complexos *a* + *bi*. Nesse caso, *a* e *b* são números reais, e a letra "*i*" indica que *b* está associado a um número imaginário. Mas o grande salto para os números complexos ou imaginários veio de um obscuro norueguês, conhecido pelo nome de Wessel. Ele apresentou uma interpretação geométrica para os números complexos na Real Academia Dinamarquesa de Ciências, em 1797.

Também em 1797, Gauss, com 21 anos, estava defendendo sua tese de doutorado sobre o teorema fundamental da álgebra, usando de maneira implícita uma representação geométrica para os números complexos, como Wessel. E, em 1806, Jean-Robert Argand, um suíço também desconhecido, publicou um artigo usando interpretação geométrica para os números complexos. Mas, apesar de três trabalhos chamando a atenção para um fato importante, ninguém notou a grandiosidade da ideia. Passaram-se anos, até que em 1831 Gauss republica seu estudo sobre a representação dos números complexos, para que o mundo matemático se rendesse. O trabalho com o título "The Mathematical Equivalence of Plane Cartesian Geometry with the Domain of the Complex Number" finalmente fez o mundo matemático se render aos números imaginários (Dantzig, 1954). Hoje, essa representação é conhecida como plano de Argand-Gauss, ou Diagrama de Argand, que usa de forma bastante criativa o plano cartesiano para representar qualquer número complexo.

Na forma de *a* + *bi*, o par de valores (a,b) pode ser representado colocando-se o valor de *a* no eixo real, e o valor de *b*, perpendicular ao eixo horizontal, sob o eixo nominado como eixo imaginário. O número imaginário 3 + 2*i*, por exemplo, pode ser representado por um ponto no plano cartesiano (Figura 2.18), em que, usando par (3,2), colocamos o número 3 no eixo horizontal, e o número 2, no eixo vertical. E, graças a essa representação, toda uma álgebra complexa foi desenvolvida, criando-se o campo de análise complexa, em que novas áreas surgiram e desenvolveram-se na matemática. Entre essas análises, está a análise da estabilidade de sistemas, o desenvolvimento da teoria do Caos e a geometria fractal apresentada na Seção 2.4.

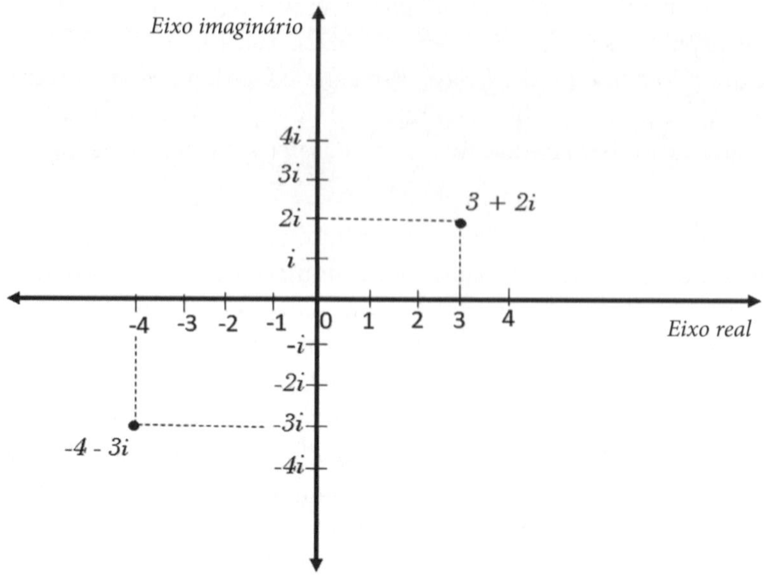

Figura 2.18 – Plano para representação do número complexo *a + bi*.

E por que esse contexto histórico foi importante?

Gaston Julia (1893-1978) publicou, no começo do século XX, figuras interessantes de um estudo simples que consistia na iteração da soma entre um número complexo elevado ao quadrado com um termo constante. O que Julia fez foi criar conjuntos de valores com funções do tipo

$$f(z) = z^2 + c$$

em que z é um número complexo, ou seja, $z = a + bi$. O procedimento é tomar um número complexo z qualquer, elevar ao quadrado, somar com c, salvar com o mesmo nome de z e, depois, repetir isso quantas vezes forem necessárias, até essas operações convergirem para um número. Para alguns números, essa iteração vai explodir para o infinito, e, para outros, vai estacionar em algum valor.

Mandelbrot conheceu o trabalho de Julia ainda quando ele era estudante de graduação, olhara para os desenhos rudimentares (Julia fez seus desenhos apenas de forma representativa, pois não tinha computadores) e logo perdera interesse (Capra, 2004). Quando Mandebrolt desenvolveu o trabalho sobre geometria fractal, lembrou-se do trabalho de Julia e voltou a investigá-lo, reconectando os desenhos ao seu devido lugar, agora chamado de Conjunto de Mandelbrot.

Desde quando publicou seu trabalho na *Scientific American*, em agosto de 1985, a geometria fractal caiu no gosto popular, com inúmeras figuras coloridas fazendo parte de capas de revistas e programas de televisão, e, assim, Mandelbrot virou celebridade. E pensar que essa figuras são criadas a partir da álgebra mais complicada da matemática, a popularização foi um ar de novos pensamentos e trabalhos na matemática pura.

Por exemplo, vamos imaginar que tenhamos o seguinte número complexo:

$$z = 0.2 - \frac{1}{2}i$$

Para elevarmos esse número ao quadrado:

$$z^2 + \left(0.2 - \frac{1}{2}i\right)\left(0.2 - \frac{1}{2}i\right) = 0.04 - 0.1i - 0.1i + \frac{1}{4}i^2$$

Mas, aqui, cabe lembrar que $i^2 = -1$, então,

$$z^2 = 0.04 - 0.1i - 0.1i - \frac{1}{4}$$

Visto que podemos somar os termos *bi* pois são números complexos, então $0.1i + 0.1i$ será igual a $0.2i$. Assim,

$$z^2 = 0.04 - 0.2i - \frac{1}{4}$$

Logo, teremos, ao fim desse primeiro passo:

$$z^2 = -0.21 - 0.2i$$

Esse é o primeiro passo para colocarmos os pares de dados no plano dos números complexos. Dá para perceber por que Mandelbrot desanimou em continuar fazendo isso para demais passos quando estudante, nos anos 1960. O próximo passo seria tomar esse valor de z elevado ao quadrado −0.21 − 0.2 i e elevá-lo ao quadrado novamente, e, depois, de novo, e assim sucessivamente. Nos dias atuais, isso é muito simples, mas, se voltarmos aos anos de 1980, com os primeiros computadores de grande porte, ainda era uma tarefa demorada.

Por exemplo, a representação em Python para número complexo é muito simles. Como dito antes, ela é do tipo $a + bi$, mas, em muitos textos e livros, também se usa $a + bj$. A letra *i* ou a letra *j* indicam um número imaginário, as regras continuam as mesmas. Em Python, para indicar imaginário, basta usar *1j* multiplicado por algum número real, que o computador entenderá que estamos trabalhando com números complexos. No exemplo anterior, representamos o número *z* em Python da seguinte maneira:

$$z = 0.2 - 1j * 0.5$$

O algorimo para mulitplicar de forma iterativa z*z*z*z... é o seguinte:

```
#simples operacao com numeros imaginarios
a=0.2
b=-0.5
z=a+1j*b
print('+++++++++++ sucessivos produtos de z = a +bi++++')
for i in range(3):
   z=z**2
   print('%5.4f %5.4fi'% (z.real,z.imag))

print('+++++++++++++++++++++++++++++++++++++++++++++')
```

Se desejamos os produtos de z (z*z*z*z*z*z) com $z = 0.2 - 1j * 0.5$, temos então nesse caso 3 iterações do produto z*z, onde o resultado será:

```
+++++++++++ sucessivos produtos de z = a +bi++++
-0.2100 -0.2000i
0.0041 0.0840i
-0.0070 0.0007i
+++++++++++++++++++++++++++++++++++++++++++++
```

Mas quais valores de c podemos somar aos valores dos números complexos? Se existem infinitos números complexos, como saber quais valores vão explodir para o infinito e quais vão ficar estacionados? Graças a teorema do próprio Julia, valores que estão dentro de um círculo de raio 2 são estáveis, enquanto os que estão fora vão explodir ao infinito. O que Mandelbrot fez após sua descoberta da geometria fractal foi, então, começar a varrer o intervalo [–2,1] para os números no eixo real, e [–1,1], no eixo imaginário. Por exemplo, se tomarmos z = 0 no primeiro passo e somarmos a $c = 1.5 + 0.5i$, para onde irão esses produtos repetidos $z^2 + c$?

Mandelbrot teve a ideia de interromper a iteração quando, após alguns passos, o valor de z estivesse fora do círculo de raio 2. E, além disso, ele resolveu pintar pontos que respeitassem esse círculo de uma cor, e pontos fora, de outra. Aqui, vamos pintar de claro os pontos que estão dentro do círculo de raio 2, e de escuro, os pontos que estão fora. Suponhamos que dentro dessa região de ponto [–2,1] no eixo real e [–1,1] no eixo imaginário, varremos apenas 5 pontos igualmente espaçados em cada eixo. No total, teremos apenas 25 pontos.

A Figura 2.19 não exibe nada muito interessante, nada que realmente possa chamar a atenção para uma área nova da matemática no início do século XX. Mas, nos dias atuais, podemos explorar a capacidade máxima de nossos computadores. Por exemplo, quando colocamos 5 mil pontos no eixo real e 5 mil pontos no eixo imaginario, teremos na região do conjunto de Mandelbrot 25 milhões de pontos, que apresentamos na Figura 2.20.

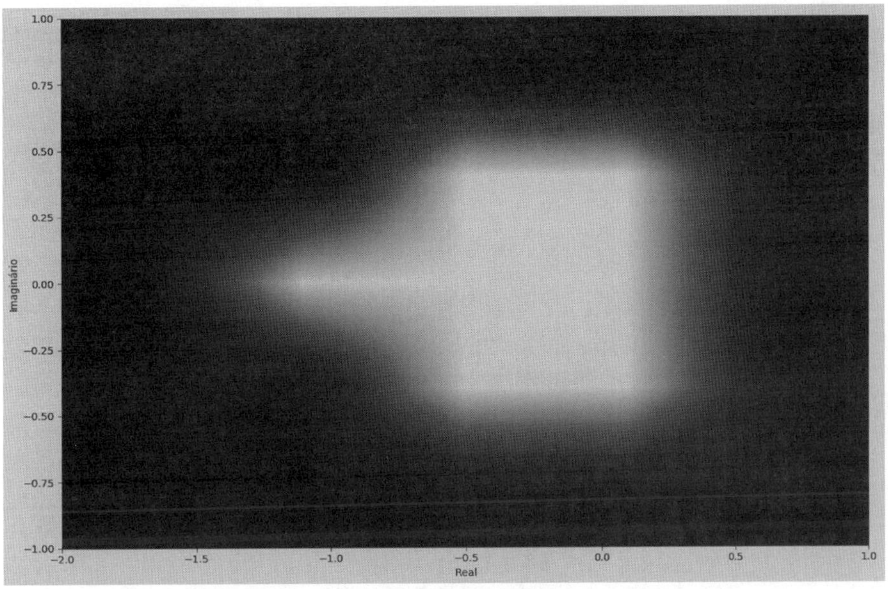

Figura 2.19 – Conjunto de Mandelbrot para 5x5 pontos.

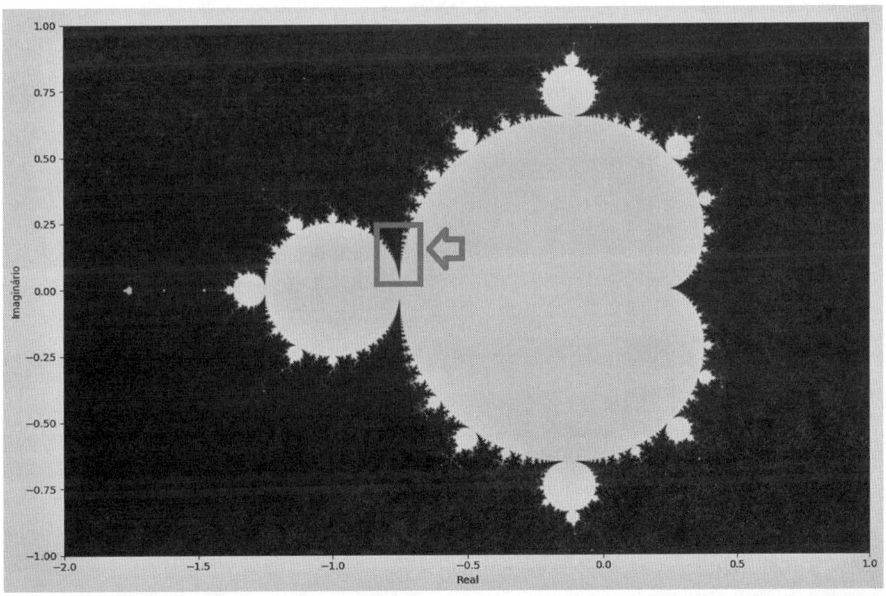

Figura 2.20 – Conjunto de Mandelbrot para 5.000 x 5.000 pontos.

Nessa Figura, a parte clara indica região de estabilidade. Ou seja, se selecionarmos qualquer valor nessa região e colocarmos para repetir z ao quadrado e somarmos ao valor c de cada um desses 25 milhões de pontos, essa repetição não estoura para o infinito. Em qualquer região escura que selecionarmos os pontos (par de pontos complexos), essa repetição explodirá para o infinito.

O ponto mais importante na Figura 2.20 e que tornou Mandelbrot celebridade é o fato de que partes do todo são similares ao todo. Ao observarmos a Figura, colocamos um pequeno retângulo tomando partes estáveis (cor clara) e partes instáveis (cor escura).

O que emerge do retângulo da Figura 2.20 é apresentado na Figura 2.21. As regiões claras são estáveis, como já explanado. Mas, se observarmos com cuidado, dentro das regiões estáveis existem regiões instáveis, e dentro destas existem regiões estáveis. Isso é a complexidade em sua maior definição, pois não temos uma única e uníssona região estável. Dentro da estabilidade, poderemos cair em regiões que descontrolam qualquer sistema, e isso é imprevisível. Por que imprevisível?

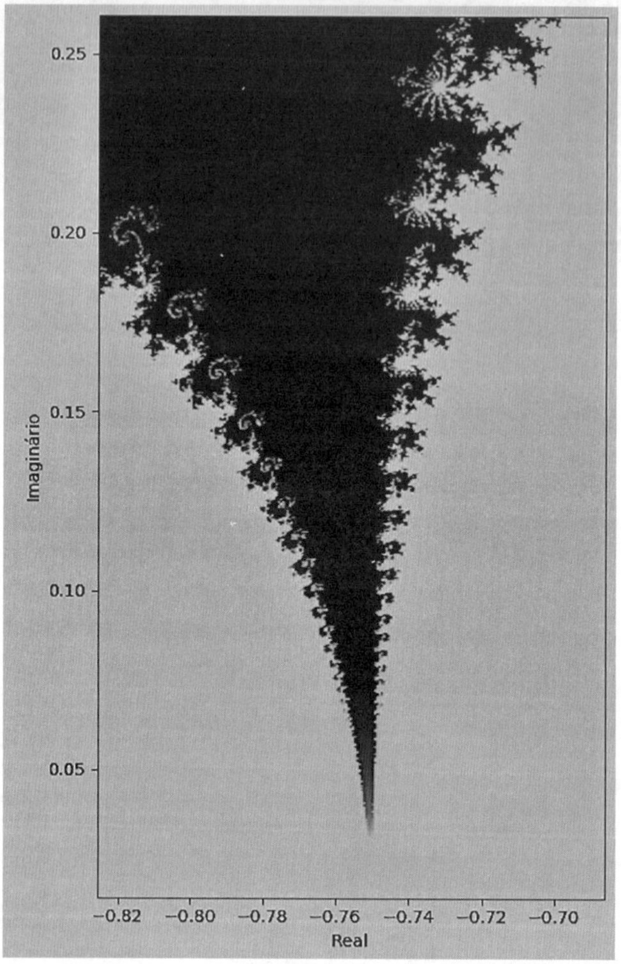

Figura 2.21 – Conjunto de Mandelbrot – região do retângulo da Figura 2.20.

Para descobrirmos quais regiões instáveis existem dentro das regiões estáveis, teremos de fazer recortes e aumentá-los cada vez mais para nos aproximarmos dos aumentos sucessivos e refinados dessas regiões. Mas isso é infinito, pois, dentro da mais infinitesimal região, por mais estável que ela seja, podemos ter pontos ainda escondidos que vão desestabilizar qualquer sistema!

Como exemplo, a Figura 2.22 apresenta quatro figuras feitas de recortes sucessivos de regiões do conjunto de Mandelbrot. Cada região dessa foi calculada com matriz de 10.000 linhas por 10.000 colunas, num total de 100 milhões de elementos, para que, em cada recorte de aumento, detalhes fossem aparecendo. As regiões em cor clara são os pontos estáveis, ou seja, para cada número complexo escolhido dentro dessas regiões, as iterações convergem. Números complexos escolhidos na região escura disparam e explodem ao inifinito.

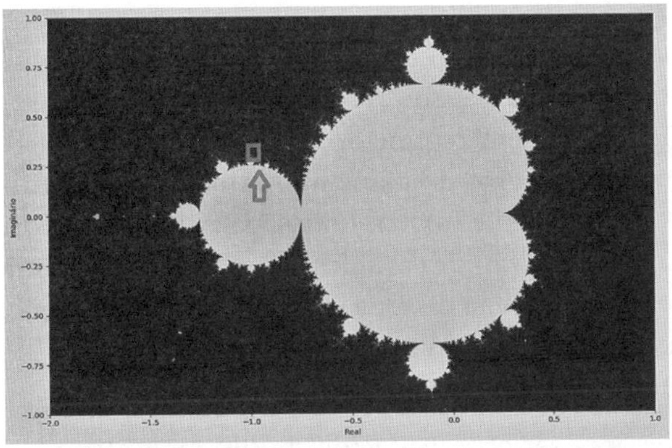

(a) Conjunto Mandelbrot

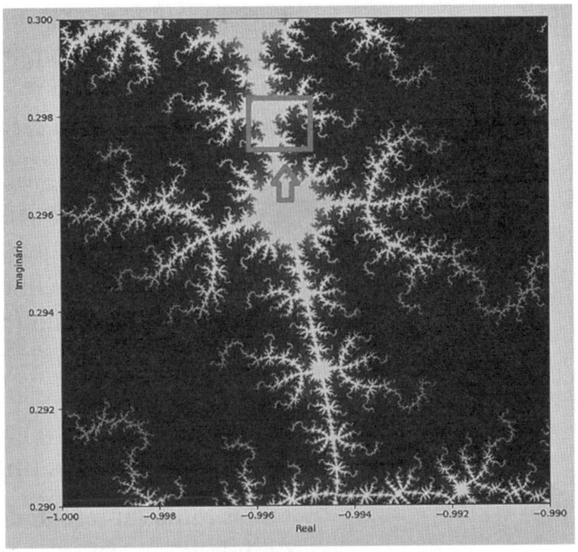

(b) Recorte de Figura 2.22(a)

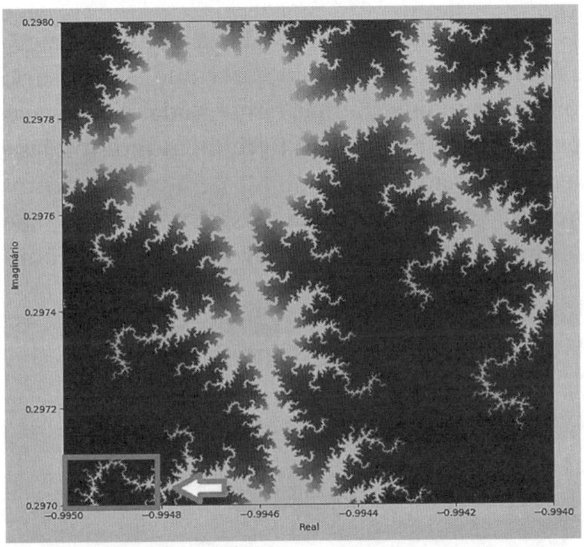

(c) Recorte de Figura 2.22(b)

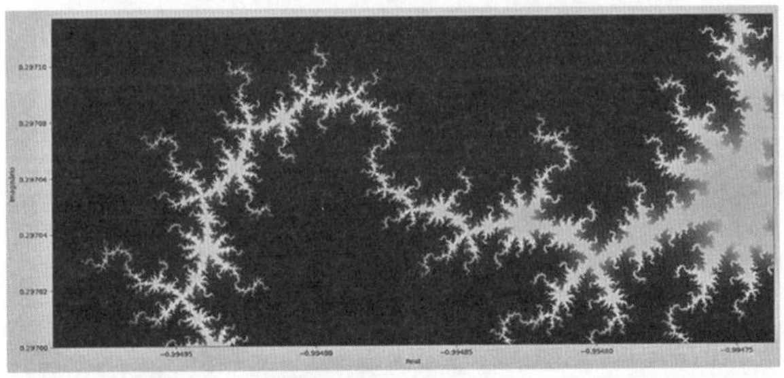

(d) Recorte de Figura 2.22(c)

Figura 2.22 – Conjunto de Mandelbrot – recortes e ampliações.

A Figura 2.22(a) é o conjunto de Mandelbrot completo. O retângulo do primeiro recorte para ampliação foi feito no ponto onde está a seta indicativa. O resultado desse cálculo para 100 milhões de elementos nessa região de [−1,−0.99] no eixo real e [0.29,0.30] no eixo imaginário é apresentado na Figura 2.22(b), que lembra os alvélos de uma chapa de pulmão, repleto de ramificações grandes e pequenas. Pode-se ver o quanto é sensível a escolha de um número complexo, uma vez que a região estável em branco é um recorte cheio de sinuosidade, a ponto de qualquer dígito na terceira casa decimal levar a iteração para o infinito. Nessa região, fizemos outro recorte, cujo aumento se pode observar na Figura 2.22(c). Nessa Figura, também composta de 100 milhões de números, vemos outras ramificações.

E, por último, no canto esquerdo dessa figura, fizemos um novo recorte no canto inferior esquerdo, indicado pela seta. A Figura 2.22(d) é o resultado do aumento da região da Figura 2.22(c). Essa figura possui 100 milhões de elementos no intervalo [−0.995, −0.99475] no eixo real e [0.2970, 0.29712]. Também nessa Figura, as regiões claras levam as iterações no cálculo dos números complexos $z^2 + c$ para um valor final finito e estável, enquando um número inicial escolhido na região escura seguirá em direção ao infinito. Apenas um número errado escolhido na quarta casa decimal poderá fazer a diferença entre a estabilidade e o caos!

Novamente, como disse Mandelbrot, as partes se comportam como o todo. É impossível ter certeza em qualquer sistema dinâmico na natureza, sendo estável por anos seguidos, se num próximo momento não entrará em regime de total instabilidade. Por exemplo, basta um desmatamento em alguma região do planeta próximo dessas ramificações para toda uma cadeia de eventos caóticos se iniciar. O desaparecimento de diversas espécies do nosso planeta já ocorreu em razão de caça desenfreada, criando uma instabilidade na cadeia alimentar e, em consequência disso, a extinção de espécies que, aparentemente, nada tinham a ver com a primeira extinta.

Os ramos apresentados nas Figuras 2.22 a, b, c e d são a prova concreta de que a sensibilidade em sistemas propícios ao caos deve ser observada com muito mais atenção e cuidado. Como na Figura 2.22d, apenas uma pequena alteração na condição inicial na quarta casa decimal poderá levar algo seguro e estável para uma catástrofe.

Em termos de programação nos dias atuais, existem diversas abordagens para algoritmos que reproduzem o conjunto de Mandelbrot. Deve-se lembrar que é necessário sempre a iteração elevar um número complexo ao quadrado e, em seguida, somar com uma constante c. A seguir, temos essa primeira abordagem em Python, muito simples e rápida. A constante c está na linha 7, sendo formada por um *array* de 5 mil elementos entre [–2,1] no eixo real e [–1.12,1.12] no eixo imaginário. Essa versão, no entanto, não permite passo a passo mudar a cor das ramificações para cada novo cálculo entre pontos estáveis ou instáveis.

```
1   # conjunto de Mandelbrot
2   import numpy as np
3   import matplotlib.pyplot as fig
4   from numpy import newaxis
5   x=np.linspace(-2,1,5000)
6   y=np.linspace(-1.12,1.12,5000)
7   c=x[:,newaxis]+1j*y[newaxis,:]
8   z=0
9   for i in range(100):
10      z=z**2+c
11  conj=(abs(z)<2)
12  fig.imshow(conj.T, extent=[-2,0.47,-1.12,1.12],cmap='nipy_spectral')
13  fig.axis('off')
```

A segunda versão é um pouco mais longa, mas também fácil, apresentada em Python, a seguir.

Define-se uma função na linha 5 desse script em que serão realizadas as iterações para o cálculo de $z^2 + c$. Em vez de usar a definição no Python para número complexo como z = a + 1j*b, nesse algoritmo utilizou-se a função “complex”. O resultado é o mesmo da notação anterior, colocando-se nesse par de valores o primeiro como indicativo do valor no eixo real, e o segundo, indicando o valor no eixo imaginário (linha 6).

Após a operação $z^2 + c$, o comando z.real retorna o valor real do número complexo z, e z.imag retorna o valor imaginário. O condicional "if" na linha 10 é a restrição do teorema de Julia, nos lembrando de que números complexos fora do círculo de raio 2 explodirão em direção rápida para o infinito. Então, caso isso ocorra na linha 10, as iterações para esse número complexo terminam, e busca-se outro ponto inicial c.

As linhas 14 e 15 indicam a acurácia e o refinamento da região escolhida, que é colocada na linha 18 para o eixo real, e na linha 19, para o eixo imaginário. Caso se deseje, a cada iteração, colocar uma cor diferente, é dentro desses dois "for" que se pode alterar o mapeamento de cores "cmap" para se incluir cores diferentes para os valores estáveis e instáveis. Nesse algortimo, escolheu-se apenas um tipo de mapeamento de cor, com cmap = "magma".

```
1   # conjunto de Mandelbrot
2   import numpy as np
3   import matplotlib.pyplot as fig
4
5   def mandelbrot(ix,iy,iter):
6     c=complex(ix,iy)
7     z=0.0j
8     for i in range(iter):
9       z=z*z+c
10    if (z.real*z.real + z.imag*z.imag) >= 4:
11      return i
12    return iter
13
14  col=5000
15  linha=5000
16  result=np.zeros([linha,col])
17
18  for lin_index, ix in enumerate(np.linspace(-2,1,num=linha)):
19    for col_index, iy in enumerate(np.linspace(-1,1,num=col)):
20      result[lin_index,col_index]=mandelbrot(ix,iy,100)
21
22  fig.figure(dpi=100)
23  fig.imshow(result.T, cmap='magma', interpolation='bilinear',extent=[-2,1,-1,1])
24  fig.xlabel('Real')
25  fig.ylabel('Imaginário')
26  fig.show()
```

2.6 O HOMEM-BISCOITO

O pequeno biscoito em formato de homem, que muitas vezes aparece em pacotes de bolachas que servem de alegria para a garotada, exibe um mapa do caos. Pelo menos foi isso o que Robert Devaney enxergou em seu artigo quando propôs um simples sistema linear que exibia um caos (Devaney, 1984). O artigo demonstra ainda, quando computadores eram raridade no mundo acadêmico e poucos tinham acesso, que o seguinte sistema linear exibiria caos e seria imprevisível saber onde o par (x,y) estaria muitas iterações futuras, a menos que usássemos computador.

Em língua inglesa, esse sistema ficou conhecido como *Gingerbreadman map*:

$$x_{i+1} = 1 - y_i + |x_i|$$
$$y_{i+1} = x_i$$

Esse é um sistema linear que precisa ser iterado por muitas vezes; e, quanto mais avançamos nas repetições, mais imprevisível fica sua posição. Por exemplo, se começarmos a simular o sistema Gingerbreadman com x(0) = −0.3 e y(0) = 0 para 10 mil interações, ao colocarmos os pares (x,y) no gráfico, teremos como resultado a Figura 2.23. Ao lado do mapa do caos, colocamos o biscoito que talvez tenha inspirada a imaginação de Devaney ao dar o nome no sistema.

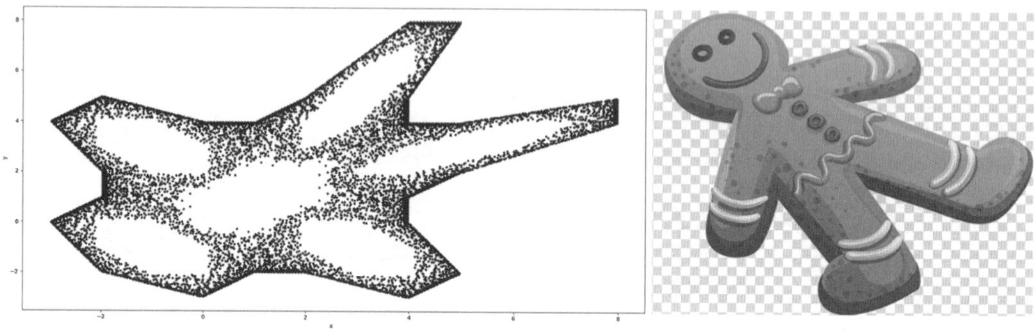

(a) Mapa *Gingerbreadman* (b) Homem-biscoito de gengibre

Figura 2.23 – Mapa *Gingerbreadman*.

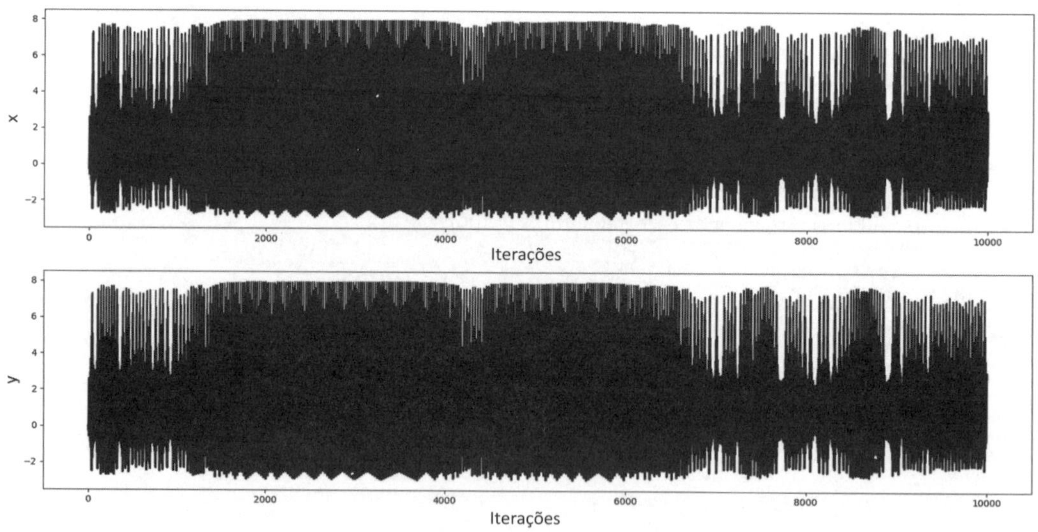

Figura 2.24 – Evolução dos valores de x e y nas iterações.

Como pode ser observado na Figura 2.24, o sistema exibe interessantes alterações, oscilando entre movimentos periódicos e movimentos caóticos e imprevisíveis, que acontecem quando os pontos de (x,y) passam de uma região do mapa para outra, mudando seu comportamento. Como o sistema, o algoritmo em Python é muito simples, como demonstrado a seguir. Os valores são inicialmente colocados em duas listas x e y, e são iterados os cálculos do sistema por meio das equações nas linhas 7 e 8. A cada iteração, esses pontos são salvos na lista e, posteriormente, ao final das iterações, são colocados em gráficos mostrados nas Figuras 2.23 e 2.24.

```
1   # Mapa Gingerbreadman
2   import matplotlib.pyplot as fig
3
4   x=[-0.3]
5   y=[0]
6   for i in range(10000):
7       xn=1-y[i]+abs(x[i])
8       yn=x[i]
9       x.append(xn)
10      y.append(yn)
11
12  fig.plot(x,y,'.k')
13  fig.xlabel('x')
14  fig.ylabel('y')
15
16  fig.figure()
17  fig.subplot(211)
18  fig.plot(x,'-k')
19  fig.xlabel('ITERAÇÕES',fontsize=16)
20  fig.ylabel('x',fontsize=16)
21  fig.subplot(212)
22  fig.plot(y,'-k')
23  fig.xlabel('ITERAÇÕES',fontsize=16)
24  fig.ylabel('y',fontsize=16)
```

2.7 CAOS EM PÊNDULOS

Pêndulos são sempre uma atração para as crianças, com diversas brincadeiras, como um balanço. No balanço ideal para as crianças, o vai e vem não deveria parar a ponto de se ter de chamar seus pais ou amigos para empurrá-las novamente. Esse seria o pêndulo ideal, sem perturbação, sem atrito. O que temos na vida real são os chamados pêndulos amortecidos, que têm caracaterística caótica, dependendo da composição inicial de seu movimento.

Uma das formulações interessantes para se ver o comportamento de um pêndulo é a formulação discreta de seu movimento. Podemos descrever um pêndulo com base em sua frequência de oscilação (ω) e no ângulo em relação à base (θ).

$$\omega_{n+1} = \omega_n - \Delta t\left(\Omega^2 sen(\theta_n) + q\omega_n - fsen(t)\right)$$
$$\theta_{n+1} = \theta_n + \Delta t\omega_{n+1}$$

em que Δt é o passo de simulação do movimento (ligado à discretização do modelo contínuo), Ω, o comprimento da haste do pêndulo, e os parâmetros q e f, advindos da discretização do modelo contínuo ligados às forças da gravidade e do atrito. Vamos considerar que os valores inicais serão: $\Delta t = 0.1$, $\Omega = 3/2$, $q = 3/4$ e $f = 0$. O valor de f nulo significa que o pêndulo vai oscilar até parar, sem nenhuma perturbação externa ao movimento. Vamos também supor que o pêndulo está no alto, a 90º da base, e sua frequência inicial é nula (está parado), ou seja, $\theta_0 = \frac{\pi}{2}$ e $\omega = 0$. No algoritmo em Python, a seguir, apresentamos a versão para f nulo, que poderá ser alterado para cada caso a seguir. Na linha 11, n é o número de repetições nos cálculos para o movimento do pêndulo, adotado como constante igual a 10 mil. As equações do movimento para o cálculo de ω e θ estão na linha 25 e 26, junto com a atualização do tempo decorrido para a simulação na linha 24 com t = t + Δt. Após cada cálculo as linhas 27 e 28 salvam nas listas os valores para as simulações.

```
1  # Pendulo com atrito
2  import matplotlib.pyplot as fig
3  import math as mt
4  ############### lista vazia para angulo e freq
5  omega=[]
6  theta=[]
7  ############## condição inicial das variáveis
8  x=0
9  y=mt.pi/2
10 ############# quantidade de simulações
11 n=10000
12 ############ valores dos parâmetros
13 dt=0.01
14 Om=3/2
15 q=3/4
16 f=0
17 ##############################################################
18 #  Equacões da Dinâmica
19 ##############################################################
20 w=x
21 th=y
22 t=0
23 for j in range(n):
24     t=t+dt
25     w=w-dt*(Om**2*mt.sin(th)+q*w-f*mt.sin(t))
26     th=th+dt*w
27     omega.append(w)
28     theta.append(th)
29
30 ################# Gráficos ##############################
31 fig.plot(theta,omega,'-k')
32 fig.xlabel('theta')
33 fig.ylabel('omega')
34
```

```
fig.figure()
fig.subplot(211)
fig.plot(omega,'-k')
fig.xlabel('ITERAÇÕES',fontsize=16)
fig.ylabel('omega',fontsize=16)
fig.subplot(212)
fig.plot(theta,'-k')
fig.xlabel('ITERAÇÕES',fontsize=16)
fig.ylabel('theta',fontsize=16)
```

Na Figura 2.25, é possível ver o comportamento entre a frequência e o ângulo à medida que as iterações acontecem. Pode-se perceber que o movimento tanto para ângulo quanto para a frequência termina no ponto (0,0). Isso acontece porque o pêndulo para, como é esperado de um pêndulo real. O mesmo resultado pode ser visto de outra disposição, agora verificando os valores com o eixo horizontal sendo as iterações. Pode-se observar que, após oscilarem, tanto ângulo quanto frequência terminam por parar, e por isso o gráfico se torna constante no valor zero para cada um dos eixos verticais.

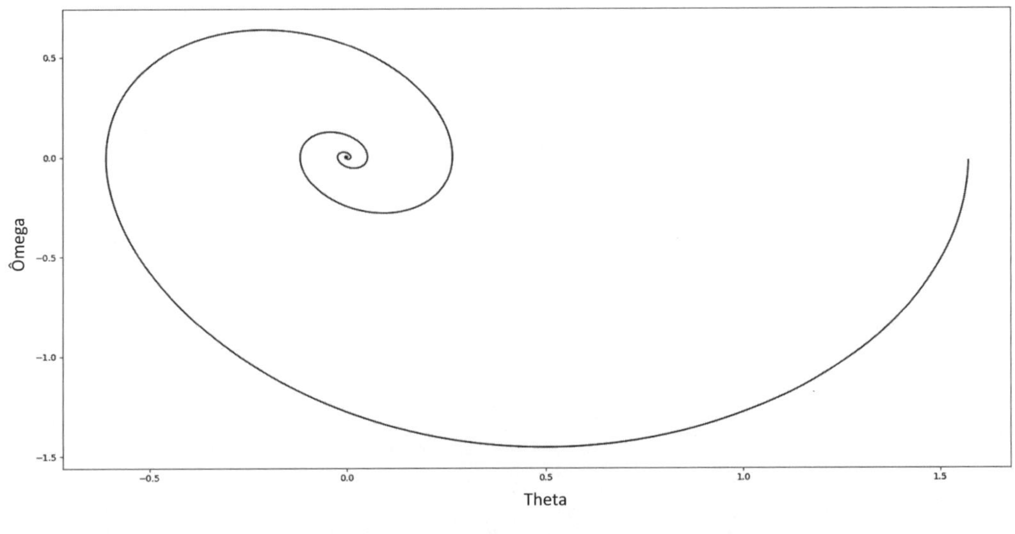

Figura 2.25 – Evolução dos valores de ω e θ nas iterações.

O movimento é totalmente previsível e determinado. A convergência para o ponto (0,0) na Figura 2.25 indica um comportamento conhecido como assintoticamente estável em direção a um atrator. Esse ponto atrai as duas variáveis para o (0,0). Mas o comportamento muda terrivelmente se colocarmos em ação a perturbação no pêndulo, uma força externa ao movimento, com valor $f = 3.8$.

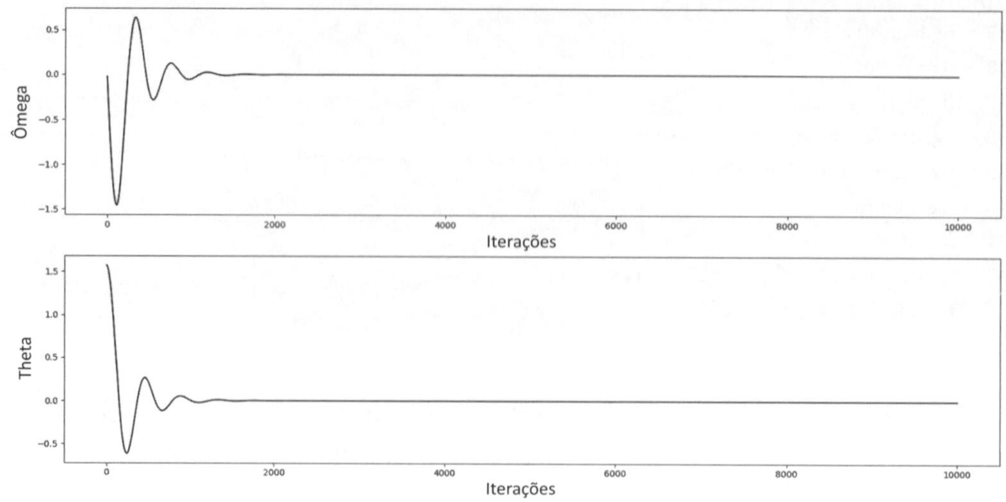

Figura 2.26 – Evolução dos valores de ω e θ nas iterações.

O resultado muda completamente para esse novo valor de *f*, como visto nas Figuras 2.27 e 2.28. Na Figura 2.27, não existe mais um atrator, um ponto que atrai os valores de ω e θ, mostrando que o pêndulo entrou em regime completamente imprevisível. O resultado observado na Figura 2.28 é que o pêndulo não para e continua oscilando, empurrado por essa força externa, que pode ser um motor, uma pessoa mexendo no pêndulo ou qualquer outro tipo de ação. O movimento parece periódico, parece aleatório, mas ele, na realidade, tornou-se um movimento caótico.

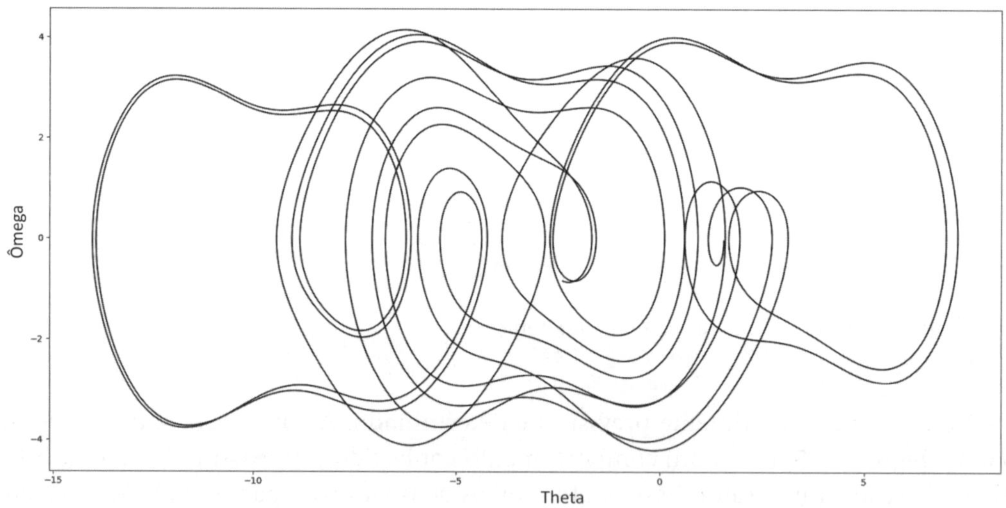

Figura 2.27 – Evolução dos valores de ω e θ nas iterações.

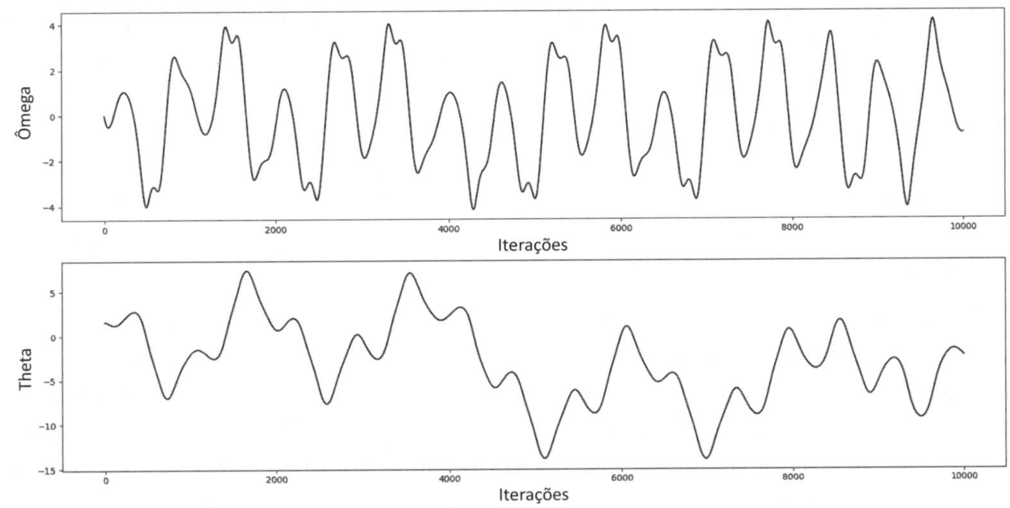

Figura 2.28 – Evolução dos valores de ω e θ nas iterações.

2.8 FRACTAL NO PÊNDULO DE DUFFING

Os gênios se destacam por descobrirem ou inventarem soluções tão impressionantes em suas áreas que abrem novos caminhos a serem seguidos. Uma luz, uma explosão, um flash, enfim, o nome desse momento de êxtase em que o gênio resolve um problema não tem importância, mas, sim, as soluções mais simples e belas que encantam a todos, o que os torna destaque em suas áreas. Na área de ciências exatas, esse destaque é muito difícil, e mais difícil ainda é o gênio ter seu nome numa equação.

O engenheiro Georg Wilhelm Christian Caspar Duffing nasceu em 11 de Abril de 1861, em Baden, Alemanha. Ele foi o mais velho das seis crianças do mercador Christian Duffing e de sua esposa, Julie. Georg Duffing tinha talento tanto para matemático quanto para músico, tendo estudado violino e até tocado em banda na sua juventude. De 1878 a 1883, fez faculdade, sendo um ano em matemática, um ano em engenharia e três anos em engenharia mecânica na politécnica, cujo nome hoje é Instituto de Tecnologia de Karlsruhe. Apesar de ter problema cardíaco, o que evitou que ele entrasse para o serviço militar, Duffing estava entre os melhores corredores de Baden (Kovacic; Brennan, 2011).

Até o trabalho de Duffing, muitos importantes matemáticos e engenheiros trabalharam com o problema do pêndulo, utilizado como representação e modelo para diversos outros problemas cujas equações se aplicavam. Entre os renomados nomes que desenvolveram estudos sobre pêndulos, estão: Galileu Galilei (1564-1642), Christiaan Huygens (1629-1695), Robert Hooke (1635-1703), Isaac Newton (1643-1727), Gottfried Wilhelm Leibniz (1646-1716), James Bernoulli (1655-1705), Johann Bernoulli (1667-1748) (que foi o primeiro a publicar que a frequência natural de um sistema massa-mola é $\omega_n = \sqrt{k/m}$), Leonhard Euler (1707-1783) (que foi o primeiro a modelar as equações do oscilador harmônico forçado com a tradicional equação $m\ddot{x} + kx = F \sin \omega t$), Hermann von Helmholtz (1821-1894) e Lord Rayleigh (1842-1919).

Até chegarmos a Rayleigh, ou os modelos consideravam pêndulos sem perturbação ou, quando consideravam termo forçante, consideravam perturbações lineares, tornando em todos os casos até Duffing, casos com soluções completas. Conforme esclarece Kovacic (Kovacic & Brennan, 2011), Rayleigh modelou o pêndulo, ou sistema massa-mola, livre de vibração com apenas um grau de liberdade, como dado por $m\ddot{x} + k_1 x + k_2 x^3 = 0$. Duffing, então, partiu dessa equação e trabalhou num sistema real, sendo seu modelo parecido com o de Rayleigh, mas, do lado direito da igualdade, ele considerou um termo forçante, tornando a equação $m\ddot{x} + k_1 x + k_2 x^3 = M \cos \omega t$.

O termo $k_1 x + k_2 x^3$ já é um complicante para a solução de um pêndulo, e, quando Duffing se perguntou o que aconteceria se adicionasse M cos ωt, o problema se tornou bastante complexo. Para os que não são muito familiarizados, os dois pontos em cima da variável x representam a derivada, ou variação segunda em relação ao tempo que descrevemos no sistema de Lorenz com a letra "*d*". Assim, como representação, o signifcado tanto para os dois pontos quanto para um ponto em cima de x é:

$$\dot{x} \triangleq \frac{dx}{dt} \qquad \ddot{x} \triangleq \frac{d^2x}{dt^2}$$

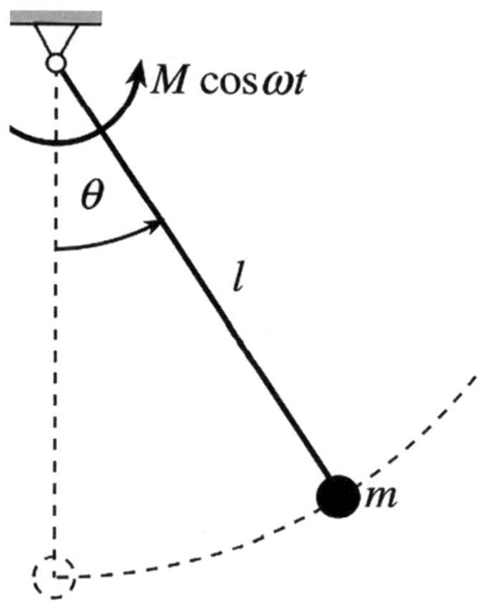

Figura 2.29 – Pêndulo harmônico excitado.

O estudo de Duffing, considerando os modelos com pêndulos ou do tipo massa--mola, tem inumeras representações. A mais clássica é a composição apresentada na Figura 2.29, mas existem outras, como a representação da Figura 2.30, em que dois magnetos são colocados para forçar o pêndulo oscilar entre dois pontos de equilíbrio.

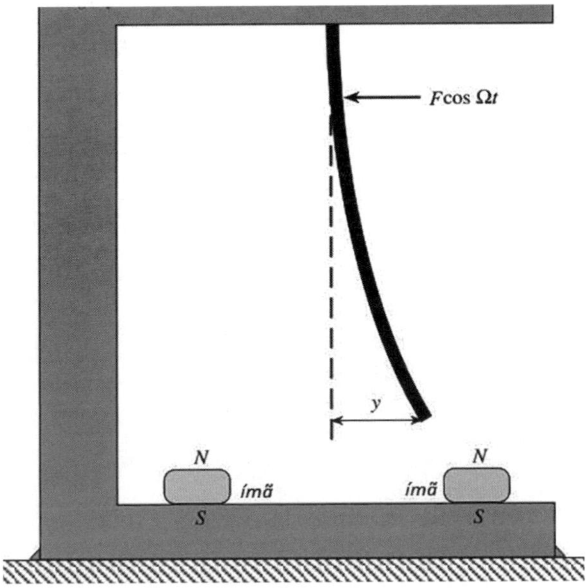

Figura 2.30 – Pêndulo harmônico excitado por ímãs.

A equação de Duffing foi um marco da engenharia, não apenas por sua formulação, mas porque Duffing não era um acadêmico; era um engenheiro reconhecido por sua competência em projetos com explicações detalhadas sobre o que ele expunha. A equação geral baseada na Figura 2.30 é:

$$m\frac{dy^2}{dt}+k_1y+k_2y^3=Fcos\Omega t$$

Essa equação é a base de seu livro escrito totalmente em alemão: *Erzwungene Schwingungen bei veränderlicher Eigenfrequenz und ihre technische Bedeutung*, de 1918, que foi o ponto de partida de muitos estudos e ainda hoje é atual e amplamente utilizada em laboratórios (Duffing, 1918). A Figura 2.31 apresenta a capa do trabalho de Duffing publicado em 1918.

Por ser um livro escrito em alemão, o trabalho de Duffing somente começou a ser citado 10 anos após sua publicação. A tradução do título do livro *é Oscilações forçadas com frequência natural*, e seu significado técnico, um livro recheado de observações técnicas de suas experiências e observações. Ele contém sete capítulos e cinco apêndices com soluções analíticas e completas, geométricas e numéricas, tanto para oscilações lineares quanto não lineares (Kovacic; Brennan, 2011).

Após um século de citações em disciplinas de matemática, física e engenharia, o ponto mais notório ocorreu nos anos 1980, quando Ueda (1985) publicou seu trabalho sobre caos, partindo de modificações no modelo de Duffing e mostrando caos nas equações dos pêndulos e sistemas do tipo massa-mola. O primeiro artigo a encontrar a estrutura fractal no modelo de Duffing foi escrito por Moon (Moon; Li, 1985). O artigo apresenta as estruturas e microestruturas no plano de fase das equações de Duffing, criando uma rede com 400 x 400 condições iniciais (160 mil condições iniciais) para rodar num computador VAX 750.

Erzwungene Schwingungen
bei veränderlicher Eigenfrequenz
und ihre technische Bedeutung

Von

Georg Duffing
Ingenieur

Mit 23 Abbildungen

Braunschweig
Druck und Verlag von Friedr. Vieweg & Sohn
1918

Figura 2.31 – Capa do livro de Duffing (1918).

Como encontrar estrutura fractal em pêndulos no modelo de Duffing?

Vamos imaginar a seguinte equação de Duffing:

$$\frac{dy^2}{dt} + 0.02\frac{dy}{dt} + y^3 = 7\cos(t) \tag{2.13}$$

Os integradores de Runge-Kutta somente integram equações de primeira ordem, ou seja, devemos transformar equações de segunda ordem em duas equações de primeira ordem para usar o integrador. Essa é uma transformação bastante usual e tradicional em análise numérica, primeiro renomeando

$$X = y \quad \text{e} \quad Y = \frac{dy}{dt} \tag{2.14}$$

Com isso, criamos duas novas variáveis na equação de Duffing, conhecidas como variáveis auxiliares para nossa integração. Então, se antes tínhamos apenas uma variável y, agora, temos duas (X,Y). A variável X vai representar a posição do pêndulo e a variável Y a velocidade. Se fizermos agora a derivada de X,

$$\frac{dX}{dt} = \frac{dy}{dt} \tag{2.15}$$

mas como dy/dt tem um novo nome e se chama Y, então:

$$\frac{dX}{dt} = Y \tag{2.16}$$

Por outro lado, a derivada de Y será

$$\frac{dY}{dt} = \frac{d^2y}{dt^2} \tag{2.17}$$

O leitor poderá observar que, na Equação (2.13), temos a expressão pronta para a derivada segunda $\frac{d^2y}{dt^2}$, bastando apenas passar os termos para o lado direito da igualdade. Assim, se substituirmos na Equação (2.17), teremos:

$$\frac{dY}{dt} = -0.02\frac{dy}{dt} - y^3 + 7\cos(t) \tag{2.18}$$

Mas quem são os termos *y* e *dy/dt* na equação anterior? Observando a Equação (2.14), sabemos que y é a nova variável X e a derivada é a nova variável Y. Então, a Equação (2.18) se transforma na seguinte Equação (2.19):

$$\frac{dY}{dt} = -0.02Y - X^3 + 7\cos(t) \tag{2.19}$$

Após essas modificações, estaremos prontos para o procedimento numérico de simulação do movimento do pêndulo. A equação de Duffing (2.13) é, agora, o sistema (2.20):

$$\begin{cases} \dfrac{dX}{dt} = Y \\ \\ \dfrac{dY}{dt} = -0.02Y - X^3 + 7\cos(t) \end{cases} \tag{2.20}$$

No Python, esse sistema deve entrar como uma *function* a ser chamada pelo integrador numérico. No algoritmo do *script* a seguir, chamamos essa *function* de "deriv" na linha 8, onde a variável dXdt representa a derivada matemática $\frac{dX}{dt}$ e a variável dYdt representa o termo da equação diferencial $\frac{dY}{dt}$.

```
1   import multiprocessing as mp
2   import numpy as np
3   import math as mt
4   import matplotlib.pyplot as fig
5   from time import time
6   from scipy.integrate import odeint
7
```

```
8   def deriv(s, t):
9       X, Y = s
10      dXdt = Y
11      dYdt = -0.02*Y - 1*X*(X**2) + 7*mt.cos(t*1)
12      return dXdt, dYdt
13
14  def EDO(t):
15      eix=[]
16      eiy=[]
17      X0=1
18      Y0=0
19      s0 = X0, Y0
20      # Integracao do sistema ###########################
21      res = odeint(deriv, s0, t)
22      X, Y = res.T
23      eix.append(X)
24      eiy.append(Y)
25      return eix,eiy
26
27  if __name__ == '__main__':
28      t0=time()
29      p=mp.Pool(processes=1)
30      t = np.linspace(0, 10000*(2*np.pi), 100000000)
31      res=p.map(EDO,(t,))
32      p.close()
33      print(time()-t0)
34      res=np.array(res)
35      x=[res[0,0][0][10000*i-10:10000*i] for i in range(1,10000)]
36      y=[res[0,1][0][10000*i-10:10000*i] for i in range(1,10000)]
37      fig.scatter(x,y,color='black',s=4)
38      fig.xlabel('POSIÇÃO', fontsize=16)
39      fig.ylabel('VELOCIDADE', fontsize=16)
```

O sistema (2.20) é, então, programado nas linhas 10 e 11. O método de integração numérica Runge-Kutta, que discutimos anteriormente, no Python, está programado como função "odeint" na linha 21. Uma vez terminada a integração, o resultado é colocado em lista, a qual chamamos aqui eix, para a solução de X (posição), e eiy, para a solução de Y (velocidade). A posição inicial foi assumida ser X(0) = 1, e a velocidade inicial Y(0) = 0, respectivamente nas linhas 17 e 18 da programação.

Para ver se o plano de fase apresentará um fractal que nos informará se o sistema é caótico ou não, precisamos integrá-lo por grande período de tempo e salvar apenas os pontos finais ao final de cada período. Por isso, um tempo grande de integração é necessário, o que Moon, em seu artigo, representou por 160 mil condições iniciais diferentes.

O período do pêndulo é sempre $periodo = \frac{2\pi}{\omega}$, o que na Equação (2.13) é o número que multiplica o tempo "t". Nesse caso, o termo é $\omega = 1$. Na linha 30 temos o *array* para o vetor que vai armazenar o tempo do pêndulo, em que a função linspace calcula a quantidade de 100 milhões de pontos para o intervalo que começa em tinicial = 0 e tfinal = $10000(2\pi)$. Em outras palavras, nós queremos 100 milhões de pontos entre zero e 10 mil voltas do pêndulo. Isso era impossível em 1985, quando Moon escreveu seu artigo sobre caos na equação de Duffing. O que precisamos salvar são apenas os 10 pontos finais de cada fim de volta do pêndulo, por isso a linha 35 e a linha 36 têm a programação com iteração em "for" tomando apenas valores entre 10000*i-10 a 10000*i.

Depois da finalização da integração, plotamos os pontos da mesma forma que Moon fez em seu artigo original, colocando no eixo horizontal a posição (X), e no eixo vertical, a velocidade (Y). E o resultado é a Figura 2.32, que é o resultado de integração da equação de Duffing para 10 mil voltas e caso não se tenha um computador veloz, o resultado poderá demorar horas para finalizar.

No Python, uma maneira bem interessante é fazer um processamento em paralelo com o método conhecido como *pool*, que faz a integração numérica de forma paralela no processador, em nosso caso um *intel core 7* com 32 RAM. Essa integração paralela acontece entre a linha 29 e a linha 32, terminando para esse exemplo em apenas 35 segundos de processamento.

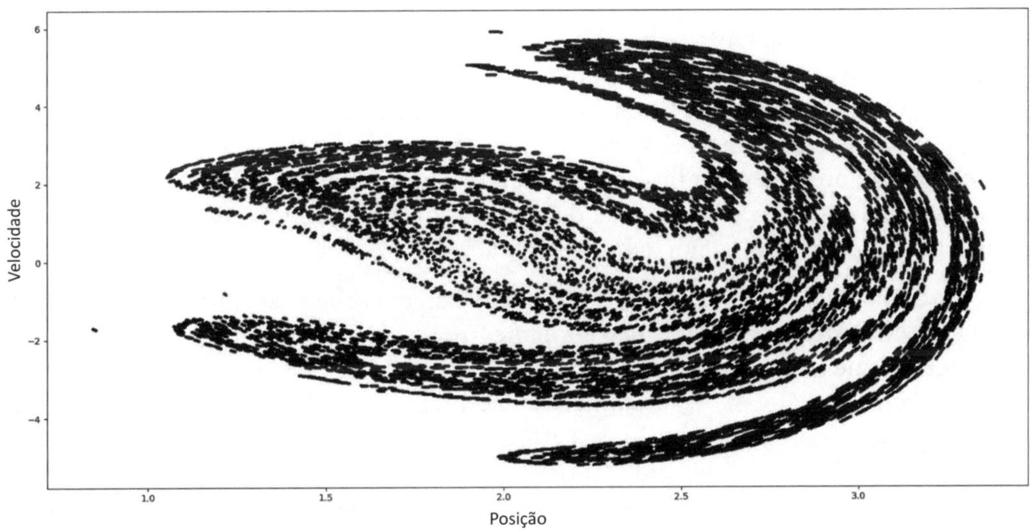

Figura 2.32 – Estrutura fractal no plano de fase para a equação de Duffing.

Cada ponto da Figura 2.32 revela uma posição final para o pêndulo (eixo horizontal) e sua velocidade (eixo vertical). Se quisermos ver o comportamento da posição do pêndulo para os primeiros 100 pontos contínuos, teremos o resultado da Figura 2.33. E essa é a assinatura do caos, como se pode observar, não ocorrendo repetição periódica previsível. A cada período de 2π, o pêndulo nunca voltará a ficar na mesma posição. Caso não fosse caótico, o mesmo ponto se repetiria ao final de cada volta.

Caso fosse um pêndulo não caótico, a Figura 2.32 teria apenas dois pontos, nos quais o pêndulo sempre passará a cada volta. Conforme o estudo original de Moon mostrou, o sistema torna-se caótico quando a amplitude que multiplica o cosseno na equação ultrapassa o valor 6. Como colocamos 7 para a amplitude, o pêndulo mostrará sempre, nesse caso, um comportamento caótico. Para outros valores da amplitude e da frequência que multiplica o tempo t, a Figura 2.32 começará a girar em torno dos pontos de estabilidade do pêndulo e, para alguns valores, poderá se expandir ou se contrair, modificando a estrutura fractal observada.

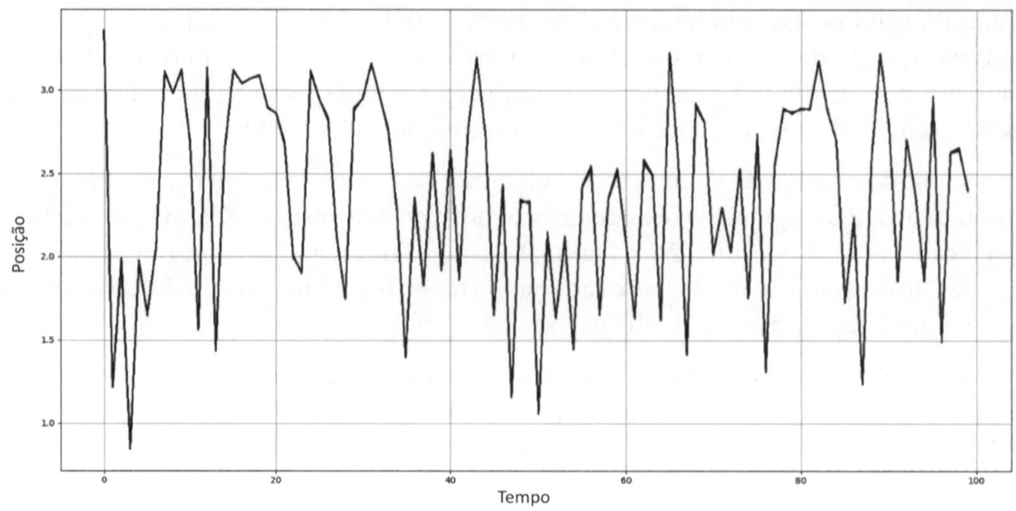

Figura 2.33 – Evolução da posição X no tempo *t* na equação de Duffing.

Como a equação de Duffing foi derivada de sistemas reais da engenharia, essa conclusão sobre caos tornou-se superimportante para fabricantes de peças, de motores, de geradores, enfim, de qualquer tipo máquina que tenha projetos com base na equação de Duffing. Se os projetos têm peças que se desgastam com o tempo, esse desgaste pode, com o período longo de trabalho, levar a máquina a uma condição caótica, tendo como consequências que vão desde a perda de algumas horas de almoço para seu conserto e até mesmo uma tragédia maior, com perdas de vidas.

A busca na atualidade é pela identificação de sistemas que possam ser parecidos com a equação de Duffing, exibindo não somente uma oscilação de caráter aleatório, mas, sim, caótico, que transformará nossa vida no futuro. Isso pode acontecer em modelos sobre aquecimento global, desmatamentos, extinção de espécies, aeronaves ou planetas. Enfim, de apenas um pêndulo de 1918, a equação de Duffing define para a humanidade novos parâmetros de comportamentos baseados apenas em estruturas fractais que exibem os padrões do todo em detalhes cada vez menores nos planos de fase, como os do tipo da Figura 2.32. Isso nem mesmo o engenheiro Duffing poderia prever.

Os programas deste capítulo estão disponíveis no GitHub para serem baixados de forma gratuita. Mas o leitor deverá ter atenção às bibliotecas, que podem mudar sua disposição para os parâmetros e proporcionarem erros. É importante, sempre ao instalar novas bibliotecas, certificar-se se as entradas dos parâmetros ainda são as mesmas. O link para esses programas é: <https://github.com/malcaetano/Eden_Algoritmos_Python/tree/main/Cap2>.

Capítulo 3

A evolução dos algoritmos

3.1 INTRODUÇÃO

Nossos parentes desceram das árvores há 7 milhões de anos e, por volta de 6 milhões de anos atrás, começaram a ficar eretos em seu caminhar. O cérebro se expandiu, as pernas esticaram, os dedos dos pés e das mãos encurtaram, e começamos a caminhar pelo mundo. Um passeio pelo Museu Americano de História Natural, em Nova Iorque, nos Estados Unidos, é uma viagem no tempo, numa cápsula incrível sobre a evolução humana. A Figura 3.1 é uma foto tirada de um molde de cera, nesse museu, retratando o *Homo erectus*, que viveu cerca de 2 milhões de anos atrás. Vestígios desse ancestral foram encontrados na África Oriental, e uma pesquisa comparativa com o DNA de outras amostras apontaram que ele foi o primeiro a viajar e migrar para fora da África, chegando até o Oriente Médio.

A evolução segue caminhos tortuosos, às vezes aleatórios e adaptativos, em relação ao ambiente e à luta pela sobrevivência. À medida que novas ferramentas científicas são desenvolvidas ou criadas, novos fatos interessantes da história da evolução vão aparecendo – em alguns pontos, deixando mais claro o pensamento antigo; em outros, criando novas dúvidas.

Após o advento dos computadores, sobretudo das linguagens de computação, os algoritmos foram se tornando mais evoluídos. Além disso, novos algoritmos foram necessários para se aprimorar o desenvolvimento e propiciar criação de novas tecnologias que nos cercam até os dias atuais.

Figura 3.1 – *Homo erectus* (2 milhões de anos). Acervo pessoal.

John von Neumann (1903-1957), em 1940, estava pesquisando sobre um assunto interessante, mas ainda muito futurístico em sua época: como colonizar outros planetas? Sua ideia era enviar máquinas e autômatos para criar condições em um novo planeta até os seres humanos poderem viajar para lá. Esses autômatos teriam de ter habilidade para criar outras máquinas mais sofisticadas e construir uma tecnologia mais avançada do que eles para desbravarem um novo mundo.

Uma das funções imaginadas, por exemplo, seria que os autômatos encontrassem água para, a partir dela, separar o hidrogênio do oxigênio e gerar ar respirável para os astronautas humanos no futuro. Outra função inicial desses autômatos seria criar cópias iniciais de si mesmo, a fim de ampliar o exército de trabalhadores autômatos, para construírem instalações habitáveis aos humanos.

Motivado por essas ideias de von Neumann, Stanislaw Ułam inventou regras para serem programadas em algoritmos e deu-lhes o nome de *autômato celular*. Tanto von Neumann como Ułam trabalharam em projetos que envolviam o desenvolvimento da bomba de hidrogênio, sendo von Neumann participante ativo do Projeto Manhattan, que criou a primeira bomba atômica. Quando se tornou professor na Universidade de Princeton, von Neumann fez parte do grupo que construiu o primeiro computador, o ENIAC.

Motivado tanto pelas ideias de von Neumann como pela invenção do autômato celular, John Horton Conway (1937-2020) criou, em 1970, um jogo teórico apenas imaginando como seria seu funcionamento a partir de regras simples, e chamou-o de *jogo da vida*. Conway e seu jogo ganharam fama após uma publicação de Martin Gardner na revista *Scientific American*, em outubro de 1970, na qual explicava o funcionamento do jogo matemático e das fantásticas diferentes configurações que ele assumia de forma autônoma (Figura 3.2).

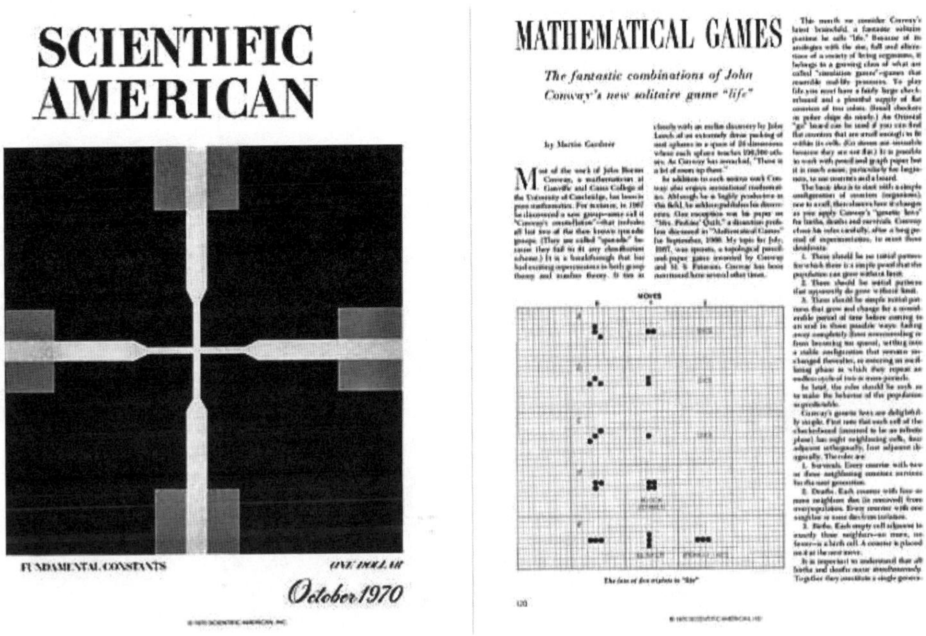

Figura 3.2 – Jogo da vida na *Scientific American*.

O jogo da vida é um programa obrigatório para todo ingressante em cursos de computação, devido às suas regras simples, mas com complexas configurações à medida que as iterações avançam. Uma prova de que o jogo da vida está ainda mais influenciador do que nunca é um dos artigos na *Scientific American* de 2021, no qual John Horgan discute sobre mecânica quântica, e condições de livre arbítrio que podem ocorrer no jogo.

3.2 REGRAS DO JOGO

No canal do YouTube *Numberphile*, John Conway deu uma entrevista, contando como surgiu a ideia da criação do jogo da vida. Segundo ele, sua invenção demorou cerca de 18 meses, nos momentos de café, pensando sobre quais as regras mais simples para que um autômato prosperasse (ver entrevista em: <https://www.youtube.com/watch?v=R9Plq-D1gEk>). Conway diz que von Neumann achava que seriam necessários 29 estados entre uma geração e outra na vida dos autômatos. Mas John Conway imaginou apenas dois estados no início, prosperando depois em quatro estados, ou quatro regras, apresentadas a seguir.

1. Cada célula sozinha (célula em cor preta no quadro a seguir) ou com apenas um vizinho numa geração *n* morre de solidão na geração *n+1*.

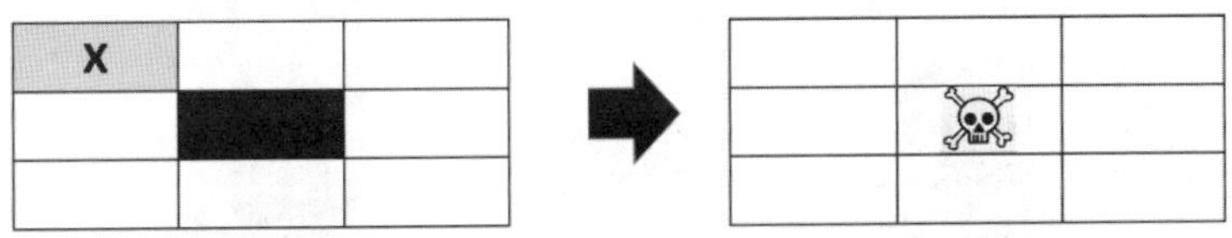

Geração n ***Geração n+1***

2. Cada célula (em cor preta no quadro a seguir) com 4 ou mais vizinhos numa geração *n* morre de sufocamento na geração *n+1*.

Geração n ***Geração n+1***

3. Cada célula (em cor preta no quadro a seguir) com 2 ou 3 vizinhos numa geração *n* sobrevive na geração *n+1*.

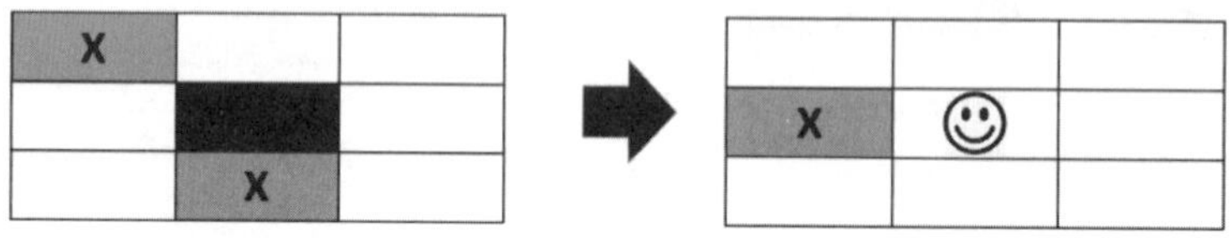

Geração n ***Geração n+1***

4. No espaço vazio (em cor preta no quadro a seguir) com 3 vizinhos preenchidos numa geração *n*, nasce uma célula nova na geração *n+1*.

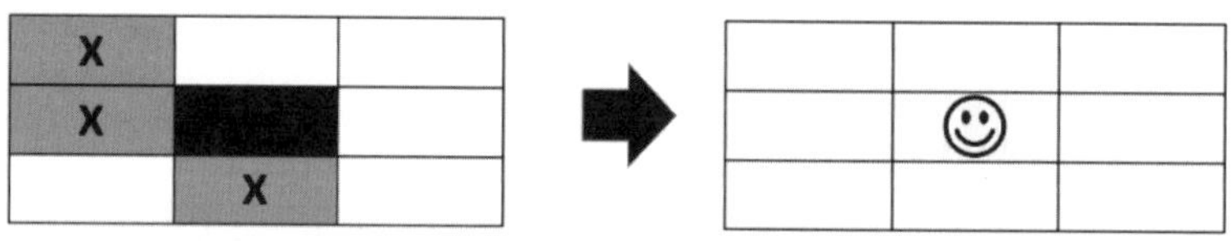

Geração n ***Geração n+1***

Algumas situações inusitadas foram observadas desde o início por Conway sobre o comportamento das células e de suas estruturas de vida. Em muitos casos, as células com vida apenas ficam piscando e presas no mesmo local; em outras, as células apenas giram; mas, em outros casos, as células se deslocam pela matriz universo. Para entendermos melhor, vamos imaginar o simples preenchimento com três células com a disposição a seguir. As células não preenchidas serão nomeadas de a1, a2, ... a12, para facilitar a explicação.

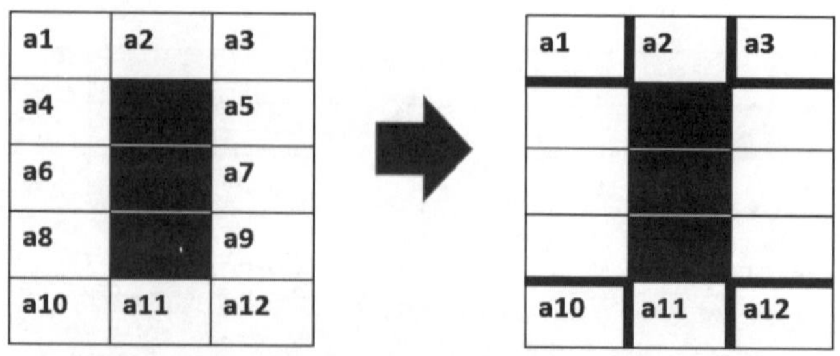

Para compreendermos melhor a noção de vizinho, as células a1, a2, a3, a10, a11 e a12 continuam vazias na geração seguinte. Elas possuem apenas um vizinho, uma vez que estar encostada num canto preenchido é definido como vizinhança. Nessas células, nada acontece entre uma geração e outra.

As células a4, a5, a8 e a9 também permanecerão vazias entre uma geração e outra, pois possuem apenas dois vizinhos preenchidos e, seguindo as regras do jogo, nada acontece.

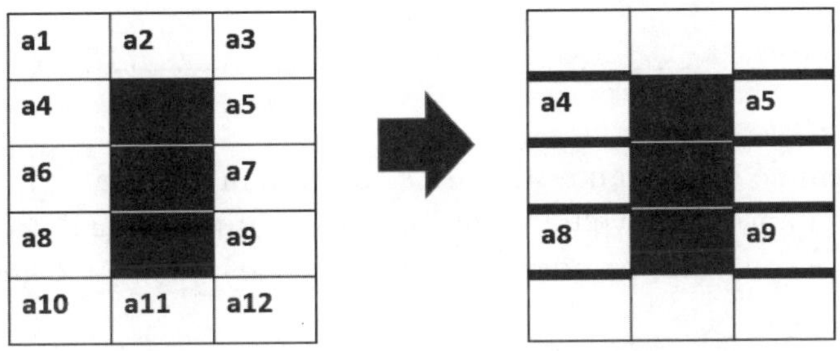

Observando as células a6 e a7, em seus espaços nascerão vidas, pois elas fazem vizinhanças com três células preenchidas (contando com os cantos das células adjacentes).

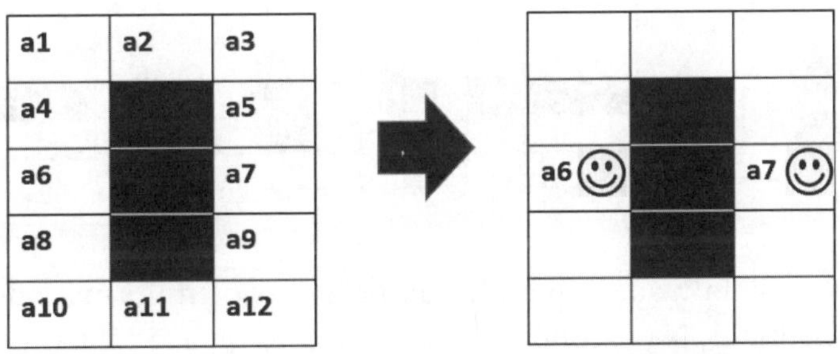

Por outro lado, as células dos extremos que estavam preenchidas vão morrer, pois só fazem vizinhança com apenas uma célula preenchida. A célula do meio continuará na próxima geração preenchida, pois ela apenas possuirá duas células vizinhas. Deve-se sempre aplicar a regra para uma geração e apenas atualizar a situação quando a iteração passar para a geração seguinte no jogo. Conforme será visto a seguir, duas células morrem, e outras duas células nascem.

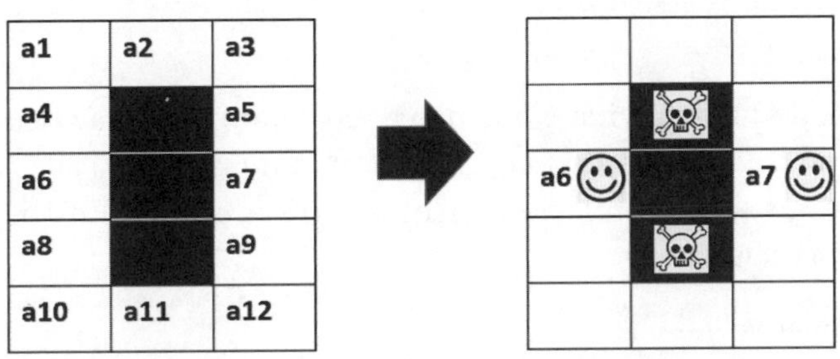

A configuração final entre uma geração e outra será a seguinte:

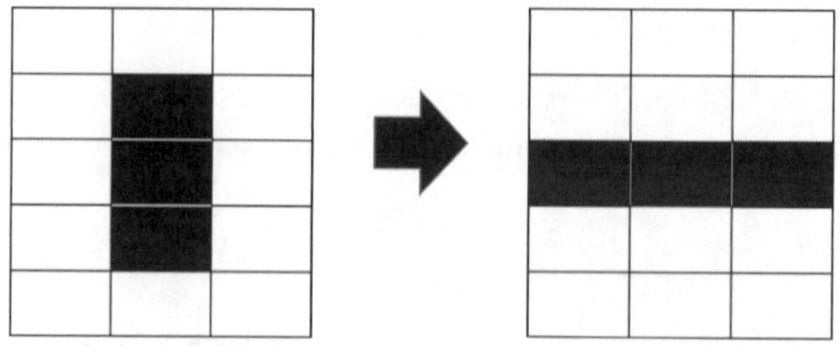

O que isso tem de interessante? É que, se continuamos o jogo, a geração finalizada com as células na horizontal voltarão, na geração seguinte, para a vertical. E assim se perpetuará, ficando as vidas paradas e oscilando no mesmo lugar, como visto a seguir.

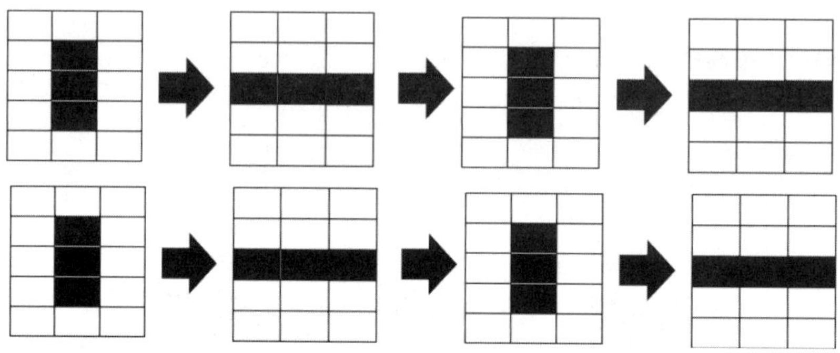

Outro caso de estabilidade é quando se inicia o jogo em formato de L com apenas três células preenchidas. Na segunda geração, teremos quatro células preenchidas e assim será para toda eternidade. Isso porque cada célula do quadrado possui três vizinhos (contando com o canto) e pela terceira regra do jogo, a vida da célula permanece na geração posterior.

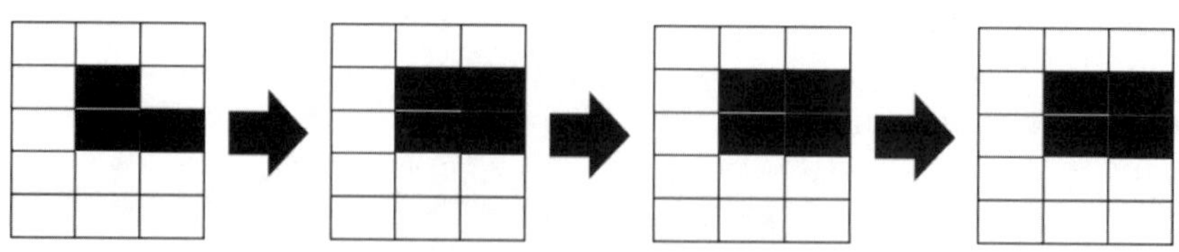

O interessante do jogo da vida é que não apenas John Conway ficou testando as regras, mas o mundo científico todo ficou inventando novas formas de condições iniciais e criando conjecturas sobre os relacionamentos entre as células. Então, temos três estruturas gerais para as células:

1) Estáveis (*still-life*).
2) Periódicas (*oscillators*).
3) Planador (*glider*), espaçonaves (*spaceships*) e armas (*gums*).

Algumas estruturas estáveis são mostradas na Figura 3.3. Por que são estáveis e especiais? Quando se inicia o jogo com essas estruturas, o jogo termina na primeira geração, pois a configuração da geração seguinte é a mesma da anterior. Ou seja, a estrutura não se move e não se altera entre um passo e outro. Da mesma forma, se o jogo chegar a qualquer situação onde uma dessas estruturas surge, ele termina.

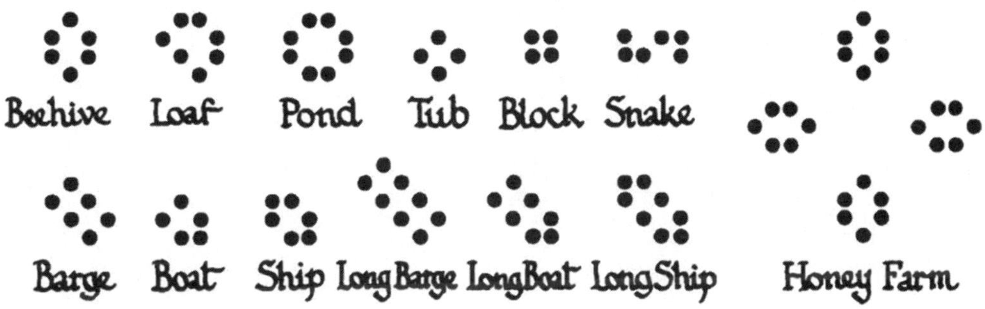

Figura 3.3 – Estuturas estáveis no jogo da vida.

John Conway e outros pesquisadores já tinham testado muitas formas diferentes de se iniciar o jogo, e todas terminavam rapidamente ou ficavam oscilando de forma estáveis. Conway, então, propôs a seguinte conjectura: "Nenhuma configuração inicial tem crescimento populacional ilimitado". E, para provocar a discussão, ofereceu um prêmio de US$ 50,00 a quem encontrasse uma forma que fizesse o jogo se manter evoluindo e recriando estruturas *Ad infinitum*. Bill Gosper, do Instituto de Tecnologia de Massachusetts (MIT), descobriu a primeira estrutura, nominada de *glider gun*, e ganhou o "prêmio" de John Conway. A estrutura na Figura 3.4, quando se inicia o jogo, não estabiliza nunca.

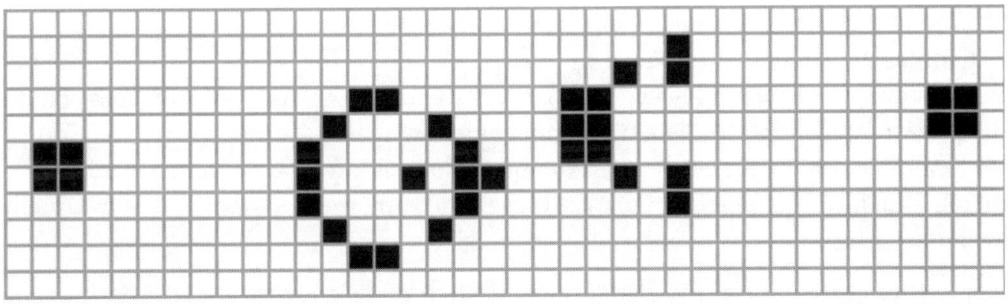

Figura 3.4 – Estutura *glider gun*, de Bill Gosper, que ganhou o prêmio de John Conway.

Um *glider*, ou planador, é uma estrutura interessante, pois ele percorre todo o plano do jogo sozinho, rotacionando e transladando como um planador real. Sua forma é a seguinte, representando apenas para poucas células:

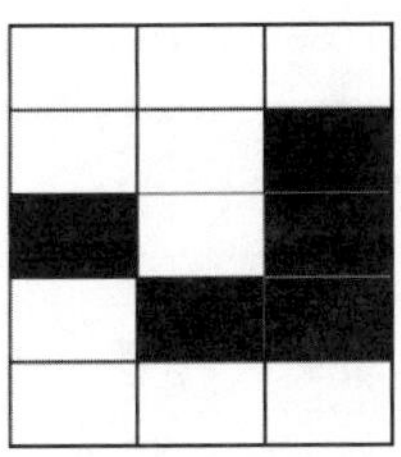

A Figura 3.5 apresenta algumas alterações, de modo que o *glider* (planador) se modifica em quatro gerações de repetições do jogo. Na quinta geração, a configuração retorna ao padrão inicial original do jogo da vida.

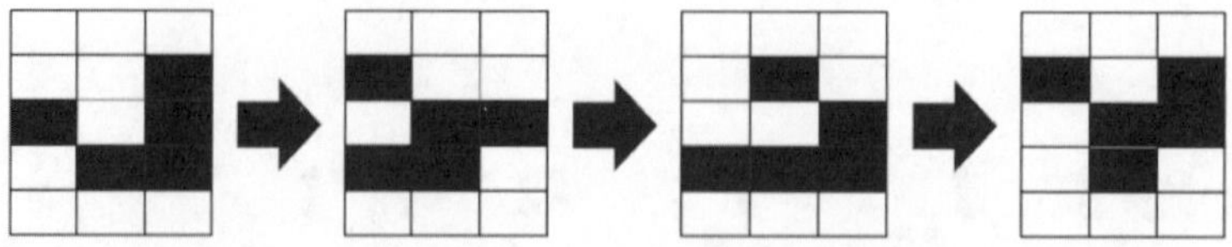

Figura 3.5 – Estutura *glider gun*, de Bill Gosper.

3.3 MATRIZES

Toda a ideia do funcionamento do jogo da vida é baseada no conceito matemático de matrizes. Formada pela junção de linhas e colunas, uma matriz é uma representação bidimensional de inúmeros eventos reais que armazenam seus passos e sua localização em termos de duas coordenadas, formadas pela identificação da linha e da coluna.

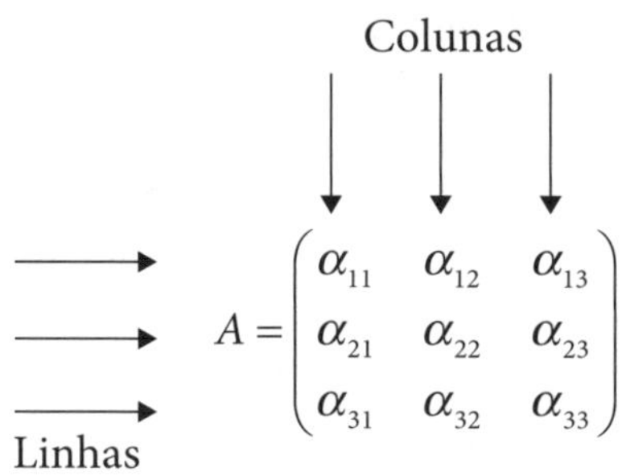

$$A = \begin{pmatrix} \alpha_{11} & \alpha_{12} & \alpha_{13} \\ \alpha_{21} & \alpha_{22} & \alpha_{23} \\ \alpha_{31} & \alpha_{32} & \alpha_{33} \end{pmatrix}$$

Thomas A. Anderson, de dia, é um programador de software em uma companhia; mas, de noite, torna-se um hacker, invadindo sistemas e roubando informações. Thomas não é nenhum cientista, é Neo, o personagem principal do filme *Matrix* e vivido pelo ator Keanu Reeves. O filme foi a quarta maior bilheteria em 1999 e recebeu quatro Oscars em 2000: melhor montagem, melhor mixagem de som, melhor edição de som e melhores efeitos visuais.

A trama toda se dá num ambiente futurístico onde se propõe a tese de que nossa realidade é apenas uma simulação e é chamada de *Matrix*. As máquinas dominaram o mundo, tornando os humanos reféns, presos a cápsulas que extraem a energia do corpo para sustentar o mundo real das máquinas. Para manter os humanos em atividade, os cérebros são conectados nessa *Matrix*, gerenciada por softwares que criam os eventos que achamos ser reais, mas que, na verdade, são simulações que se cruzam com diversas informações na *Matrix*.

Uma das cenas recorrentes é quando realidades são implantadas pelos rebeldes humanos, que lutam contra os softwares, fazendo aparecer no filme uma matriz com linhas e colunas de códigos ou *scripts*, que transportam para dentro da *Matrix* Neo e seus companheiros em missões contra as máquinas.

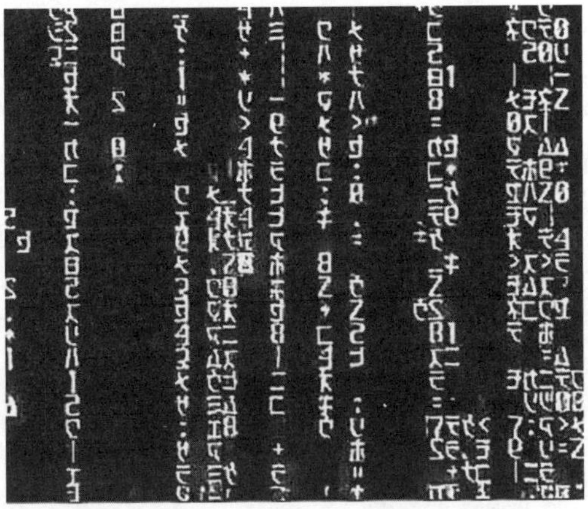

Figura 3.6 – Tela da realidade simulada em *Matrix*.

O conceito atual de matriz é muito recente, definido somente em 1850, pelo matemático Sylvester (1850a, 1850b). A história acadêmica nos conta que, um pouco depois, Arthur Cayley publicou uma memória sobre matrizes, na qual ele definiu as operações entre matrizes e enunciou as propriedades dessas operações (Cayley, 1858).

Mas a utilização do conceito de matriz e operações com o formato utilizado nos dias atuais remonta a muitos séculos atrás. O formato de matriz para resolver problemas do cotidiano é relatado por chineses dos séculos X ao II a.C. O livro chinês *The Nine Chapters on the Mathematical Art*, datado de 179 a.C., apresenta a forma matricial com números, mostrando as técnicas para se resolverem os problemas do cotidiano daquela época.

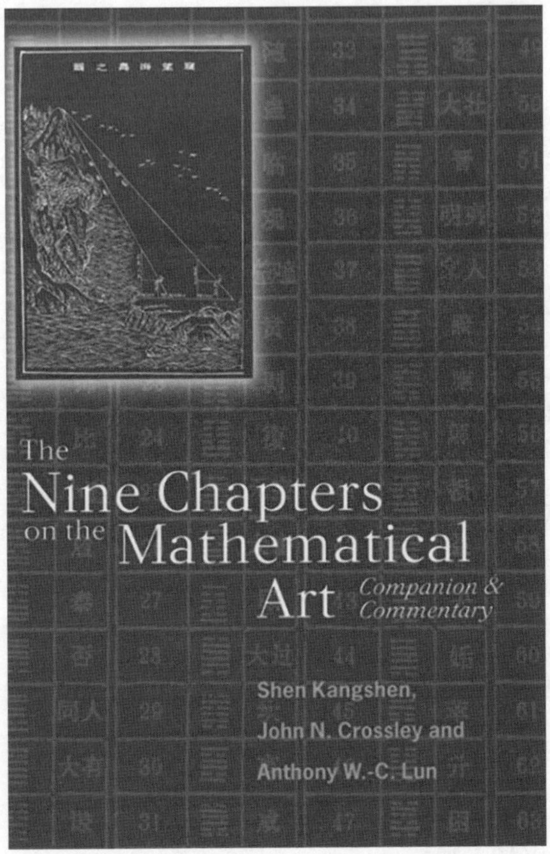

Figura 3.7 – Versão atual do livro chinês que retratou uso de matriz em 179 a.C.

Após o advento do computador, muitas explorações diferentes apareceram para problemas clássicos, inclusive ajudando a resolver problemas históricos que tiveram como base cálculos que envolviam matrizes. Em todas as linguagens de programação, métodos e variáveis do tipo matricial são implementados em bibliotecas para auxiliar nas construções dos algoritmos. Por exemplo, a criação de uma matriz 3×3 (3 linhas e 3 colunas) pode ser realizada como apresentado no código do Python a seguir. Em todas as linguagens de programação, matrizes são definidas como *array*, marcando e salvando posições numéricas na memória do computador. Como exemplo, vamos criar uma matriz denominada de *mat*.

```
# Matrizes
import numpy as np

mat=np.array( [ [2,5,8], [1, 2, 6],[4, 9, 1] ])

print ('---------------------------')
print(mat)
```

No código, não se percebe a formação matricial. No entanto, com a impressão no console, é possível lembrar sua representação em matemática algébrica. O primeiro elemento do *array* é a linha toda da matriz, o segundo é a segunda linha da matriz, e assim sucessivamente.

```
-------------------------
[[2 5 8]
 [1 2 6]
 [4 9 1]]
```

No Python, uma matriz utiliza colchetes para representar seus índices. Deve-se lembrar de que o primeiro índice da matriz em Python é sempre zero. Vejamos algumas operações com os elementos da matriz *mat*.

- Primeira linha, segunda coluna:

```
In [5]: mat[0,1]
Out[5]: 5
```

- Segunda linha inteira:

```
In [6]: mat[1,:]
Out[6]: array([1, 2, 6])
```

- Segunda coluna inteira:

```
In [7]: mat[:,1]
Out[7]: array([5, 2, 9])
```

- Última linha, duas últimas colunas:

```
In [8]: mat[-1,-2:]
Out[8]: array([9, 1])
```

Uma matriz importante é a identidade, formada por números 1 na diagonal principal, e 0, fora dela. No Python, a função é identity(parâmetro), em que parâmetro é o número de linhas e colunas sempre para uma matriz no formato em que o número de linhas é igual ao número de colunas.

Por exemplo, para a matriz identidade 5×5:

```
# Matrizes
import numpy as np

mat=np.identity(5)
print ('----------------------------')
print (mat)
```

```
-------------------------
[[1. 0. 0. 0. 0.]
 [0. 1. 0. 0. 0.]
 [0. 0. 1. 0. 0.]
 [0. 0. 0. 1. 0.]
 [0. 0. 0. 0. 1.]]
```

Uma matriz nula é importante para operações matriciais em diversas ocasiões em que a álgebra matricial é necessária. A função para isso é zeros( ), em que se coloca nos parênteses o número de linha e coluna desejados. Diferentemente da matriz identidade, essa matriz pode ter quantidade de linhas diferente da quantidade de colunas.

```
# Matrizes
import numpy as np

mat=np.zeros( (5,3))
print ('----------------------------')
print (mat)
```

```
-------------------------
[[1. 0. 0. 0. 0.]
 [0. 1. 0. 0. 0.]
 [0. 0. 1. 0. 0.]
 [0. 0. 0. 1. 0.]
 [0. 0. 0. 0. 1.]]
```

E, do mesmo modo que temos a matriz com zeros( ), o Python permite criar uma matriz apenas com o número 1. A função é ones( ), com funcionamento semelhante a zeros( ).

```
# Matrizes
import numpy as np

mat=np.ones( (5,3))
print ('----------------------------')
print (mat)
```

```
-------------------------
[[1. 0. 0. 0. 0.]
 [0. 1. 0. 0. 0.]
 [0. 0. 1. 0. 0.]
 [0. 0. 0. 1. 0.]
 [0. 0. 0. 0. 1.]]
```

A soma ou subtração de matrizes se dá com a operação sendo realizada elemento por elemento. Contudo, não é necessária nenhuma função especial; basta usar o sinal + ou – para matrizes já existentes. O resultado de operações matriciais como a soma e subtração terão como resultado final outra matriz.

```
-------------------------
[[ 6  6]
 [ 0 -9]]
```

```
# Matrizes
import numpy as np

mat=np.array( [ [2,5],[3,-2] ] )
mat=np.array( [ [4,1],[-3,-7] ] )

soma = mat1 + mat2

print ('----------------------------')
print (soma)
```

Para que o jogo da vida de Conway transcorra mostrando a evolução das estruturas e suas relações, todo programa deverá ser codificado com o conceito de matriz, onde coloca-se o número 1 quando uma posição é ocupada e colocando-se o número zero quando a posição está vazia.

3.4 O ALGORITMO DO JOGO DA VIDA EM PYTHON

Como mencionado antes, o jogo da vida faz parte de toda disciplina de introdução à programação nos cursos de matemática, computação, física e engenharia. É um desafio lógico interessante para os iniciantes em programação para a boa prática de como encadear de forma lógica os *if* da programação. Para a nossa explicação, vamos começar com uma figura simples, mas que não se trata da estrutura tradicional inventada por Conway. Por exemplo, vamos fazer as células seguintes (preenchidas em preto) como a entrada da matriz em Python.

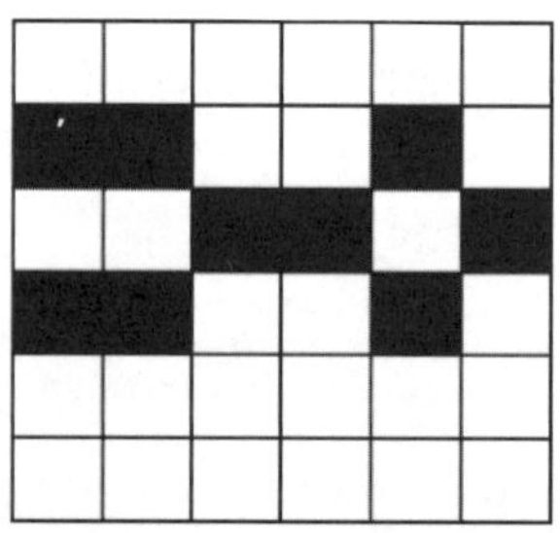

Figura 3.8 – Estrutura inicial para o jogo da vida.

O primeiro passo é a inicialização da matriz do jogo. Existem vários tipos de jogos com tamanhos variados entre linhas *n* e colunas *m*. A matriz que representa uma geração e a matriz para a geração subsequente devem ser diferentes, a fim de que as mudanças pelas regras não sejam perdidas. Por isso, o primeiro passo após escolher o universo do jogo com linhas *n* e colunas *m* (no caso, escolhemos 80 x 80) é determinar os elementos da matriz inicial.

Em Python, é necessário criar uma matriz nula (composta apenas de zeros), pois, entre uma geração e outra, se alguma célula não for ocupada, permanecerá com a condição inicial, que, nesse caso, será zero. A linha 14 e a linha 15 no *script* a seguir criam, respectivamente, a matriz *a* de uma geração e a matriz *novo_a* após as alterações das células pelas regras. Colocam-se (n+1) e (m+1) porque, em Python, o primeiro elemento será sempre (0,0). Então, ao escolhermos 80 x 80, estaremos, na realidade, indo até os elementos 79 x 79. Assim, essa adicional soma pelo número 1 ficará coerente, caso desejar conhecer o elemento (80,80) em algum tipo de análise.

```
8   fig.close('all')  # fecha figuras existentes
9
10  n=80              # números de linhas
11  m=80              # número de colunas
12
13  ##### inicializa com zeros ###############
14  a=np.zeros((n+1,m+1))
15  novo_a=np.zeros((n+1,m+1))
16  #############################################
17
```

A inicialização da estrutura é, na verdade, a leitura e o preenchimento dos elementos da matriz, em que o número 1 será célula preenchida, e o número 0 será célula vazia. Utiliza-se, para isso, o formato de colchetes a[4,1]=1, a[4,2]=1, e assim por diante, em que o primeiro número indica a linha da matriz, e o segundo indica a coluna da matriz. A estrutura inicial da Figura 3.8 será indicada pela inicialização das linhas 19 a 27 do *script* seguinte.

```
18  ######## escolha da estrutura inicial ######
19  a[4,1]=1
20  a[4,2]=1
21  a[6,2]=1
22  a[5,3]=1
23  a[5,4]=1
24  a[4,5]=1
25  a[6,5]=1

26  a[6,1]=1
27  a[5,6]=1
28  ##############################################
```

Após a introdução dos números que vão apresentar a estrutura inicial no jogo da vida, três repetições serão necessárias, como visto no *script* nas linhas 30, 31 e 32. A primeira iteração com a variável *ger* indica o número de gerações que o programa deverá percorrer, sempre alterando as regras conforme a disposição da iteração anterior.

```
30  for ger in range(9):   # <----------------- iteração das gerações
31    for i in range(1,n): # <-------------- percorre as linhas
32      for j in range(1,m): #<---------- percorre as colunas
33        vizinho=0
```

A segunda iteração na linha 31 é para percorrer as linhas da matriz, enquanto a terceira iteração na linha 32 percorrerá as colunas. Cabe apenas salientar que, nesse tipo de iteração, enquanto a linha, por exemplo, é a primeira, as colunas mudam. A linha somente mudará para a segunda quando a última coluna for verificada pela variável *j*. A variável *vizinho* na linha 33 indica que, para cada nova coluna, os vizinhos da célula do Python a[i,j] são zerados. Essa variável serve como contador de vizinhos ao redor dessa célula.

Na parte do *script* a seguir, começa o núcleo central do jogo, onde a variável *vizinho* vai adicionando os vizinhos dessa célula a[i,j] na geração *ger*. A linha 34 verifica se a célula a noroeste da posição a[i,j] tem um número zero ou número 1. Se a célula a[i–1,j–1] contiver número 1, significa que ali existirá uma vida, e será contada como vizinha da célula a[i,j]. Por isso, na linha 35 existe a soma vizinho = vizinho +1.

A linha 36 verifica a condição da célula imediatamente acima da célula a[i,j], ou seja, verifica se a célula a[i,j–1] possui vida ou não. Se a[i,j–1]=1, então, a contagem de vizinho é atualizada na linha 37. E, assim, toda essa cadeia de verificação deverá seguir para ver quantas células ao redor de a[i,j] possuem o número 1, ou seja, possuem uma vida. As linhas 50 a 59 são as que atualizarão a matriz para a próxima geração por meio da atualização da matriz novo_a[i,j].

```
34             if a[i-1,j-1]==1:
35                 vizinho=vizinho+1
36             if a[i,j-1]==1:
37                 vizinho=vizinho+1
38             if a[i+1,j-1]==1:
39                 vizinho=vizinho+1
40             if a[i+1,j]==1:
41                 vizinho=vizinho+1
42             if a[i+1,j+1]==1:
43                 vizinho=vizinho+1
44             if a[i,j+1]==1:
45                 vizinho=vizinho+1
46             if a[i-1,j+1]==1:
47                 vizinho=vizinho+1
48             if a[i-1,j]==1:
49                 vizinho=vizinho+1
50             if a[i,j]==1:
51                 if (vizinho==2) or (vizinho==3):     ### se célula viva com 2
52                     novo_a[i,j]=1                    ### ou 3 vizinhos, permanece
53                 else:                                ### viva
54                     novo_a[i,j]=0
55             else:
56                 if vizinho==3:                       ### se espaço vazio com 2
57                     novo_a[i,j]=1                    ### ou 3 vizinhos, nasce
58                 else:
59                     novo_a[i,j]=0                    ### se espaço vazio com 1 ou
60     a=novo_a                                         ### 4 viz, permanece vazio
61     novo_a=np.zeros((n+1,m+1)) ### atualiza a regra
```

Conforme a regra do jogo, se a célula a[i,j] tem vida e possui dois ou três vizinhos, ela permanecerá viva para a geração seguinte. Se a célula tem dois ou três vizinhos, mas está vazia e sem vida, nela surgirá uma nova vida na geração seguinte. É isso o que faz a programação nas linhas 51 a 57.

A linha 54 é um "caso contrário" de três vizinhos, que significa que a célula possui um vizinho, ou quatro vizinhos. Nos dois casos, essa célula deverá morrer. Se a contagem de vizinhos for 1, morrerá de solidão, segundo Conway. Se a contagem foi 4, morrerá de sufocamento. Por isso, a linha 59 faz o elemento a[i,j]=0.

A parte da visualização no Python tem uma função interessante, em que se armazenam as matrizes e fazem animações mais rápidas dos elementos se movendo entre as gerações. Isso é programado na linha 65, com a função *imshow()*. A linha 68 é uma pausa de 0.1 segundo para que as imagens consigam ser impressas na tela, dando a impressão de movimento das células da matriz.

```
62    fig.title('GERAÇÃO %d' % ger, fontsize=20)
63    fig.xticks([]) # esconde os numeros do eixo x
64    fig.yticks([]) # esconde os números do eixo y
65    im = fig.imshow(a, interpolation = "nearest",cmap='Greys',animated=True)
66    mgr = fig.get_current_fig_manager()
67    mgr.window.setGeometry(20,20,1000, 1000) ## janela fixa
68    fig.pause(0.1)                ### pausa para ver as células se mover
```

A Figura 3.9 é o início do jogo das linhas do algoritmo anterior, com o mesmo elemento inicial programado pelas linhas 19 a 27, com base na Figura 3.8, que representava a estrutura inicial.

Figura 3.9 – Geração zero, o início do jogo com a estrutura inicial.

A Figura 3.10 mostra todas as gerações até a convergência dessa estrutura cair na situação de célula osciladora, uma das estruturas periódicas previstas no jogo. A sequência do jogo mostra o movimento das células até chegar na geração 5. Nessa geração, ocorreu uma separação das células, com a diminuição dos vizinhos. A seguir, na geração 6, a estrutura assumiu a forma horizontal do jogo, o que, como vimos anteriormente, vai sempre ficar oscilando entre retângulo vertical e horizontal entre as gerações. Por isso, essa estrutura é dita oscilatória ou periódica. O jogo não mudará mais de situação.

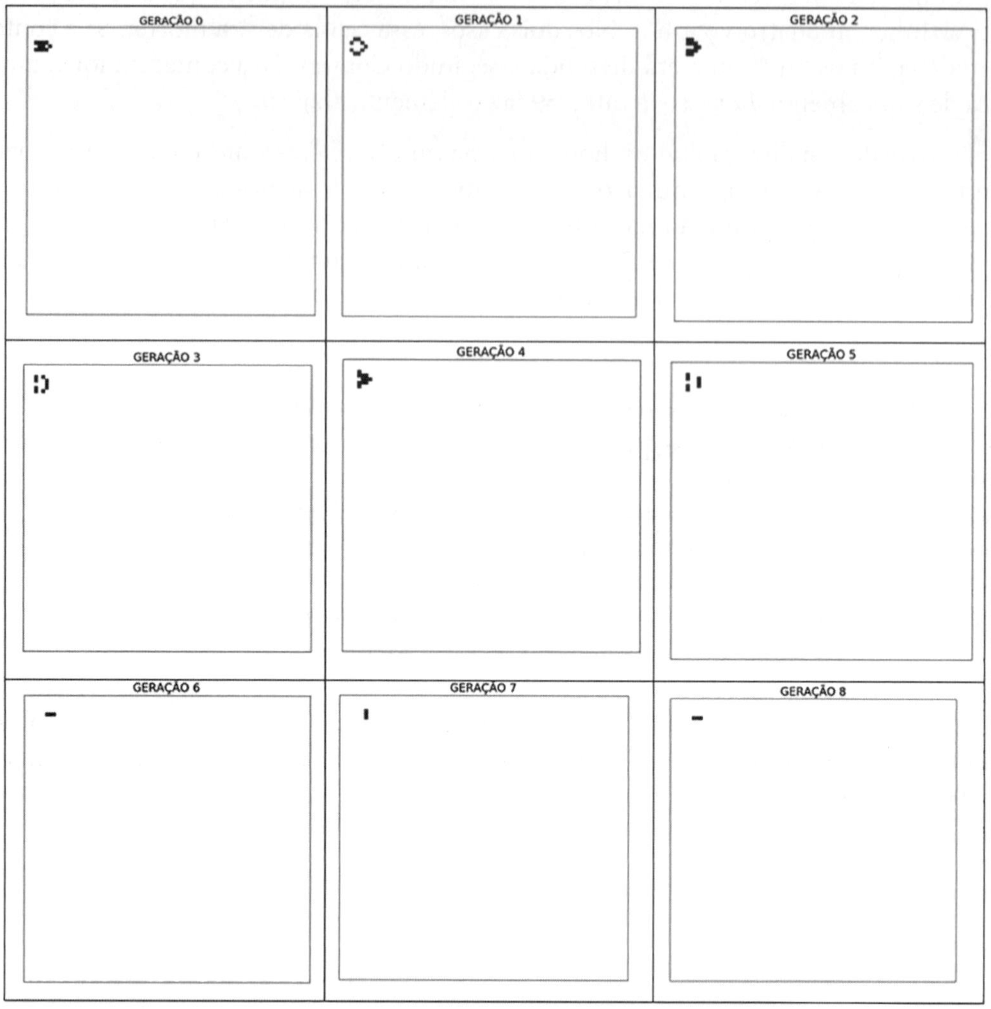

Figura 3.10 – Sequência de 8 gerações do jogo, estabilizando na forma oscilatória.

O programa completo do jogo é apresentado a seguir, para acompanhar todo o entendimento desta Seção.

```
# Game of Live (Jogo da Vida)
######################################
import numpy as np
import matplotlib.pyplot as fig
from matplotlib import animation, cm
import random

fig.close('all')                    # fecha figuras existentes

```

```
n=80                                   # números de linhas
m=80                                   # número de colunas

##### inicializa com zeros ###############
a=np.zeros((n+1,m+1))
novo_a=np.zeros((n+1,m+1))
###############################################

######## escolha da estrutura inicial ######
a[4,1]=1
a[4,2]=1
a[6,2]=1
a[5,3]=1
a[5,4]=1
a[4,5]=1
a[6,5]=1
a[6,1]=1
a[5,6]=1
################################################

for ger in range(9):  # <----------------- iteração das gerações
   for i in range(1,n): # <-------------- percorre as linhas
      for j in range(1,m): #<---------- percorre as colunas
         vizinho=0
         if a[i-1,j-1]==1:
               vizinho=vizinho+1
         if a[i,j-1]==1:
               vizinho=vizinho+1
         if a[i+1,j-1]==1:
               vizinho=vizinho+1
         if a[i+1,j]==1:
               vizinho=vizinho+1
         if a[i+1,j+1]==1:
               vizinho=vizinho+1
         if a[i,j+1]==1:
               vizinho=vizinho+1
         if a[i-1,j+1]==1:
               vizinho=vizinho+1
         if a[i-1,j]==1:
               vizinho=vizinho+1
         if a[i,j]==1:
            if (vizinho==2) or (vizinho==3):     ### se célula viva com 2
               novo_a[i,j]=1                     ### ou 3 vizinhos, permanece
         else:                                   ### viva
               novo_a[i,j]=0
         else:
            if vizinho==3:                       ### se espaço vazio com 2
```

```
                novo_a[i,j]=1                   ### ou 3 vizinhos, nasce
            else:
                novo_a[i,j]=0                   ### se espaço vazio com 1 ou
    a=novo_a                                    ### 4 viz, permanece vazio
    novo_a=np.zeros((n+1,m+1))          ### atualiza a regra
    fig.title('GERAÇÃO %d' % ger, fontsize=20)
    fig.xticks([])                      # esconde os numeros do eixo x
    fig.yticks([])                      # esconde os números do eixo y
    im = fig.imshow(a, interpolation = "nearest",cmap='Greys',animated=True)
    mgr = fig.get_current_fig_manager()
    mgr.window.setGeometry(20,20,1000, 1000)  ## janela fixa
    fig.pause(0.1)                              ### pausa para ver as células se mover
```

3.5 MOVIMENTO DAS ESTRUTURAS-PADRÃO

3.5.1 A ESTRUTURA *GLIDER* (PLANADOR)

A estrutura de um *glider* ou planador, no jogo da vida, é a menor, mais comum e a primeira descoberta de células que se movimentam dentro da matriz. O *glider* viaja na diagonal da matriz do jogo, e seu nome é devido ao formato simétrico do desenho. John Conway se dizia arrependido de nomear essa estrutura de planador, visto que, depois de algum tempo, ele percebeu que ela se parecia mais com uma formiga se movendo. Enquanto o grupo de Conway estava rastreando o funcionamento de muitas estruturas, Richard K. Guy descobriu, em 1969, que esse formato se movia pela tela.

O formato do *glider* é mostrado na Figura 3.11. O programa em Python apresentado anteriormente é o mesmo, só sendo necessário trocar a inicialização da matriz para os seguintes elementos:

```
######## escolha da estrutura glider (planador) ######
a[3,1]=1
a[1,2]=1
a[3,2]=1
a[2,3]=1
a[3,3]=1
```

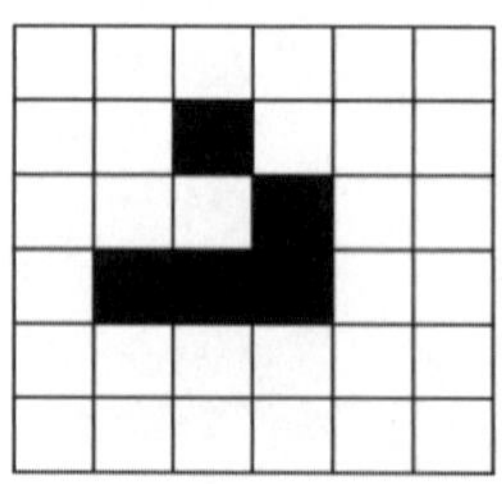

Figura 3.11 – *Glider* (planador).

O *glider* desce na diagonal do plano bidimensional, rotacionando sobre si e deslocando-se ao mesmo tempo. A Figura 3.12 apresenta como ilustração três iterações do *glider*.

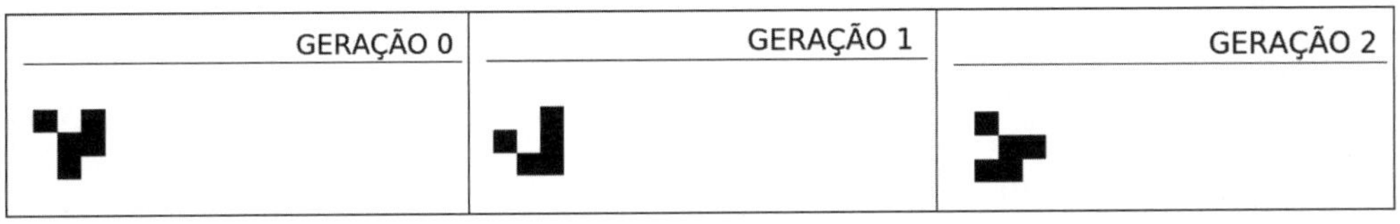

Figura 3.12 – O movimento do *glider* para três gerações.

3.5.2 A *LIGHTWEIGHT SPACESHIP* (NAVE ESPACIAL LEVE)

A nave espacial leve, ou LWSS, foi também encontrada por John Conway em 1970, e, ao contrário do *glider*, essa estrutura se movimenta de maneira ortogonal no plano, na vertical do ponto de partida. O formato da LWSS é mostrado na Figura 3.13. O programa em Python deverá ser inicializado com a seguinte matriz:

```
######## escolha da estrutura spaceship (espaçonave) ######
a[2,10]=1
a[3,10]=1
a[4,10]=1
a[1,11]=1
a[4,11]=1
a[4,12]=1
a[4,13]=1
a[1,14]=1
a[3,14]=1
```

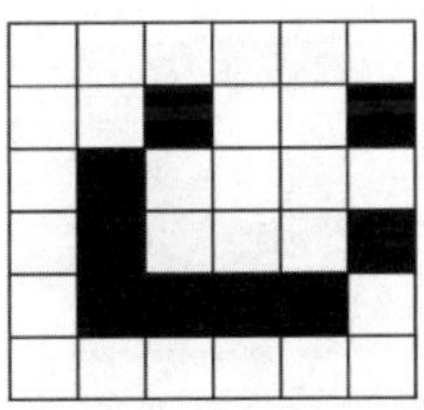

Figura 3.13 – *Spaceship* LWSS (nave espacial leve).

O movimento da LWSS pode ser visto na Figura 3.14 em quatro gerações, movendo-se sempre da esquerda para a direita na matriz. Pode-se observar que a rotação também é periódica, retornando sempre à configuração inicial.

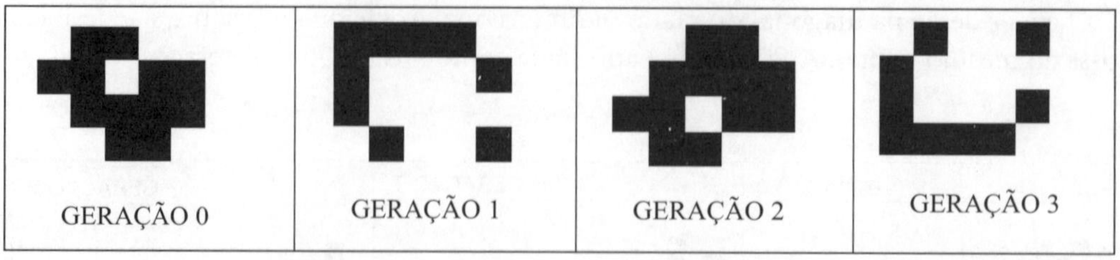

Figura 3.14 – Movimento da spaceship LWSS em 4 gerações.

3.5.3 O *PULSAR*

O *pulsar* é um grande oscilador descoberto por John Conway também em 1970, convergindo para uma estrutura que oscila entre quatro quadrados com bordas arredondadas e estrelas. Para atingirmos o *pulsar*, em vez de já começarmos por essa estrutura-padrão, vamos começar por uma estrutura mais simples. Por exemplo, o quadrado da Figura 3.15 vai convergir para a estrutura de *pulsar*.

Em Python, pode-se inicializar a matriz com os seguintes valores dos elementos:

```
######## escolha da estrutura Pulsar ######
a[15,30]=a[15,31]=a[15,32]=1
a[16,30]=a[17,30]=a[18,30]=a[19,30]=1
a[19,31]=a[19,32]=1
a[16,32]=a[17,32]=a[18,32]=1
```

Eles devem substituir os valores do programa da Seção anterior, e pode-se ir alterando as gerações para se ver o movimento do padrão até se atingir a oscilação periódica.

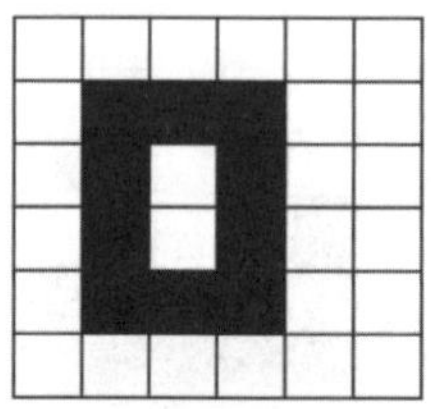

Figura 3.15 – O *pulsar*.

A Figura 3.16 apresenta as primeiras 16 gerações que lentamente vão mudando sua forma até atingir o *pulsar*. O *pulsar* é atingido depois da geração 24, e, nessa Figura, vemos que as modificações buscam formas mais estáveis, dispensando configurações que podem ser eliminadas por falta de vizinhos em gerações futuras.

A geração 8 e a geração 10 da Figura 3.16 são parecidas ao *pulsar* final, mas ainda sofrem modificações até se atingir o valor de oscilação. Isso mostra uma adaptação em busca de estrutura mais favorável por parte do jogo.

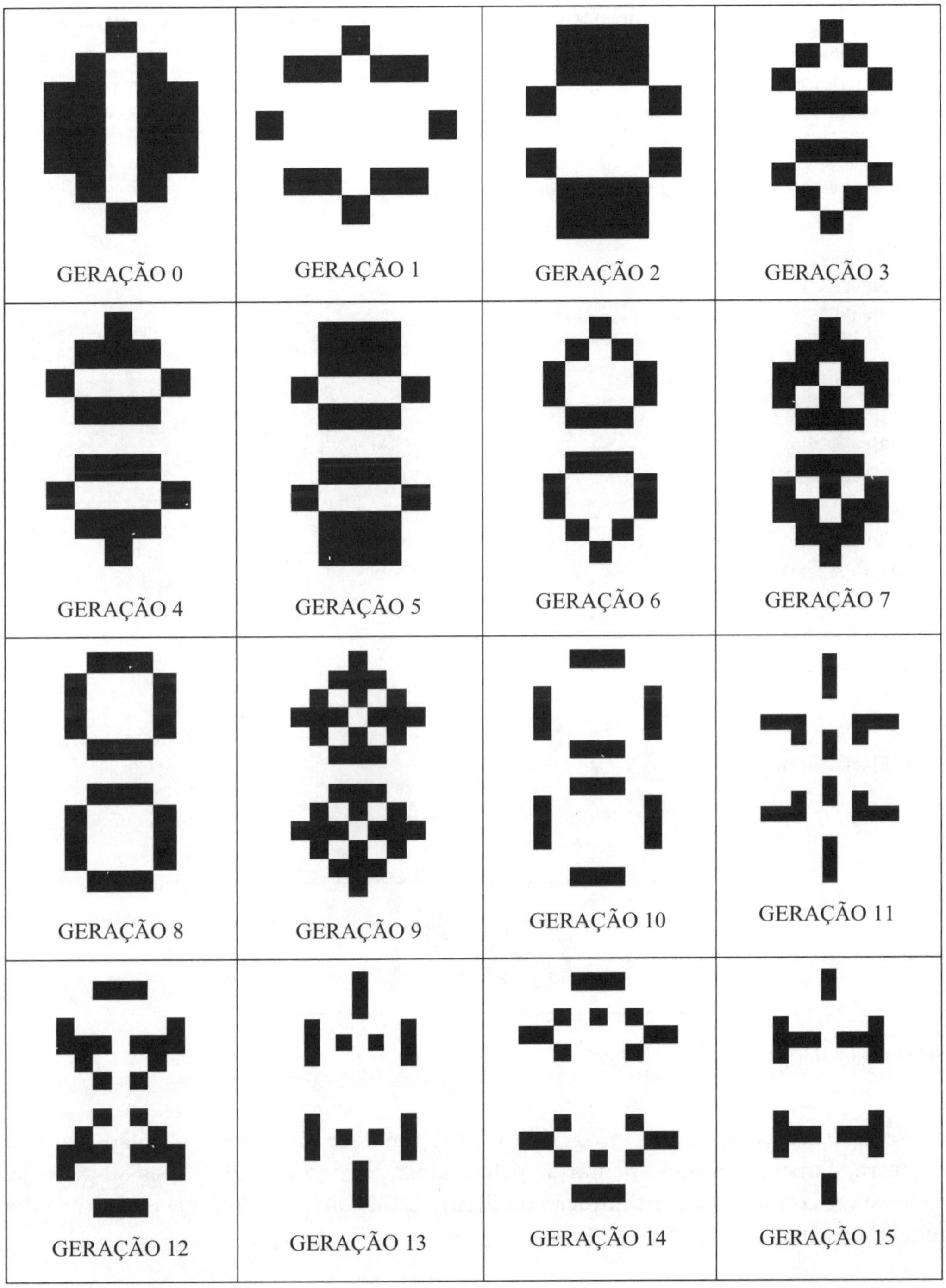

Figura 3.16 – O movimento do *pulsar* nas diferentes gerações.

3.5.4 A ESTRUTURA *GLIDER GUN*

Essa foi a primeira estrutura *gun* (Figura 3.17), descoberta em novembro de 1970 por Bill Gosper após o desafio lançado por John Conway. É, de fato, o primeiro padrão finito que tem crescimento e deslocamento infinitos. O período de 30 gerações permance até os dias atuais como o menor das estruturas *gun* que possuem outras variantes maiores, como *new_gun*, *p144_gun* e *p30_gun*.

Após debater-se de um lado para outro em uma armadilha com dois quadrados, a estrutura passa a disparar de forma oblíqua infinitos *gliders*. No Python, para se conseguir ver seu funcionamento, por exemplo, pode-se inicializar a matriz com os seguintes dados:

```
######## escolha da estrutura Glider Gun ######
a[5,1]=a[5,2]=1
a[6,1]=a[6,2]=1
a[3,13]=a[3,14]=1
a[4,12]=a[4,16]=1
a[5,11]=a[5,17]=1
a[6,11]=a[6,15]=a[6,17]=a[6,18]=1
a[7,11]=a[7,17]=1
a[8,12]=a[8,16]=1
a[9,13]=a[9,14]=1
a[1,25]=1
a[2,23]=a[2,25]=1
a[3,21]=a[3,22]=1
a[4,21]=a[4,22]=1
a[5,21]=a[5,22]=1
a[6,23]=a[6,25]=1
a[7,25]=1
a[3,35]=a[3,36]=1
a[4,35]=a[4,36]=1
```

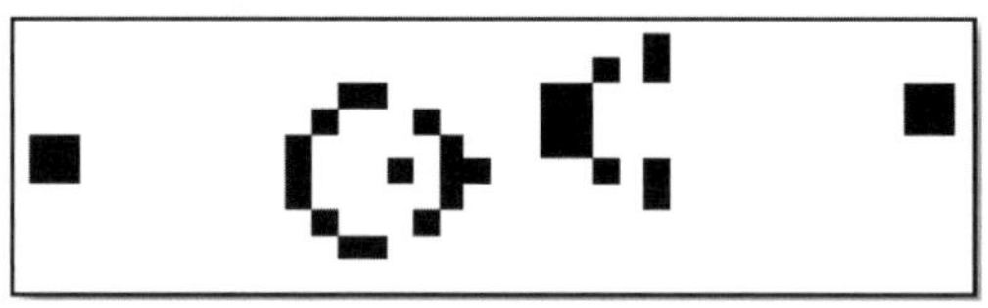

Figura 3.17 – O *glider gun* de Bill Gosper.

Após 30 gerações, os primeiros *gliders* começam a ser disparados, e, então, um atrás do outro, começam a movimentar-se pela matriz do jogo da vida. Após 80 gerações, pode-se ver como fica a configuração na Figura 3.18, com três *gliders* já em voo na diagonal da matriz.

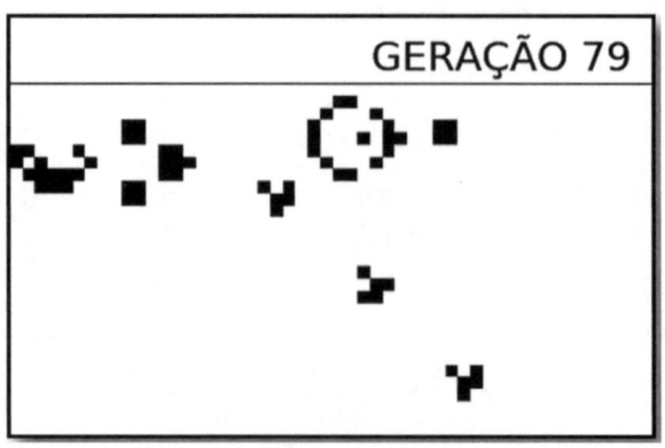

Figura 3.18 – O *glider gun* disparando os *gliders* após 80 gerações.

O interessante é que Bill Gosper não apenas descobriu essa estrutura, mas é um ativo matemático e cientista da computação associado ao MIT. Fundou uma sociedade hacker nos Estados Unidos e trabalhou no desenvolvimento de computação simbólica, ajudando a difundir softwares que resolvem equações sem a necessidade de iterações. Outro fato curioso é que, em 1985, Gosper manteve temporariamente o recorde de calcular o número pi com mais dígitos até então – 17 milhões de dígitos.

3.5.5 AUMENTANDO A VELOCIDADE DO JOGO COM *FUNCTION* NO PYTHON

Usar iterações com for ou while é interessante para o estudo passo a passo sobre o desenvolvimento das vidas dentro do jogo. Mas, após algumas iterações, o processo fica lento, pois é necessário armazenar muitas imagens em matplotlib (no caso do Python).

O novo *script* do Python a seguir coloca as mesmas regras do primeiro código da Seção 3.4 como uma *function*, chamada de update. Essa *function* será chamada dentro da função que anima imagem imshow( ). A cada cálculo, a matriz de dados da imagem chamada de *im* é atualizada na função que está no programa principal.

Nessa *function*, é interessante observar que colocamos também uma segunda figura, para contagem, e dizer a todo instante quantas células vivas existem no jogo, indicando o número de geração.

```
# Game of Live (Jogo da Vida) - Glider Gun
######################################
import numpy as np
import matplotlib.pyplot as fig
from matplotlib import animation
import random
################ function que define as regras do jogo #################
def update(data):
    global a
    global cont
    novo_a=np.zeros((n+1,n+1)) # <--------zera a matriz da proxima geração
    for i in range(1,n):
        for j in range(1,n):
            vizinho=0
            if a[i-1,j-1]==1:
                vizinho=vizinho+1
            if a[i,j-1]==1:
                vizinho=vizinho+1
            if a[i+1,j-1]==1:
                vizinho=vizinho+1
            if a[i+1,j]==1:
                vizinho=vizinho+1
            if a[i+1,j+1]==1:
                vizinho=vizinho+1
            if a[i,j+1]==1:
                vizinho=vizinho+1
            if a[i-1,j+1]==1:
                vizinho=vizinho+1
```

```
29              if a[i-1,j]==1:
30                  vizinho=vizinho+1
31              if a[i,j]==1:
32                  if (vizinho==2) or (vizinho==3):
33                      novo_a[i,j]=1
34                  else:
35                      novo_a[i,j]=0
36              else:
37                  if vizinho==3:
38                      novo_a[i,j]=1
39                  else:
40                      novo_a[i,j]=0
41      a=novo_a        # <---------- faz a matriz da geração anterior ser atual
42      im.set_data(a)  # <---------- atualiza os dados da imagem
43      s=0             # <---------- inicializa a contagem de células vivas
44      for i in range(n):
45          for j in range(n):
46              s=s+a[i,j]          # <------ conta quantas células vivas existem
47      cont=cont+1                 # <------ atualiza a geração
48      vivo[cont]=s                # <------ salva no vetor o número de vivas
49      fig.figure(2)
50      fig.title('GERAÇÃO %d' % cont, fontsize=20)
51      fig.plot(vivo[:cont],'-k') #<------- atualiza a figura com nu. vivas
52      fig.xlabel('GERAÇÃO', fontsize=12)
53      fig.ylabel('POPULAÇÃO',fontsize=20)
54      mgr = fig.get_current_fig_manager()
55      mgr.window.setGeometry(800,20,1000, 500)
56      fig.pause(0.1)
57      return im
```

O programa principal que chama a *function* anterior é o *script* a seguir. É a mesma parte apresentada na Seção 3.4, mas sem o uso da estrutura for, o que causa uma lentidão maior no jogo. A linha 97 é a responsável pela animação, atualizando a figura e chamando a *function* que calcula as regras (update) a cada nova geração. Nesse exemplo, utilizamos um vetor de tamanho 300, e, quando as gerações atingirem esse número, o jogo termina. Nas linhas de 69 a 86, é inicializada a matriz do jogo com a estrutura de Bill Gosper, a mesma já indicada na subseção anterior e conhecida como *glider gun*.

```
59  #################### tamanho da matriz do jogo nxn
60  n=80
61  ################### cria um vetor para salvar qtde de células vivas por geração
62  vivo=np.zeros(300)
63  ################### cria a matriz do jogo com zeros de ordem nxn
64  a=np.zeros((n+1,n+1))
65  ################## inicializa a estrutura do jogo ####################
66  ################## célula viva = 1
67  ################## célula morta = 0
68  ##########################################################################
```

```
69  a[5,1]=a[5,2]=1
70  a[6,1]=a[6,2]=1
71  a[3,13]=a[3,14]=1
72  a[4,12]=a[4,16]=1
73  a[5,11]=a[5,17]=1
74  a[6,11]=a[6,15]=a[6,17]=a[6,18]=1
75  a[7,11]=a[7,17]=1
76  a[8,12]=a[8,16]=1
77  a[9,13]=a[9,14]=1
78  a[1,25]=1
79  a[2,23]=a[2,25]=1
80  a[3,21]=a[3,22]=1
81  a[4,21]=a[4,22]=1
82  a[5,21]=a[5,22]=1
83  a[6,23]=a[6,25]=1
84  a[7,25]=1
85  a[3,35]=a[3,36]=1
86  a[4,35]=a[4,36]=1
87
88  ###########################################################################
89  ############ faz a animação dos jogos com atualização da function ####
90
91  cont=0
92  figura, ax=fig.subplots()
93  ax.axis('off')
94  im = ax.imshow(a, interpolation = "nearest",cmap='Greys', animated=True)
95  mgr = fig.get_current_fig_manager()
96  mgr.window.setGeometry(20,20,500, 500)
97  anima=animation.FuncAnimation(figura, update, interval=20,save_count=50)
98  fig.show()
```

O resultado de 300 gerações pode ser visto na Figura 3.19 a seguir. A figura à direita é a imagem gerada dentro da *function* update de 49 a 46, contando o número de células vivas, à medida que o *glider gun* dispara os *gliders*.

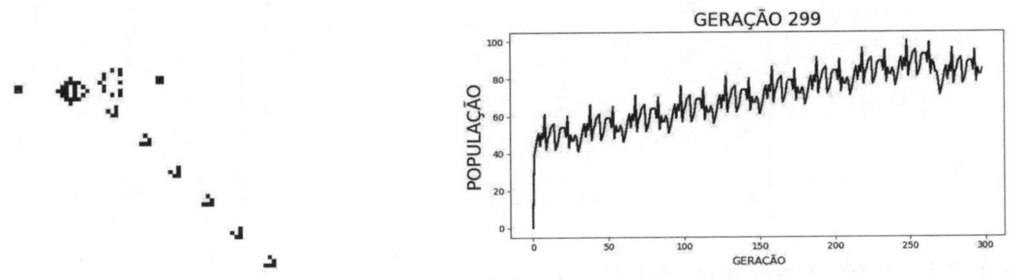

Figura 3.19 – O *glider gun* com contagem de população.

3.5.6 A ESTRUTURA *R-PENTOMINO*

O *R-Pentomino* gera uma paisagem interessante no jogo da vida. Essa é uma estrutura não padrão no jogo, que não desaparece nem recai tão cedo dentro da estabilidade ou periodicidade dos osciladores. A Figura 3.20 apresenta como é essa estrutura descoberta por John Conway em 1969, que só estabiliza na geração 1103.

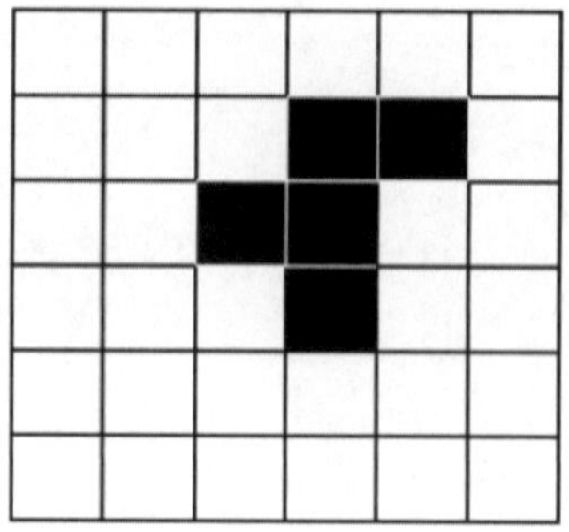

Figura 3.20 – O *R-Pentomino*.

Apesar de começar com as células próximas e formando apenas um grupo, a partir da geração, o grupo se divide em dois, seguindo caminhos diferentes. Um dos grupos torna-se oscilatório, enquanto o outro continua se dividindo sem expansão. No Python, a entrada na matriz para o *R-Pentomino* é a seguinte:

```
a[10,10]=a[10,11]=1
a[11,9]=a[11,10]=1
a[12,10]=1
```

Após 100 gerações, o resultado do *R-Pentomino* é apresentado na Figura 3.21.

Figura 3.21 – O *R-Pentomino* após 100 gerações.

3.5.7 A GRANDE BATALHA

O que acontece quando se colocam dois exércitos iguais para uma batalha? Se as estratégias são as mesmas, o que faz um deles sair vencedor? Ou será que ambos são dizimados sem vencedores na batalha?

Para tal jogo, por exemplo, podemos colocar dois *glider guns*, para que ambos lutem pela sobrevivência. A Figura 3.22 mostra a configuração inicial da batalha, em que um *glider gun* está no canto alto e esquerdo do jogo, enquanto outro está mais abaixo.

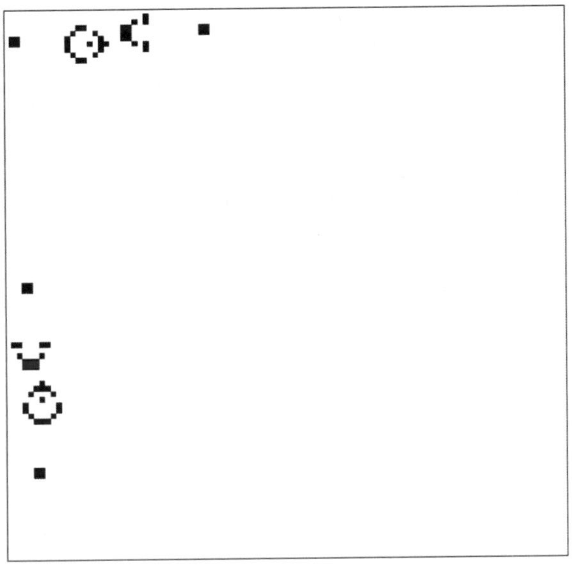

Figura 3.22 – Dois *glider guns* iniciais para a batalha.

Após 171 gerações, vemos na Figura 3.23 que os *gliders* do *glider gun* mais abaixo da matriz começam a destruir os *gliders* do primeiro, mais acima.

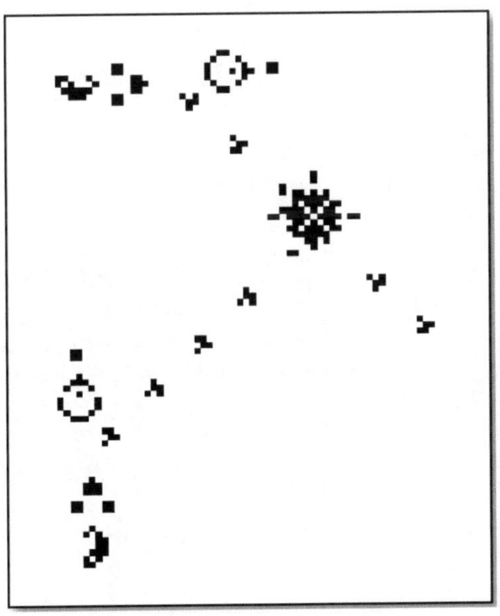

Figura 3.23 – Encontro entre os *gliders* – geração 171.

Após 673 gerações, vemos na Figura 3.24 que o primeiro *glider gun* foi totalmente destruído, sobrando apenas as estruturas oscilatórias ou estáveis, que não mudarão mais de padrão, enquanto os *gliders* do segundo gerador ainda continuam sendo infinitamente arremessados na diagonal da matriz.

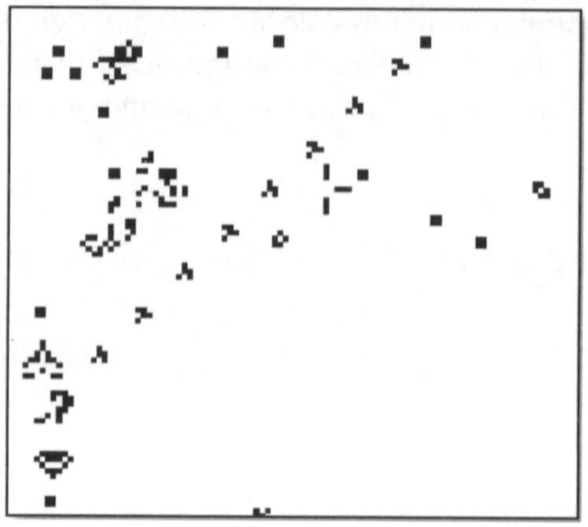

Figura 3.24 – Destruição do primeiro *glider gun* – Geração 673.

Essa é uma batalha que acontece sozinha, apenas pelas quatro regras do jogo da vida, um jogo que se joga sozinho. A participação humana é apenas como o senhor do universo dos algoritmos, escolhendo o local onde as estruturas nascerão. De resto, as lutas pela sobrevivência de cada estrutura se travam baseadas apenas nas regras iniciais. Nesse caso, o programa em Python é o mesmo apresentado anteriormente, com a entrada da matriz para os dois *glider gun* seguindo as seguintes condições iniciais. A diferença é que, nessa batalha, consideramos a matriz um pouco maior, agora de ordem 100 x 100.

```
################## inicializa a estrutura do jogo ######################
################## célula viva = 1
################## célula morta = 0
###############################################################################
a[5,1]=a[5,2]=1
a[6,1]=a[6,2]=1
a[3,13]=a[3,14]=1
a[4,12]=a[4,16]=1
a[5,11]=a[5,17]=1
a[6,11]=a[6,15]=a[6,17]=a[6,18]=1
a[7,11]=a[7,17]=1
a[8,12]=a[8,16]=1
a[9,13]=a[9,14]=1
a[1,25]=1
a[2,23]=a[2,25]=1
a[3,21]=a[3,22]=1
a[4,21]=a[4,22]=1
a[5,21]=a[5,22]=1
a[6,23]=a[6,25]=1
a[7,25]=1
a[3,35]=a[3,36]=1
a[4,35]=a[4,36]=1
#++++++++++++++++++++++++++ segundo glider gun ++++++++++++++++++++++++++++++

a[50,3]=a[50,4]=a[51,3]=a[51,4]=1
a[61,1]=a[61,2]=a[61,6]=a[61,7]=1
```

```
a[63,2]=a[63,6]=1
a[64,3]=a[64,4]=a[64,5]=1
a[65,3]=a[65,4]=a[65,5]=1
a[68,6]=1
a[69,5]=a[69,6]=a[69,7]=1
a[70,4]=a[70,8]=1
a[71,6]=1
a[72,3]=a[72,9]=1
a[73,3]=a[73,9]=1
a[74,4]=a[74,8]=1
a[75,5]=a[75,6]=a[75,7]=1
a[84,5]=a[84,6]=1
a[85,5]=a[85,6]=1
##############################################################################
```

3.6 O LIVRE-ARBÍTRIO E A ALEATORIEDADE

Em 2006, John Conway e Simon Kochen, da Universidade de Princeton, provaram o teorema do livre-arbítrio (Conway, 2006), o qual afirma que: "Se existem experimentadores com (algum) livre-arbítrio, então, as partículas elementares também têm (algum) livre-arbítrio."

Livre-arbítrio é a possibilidade de decidir, escolher em função da própria vontade, isenta de qualquer condição, de qualquer motivo ou causa determinante. O sentido de livre-arbítrio tem discussão em diversas religiões, em psicologia e ciência. Livre-arbítrio também é o tema de uma obra de Santo Agostinho, que elabora algumas teses a respeito da liberdade humana e a origem do mal moral.

Segundo especialistas em filosofia, o livre-arbítrio se opõe ao determinismo, que significa que todos os acontecimentos são causados por fatos anteriores. No determinismo filosófico, a ação do homem é determinada por leis da natureza, e o ser humano não pode ser responsabilizado pelos seus atos.

O teorema de Conway e Kochen levantou um grande debate à época, a favor e contra os argumentos. Deve-se salientar que o teorema foi desenvolvido e provado com as condições da mecânica quântica, com tudo o que se conhece sobre a dinâmica das partículas. Cientistas e filósofos (Hodgson, 2012) dizem que a mecânica quântica prova que, as partículas, tem seus caminhos traçados que não dependem de nenhuma função do seu passado, e que por isso, a ciência não apoia o determinismo.

O jogo da vida é um autômato celular que tem uma regra determinística, seguida em todos os passos por todas as partículas do jogo. Apesar desse determinismo, como foi apresentado na Seção anterior, diversas estruturas iniciais têm caminhos e atitudes impossíveis de serem previstas para muitas gerações à frente, somente possível de se conhecerem após as simulações computacionais. Como no filme *Matrix*, muitos programadores e cientistas têm se perguntado se nosso próprio Universo não seria um autômato celular, com regras de determinismo, mas com comportamentos futuros de livre-arbítrio. Começamos nossa vida, segundo eles, com regras predeterminadas, mas escolhemos nossos passos frente aos desenvolvimentos futuros.

Vimos que, quando colocamos estruturas como os *glider gun*, os *gliders* saem com frequência predeterminada. Todavia, na subseção da batalha entre dois *glider gun*, apesar de ambos terem a mesma regra, por um desvio de um encontro de trajetória, um dos *glider guns* foi totalmente destruído. A emissão do *glider* foi determinística, com regra predeterminada, mas o desvio foi apenas um sortilégio, um encontro fortuito e aleatório.

E se, em vez de um *glider gun* ser colocado propositalmente numa região, os pontos fossem escolhidos pelo "projetista" para aparecerem de forma aleatória? Com essas estruturas apenas jogadas ou sorteadas no plano de jogo, teríamos a formação do determinismo para as estruturas com geração infinita?

Na linguagem Python, existem diversas bibliotecas para simular eventos aleatórios com todas as distribuições de probabilidades. Uma delas é a biblioteca *random*, que possui, entre tantas funções, a distribuição de probabilidade *normal* ou *gaussiana*. Uma vez que se importa a biblioteca com comando *import random* no início do programa, podemos usar as linhas a seguir para gerarmos a matriz do jogo, porém, agora, com encontros e estruturas totalmente aleatórias.

```
#################### tamanho da matriz do jogo nxn
n=100
################## cria a matriz do jogo com zeros de ordem nxn
a=np.zeros((n+1,n+1))

for i in range(n):
    for j in range(n):
        w=random.gauss(0,1)
        if w>1:
            a[i,j]=1
        else:
            a[i,j]=0
```

A função *gauss* está a cada iteração, colocando na variável *w* um número aleatório com média zero e desvio padrão 1 (por isso gauss(0,1)). Existem diversas maneiras de escolher se a célula será viva ou morta na primeira geração. Escolhemos aqui que uma célula será viva se o número sorteado for maior do que 1, e a célula estará morta em caso contrário.

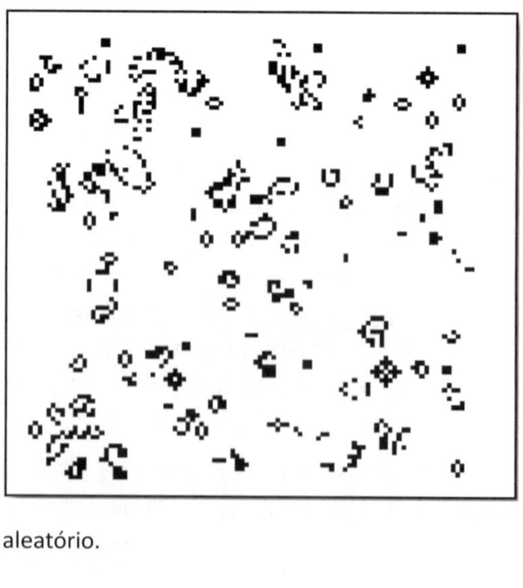

Figura 3.25 – Início do jogo aleatório.

A Figura 3.25 apresenta o resultado das linhas do algoritmo do jogo da vida alterado com as regras anteriores. O leitor deve perceber que não temos mais as constantes a[0,0]=a[2,5]=...etc. Esses valores estão dentro do *loop* duplo, com as variáveis *i* e *j* sendo diferentes para cada vez que o programa se inicia.

Observando a Figura 3.25, vemos um universo povoado de células vivas, com encontros aleatórios ocorrendo o tempo todo, mas onde os movimentos das células são regidos pelas quatro regras criadas por Conway.

Acontece que, à medida que as gerações prosseguem, as estruturas conhecidas como os *gliders* nunca aparecem nesse caso e, quando tentam aparecer, são imediatamente destruídas por encontros casuais. A Figura 3.26 apresenta o fim do jogo, em que todas as células ou estão isoladas (estáveis) ou oscilando (*bkink*) e paradas em seu local, onde o jogo se torna infinito e imutável.

O que faz com que as estruturas conhecidas como *gliders* existam? Elas apenas são inventadas ou realmente podem acontecer em jogos aleatórios? Nas simulações com todas as células aleatórias com distribuição gaussiana, nunca as estruturas com padrões mais complexos aparecem ou são duradouras. Se o jogo da vida reflete o Universo em que vivemos, nascemos de acontecimentos aleatórios ou seguimos nossas próprias regras?

Pelas simulações do jogo da vida, se nosso Universo é uma *matrix*, como no filme de ficção cientifica, as estruturas-padrão do jogo devem começar no jogo; elas não vão aparecer de forma aleatória. E, se aparecerem, terão livre-arbítrio para sua atuação num mundo aleatório?

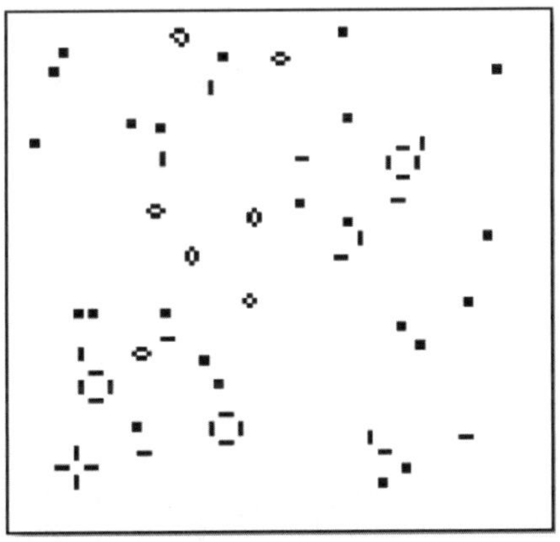

Figura 3.26 – fim do jogo após a geração 1.600.

Todos os programas em Python estão disponíveis para serem baixados gratuitamente no GitHub. É interessante ver as estruturas do jogo da vida se alterando e movendo-se pela tela. Disponibilizamos um pequeno vídeo de pouco mais de 1 minuto, mostrando uma animação de um jogo, no link: <https://www.youtube.com/watch?v=qfk516uQ2qU>.

Os programas que o leitor pode baixar e rodar em seu próprio computador podem ser localizados em: <https://github.com/malcaetano/Eden_Algoritmos_Python/tree/main/Cap3>.

Mas atenção: as bibliotecas do Python utilizadas nesses programas podem mudar ao longo dos anos, e, caso isso aconteça, o leitor precisará atualizar os *scripts* e adaptar esses programas às alterações da linguagem.

Capítulo **4**

Algoritmos *bioinspirados*

4.1 INTRODUÇÃO

A inteligência artificial tem tido grande sucesso em sua proposta de criação de algoritmos para resolver problemas que os humanos não são muito bons em resolver ou cujas soluções desenvolvidas são lentas e demasiadamente dependentes de sistemas matemáticos. Por exemplo, códigos para jogar xadrez, dinâmica de controle de aeronaves, estrutura de proteínas, reconhecimento facial em imagens, e, atualmente, o tão famoso ChatGPT são alguns em que o desempenho da inteligência artificial tem ajudado muito a tecnologia para automação de sistemas.

Os anos 1980 deram um grande salto quando cientistas passaram a levar a sério assuntos antes relacionados à ficção científica, sobretudo em sistemas inteligentes em engenharia. O nascimento de novos campos cativou jovens cientistas da época, que passaram a trabalhar de forma conjunta com pesquisadores de outras áreas, como ciência cognitiva, engenharia neural, vida artificial, robótica baseada no comportamento da sociedade, robótica evolucionária, inteligência de enxame ou cardumes, somente para citar alguns dos assuntos que fizeram crescer novas frentes de pesquisas.

Essas pesquisas não refletiram somente em novas tecnologias, mas levaram a uma revolução filosófica, na qual humanos não eram mais o centro do universo biológico, mas sim, a natureza, que começou a participar de forma intensa com suas soluções otimizadas desenvolvidas há milhões de anos. Observar o comportamento das espécies ajudou no desenvolvimento de novos algoritmos, que não dependiam mais somente de modelos matemáticos, mas, sim, da heurística.

A heurística busca a solução de problemas usando processos cognitivos para tomadas de decisões não racionais, ignorando parte da informação, com o objetivo de tornar uma escolha decisória mais fácil ou rápida. Do ponto de vista da ciência da computação, um método heurístico dispensa a exatidão e precisão dos métodos matemáticos em troca de atalhos e trocas de informação que aceleram a busca ótima da solução. Perde-se precisão, mas ganha-se em confiança com esses algoritmos, que, normalmente, não apontam para uma única solução. O resultado de métodos heurísticos é um conjunto de soluções, deixando a cargo do usuário a escolha de qual solução usar para diferentes restrições que possam aparecer.

A sofisticação, a robustez e adaptabilidade dos algoritmos heurísticos baseados em sistemas biológicos representaram desde o início um potencial de motivação para replicar esses modelos em mecanismos reais do cotidiano humano. O que era apenas incipiente e acadêmico ganhou força com o advento de novos e mais rápidos computadores. A computação evolucionária rapidamente tornou-se um dos maiores campos de pesquisa para o aprendizado de máquina e a otimização de sistemas, tendo como resultados mais recentes o enorme avanço dos robôs em busca da perfeição em repetir atitudes e comportamentos humanos.

Apesar dos avanços desses algoritmos heurísticos, a evolução artificial é algumas vezes criticada devido à necessidade de se utilizarem elementos baseados em aleatoriedade e probabilidade. Não tendo provas formais das soluções, no entanto, as soluções heurísticas são melhores quando empregadas em situações em que técnicas convencionais de otimização não conseguem obter soluções satisfatórias, ou seu tempo de resolução é extremamente alto para se utilizar com dados contínuos em tempo real pelos aparelhos do cotidiano humano.

A premissa para evolução é a existência de população, e a teoria da evolução natural se baseia em quatro pilares: população, diversidade, hereditariedade e seleção natural. Os métodos heurísticos e evolucionários observam na natureza esse tipo de comportamento para repeti-lo nos algoritmos. Observando o comportamento de um cardume ou enxame e as soluções que essas populações oferecem para continuar se perpetuando como espécie, pesquisadores obtêm resultados muito práticos e ótimos sob o ponto de vista de velocidade e utilidade em aplicações reais.

4.2 COLÔNIA DE FORMIGAS

O algoritmo de colônia de formigas é um algoritmo utilizado para resolver problemas em otimização de sistemas. Seu nome original em inglês é *ant colony optimisation*, e é mencionado com frequência com as siglas ACO. É um algoritmo baseado na evolução do formigueiro, uma espécie da natureza que convive em sociedade. As soluções dos problemas são sempre baseadas no comportamento e nas atitudes tomadas em conjunto entre a grande maioria das formigas.

Os algoritmos da colônia de formigas foram concebidos de forma original para resolverem problemas de rotas mais curtas no famoso e conhecido problema do caixeiro viajante. As formigas escolhem seus caminhos ótimos até um ponto objetivo com base na química dos feromônios. No início elas saem do formigueiro de forma aleatória, mas, ao encontrarem um caminho, seus feromônios reforçam a solução encontrada para que todas as formigas sigam com a maioria.

Às vezes, no entanto, a solução obtida para um determinado caminho pode não ser a mais curta, mas, sim, a mais longa, seguida pela maioria das formigas. Isso ocorre devido ao fato de que o feromônio evapora-se com o tempo, fazendo com que o caminho escolhido por alguma formiga em particular influencie o caminho anterior.

Esse tipo de evaporação do feromônio pode ser levado em conta no algoritmo, como um fator de esquecimento, obrigando o algoritmo a buscar outras soluções que podem ser melhores quando há restrições ao problema original. O mecanismo na distribuição do feromônio para determinar uma rota segura e ótima depende de fatores diversos, e, por isso, essas rotas dependem da distribuição de probabilidade das formigas ao escolhê-las. Com a indecisão inicial, os feromônios das formigas são todos iguais, não nulos, mas baixos em sua indicação do melhor caminho até um ponto onde precisam coletar alimentos (Figura 4.1).

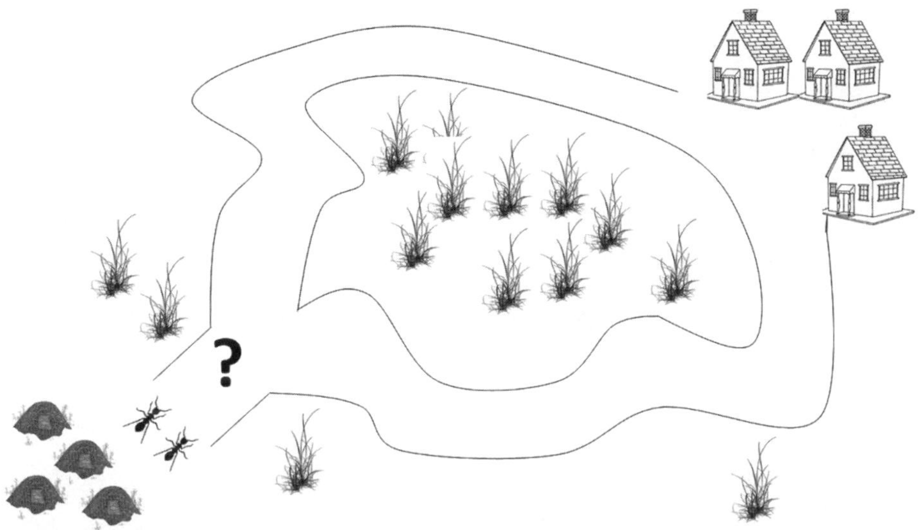

Figura 4.1 – Partida aleatória das formigas com feromônio baixo para todas.

Durante o trajeto, as formigas vão deixando rastros de feromônios e, quando encontram comida, retornam pelo mesmo caminho que fizeram. Quando outras formigas passam pelo mesmo rastro deixado pela formiga que primeiro chegou ao formigueiro, o feromônio se reforça, fazendo com que as outras formigas escolham esse caminho em detrimento de qualquer outro.

Mas nem todas seguem esse mesmo caminho (Figura 4.2). Como o feromônio evapora, sempre uma porcentagem do formigueiro seguirá caminhos alternativos, mesmo sendo mais longos e demorados. Essa não é uma falha da sociedade das formigas, mas uma estratégia bastante interessante. Caso algum problema apareça na primeira rota, existirá outra rota conhecida pelo feromônio deixado pelas poucas formigas que não seguiram a trajetória inicial.

Na tecnologia do nosso dia a dia, nossa busca diária pelo melhor caminho via GPS do celular é constantemente interrompida por acidentes ou obstáculos demorados nas vias que percorremos com nossos automóveis. Assim que isso ocorre, o aplicativo do celular redireciona nossa nova rota, com base em rotas alternativas realizadas por outros veículos que não seguiam a maioria. Se não houvesse informação aleatória de outros carros, seria impossível o algoritmo do celular mudar instantaneamente a rota sugerida inicialmente. E se o algoritmo estivesse usando as soluções matemáticas tradicionais para o problema do caixeiro viajante, nunca ofereceria uma rota alternativa, tornando inviável a solução ótima inicial.

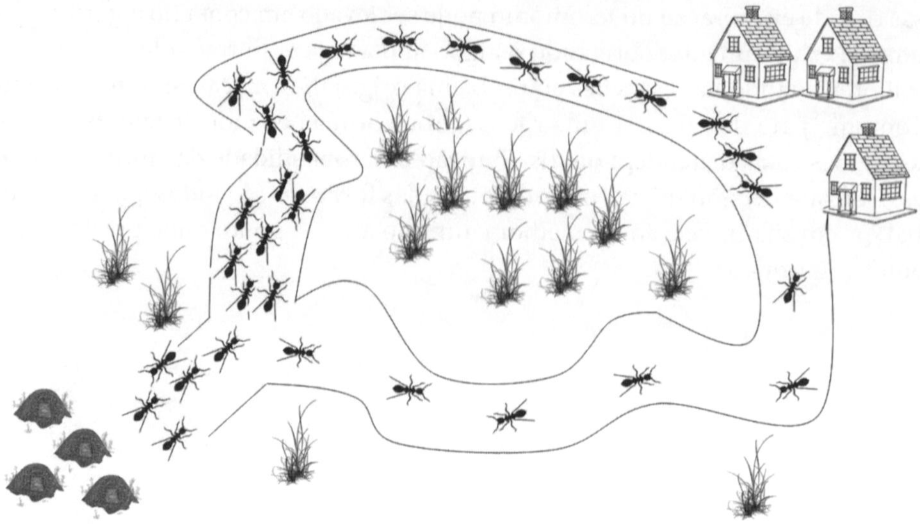

Figura 4.2 – Formigas em sua maioria seguem o feromônio da formiga que primeiro retorna com a comida.

No algoritmo, a probabilidade de uma formiga (vamos chamá-la de *k*) sair de um ponto *i* e seguir para um ponto *j* é dada por:

$$p_{ij}^{k} = \frac{\left(\tau_{ij}\right)^{\alpha}\left(\eta_{ij}\right)^{\beta}}{\sum_{ij}\left(\tau_{ij}\right)^{\alpha}\left(\eta_{ij}\right)^{\beta}} \tag{4.1}$$

Em que o significado das variáveis gregas é o seguinte:

τ_{ij}: nível de feromônio da formiga *k* seguindo do ponto *i* ao ponto *j*.

η_{ij}: sendo L_{ij} o total da distância percorrida pela k-ésima formiga do ponto *i* ao ponto *j*, define-se $\eta_{ij} = Q/L_{ij}$ como a atratividade da formiga do ponto *j* quando ela estiver vindo do ponto *i*. A variável Q é o total de feromônio depositado em cada iteração, podendo ser assumido como Q=1.

α, β: parâmetros para determinar a influência do feromônio (α) e da informação heurística (β).

Vamos entender melhor o algoritmo com um problema clássico. Quatro formigueiros estão espalhados em comunidades A, B, C e D, conforme distâncias anotadas na Figura 4.3. As formigas precisam passar por todas as comunidades para abastecer de forma adequada suas respectivas colônias. À medida que as formigas partem desses pontos, elas vão deixando os feromônios para que as colônias consigam, em menor tempo possível, percorrer todos os pontos.

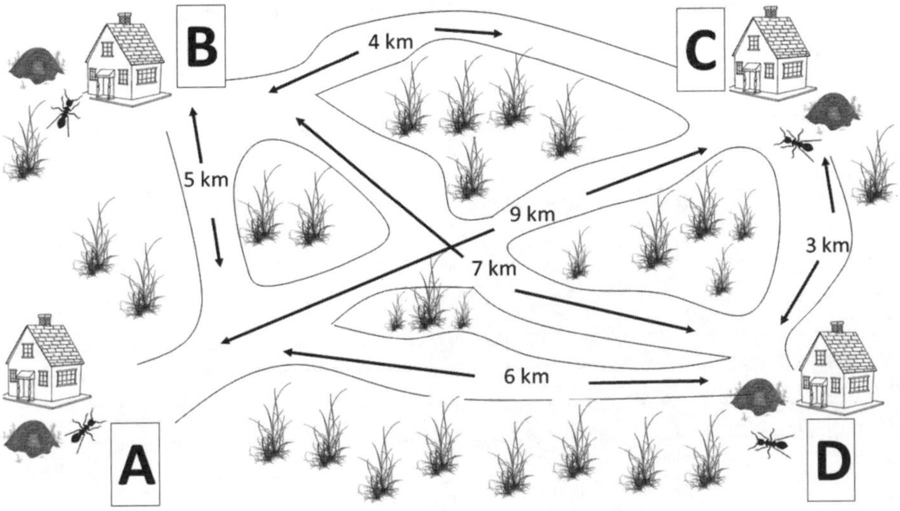

Figura 4.3 – Distâncias entre as colônias de formigas A, B, C e D.

Do ponto de vista matemático, podemos representar essas distâncias por meio de uma matriz, que é conhecida como matriz custo. Isso porque existe um custo de deslocamento para se percorrerem os pontos, com gasto de energia, esforço e risco de mortes entre as formigas.

$$Custo = \begin{pmatrix} & A & B & C & D \\ A & 0 & 5 & 9 & 6 \\ B & 5 & 0 & 4 & 7 \\ C & 9 & 4 & 0 & 3 \\ D & 6 & 7 & 3 & 0 \end{pmatrix}$$

Podemos seguir o algoritmo passo a passo no formato de tabela para melhor entendimento. Para um acompanhamento mais simples, vamos supor que, nesse problema, $\alpha = 1$, $\beta = 1$. Começamos com a Tabela 4.1, marcando as possíveis rotas das formigas e suas distâncias. Nessa tabela, AB significa o trajeto das formigas do ponto A ao B; AC, do ponto A ao C; e assim sucessivamente para todas as rotas.

A coluna *dist* contém as distâncias entre todos os pontos A, B, C e D, conforme indicados na matriz de custo anterior. A coluna τ indica o nível de feromônio para cada trajeto, ou seja, na linha AB, o símbolo τ indica a quantidade de feromônio entre os pontos A e B.

Para o início das iterações, não sabemos quanto de feromônio as formigas estão deixando em seu trajeto. É razoável, então, por exemplo, iniciar com o mesmo nível em todas as rotas. Na Tabela 4.2, supomos que o feromônio inicial é 1, sendo, por isso, todas as rotas dessa coluna preenchidas com número 1. Como definido antes, a atratividade η é o inverso da distância entre os pontos. O primeiro valor na rota AB será o inverso da distância entre A e B, ou seja, como temos que a distância entre A e B é 5,

então, a atratividade será $\eta = \frac{1}{5} = 0.2$.

Tabela 4.1 – Disposições iniciais do algoritmo com todas as rotas das formigas

	A	B	C	D	E	F	G
1	Rotas	dist	τ	η	$\tau * \eta$	Prob	%
2	AB	5					
3	AC	9					
4	AD	6					
5	BA	5					
6	BC	4					
7	BD	7					
8	CA	9					
9	CB	4					
10	CD	3					
11	DA	6					
12	DB	7					
13	DC	3					

Dessa forma, todas as atratividades η são calculadas da mesma maneira, sendo colocados os valores 1/9, 1/6, 1/5, e assim sucessivamente para cada uma das rotas dos formigueiros. Uma vez possuindo esses valores, a coluna $\tau * \eta$ é apenas o produto das duas variáveis já dispostas nas colunas, como visto na Tabela 4.3. Essa tabela, agora, está pronta para os cálculos das probabilidades de escolha das rotas pelas formigas, usando a equação definida em (4.1).

Tabela 4.2 – Inicialização dos feromônios e atratividade dos pontos

	A	B	C	D	E	F	G
1	Rotas	dist	τ	η	$\tau * \eta$	Prob	%
2	AB	5	1	0,2			
3	AC	9	1				
4	AD	6	1				
5	BA	5	1				
6	BC	4	1				
7	BD	7	1				
8	CA	9	1				
9	CB	4	1				
10	CD	3	1				
11	DA	6	1				
12	DB	7	1				
13	DC	3	1				

Qual é a probabilidade de a formiga escolher a rota AB? Para responder a essa pergunta na Tabela 4.3, aplicamos os valores de feromônio e atratividade na fórmula (4.1) da seguinte forma, supondo que essa é formiga 1 (k=1):

$$p_{AB}^{1} = \frac{(1)(0.2)}{(1)(0.2)+(1)(0.11)+(1)(0.16)} = 0.418 \cong 42\%$$

As linhas 2, 3 e 4 da Tabela 4.3 indicam os dados apenas do ponto de partida A para os demais pontos, estes permanecendo no divisor da probabilidade da Equação (4.1).

Tabela 4.3 – Preparação para o cálculo das probabilidades

	A	B	C	D	E	F	G
1	Rotas	dist	τ	η	$\tau*\eta$	Prob	%
2	AB	5	1	0,2	0,2	0,4186	42%
3	AC	9	1	0,11111	0,11111		
4	AD	6	1	0,16667	0,16667		
5	BA	5	1	0,2	0,2		
6	BC	4	1	0,25	0,25		
7	BD	7	1	0,14286	0,14286		
8	CA	9	1	0,11111	0,11111		
9	CB	4	1	0,25	0,25		
10	CD	3	1	0,33333	0,33333		
11	DA	6	1	0,16667	0,16667		
12	DB	7	1	0,14286	0,14286		
13	DC	3	1	0,33333	0,33333		

Para o cálculo da probabilidade de AC, precisamos apenas trocar o produto do numerador na fórmula da probabilidade, visto que, como o ponto de partida ainda é o ponto A, o somatório do denominador não se altera. Assim, por exemplo, a probabilidade de a formiga 1 escolher a rota AC será:

$$p^1_{AC} = \frac{(1)(0.11)}{(1)(0.2)+(1)(0.11)+(1)(0.16)} = 0.232 \cong 23\%$$

Essa probabilidade entra rota AC, que pode ser vista na Tabela 4.4. A coluna % é apenas uma aproximação da probabilidade para termos uma noção do percentual de escolha desse caminho. Completando todos os cálculos de todas as rotas, teremos o resultado da Tabela 4.5 de probabilidades de escolhas de uma formiga.

Tabela 4.4 – Completando a probabilidade para a rota AC

	A	B	C	D	E	F	G
1	Rotas	dist	τ	η	$\tau*\eta$	Prob	%
2	AB	5	1	0,2	0,2	0,4186	42%
3	AC	9	1	0,11111	0,11111	0,23256	23%
4	AD	6	1	0,16667	0,16667		
5	BA	5	1	0,2	0,2		
6	BC	4	1	0,25	0,25		
7	BD	7	1	0,14286	0,14286		
8	CA	9	1	0,11111	0,11111		
9	CB	4	1	0,25	0,25		
10	CD	3	1	0,33333	0,33333		
11	DA	6	1	0,16667	0,16667		
12	DB	7	1	0,14286	0,14286		
13	DC	3	1	0,33333	0,33333		

Devemos nos lembrar de que essa Tabela é para a escolha de apenas uma formiga e que será alterada à medida que o nível de feromônio τ é atualizado em cada iteração. É possível verificar nessa Tabela que o caminho mais provável nessa iteração é pela rota C-D ou D-C, que possui probabilidade de 48% e 52% de escolha, respectivamente. Isso ocorre porque a distância entre esses pontos é a menor de todas.

Tabela 4.5 – Primeira iteração completa para as probabilidades

	A	B	C	D	E	F	G
1	Rotas	dist	τ	η	$\tau*\eta$	Prob	%
2	AB	5	1	0,2	0,2	0,4186	42%
3	AC	9	1	0,11111	0,11111	0,23256	23%
4	AD	6	1	0,16667	0,16667	0,34884	35%
5	BA	5	1	0,2	0,2	0,33735	34%
6	BC	4	1	0,25	0,25	0,42169	42%
7	BD	7	1	0,14286	0,14286	0,24096	24%
8	CA	9	1	0,11111	0,11111	0,16	16%
9	CB	4	1	0,25	0,25	0,36	36%
10	CD	3	1	0,33333	0,33333	0,48	48%
11	DA	6	1	0,16667	0,16667	0,25926	26%
12	DB	7	1	0,14286	0,14286	0,22222	22%
13	DC	3	1	0,33333	0,33333	0,51852	52%

A Tabela 4.5 representa as chances de uma determinada formiga, partindo de um dos pontos A, B, C ou D, escolher rotas baseadas no feromônio e nas distâncias. Essas escolhas, pela hipótese do método, são aleatórias. O sorteio do caminho deve ser um número aleatório uniformemente distribuído entre 0 e 1, ou seja, $r \in \left[0,1\right]$, em que 1 representa 100%. No sorteio, devemos escolher o caminho com base na probabilidade acumulada. Assim, vamos observar uma formiga 1 que esteja no ponto A.

De A para B: probabilidade 0.42

De A para C: probabilidade 0.23

De A para D: probabilidade 0.35

As probabilidades acumuladas serão definidas por rotas:

Rota A-B	Rota A-C	Rota A-D
0.42	0.65	1.0

Então, para essa formiga no ponto A, a regra de seu deslocamento será a seguinte após o sorteio do valor r:

$$Se\begin{cases} 0 < r \leq 0.42 & : escolher\ a\ rota\ AB \\ 0.42 < r \leq 0.65 & : escolher\ a\ rota\ AC \\ 0.65 < r \leq 1 & : escolher\ a\ rota\ AD \end{cases}$$

Se nós tivermos, por exemplo, quatro formigas nesse problema, o deslocamento de cada uma pode ser salvo para o cálculo geral do melhor caminho em uma tabela. Desejamos que a formiga parta do seu ponto inicial A e retorne para o mesmo ponto – e devemos prestar a atenção nisso – como é o problema do caixeiro viajante. Então, se foi sorteado pelo computador o número r = 0.15, significa que a formiga partirá do ponto A e seguirá para o ponto B. Da primeira formiga no ponto A com esse sorteio, a escolha será a seguinte:

Formigas	Sequência de nodos					distância percorrida
F1	A	B				
F2						
F3						
F4						

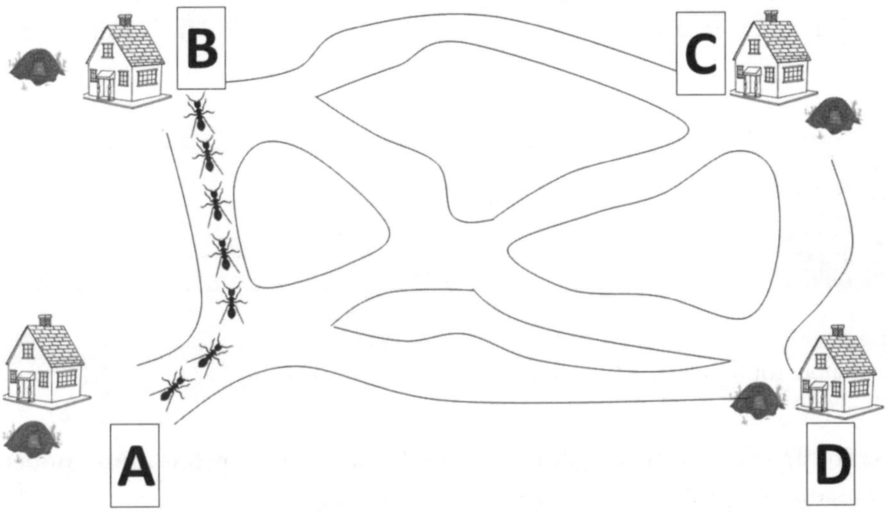

Agora, do ponto B, teremos de sortear uma nova rota a partir desse ponto, e, nesse caso, as probabilidades mudam. Obedecendo à Tabela 4.5 e considerando a probabilidade acumulada, a regra de escolha a partir do ponto B será:

$$Se \begin{cases} 0 < r \leq 0.34 & : escolher\ a\ rota\ BA \\ 0.34 < r \leq 0.76 & : escolher\ a\ rota\ BC \\ 0.76 < r \leq 1 & : escolher\ a\ rota\ BD \end{cases}$$

Mas essa regra apenas poderá ser aplicada para a formiga partindo para o ponto C ou D, pois ela acabou de chegar do ponto A e não poderá retornar, pois não cumpriu o percurso inteiro ainda. Então, vamos supor que o sorteio escolheu r = 0.82. Agora, a formiga 1 terá o caminho:

Formigas	Sequência de nodos					distância percorrida
F1	A	B	D			
F2						
F3						
F4						

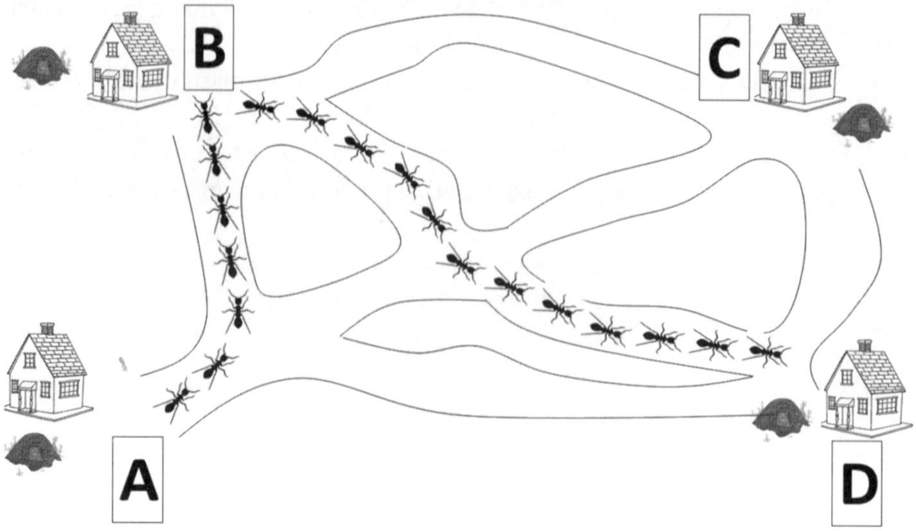

A partir desse ponto D, sobrou apenas o ponto C para a formiga seguir. E, do ponto C, a formiga deverá retornar para o ponto A. Então, o caminho da formiga 1 será:

Formigas	Sequência de nodos					distância percorrida
F1	A	B	D	C	A	24
F2						
F3						
F4						

A distância total percorrida pela formiga A será a soma de cada trecho (A-B) + (B-D) + (D-C) + (C-A) ou, 5 + 7 + 3 + 9 = 24.

Mas, no caso de a formiga partir do ponto C ou ponto D, precisamos também ter a regra de escolha de caminhos, novamente, observando a Tabela 4.5 com a probabilidade acumulada, partindo de C, a regra será:

$$Se\begin{cases} 0 < r \leq 0.16 & : escolher\ a\ rota\ CA \\ 0.16 < r \leq 0.52 & : escolher\ a\ rota\ CB \\ 0.52 < r \leq 1 & : escolher\ a\ rota\ CD \end{cases}$$

E, partindo-se, de D:

$$Se\begin{cases} 0 < r \leq 0.26 & : escolher\ a\ rota\ DA \\ 0.26 < r \leq 0.48 & : escolher\ a\ rota\ DB \\ 0.48 < r \leq 1 & : escolher\ a\ rota\ DC \end{cases}$$

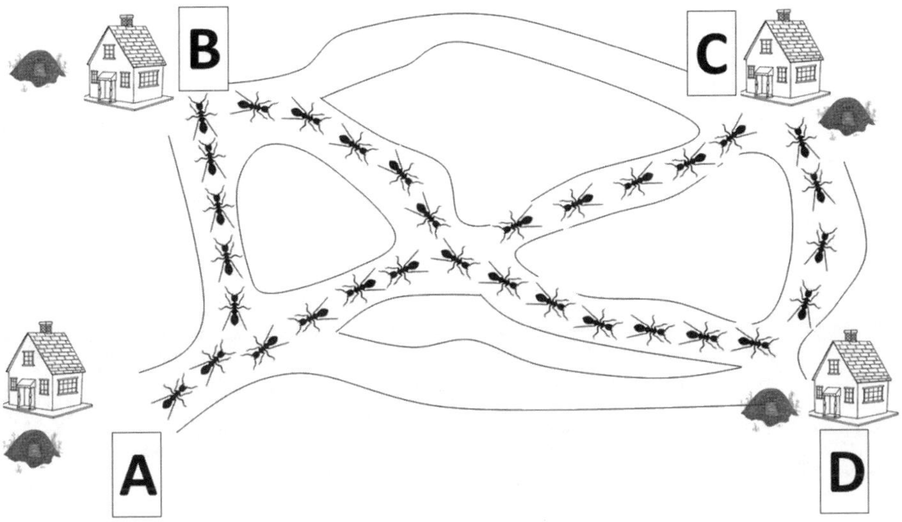

Repetindo esses passos e sorteios (por exemplo, usando o Excel para sortear os números r), uma das possibilidades é essa tabela para todas as rotas das quatro formigas F1, F2, F3 e F4.

Formigas	Sequência de nodos					distância percorrida
F1	A	B	D	C	A	24
F2	B	C	D	A	B	18
F3	C	D	B	A	C	24
F4	D	A	C	B	D	26

Essas distâncias percorridas são importantes e pontos-chave do algoritmo, pois é com base nelas que os feromônios são atualizados. Distâncias menores reforçam os feromônios das formigas, e o caminho torna-se mais utilizado como solução do problema. Mas o feromônio evapora com o tempo, e isso precisa ser levado em conta no algoritmo, uma espécie de esquecimento de soluções antigas.

A fórmula para atualização no nível dos feromônios em cada rota leva em conta a densidade da concentração química conhecida como ρ. O primeiro termo da fórmula seguinte vai diminuindo o nível do feromônio a cada nova interação, pois, para cada nova repetição, o nível anterior é multiplicado pelo fator $(1 - \rho)$, que será menor do que 1. O segundo termo consiste nas atualizações pelo reforço dos feromônios, somados para todas as formigas na mesma iteração.

$$\tau_{ij}^{k} = (1-\rho)\tau_{ij} + \sum_{k=1}^{m} \eta_{ij}^{k} \tag{4.2}$$

Vamos supor que, nesse exemplo, a densidade de formigas é $\rho = \frac{1}{2}$. Como supomos no início que o feromônio inicial era $\tau = 1$ em todas as rotas, o primeiro termo da fórmula (4.2) será $\left(1-\frac{1}{2}\right)\times 1$, ou seja, 0.5. Cada formiga tem sua atratividade considerada como inversa à distância total percorrida, na qual:

$$\eta_{F1} = \frac{1}{24} \quad \eta_{F2} = \frac{1}{18} \quad \eta_{F3} = \frac{1}{24} \quad \eta_{F4} = \frac{1}{26}$$

A alteração do feromônio na rota A-B deverá ser calculada buscando-se quais formigas percorreram essa rota. Na simulação da escolha aleatória apresentada antes, essa rota A-B foi visitada pelas formigas F1, F2 e F3. Então, a atratividade da formiga F4 representada por $\eta_{F4} = 1/26$ não deve ser considerada nesse trecho, pois ela não passou na rota A-B. No quadro a seguir, observamos que a rota A-B é a mesma da rota B-A. Não importa se a formiga foi de A para B ou de B para A, e essa atratividade deve ser somada para reforço do feromônio.

Formigas	Sequência de nodos					distância percorrida
F1	A	B	D	C	A	24
F2	B	C	D	A	B	18
F3	C	D	B	A	C	24
F4	D	A	C	B	D	26

Então o feromônio atualizado para a rota A-B será:

$$\tau_{AB} = \left(1 - \frac{1}{2}\right)1 + \left[\frac{1}{24} + \frac{1}{18} + \frac{1}{24}\right] = 0.638$$

Para a rota A-C, vemos, a seguir, que a formiga F2 não fez esse caminho, não contribuindo para o reforço do feromônio. O quadro para a observação de qual formiga fez o trajeto é o seguinte:

Formigas	Sequência de nodos					distância percorrida
F1	A	B	D	C	A	24
F2	B	C	D	A	B	18
F3	C	D	B	A	C	24
F4	D	A	C	B	D	26

Logo, o feromônio para A-C é:

$$\tau_{AC} = \left(1 - \frac{1}{2}\right)1 + \left[\frac{1}{24} + \frac{1}{24} + \frac{1}{26}\right] = 0.621$$

Todas as rotas devem ter o nível de feromônios atualizadas antes da mudança para a próxima iteração. A Tabela 4.6 apresenta a última coluna τ_{novo} como o novo nível de feromônio a ser usado.

As novas probabilidades de escolha para novos caminhos na iteração seguinte devem ser calculadas conforme Tabela 4.5, mas, agora, usando a coluna τ com os valores de τ_{novo}.

Tabela 4.6 – Atualização dos feromônios nas rotas

Rotas	$(1-\rho)\tau_{antigo}$	η_{F1}	η_{F1}	η_{F1}	η_{F1}	τ_{novo}
AB	0.5	0.041	0.055	0.041	0	0.638
AC	0.5	0.041	0	0.041	0.038	0.621
AD	0.5	0	0.055	0	0	0.555
BC	0.5	0	0.055	0	0.038	0.594
BD	0.5	0.041	0	0.041	0.038	0.621
CD	0.5	0.041	0.055	0.041	0	0.638

Na segunda iteração, a distribuição de probabilidades de escolha de rotas das formigas é a apresentada na Tabela 4.7. O leitor poderá observar que os cálculos são os mesmos, apenas atualizando a coluna do nível do feromônio marcada em retângulo com bordas mais espessas. Algumas probabilidades de escolha aumentam conforme o nível de feromônio aumenta. Por exemplo, o nível mais alto de feromônio está na rota A-B, cuja probabilidade era de 42%. Nessa nova iteração, a probabilidade de escolher esse caminho aumentou para 44%. A rota D-C também aumentou a probabilidade com o reforço do feromônio. Ao contrário, tendo menos feromônio, a rota A-D teve a probabilidade decrescida de 35% para 32%.

Tabela 4.7 – Atualização das probabilidades das escolhas dos caminhos

	A	B	C	D	E	F	G
1	Rotas	dist	τ	η	$\tau * \eta$	Prob	%
2	AB	5	0,63889	0,2	0,12778	0,44144	44%
3	AC	9	0,62179	0,11111	0,06909	0,23868	24%
4	AD	6	0,55556	0,16667	0,09259	0,31988	32%
5	BA	5	0,63889	0,2	0,12778	0,34997	35%
6	BC	4	0,59402	0,25	0,1485	0,40674	41%
7	BD	7	0,62179	0,14286	0,08883	0,24329	24%
8	CA	9	0,62179	0,11111	0,06909	0,16046	16%
9	CB	4	0,59402	0,25	0,1485	0,34491	34%
10	CD	3	0,63889	0,33333	0,21296	0,49462	49%
11	DA	6	0,55556	0,16667	0,09259	0,23478	23%
12	DB	7	0,62179	0,14286	0,08883	0,22523	23%
13	DC	3	0,63889	0,33333	0,21296	0,53999	54%

Com o sorteio de novas rotas, graças às alterações no feromônio e nas probabilidades, o algoritmo vai sempre dando mais importância às distâncias que são menores e mais importantes. Assim, seguindo a linha de raciocínio de sortear caminhos aleatórios para as quatro formigas com probabilidade acumulada, as novas rotas serão as seguintes nessa nova iteração:

Formigas	Sequência de nodos					distância percorrida
F1	A	D	C	B	A	18
F2	B	A	D	C	B	18
F3	C	D	B	A	C	26
F4	D	C	A	B	D	24

Podemos observar que, com apenas duas iterações e um número muito pequeno de formigas, a solução começa a buscar e convergir para a menor distância possível, que, nesse caso, é 18. Duas formigas chegaram à mesma distância total e fazendo caminhos diferentes. As formigas F1 e F2 obtiveram 18 como distância total, que reforçará as rotas para a iteração 3, depois para 4, e assim sucessivamente. Quanto maior o número de formigas, mais as rotas serão parecidas e convergentes para a menor distância possível.

4.3 ALGORITMO COLÔNIA DE FORMIGAS EM PYTHON

O algoritmo da colônia de formigas possui diferentes bibliotecas de funções em Python para serem aplicadas em diversos problemas. Uma dessas bibliotecas é a ACO-Pants, que pode ser instalada dentro do próprio console do Python, usando o protocolo de instalação de bibliotecas pip. O link com o tutorial e guia das funções pode ser obtido em <https://pypi.org/project/ACO-Pants/>.

No console do Python, basta então, utilizar a linha a seguir e depois, reiniciar o kernel do console.

```
>> pip install ACO-Pants
```

Na biblioteca Pants, a resolução de um problema tipo caixeiro viajante precisa da função World com parâmetros identificando os nodos a serem atingidos pelas formigas e uma função custo, que será uma matriz de distâncias a ser percorrida. Uma vez criados os nodos e os custos, a função *Solver* repete todos os passos da Seção anterior para um número determinado de iterações. Os parâmetros da função *Solver* são:

alpha (float) – importância relativa do feromônio.

beta (float) – importância relativa da distância.

rho (float) – porcentagem de evaporação do feromônio.

q (float) – total de feromônio depositado após a iteração.

t0 (float) – nível do feromônio inicial τ.

limit (int) – quantidade de iterações do algoritmo.

ant_count (float) – número de formigas usadas no problema.

Para o exemplo da Seção anterior, o primeiro passo é criar os nodos e a função de custo. No caso, a função de custo é a própria matriz formada pelas distâncias.

$$Custo = \begin{pmatrix} & A & B & C & D \\ A & 0 & 5 & 9 & 6 \\ B & 5 & 0 & 4 & 7 \\ C & 9 & 4 & 0 & 3 \\ D & 6 & 7 & 3 & 0 \end{pmatrix}$$

Em Pythton, essa descrição será:

```
1  # Algoritmo Colonia de Formigas
2  import pants
3  import matplotlib.pyplot as fig
4  import numpy as np
5
6
7  nodes=list(range(4))
8  ptos=[(1,1),(1,3),(3,3),(3,1)]
9  pesos=np.array([[0,5,9,6],
10                 [5,0,4,7],
11                 [9,4,0,3],
12                 [6,7,3,0]])
13 arestas=['A','B','C','D']
14 def custo(a,b):
15     return pesos[a][b]
```

O passo seguinte é descobrir as rotas e a menor distância percorrida pelas formigas. Nesse caso, deve-se programar a função *World* e a *Solver* conforme apresentado na continuação do programa a seguir.

```
17 world=pants.World(nodes,custo)
18
19 solver=pants.Solver(rho=0.5,q=1,t0=1,limit=50,ant_count=10)
20
21 solution=solver.solve(world)
22 print(solution.distance)
23 print(solution.tour)
24 rota=solution.tour
```

Os parâmetros usados são os mesmos do exemplo da Seção anterior, supondo apenas que, em vez de quatro formigas, teremos 10 formigas (ant_count=10). A solução será salva na linha 24 na variável *rota*.

Os passos seguintes transformam as rotas em lista e desenham numa figura os nodos com a distância percorrida em linhas tracejadas. Os nodos foram colocados no gráfico na disposição de um quadrado apenas como ilustração, usando, para isso, a variável definida na linha 8, com as tuplas do Python definindo as coordenadas na variável *ptos*.

```
print('####################')
for i in range(len(rota)):
    print(arestas[rota[i]])

########### figura ################
x=[]
y=[]
ax=fig.subplot(111)
for i in range(4):
        x.append(ptos[rota[i]][0])
        y.append(ptos[rota[i]][1])
        ax.text(ptos[i][0],ptos[i][1],s=arestas[i],fontsize=20)

x.append(ptos[rota[0]][0])
y.append(ptos[rota[0]][1])

ax.plot(x,y,'--k')
ax.plot(x,y,'ok',markersize=6)
ax.plot(x[0],y[0],'og',markersize=10)
ax.axis('off')
```

Ao se rodar esse programa, vamos observar no console do Python a seguinte saída:

```
18
[1, 2, 3, 0]
####################
B
C
D
A
```

O primeiro número indica a menor distância percorrida pelas formigas, sendo exatamente o mesmo valor encontrado no exemplo da Seção anterior, com a distância igual a 18. A segunda linha apresenta os nodos percorridos, que, depois, são transformados nas letras A, B, C e D, para ficarem coerente com a notação usada. Nesse caso, a solução do Python foi a indicação de que a melhor rota das formigas para atingir todos os pontos é: B-C-D-A-B com distância 18.

Pode-se seguir o programa completo do algoritmo da colônia de formigas para o exemplo desta Seção.

```
# Algoritmo Colonia de Formigas
import pants
import matplotlib.pyplot as fig
import numpy as np


nodes=list(range(4))
ptos=[(1,1),(1,3),(3,3),(3,1)]
pesos=np.array([[0,5,9,6],
                [5,0,4,7],
                [9,4,0,3],
                [6,7,3,0]])
arestas=['A','B','C','D']
def custo(a,b):
   return pesos[a][b]

world=pants.World(nodes,custo)

solver=pants.Solver(rho=0.5,q=1,t0=1,limit=50,ant_count=10)

solution=solver.solve(world)
print(solution.distance)
print(solution.tour)
rota=solution.tour

print('####################')
for i in range(len(rota)):
   print(arestas[rota[i]])

########### figura ###############
x=[]
y=[]
ax=fig.subplot(111)
for i in range(4):
       x.append(ptos[rota[i]][0])
      y.append(ptos[rota[i]][1])
      ax.text(ptos[i][0],ptos[i][1],s=arestas[i],fontsize=20)

x.append(ptos[rota[0]][0])
y.append(ptos[rota[0]][1])

ax.plot(x,y,'--k')
ax.plot(x,y,'ok',markersize=6)
ax.plot(x[0],y[0],'og',markersize=10)
ax.axis('off')
```

4.4 ALGORITMO COLÔNIA DE FORMIGAS PARA MELHOR ROTA EM COORDENADAS

Empresas de transporte estão a todo momento ajustando suas rotas para atender ao maior número de pessoas de forma a otimizarem os custos. Em termos de viagens, o melhor dos mundos é a busca por atender a todos os interessados, fazendo rotas com a menor distância.

Devido às restrições reais, como chuvas, estradas destruídas, estradas com buracos, pedágios, ou no caso aéreo, desvios de países em conflitos ou tempestades de furacões, a melhor solução, aquela que seria ideal, nem sempre poderá ser atendida.

Sentimos isso em grandes cidades, onde as trajetórias do GPS passam por coordenadas de seu território, que, muitas vezes, estão bloqueadas por intenso tráfego ou obras. Por exemplo, qual o melhor caminho que podemos fazer para percorrermos todos os pontos na Figura 4.4?

Os pontos da Figura 4.4 foram gerados usando-se distribuição de probabilidade uniforme. Isso significa que, no sorteio dessas coordenadas, todos os pontos têm mesma chance de serem escolhidos pelo computador. A grade da figura foi construída tomando pontos aleatórios entre (-10,10) para as posições horizontal e vertical do gráfico.

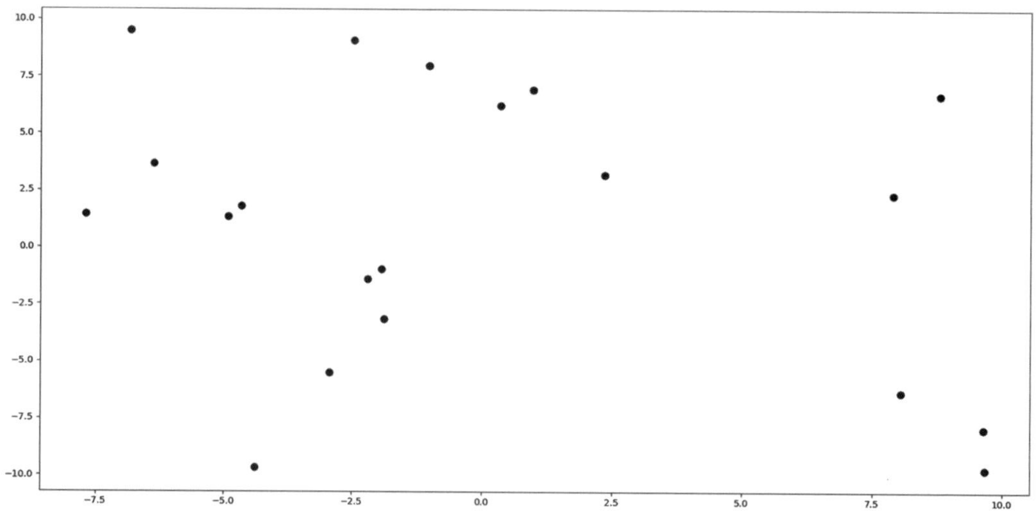

Figura 4.4 – Coordenadas de pontos para buscar a melhor rota.

No exemplo da Seção anterior, a matriz de custos foi a entrada para o programa em Python. As formigas já tinham a matriz, e a todo instante escolhiam os caminhos entre os pontos A, B, C e D com base nos valores da matriz. No entanto, quando há coordenadas aleatórias, as distâncias mudam para cada vez que se roda o algoritmo.

Nas linhas 14 e 15 no programa anterior, existe uma definição de função custo, a qual é utilizada pelas formigas na escolha do trajeto. Essas duas linhas são apenas os próprios valores da matriz de custo já fornecida.

Para esse exemplo atual, faz-se necessária uma adaptação, visto que desejamos que as formigas percorram todas as coordenadas, mas de forma que, no final, a distância seja a mínima.

A matriz de custo deverá, então, mudar a cada iteração com base nas coordenadas e em sua distância entre os pontos. A função custo das linhas 14 e 15 devem possuir a fórmula da distância euclidiana, ou seja, a fórmula da distância entre dois pares de pontos (x_1,y_1) e (x_2,y_2)

$$d = \sqrt{(x_2 - x_1)^2 + (y_2 - y_1)^2}$$

Essa fórmula é a única adaptação necessária que está descrita no algoritmo completo a seguir, nas linhas 18 e 19. Como em Python *sqrt* é raiz quadrada, e *pow* é função potência com ordem 2, essas linhas descrevem a fórmula anterior para todos os pontos aleatórios da grade de coordenadas.

```
1   # Algoritmo Colonia de Formigas
2   import pants
3   import math
4   import random
5   import matplotlib.pyplot as fig
6   import numpy as np
7
8   nodes=[]
9   ptx=[]
10  pty=[]
11  for _ in range(20):
12      x=random.uniform(-10,10)
13      y=random.uniform(-10,10)
14      ptx.append(x)
15      pty.append(y)
16      nodes.append((x,y))
17
18  def euclidean(a,b):
19      return math.sqrt(pow(a[1]-b[1],2)+pow(a[0]-b[0],2))
20
21  world=pants.World(nodes,euclidean)
22  solver=pants.Solver(rho=0.5,q=1,t0=0.01,limit=50,ant_count=10)
23
24  solution=solver.solve(world)
25  print(solution.distance)
26  print(solution.tour)
27
28  solutions=solver.solutions(world)
29  best=float("inf")
30  for solution in solutions:
31      assert solution.distance<best
32      best=solution.distance
33  print(best)
34
35  ########### figura ###############
36  rota=np.array(solution.tour)
37  xr=rota[:,0]
38  yr=rota[:,1]
```

```
39 ax=fig.subplot(111)
40 ax.plot(ptx,pty,'.k',markersize=15)
41 ax.plot(xr,yr,'-b')
42 ax.plot(xr[0],yr[0],'og',markersize=15)
43 ax.text(xr[0]+0.3,yr[0]+0.3,s='início',fontsize=15)
44 ax.plot(xr[len(xr)-1],yr[len(yr)-1],'or',markersize=15)
45 ax.text(xr[len(xr)-1]+0.3,yr[len(yr)-1]+0.3,s='fim',fontsize=15)
```

O resultado final pode ser visto na Figura 4.5, na qual podemos observar o ponto de partida escolhido pelas formigas e o ponto de chegada.

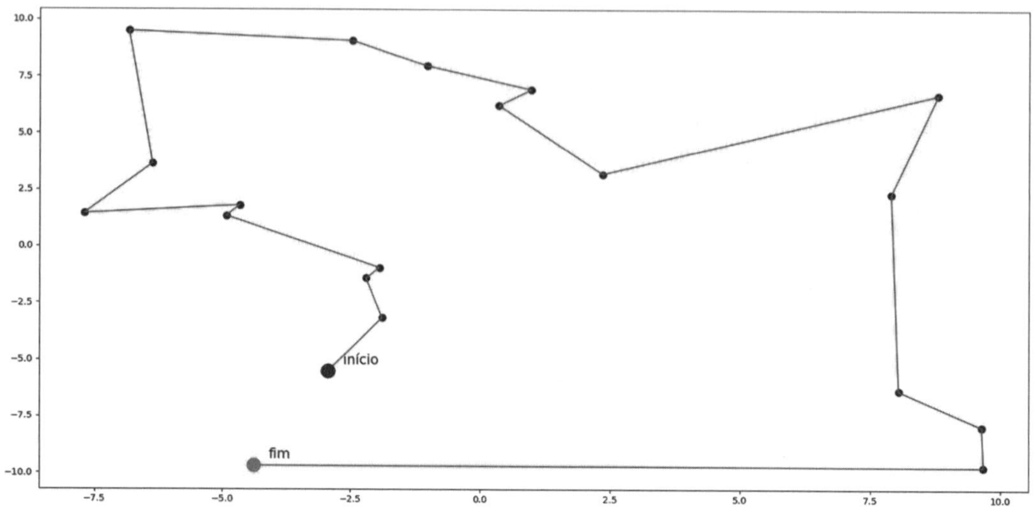

Figura 4.5 – Melhor rota entre as coordenadas.

Para a solução desse exemplo, utilizamos os mesmos parâmetros do feromônio e limite de 50 iterações com 10 formigas para buscar o melhor caminho. Na linha 36, transformamos a saída do algoritmo em vetor (*array*), identificando como x a primeira coluna e y, a segunda coluna, vetor esse renomeado de *rota*.

A aplicação prática desse tipo de problema nós podemos observar todos os dias em nossas vidas. Ele se manifesta em diversos contextos, desde aplicativos de celulares que oferecem rotas otimizadas para minimizar tempo ou distância, até softwares utilizados por companhias aéreas para definir as melhores rotas, o clássico problema do caixeiro viajante está presente em todas as empresas.

Vamos imaginar que uma empresa aérea deseja percorrer algumas capitais do Brasil com mínima distância total com suas aeronaves. Pelo Instituto Brasileiro de Geografia e Estatística (IBGE), temos as coordenadas (longitude, latitude) das seguintes cidades:

	A	B
1	cidade	coord
2	Belém	(-48.4905112077498,-1.45615449647993)
3	Belo Horizonte	(-43.9273135606535,-19.9111294232859)
4	Brasília	(-47.930434270556,-15.780420857709)
5	Campo Grande	(-54.6303427663172,-20.4494893711882)
6	Curitiba	(-49.2654676568489,-25.420501362397)
7	Fortaleza	(-38.5429233545865,-3.71742960864638)
8	Manaus	(-60.0221093878098,-3.11943017719009)
9	Natal	(-35.1991825508821,-5.79438865686087)
10	Porto Alegre	(-51.2074411947153,-30.0327316161351)
11	Recife	(-34.8776414904569,-8.04750898689904)
12	Rio de Janeiro	(-43.2010414947482,-22.9138683111265)
13	Salvador	(-38.501707683196,-12.972681151286)
14	São Luís	(-44.2832158364691,-2.53951514746143)
15	São Paulo	(-46.6403182226843,-23.5338633880999)
16	Palmas	(-48.356516241046,-10.240822958475)
17	Teresina	(-42.8040493555952,-5.09274892626252)

O objetivo é percorrer com o algoritmo da colônia de formigas todas as cidades, mas de maneira que a distância total seja a menor possível. No Python, a construção de mapas é fácil, mas, antes, faz-se necessária a instalação de duas bibliotecas que darão suporte. A primeira biblioteca é a *geopy*, que deverá ser instalada da seguinte forma no console do Python:

```
>> pip install geopy
```

A segunda biblioteca é a *basemap*, que deverá ser instalada seguindo-se o comando *conda* no console. Esse tipo de instalação só é possível caso a versão do Python seja pelo Anaconda, no ambiente Spyder:

```
>> conda install -c anaconda basemap
```

Da biblioteca *basemap* importa-se a função *Basemap* (com letra B maiúscula) e coloca-se o resultado da localização do mapa-múndi desejado pelas coordenadas de latitude e longitude. As coordenadas das linhas de programação seguinte são para a região da América do Sul, como pode ser visto na Figura 4.6.

```
import pandas as pd
import numpy as np
import pants
import math
import os

os.environ["PROJ_LIB"] = "C:\\Users\\Dell\\Anaconda3\\Library\\share"; #fixr

from mpl_toolkits.basemap import Basemap
map = Basemap(width=9000000,height=8000000,projection='lcc',
          resolution=None,lat_1=-20.,lat_2=-20,lat_0=-15,lon_0=-40.)
```

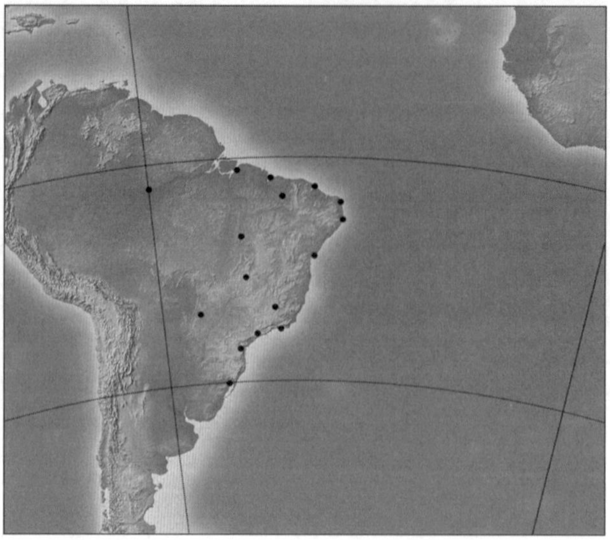

Figura 4.6 – Localização das cidades no Brasil.

As linhas de latitude e longitude podem ser desenhadas com a seguinte parte do código:

```
18  map.drawparallels(np.arange(-90.,120.,30.),color='black')
19  map.drawmeridians(np.arange(0.,420.,60.),color='black')
20  map.shadedrelief()
```

A linha 20 com a função *shaderelief*( ) serve para colocar o mapa da América do Sul com os relevos existentes na região. Por exemplo, essa função permite ver na Figura 4.6 à esquerda as elevações da Cordilheira dos Andes. Colocamos as coordenadas das cidades em planilha Excel e, assim, podemos ir completando ou mudando as cidades relacionadas no IBGE. As linhas de código a seguir buscam os dados no Excel, passam as coordenadas de longitude e latitude do dataframe para o formato compatível com a função *Basemap*. Como no Excel os dados estão em formato de tupla, a linha 29 a seguir extrai esses dados, colocando-os em vetores x e y.

A plotagem dos pontos ocorre por meio das linhas 33 e 34, usando marcadores para identificar as cidades relacionadas no Excel.

```
22  df=pd.read_excel('Cidades.xlsx',sheet_name='Planilha1')
23  df.index=range(len(df.index))
24
25  x=np.zeros(len(df))
26  y=np.zeros(len(df))
27  for i in range(len(df)):
28      test_str = df['coord'][i]
29      res = eval(test_str)
30      x[i]=res[0]
31      y[i]=res[1]
32      long, lat = map(*zip(*[res]))
33      map.plot(long, lat, marker='o', markersize=5,
34          markerfacecolor='black',markeredgecolor='k')
```

O restante da programação é a repetição do algoritmo para as coordenadas aleatórias, usando 10 formigas com limite de 50 iterações para calcular as menores distâncias entre os pontos do mapa e, consequentemente, a menor distância total. As formigas convergiram para o mapa com a seguinte rota mínima a ser percorrida, que pode ser visualizada na Figura 4.7.

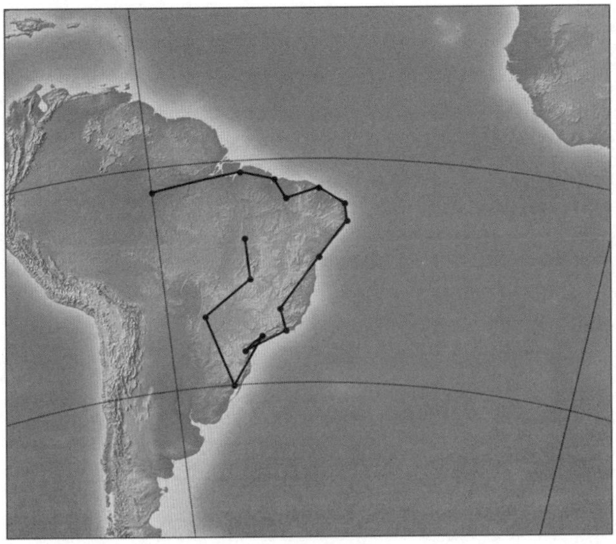

Figura 4.7 – Solução do algoritmo da colônia de formigas.

O algoritmo indica como solução o início da trajetória, começando por Belém do Pará e percorrendo primeiro as cidades litorâneas até o sul, e, depois, subindo até Manaus (AM). A linha 67 do algoritmo completo a seguir é que possibilita traçar a trajetória entre dois pontos no mapa, seguindo o grande círculo geográfico dos meridianos e latitudes.

```
1   ##############################################################
2   #  precisa instalar essas duas bibliotecas
3   #  pip install geopy
4   #  conda install -c anaconda basemap
5   ##############################################################
6   import pandas as pd
7   import numpy as np
8   import pants
9   import math
10  import os
11
12  os.environ["PROJ_LIB"] = "C:\\Users\\Dell\\Anaconda3\\Library\\share"; #fixr
13
14  from mpl_toolkits.basemap import Basemap
15  map = Basemap(width=9000000,height=8000000,projection='lcc',
16          resolution=None,lat_1=-20.,lat_2=-20,lat_0=-15,lon_0=-40.)
17
18  map.drawparallels(np.arange(-90.,120.,30.),color='black')
19  map.drawmeridians(np.arange(0.,420.,60.),color='black')
```

```
map.shadedrelief()

df=pd.read_excel('Cidades.xlsx',sheet_name='Planilha1')
df.index=range(len(df.index))

x=np.zeros(len(df))
y=np.zeros(len(df))
for i in range(len(df)):
      test_str = df['coord'][i]
      res = eval(test_str)
      x[i]=res[0]
      y[i]=res[1]
      long, lat = map(*zip(*[res]))
      map.plot(long, lat, marker='o', markersize=5,
            markerfacecolor='black',markeredgecolor='k')

nodes=[]
ptx=[]
pty=[]
for i in range(len(df)):
   ptx.append(x[i])
   pty.append(y[i])
   nodes.append((x[i],y[i]))

def euclidean(a,b):
   return math.sqrt(pow(a[1]-b[1],2)+pow(a[0]-b[0],2))

world=pants.World(nodes,euclidean)
solver=pants.Solver(rho=0.5,q=1,t0=0.01,limit=50,ant_count=10)

solution=solver.solve(world)
print(solution.distance)
print(solution.tour)

solutions=solver.solutions(world)
best=float("inf")
for solution in solutions:
   assert solution.distance<best
   best=solution.distance
print(best)

########### figura ###############
rota=np.array(solution.tour)
xr=rota[:,0]
yr=rota[:,1]

for i in range(1,len(rota)):
         map.drawgreatcircle(xr[i-1],yr[i-1],xr[i],yr[i],linewidth=2,color='k')

map.drawgreatcircle(xr[0],yr[0],xr[0],yr[0],marker='o',
            markersize=10,color='g',markeredgecolor='k')
```

4.5 ENXAME DE PARTÍCULAS

Algoritmos conhecidos como evolucionários envolvem programação de clássicos algoritmos que buscam a otimização de sistemas com base em alguma função conhecida. Entre esses algoritmos, temos algoritmo genético, programação evolucionária, estratégias evolucionárias e programação genética. Um dos algoritmos que se destaca dentre os ditos "inspirados em comportamento social" é o algoritmo do enxame de partículas.

O enxame de partículas é um algoritmo de busca pelo ótimo global que busca o ótimo de uma função num hiperespaço de soluções, necessitando de uma grande inicialização de partículas que tenham posições e velocidades aleatórias. Na natureza, os movimentos dos animais buscam otimizar caminhos e recursos com trocas de informações em seus deslocamentos, como uma revoada de pássaro ao final da tarde em busca de alimentos (Figura 4.8).

O algoritmo busca a otimização de funções com base nas melhores posições locais atingidas pelas partículas que compartilham suas informações sobre o ponto ótimo. Com a troca de informação sobre posição, velocidade e valor da função, as partículas atualizam suas posições e velocidades na tentativa de que todos estejam ao redor de um círculo de ótima posição para a sociedade.

Figura 4.8 – Revoada de pássaros.

Fonte: Arquivo pessoal.

Na Figura 4.9, pode-se observar o desenvolvimento e a busca pela ótima solução entre as partículas. O algoritmo tenta imitar o comportamento social entre espécies que trocam informação e trabalham juntas para o bem-estar de todos, no caso, abelhas. Elas partem em busca do melhor néctar de forma aleatória.

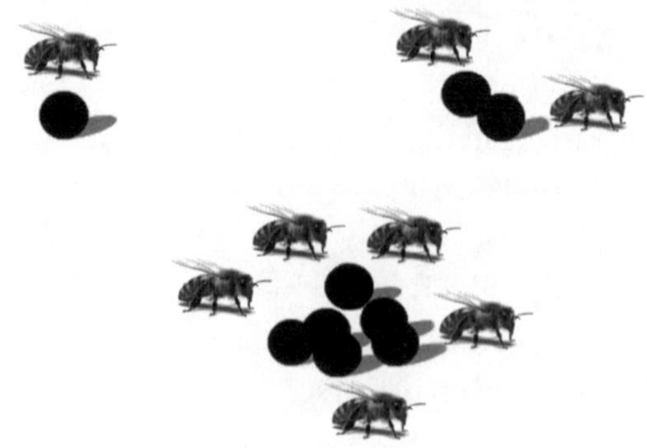

Figura 4.9 – Inicialização das partículas.

As partículas (abelhas) têm posição x(k) e velocidade v(k) compartilhadas com todo o enxame à procura do local onde o melhor e mais refinado néctar poderá ser encontrado.

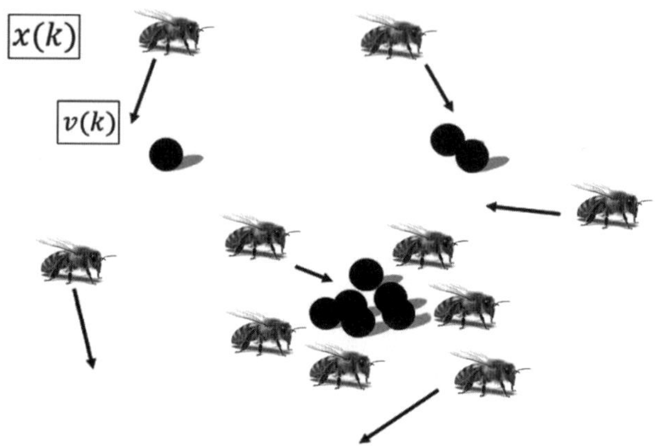

Figura 4.10 – Posições e velocidades iniciais.

Cada partícula calcula o benefício que as outras podem adquirir caso as sigam, por meio de uma função custo ou benefício (Figura 4.11). A partícula que apresentar valor mais alto de uma função benefício, por exemplo, atrairá para si todo o enxame (Figura 4.12).

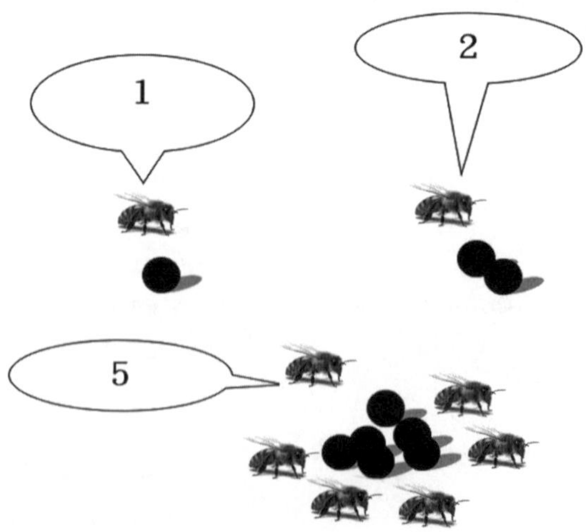

Figura 4.11 – Cálculo do valor da função objetivo.

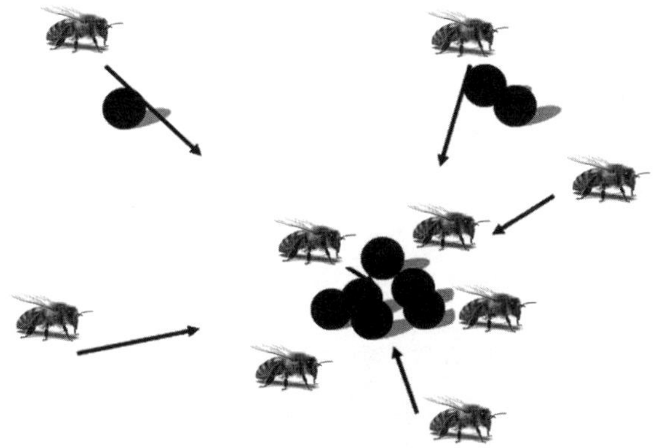

Figura 4.12 – Atração do enxame para o local de melhor valor da função objetivo.

As iterações terminam quando a maioria das partículas convergem para uma única solução, a melhor dentre as analisadas por todas as partículas (Figura 4.13).

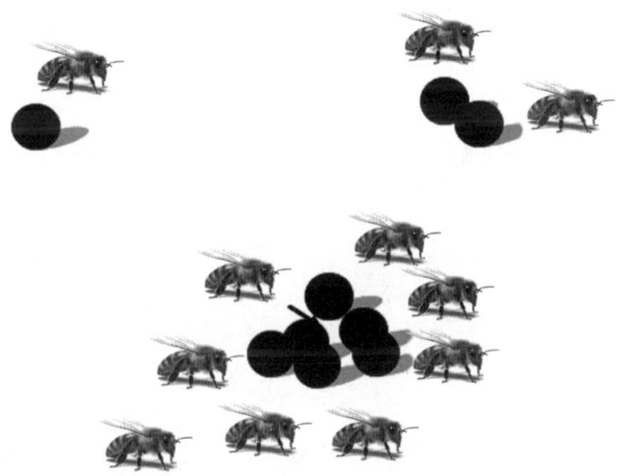

Figura 4.13 – Convergência da solução

O primeiro passo é iniciar a disposição aleatória entre as partículas com velocidades também aleatórias, nomeadas respectivamente como x(k) e v(k). Para cada novo passo da iteração, x(k) é atualizado com base no valor anterior x(k-1), que, por sua vez, realimenta a velocidade v(k), que ora reduz, ora avança, dependendo das avaliações sobre os ótimos locais dentre todas as partículas e o ótimo global de toda a comunidade.

Ao final, quando o ótimo global atinge um valor de erro especificado no início da busca, significa que as partículas conseguiram convergir para um ponto em comum.

O algoritmo é simples e baseia-se em apenas duas equações, mas ambas devem estar presentes em todas as partículas. A diferença entre outros algoritmos está no fato de que a quantidade de partículas e sua dispersão encontram o ponto ótimo global, e, dependendo da socialização entre elas, a troca de informação atrairá todas para o ponto ótimo, reforçando a otimalidade da solução.

A convergência é, portanto, o fator fundamental para uma boa confiança na solução. O conjunto de equações para x(k) e v(k) é o que se segue.

projeção

$$V(k+1) = V(k) + a * Rnd * (p - x(k)) + b * Rnd * (G - x(k))$$

posição

$$x(k+1) = x(k) + v(k+1)$$

Ótimo local

A velocidade futura *V(k+1)* depende da velocidade passada *V(k)* corrigida pelo fator *a* da fórmula, fator esse que multiplica a diferença entre a posição *x(k)* da partícula e a melhor posição dela até então. Essa posição *p* é na qual a partícula conseguiu êxito e achou o melhor valor da função, por isso se denomina *ótimo local*. A velocidade também é corrigida em comparação entre a posição *x(k)* atual da partícula e a posição de qualquer outra que tenha obtido o melhor resultado dentre todas as outras partículas. Essa posição é conhecida como ótimo global, representada pela letra *G* na fórmula a seguir.

projeção

$$V(k+1) = V(k) + a * Rnd * (p - x(k)) + b * Rnd * (G - x(k))$$

posição

$$x(k+1) = x(k) + v(k+1)$$

Ótimo global

O fator *a* é conhecido como fator de cognição ou aprendizado da partícula, dando uma importância ao deslocamento anterior *k*, desde que esse produza um valor ótimo. Valores altos do parâmetro *a* podem preservar mudanças importantes da partícula na posição x(k).

projeção

$$V(k+1) = V(k) + a * Rnd * (p - x(k)) + b * Rnd * (G - x(k))$$

posição

$$x(k+1) = x(k) + v(k+1)$$

cognição

Por fim, o fator *b* é conhecido como fator de relacionamento social ou socialização da partícula *x(k)*. Quanto maior esse fator, mais a posição ótima é levada em conta na mudança da velocidade de todas as partículas. A informação sobre onde está o ótimo é socializada com as demais partículas. A variável *Rnd* indica um número aleatório para evitar que a partícula entre num vale de ótimo local e não busque o ótimo global da função.

projeção

$$V(k+1) = V(k) + a * Rnd * (p - x(k)) + b * Rnd * (G - x(k))$$

posição

$$x(k+1) = x(k) + v(k+1)$$

Relacionamento social

O algoritmo completo é o que se segue para ser implementado em qualquer linguagem de programação no seguinte esquema. O fluxograma serve como interpretação dos passos a serem seguidos na hora da construção do programa para o enxame de partículas.

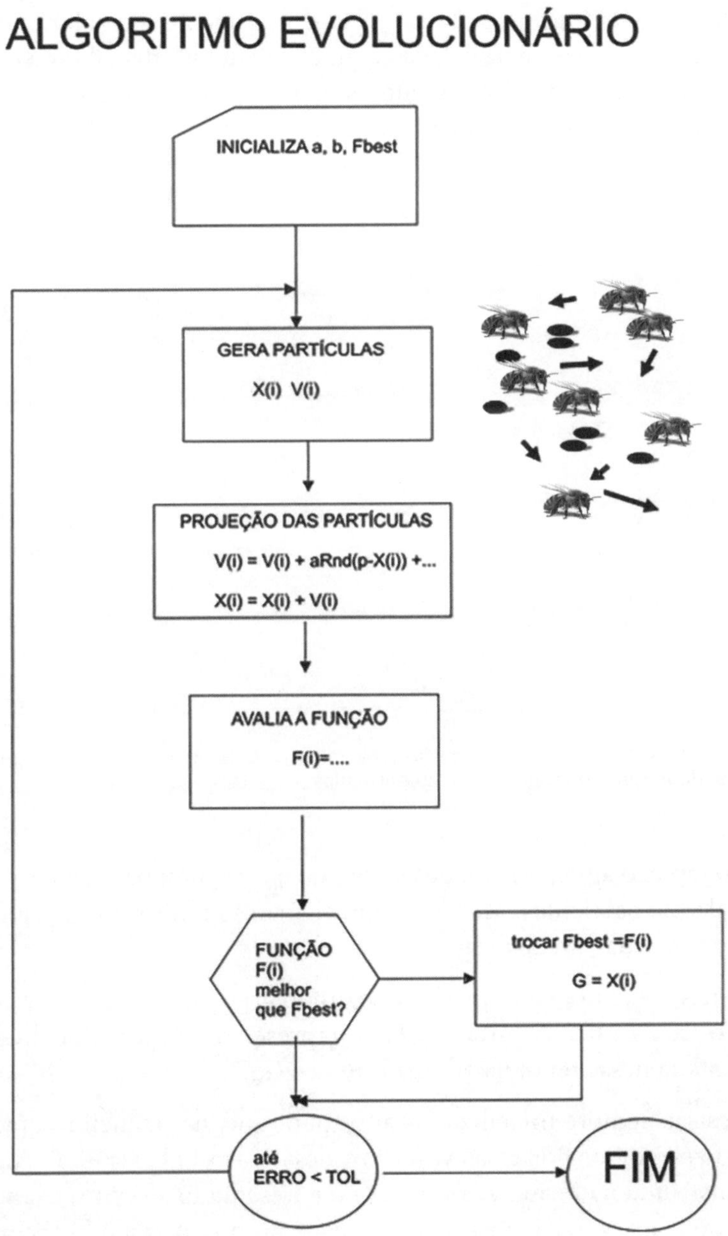

Figura 4.14 – Fluxograma do algoritmo do enxame de partículas.

Uma vez conhecida a velocidade *V(k+1)*, ela é utilizada para a projeção da próxima posição *x(k+1)* da partícula. Essa posição realimenta a comparação para ver se o valor encontrado na função é melhor do que o ótimo já existente *G* em meio a todos os ótimos, ou mesmo se é melhor apenas localmente dentre todas as posições *p* da própria partícula.

4.6 OTIMIZAÇÃO UNIDIMENSIONAL PELO ENXAME DE PARTÍCULAS

Vamos exemplificar a aplicação do Enxame de Partículas no caso mais simples unidimensional. Desejamos buscar o valor mínimo da função de segundo grau

$$f(x) = x^2 - 5x + 6$$

Sendo as raízes dessa função x = 2 e x = 3, sabemos que 2.5 é o valor onde f(x) tem o valor mínimo. Vamos em busca da solução com 20 partículas distribuídas inicialmente de forma aleatória na reta real entre os valores no intervalo [0, 1]. Logo após os primeiros passos, as partículas já se distribuem em torno do intervalo [0,5].

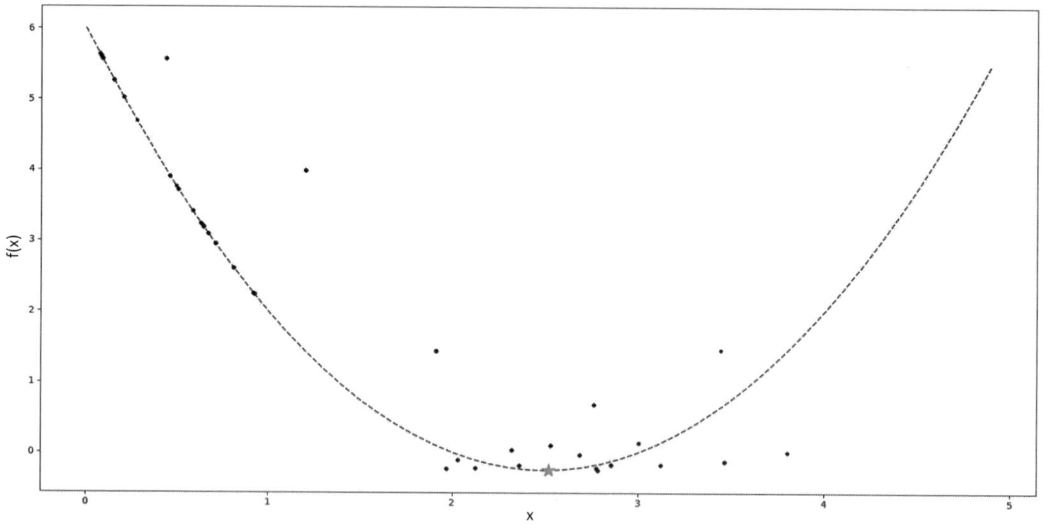

Figura 4.15 – Busca do mínimo da função com 20 partículas.

Para esse exemplo, o algoritmo foi desenvolvido em Python para testar passo a passo o aprendizado das 20 partículas. Mas o mesmo algoritmo pode ser desenvolvido e reescrito em qualquer linguagem de programação.

Foi suposto nesse exemplo da função de segundo grau que o fator de cognição e o de socialização são iguais a 0.5. A variável *FFbest* representa o ótimo global *G* na fórmula original apresentada nesse texto na atualização de v(k).

Esses valores são sempre inicializados altos para que, na primeira iteração, valores melhores sejam assumidos por essas variáveis, nesse caso FFbest=1000. A geração das partículas é construída na forma vetorial, como apresentado a seguir, usando a função *random* do Python para geração de números aleatórios no intervalo [0,1] com distribuição uniforme.

```
##############################################################################
#        Algortimo do Enxame de Particulas          #
#        Problema: Valor Minimo de Funcao           #
##############################################################################

import numpy as np
import matplotlib.pyplot as fig

############### geracao das particulas iniciais e suas velocidades #####
n_partic=20
x=np.random.rand(n_partic,1)
v=np.random.rand(n_partic,1)
t=np.arange(0,5,0.1)
ft=t**2 - 5*t + 6
p=x
############### eixo dos gráficos fixos em (-20,20) ####################
ax=fig.subplot(111)
ax.plot(t,ft,'--b')
fig.xlabel('x')
fig.ylabel('f(x)')
############### parametros de cognicao e socializacao #################
fi1=0.5   # -------> cognicao
fi2=0.5   # -------> socializacao
############## chute inicial para o otimo global e local ##############
FFbest=1000
```

Com as partículas sendo criadas, faz-se a avaliação da função *FFbest*, e, nas primeiras iterações, assume-se que os ótimos locais são as primeiras posições no vetor *p*. O ótimo global da inicialização é salvo na variável *g1* que corresponde à variável *G*, que faz parte do cálculo das velocidades V(k+1).

```
FF=np.zeros(n_partic)
FP=np.zeros(n_partic)
########### calculos iniciais das projecoes para x(k) e v(k) ######
for i in range(n_partic):
        FF[i]=x[i,0]**2 - 5*x[i,0] + 6
        p[i,0]=x[i,0]

for i in range(n_partic):
        FP[i]=p[i,0]**2 -5*p[i,0] + 6
        if FP[i]<FFbest:
            FFbest=FP[i]
            g1=p[i,0]
```

Com as partidas e inicialização do processo, as partículas entram na fase da programação em que trocam informações sobre posições *x* e velocidades *V* baseadas no passado em que estiveram pelo ponto de mínimo.

Dependendo do fator de cognição e socialização, caso uma das partículas tenha passado pelo ponto ótimo, será enviada essa informação por meio da atualização no algoritmo, uma vez que esse ponto estará salvo na variável global *G* (que no programa é *g1*).

Na programação do script a seguir, existe um comando de repetição *While* na linha 48 onde um erro preestabelecido é o parâmetro de parada de todo o processo. Nesse exemplo, o programa continuará sua busca pelo ótimo até a diferença entre o valor real da função testada pelas partículas e o valor ótimo sejam maiores do que 0.01. Outras formas de comparação do erro podem ser admitidas, como a soma dos desvios elevada ao quadrado, ou o erro médio quadrático etc.

A linha 53 do código é a projeção da velocidade com base nas informações das ótimas posições das partículas, e a linha 55, a estimativa na qual a partícula deverá estar localizada para se aproximar do ponto ótimo. Como na parte anterior do código, uma verificação do ótimo de cada partícula é feita na linha 62, e, caso um desses ótimos locais sejam menores do que o ótimo global anterior, atualiza-se esse global na linha 64.

```
40 ##################### parte do algoritmo para busca do valor otimo #####
41 #                  nesse caso o otimo eh aquele onde os parametros
42 #                  nao se alteram e os valores da funcao em comparacao
43 #                  com os dados reais a cada tempo t, sao os menores
44 #                  possiveis
45 ##############################################################################
46 k=1
47 erro=1000
48 while erro>0.01:
49     if k>100:
50         erro=0
51     else:
52         for i in range(n_partic):
53             v[i,0]=v[i,0]+(fi1*np.random.rand())*(p[i-1,0]-x[i-1,0])+\
54             (fi2*np.random.rand())*(g1-x[i-1,0])
55             x[i,0]=x[i-1,0]+v[i-1,0]
56             FF[i]=x[i-1,0]**2 -5*x[i-1,0] + 6
57             p[i,0]=x[i,0]
58             ax.plot(x[:,0],FF,'.k')
59             fig.pause(0.1)
60         for i in range(n_partic):
61             FP[i]=p[i,0]**2 -5*p[i,0] + 6
62             if FP[i]<FFbest:
63                 FFbest=FP[i]
64                 g1=p[i,0]
65         ax.plot(g1,FFbest,'*r', markersize=15)
66         fig.pause(0.1)
67         erro=FFbest
68         print(g1)
69     k=k+1
70     print(k)
```

Ao convergir e o erro global entre as posições de todas as partículas for menor do que o erro admitido no início da iteração, o resultado global do ótimo é impresso em FFbest e sua posição em g1 nessa parte do código a seguir.

```
71  ############################## fim da iteracao ######################
72  #  melhores pontos, que convergiram e deram o menor erro entre a
73  #  funcao e os dados reais serao g1
74  ########################################################################
75  print(g1,FFbest)
```

Para esse exemplo, a tela do Console do Python a seguir demonstra o fator de convergência para o valor mínimo de f(x).

```
2.4992360992445164 -0.24999941645563606
```

Com apenas 2 passos de iteração, as partículas indicam que o ponto ótimo está em 2.499 (o ponto de solução matemática é 2.50), e o valor mínimo da função é –0.249 (a solução é –0.25).

O que acontece com partículas com baixa cognição e baixa socialização? Por exemplo, se assumirmos que a = 0.05 e b = 0.05 (no código, esses valores estão na linha 22 e 23 com os nomes das variáveis como *fi1* e *fi2*), as partículas deixam de informar seus valores entre si e começam a dispersar-se, pois não são sociáveis, e cada uma resolve procurar pelo ótimo sozinha. A Figura 4.16 apresenta essa situação, com a dispersão das posições entre as partículas, levando a um resultado muito pior. A posição ótima encontrada nesse caso foi 2.75 (a solução matemática é 2.5), com o valor mínimo de –0.18 (a solução é –0.25).

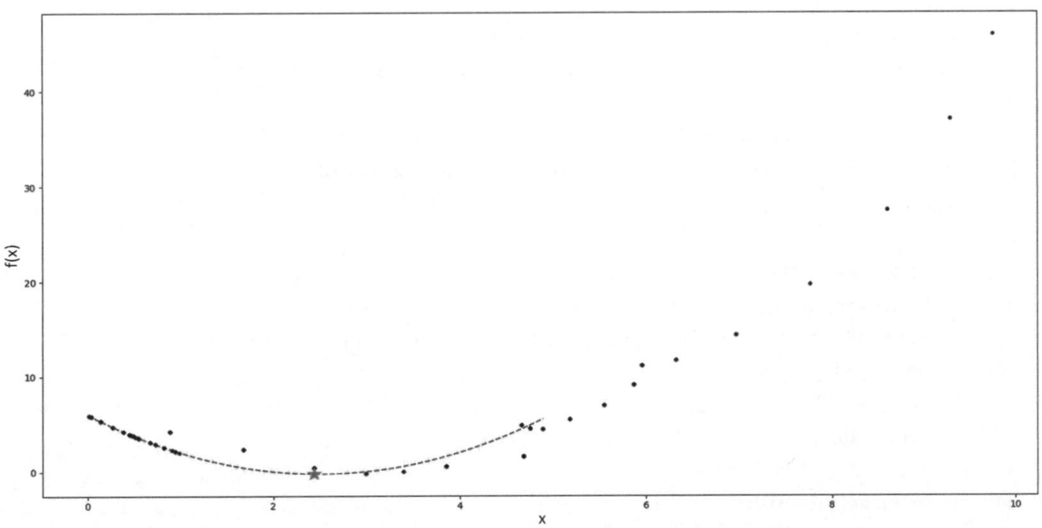

Figura 4.16 – Dispersão das partículas com baixa cognição e baixa socialização.

O algoritmo completo desse exemplo é apresentado a seguir em Python, com o valor de socialização e cognição iguais a 0.5 entre as partículas na busca do valor mínimo da função.

$$f(x) = x^2 - 5x + 6$$

É claro que essa função é apenas usada como teste de convergência, sendo, nesse caso simples, muito mais correto encontrar o ponto mínimo via resolução matemática. O algoritmo do enxame de partículas é evolucionário, aprendendo com novos caminhos, sendo muito útil onde a solução matemática é extensa ou complicada de se obter.

ALGORITMO COMPLETO DO ENXAME DE PARTÍCULAS

```
###############################################################################
#                 Algortimo do Enxame de Particulas                           #
#                 Problema: Valor Minimo de Funcao                            #
###############################################################################

import numpy as np
import matplotlib.pyplot as fig

################ geracao das particulas iniciais e suas velocidades #####
n_partic=20
x=np.random.rand(n_partic,1)
v=np.random.rand(n_partic,1)
t=np.arange(0,5,0.1)
ft=t**2 - 5*t + 6
p=x
################ eixo dos gráficos fixos em (-20,20) ####################
ax=fig.subplot(111)
ax.plot(t,ft,'--b')
fig.xlabel('x')
fig.ylabel('f(x)')
################ parametros de cognicao e socializacao ##################
fi1=0.5      # -------> cognicao
fi2=0.5      # -------> socializacao
############### chute inicial para o otimo global e local ##############
FFbest=1000

FF=np.zeros(n_partic)
FP=np.zeros(n_partic)
############ calculos iniciais das projecoes para x(k) e v(k) ######
for i in range(n_partic):
    FF[i]=x[i,0]**2 - 5*x[i,0] + 6
    p[i,0]=x[i,0]

for i in range(n_partic):
    FP[i]=p[i,0]**2 -5*p[i,0] + 6
    if FP[i]<FFbest:
        FFbest=FP[i]
        g1=p[i,0]

```

```
###################### parte do algoritmo para busca do valor otimo #####
#              nesse caso o otimo eh aquele onde os parametros
#              nao se alteram e os valores da funcao em comparacao
#              com os dados reais a cada tempo t, sao os menores
#              possiveis
##########################################################################
k=1
erro=1000
while erro>0.01:
    if k>100:
        erro=0
    else:
        for i in range(n_partic):
            v[i,0]=v[i,0]+(fi1*np.random.rand())*(p[i-1,0]-x[i-1,0])+\
            (fi2*np.random.rand())*(g1-x[i-1,0])
            x[i,0]=x[i-1,0]+v[i-1,0]
            FF[i]=x[i-1,0]**2 -5*x[i-1,0] + 6
            p[i,0]=x[i,0]
            ax.plot(x[:,0],FF,'.k')
            fig.pause(0.1)
        for i in range(n_partic):
            FP[i]=p[i,0]**2 -5*p[i,0] + 6
            if FP[i]<FFbest:
                FFbest=FP[i]
                g1=p[i,0]
        ax.plot(g1,FFbest,'*r', markersize=15)
        fig.pause(0.1)
        erro=FFbest
        print(g1)
    k=k+1
    print(k)
############################## fim da iteracao ######################
#   melhores pontos, que convergiram e deram o menor erro entre a
#   funcao e os dados reais serao g1
######################################################################
print(g1,FFbest)
```

4.7 ENXAME DE PARTÍCULAS BIDIMENSIONAL

Encontrar máximos ou mínimos de funções bidimensionais é muito mais complicado do que funções com apenas uma variável. Se a função tiver descontinuidades ou relevos e vales em excesso, matematicamente o processo é complicado e demorado, dependendo do tipo de restrições existentes. Nesse caso, a busca pela ótima solução poderá ser realizada pelo algoritmo de enxame de partículas. O algoritmo para duas dimensões é apenas uma extensão do algoritmo da Seção anterior, construído para a busca do mínimo de uma função f(x).

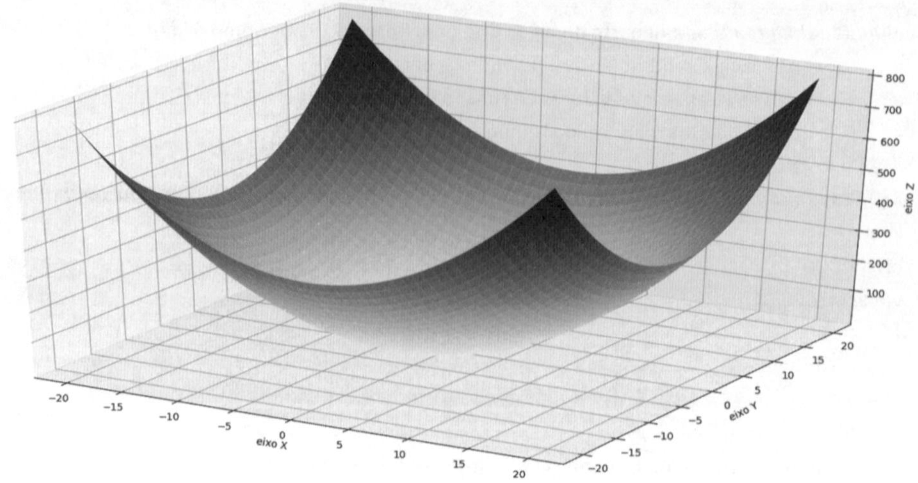

Figura 4.17 – Função paraboloide para as partículas encontrarem o mínimo.

Por exemplo, a função paraboloide é apresentada da Figura 4.17, e não é difícil perceber que seu mínimo valor está localizado na origem dos eixos (0,0). O valor mínimo nesse caso também é zero. A função tem a seguinte fórmula:

$$f(x,y) = X^2 + Y^2$$

Da mesma forma, torna-se necessária a inicialização de um conjunto de partículas para a busca do valor ótimo, que, nesse caso, é o mínimo. O algoritmo completo encontra-se a seguir após a Figura 4.18, e pode-se reparar que as linhas 9 e 10 se referem à inicialização de partículas aleatórias, mas, agora, com duas dimensões, visto que teremos (x,y) como posição da partícula e as velocidades na direção de x e de y, ou (Vx, Vy).

O algoritmo acaba sendo uma duplicação de todos os comandos do código explicado para o exemplo unidimensional. Foram escolhidas 10 partículas e o resultado obtido em 14 iterações conforme a saída observada a seguir no console do Python.

```
2
3
4
5
6
7
8
9
10
11
12
13
14
0.02862745839226305 -0.018704517007242405 0.0011693903304749724
```

A posição do menor valor encontrado após 14 buscas foi (0.028, –0.018), quando o valor real é matematicamente nulo (0,0). Já o valor que as partículas estacionaram foi 0.001169, sendo que o valor mínimo dessa função é zero. A Figura 4.18 apresenta as partículas em sua busca pelo menor valor, estacionando no centro da Figura marcada com uma estrela em (0.028, –0.018) como visto no console.

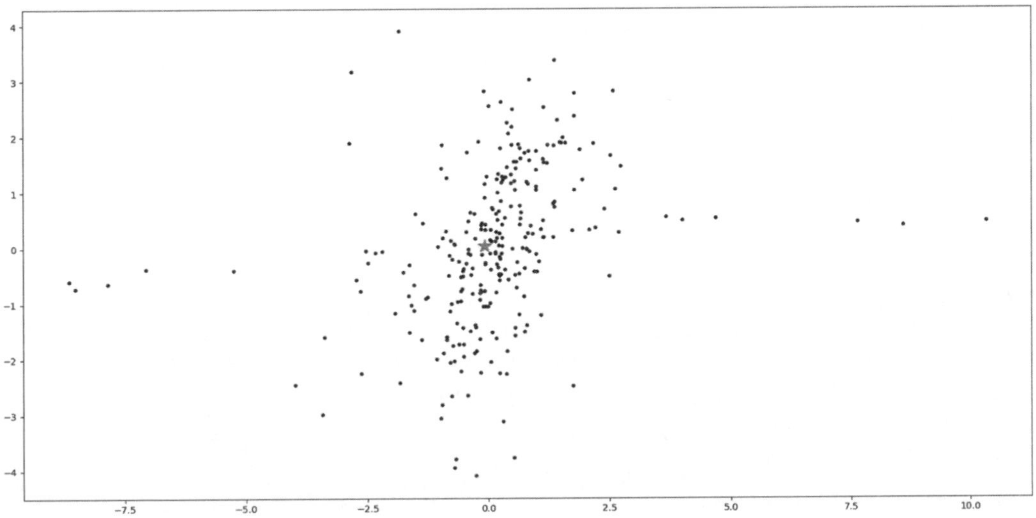

Figura 4.18 – Função paraboloide para as partículas encontrarem o mínimo.

Os valores de cognição e socialização foram adotados nesse caso como 0.5, facilitando a convergência das partículas para o ponto onde se encontra o menor valor da função f(x,y).

```
############################################################################
#        Algortimo do Enxame de Particulas 2 dimensoes        #
#        Problema: Valor Minimo de Funcao                      #
############################################################################
import numpy as np
import matplotlib.pyplot as fig
############### geracao das particulas iniciais e suas velocidades #####
n_partic=10
x=np.random.rand(n_partic,2)
v=np.random.rand(n_partic,2)
p=x
############### parametros de cognicao e socializacao ##################
fi1=0.5   # -------> cognicao
fi2=0.5   # -------> socializacao
############## chute inicial para o otimo global e local ##############
FFbest=100000
FF=np.zeros(n_partic)
FP=np.zeros(n_partic)
ax=fig.subplot(111)
########### calculos iniciais das projecoes para x(k) e v(k) ######
for i in range(n_partic):
        FF[i]=p[i,0]**2 + p[i,1]**2
        p[i,0]=x[i,0]
        p[i,1]=x[i,1]
        if FF[i]<FFbest:
              FFbest=FF[i]
              g1=p[i,0]
              g2=p[i,1]
```

```
##################### parte do algoritmo para busca do valor otimo #####
##############################################################################
k=1
erro=1000
while erro>0.01:
    if k>100:
        erro=0
    else:
        for i in range(n_partic):
            v1=v[i,0]+(fi1*np.random.rand())*(p[i,0]-x[i,0])+\
            (fi2*np.random.rand())*(g1-x[i,0])
            v2=v[i,1]+(fi1*np.random.rand())*(p[i,1]-x[i,1])+\
            (fi2*np.random.rand())*(g2-x[i,1])
            x1=x[i,0]+v1
            x2=x[i,1]+v2
            FF[i]=x[i,0]**2 + x[i,1]**2
            p[i,0]=x[i,0]
            p[i,1]=x[i,1]
            if FF[i]<FFbest:
                FFbest=FF[i]
                g1=p[i,0]
                g2=p[i,1]
            x[i,0]=x1
            x[i,1]=x2
            v[i,0]=v1
            v[i,1]=v2
        ax.plot(x[:,0],x[:,1],'.k')
        fig.pause(0.1)
        erro=abs(FFbest)
    k=k+1
    print(k)
############################## fim da iteracao ######################
#  melhores pontos, que convergiram e deram o menor erro entre a
#  funcao e os dados reais serao g1
########################################################################
ax.plot(g1,g2,'*r', markersize=15)
print(g1,g2,FFbest)
```

4.8 ENXAME DE PARTÍCULAS EM BIBLIOTECA DO PYTHON

Nas Seções anteriores, apresentamos como o leitor poderá desenvolver sua própria programação, seguindo o algoritmo, a ideia e o raciocínio existente na busca do valor ótimo com o enxame de partículas. É interessante aprender e compreender como um algoritmo funciona, pois, como explicado, independentemente da linguagem de programação, o enxame de partículas tem o mesmo desempenho.

No caso do Python, ainda existem bibliotecas específicas com o algoritmo pronto para rodar nos programas. Por exemplo, uma das bibliotecas do Python preparadas para otimizar funções usando o enxame de partículas é a *Pyswarms*. Para começar a utilizá-la, o primeiro passo é sua instalação usando o pip no console do Python:

```
>> pip install pyswarms
```

No algoritmo em Python completo, apresentado a seguir, demonstramos como usar a *Pyswarms* com a mesma função em que o enxame de partículas foi explicado anteriormente, ou seja,

$$f(x) = x^2 - 5x + 6$$

```
1   # Enxame Particulas biblioteca pyswarms
2   # precisa instalar antes
3   #>> pip install pyswarms
4   ##################################################
5
6   import pyswarms as ps
7   from pyswarms.utils.plotters import plot_cost_history
8
9
10  def f(x):
11      return x[:,0]**2-5*x[:,0]+6
12  # Inicializacao dos Hiperparametros
13  options = {'c1': 0.5, 'c2': 0.3, 'w':1}
14
15  # Chamada da funcao PSO
16  optimizer = ps.single.GlobalBestPSO(n_particles=10, dimensions=1, options=options)
17
18  # Resultado da otimizacao
19  cost, pos = optimizer.optimize(f, iters=100)
20
21  plot_cost_history(cost_history=optimizer.cost_history)
```

A biblioteca *Pyswarms* necessita que seja criada uma *Function* no Python para ser analisada em diversos pacotes de otimização e gráficos programados. A linha 10 do código anterior cria a função. No caso, a função é formatada para aceitar o de *array* de apenas uma coluna, pois f(x) é uma função unidimensional. Por isso, o valor de entrada da função aparece como uma variável x[:,0].

As opções declaradas na linha 13 são os parâmetros de cognição (c1), de socialização (c2) e de inércia(w) que ajudam na projeção da velocidade futura das partículas usando a equação descrita anteriormente.

$$V(k+1) = w * V(k) + c_1 * Rnd * (p - x(k)) + c_2 * Rnd * (G - x(k))$$

Em nossa explicação na Seção 4.5, consideramos em todo momento o fator de inércia como sendo constante e igual a w = 1. A função na biblioteca *Pyswarms* precisa de um valor de entrada para esse parâmetro. Essas opções são utilizadas na função GlobalBestPSO na linha 16, junto com a definição da função a ser otimizada.

A linha 19 ativa as partículas a se deslocarem em busca do ótimo da função f(x), em que o parâmetro iters = 10 é o limite máximo das iterações para se encontrar o ponto ótimo. No caso desse exemplo, usamos o máximo de 10 iterações. O resultado retorna sobre o valor de duas variáveis chamadas de *cost* e *pos*. A variável *cost* é o valor mínimo da função, e a variável *pos*, a localização do ponto onde se encontra o ótimo da função.

A biblioteca ainda permite visualizar o desempenho das iterações, retornando um gráfico de desempenho das partículas com a função *plot_cost_history*. O que se espera de uma boa convergência e otimização é um gráfico no sentido de queda exponencial do erro ao se buscar o valor ótimo da função, como pode ser visto na Figura 4.19.

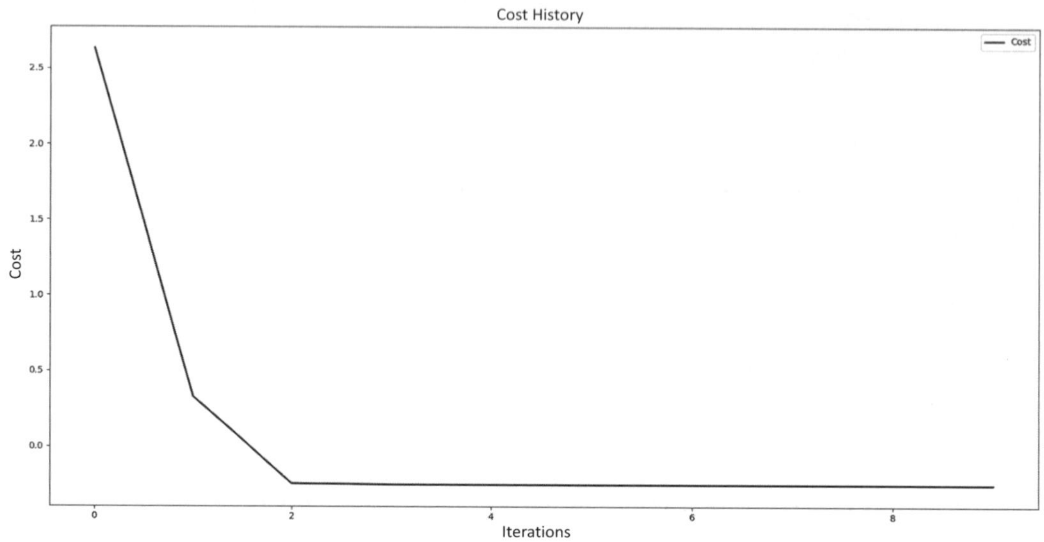

Figura 4.19 – Desempenho na busca do menor valor da função em termos das iterações.

O resultado no console aparece automaticamente quando se roda o código, advindo da GlobalBestPSO. As linhas a seguir são as iterações passo a passo, mostrando a convergência do algoritmo com o valor convergente da função best_cost.

```
pyswarms.single.global_best:   0%|          |0/10
pyswarms.single.global_best:   0%|          |0/10, best_cost=2.06
pyswarms.single.global_best:   0%|          |0/10, best_cost=0.62
pyswarms.single.global_best:   0%|          |0/10, best_cost=-.21
pyswarms.single.global_best:   0%|          |0/10, best_cost=-.25
pyswarms.single.global_best:   0%|          |0/10, best_cost=-.25
pyswarms.single.global_best:   0%|          |0/10, best_cost=-.25
pyswarms.single.global_best:   0%|          |0/10, best_cost=-.25
pyswarms.single.global_best:   0%|          |0/10, best_cost=-.25
pyswarms.single.global_best:   0%|          |0/10, best_cost=-.25
pyswarms.single.global_best:   0%|          |0/10, best_cost=-.25
pyswarms.single.global_best: 100%|██████████|10/10, best_cost=-.
252021-08-17 23:07:26,675 - pyswarms.single.global_best - INFO -
Optimization finished | best cost: -0.249859572788786, best pos:
[2.4881498]
```

Como no caso desenvolvido nas outras Seções, as partículas encontram como melhor valor da função best_cost = –0.249 e sua posição best_pos = 2.488. Na GlobalBestPSO na linha 16 do código, é ainda possível notar que foi usado o mesmo número de partículas das outras Seções (dez partículas) e dimensão 1. Caso fosse um problema com duas variáveis, a dimensão seria 2; se fossem três variáveis, seria dimensão 3, e assim sucessivamente.

Um exemplo bastante conhecido na matemática aplicada é o da função de Rosenbrock, que, por suas características como vistas na Figura 4.20, sempre é utilizada como função de teste para a convergência dos algoritmos.

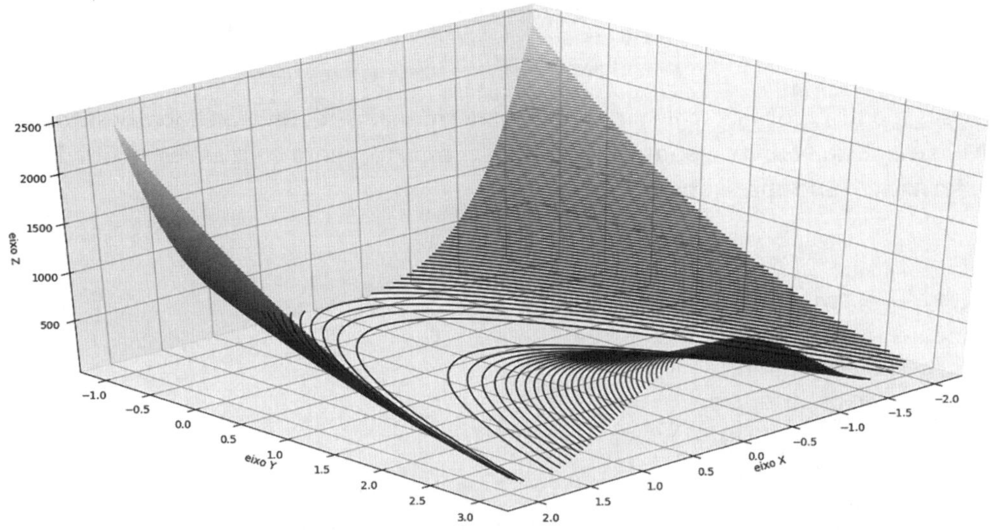

Figura 4.20 – Função de Rosenbrock.

A função de Rosenbrock é uma função de duas variáveis f(x,y) cuja equação é a seguinte:

$$f(x,y)=(a-x)^2+b(y-x^2)^2+c$$

A Figura 4.20 é construída para o intervalo em que x está entre –2 e 2, e y está no intervalo –1 a 3 com a = 1, b = 100 e c = 0. Essa é uma função em que a restrição para pequenos intervalos melhora a busca e retorna o mínimo global.

As restrições ou *bounds* devem ser introduzidas no código anterior para que a função GlobalBestPSO restrinja sua busca com as partículas. A *function* no Python agora terá duas variáveis e deve-se colocar um *array* duplo onde x = x[:,0] e y = x[:,1].

```
def f(x):
    return (1 - x[:,0])**2 + 100*(x[:,1] - x[:,0]**2 )**2
```

Os limites devem entrar no formato da linguagem Python como tupla, na qual os valores aparecem entre parêntesis:

```
# Chamada da funcao PSO
x_max = 3*np.ones(2)
x_min = -1*x_max
bounds = (x_min, x_max)

optimizer = ps.single.GlobalBestPSO(n_particles=10,
                                    dimensions=2,
                                    options=options,
                                    bounds=bounds)
```

Essas modificações são colocadas dentro da chamada da função GlobalBestPSO, em que o parâmetro *bounds* = bounds. O código completo, agora com as restrições da função, torna-se como apresentado a seguir.

```
# Enxame Particulas biblioteca pyswarms
# precisa instalar antes
#>> pip install pyswarms
# FUNCAO DE ROSENBROCK
################################################

import pyswarms as ps
from pyswarms.utils.plotters import plot_cost_history
import numpy as np

def f(x):
    return (1 - x[:,0])**2 + 100*(x[:,1] - x[:,0]**2 )**2
# Inicializacao dos Hiperparametros
options = {'c1': 0.5, 'c2': 0.3, 'w':1}

# Chamada da funcao PSO
x_max = 3*np.ones(2)
x_min = -1*x_max
bounds = (x_min, x_max)

optimizer = ps.single.GlobalBestPSO(n_particles=10,
                                    dimensions=2,
                                    options=options,
                                    bounds=bounds)

# Resultado da otimizacao
cost, pos = optimizer.optimize(f, iters=100)

plot_cost_history(cost_history=optimizer.cost_history)
```

O resultado final da otimização é conferido no console, cujo melhor ponto da função de Rosenbrock para as restrições impostas foi (1.097, 1.200), com o valor mínimo de 0.010492.

```
2021-08-19 17:23:30,802 - pyswarms.single.global_best - INFO - Optimize for 100 iters with
{'c1': 0.5, 'c2': 0.3, 'w': 1}
pyswarms.single.global_best: 100%|██████████|100/100, best_cost=0.0105
2021-08-19 17:23:30,974 - pyswarms.single.global_best - INFO - Optimization finished | best
cost: 0.01049225283908593, best pos: [1.09732231 1.20092153]
```

A convergência das partículas também foi muito boa, estabilizando a busca em torno do ponto ótimo após a vigésima iteração, como pode ser conferido na Figura 4.21.

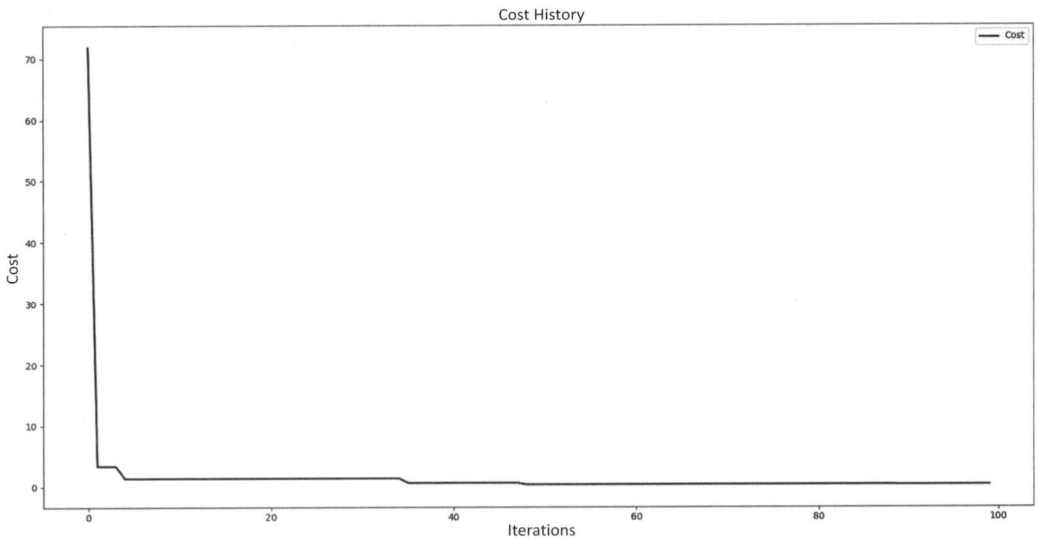

Figura 4.21 – Função custo na otimização da função de Rosenbrock.

Os programas em Python, caso o leitor tenha interesse, estão nos repositórios do GitHub para serem baixados gratuitamente. Como sempre é lembrado, caso as bibliotecas do Python se alterem (e isso ocorre com frequência), os programas precisarão serem adaptados para rodarem adequadamente. O link para a aquisição dos programas deste capítulo é: <https://github.com/malcaetano/Eden_Algoritmos_Python/tree/main/Cap4>.

Capítulo **5**

Algoritmos e a genética

5.1 INTRODUÇÃO

A dupla hélice de Francis Crick e James Watson está entre as mais revolucionárias descobertas da humanidade. As nuvens escuras que encobriram o "santo graal" do entendimento genético foram limpas, e o céu ficou azul para a evolução extraordinária da ciência molecular em 25 de Abril de 1953. Com um artigo relativamente simples, mas bombástico, na revista *Nature* (Figura 5.1), Crick e Watson revelaram ao mundo como nossas características estavam armazenadas e eram passadas de geração a geração: uma hélice dupla.

No entanto, o glamour e a impressão de que tudo é glória na vida de um cientista é errôneo, visto que toda descoberta envolve brigas, trapaças, dinheiro e, até mesmo, em alguns casos, roubo de dados. Quando James Watson chegou à Inglaterra como um jovem geneticista americano, para trabalhar com o pós-graduando Francis Crick, havia uma outra pessoa anos à frente dos dois no estudo do DNA. Era a cientista Rosalind Franklin, especialista em físico-química e cristalografia de moléculas grandes em biologia. Rosalind já sabia que a estrutura do DNA era helicoidal, mas não sabia que eram duas hélices e nem mesmo como as bases do DNA se moviam (McGrayne, 1995).

James Watson teve um primeiro contato com os estudos sobre a estrutura do DNA numa palestra de Rosalind, em 1951. Após a palestra, Watson fez um modelo tridimensional para tentar explicar a configuração do DNA, que prontamente foi criticado e ridicularizado por Rosalind, pois, de fato, estava totalmente errado. Com temperamento forte e determinado, Rosalind Franklin acabou se afastando de Francis Crick e James Watson, produzindo sozinha seus próprios dados e quase descobrindo toda a estrutura do DNA.

No. 4356 April 25, 1953 NATURE 737

equipment, and to Dr. G. E. R. Deacon and the captain and officers of R.R.S. *Discovery II* for their part in making the observations.

[1] Young, F. B., Gerrard, H., and Jevons, W., *Phil. Mag.*, 40, 149 (1920).
[2] Longuet-Higgins, M. S., *Mon. Not. Roy. Astro. Soc., Geophys. Supp.*, 5, 285 (1949).
[3] Von Arx, W. S., Woods Hole Papers in Phys. Oceanog. Meteor., 11 (3) (1950).
[4] Ekman, V. W., *Arkiv. Mat. Astron. Fysik. (Stockholm)*, 2 (11) (1905).

MOLECULAR STRUCTURE OF NUCLEIC ACIDS

A Structure for Deoxyribose Nucleic Acid

WE wish to suggest a structure for the salt of deoxyribose nucleic acid (D.N.A.). This structure has novel features which are of considerable biological interest.

A structure for nucleic acid has already been proposed by Pauling and Corey[1]. They kindly made their manuscript available to us in advance of publication. Their model consists of three intertwined chains, with the phosphates near the fibre axis, and the bases on the outside. In our opinion, this structure is unsatisfactory for two reasons: (1) We believe that the material which gives the X-ray diagrams is the salt, not the free acid. Without the acidic hydrogen atoms it is not clear what forces would hold the structure together, especially as the negatively charged phosphates near the axis will repel each other. (2) Some of the van der Waals distances appear to be too small.

Another three-chain structure has also been suggested by Fraser (in the press). In his model the phosphates are on the outside and the bases on the inside, linked together by hydrogen bonds. This structure as described is rather ill-defined, and for this reason we shall not comment on it.

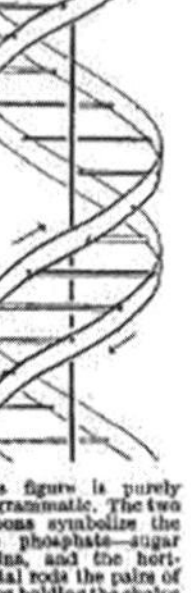

This figure is purely diagrammatic. The two ribbons symbolize the two phosphate—sugar chains, and the horizontal rods the pairs of bases holding the chains together. The vertical line marks the fibre axis

We wish to put forward a radically different structure for the salt of deoxyribose nucleic acid. This structure has two helical chains each coiled round the same axis (see diagram). We have made the usual chemical assumptions, namely, that each chain consists of phosphate diester groups joining β-D-deoxyribofuranose residues with 3′,5′ linkages. The two chains (but not their bases) are related by a dyad perpendicular to the fibre axis. Both chains follow right-handed helices, but owing to the dyad the sequences of the atoms in the two chains run in opposite directions. Each chain loosely resembles Furberg's[2] model No. 1; that is, the bases are on the inside of the helix and the phosphates on the outside. The configuration of the sugar and the atoms near it is close to Furberg's 'standard configuration', the sugar being roughly perpendicular to the attached base. There is a residue on each chain every 3·4 A. in the z-direction. We have assumed an angle of 36° between adjacent residues in the same chain, so that the structure repeats after 10 residues on each chain, that is, after 34 A. The distance of a phosphorus atom from the fibre axis is 10 A. As the phosphates are on the outside, cations have easy access to them.

The structure is an open one, and its water content is rather high. At lower water contents we would expect the bases to tilt so that the structure could become more compact.

The novel feature of the structure is the manner in which the two chains are held together by the purine and pyrimidine bases. The planes of the bases are perpendicular to the fibre axis. They are joined together in pairs, a single base from one chain being hydrogen-bonded to a single base from the other chain, so that the two lie side by side with identical z-co-ordinates. One of the pair must be a purine and the other a pyrimidine for bonding to occur. The hydrogen bonds are made as follows: purine position 1 to pyrimidine position 1; purine position 6 to pyrimidine position 6.

If it is assumed that the bases only occur in the structure in the most plausible tautomeric forms (that is, with the keto rather than the enol configurations) it is found that only specific pairs of bases can bond together. These pairs are: adenine (purine) with thymine (pyrimidine), and guanine (purine) with cytosine (pyrimidine).

In other words, if an adenine forms one member of a pair, on either chain, then on these assumptions the other member must be thymine; similarly for guanine and cytosine. The sequence of bases on a single chain does not appear to be restricted in any way. However, if only specific pairs of bases can be formed, it follows that if the sequence of bases on one chain is given, then the sequence on the other chain is automatically determined.

It has been found experimentally[3,4] that the ratio of the amounts of adenine to thymine, and the ratio of guanine to cytosine, are always very close to unity for deoxyribose nucleic acid.

It is probably impossible to build this structure with a ribose sugar in place of the deoxyribose, as the extra oxygen atom would make too close a van der Waals contact.

The previously published X-ray data[5,6] on deoxyribose nucleic acid are insufficient for a rigorous test of our structure. So far as we can tell, it is roughly compatible with the experimental data, but it must be regarded as unproved until it has been checked against more exact results. Some of these are given in the following communications. We were not aware of the details of the results presented there when we devised our structure, which rests mainly though not entirely on published experimental data and stereochemical arguments.

It has not escaped our notice that the specific pairing we have postulated immediately suggests a possible copying mechanism for the genetic material.

Full details of the structure, including the conditions assumed in building it, together with a set of co-ordinates for the atoms, will be published elsewhere.

We are much indebted to Dr. Jerry Donohue for constant advice and criticism, especially on interatomic distances. We have also been stimulated by a knowledge of the general nature of the unpublished experimental results and ideas of Dr. M. H. F. Wilkins, Dr. R. E. Franklin and their co-workers at

Figura 5.1 – Artigo original publicado na revista *Nature* de Francis Crick e James Watson (1953).

Trabalhando intensamente no laboratório com amostras extremamente úmidas de DNA, deixou-as em exposição no raio X por 62 horas seguidas. Essa exposição gerou a primeira e mais famosa imagem das fibras do DNA, divulgada em muitos lugares como a "foto mais famosa do mundo". O artigo sobre esse feito, incluindo a foto, foi publicado na revista Nature, na mesma edição que continha o artigo de Francis Crick e James Watson sobre a estrutura de dupla hélice do DNA, aparecendo na página seguinte ao artigo dos dois cientistas (ver Figura 5.2).

Rosalind fez a foto, mas não a havia publicado ainda, com dúvidas sobre a estrutura helicoidal do DNA. Num momento de fúria e briga no departamento entre Rosalind e Francis Crick, Maurice Wilkins mostrou a foto para Crick, dizendo "Veja, existe a hélice, e essa maldita mulher recusa-se em vê-la" (McGrayne, 1995, p. 333). Imediatamente, Crick percebeu o erro em seu modelo e correu para contar ao Watson, que rapidamente se pôs a arrumar a estrutura tridimensional. Anos depois, Wilkins se arrependeu de ter mostrado a foto para Crick sem a autorização de Rosalind Franklin. Sem esse fato, o Prêmio Nobel poderia ser dela, com a consagração da descoberta da estrutura do DNA.

738 NATURE April 25, 1953 Vol. 171

King's College, London. One of us (J. D. W.) has been aided by a fellowship from the National Foundation for Infantile Paralysis.

J. D. Watson
F. H. C. Crick

Medical Research Council Unit for the Study of the Molecular Structure of Biological Systems, Cavendish Laboratory, Cambridge.
April 2.

[1] Pauling, L., and Corey, R. B., *Nature*, 171, 346 (1953); *Proc. U.S. Nat. Acad. Sci.*, 39, 84 (1953).
[2] Furberg, S., *Acta Chem. Scand.*, 6, 634 (1952).
[3] Chargaff, E., for references see Zamenhof, S., Brawerman, G., and Chargaff, E., *Biochim. et Biophys. Acta*, 9, 402 (1952).
[4] Wyatt, G. R., *J. Gen. Physiol.*, 36, 201 (1952).
[5] Astbury, W. T., Symp. Soc. Exp. Biol. 1, Nucleic Acid, 66 (Camb. Univ. Press, 1947).
[6] Wilkins, M. H. F., and Randall, J. T., *Biochim. et Biophys. Acta*, 10, 192 (1953).

Molecular Structure of Deoxypentose Nucleic Acids

While the biological properties of deoxypentose nucleic acid suggest a molecular structure containing great complexity, X-ray diffraction studies described here (cf. Astbury[1]) show the basic molecular configuration has great simplicity. The purpose of

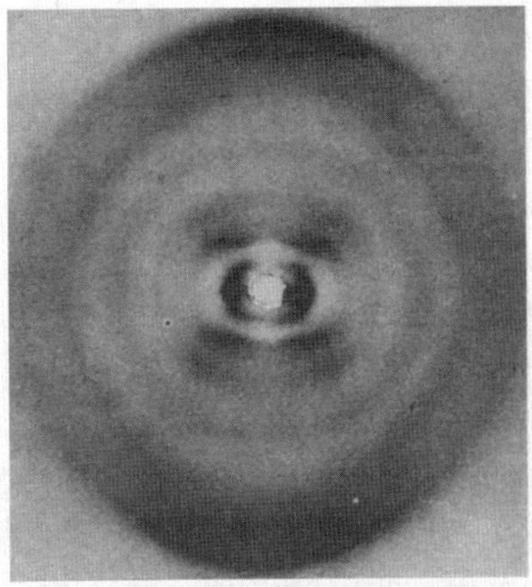

Fig. 1. Fibre diagram of deoxypentose nucleic acid from *B. coli*. Fibre axis vertical

the innermost maxima of each Bessel function and the origin. The angle this line makes with the equator

Figura 5.2 – Artigo e imagem da estrutura do DNA fotografada por Rosalind Frankiln.

Infelizmente, Rosalind faleceu nova, acometida por um câncer no ovário, deixando, com 37 anos de vida, um legado imenso sobre o entendimento da estrutura do DNA, não somente humano, mas, também, do RNA-viral (Figura 5.3). Ela ajudou a interpretar e a usar a cristalografia para o vírus da poliomielite, contribuindo para o desenvolvimento de uma estrutura tridimensional que explica a composição do RNA-viral.

19 1958

Obituary

DR. ROSALIND FRANKLIN

A LIFE DEDICATED TO SCIENCE

Dr. Rosalind Franklin died on Wednesday in a London hospital. She was 37.

Professor J. D. Bernal writes:—

Rosalind Franklin's early and tragic death is a great loss to science. She has the distinction of having made her name successively in two very different branches of research, first in the study of coal and coke, and then in that of nucleo-proteins and virus structure.

She discovered in a series of beautifully executed researches the fundamental distinction between carbons that turned on heating into graphite and those that did not. Further she related this differece to the chemical constitution of the molecules from which the carbon was made. She was already a recognized authority in industrial physico-chemistry when she chose to abandon this work in favour of the far more difficult and more exciting fields of biophysics.

Figura 5.3 – Nota de jornal de abril de 1958 sobre a morte de Rosalind Franklin.

Rosalind Franklin não foi laureada com o Prêmio Nobel com o qual Francis Crick, James Watson e Maurice Wilkins foram os vencedores, mas, após sua morte, os fatos sobre sua foto e seus dados foram sendo divulgados e amplamente conhecidos, uma vez que ela deixou uma vasta coletânea de anotações.

Uma vez descoberta a estrutura do DNA com os pares de bases que transmitem a informação genética de pais para filhos, os estudos avançaram sobre a forma e o padrão de repetição no processo de reprodução. Percebeu-se que muitas doenças ocorrem por erros nessa fantástica estrutura, erros advindos de formas aleatórias na transcrição das duas hélices do DNA.

O entendimento e o aumento na divulgação de estudos relacionados à estrutura do DNA e como funciona o mecanismo biológico da transcrição dos pares de bases proporcionou um notável interesse em todas as áreas do conhecimento. O interesse por algoritmos que se baseavam nas regras de selecionamento e transcrição genéticas deram os primeiros passos ainda nos anos 1960.

Na área de ciência da computação, pode-se destacar como estudos primordiais, ainda sob forte influência de matemáticos e modelos baseados em equações matemáticas, quatro importantes teses de doutorado de Michigan (Estados Unidos): R. S. Rosenberg (1967), D. J. Cavicchio (1970), R. B. Hollstein (1971) e D. R. Frantz (1972).

Por exemplo, Rosenberg completou seu estudo para uma população pequena e fechada, usando uma formulação teórica ainda nos primeiros estágios de discussão acadêmica sobre algoritmos, biologia e computação. Ele focou seus estudos sobre o relacionamento complexo e ainda não bem definido à época entre o genótipo e fenótipo dentro de uma interação dinâmica entre população e meio ambiente. A abordagem central foi de que as concentrações de genótipos e fenótipos são químicas e controladas por enzimas.

Cavicchio estudou sistemas adaptativos às perturbações, um problema aplicável em inúmeras áreas, usando conceitos de mutação genética com simulações de probabilidades de escolha baseadas em distribuição gaussiana. Se pensarmos que os computadores ainda estavam dando os primeiros passos, com memórias que, nos dias atuais, são menores do que relógios de pulso, a abordagem genética para engenharia foi uma façanha memorável para a época.

Da mesma forma que organismos biológicos evoluem, algoritmos também evoluem com a ciência e com a divulgação dos resultados por seus pares. Imagine que seja necessário encontrar o ponto de mínimo valor de uma função f(x), que, por exemplo, pode ser uma formulação do custo de uma empresa. Para facilitar, queremos encontrar o valor mínimo de uma parábola. Sabemos como encontrar ponto de mínimo da parábola ou de máximo.

Sabemos também que o método de Newton-Raphson encontra essas raízes de forma numérica, mas que faz uso de funções e de derivadas. Contudo, muitas vezes, a formulação do custo pode ter muitos mínimos, e fica difícil, pelos métodos tradicionais, encontrar o melhor dos diversos mínimos possíveis.

Algoritmos que hoje são conhecidos como algoritmos genéticos se baseiam na regra biológica do DNA, com suas mutações e *crossing-over*, para fazer uma célula se reproduzir e passar as informações necessárias.

Atualmente, algoritmos genéticos são empregados em todas as técnicas computacionais para reconhecimento facial, dirigir *drones*, reconhecer padrões populacionais, processar imagens em tempo real, tomar decisões relacionadas ao deslocamento de pessoas e automóveis; enfim, o que nasceu de uma disputa biológica pelo entendimento da dupla hélice hoje se relaciona perfeitamente com nossa tecnologia do dia a dia.

5.2 ALGORITMO GENÉTICO

A ciência da computação e a bioengenharia adaptaram o conhecimento adquirido ao longo de décadas a respeito do mecanismo genético para os algoritmos. Isso foi necessário porque a complexidade dos problemas e o grande volume de dados tornaram os clássicos métodos matemáticos lentos e morosos para soluções rápidas e confiáveis.

O ponto de partida do algoritmo genético é a geração de uma população aleatória de números e a avaliação da função, com base nesses valores. Escolhem-se os *m* melhores pares de dados correspondentes a (x, f(x)), que são armazenados num banco de dados. Então, realiza-se a troca de alguns valores de x (simulando *crossing-over*) e avaliam-se os valores novamente. Se um desses valores piorar, troca-se esse par do banco de dados por outro. E, finalmente, altera-se o valor de x, multiplicando-o por um fator aleatório (simulando mutação) e avaliando-se a função novamente. Se o valor da função piorar, troca-se de novo por outro par de dados de fora do banco de dados.

O algoritmo para esses passos é:

a) Partida – geração da população aleatória de *n*-cromossomos. Por exemplo, consideremos dois cromossomos, como representados ao lado. Cromossomo, nesse caso, seria *n* avaliações da função custo para números aleatórios em dois bancos de dados diferentes. Cada banco de dados (cromossomo) pode ser arquivos diferentes ou matrizes (*array*) dentro de um mesmo programa.

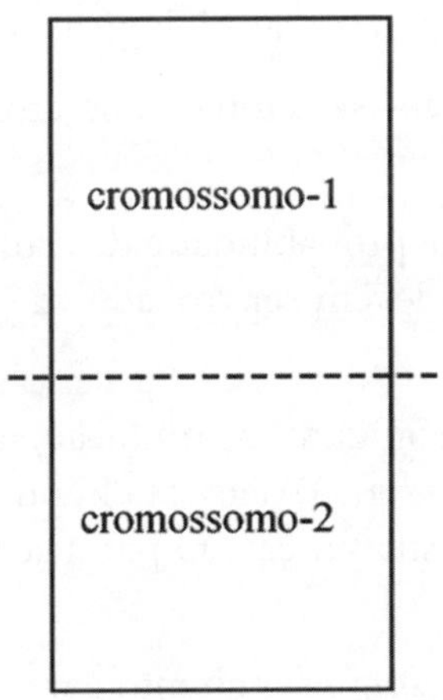

Um cromossomo no programa são duas colunas de dados: a primeira formada por números aleatórios (x), e a segunda formada pelos valores da função que se deseja otimizar (f(x)) quando substituídos esses números aleatórios. Os pares são sempre formados da mesma maneira para cada cromossomo, em que a primeira coluna será x(i), e a segunda, f(x(i)) para i, variando de 1 até o tamanho do cromossomo gerado.

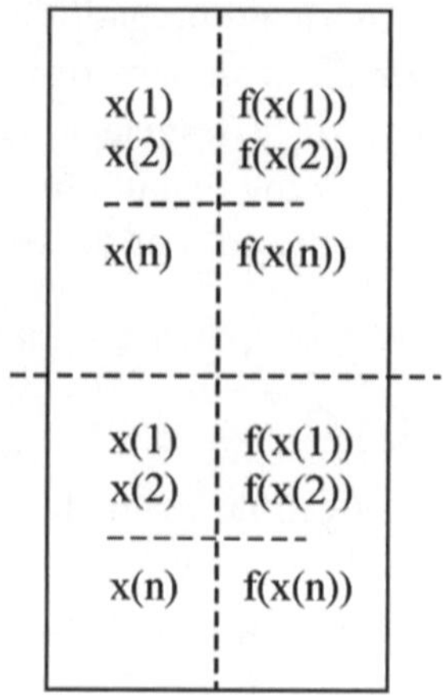

b) Ajuste – ordenam-se e selecionam-se os melhores pares de dados de cada cromossomo. Então, colocam-se no cromossomo-1 apenas os melhores entre os pares originais.

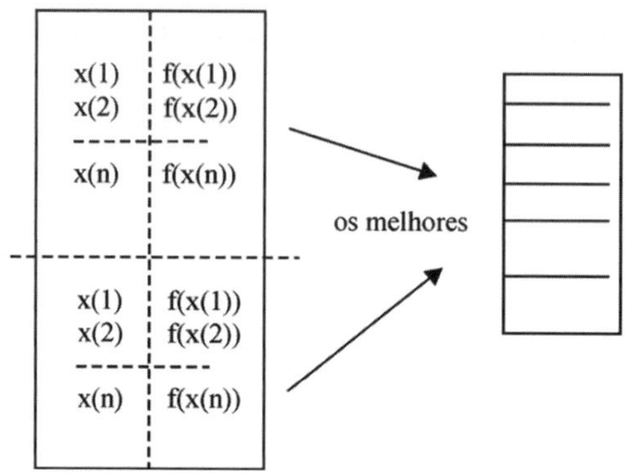

c) Nova população – uma nova geração é criada no cromossomo-2 para avaliar se algum par de dados possui resultado melhor do que os pares do cromossomo-1. A nova geração de valores deve respeitar as regras biológicas na geração dos dados:

i) *seleção natural aleatória* – selecionar dois cromossomos parentes (cromossomo-1 e 2, por exemplo);

ii) *crossing-over* – com uma probabilidade de cruzamentos, os pares de dados dos cromossomos parentes devem ser trocados de forma aleatória, mesmo que sejam piores entre si;

iii) *mutação* – com a probabilidade de mutação, alterar um gene. Nesse caso, um gene é um par de dados (x, f(x)). Para se alterar 1% do valor de x, basta multiplicá-lo por 1,01 e avaliar sua função. O par a ser escolhido será aleatório dentro do cromossomo-1;

iv) *aceite* – tanto para o *Crossing-over* quanto para a mutação, compara-se esse novo par de dados com todos do cromossomo-1. Se ele for melhor que qualquer um desses cromossomos, esse gene entra e o pior sai.

d) Repete-se o passo b.

e) Critério de parada – podem ser dois critérios. Um critério é a tolerância ao erro. Por exemplo, ao somarem-se todos os valores do cromossomo-1 que está adquirindo apenas os melhores pares, quando a soma total for menor que um valor, o programa para. O outro critério pode ser a geração do número de cromossomos. Por exemplo, depois de 200 gerações, o programa para.

Como exemplo, vamos imaginar a função custo clássica dos outros capítulos como de segundo grau $f(x) = x^2 - 5x + 6$. O ponto de mínimo dessa função é a soma das duas raízes 2 e 3 divididas por 2. O ponto de mínimo é 2.5 e seu valor de custo mínimo é −0.25. Deseja-se que o algoritmo genético descubra esse mínimo apenas alterando os dados como se fossem DNA.

O algoritmo em linguagem Python começa definindo duas funções como visto a seguir, desejando com a primeira a avaliação da função (*def função(a)*), e com a segunda, um mecanismo de troca entre os pares de genes (*def trocalugar(a,b)*).

```
##############################################################################
#          Algoritmo Genético                                    #
#          Problema: Valor Minimo de Funcao                      #
##############################################################################

import numpy as np
import matplotlib.pyplot as fig
#+++++++ Funcao a ser otimizada +++++++++++++
def funcao(a):
  f=a**2-5*a+6
  return f
#+++++++ Funcao para trocar posicoes
def trocalugar(a,b):
  tr=a
  a=b
  b=tr
  return a,b
```

A inicialização do algoritmo se inicia escolhendo-se o número de cromossomos para se resolver o problema. Neste exemplo, usaremos inicialmente NCros = 2. O parâmetro *ninic* indica o valor inicial entre todos os algoritmos, servindo como localização dos pares de dados. Assim, quando estamos no primeiro cromossomo, *ninic* indicará qual é o gene do cromossomo que o algoritmo está escolhendo para avaliar a função. Quando estiver no segundo cromossomo, esse número será *ninic+nmax*, em que *nmax* é quantidade de genes existente em cada cromossomo. Então, quando o algoritmo estiver no gene 3 do cromossomo-1, ele poderá ser comparado com o gene 13, que será o terceiro do segundo cromossomo.

O parâmetro mutação se refere à taxa de mutação, um erro aleatório entre os dados x para forçar o algoritmo a procurar soluções melhores. O parâmetro *crossing* é a taxa de *crossing-over*, ou seja, o valor pelo qual se multiplicará o número x para trocá-lo com seu correspondente no segundo cromossomo. Por exemplo, um índice de x é escolhido aleatoriamente no primeiro cromossomo e seu valor é multiplicado pelo *crossing*. Um segundo índice é escolhido no cromossomo-2, e, após a avaliação da função com esses valores, eles são trocados de cromossomo.

O parâmetro *geração* conta quantas iterações estão se passando, gerando novos e diferentes valores para os cromossomos. Por fim, *tolerância* serve como critério de parada. Enquanto esse valor estiver alto, acima de um limiar, os genes continuam avaliando a função até melhorarem a tolerância de parada.

```
############### inicializacao #####
NCros= 2                # num de cromossomos
ninic = 0               # contagem inicial de cromossomo
nmax = 10               # quantidade de genes
mutacao=2               # taxa de mutacao entre os genes
crossing=1.6            # taxa de crossing over entre os genes

geracao = 1             # contagem de geracoes
tolerancia=10000        # valor inicial de tolerancia para parada do alg
```

Os valores dos genes precisam também ser inicializados antes da busca pelo ótimo, sendo L e x valores dos genes dentro dos cálculos e comparações entre as funções, em que a primeira coluna é o valor da abscissa, e a segunda coluna, o valor da função. A matriz(*array*) *best* é a melhor composição de pares (x, f(x)) entre todos os genes de todos os cromossomos.

Criam-se, então, listas para salvar esses valores e os valores da tolerância para a construção dos gráficos em Python.

```
L=np.zeros([100,2])             # valor inicial dos genes do cromossomo "i"
x=np.zeros([100,2])             # valor modificado dos genes apos 1o. passo
best=np.ones([100,2])*1000      # valor inicial da solucao otima
graf_func=[]        # lista para armazenar valores pontos otimos x*
graf_xot=[]         # Lista para armazenar valores otimos da funcao f(x*)
graf_tol=[]         # Lista para armazenar as toletancias das iteracoes
```

A mutação é considerada um erro de transcrição no telômero após muitas cópias ao longo da vida do cromossomo. Como visto na Figura 5.4, esse erro aleatório ocorre dentro do Cromossomo, e o algoritmo assumirá que o número aleatório terá distribuição de probabilidade uniforme.

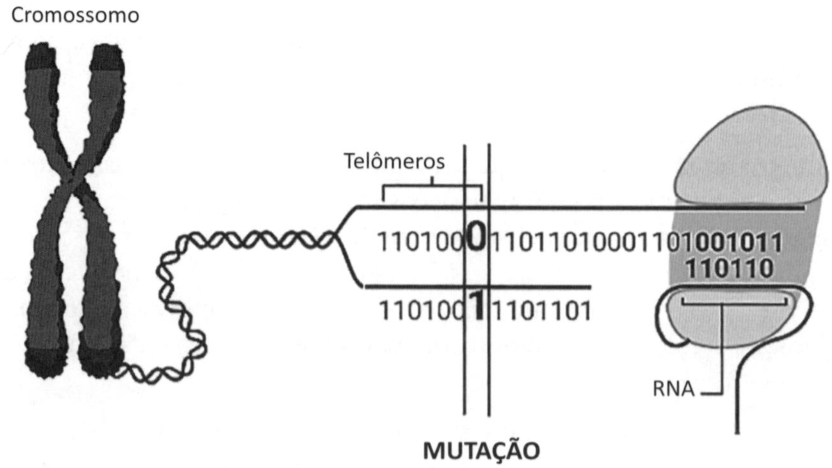

Figura 5.4 – Mutação representada por um erro aleatório na transcrição de um dígito.

No contexto da linguagem Python, um número aleatório com distribuição uniforme está representado dentro da biblioteca *NumPy*, com a função *random.rand( )*. A linha 39 e a linha 47 do código simulam o erro no gene x, que é avaliado em seguida na função f(x) nas linhas 40 e 48. A coluna zero é a coluna do variável x e a coluna 1 da função f(x). As linhas após essas avaliações são apenas ordenações dos valores de x e de suas funções.

```
35 while tolerancia>0.1 and geracao<=20:
36   for t in range(NCros):
37     if ninic==0:
38       for i in range(nmax):
39         L[i,0]=mutacao*np.random.rand(1)
40         L[i,1]=funcao(L[i,0])
41     else:
42       for i in range(1+ninic,nmax*NCros):
43         L[i,0]=L[i-ninic,0]
44         L[i,1]=L[i-ninic,1]
45     if geracao==1 or ninic!=0:
46       for k in range(1+ninic,nmax*NCros):
47         x[k,0]=mutacao*np.random.rand(1)
48         x[k,1]=funcao(x[k,0])
49       for i in range(nmax*NCros-1):
50         for j in range(i+1,nmax*NCros):
51         if x[i,1]>=x[j,1]:
52           trocalugar(x[i,0],x[j,0])
53           trocalugar(x[i,1],x[j,1])
```

O mecanismo de *crossing-over* permite que o algoritmo busque soluções globais, evitando que a solução caia num vale que se tenha apenas um ótimo local. Usando o *crossing-over*, a solução buscará no universo de seu domínio pontos longínquos que, por sorte ou azar, encontrem novos e melhores valores para a função. Na Figura 5.5, isso é representado pela troca de trechos dos telômeros entre dois diferentes cromossomos. No caso do algoritmo, busca-se a troca dos valores dos pares (x, f(x)) entre dois pontos distantes do *array* (matriz).

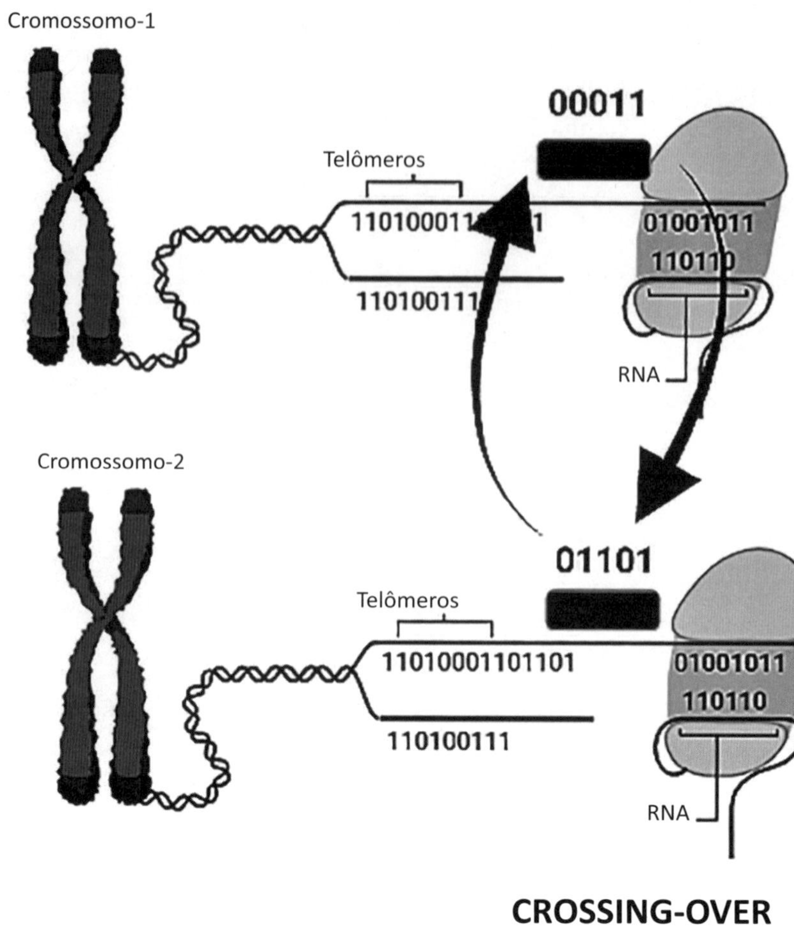

Figura 5.5 – *Crossing-over* representado pela troca de lotes de dígitos os cromossomos.

Nas linhas do código, r1 é o sorteio de um índice que sofrerá uma alteração em seu valor, podendo ser em qualquer um dos cromossomos (por isso a linha 55 pula e sai do atual cromossomo para o mais distante). No cromossomo-1 o índice é escolhido aleatoriamente, sorteando sua posição fcr1 e, depois, sorteando a posição a ser trocada cromossmo-2 fcr2. Com os dois índices selecionados, fcr1 para o cromossomo-1 e fcr2 para o cromossomo-2, trocam-se ambos de cromossomos e avaliam-se suas posições nas linhas 64 e 65.

```
54    r1=abs(np.random.rand(1))
55    f1=int(r1*(nmax*NCros)+1)
56    x[f1,0]=x[f1,0]*crossing
57    x[f1,1]=funcao(x[f1,0])
58    rcr1=abs(0.7*np.random.rand(1))
59    fcr1=int(rcr1*(nmax*NCros))+1
60    rcr2=abs(0.7*np.random.rand(1))
61    fcr2=int(rcr1*(nmax*NCros))+1
62    trocalugar(x[fcr1,0],x[fcr2,0])
63    trocalugar(x[fcr1,1],x[fcr2,1])
64    x[fcr1,1]=funcao(x[fcr1,0])
65    x[fcr2,1]=funcao(x[fcr2,0])
66    ninic=ninic+nmax
```

As linhas a seguir são apenas para ordenar todos os valores da função entre todos os genes de todos os cromossomos, colocando em ordem crescente de importância para os valores ótimos.

```
for i in range(nmax*NCros-1):
    for j in range(i+1,nmax*NCros):
        if x[i,1]>x[j,1]:
                    troca=x[i,0]
                    x[i,0]=x[j,0]
                    x[j,0]=troca
                    troca=x[i,1]
                    x[i,1]=x[j,1]
                    x[j,1]=troca
```

Uma vez ordenados os valores, cria-se, então, uma lista com os melhores genes, colocando os valores de x ótimo na primeira coluna de *best*, e os valores correspondentes da função, na segunda coluna de *best*.

```
for j in range(nmax*NCros):
    for i in range(nmax):
        if x[j,1]<=best[i,1]:
            for k in range(nmax,i+2,-1):
                for c in range(2):
                    best[k,c]=best[k-1,c]
                for c in range(2):
                    best[i,c]=x[i,c]
            i=nmax
```

O cálculo da tolerância serve para medir o grau de ajuste e convergência dos genes para uma única solução, a melhor possível. Existem muitas formas de se colocar tolerância em algoritmos heurísticos. Nesse algoritmo, por exemplo, usamos a seguinte regra de parada do algoritmo:

$$tolerância = \sqrt{\sum_{j=2}^{n} \left(\left| best(j) \right| - \left| best(j-1 \right| \right)^2}$$

Nesse caso, a tolerância é uma comparação entre os melhores valores de uma geração de genes dentre todos os cromossomos e a geração anterior. Se, para cada nova geração, a tolerância cair, é sinal de que os genes estão no caminho correto em busca do ótimo. Essa função está programada da linha 85 até a linha 88 no código a seguir.

```
85 tolerancia=0
86 for j in range(1,nmax):
87     tolerancia=tolerancia+(abs(best[j,1])-abs(best[j-1,1]))**2
88 tolerancia=np.sqrt(tolerancia)
89 print('geração = ',geracao)
90 print('tolerancia = ', tolerancia)
91 print('valor função = ',best[0,:])
92 graf_xot.append(best[0,0])
93 graf_func.append(best[0,1])
94 graf_tol.append(tolerancia)
95 geracao=geracao+1
```

O último passo é a construção dos gráficos, usando as listas finalizadas e preenchidas nas linhas 92, 93 e 94. Para esse código, o critério de parada foi uma tolerância abaixo de 0.1, limitada ao máximo de 20 gerações de genes. O resultado foi que, em 20 gerações, o algoritmo encontrou com tolerância de 0.298 o melhor ponto x = 2.513 com valor da função f(x) = −0.24.

```
geração =  20
tolerancia =  0.2988657453468635
valor função =  [ 2.51323927 -0.24982472]
```

A Figura 5.6 apresenta os valores ótimos dos genes armazenados para as 20 gerações (iterações) da função f(x). Considerando que usamos apenas 2 cromossomos, a solução é muito impressionante, visto que, na terceira iteração, o algoritmo já estava muito próximo do valor ótimo real x = 2.5. O valor ótimo rapidamente caiu e aproximou-se de f(x) = −0.25.

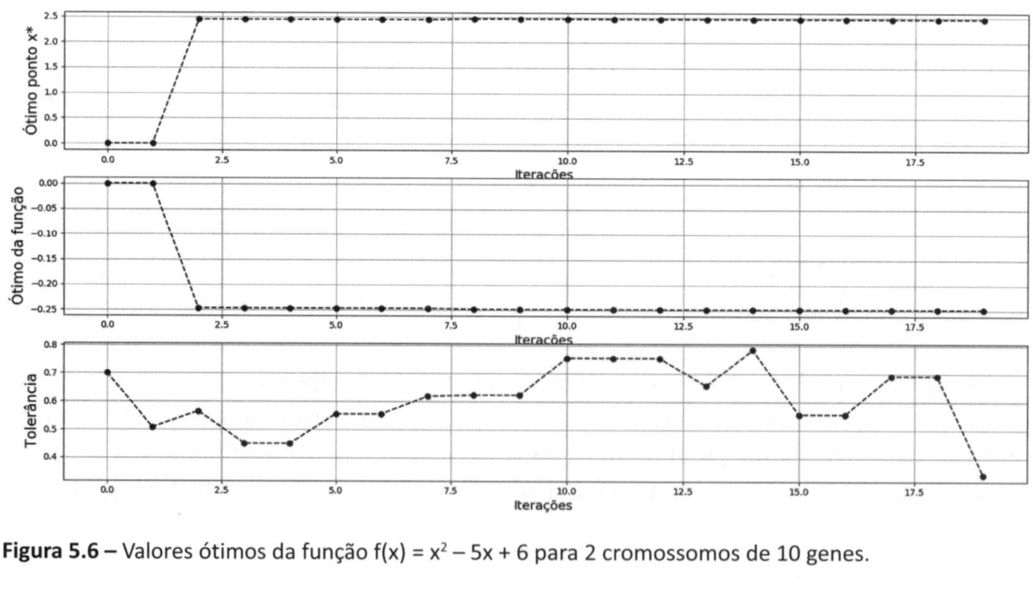

Figura 5.6 – Valores ótimos da função $f(x) = x^2 - 5x + 6$ para 2 cromossomos de 10 genes.

Apesar de um bom resultado, vemos que a tolerância do algoritmo não decai e fica oscilando mesmo após 20 gerações. Isso é devido ao baixo volume de cromossomos. Por exemplo, se em vez de 2 cromossomos, colocarmos 5 cromossomos, o algoritmo termina na geração 11 com tolerância de 0.082.

```
geração =  11
tolerancia =  0.08233534542831433
valor função =  [ 2.50723631 -0.24994764]
```

O valor da função foi 2.507, um erro de apenas 0,28% a mais do que o valor real da função f(x). Isso acontece porque as trocas entre mais valores de genes faz com que mais valores ótimos sejam trocados pelos valores piores existentes. Além da mutação, as trocas de *crossing-over* ajudam ao algoritmo sair de um vale, preso à solução não ótima.

A Figura 5.7 nos mostra que, com apenas 1 iteração, o algoritmo convergiu muito próximo do ponto x = 2.5, e a tolerância somente piorou na primeira iteração, melhorando passo a passo nas gerações futuras. A aleatoriedade das mutações e do *crossing-over* prova que um grande volume de trocas de informações aparentemente disjuntas e diferentes pode nos direcionar para a melhor solução para todos.

Como comparação, para esse mesmo problema, se rodarmos o algoritmo usando quantidades cada vez maiores de cromossomos, veremos que a tolerância melhora para um volume maior de dados. Na Figura 5.8, mostramos os resultados obtidos comparando-se a tolerância em escala logarítmica para a quantidade de 2, 3 e 5 cromossomos na busca do ótimo para a mesma função $f(x) = x^2 - 5x + 6$.

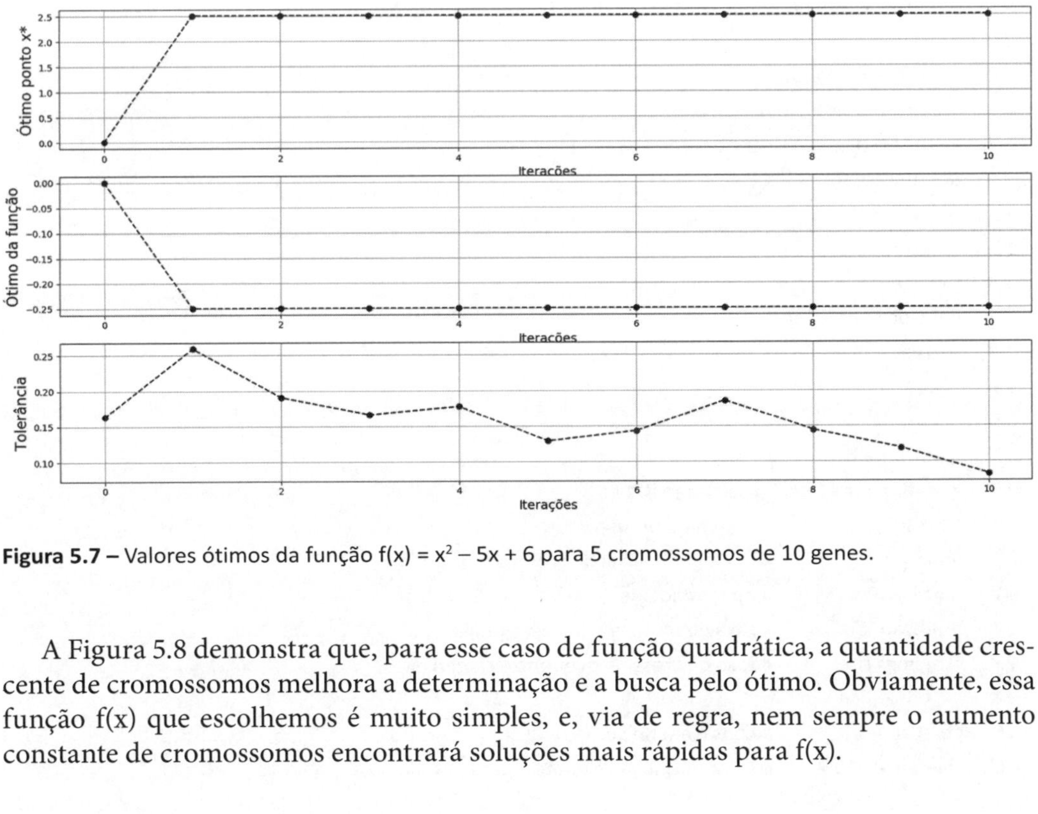

Figura 5.7 – Valores ótimos da função $f(x) = x^2 - 5x + 6$ para 5 cromossomos de 10 genes.

A Figura 5.8 demonstra que, para esse caso de função quadrática, a quantidade crescente de cromossomos melhora a determinação e a busca pelo ótimo. Obviamente, essa função f(x) que escolhemos é muito simples, e, via de regra, nem sempre o aumento constante de cromossomos encontrará soluções mais rápidas para f(x).

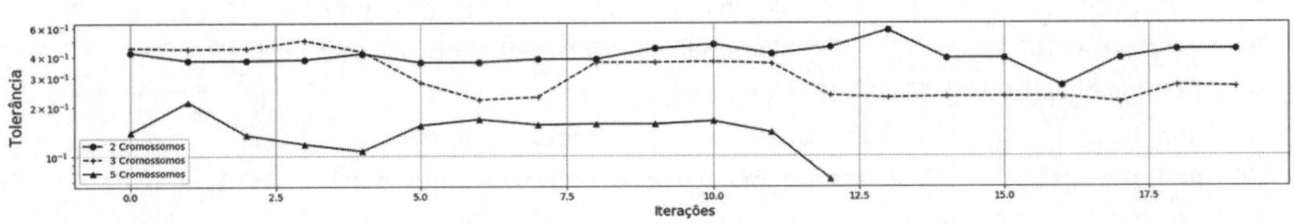

Figura 5.8 – Comparação dos resultados para 2, 3 e 5 cromossomos.

Funções com descontinuidades, por exemplo, exibirão problemas de convergência, e, muitas vezes, o algoritmo genético precisará de mais adaptações, por exemplo adicionando-se partes de outros algoritmos, a fim de acelerar a convergência no limite da tolerância imposta.

O algoritmo completo em linguagem Python é apresentado a seguir, com a mesma função f(x) descrita nas linhas anteriores. Alterando-se a função, o algoritmo funcionará da mesma forma, no entanto, com valores convergentes para funções simples e contínuas, e possivelmente divergirá para funções mais complexas, envolvendo principalmente divisões e não linearidades.

Para o caso de funções com mais variáveis, a adaptação do código a seguir deve ser ainda maior, visto que f(x,y) precisará de mais colunas para os cromossomos, e fatores de mutações diferentes, para as variáveis. Para funções ainda com mais variáveis f(x, y, z, w, ...), existem diversos códigos prontos e testados. Para o próprio Python, bibliotecas interessantes e devidamente testadas fornecem uma facilidade muito grande na resolução de problemas mais complicados, que apresentaremos a seguir.

```
##########################################################################
#          Algoritmo Genético                              #
#          Problema: Valor Minimo de Funcao               #
##########################################################################

import numpy as np
import matplotlib.pyplot as fig
#+++++++ Funcao a ser otimizada +++++++++++++
def funcao(a):
  f=a**2-5*a+6
  return f
#+++++++ Funcao para trocar posicoes
def trocalugar(a,b):
  tr=a
  a=b
  b=tr
  return a,b
############### inicializacao #####
NCros= 2                 # num de cromossomos
ninic = 0                # contagem inicial de cromossomo
nmax = 10                # quantidade de genes
mutacao=2                # taxa de mutacao entre os genes
crossing=1.6             # taxa de crossing over entre os genes

geracao = 1              # contagem de geracoes
tolerancia=10000         # valor inicial de tolerancia para parada do alg

L=np.zeros([100,2])                # valor inicial dos genes do cromossomo "i"
x=np.zeros([100,2])                # valor modificado dos genes apos 1o. passo
best=np.ones([100,2])*1000         # valor inicial da solucao otima
graf_func=[]             # lista para armazenar valores pontos otimos x*
graf_xot=[]              # Lista para armazenar valores otimos da funcao f(x*)
graf_tol=[]              # Lista para armazenar as toletancias das iteracoes
```

```
while tolerancia>0.1 and geracao<=20:
    for t in range(NCros):
        if ninic==0:
            for i in range(nmax):
                L[i,0]=mutacao*np.random.rand(1)
                L[i,1]=funcao(L[i,0])
        else:
            for i in range(1+ninic,nmax*NCros):
                L[i,0]=L[i-ninic,0]
                L[i,1]=L[i-ninic,1]
        if geracao==1 or ninic!=0:
            for k in range(1+ninic,nmax*NCros):
                x[k,0]=mutacao*np.random.rand(1)
                x[k,1]=funcao(x[k,0])
            for i in range(nmax*NCros-1):
                for j in range(i+1,nmax*NCros):
                    if x[i,1]>=x[j,1]:
                        trocalugar(x[i,0],x[j,0])
                        trocalugar(x[i,1],x[j,1])
        r1=abs(np.random.rand(1))
        f1=int(r1*(nmax*NCros)+1)
        x[f1,0]=x[f1,0]*crossing
        x[f1,1]=funcao(x[f1,0])
        rcr1=abs(0.7*np.random.rand(1))
        fcr1=int(rcr1*(nmax*NCros))+1
        rcr2=abs(0.7*np.random.rand(1))
        fcr2=int(rcr1*(nmax*NCros))+1
        trocalugar(x[fcr1,0],x[fcr2,0])
        trocalugar(x[fcr1,1],x[fcr2,1])
        x[fcr1,1]=funcao(x[fcr1,0])
        x[fcr2,1]=funcao(x[fcr2,0])
        ninic=ninic+nmax
    for i in range(nmax*NCros-1):
        for j in range(i+1,nmax*NCros):
            if x[i,1]>x[j,1]:
                troca=x[i,0]
                x[i,0]=x[j,0]
                x[j,0]=troca
                troca=x[i,1]
                x[i,1]=x[j,1]
                x[j,1]=troca
    for j in range(nmax*NCros):
        for i in range(nmax):
            if x[j,1]<=best[i,1]:
                for k in range(nmax,i+2,-1):
                    for c in range(2):
                        best[k,c]=best[k-1,c]
                    for c in range(2):
                        best[i,c]=x[i,c]
```

```
        i=nmax
    tolerancia=0
    for j in range(1,nmax):
        tolerancia=tolerancia+(abs(best[j,1])-abs(best[j-1,1]))**2
    tolerancia=np.sqrt(tolerancia)
    print('geração = ',geracao)
    print('tolerancia = ', tolerancia)
    print('valor função = ',best[0,:])
    graf_xot.append(best[0,0])
    graf_func.append(best[0,1])
    graf_tol.append(tolerancia)
    geracao=geracao+1

ax1=fig.subplot(311)
ax1.plot(graf_xot,'--ok')
fig.xlabel('Iterações', fontsize=14)
fig.ylabel('Ótimo ponto x*', fontsize=16)
fig.grid()

ax2=fig.subplot(312)
ax2.plot(graf_func,'--ok')
fig.xlabel('Iterações', fontsize=14)
fig.ylabel('Ótimo da função', fontsize=16)
fig.grid()

ax2=fig.subplot(313)
ax2.plot(graf_tol,'--ok')
fig.xlabel('Iterações', fontsize=14)
fig.ylabel('Tolerância', fontsize=16)
fig.grid()
```

5.3 BIBLIOTECA DO PYTHON PARA ALGORITMO GENÉTICO

Um giro rápido pela internet nos apresenta inúmeras bibliotecas de algoritmo genético para serem implementadas em Python. Por ser uma linguagem aberta e gratuita, o Python permite diversas correntes de pensamento e diversos grupos de desenvolvedores a exporem para uso suas pesquisas com *scripts*.

Uma dessas bibliotecas é a *geneticalgorithm*, que pode ser instalada dentro do próprio Python usando-se o protocolo de instalação no console:

```
>> pip install geneticalgorithm
```

Como na explicação anterior do código que expusemos, existem diversos parâmetros para serem ajustados antes de rodar o algoritmo genético usando essa biblioteca. Nela, é necessário, nos programas que a utilizarão, ajustar o dicionário de parâmetros padrão dentro dos próprios programas:

```
algorithm_param = {'max_num_iteration': 10,\
                   'population_size':100,\
                   'mutation_probability':0.1,\
                   'elit_ratio': 0.01,\
                   'crossover_probability': 0.5,\
                   'parents_portion': 0.3,\
                   'crossover_type':'uniform',\
                   'max_iteration_without_improv':None}
```

Cada um desses parâmetros representa as seguintes definições:

- **max_num_iteration**: número máximo de iterações;
- **population_size**: número de genes;
- **mutation_probability**: taxa de mutação de cada gene;
- **elit_ration**: determinação do número de elites na população de genes. O padrão é 1% ou 0.01;
- **crossover_probability**: determinação da probabilidade de *crossing-over* entre os cromossomos, sendo o padrão nesse caso 50% (ou 0.5);
- **parents_portion**: porção dos genes que se mantêm iguais aos valores da prévia iteração, sendo o padrão assumido como 30% (ou 0.3);
- **crossover_type**: o tipo de troca pode ser de apenas 1 gene, 2 genes, ou uniformemente distribuída entre todos os genes. O padrão é uniforme;
- **max_iteration_without_improv**: se o algoritmo genético passa muitas gerações sem melhorar a função objetivo, o valor desse parâmetro determina a partir de quando o processo deve ser interrompido. O valor padrão é nenhum, ou "*None*".

Mais detalhes da biblioteca poderão ser encontrados na página da internet do próprio desenvolvedor da biblioteca: <https://pypi.org/project/geneticalgorithm/>.

Vamos supor, para testar e comparar, que temos a mesma função da Seção anterior, na qual desenvolvemos o *script* explicativo sobre o algoritmo genético. A função no caso é:

$$f(x) = x^2 - 5x + 6$$

a qual, como sabemos, tem seu ponto de mínimo em x = 2.5, com valor f(x)=–0.25. Para implementar a otimização com a biblioteca *geneticalgorithm*, precisaremos criar uma *function* com a função desejada a ser otimizada. No código, ela deve ficar como o que veremos em seguida.

Deve-se indicar para o algoritmo qual a função em que as variáveis serão *arrays* (matrizes ou vetores) dentro da *function*, que retornará a cada passo de geração o valor de f(x). Como esse é um exemplo com apenas uma variável, x[0] representa a variável x, de modo que será informado para o algoritmo que a função terá dimensão igual a 1.

```
1  #Algoritmo Genetico - GeneticalAlgorithm
2  # Instalacao: >> pip install geneticalgorithm
3  ######################################################
4  # resolvendo a funcao
5  # y = f(x)=x**2-5x+6
6  ######################################################
7  import numpy as np
8  from geneticalgorithm import geneticalgorithm as ga
9
10 def f(X):
11     ff=X[0]**2-5*X[0]+6
12     return ff
```

Após isso, deve-se colocar as linhas dos valores definidos para os parâmetros do algoritmo genético, conforme explicado antes.

```
14 algorithm_param = {'max_num_iteration': 10,\
15                    'population_size':100,\
16                    'mutation_probability':0.1,\
17                    'elit_ratio': 0.01,\
18                    'crossover_probability': 0.5,\
19                    'parents_portion': 0.3,\
20                    'crossover_type':'uniform',\
21                    'max_iteration_without_improv':None}
```

O algoritmo, por fazer uma busca global, precisa antes conhecer o domínio limitante da busca. Por exemplo, no caso dessa função, colocamos o domínio para busca $x \in \left[0,5\right]$. Esse domínio é representado na linha 23 pela variável *varbound*. A linha 25 é a chamada da biblioteca que rodará o algoritmo genético com a função *ga*, introduzindo nela a função *f*, a dimensão igual a 1 (pois f(x) é função unidimensional), o tipo de valores das variáveis (reais), o domínio e os parâmetros. Com os valores completos, o programa rodará o algoritmo genético com a função *run*, na linha 29.

```
23 varbound=np.array([[0,5]])
24
25 model=ga(function=f,dimension=1,variable_type='real',\
26         variable_boundaries=varbound,\
27         algorithm_parameters=algorithm_param)
28
29 model.run()
```

O resultado no console, como obtido pelo nosso outro código, atingiu valor mínimo muito próximo do conhecido, com f(x) = – 0.2499 (o real é –0.25) e ponto de mínimo 2.4999 quando o real é x = 2.5.

```
The best solution found:
[2.49994431]

Objective function:
-0.24999999689898456
```

A biblioteca ainda proporciona um gráfico da tolerância ao erro do processo (conhecida como *fitness*), mostrando a convergência ou divergência na busca do algoritmo genético. No algoritmo explicativo da Seção anterior, mostramos que esse é um parâmetro importante para o caso de a função se perder e distanciar-se do valor ótimo em relação às gerações iniciais. Para não termos o caso de *loop* infinito, é importante também definirmos o número de iterações desejadas, a qual colocamos igual a 10 para esse problema no parâmetro *max_num_iteration* na linha 14 do programa. A Figura 5.9 apresenta o resultado da saída dessa rotina com a convergência da função para o valor mínimo –0.24999.

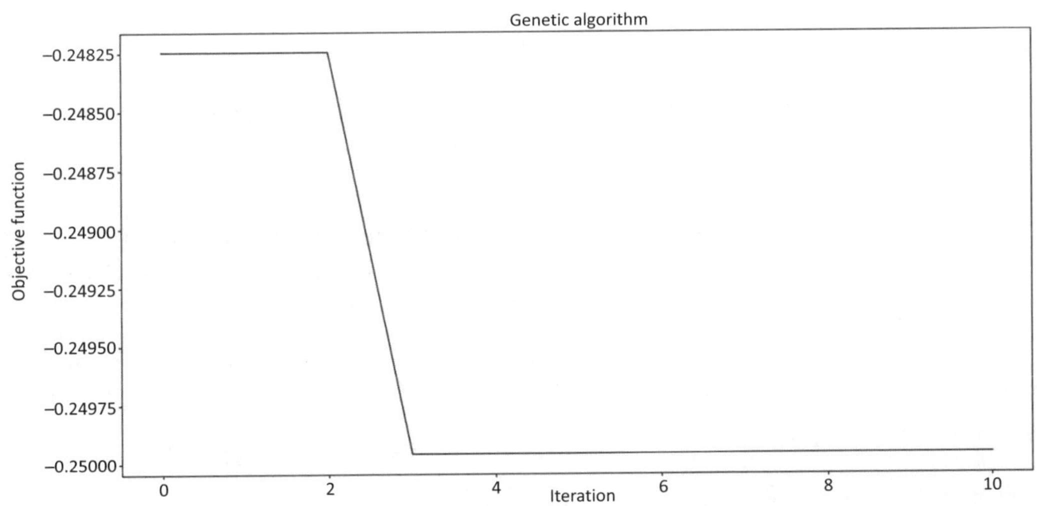

Figura 5.9 – Gráfico automático da tolerância do algoritmo (chamada de *fitness*) mostrando a convergência da função f(x) para -0.24999.

5.4 OTIMIZANDO FUNÇÕES BIDIMENSIONAIS COM ALGORITMO GENÉTICO

Os melhores testes de performance para algoritmos genéticos são aqueles realizados para a busca de soluções ótimas em problemas matemáticos complexos, cujas soluções ou são difíceis de encontrar na forma analítica, ou demasiadamente demoradas pelos algoritmos clássicos.

Função: $Min\ f(x,y) = xsin(4x) + 1.1ysin(2y)$

Essa é uma função periódica, senoidal, com muitos valores mínimos locais, cujos métodos matemáticos clássicos tomam elevado tempo computacional para encontrar o menor dentre todos os valores existentes. A Figura 5.10 apresenta a característica tridimensional dessa função, limitada aos intervalos $x \in [0,10]$ e $y \in [0,10]$.

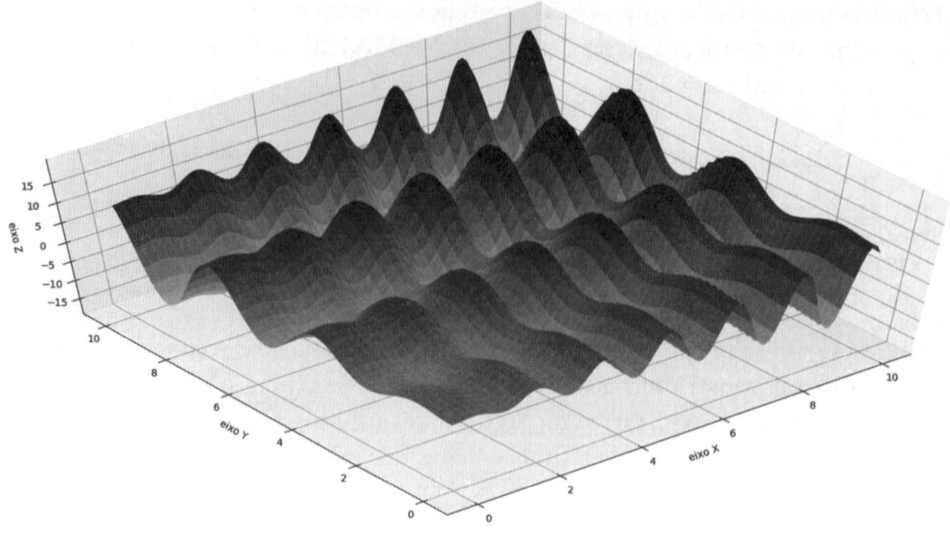

Figura 5.10 – Fitness para a função f(x,y).

O domínio agora é duplo, tanto para a variável x quanto para a variável y, e isso precisará ser informado para a biblioteca *geneticalgorithm*. No algoritmo completo em Python, a seguir, esse domínio é informado na linha 24.

```
24    varbound=np.array([[0,10]]*2)
```

Nesse caso, *2 não significa multiplicação pelo número 2, mas uma informação de que os valores do intervalo deverão ser aplicados para as duas variáveis (x,y). A dimensão também deve ser modificada para 2 na função *ga* da linha 26 (*dimension* = 2).

Ao rodar o programa, o algoritmo genético encontrou os pontos ótimos x = 9.042, e, para a variável, y = 8.66, cujo valor mínimo da função é f(x,y) = –18.553.

```
The best solution found:
[9.042238   8.66879238]

Objective function:
-18.553950952070032
```

A Figura 5.11 apresenta a convergência do algoritmo genético à medida que novas gerações de genes são iteradas com as mutações e *crossing-over* definidos.

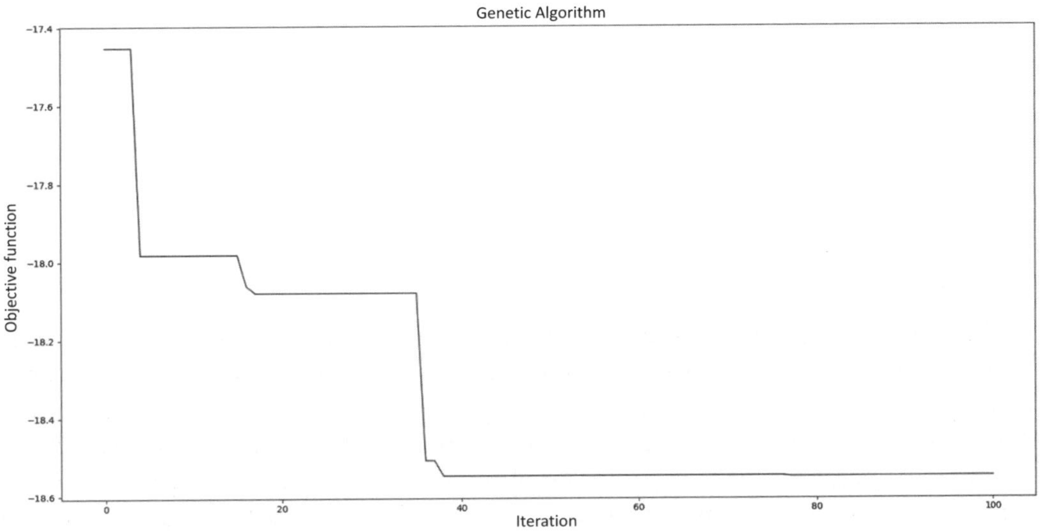

Figura 5.11 – Fitness para a função f(x,y).

```
#Algoritmo Genetico - GeneticalAlgorithm
# Instalacao: >> pip install geneticalgorithm
#####################################################
# resolvendo a funcao
# f(x,y)=x*sin(4x)+1.1*y*sin(2y)
#####################################################
import numpy as np
import math as mt
from geneticalgorithm import geneticalgorithm as ga

def f(X):
    ff=X[0]*mt.sin(4*X[0])+1.1*X[1]*mt.sin(2*X[1])
    return ff

algorithm_param = {'max_num_iteration': 100,\
                   'population_size':100,\
                   'mutation_probability':0.1,\
                   'elit_ratio': 0.01,\
                   'crossover_probability': 0.5,\
                   'parents_portion': 0.3,\
                   'crossover_type':'uniform',\
                   'max_iteration_without_improv':None}


varbound=np.array([[0,10]]*2)

model=ga(function=f,dimension=2,variable_type='real',\
         variable_boundaries=varbound,\
         algorithm_parameters=algorithm_param)

model.run()
```

Função:

$$Max\ f(x,y) =$$

$$\frac{3}{2}e^{\frac{1}{1+(x-1)^2+(y-1)^2}} - \frac{5}{2}e^{\frac{1}{1+\left(\frac{1}{4}\right)\left(x+\frac{1}{2}\right)^2+\left(\frac{1}{36}\right)(y-1)^2}} + 2e^{\frac{1}{1+(x-2)^2+(y-2)^2}} + 2e^{\frac{1}{1+(x-1)^2+(y+1)^2}}$$

válida no intervalo $x \in [-5,5]$ e $y \in [-5,5]$.

Até o presente, apenas escrevemos sobre usar algoritmo genético para encontrar mínimo de uma função. A otimização em busca de um máximo valor é conhecida como *problema dual*, ou seja, podemos resolver da mesma forma apenas alterando o sinal. Assim, para o caso do máximo de uma função, minimizamos uma função negativa, e, quanto mais negativa, mais próximos do ótimo estaremos. Em outras palavras, basta colocar o sinal negativo na frente da função, e o algoritmo estará buscando o valor máximo da função.

Dissemos também que a busca via algoritmo genético é global, sendo uma vantagem em relação aos métodos clássicos, que podem se perder com diversos picos de uma função. Essa função tem dois picos de máximos e um vale profundo. Colocamos o algoritmo genético para rodar com apenas 10 genes, alterando o retorno da função com sinal negativo na linha 19 do código a seguir, descrito após a Figura 5.13.

Mesmo com poucos genes em sua população, o algoritmo rodado diversas vezes sempre consegue encontrar de maneira global o maior deles, como visto na Figura 5.12.

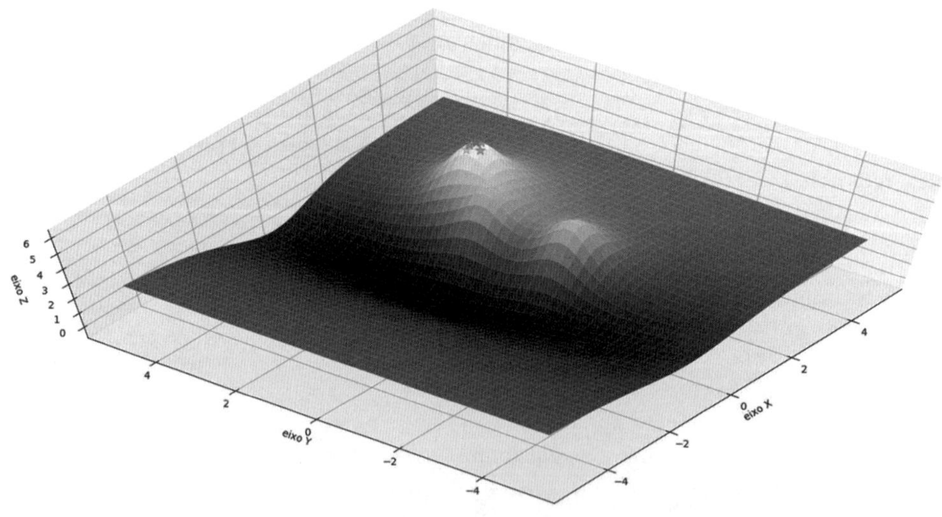

Figura 5.12 – Função com os máximos valores encontrados pelo algoritmo genético.

Se aumentarmos a população de genes para 100 indivíduos, a convergência é extremamente rápida e acurada ao redor dos pontos [2.00,1.942], com valor máximo da função em f(x,y) = 6.057. A saída do algoritmo apresenta o sinal negativo, mas devemos interpretá-lo como positivo, pois buscamos o máximo da função.

```
The best solution found:
[2.00448151 1.94602573]

Objective function:
-6.057015748037451
```

Em 100 passos de iteração, o algoritmo mostra a *fitness* apresentada no gráfico da Figura 5.13:

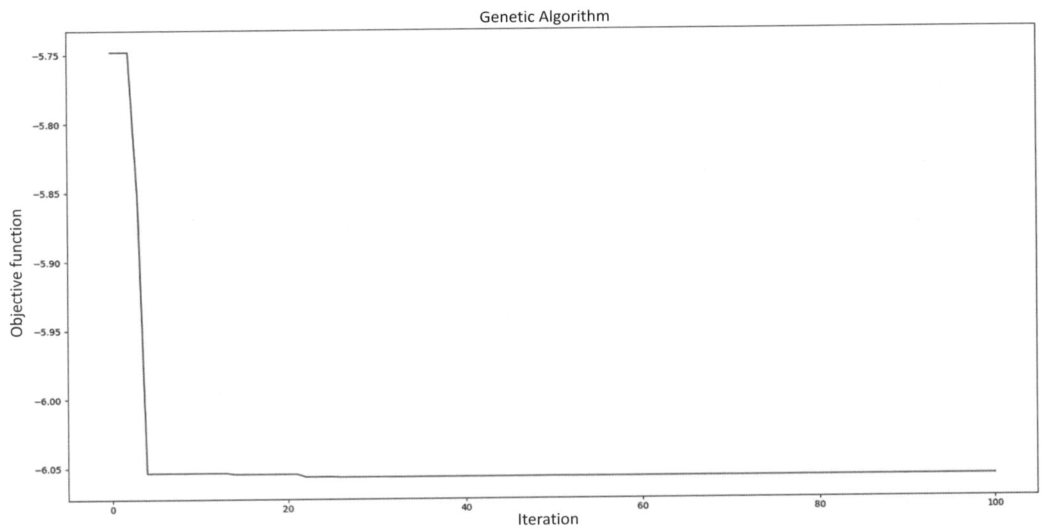

Figura 5.13 – Fitness para a função f(x,y).

```
#Algoritmo Genetico - GeneticalAlgorithm
# Instalacao: >> pip install geneticalgorithm
#####################################################
# resolvendo a funcao
# f(x,y)=1.5*exp(1/(1+(x-1)**2+(y-1)**2))-2.5*exp(1/(1+
#             (1/4)*(x+0.5)**2+(1/36)*(y-1)**2))+
#             2*exp(1/(1+(x-2)**2+(Xy-2)**2))+
#             2*exp(1/(1+(x-1)**2+(y+1)**2))
#
#####################################################
import numpy as np
from geneticalgorithm import geneticalgorithm as ga

def f(X):
   ff=1.5*np.exp(1/(1+(X[0]-1)**2+(X[1]-1)**2))-2.5*np.exp(1/(1+\
                 (1/4)*(X[0]+0.5)**2+(1/36)*(X[1]-1)**2))+\
                 2*np.exp(1/(1+(X[0]-2)**2+(X[1]-2)**2))+\
                 2*np.exp(1/(1+(X[0]-1)**2+(X[1]+1)**2))
   return -ff

algorithm_param = {'max_num_iteration': 100,\
                   'population_size':100,\
                   'mutation_probability':0.1,\
                   'elit_ratio': 0.01,\
```

```
                    'crossover_probability': 0.5,\
                    'parents_portion': 0.3,\
                    'crossover_type':'uniform',\
                    'max_iteration_without_improv':None}

varbound=np.array([[-5,5]]*2)

model=ga(function=f,dimension=2,variable_type='real',\
          variable_boundaries=varbound,\
          algorithm_parameters=algorithm_param)

model.run()
```

5.5 ALGORITMO GENÉTICO NA RECONSTRUÇÃO DE IMAGENS

Temos atualmente muitas discussões acerca da invasão de privacidade com uso público de dados coletados sobre atuações em nossa vida privada. Uma grande polêmica surgiu, e ainda permanece, a respeito de câmeras que seguem pessoas e fazem reconhecimento facial para a busca de apreensões de criminosos, ladrões ou terroristas. O reconhecimento facial tem sua origem na reconstrução de imagens para comparação com banco de dados e imagens existentes em órgãos de fiscalização ou da polícia.

O uso do algoritmo genético para reconstrução de imagens é antigo, mas, com o advento de novos processadores para computadores, as velocidades de processamento tornaram-se muito velozes, permitindo quase de forma imediata a busca por imagens arquivadas em comparação com alguma imagem reconstruída. Pode-se, numa busca rápida, encontrar na internet reconstruções de grandes obras de artes, imagens de fotos com pessoas, animais, enfim, uma variedade de imagens reconstruídas por algoritmo genético. Mas o tempo de processamento para essas imagens é bastante elevado e precisa de uma grande capacidade de memória para as gerações do algoritmo genético armazenar as informações.

Vamos exemplificar a reconstrução da imagem do número três (Figura 5.14), salva com apenas 300 pixels, com tamanho de 1Kbyte. O objetivo é apresentar a imagem para o algoritmo genético e deixá-lo, apenas com base em seu aprendizado das gerações, reconstruir a imagem desse número. Usaremos a biblioteca do Python *geneticalgorithm* já apresentada anteriormente com sua função para reconhecimento de padrão.

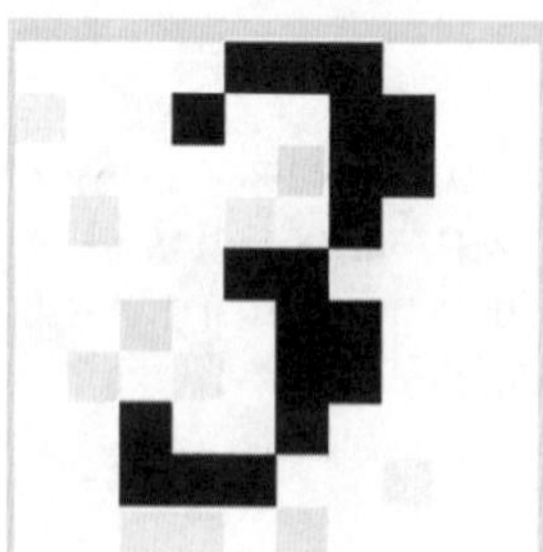

Figura 5.14 – Arquivo com imagem do número 3.

Para efeito de comparação, primeiro deve-se transformar a imagem que está no formato de matriz em vetor (*array*), num esquema como apresentado na Figura 5.15. Supondo que nossa imagem está em formato *jpg* como no código a seguir, essa matriz é salva na variável *img*. Essa transformação perderá informações importantes sobre as cores e a localização delas na matriz original da imagem.

Os elementos da matriz original não são apenas números, mas uma lista com três números, indicando as intensidades das três cores básicas de imagens: vermelho (R), verde (G) e azul (B). Por exemplo, o primeiro elemento da matriz *img* será [255,255,255]. Devemos nos lembrar de que as cores variam de 0 a 255. Quanto mais próximo de zero, um elemento dessa matriz estará em preto, e, quanto mais próximo de 255, o elemento estará em branco.

Então, img.shape no código salva esse importante formato da imagem original ao transformar a matriz em vetor, usando im.ravel(). Com essa transformação, o vetor é apresentado ao algoritmo que, partindo de um outro vetor Im_aleat com números aleatórios ou formado de quaisquer outros números escolhidos pelo programador, buscará, por meio de transformações, a melhor aproximação em relação ao vetor original vetorIm.

Em vez de usarmos números aleatórios, escolhemos que o algoritmo genético faça suas transformações e aprendizados partindo de uma matriz com todos os elementos escuros, em preto, formados pelo vetor de números 1 no Python: np.ones(len(vetorIm)), em que np é a abreviatura da biblioteca NumPy do Python.

```
######## le a imagem ############
img = cv2.imread('Num3.jpg')
######## salva o formato com elementos [i,j,RGB]
shape=img.shape
######### transforma imagem em vetor
vetorIm=img.ravel()
######## segunda imagem inicializada
Im_aleat=np.ones(len(vetorIm))
```

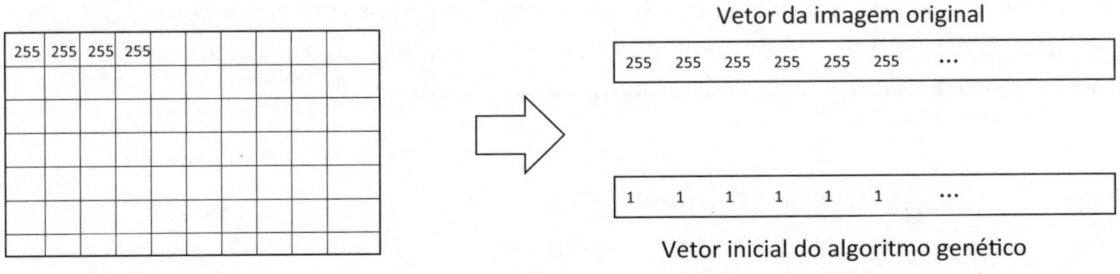

Figura 5.15 – Esquema de comparação entre a matriz da imagem original transformada em vetor e o vetor inicializado somente com números 1 no algoritmo genético.

Na Seção anterior, apresentamos algumas funções matemáticas bidimensionais, nas quais o algoritmo genético deveria buscar o valor ótimo (mínimo ou máximo da função). No caso de reconstrução de imagens, a função deve ser uma comparação de pixel a pixel entre o vetor inicial e o vetor da imagem original. Quando a soma dessas diferenças elevadas ao quadrado começa a diminuir, o algoritmo entende que acertou o caminho da busca e preserva a informação. Caso numa iteração essa função aumente, o algoritmo perceberá que a escolha não foi boa e fará, com a mutação ou com o *crossing-over*, a alteração dos valores do pixel de teste para melhorar e voltar a diminuir o valor dessa função.

A função-teste para convergência é:

$$f(x) = \sum_{i=1}^{n} \left| x[i] * teste[i] - original[i] \right|^2 ,$$

em que os valores de x são os valores de RGB que vão de 0 a 255, devendo ser escolhidos de forma a decrescer o valor de f(x) a cada nova iteração. A parte do código para a função f(x) e os parâmetros da *geneticalgorithm* estão no *script* a seguir.

```
def f(X):
    ff=np.sum(np.abs(X*Im_aleat-vetorIm)**2)
    return ff

algorithm_param = {'max_num_iteration': 8000,\
                   'population_size':8,\
                   'mutation_probability':0.05,\
                   'elit_ratio': 0.01,\
                   'crossover_probability': 0.2,\
                   'parents_portion': 0.25,\
                   'crossover_type':'uniform',\
                   'max_iteration_without_improv':None}
```

Os valores de x são dimensionados na forma de tupla do Python com a variável *varbound*, que será usada dentro da chamada da função *ga*, que está na biblioteca *geneticalgorithm*. Podemos observar no *script* a seguir que os valores de x deverão variar para minimizar o erro de f(x) de 0 a 255 na variável *varbound*. A dimensão na chamada de *ga* deverá ser o tamanho total do vetor de teste. Por exemplo, se o vetor de teste tiver 300 elementos representando os pixels, a dimensão do algoritmo genético será 300. Isso significa que existirão 300 diferentes valores de x que deverão ser testados a toda iteração até a função decair num padrão significativo de convergência.

```
varbound=np.array([[0,255]]*len(vetorIm))

model=ga(function=f,dimension=len(vetorIm),variable_type='int',\
         variable_boundaries=varbound,\
         algorithm_parameters=algorithm_param)
```

O passo final é rodar o modelo, conforme já apresentado na Seção anterior, usando para isso model.run, como no *script* a seguir. Os melhores valores de x estarão salvos na variável model.best_variable e, uma vez multiplicados pelo vetor de teste inicial, terão uma aproximação adequada da imagem original. Para ver a imagem resultante esse produto de mode.best_variable*Im_aleat, deverá ser transformado novamente em matriz (*array* duplo). Para isso, utilizamos a função np.matrix da biblioteca NumPy.

Mas como comporemos o formato de imagem? Para isso, restauramos os padrões de RGB iniciais, que por isso foram salvos no início com o nome da variável *shape*. Finalmente, salva-se a imagem usando a função cv2.imwrite() do Python.

```
model.run()
######## volta de vetor para matriz
Im_result=model.best_variable*Im_aleat
mat=np.matrix(Im_result)
######## usa a forma original para adequar a matriz [i,j,RGB]
img2=np.asarray(mat).reshape(shape)
####### mostra a imagem
cv2.imwrite('SaidaF.jpg', img2)
```

Quanto maior o número de iterações para o aprendizado do algoritmo genético, melhor para a convergência da f(x). Escolhemos para a reconstrução da imagem com o número três um total de 8.000 iterações (ou gerações). As figuras a seguir demonstram como o algoritmo vai aprendendo e modificando os parâmetros para a convergência de f(x) graças as mutações. Com 100 iterações iniciais, nada se parece com o número 3.

Figura 5.16 – Algoritmo genético com 100 iterações.

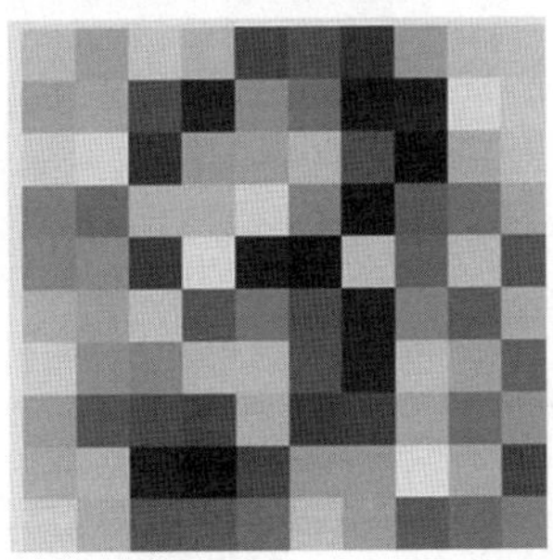

Figura 5.17 – Algoritmo genético com 1.000 iterações.

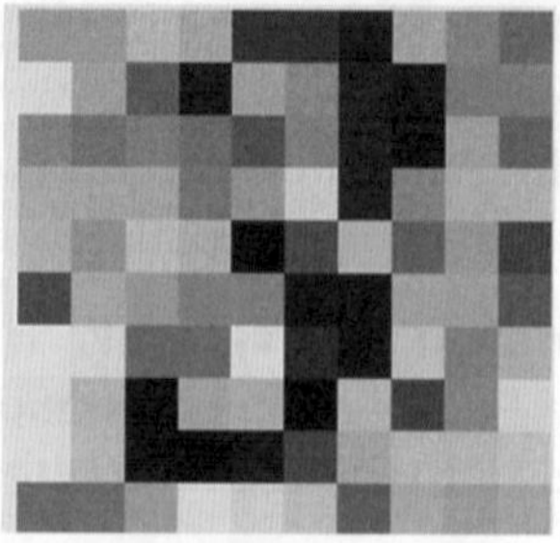

Figura 5.18 – Algoritmo genético com 3.000 iterações.

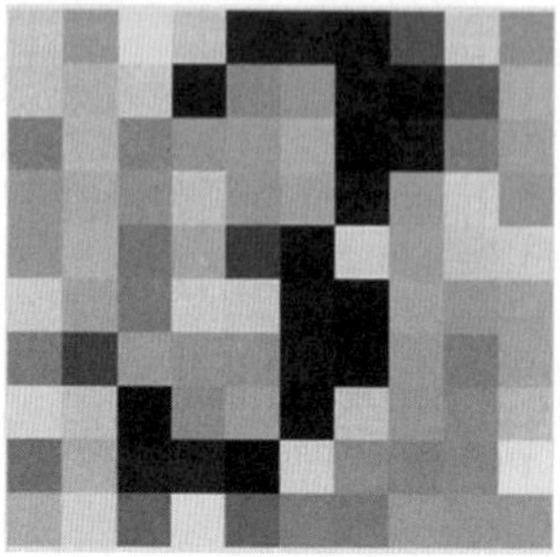

Figura 5.19 – Algoritmo genético com 8.000 iterações.

Com 1.000 iterações, os primeiros padrões de pixel em preto já lembram algum contorno da imagem inicial. O padrão de escolha converge ainda mais quando temos 3.000 iterações, que, por fim, fazem aparecer a imagem quase idêntica original com 8.000 iterações, apresentada na Figura 5.19. A Figura 5.20 apresenta a convergência pixel a pixel do algoritmo genético para minimizar o erro da soma na função f(x), caindo rapidamente nas primeiras gerações e, depois, bem mais lentamente nas gerações posteriores.

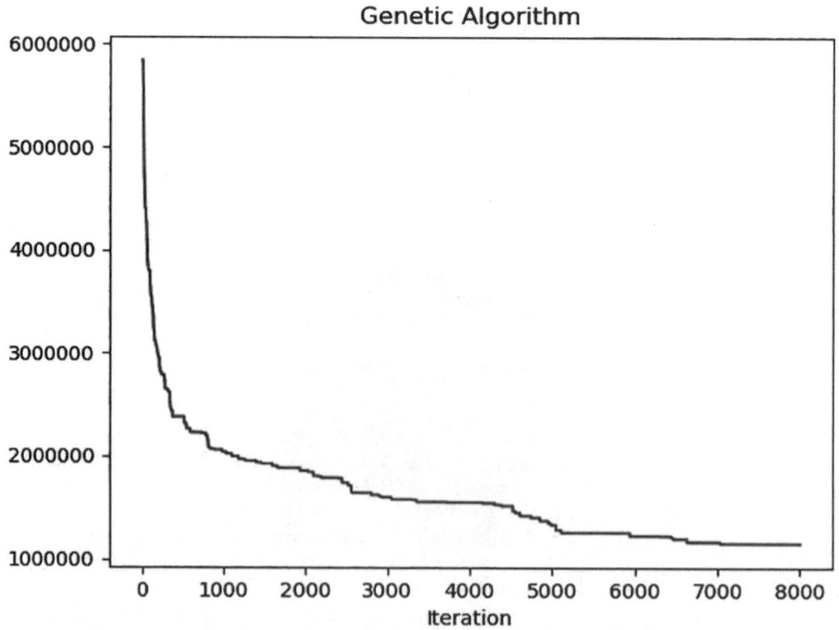

Figura 5.20 – Gráfico da convergência do algoritmo genético com 8.000 iterações.

A Figura 5.21 apresenta a solução final do algoritmo genético, com números muito próximos da matriz original. Se nos lembrarmos de que nosso vetor inicial começou com números 1, a matriz resultante final tem números representando as cores nos pixels muito próximos dos valores originais. Para esse exemplo com 8.000 gerações o valor mínimo da função foi 115666.0, representando a soma quadrática da diferença entre os 300 números iniciais e os 300 valores do vetor original com a imagem do número 3.

```
The best solution found:
[254. 250. 250. 228. 244. 253. 246. 213. 184. 187. 177. 213.  77.   0.
  78.  15.  95. 103.  38.   4. 114. 235. 217. 253. 175. 243. 248. 191.
 200. 230. 160. 234. 215. 232.  63. 190. 217. 190. 114.  31.  35.   0.
 154. 159. 247. 194. 240. 253.  38.  39.  81. 127.   7. 108.  80. 249.
 220. 255. 214. 244. 113. 202. 156. 224. 242. 175. 249. 218. 130. 238.
 240. 164. 185. 110. 189. 155. 196. 215.   3.  65.  60.  28.  71.   2.
 210. 237. 234. 200. 112. 160. 255. 211. 233. 219. 228. 153. 212. 249.
 146. 107. 200. 229. 223. 171. 237. 178. 172. 199.  97. 106.  71. 228.
 176. 166. 228. 250. 224. 185. 179. 222. 227. 173. 252. 240. 153. 245.
 200. 245. 206. 181. 223. 218.  10.  33.  73.  13.  80.   8. 206. 248.
 191. 215. 231. 208. 195. 239. 172. 248. 240. 242. 236. 118. 160. 233.
 254. 200. 226. 109. 214. 220. 212. 202. 202. 135. 243.  57.  18.  70.
  46.  33.  74. 218. 192. 221. 199. 175. 212. 226. 199. 252.  92. 145.
 128. 215. 219. 183. 235. 128. 187. 198.  85. 207. 180. 229. 228.   8.
  75. 118.  21.  51.  76. 221. 224. 195. 203. 133. 216. 248. 157. 230.
 166. 251. 199. 201. 240. 131.   0.  58.  54. 209. 219. 208. 208. 237.
 179.   3.  85.  12. 254. 217. 255. 184. 179. 222. 121. 228. 207. 247.
 253. 236. 231. 200. 228. 207. 234. 117.  33.  10.  46. 106.  95.  14.
  11.  31.   8. 202. 192. 165. 226. 186. 232. 212. 246. 186. 231. 241.
 157. 187. 224. 233. 206. 192. 254. 222. 241. 228. 235. 180. 182. 237.
 250. 236. 207. 235. 252. 152. 246. 111. 137. 213. 235. 213. 245. 221.
 209. 221. 244. 201. 207. 225.]

Objective function:
1156666.0
```

Figura 5.21 – Vetor da melhor solução de x para a reconstrução da imagem original.

O programa completo para reconstrução da imagem é o seguinte:

```
import numpy as np
import cv2
import os
import glob
import matplotlib.pyplot as fig

from geneticalgorithm import geneticalgorithm as ga


######## le a imagem ############
img = cv2.imread('Num3.jpg')
######## salva o formato com elementos [i,j,RGB]
shape=img.shape
######### transforma imagem em vetor
vetorIm=img.ravel()
```

```
######## segunda imagem inicializada
Im_aleat=np.ones(len(vetorIm))

def f(X):
    ff=np.sum(np.abs(X*Im_aleat-vetorIm)**2)
    return ff

algorithm_param = {'max_num_iteration': 8000,\
                   'population_size':8,\
                   'mutation_probability':0.05,\
                   'elit_ratio': 0.01,\
                   'crossover_probability': 0.2,\
                   'parents_portion': 0.25,\
                   'crossover_type':'uniform',\
                   'max_iteration_without_improv':None}

varbound=np.array([[0,255]]*len(vetorIm))

model=ga(function=f,dimension=len(vetorIm),variable_type='int',\
         variable_boundaries=varbound,\
         algorithm_parameters=algorithm_param)

model.run()
######## volta de vetor para matriz
Im_result=model.best_variable*Im_aleat
mat=np.matrix(Im_result)
######## usa a forma original para adequar a matriz [i,j,RGB]
img2=np.asarray(mat).reshape(shape)
####### mostra a imagem
cv2.imwrite('SaidaF.jpg', img2)
```

Além de simples imagens, as imagens mais complexas podem ter os pixels identificados, e suas relações, aprendidas pelo algoritmo genético. No entanto, para isso, computadores dedicados e com velocidades altas são necessários. Uma utilização crescente na atualidade é na recuperação e geração de imagens para tomografia, visto que, uma vez a matriz de um determinado tumor identificada, procura-se em outras imagens correlatas se a mesma característica para o mesmo tumor existe.

Tomamos uma pequena amostra para o quadro *Mona Lisa*, com poucos pixels e baixa resolução. A Figura 5.22 apresenta à esquerda a imagem original, e, à direita, a imagem identificada pelo algoritmo genético com o mesmo código apresentado anteriormente. Partindo-se de uma matriz de pixel apenas com número 1, o resultado é visto a seguir.

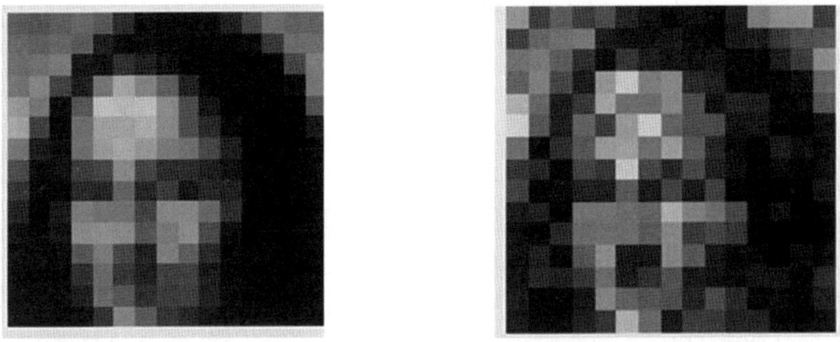

Figura 5.22 – *Mona Lisa* original e *Mona Lisa* recuperada pelo algoritmo genético.

É interessante observar como a comparação mais inteligente, usando mutação e *crossing-over* dos dados, consegue esboçar o quadro inicial. Mesmo assim, apenas para esse esboço, foram necessárias mais de 100.000 gerações e o aumento da população de cromossomos de 8 para 15. Às vezes, mutações muito altas não ajudam, e, nesse caso, precisamos baixar o coeficiente para 0.03. Existem outros métodos para acelerar esse processo, como, em vez de comparar pixel a pixel as imagens, criar polígonos nas duas imagens e comparar esses polígonos, para identificação mais geral e rápida.

Para nosso exemplo da *Mona Lisa*, os ajustes no código anterior foram os seguintes:

```
algorithm_param = {'max_num_iteration': 100000,\
                   'population_size':15,\
                   'mutation_probability':0.03,\
                   'elit_ratio': 0.01,\
                   'crossover_probability': 0.2,\
                   'parents_portion': 0.25,\
                   'crossover_type':'uniform',\
                   'max_iteration_without_improv':None}
```

5.6 MODELOS DE REGRESSÃO LINEAR COM ALGORITMO GENÉTICO

Dadas *n* amostras aleatórias $(y_i, x_{1i}, \cdots, x_{ki})$, i = 1,2,...,n, os modelos de regressão linear relacionam as observações y_i, e as variáveis independentes y_{ki} com a formulação

$$y_i = \beta_0 + \beta_1 x_{1i} + \cdots + \beta_k x_{ki} + e_i$$

em que os β são os parâmetros do modelo, ou seja, os coeficientes de regressão. O parâmetro β_0 é o intercepto ou bias, e e_i são conhecidos como resíduos da regressão.

Para o caso de modelo com apenas dois parâmetros (Figura 5.23), a regressão linear é um ajuste de reta que melhor se adequa aos valores reais dos dados. Supondo que exista uma reta que represente a relação entre dois ativos

$$Y_{LIN} = \beta x + \beta_0$$

em que dados n pontos (x_i,y_i), a melhor reta é aquela em que a soma

$$\sum_{i=1}^{n}\left(y_i - \beta x_i - \beta_0\right)^2$$

seja a mais próxima de zero possível. O problema de ajuste de parâmetros, nesse caso, é bastante conhecido, de modo que, utilizando-se o método dos mínimos quadrados, chega-se às duas fórmulas para se encontrar o coeficiente angular da reta β e o coeficiente linear β_0, conforme

$$\beta_0 = \overline{y} - \beta\overline{x}$$

$$\beta = \frac{\frac{1}{n}\sum_{i=1}^{n}\left(x_i y_i\right) - \overline{yx}}{\frac{1}{n}\sum_{i=1}^{n}\left(x_i - \overline{x}\right)}$$

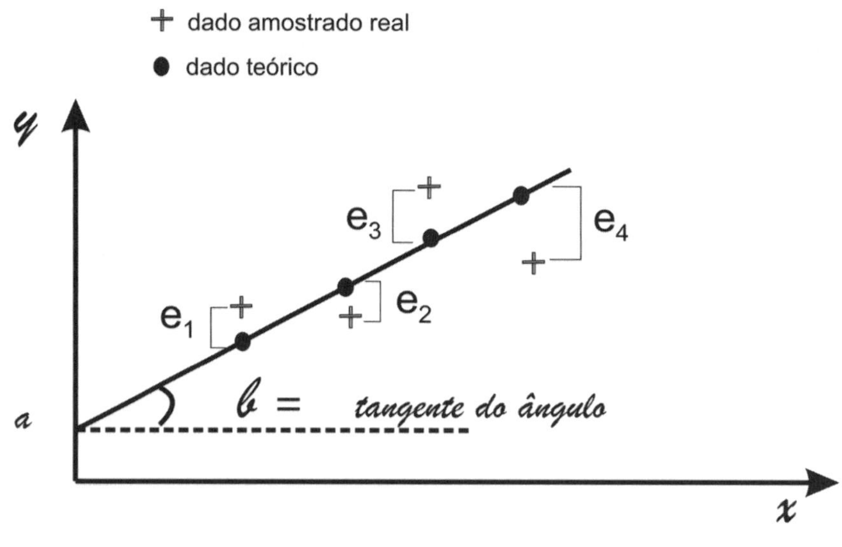

Figura 5.23 – Modelo de regressão linear.

O primeiro passo para programar o Python é importar o método *stats*, que está na biblioteca SciPy. É nesse método que está programada a rotina para encontrar os parâmetros β e β_0. O nome da rotina que calcula a regressão linear no Python é stats.linregress( ). Dentro dos parêntesis deve estar a lista de dados. A linha 14 do código a seguir é exatamente a rotina do Python que calcula, utilizando as fórmulas β e β_0, os parâmetros necessários para o cálculo da reta. A reta é, então, calculada na linha 17, por meio da variável yLin.

Na impressão, a rotina do Python ainda nos retorna outros parâmetros importantes, como o *p_value* e *std_err*. O primeiro nos diz se o ajuste é significante ou não. Para que isso ocorra, *p_value* deve ser menor do que 0.05, e o segundo é o erro padrão cometido pelo ajuste.

Apenas como exemplo, vamos supor que temos dois conjuntos de dados que desejamos testar quanto a sua regressão linear e as correlações entre seus dados:

Dados1 = [0, 0.5, 1, 2, 3, 4, 5]

Dados2 = [5, 1, 2, 4, 6, 8, 10]

```
# Regressão Linear e coef.correlação
import matplotlib.pyplot as fig
import numpy as np
from scipy import stats

col1=[0,0.5,1,2,3,4,5]
col2=[5,1,2,4,6,8,10]

#+++++++++++++++++ Transforma lista em vetor
dados1=np.array(col1)
dados2=np.array(col2)

#+++++++++++++ Regressão Linear ++++++++++++++++++++++++++++++
beta,beta0,r_value,p_value,std_err=stats.linregress(dados1,dados2)
print('++++++++++++++++++ REGRESSÃO LINEAR +++++++++++++++')
print(' beta      beta0      r_value    p_value  std_err')
yLin = beta*dados1 + beta0
print('%10.6f %10.6f %5.2f %10.6f %10.8f' % (beta,beta0,r_value,p_value,std_err))

fig.plot(dados1,yLin,'-k',dados1,dados2,'ok')
fig.xlabel('dados1',fontsize=14)
fig.ylabel('dados2',fontsize=14)
#+++++++++++++ correlação ++++++++++++++++++++++++++++++
cor,pval = stats.pearsonr(dados1,dados2)
#fig.text(87000,18,'r = ',fontsize=14)
#fig.text(90000,18,str(cor),fontsize=14)
print('+++++++++++++++++++++++++++++++++++++++++++++++++')
print('correlação        p-value')
print(cor,pval)
```

Como resultado numérico, obtemos no console do Python o seguinte resultado:

```
++++++++++++++++++ REGRESSAO LINEAR +++++++++++++++
 beta         beta0    r_value  p_value  std_err
  1.470990  1.885666 0.86   0.012458 0.38575613
++++++++++++++++++++++++++++++++++++++++++++++++
correlação        p-value
0.8626282221018328 0.012458473935456736
```

Podemos observar uma alta correlação linear entre esses dois conjuntos de dados, com valor de 0.8626 (86.26%) e bastante representativa, visto que o *p-value* = 0.0124 (<0.05). Realmente essa correlação linear pode ser conferida na Figura 5.24 com a reta passando muito próxima dos valores.

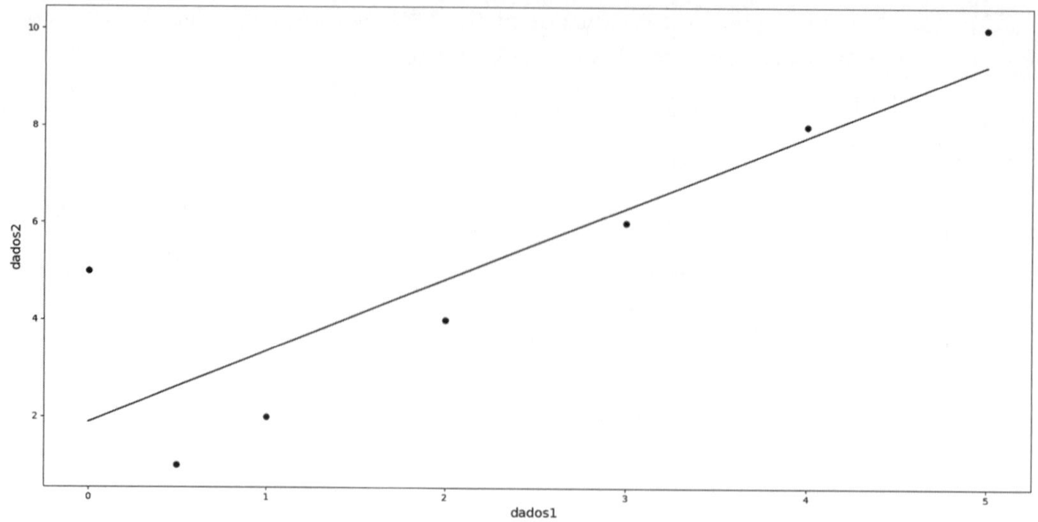

Figura 5.24 – Regressão linear do exemplo y = 1.47x + 1.88.

Mas e para o algoritmo genético? Ajustamos o algoritmo genético para um cromossomo de tamanho 100, em que se deseja encontrar o valor de β_0 e β com mutação de valores de 5% e *crossing-over* de 50%. Após rodar o programa, os valores obtidos foram:

```
The best solution found:
[1.83107904 1.49425731]

Objective function:
15.583068421142196
```

O valor exato de β_0 obtido pela estatística é 1.88, enquanto o algoritmo genético convergiu para 1.83. Já para β, o valor exato é 1.47, enquanto o algoritmo genético nos retornou 1.49. A convergência foi rápida e, nesse sentido, visava ao mínimo valor da função estatística que compara as previsões da reta de regressão linear com os pontos dos conjuntos dos dados, ou seja, o algoritmo tinha que encontrar o mínimo de

$$\sum_{i=1}^{n}\left(y_i - \beta x_i - \beta_0\right)^2$$

A Figura 5.25 apresenta a convergência para o mínimo valor da função anterior, iteração após iteração do algoritmo genético. Para novos ajustes de mutação e *crossing-over*, os valores podem melhorar, mas podem também tornar-se pior caso o algoritmo caia em algum valor mínimo local.

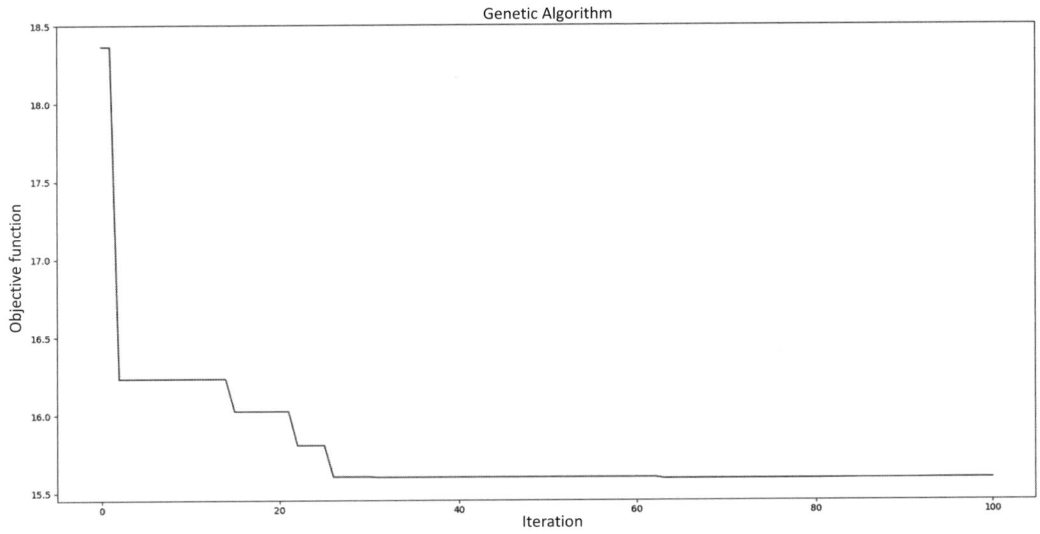

Figura 5.25 – Convergência do algoritmo genético para o modelo de regressão linear.

O código a seguir em Python apresenta a programação para o ajuste linear, cuja definição da função a ser minimizada está na linha 14.

```
1   #Algoritmo Genetico - GeneticalAlgorithm
2   # Instalacao: >> pip install geneticalgorithm
3   ##################################################
4   # resolvendo a funcao
5   # yLin=beta0+betax
6   #
7   ##################################################
8   import numpy as np
9   from geneticalgorithm import geneticalgorithm as ga
10
11  def f(X):
12      ff=0
13      for i in range(len(col1)):
14          ff=ff+(col2[i]-X[0]-X[1]*col1[i])**2
15      return ff
16
17  algorithm_param = {'max_num_iteration': 100,\
18                     'population_size':100,\
19                     'mutation_probability':0.05,\
20                     'elit_ratio': 0.01,\
21                     'crossover_probability': 0.5,\
22                     'parents_portion': 0.3,\
23                     'crossover_type':'uniform',\
24                     'max_iteration_without_improv':None}
25  col1=[0,0.5,1,2,3,4,5]
26  col2=[5,1,2,4,6,8,10]
27  varbound=np.array([[0,5]]*2)
28
```

```
model=ga(function=f,dimension=2,variable_type='real',\
            variable_boundaries=varbound,\
            algorithm_parameters=algorithm_param)

model.run()
```

Mas, se temos a fórmula para valores exatos, por que utilizarmos o método aproximado com algoritmo genético? Em primeiro lugar, as fórmulas estatísticas podem dar inconsistências numéricas para modelos lineares com mais parâmetros, ou seja, modelos do tipo

$$y_i = \beta_0 + \beta_1 x_{1i} + \cdots + \beta_k x_{ki} + e_i$$

em que as fórmulas para os parâmetros dependem de decomposição em matrizes, inversa de matrizes e operações matriciais que podem não conseguir calcular de maneira exata os valores. Em segundo lugar, com a crescente aplicação de técnicas de *machine learning* para se trabalhar com *big data*, algoritmos genéticos são mais rápidos, e sua identificação ajuda a encontrar padrões entre diversos modelos, lineares ou não, que auxiliam no entendimento de diversos comportamentos de fenômenos físicos e tecnológicos de nosso cotidiano, como identificação de placas de automóveis, imagens médicas, imagens de satélites, direcionamento e controle de drones, entre tantas aplicações. Sem os algoritmos genéticos que são generalistas, a cada novo problema, um novo modelo estatístico teria de ser testado, o que é inviável.

O mais impressionante de tudo é que, o que começou com avanços biológicos para identificação do DNA, buscando explicação para nossa evolução, atingiu a área de exatas e computação, as quais criaram algoritmos cada vez mais evolutivos. Hoje, o sentido se inverte e são esses algoritmos que ajudam pesquisadores em biologia e área médica a resolverem problemas e salvarem vidas. A interconectividade entre as áreas evoluiu de tal maneira que não há problema biológico que não demande um computador e um algoritmo evolucionário.

Os programas em Python estão no repositório do GitHub, gratuita e publicamente, para serem baixados. O leitor deve apenas se atentar para as bibliotecas. Caso esteja usando outra versão do Python, ou versões mais atualizadas, os programas disponibilizados precisarão ser adaptados às novas funções. O link do GitHub é: <https://github.com/malcaetano/Eden_Algoritmos_Python/tree/main/Cap5>.

Capítulo 6

Eu, robô – aprendizado de máquina

6.1 INTRODUÇÃO

O cálculo de probabilidades é um ferramental matemático direcionado ao estudo de fenômenos aleatórios ou probabilísticos. A estatística em si apresenta não somente metodologias de medidas de informação, mas também auxilia na projeção de resultados de eventos com risco mínimo em tomadas de decisão. No entanto, para que esse risco corresponda à teoria estatística, é necessário que todas as premissas básicas sejam atendidas. Entre elas, destaca-se como principal o tipo de coleta de dados e a quantidade de dados amostrados. Em linguagem mais atual, tudo sobre previsão somente será útil se, ao resolver um problema, tivermos um banco de dados perfeitamente correlacionado aos fatos e fluxos advindos de boas informações.

Com milhões de informações por segundo, graças aos computadores e às operações em web, como *e-business* e *e-commerce*, nos dias atuais, a estatística tradicional perde totalmente sua importância, caso seja desvinculada de técnicas e sistemas computacionais inteligentes com algoritmos para reconhecimento de padrão.

O quanto se paga por uma informação em tempo real (on-line)? Por que se paga por uma informação em tempo real?

6.2 DECISÃO E CLASSIFICAÇÃO

Todas as pessoas tomam decisões diariamente e de diversas maneiras. Algumas decisões são calculadas, outras são mais irracionais; outras, aleatórias. O fato de tomar decisão não significa que, de alguma maneira, tomou-se a decisão correta. Decisões sempre têm consequências e, elas podem ser muito importantes. Problemas de decisões tornam-se cada vez mais difíceis se eles são complexos, no sentido de envolverem muitas variáveis, ou se requererem múltiplas decisões sucessivas, sendo que cada decisão possivelmente tem mais de um resultado.

Um problema de tomada de decisão pode ser composto de decisão com certeza e decisão com incertezas nas variáveis que o define. Numa decisão com certeza, quando se escolhe a alternativa a ser tomada, já se sabe de antemão se o resultado final é bom ou não. Um exemplo desse tipo de decisão é quando se recebe um prêmio. Se alguém lhe oferece como prêmio um automóvel e você recusa, certamente saberá que essa decisão não foi tão boa. No entanto, se você recusa, em troca, o valor do carro em dinheiro (supondo que lhe pagarão o valor de mercado do automóvel), poderá será uma boa decisão (desde que não deseje gastar dinheiro com gasolina, mecânico etc).

Mas na vida, no dia a dia, dificilmente tomaremos decisões com certeza. O mais comum é sempre, depois de uma decisão, perguntarmo-nos se ela foi boa ou não.

Decisão com certeza

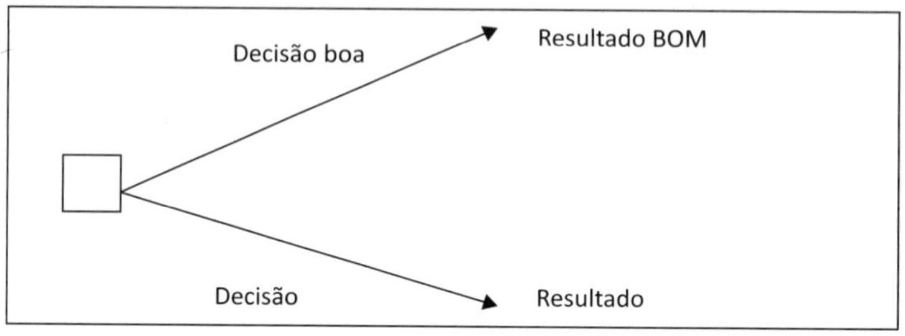

Decisão com incerteza

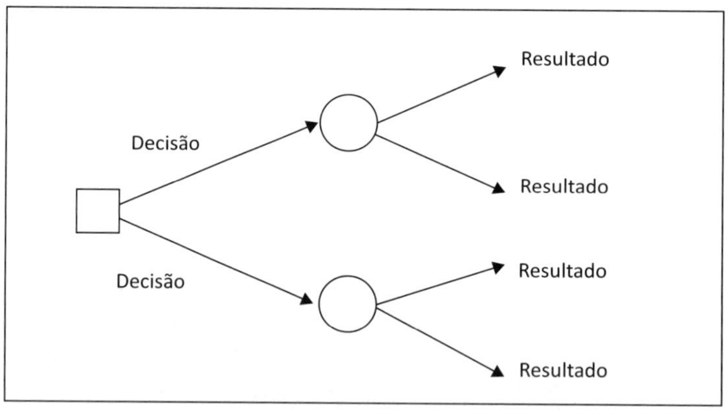

Tipos de decisões nas quais a pergunta final é se elas foram acertadas ou não, consistem na tomada de decisão com incertezas. Na presença de incertezas sobre o resultado final, o decisor é, de fato, forçado a portar-se diante de um jogo. No caso de investidores ou gestores de grandes firmas, sempre estarão diante desse cenário, seja para compra de ações, aplicações de recursos orçamentários, aquisições de imóveis ou mesmo parcerias para aumentar o poder de domínio do mercado.

Os diagramas anteriores são representados por quadrados e círculos, os quais indicam:

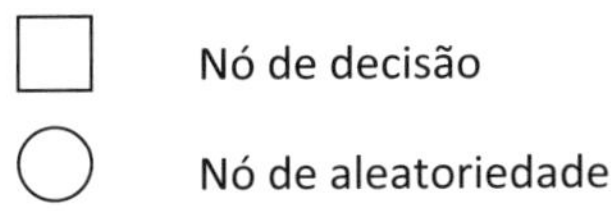

Podemos propor o seguinte exemplo: você tem a oportunidade de ganhar R$ 100,00 se acertar se a face de um dado é par ou ímpar. No entanto, essa oportunidade não é gratuita. Para jogar, você deve pagar R$ 35,00. Há somente uma chance para investir. Você aceitaria?

Como avaliar essa oportunidade?

As típicas respostas poderiam ser:

- "Eu posso perder R$ 35,00, está barato esse jogo. "
- "Eu poderia ganhar R$ 100,00 e tenho muita sorte. "
- "Eu jogaria uma moeda para decidir. "
- "Eu preciso perguntar para a esposa. "
- "Eu não aposto em jogos. "
- "Minha taxa de retorno é..."

A decisão a ser tomada é investir ou não investir R$ 35,00 na *oportunidade* de receber R$ 100,00 ou R$ 0,00 dependendo do resultado do dado. A árvore de decisão será:

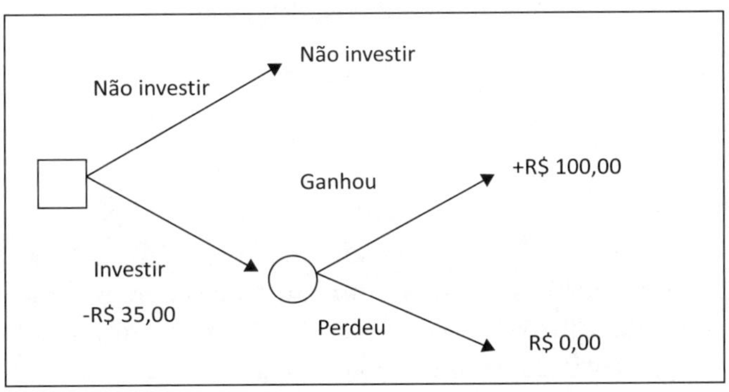

O que mais seria necessário para se avaliar essa *oportunidade*?

A árvore de probabilidades ajuda a tomar a decisão para bons e maus resultados. A árvore incorpora um julgamento ao decisor sobre a probabilidade de sucesso e de sua chance complementar, que, nesse caso, significa a perda de investimento.

Que tipos de informações ajudariam o decisor?

- O número de lados do dado.
- Conhecer a frequência dos resultados do dado para ver sua honestidade.
- Quem jogará o dado?

O ramo de aleatoriedade seria:

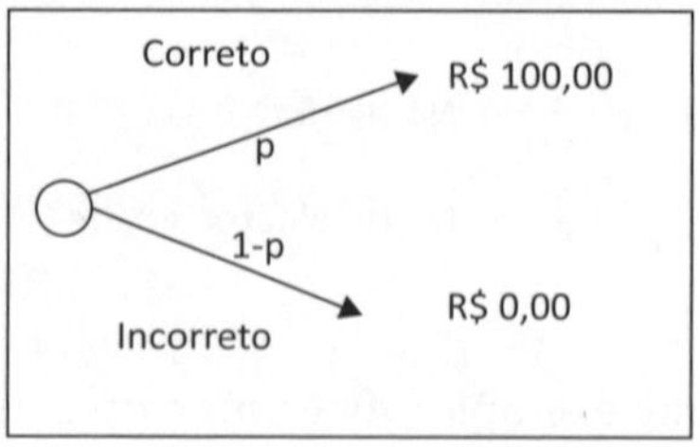

Há uma importante distinção existente entre *oportunidade* e *resultados*.

> ***Oportunidade*** é a soma dos possíveis ***resultados***.

Isso é importante porque nós podemos escolher somente oportunidades – não seus resultados!

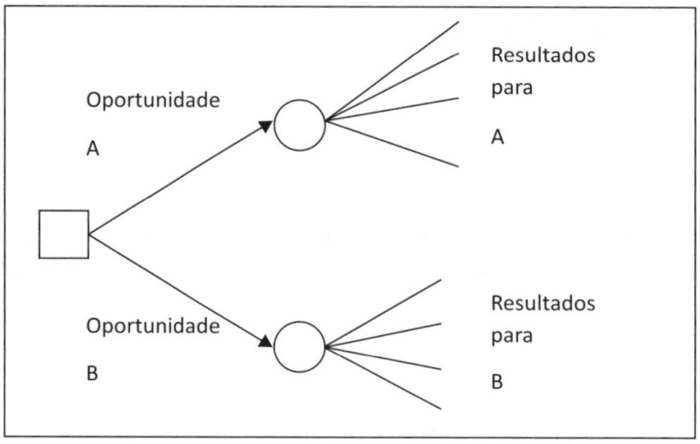

Teorema de Bayes

Quando falamos em possibilidade de resultado para julgar a decisão sobre uma oportunidade oferecida, estamos indiretamente focando em chances de acerto, ou seja, em probabilidades. O uso da informação como ferramenta para diminuir incertezas futuras é bastante utilizado na teoria da decisão. Essa informação aumenta as previsões sobre as probabilidades dos eventos, ocasionando, assim, melhor poder de decisão.

Figura 6.1 – Thomas Bayes (1701-1761).

O teorema de Bayes afirma que: "Uma vez conhecida uma informação sobre um evento no passado, a probabilidade de esse evento ocorrer no presente é uma ponderação entre as chances de repetição desse evento até o presente dividido pela sua ocorrência no passado". Em termos matemáticos, é a divisão da probabilidade de intersecção entre dois eventos pela probabilidade da ocorrência do evento passado. Em fórmula, seria,

$$P(A \mid B) = \frac{P(A \cap B)}{P(B)}$$

em que A e B serão dois eventos distintos. Caso se tenha "*n*" eventos A_i mutuamente exclusivos a fórmula é:

$$P(A_i \mid B) = \frac{P(A_i) \times P(B \mid A_i)}{\sum_{i=1}^{n} P(A_i) \times P(B \mid A_i)}$$

Vamos observar sua aplicação no seguinte jogo:

Suponha que o jogo consiste em jogar uma moeda e observar sua face superior. Ganha primeiro quem tirar *coroa*. No entanto, teremos de escolher 1 entre 3 moedas, sendo que, destas, 2 são honestas, e 1 possui duas caras. Uma vez que um jogador jogou uma moeda, qual é a probabilidade de ter saído a moeda honesta, se, ao jogar, observou *cara*?

Vamos nomear os seguintes eventos:

A_1 = {moeda honesta}

A_2 = {moeda de duas faces}

B = {saiu cara}

Então, utilizando Bayes,

$$P(A_1 \mid B) = \frac{P(A_1) \times P(B \mid A_1)}{P(A_1) \times P(B \mid A_1) + P(A_2) \times P(B \mid A_2)}$$

se interpreta assim: dado que saiu o evento B (saiu cara), qual a probabilidade de ter sido na moeda honesta (A_1)?

Para resolver esse problema, basta traduzir o problema para as probabilidades. Então nesse caso,

$P(A_1) = 2/3$

$P(A_2) = 1/3$

Essas probabilidades assumem tais valores, uma vez que se tem duas honestas dentre 3 moedas no total e uma desonesta dentre 3 moedas no total. E ainda,

$P(B|A_1) = 1/2$

$P(B|A_2) = 1$

Neste caso, a probabilidade de sair cara (B) na moeda honesta é ½, e a probabilidade de sair cara na desonesta é de 100% (A_2). Então, substituindo na fórmula, será:

$$P(A_1 \mid B) = \frac{(2/3) \times (1/2)}{(2/3) \times (1/2) + (1/3) \times 1} = \frac{1}{2}$$

Ou seja, mesmo possuindo uma moeda desonesta, a presença de duas honestas fez com que o jogo se tornasse um jogo honesto (pois as chances são de 50% para cada decisão).

Uma maneira mais simples de se entender a teoria da informação e a decisão bayesiana é por meio da árvore de probabilidade. Assim, no caso do jogo da moeda desonesta, a árvore seria:

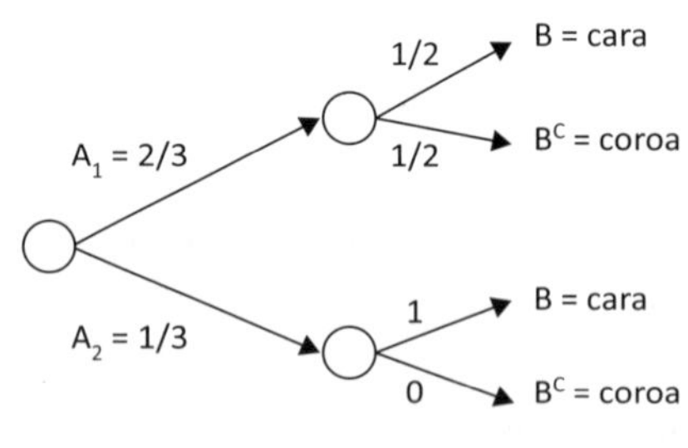

Neste caso, é só observar que a probabilidade será calculada dividindo o produto do ramo escolhido em A_1 com (2/3) x (1/2), pela soma dos ramos A_1 e A_2, ou seja,

(2/3) x (1/2) + (1/3) x 1

Então, ao final, temos uma quantidade, um *valor da informação* que, agora, pode ser agregado para a tomada de decisão. O matemático e pastor Thomas Bayes (1701-1761) foi o primeiro a pensar numa equação que traduzisse um valor numérico às diversas possibilidades existentes para uma decisão. O trabalho de Bayes não foi publicado por ele, mas elaborado e editado academicamente por seu amigo Richard Price (1723-1791). O legado dessa fórmula é imenso, sendo aplicado em inúmeras áreas da ciência, principalmente em problemas de decisão e classificação.

A biologia e a ecologia utilizaram, ao longo desses anos, a vasta aplicação de Bayes para a classificação dos gêneros e famílias de plantas e animais (taxonomia). A medicina deu um salto no entendimento sobre a genética graças a aplicação do Teorema de Bayes, e mais recentemente na interpretação de imagens médicas. E, por falar em imagens, as áreas de computação e sensoriamento remoto são amplamente lucrativas e aplicadas graças a esse teorema, para inferir sobre queimadas, desmatamentos, tipos de solos, áreas de fazendas, áreas de cidades, acidentes geográficos, enfim, tudo o que hoje temos, em termos de tecnologia, advém do teorema de Bayes. A meteorologia com a previsão sobre clima ou movimento de massas de ar utiliza de modelos complexos e superdimensionados baseados em probabilidades calculados pela fórmula de Bayes.

Mais recentemente, o teorema sofreu uma "cirurgia plástica" tecnológica, sendo incorporado à tão mencionada área de *aprendizado de máquina* (*machine learning*). Por ser uma fórmula simples que utiliza apenas os produtos e somas dos ramos, o algoritmo de classificação baseado no teorema de Bayes é o mais utilizado e com ótimo desempenho.

6.3 ALGORITMO PARA CLASSIFICAÇÃO BAYESIANA

Desde que a automatização do teorema de Bayes tornou-se popular por meio de computadores mais velozes, ideias sobre sua aplicação em tecnologias do cotidiano ganharam novos adeptos e projetos proliferaram nessa área de classificação de eventos. A melhoria de uma decisão baseada em informações passadas ganhou um reforço considerável com novos e acurados sensores e câmeras digitais. Esse desenvolvimento fez nascer o termo *aprendizado de máquina*, transmitindo a ideia de que o computador "aprende" desde que lhe forneçamos uma direção aos eventos analisados e classificados corretamente no passado.

6.3.1 ALGORITMO BAYESIANO PARA CLASSIFICAÇÃO DE TEXTO

A ampliação e a expansão da internet fizeram com que as chamadas redes sociais se tornassem parte do cotidiano e aproximou as conversações, influenciando muitas decisões, seja no campo político, científico ou empresarial. Mas um preço alto foi cobrado por essa expansão, uma vez que nossos dados estão cada vez mais expostos a ataques cibernéticos. Um algoritmo de classificação de texto serve para informar ao computador e aos servidores em centrais de informação se uma mensagem é maligna ou inofensiva. Por exemplo, um tipo de ataque aos computadores pessoais é com a utilização de mensagens *spam*, propagandas ou, ainda, com usuários de contas fictícias, solicitando o clique em um determinado link.

Outra aplicação é bastante debatida em todo o mundo sobre o direito de governos lerem nossas mensagens de e-mails em busca de terroristas. A leitura de mensagens pessoais foi amplamente realizada nos Estados Unidos logo após os ataques ao World Trade Center, em 2001. A justificativa foi a de identificar novos e possíveis ataques ao país.

Algoritmos que analisam textos precisam de ferramentas especializadas para separar frases, letras, contar repetições, criar dicionários, enfim, funções e bibliotecas específicas para transformar um texto numa base de dados, para que o teorema de Bayes possa ser aplicado.

Essas ferramentas de texto são a base dos algoritmos construídos para a linguagem natural, ou *natural language*. Na linguagem Python, uma ferramenta bastante útil para a construção de analisadores de textos bayesianos é a biblioteca NLTK (*Natural Language Toolkit* [<https://www.nltk.org>]). Sua instalação é muito simples e pode ser feita dentro do próprio Python usando o protocolo de instalação *pip*.

Vamos supor que desejemos ensinar ao computador decidir quando uma frase tem um animal e quando não tem. Para tornar o exemplo não muito longo, vamos adotar como animais em frase apenas gato e cão. Como o próprio teorema de Bayes supõe, primeiro precisamos fornecer exemplos do que é uma frase com animal e uma frase sem animal. A Tabela 6.1 dispõe de seis frases e uma classificação na última coluna com "animal" e "não animal".

Tabela 6.1 – Classificação de frases

No	TEXTO	CLASSE
0	O gato na mesa	**animal**
1	O cão na sala	**animal**
2	A mesa na sala	**não animal**
3	O gato não é cão	**animal**
4	gato e cão na sala	**animal**
5	A sala não é mesa	**não animal**

A Tabela 6.1 será fornecida ao computador para treinamento do algoritmo, e, com base nela e em novas frases, o computador vai decidir se a frase terá um animal ou não (nesse caso apenas gato e cão).

```
#####################################################################
# Classificador de Texto Baysesiano
#####################################################################
import pandas as pd
from sklearn.feature_extraction.text import CountVectorizer
from nltk.tokenize import word_tokenize
import numpy as np

# Construcao das colunas para as classes de treinamentos
columns = ['sentenca', 'classes']
rows = []

# Frases para treinamentos
rows = [['O gato na mesa', 'animal'],
        ['O cão na sala', 'animal'],
        ['A mesa na sala', 'não_animal'],
```

```
17          ['O gato não é cão', 'animal'],
18          ['gato e cão na sala', 'animal'],
19          ['A sala não é mesa', 'não_animal']]
20
21    # +++++ Formatando dados para Treinamento +++++++++++++++++++++++
22    treino = pd.DataFrame(rows, columns=columns)
23    print(' ')
24    print('--------------------------------')
25    print(treino)
```

Nessa primeira parte do algoritmo anterior, a linha 10 cria as colunas de uma lista de frases que será a base de treinamento (sentença e classes). A lista *rows* a partir da linha 14 é formada pelas frases e as classificações conforme a Tabela 6.1. A variável *treino* é um *DataFrame* construído a partir da lista inicial dos textos fornecidos pela Tabela 6.1 usando a biblioteca *Pandas* do Python.

O resultado no console do Python é o seguinte.

```
--------------------------------
             sentenca     classes
0       O gato na mesa      animal
1        O cão na sala      animal
2      A mesa na sala  não_animal
3     O gato não é cão      animal
4   gato e cão na sala      animal
5    A sala não é mesa  não_animal
```

Para usarmos o teorema de Bayes, precisamos, a partir de agora, calcular as probabilidades dos termos que aparecem no *DataFrame* completo que se refere à tabela 6.1. A separação dos termos ou palavras das frases se chama *tokenização*. Com o uso de token, podemos separar e contar o número de aparições dos mesmos termos em todas as frases, criando, assim, uma matriz de frequências. Primeiro, criamos uma matriz apenas com a classe nomeada de "animal".

```
27    # ++++ Criando a Matriz de Termos para "animais" +++++++++
28    frases_anim = [row['sentenca'] for index,row in treino.iterrows() if row['classes'] == 'animal']
29
30    vec_s = CountVectorizer()
31    X_s = vec_s.fit_transform(frases_anim)
32    materm_A = pd.DataFrame(X_s.toarray(), columns=vec_s.get_feature_names())
33    print(' ')
34    print('--------------------------------')
35    print('CLASSE "ANIMAIS" ')
36    print('--------------------------------')
37    print(materm_A)
```

Depois de separarmos os termos da classe "animal" na linha 28, as ferramentas *CountVectorizer()*, *fit_transform()* e *get_feature_names()* colocam os termos no formato de *array* e contam suas repetições colocando o resultado na matriz *materm_A* da linha 32. O resultado dessa matriz *materm_A* é o seguinte.

```
---------------------------------
CLASSE "ANIMAIS"
---------------------------------
   cão  gato  mesa  na  não  sala
0    0     1     1   1    0     0
1    1     0     0   1    0     1
2    1     1     0   0    1     0
3    1     1     0   1    0     1
```

Então, observando a matriz *materm_A* para a classe "animais", por exemplo, a palavra *gato* aparece três vezes, o termo *na* aparece três vezes, e assim por diante. Para a classe de "não_animal", devemos programar as mesmas linhas, selecionando e separando os termos que ocorrem apenas nessa classe. O resultado, nesse caso, é apresentado a seguir.

```
---------------------------------
CLASSE "NÃO ANIMAIS"
---------------------------------
   mesa  na  não  sala
0     1   1    0     1
1     1   0    1     1
```

Para se obter o resultado anterior, as linhas de códigos são as seguintes. Deve-se observar que a programação é idêntica às linhas anteriores, somente trocando a classe na linha 40 para "não_animal".

```
39  #+++ Criando a Matriz de Termos para "nao animais" +++++++++++++
40  frases_na = [row['sentenca'] for index,row in treino.iterrows() if row['classes'] == 'não_animal']
41
42  vec_q = CountVectorizer()
43  X_q = vec_q.fit_transform(frases_na)
44  materm_Na = pd.DataFrame(X_q.toarray(), columns=vec_q.get_feature_names())
45
46  print(' ')
47  print('---------------------------------')
48  print('CLASSE "NÃO ANIMAIS" ')
49  print('---------------------------------')
50  print(materm_Na)
```

Uma vez a contagem realizada para todos os termos, precisamos, agora, transformar os números em frequências para, depois, calcularmos as probabilidades. Nesse caso, a soma de cada termo deverá ser computada em todas as frases de cada classe. Por exemplo, para a classe "animal", o código deverá ser o seguinte:

```
# Calculando a frequencia das palavras para classe "animais"
word_list_A = vec_s.get_feature_names();
count_list_A = X_s.toarray().sum(axis=0)
freq_A = dict(zip(word_list_A,count_list_A))
print(' ')
print('---------------------------------')
```

```
58  print('FREQUÊNCIA DAS PALAVRAS NA CLASSE "ANIMAIS" ')
59  print('---------------------------------')
60  print(freq_A)
61  #++++++++++++++++++++++++++++++++++++++++++++++++++++
```

O resultado é salvo como dicionário *freq._A*:

```
----------------------------------
FREQUÊNCIA DA PALAVRAS NA CLASSE "ANIMAIS"
----------------------------------
{'cão': 3, 'gato': 3, 'mesa': 1, 'na': 3, 'não': 1, 'sala': 2}
```

O mesmo deverá ser feito para as palavras na classe "não_animal". A parte do código, nesse caso, é a seguinte:

```
63  # Calculando a frequencia das palavras para classe "nao animais"
64  word_list_Na = vec_q.get_feature_names();
65  count_list_Na = X_q.toarray().sum(axis=0)
66  freq_Na = dict(zip(word_list_Na,count_list_Na))
67  print(' ')
68  print('---------------------------------')
69  print('FREQUÊNCIA DAS PALAVRAS NA CLASSE "NÃO ANIMAIS" ')
70  print('---------------------------------')
71
72  print(freq_Na)
73
```

O resultado é salvo como *freq_Na*:

```
----------------------------------
FREQUÊNCIA DA PALAVRAS NA CLASSE "NÃO ANIMAIS"
----------------------------------
{'mesa': 2, 'na': 1, 'não': 1, 'sala': 2}
```

Agora que as frequências de todos os termos foram calculadas, transformar os resultados em vetor de probabilidades é fácil, visto que precisamos apenas dividir a frequência de cada termo pelo total de repetição de todos os termos. A partir da linha 74 do código a seguir, calcula-se a probabilidade dos termos da classe "animal" e salva-se na lista *prob_A*. Na linha 75, importa-se a função *Counter* da biblioteca *collections* do Python. Essa função permite somar valores dos dicionários diferentes, mesmo que uma palavra não exista em um dos dicionários. A função *Counter* soma os valores existentes nos dois dicionários e despreza os não existentes, evitando, assim, erros na contagem do total de valores de cada termo.

A probabilidade de uma palavra será, então, o número de vezes em que ela apareceu numa classe dividida pelo total de vezes que aparece nas duas classes. O resultado dessa probabilidade é salvo na lista *prob_A*.

A linha 90 calcula a probabilidade dos termos dentro da classe "não_animal", salvando o resultado na lista *prob_Na*. Colocamos as probabilidades em vetor, calculando a soma total das classes entre as linhas 94 e 105.

Da linha 98 até a linha 108, determina-se o total de elementos das classes. Isso vai ajudar a determinar qual a probabilidade de uma frase nova qualquer conter "animal" ou "não_animal". Nesse exemplo, a probabilidade simples de uma frase conter algum animal será 4/6, pois temos 4 sentenças com animais e 2 sem nenhum animal. É isso que essas linhas do código estão determinando.

```
74  ####### Calculando a probabilidade para palavras na classe "animais" ########
75  from collections import Counter
76  totalFreq = dict(Counter(freq_A)+Counter(freq_Na)) # soma todas as frequencias
77  #############################################################################
78
79  prob_A=[]
80  for word,count in zip(word_list_A,count_list_A):
81      prob_A.append(count/totalFreq[word])
82  print(' ')
83  print('---------------------------------')
84  print('PROBABILIDADES DAS PALAVRAS NA CLASSE "ANIMAIS" ')
85  print('---------------------------------')
86  print(dict(zip(word_list_A,prob_A)))
87
88  ####### Calculando a probabilidade para palavras na classe "nao animais"
89  prob_Na=[]
90  for word,count in zip(word_list_Na,count_list_Na):
91      prob_Na.append(count/totalFreq[word])
92  print(' ')
93  print('---------------------------------')
94  print('PROBABILIDADES DAS PALAVRAS NA CLASSE "NÃO ANIMAIS" ')
95  print('---------------------------------')
96  print(dict(zip(word_list_Na,prob_Na)))
97
98  #+++++ Colocando em vetor todas as palavras e suas probab. +++
99  docs = [row['sentenca'] for index,row in treino.iterrows()]
100
101 vec = CountVectorizer()
102 X = vec.fit_transform(docs)
103
104 #   total de caracteristicas
105 total_features = len(vec.get_feature_names())
106
107 total_caract_A = count_list_A.sum(axis=0)
108 total_caract_Na = count_list_Na.sum(axis=0)
```

O resultado por classe de todos os termos é o seguinte.

```
----------------------------------
PROBABILIDADES DAS PALAVRAS NA CLASSE "ANIMAIS"
----------------------------------
{'cão': 1.0, 'gato': 1.0, 'mesa': 0.3333333333333333, 'na': 0.75, 'não': 0.5, 'sala': 0.5}

----------------------------------
PROBABILIDADES DAS PALAVRAS NA CLASSE "NÃO ANIMAIS"
----------------------------------
{'mesa': 0.6666666666666666, 'na': 0.25, 'não': 0.5, 'sala': 0.5}
```

Em termos matemáticos, por exemplo, a palavra *cão* aparece três vezes na classe "animal", mas não aparece nenhuma vez na classe "não_animal". Logo, a probabilidade da palavra *cão* é 3/3, ou seja, 1. Já a palavra *mesa* aparece tanto na classe "animal" quanto na classe "não animal". A frequência da palavra *mesa* é 1 na classe "animal" e 2 na classe "não_animal". Portanto, a probabilidade de *mesa* aparecer em "animal" é 1/3 = 0.33, e de aparecer em "não_animal" 2/3 = 0.666.

Para uma melhor visualização, podemos esquematizar esses resultados do algoritmo até aqui em termos de árvore bayesiana de probabilidades. Para os termos das frases da Tabela 6.1 a árvore é a seguinte:

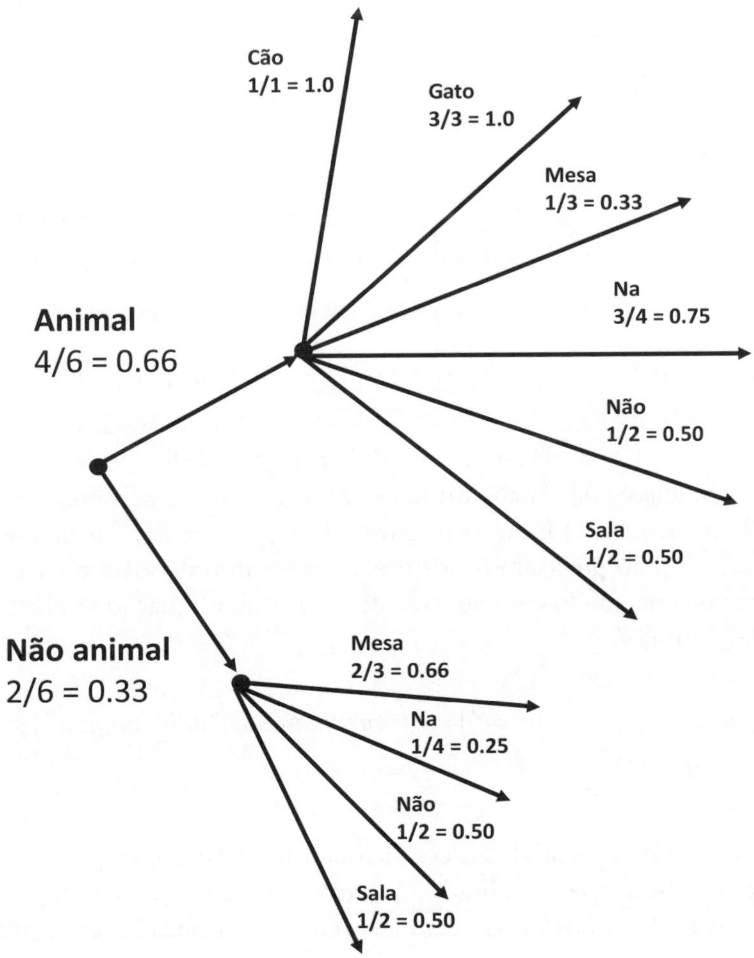

Figura 6.2 – Árvore de classificação para o texto.

As probabilidades das classes com frases contendo animais e não animais são fáceis de calcular. No *script* do Python para a probabilidade da classe "animal", basta dividirmos a quantidade de colunas da matriz de termos com animais pelo total de colunas das duas matrizes ("animal" e "não_animal"). Em termos, matemáticos será:

$$P(\text{"animal"}) = \frac{\textit{Núm. de col. da matriz "animal"}}{\textit{Núm. de col. da matriz } \text{animal} + \textit{Núm. de col. da matriz "não\_animal"}} =$$

$$= \frac{4}{6} = 0.66$$

Para a probabilidade da classe "não animal", teremos:

$$P(\text{"não\_animal"}) = \frac{\textit{Núm. de col. da matriz "não\_animal"}}{\textit{Núm. de col. da matriz } \text{animal} + \textit{Núm. de col. da matriz "não\_animal"}} =$$

$$= \frac{2}{6} = 0.33$$

Após o treinamento do algoritmo, teremos que fazer um teste para verificarmos a acurácia e se a precisão de decisão é satisfatória. No algoritmo anterior, então, começa um novo conjunto de linhas para verificar se a nova frase se encaixa como frase contendo palavra animal (cão ou gato) ou não animal. A título de exemplo, vamos supor que nossa nova sentença seja:

"cão na mesa"

Obviamente, sabemos que essa frase contém um animal (cão); mas será que o computador consegue identificá-la? Em termos matemáticos, temos de calcular as seguintes probabilidades:

$$P(\textit{"animal"}|\textit{"cão na mesa"}) = P(\textit{"cão na mesa"}|\textit{"animal"}) \times P(\textit{"animal"}) \tag{6.1}$$

A rigor, a Equação (6.1) teria de ser dividida pela probabilidade de "animal" somada com a probabilidade de "não_animal". Mas, como essa soma é igual para $P(\textit{"animal"}|\textit{"cão na mesa"})$ e também para $P(\textit{"não\_animal"}|\textit{"cão na mesa"})$, para a tomada de decisão não precisamos nos preocupar com o dividendo da Equação (6.1), bastando apenas o resultado comparativo de (6.1) com a Equação (6.2) a seguir para a classe de "não_animal".

$$P(\textit{"não\_animal"}|\textit{"cão na mesa"}) = P(\textit{"cão na mesa"}|\textit{"não\_animal"}) \times \\ \times P(\textit{"não\_animal"}) \tag{6.2}$$

Para o cálculo das probabilidades condicionais nas Equações (6.1) e (6.2), a sentença "cão na mesa" precisa ser desmembrada. Os termos da sentença são independentes entre si, o que fará as probabilidades condicionais serem multiplicadas de forma individual como segue:

$$
\begin{aligned}
&P(\text{"}c\tilde{a}o\ na\ mesa\text{"}|\text{"}animal\text{"}) = \\
&= P(\text{"}c\tilde{a}o\text{"}|\text{"}animal\text{"})\times \\
&P(\text{"}na\text{"}|\text{"}animal\text{"})\times \\
&P(\text{"}mesa\text{"}|\text{"}animal)
\end{aligned}
$$

Substituindo-se as probabilidades da árvore de classificação (Figura 6.2):

$$P(\text{"}c\tilde{a}o\ na\ mesa\text{"}|\text{"}animal\text{"}) = 1\times\frac{3}{4}\times\frac{1}{3} = 0.25 \tag{6.3}$$

Da mesma forma, para a classe "não_animal", os cálculos fornecerão o seguinte resultado:

$$
\begin{aligned}
&P(\text{"}c\tilde{a}o\ na\ mesa\text{"}|\text{"}n\tilde{a}o\_animal\text{"}) = \\
&= P(\text{"}c\tilde{a}o\text{"}|\text{"}n\tilde{a}o\_animal\text{"})\times \\
&P(\text{"}na\text{"}|\text{"}n\tilde{a}o\_animal\text{"})\times \\
&P(\text{"}mesa\text{"}|\text{"}n\tilde{a}o\_animal)
\end{aligned}
$$

Ou seja,

$$P(\text{"}c\tilde{a}o\ na\ mesa\text{"}|\text{"}n\tilde{a}o\_animal\text{"}) = 0.0\times\frac{1}{4}\times\frac{2}{3} = 0.0 \tag{6.4}$$

E aqui temos um problema. Como "cão" é um animal, ao treinarmos nosso algoritmo, as palavras com animais nunca aparecerão na classe "não_animal", e sempre essa probabilidade condicional será nula, como visto na Equação (6.4).

Uma recomendação para contornar esse problema é usar a *suavização de Laplace.* Essa equação visa a contornar o problema de probabilidades nulas em eventos em que se sabe não serem nulas as chances de sua ocorrência. A probabilidade condicional, nesse caso, é:

$$P(a|B) = \frac{N_{a,B}+\alpha}{N_B+\alpha\times d} \tag{6.5}$$

Em que:

$N_{a,B}$: número de vezes em que *a* aparece em B.

α: parâmetro aditivo (adotaremos como 1).

N_B: número de classes do problema.

d : total de elementos da classe onde a probabilidade se anula.

Para esse exemplo de classificação de texto com o valor zero na classe "não_animal", os valores dessas variáveis serão:

$N_{a,B} = 0$ ("cão" na classe "não_animal")

$\alpha = 1$

$N_B = 6$ (4 "animal" e 2 "não_animal")

d = 6 (**2** "mesa", **1** "na", **1** "não", **2** "sala")

Logo, com essa correção da fórmula da *suavização de Laplace*,

$$P\left("c\tilde{a}o"|"n\tilde{a}o\_animal"\right) = \frac{0+1}{6+1\times 6} = \frac{1}{12} = 0.0833$$

Assim, com essa correção, o resultado da Equação (6.4) torna-se:

$$P\left("c\tilde{a}o\ na\ mesa"|"n\tilde{a}o\_animal"\right) = 0.083 \times \frac{1}{4} \times \frac{2}{3} = 0.0138 \quad (6.6)$$

Observando os ramos na árvore de classificação, a probabilidade $P\left("c\tilde{a}o\ na\ mesa"|"animal"\right) = 0.25$ será o caminho hachurado na Figura 6.3.

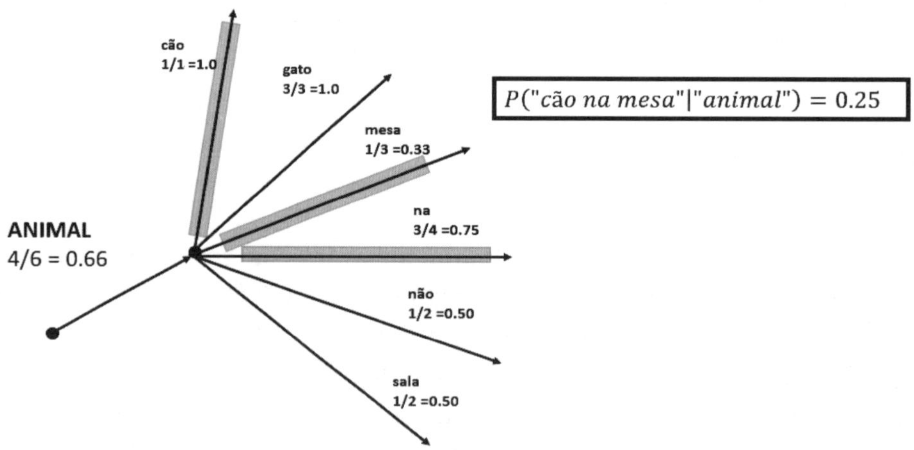

Figura 6.3 – Probabilidade da sentença na classe "animal".

Para a classe "não_animal", a probabilidade da sentença na árvore de classificação pode ser vista na da Figura 6.4.

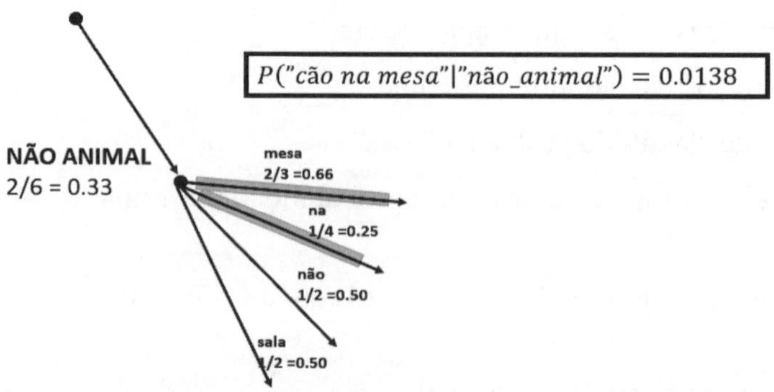

Figura 6.4 – Probabilidade da sentença na classe "não_animal".

Essa parte do cálculo de probabilidades é programada no algoritmo em Python nas linhas a seguir, em continuação com a parte de treinamento. As linhas de 110 a 117 apresentam a sentença para o teste após o treinamento do algoritmo com as frases da Tabela 6.1. A sentença cão na mesa é salva na variável *nova_frase*.

Usando da ferramenta de *tokenização*, o algoritmo separa, conta a frequência e calcula a probabilidade de cada termo da nova sentença nas linhas de 119 a 144 com base nas probabilidades treinadas e armazenadas na árvore bayesiana. As linhas 127 e 141, em especial, são linhas com a *suavização de Laplace*, caso algum termo não apareça numa das classes treinadas "animal" e "não_animal".

```
110 ############ nova sentenca ###################
111 print(' ')
112 print('--------------------------------')
113 print('SENTENÇA PARA TESTE ')
114 print('--------------------------------')
115 nova_frase = 'cão na mesa'
116 new_word_list = word_tokenize(nova_frase)
117 print(new_word_list)
118
119 ######### probabilidades das palavras da frase nova na classe "animais" #####
120 prob_A_nova_palav = []
121 for word in new_word_list:
122     if word in freq_A.keys():
123         count = freq_A[word]
124         prob_A_nova_palav.append(count/totalFreq[word])
125     else:
126         count = 0
127         prob_A_nova_palav.append((count + 1)/(total_caract_A + total_features))
128 print(' ')
129 print('probabilidades das palavras da frase nova na classe "animais" ')
130 print('++++++++++++++++++++++++++++++++++++++++++++++++++++++++++++++')
131 print(dict(zip(new_word_list,prob_A_nova_palav)))
132
133 ######### probabilidades das palavras da frase nova na classe "nao animais" #####
134 prob_Na_nova_palav = []
135 for word in new_word_list:
136     if word in freq_Na.keys():
137         count = freq_Na[word]
138         prob_Na_nova_palav.append(count/totalFreq[word])
139     else:
140         count = 0
141         prob_Na_nova_palav.append((count + 1)/(total_caract_Na + total_features))
142 print(' ')
143 print('probabilidades das palavras da frase nova na classe "não animais" ')
144 print(dict(zip(new_word_list,prob_Na_nova_palav)))
```

No console do Python, essas linhas do código fornecem a seguinte resposta.

```
----------------------------------
SENTENÇA PARA TESTE
----------------------------------
['cão', 'na', 'mesa']

probabilidades das palavras da frase nova na classe "animais"
++++++++++++++++++++++++++++++++++++++++++++++++++++++++++++++++
{'cão': 1.0, 'na': 0.75, 'mesa': 0.3333333333333333}

probabilidades das palavras da frase nova na classe "não animais"
{'cão': 0.08333333333333333, 'na': 0.25, 'mesa': 0.6666666666666666}
```

Conforme as Equações (6.1) e (6.2), as probabilidades condicionais finais devem, ainda, ser multiplicadas pelas probabilidades das classes a serem escolhidas, P("animal") = 0.66 e P("não_animal") = 0.33. Os valores para (6.1) e (6.2) serão:

$$P\left("animal"|"cão\ na\ mesa"\right) = 0.25 \times 0.66 = 0.1666 \tag{6.7}$$

e, a segunda probabilidade:

$$P\left("não\_animal"|"cão\ na\ mesa"\right) = 0.0138 \times 0.33 = 0.004629 \tag{6.8}$$

Decisão final: como

$P\left("animal"|"cão\ na\ mesa"\right) > P\left("não\_animal"|"cão\ na\ mesa"\right)$, a solução é que a frase cão na mesa é uma frase composta por um animal. No algoritmo, as linhas de programação final para o cálculo de (6.7) e (6.8) são as seguintes.

```
############################################################
#     Calculo final de Bayes para classe "animais"
############################################################
prob_A=np.prod(prob_A_nova_palav)*(len(materm_A)/(len(materm_A)+len(materm_Na)))
print(' ')
print('################################################')
print('Prob Bayesiana da classe "animal" = ',prob_A )

############################################################
#     Calculo final de Bayes para classe "nao animais"
############################################################
prob_Na=np.prod(prob_Na_nova_palav)*(len(materm_Na)/(len(materm_A)+len(materm_Na)))
print(' ')
print('################################################')
print('Prob Bayesiana da classe "não animal" = ',prob_Na )

############################################################
#     Decisao Final
############################################################

```

```
166 print(' ')
167 print('#################### DECISÃO FINAL ####################')
168 if prob_A>prob_Na:
169     print('A sentença tem animal' )
170 else:
171     print('A sentença não tem animal' )
```

A Equação (6.7) está programada na linha 149, e a Equação (6.8), na linha 157, com as decisões programas entre as linhas 168 e 171. No console do Python, o resultado final será o seguinte:

```
##################################################
Prob Bayesiana da classe "animal" =  0.16666666666666666

##################################################
Prob Bayesiana da classe "não animal" =  0.004629629629629629

##################### DECISÃO FINAL  #####################
A sentença tem animal
```

O algoritmo completo poderá ser visto a seguir, para a classificação de textos. Mais sentenças podem ser treinadas para outros animais, e mesmo frases e nos textos maiores, poderão ser testadas com esse algoritmo com boa precisão de resolução.

```
#############################################################
# Classificador de Texto Baysesiano
#############################################################
import pandas as pd
from sklearn.feature_extraction.text import CountVectorizer
from nltk.tokenize import word_tokenize
import numpy as np

# Construcao das colunas para as classes de treinamentos
columns = ['sentenca', 'classes']
rows = []

# Frases para treinamentos
rows = [['O gato na mesa', 'animal'],
        ['O cão na sala', 'animal'],
        ['A mesa na sala', 'não_animal'],
        ['O gato não é cão', 'animal'],
        ['gato e cão na sala', 'animal'],
        ['A sala não é mesa', 'não_animal']]

# +++++ Formatando dados para Treinamento ++++++++++++++++++++++++
treino = pd.DataFrame(rows, columns=columns)
print(' ')
print('-------------------------------')
print(treino)
```

```
# ++++ Criando a Matriz de Termos para "animais" +++++++++
frases_anim = [row['sentenca'] for index,row in treino.iterrows() if row['classes'] == 'animal']

vec_s = CountVectorizer()
X_s = vec_s.fit_transform(frases_anim)
materm_A = pd.DataFrame(X_s.toarray(), columns=vec_s.get_feature_names())
print(' ')
print('---------------------------------')
print('CLASSE "ANIMAIS" ')
print('---------------------------------')
print(materm_A)

#+++ Criando a Matriz de Termos para "nao animais" +++++++++++++
frases_na = [row['sentenca'] for index,row in treino.iterrows() if row['classes'] == 'não_animal']

vec_q = CountVectorizer()
X_q = vec_q.fit_transform(frases_na)
materm_Na = pd.DataFrame(X_q.toarray(), columns=vec_q.get_feature_names())

print(' ')
print('---------------------------------')
print('CLASSE "NÃO ANIMAIS" ')
print('---------------------------------')
print(materm_Na)

# Calculando a frequencia das palavras para classe "animais"
word_list_A = vec_s.get_feature_names();
count_list_A = X_s.toarray().sum(axis=0)
freq_A = dict(zip(word_list_A,count_list_A))
print(' ')
print('---------------------------------')
print('FREQUÊNCIA DAS PALAVRAS NA CLASSE "ANIMAIS" ')
print('---------------------------------')
print(freq_A)
#++++++++++++++++++++++++++++++++++++++++++++++++++++

# Calculando a frequencia das palavras para classe "nao animais"
word_list_Na = vec_q.get_feature_names();
count_list_Na = X_q.toarray().sum(axis=0)
freq_Na = dict(zip(word_list_Na,count_list_Na))
print(' ')
print('---------------------------------')
print('FREQUÊNCIA DAS PALAVRAS NA CLASSE "NÃO ANIMAIS" ')
print('---------------------------------')

print(freq_Na)

####### Calculando a probabilidade para palavras na classe "animais" ########
from collections import Counter
totalFreq = dict(Counter(freq_A)+Counter(freq_Na)) # soma todas as frequencias
##########################################################################

```

```
prob_A=[]
for word,count in zip(word_list_A,count_list_A):
    prob_A.append(count/totalFreq[word])
print(' ')
print('---------------------------------')
print('PROBABILIDADES DAS PALAVRAS NA CLASSE "ANIMAIS" ')
print('---------------------------------')
print(dict(zip(word_list_A,prob_A)))

####### Calculando a probabilidade para palavras na classe "nao animais"
prob_Na=[]
for word,count in zip(word_list_Na,count_list_Na):
    prob_Na.append(count/totalFreq[word])
print(' ')
print('---------------------------------')
print('PROBABILIDADES DAS PALAVRAS NA CLASSE "NÃO ANIMAIS" ')
print('---------------------------------')
print(dict(zip(word_list_Na,prob_Na)))

#+++++ Colocando em vetor todas as palavras e suas probab. +++
docs = [row['sentenca'] for index,row in treino.iterrows()]

vec = CountVectorizer()
X = vec.fit_transform(docs)

# total de caracteristicas
total_features = len(vec.get_feature_names())

total_caract_A = count_list_A.sum(axis=0)
total_caract_Na = count_list_Na.sum(axis=0)

############ nova sentenca ##################
print(' ')
print('---------------------------------')
print('SENTENÇA PARA TESTE ')
print('---------------------------------')
nova_frase = 'cão na mesa'
new_word_list = word_tokenize(nova_frase)
print(new_word_list)

######### probabilidades das palavras da frase nova na classe "animais" #####
prob_A_nova_palav = []
for word in new_word_list:
    if word in freq_A.keys():
        count = freq_A[word]
        prob_A_nova_palav.append(count/totalFreq[word])
    else:
        count = 0
        prob_A_nova_palav.append((count + 1)/(total_caract_A + total_features))
print(' ')
```

```
print('probabilidades das palavras da frase nova na classe "animais" ')
print('+++++++++++++++++++++++++++++++++++++++++++++++++++++++++++++++++++')
print(dict(zip(new_word_list,prob_A_nova_palav)))

######### probabilidades das palavras da frase nova na classe "nao animais" #####
prob_Na_nova_palav = []
for word in new_word_list:
    if word in freq_Na.keys():
        count = freq_Na[word]
        prob_Na_nova_palav.append(count/totalFreq[word])
    else:
        count = 0
        prob_Na_nova_palav.append((count + 1)/(total_caract_Na + total_features))
print(' ')
print('probabilidades das palavras da frase nova na classe "não animais" ')
print(dict(zip(new_word_list,prob_Na_nova_palav)))

##########################################################
#       Calculo final de Bayes para classe "animais"
#########################################################
prob_A=np.prod(prob_A_nova_palav)*(len(materm_A)/(len(materm_A)+len(materm_Na)))
print(' ')
print('###############################################')
print('Prob Bayesiana da classe "animal" = ',prob_A )

##########################################################
#       Calculo final de Bayes para classe "nao animais"
#########################################################
prob_Na=np.prod(prob_Na_nova_palav)*(len(materm_Na)/(len(materm_A)+len(materm_Na)))
print(' ')
print('###############################################')
print('Prob Bayesiana da classe "não animal" = ',prob_Na )

##########################################################
#       Decisao Final
#########################################################

print(' ')
print('#################### DECISÃO FINAL  ######################')
if prob_A>prob_Na:
    print('A sentença tem animal' )
else:
    print('A sentença não tem animal' )
```

6.3.2 ALGORITMO BAYESIANO PARA CLASSIFICAÇÃO DE LISTAS DE NÚMEROS

Algoritmos para verificar se um conjunto de números possuem números pares e ímpares são conhecidos antes mesmo de os computadores serem construídos. Basta apenas verificar o resto da divisão por 2 para se afirmar se um número é par ou ímpar.

Mas, com o teorema de Bayes, um algoritmo pode aprender se uma lista de números só tem pares ou ímpares apenas pelo treinamento e observação, sem saber nada sobre resto de divisões ou conceitos matemáticos e algébricos.

Por exemplo, a lista [1, 5, 7, 11, 13, 25] tem somente números ímpares. Podemos treinar um computador a identificar esse tipo de lista apenas utilizando de probabilidades de aparecimento na árvore de classificação usando Teorema de Bayes, como visto com classificação de textos na Seção anterior. Existem muitas maneiras de treinar um computador para a decisão sobre classe de números pares e ímpares. Vamos ensinar nesse exemplo que um conjunto de todos os números pares farão parte da classe "sim", e conjunto com todos os números ímpares estarão na classe "não". A Tabela 6.2 apresenta seis conjuntos para treinar o algoritmo de Bayes para a tomada de decisão.

Tabela 6.2 – Classificação de conjunto de números em pares e ímpares

No	TEXTO	CLASSE
0	2, 10, 12, 16, 46, 60	sim
1	3, 13, 31, 35, 39, 59	não
2	5, 39, 43, 47, 51, 57	não
3	8, 18, 22, 26, 28, 34	sim
4	2, 6, 18, 20, 24, 38	sim
5	1, 21, 31, 37, 39, 45	não

Podemos repetir os mesmos passos do algoritmo de texto da Seção anterior, adaptando as bibliotecas e ferramentas para trabalharmos com *string* para bibliotecas que trabalham com números, como a biblioteca Pandas no Python. Nessa parte a seguir do programa, colocam-se os conjuntos de treinamentos no DataFrame.

```
##############################################################
# Classificador de Numeros Baysesiano
# Descobre se um conjunto tem somente numeros pares ou
# somente numeros impares a partir de um treino
# 'sim': sao todos pares
# 'nao': sao todos impares
##############################################################
import pandas as pd
from sklearn.feature_extraction.text import CountVectorizer
import numpy as np

# Construcao das colunas para as classes de treinamentos
columns = ['c1','c2','c3','c4','c5','c6','classes']
rows = []

# Numeros para treinamentos
rows = [[2,10,12,16,46,60, 'sim'],
```

```
18          [3,13,31,35,39,59, 'não'],
19          [5,39,43,47,51,57, 'não'],
20          [8,18,22,26,28,34, 'sim'],
21          [2,6,18,20,24,38, 'sim'],
22          [1,21,31,37,39,45, 'não']]
23
24  # +++++ Formatando dados para Treinamento +++++++++++++++++++++++
25  treino = pd.DataFrame(rows, columns=columns)
26  print(' ')
27  print('--------------------------------')
28  print(treino)
```

Uma diferença que existe e uma adaptação necessária em relação ao algoritmo com texto são que espaços vazios para os cálculos das probabilidades sempre dão problemas quando usamos números. A linha 36 da parte do *script* em Python utiliza o comando "*fillna(0)*", que preenche espaços vazios com números que estão nos parêntesis. Como desejamos contar números e calcular probabilidades, espaços vazios de não aparecimento de números serão preenchidos por zero, por isso o número zero aparece nos parêntesis do comando "*fillna*".

Como desejamos contar as frequências dos números separados pelas duas classes "sim" e "não", as linhas 38 e 49 colocam na matriz de aparições apenas os números diferentes da contagem zero nas duas classes.

```
29  #+++++++++++++++++++++++++++++++++++++++++++++++++++++++++++++++++
30  # Cria a matriz de termos para 'sim', colocando todos os termos de pares e
31  #impares separados para calcular a frequencia das aparicoes.
32  # Caso o numero apareca na classe 'sim' e nao apareca na classe 'nao' fica
33  # vazio a celula fica vazia. Para nao deixar aparecer vazio e substituir por
34  # zero, usa-se "fillna(0)" que preenche com zero campos vazios 'N.A.'
35  #+++++++++++++++++++++++++++++++++++++++++++++++++++++++++++++++++
36  materm_A =treino[['c1','c2','c3','c4','c5','c6']].apply(pd.Series.value_counts,
37                     axis=1)[treino['classes']=='sim'].fillna(0)
38  materm_A =materm_A.loc[:,(materm_A!=0).any(axis=0)]
39  print(' ')
40  print('--------------------------------')
41  print('CLASSE "Sim" ')
42  print('--------------------------------')
43  print(materm_A)
44  #+++++++++++++++++++++++++++++++++++++++++++++++++++++++++++++++++
45  # Cria a matriz de termos para 'nao' e preenche vazios com 'fillna(0)
46  #+++++++++++++++++++++++++++++++++++++++++++++++++++++++++++++++++
47  materm_Na = treino[['c1','c2','c3','c4','c5','c6']].apply(pd.Series.value_counts,
48                       axis=1)[treino['classes']=='não'].fillna(0)
49  materm_Na=materm_Na.loc[:,(materm_Na!=0).any(axis=0)]
50  print(' ')
51  print('--------------------------------')
52  print('CLASSE "Não" ')
53  print('--------------------------------')
54  print(materm_Na)
```

O resultado no console do Python é o seguinte, com a separação dos números em classe "sim" (somente números pares) e "não" (somente números ímpares):

```
   c1  c2  c3  c4  c5  c6 classes
0   2  10  12  16  46  60     sim
1   3  13  31  35  39  59     não
2   5  39  43  47  51  57     não
3   8  18  22  26  28  34     sim
4   2   6  18  20  24  38     sim
5   1  21  31  37  39  45     não

---------------------------------
CLASSE "Sim"
---------------------------------
    2    6    8   10   12   16   18  ...   24   26   28   34   38   46   60
0 1.0  0.0  0.0  1.0  1.0  1.0  0.0  ...  0.0  0.0  0.0  0.0  0.0  1.0  1.0
3 0.0  0.0  1.0  0.0  0.0  0.0  1.0  ...  0.0  1.0  1.0  1.0  0.0  0.0  0.0
4 1.0  1.0  0.0  0.0  0.0  0.0  1.0  ...  1.0  0.0  0.0  0.0  1.0  0.0  0.0

[3 rows x 16 columns]

---------------------------------
CLASSE "Não"
---------------------------------
    1    3    5   13   21   31   35   37   39   43   45   47   51   57   59
1 0.0  1.0  0.0  1.0  0.0  1.0  1.0  0.0  1.0  0.0  0.0  0.0  0.0  0.0  1.0
2 0.0  0.0  1.0  0.0  0.0  0.0  0.0  0.0  1.0  1.0  0.0  1.0  1.0  1.0  0.0
5 1.0  0.0  0.0  0.0  1.0  1.0  0.0  1.0  1.0  0.0  1.0  0.0  0.0  0.0  0.0
```

Pela separação das classes, podemos ver que, na classe "sim", o número 2 aparece no conjunto zero, e no conjunto 4, o número 6, apenas no conjunto 4; o número 1, apenas no conjunto 5 da classe não, e assim por diante. As demais linhas do programa seguem a mesma estratégia do programa da Seção anterior, primeiro calculando a frequência de repetições dos números em cada classe e, depois, as probabilidades. Os resultados das frequências em cada classe poderão ser vistos no console como se segue:

```
-----------------------------------
FREQUÊNCIA DOS NUMEROS NA CLASSE "Sim"
-----------------------------------
2     2.0
6     1.0
8     1.0
10    1.0
12    1.0
16    1.0
18    2.0
20    1.0
22    1.0
24    1.0
26    1.0
28    1.0
34    1.0
38    1.0
46    1.0
60    1.0
```

```
-----------------------------------
FREQUÊNCIA DOS NUMEROS NA CLASSE "Não"
-----------------------------------
1     1.0
3     1.0
5     1.0
13    1.0
21    1.0
31    2.0
35    1.0
37    1.0
39    3.0
43    1.0
45    1.0
47    1.0
51    1.0
57    1.0
59    1.0
```

As probabilidades dos números de cada classe serão:

```
---------------------------------
PROBABILIDADE DOS NUMEROS NA CLASSE "Sim"
---------------------------------
{2: 0.125, 6: 0.0625, 8: 0.0625, 10: 0.0625, 12: 0.0625, 16: 0.0625, 18: 0.125, 20: 0.0625, 22: 0.0625, 24: 0.0625, 26: 0.0625,
28: 0.0625, 34: 0.0625, 38: 0.0625, 46: 0.0625, 60: 0.0625}

---------------------------------
PROBABILIDADE DOS NUMEROS NA CLASSE "Não"
---------------------------------
{1: 0.06666666666666667, 3: 0.06666666666666667, 5: 0.06666666666666667, 13: 0.06666666666666667, 21: 0.06666666666666667, 31:
0.13333333333333333, 35: 0.06666666666666667, 37: 0.06666666666666667, 39: 0.2, 43: 0.06666666666666667, 45: 0.06666666666666667,
47: 0.06666666666666667, 51: 0.06666666666666667, 57: 0.06666666666666667, 59: 0.06666666666666667}
```

Depois que o treinamento do algoritmo foi feito (cálculo das matrizes de probabilidades da árvore de decisão de Bayes), podemos, então, inserir o novo conjunto de dados e perguntar ao computador se ele consegue reconhecer o conjunto como formado por pares ou ímpares:

[1, 5, 7, 11, 13, 25]

Após calcular as probabilidades dos números da lista anterior e comparar entre as duas classes, pode-se ver no console as seguintes linhas:

```
---------------------------------
CONJUNTO DE NUMEROS PARA TESTE
---------------------------------
[1, 5, 7, 11, 13, 25]

probabilidades dos numeros do novo conjunto para a classe "sim"
+++++++++++++++++++++++++++++++++++++++++++++++++++++++++++
{1: 0.05555555555555555, 5: 0.05555555555555555, 7: 0.05555555555555555, 11: 0.05555555555555555, 13: 0.05555555555555555, 25:
0.05555555555555555}

probabilidades dos numeros do novo conjunto para a classe "não"
{1: 0.11764705882352941, 5: 0.11764705882352941, 7: 0.058823529411764705, 11: 0.058823529411764705, 13: 0.11764705882352941, 25:
0.058823529411764705}

############################################
Prob Bayesiana da classe "sim" =  1.4700597055929064e-08

############################################
Prob Bayesiana da classe "não" =  1.657167712291159e-07

#################### DECISÃO FINAL  ####################
não
```

Como a probabilidade de conjunto formado por pares é 1.47E-08 (classe “sim”) e a probabilidade do conjunto formado por ímpares 1.65E-07(classe “não), a resposta no console para a decisão final é não. Corretamente o computador acerta a decisão, informando que esse conjunto de números é formado apenas por números ímpares, e não por números pares. O programa completo é praticamente idêntico ao programa da Seção anterior. Segue-se o *script* completo do algoritmo que proporciona as respostas no console do Python anterior.

```
############################################################
# Classificador de Numeros Baysesiano
# Descobre se um conjunto tem somente numeros pares ou
# somente numeros impares a partir de um treino
# 'sim': sao todos pares
# 'nao': sao todos impares
############################################################
import pandas as pd
from sklearn.feature_extraction.text import CountVectorizer
import numpy as np

# Construcao das colunas para as classes de treinamentos
columns = ['c1','c2','c3','c4','c5','c6','classes']
rows = []

# Numeros para treinamentos
rows = [[2,10,12,16,46,60, 'sim'],
        [3,13,31,35,39,59, 'não'],
```

```
            [5,39,43,47,51,57, 'não'],
            [8,18,22,26,28,34, 'sim'],
            [2,6,18,20,24,38, 'sim'],
            [1,21,31,37,39,45, 'não']]
# +++++ Formatando dados para Treinamento +++++++++++++++++++++++
treino = pd.DataFrame(rows, columns=columns)
print(' ')
print('--------------------------------')
print(treino)
#+++++++++++++++++++++++++++++++++++++++++++++++++++++++++++++++++
# Cria a matriz de termos para 'sim', colocando todos os termos de pares e
#impares separados para calcular a frequencia das aparicoes.
# Caso o numero apareca na classe 'sim' e nao apareca na classe 'nao' fica
# vazio, a celula fica vazia. Para nao deixar aparecer vazio e substituir por
# zero, usa-se "fillna(0)" que preenche com zero campos vazios 'N.A.'
#+++++++++++++++++++++++++++++++++++++++++++++++++++++++++++++++++
materm_A =treino[['c1','c2','c3','c4','c5','c6']].apply(pd.Series.value_counts,
                        axis=1)[treino['classes']=='sim'].fillna(0)
materm_A =materm_A.loc[:,(materm_A!=0).any(axis=0)]
print(' ')
print('--------------------------------')
print('CLASSE "Sim" ')
print('--------------------------------')
print(materm_A)
#+++++++++++++++++++++++++++++++++++++++++++++++++++++++++++++++++
# Cria a matriz de termos para 'nao' e preenche vazios com 'fillna(0)
#+++++++++++++++++++++++++++++++++++++++++++++++++++++++++++++++++
materm_Na = treino[['c1','c2','c3','c4','c5','c6']].apply(pd.Series.value_counts,
                         axis=1)[treino['classes']=='não'].fillna(0)
materm_Na=materm_Na.loc[:,(materm_Na!=0).any(axis=0)]
print(' ')
print('--------------------------------')
print('CLASSE "Não" ')
print('--------------------------------')
print(materm_Na)
# Calculando a frequencia dos numeros para classe "sim"
# Transfere os valores da matriz para uma lista
word_list_A = materm_A.columns.tolist()
count_list_A = materm_A.sum()
freq_A = materm_A.sum()
print(' ')
print('--------------------------------')
print('FREQUÊNCIA DOS NUMEROS NA CLASSE "Sim" ')
print('--------------------------------')
print(freq_A)
#++++++++++++++++++++++++++++++++++++++++++++++++++++
# Calculando a frequencia dos numeros para classe "nao"
```

```
# Transfere os valores da matriz para uma lista
word_list_Na = materm_Na.columns.tolist()
count_list_Na = materm_Na.sum()
freq_Na = materm_Na.sum()
print(' ')
print('---------------------------------')
print('FREQUÊNCIA DOS NUMEROS NA CLASSE "Não" ')
print('---------------------------------')
print(freq_Na)
####### Calculando a probabilidade dos numeros na classe "sim"
prob_A=[]
for count in count_list_A:
    prob_A.append(count/len(word_list_A))
print(' ')
print('---------------------------------')
print('PROBABILIDADE DOS NUMEROS NA CLASSE "Sim" ')
print('---------------------------------')
print(dict(zip(word_list_A,prob_A)))
####### Calculando a probabilidade dos numeros na classe "nao"
prob_Na=[]
for count in count_list_Na:
    prob_Na.append(count/len(word_list_Na))
print(' ')
print('---------------------------------')
print('PROBABILIDADE DOS NUMEROS NA CLASSE "Não" ')
print('---------------------------------')
print(dict(zip(word_list_Na,prob_Na)))
#+++++ Colocando em vetor todas os numeros e suas probab. +++
docs = [row['classes'] for index,row in treino.iterrows()]
vec = CountVectorizer()
X = vec.fit_transform(docs)
# total de caracteristicas
total_features = len(vec.get_feature_names())
total_caract_A = len(count_list_A)
total_caract_Na = len(count_list_Na)
############ nova sentenca ##################
print(' ')
print('---------------------------------')
print('CONJUNTO DE NUMEROS PARA TESTE ')
print('---------------------------------')
```

```
new_list = [1,5,7,11,13,25]

print(new_list)

######### probabilidades do novo conjunto de numeros para "sim" #####
prob_A_novo = []
for word in new_list:
    if word in freq_A.keys():
        count = freq_A[word]
    else:
        count = 0
    prob_A_novo.append((count + 1)/(total_caract_A + total_features))
print(' ')
print('probabilidades dos numeros do novo conjunto para a classe "sim" ')
print('++++++++++++++++++++++++++++++++++++++++++++++++++++++++++++++++')
print(dict(zip(new_list,prob_A_novo)))



######### probabilidades do novo conjunto de numeros para "nao" #####
prob_Na_nova_palav = []
for word in new_list:
    if word in freq_Na.keys():
        count = freq_Na[word]
    else:
        count = 0
    prob_Na_nova_palav.append((count + 1)/(total_caract_Na + total_features))
print(' ')
print('probabilidades dos numeros do novo conjunto para a classe "não" ')
print(dict(zip(new_list,prob_Na_nova_palav)))

#########################################################
#       Calculo final de Bayes para classe "sim"
########################################################
prob_A=np.prod(prob_A_novo)*(len(materm_A)/(len(materm_A)+len(materm_Na)))
print(' ')
print('################################################')
print('Prob Bayesiana da classe "sim" = ',prob_A )

#########################################################
#       Calculo final de Bayes para classe "nao"
########################################################
prob_Na=np.prod(prob_Na_nova_palav)*(len(materm_Na)/(len(materm_A)+len(materm_Na)))
print(' ')
print('################################################')
print('Prob Bayesiana da classe "não" = ',prob_Na )

#########################################################
#       Decisao Final
########################################################

```

```
print(' ')
print('#################### DECISÃO FINAL ####################')
if prob_A>prob_Na:
    print('sim' )
else:
    print('não' )
```

6.4 CLASSIFICAÇÃO E REGRESSÃO NO APRENDIZADO DE MÁQUINA (*MACHINE LEARNING*)

Nas Seções anteriores, foram apresentados os algoritmos que são baseados na clássica formulação do teorema de Bayes. Com o advento de novas técnicas computacionais, outras formulações foram adaptadas e ampliadas para tomadas de decisões. Esses novos algoritmos tornaram-se tão acurados e rápidos que logo começaram a fazer parte de pacotes conhecidos como algoritmos de aprendizado de máquina ou *machine learning*. Os clássicos algoritmos de aprendizado de máquina podem ser divididos e estruturados em dois tipos: classificação e regressão.

A ciência da computação construiu um conceito interessante para ser aplicado por meio de algoritmos, no sentido de ensinar um computador a classificar eventos. Isso não deixa de ser uma tomada de decisão, mas com desenvolvimento mais profundo pois não fica somente na aplicação do teorema de Bayes, mas, sim, em como o computador deve aprender com sua exposição aos eventos passados. Essa exposição num grande número de experimentos com sucesso e fracasso é que faz uma máquina aprender a tomar decisão. Esse aprendizado é conhecido como supervisionado, e ainda pode ser subdividido, como visto na Figura 6.5, em problemas de classificação e problemas de regressão.

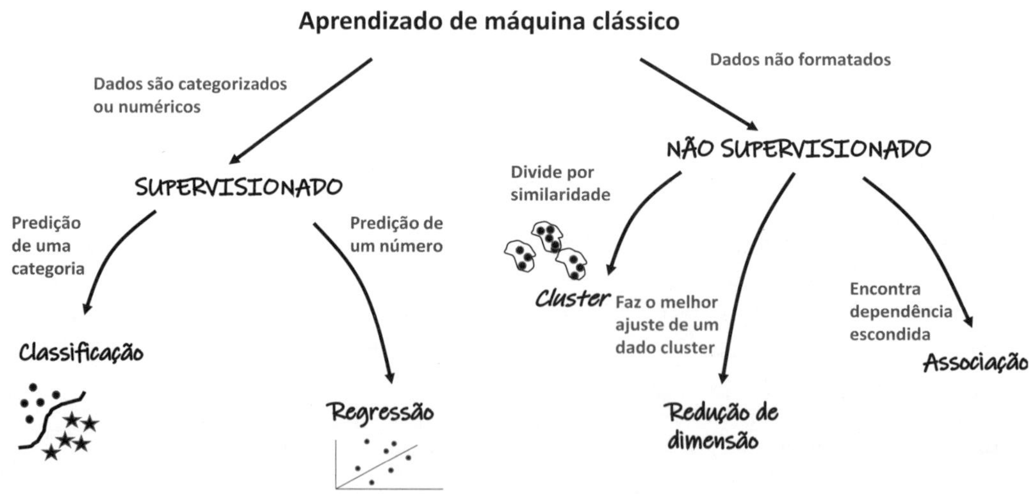

Figura 6.5 – Classificação e regressão em aprendizado de máquina

Muitas vezes, esse aprendizado não produz bons resultados com as técnicas de supervisão, pois são baseados em medidas e cálculos estatísticos. No caso de baixa precisão, um outro ramo se divide no aprendizado, que pode ser direcionado para técnicas que envolvem separação de sucessos e fracassos em *cluster*, em redução da dimensão ou por meio de associações.

Um dos métodos bastante difundidos nas últimas décadas é o de máquina de vetores de suporte, ou mais conhecido como *support vector machine* (SVM).

6.4.1 CLASSIFICAÇÃO COM *SUPPORT VECTOR MACHINE* (SVM)

Uma máquina de vetores de suporte, ou SVM, toma entradas e saídas de um determinado evento e separa primeiro uma parte para o treinamento do algoritmo de classificação, e uma segunda parte para a verificação da acurácia. As classes são separadas por uma entidade matemática conhecida como hiperplano, um plano em dimensões superiores, como 3D, 4D, 5D etc., que estão relacionadas com as variáveis de entrada.

Para simplificar, vamos supor o caso 3D. Se tivermos um problema a ser resolvido com três entradas que produzem uma saída, elas estarão no plano tridimensional, e o hiperplano é um plano que separa os valores das variáveis. Em um caso em que tenhamos apenas duas variáveis de entrada para o evento, o plano que separa esses valores é, na verdade, uma reta (Figura 6.6).

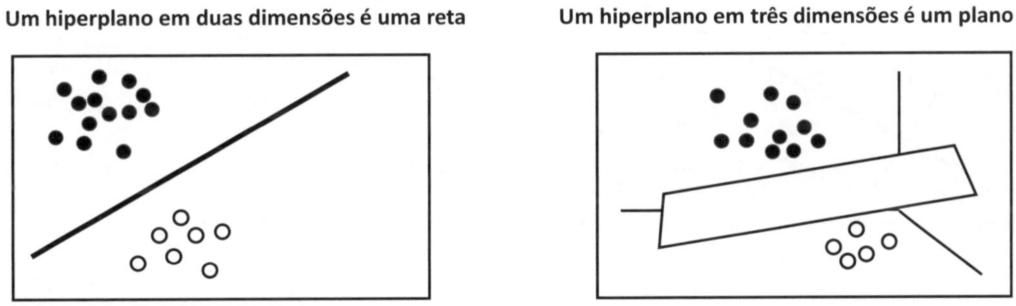

Figura 6.6 – Hiperplano para classificação.

Para a classificação, o hiperplano se encontra no ponto médio entre os grupos de classes a serem separadas. Os valores das variáveis de entrada x_1, x_2, x_3 ... x_n são os vetores de suporte, e os valores de *w* são os pesos das informações disponíveis para cada variável de entrada. A variável *b* é uma constante que determina o deslocamento do hiperplano em relação a origem. A representação matemática para um hiperplano com base nos vetores de suporte é a seguinte:

$$w_1x_1 + w_2x_2 + \cdots + w_nx_n + b = 0 \qquad (6.9)$$

Essa equação pode ser simplificada e reduzida na forma matricial, muitas vezes difundida em textos que envolvem a teoria de classificação. Sua representação é a seguinte:

$$w^T\vec{x} + b = 0 \qquad (6.10)$$

No caso bidimensional (Figura 6.7), o hiperplano é a reta que separa duas classes (por exemplo, positiva e negativa) e tem a seguinte representação matemática:

$$w_1x + w_2y + b = 0 \qquad (6.11)$$

A margem de segurança para a separação entre as classes deve estar entre os limites $w_1x + w_2y + b = 1$ e $w_1x + w_2y + b = -1$. A largura dessa banda de margem de separação é encontrada por:

$$\delta = \frac{\sqrt{1 + \left(w_1/w_2\right)^2}}{\sqrt{w_1^2 + w_2^2}} \tag{6.12}$$

O valor dessa distância δ visto na linha tracejada da Figura 6.7 é que separa as margens limites do hiperplano para a tomada de decisão. Somando e subtraindo δ na Equação (6.11), encontraremos as retas tracejadas que ajudam o algoritmo a separar as duas classes.

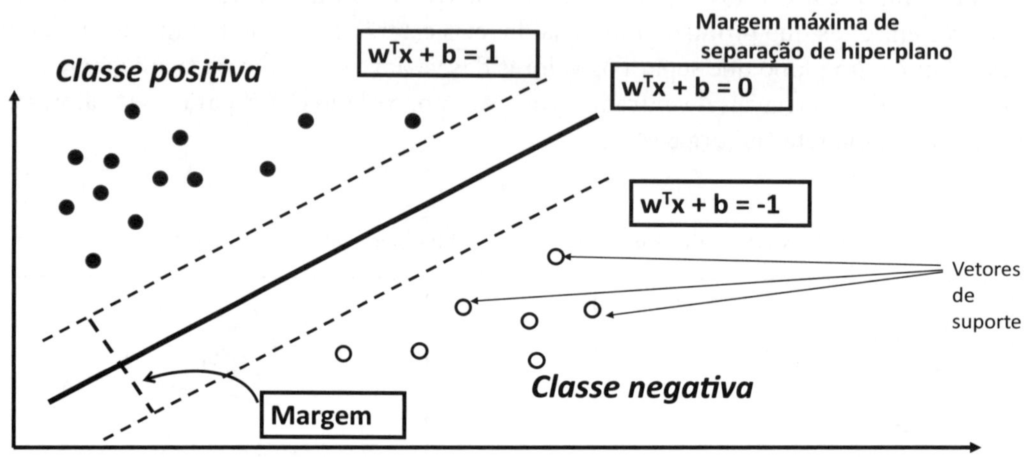

Figura 6.7 – Representação de hiperplano bidimensional para classificação.

A reta que representa o hiperplano que divide as classes pode ser encontrada facilmente por meio dos seguintes passos algébricos. Dado que:

$$w_1x + w_2y + b = 0$$

então,

$$w_2y = -w_1x - b$$

E dividindo em ambos os lados por w_2:

$$y = -(w_1/w_2)x - b/w_2$$

Renomeando $a = -(w_1/w_2)$ temos,

$$y = ax - b/w_2 \tag{6.13}$$

Assim, os limites superior e inferior da margem do hiperplano apresentados com a linha tracejada na Figura 6.7 serão:

$$y_{SUP} = ax - \frac{b}{w_2} + \frac{\sqrt{1+\left(w_1/w_2\right)^2}}{\sqrt{w_1^2 + w_2^2}} \tag{6.14}$$

$$y_{INF} = ax - \frac{b}{w_2} - \frac{\sqrt{1+\left(w_1/w_2\right)^2}}{\sqrt{w_1^2 + w_2^2}} \tag{6.15}$$

Como aplicação do SVM, vamos considerar o caso dos focos de incêndios no Brasil observados por meio de imagens de satélite.

Exemplo 6.1 – Focos de queimadas

A conscientização sobre as queimadas e os desmatamentos na Amazônia brasileira está tomando dimensões globais, visto os constantes alertas sobre as mudanças climáticas e, sobretudo, o aumento do aquecimento global. Temperaturas de alguns graus acima da média do planeta já estão transformando o clima em problema sério na destruição de vidas e cidades. Com menos áreas de captação de gases do efeito estufa, o planeta se aquece mais, tornando as tempestades (chuvas, ciclones, furacões) cada vez mais destruidoras.

Tabela 6.3 – Focos de incêndios e dados meteorológicos de São Felix do Xingu (PA)

Focos	Temperatura máxima (C)	Umidade mínima (%)	Data
Não	31	65	18/10/2021
Não	32,6	61	19/10/2021
Sim	33,4	64	20/10/2021
Não	31,2	64	21/10/2021
Não	30,7	67	22/10/2021
Sim	31,7	65	23/10/2021
Não	34	56	24/10/2021
Sim	34,2	53	25/10/2021
Não	33	63	26/10/2021
Não	31,1	66	27/10/2021
Não	34,5	51	28/10/2021
Sim	34,7	45	29/10/2021
Sim	33,8	56	30/10/2021
Não	32,1	64	31/10/2021

No Brasil, o INPE acompanha o desmatamento e os incêndios florestais no Brasil várias vezes ao dia, com a utilização de imagens por satélites que monitoram não somente a Amazônia, mas todo o território nacional. Em sua página sobre focos e queimadas (<https://queimadas.dgi.inpe.br/queimadas/bdqueimadas#exportar-dados>), é possível baixar dados de diversos lugares no Brasil e verificar o risco de queimadas.

Uma das possíveis causas para um foco de incêndio sem a intervenção humana (como desmatamento e incêndios propositais para plantio) é a alta temperatura ambiente e a baixa umidade relativa do ar, fatores preponderantes para focos de incêndios espontâneos. Essas duas variáveis também podem ser encontradas na página do Instituto Nacional de Meteorologia (INMET), em sua página oficial <https://tempo.inmet.gov.br/TabelaEstacoes/A001#>.

A título de exemplo, escolhemos na Tabela 6.3 dados para focos de incêndios e variáveis meteorológicas para a cidade de São Felix do Xingu, no estado do Pará, entre 18 e 31 de outubro de 2021. Em vez de números, escolhemos criar duas classes para determinar se, apenas com as variáveis meteorológicas é possível prever se na região, num determinado dia, apenas com dados de temperatura e umidade, ocorrerá algum foco de incêndio. Por isso, a coluna "Focos" na tabela é "sim" (existiu foco de incêndio no dia) e "não" (não ocorreu incêndio).

Inserimos os dados da Tabela 6.3 no Excel, no arquivo nomeado de "Incendios.xlsx" com a planilha "Queimadas" ocupada com os valores numéricos nas colunas B e C, e as classes "sim" e "não" para os focos reais em São Felix do Xingu, na coluna A.

	A	B	C
1	Focos	Temp	Umid
2	Não	31	65
3	Não	32,6	61
4	Sim	33,4	64
5	Não	31,2	64
6	Não	30,7	67
7	Sim	31,7	65
8	Não	34	56
9	Sim	34,2	53
10	Não	33	63
11	Não	31,1	66
12	Não	34,5	51
13	Sim	34,7	45
14	Sim	33,8	56
15	Não	32,1	64
16			
17			

Queimadas

Figura 6.8 – Planilha do Excel com as classes de focos de incêndios e variáveis meteorológicas para temperatura e umidade na cidade de São Felix do Xingu (PA).

No Python, a biblioteca que possui a máquina de vetores de suporte (SVM) para a classificação é a *Sklearn*. Ela é uma boa biblioteca com todos os algoritmos para treinamento e testes de aprendizado de máquina, tanto para classificação quanto para a regressão. A importação da planilha da Figura 6.8 é feita pela biblioteca *Pandas*. O algoritmo a seguir demonstra os passos para o SVM no problema dos focos de incêndios.

```
######### Machine Learning - SVM    ##############
# Classificador de focos de incendios com dados de
# temperatura e umidade como variaveis de entrada
########################################################
import numpy as np
import pandas as pd
from sklearn import svm
import matplotlib.pyplot as fig
import seaborn as sns
from sklearn import metrics
from sklearn.model_selection import train_test_split

sns.set(font_scale=1.2)
#+++++++++++++++++++++++++++++++++++++++++++++++++++++++++++++++
#importa dados do Excel
focos=pd.read_excel('Incendios.xlsx',sheet_name='Queimadas')
print(focos.head())
```

Para ver o resultado gráfico do problema, pode ser utilizada outra biblioteca, como apresentado a seguir. Nesse caso, foi utilizada a função *lmplot* (caro leitor, apesar de parecer a letra *i* a primeira letra dessa função é l) da biblioteca *Searborn* no Python.

```
#++++++++++++++++++++++++++++++++++++++++++++++++++++++++++++++
# plot nossos dados
sns.lmplot('Temp','Umid',data=focos,hue='Focos',fit_reg=False,
           palette='gray_r', markers=['o','x'])

#++++++++++++++++++++++++++++++++++++++++++++++++++++++++++++
```

O resultado inicial para as linhas do Excel pode ser visto a seguir na Figura 6.9. Os eixos representam as colunas do Excel com os dados de temperatura e umidade. Para cada classe "sim" ou "não", os dados possuem uma representação diferente. Quando os dados coletados pelo INMET são verificados com os dados do INPE, e, se para o mesmo dia, ocorreram focos de incêndio, a representação é "x" para "sim". Caso contrário, se no mesmo dia não ocorreram incêndios, a representação é "o" para "não".

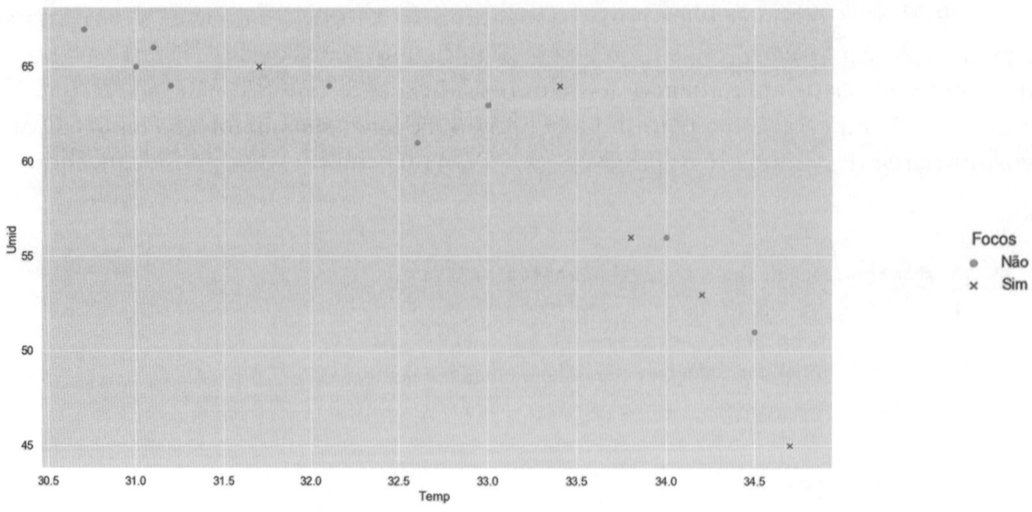

Figura 6.9 – Classes para os focos por temperatura e umidade.

A biblioteca SVM para o aprendizado de máquina no algoritmo é muito simples e rápida para problemas com apenas duas variáveis de entrada. Basicamente, são necessárias apenas as linhas a seguir no código.

Separa-se antes parte das variáveis para treinamentos em que X_train refere-se aos dados do vetor para as variáveis meteorológicas, e y_train, aos dados das classes "sim" e "não". Nesse exemplo, 70% são reservados para treinamento. Para testar a acurácia do treinamento, 30% são testados com as variáveis separadas em X_test e y_test.

Como esse é um problema linear, uma linha é construída com a chamada da função *support vector classification* (SVC). Essa função SVC só é utilizada porque o problema é de classificação. Caso ele fosse com envolvimento de números em vez de classes, teríamos de usar outra função, a função de regressão e não essa função de classificação.

Após criar o modelo linear com SVC, faz-se o ajuste de parâmetros com a função *fit* e, por fim, testa-se o modelo com a função *predict*, utilizando como entrada as variáveis reservadas para teste em X_test.

```
X_train, X_test, y_train, y_test = train_test_split(var_entrada,
                                                    type_label,
                                                    test_size=0.3,
                                                    random_state=0)
modelo=svm.SVC(kernel='linear')
modelo.fit(X_train, y_train)
y_pred = modelo.predict(X_test)
```

Mas como se criam ou separam-se as variáveis oriundas do Excel? Separam-se as colunas primeiro, usando o conceito de listas do Python, tomando os valores que estão no formato de *DataFrame* da *Pandas* com o nome "focos". Com a biblioteca *NumPy*, se no Excel a coluna de "Focos" possui um "não", ela receberá zero, caso contrário receberá 1, usando-se a função *where* na linha 29 a seguir.

Após isso, toda a coluna do Excel que possuía "sim" ou "não" será redirecionada para uma lista de valores 0 e 1 nas linhas 33 e 35 a seguir.

```
#+++++++++++++++++++++++++++++++++++++++++++++++++++++++++++++
# formatar para pre-processamento
# se for Sim label(com focos)=1
# se nao for Nao(sem focos) label=0

type_label=np.where(focos['Focos']=='Não',0,1)

#+++++++++++++++++++++++++++++++++++++++++++++++++++++++++++++
# transforma as caracteristicas ou titulos de cada coluna em lista
focos_features=focos.columns.values[1:].tolist()

var_entrada=focos[['Temp','Umid']].values
print(var_entrada)

#+++++++++++++++++++++++++++++++++++++++++++++++++++++++++++++
```

Essa lista com zeros e uns de nome **var_entrada** é que será utilizada para treinar e testar os modelos da função SVC com a explicação anterior e programadas nas linhas 41, 45, 46 e 47 no *script* a seguir.

```
38  #+++++++++++++++++++++++++++++++++++++++++++++++++++++++++++++
39  # ajuste parametros do modelo
40  # SVC= Support Vector Classification
41  X_train, X_test, y_train, y_test = train_test_split(var_entrada,
42                                                      type_label,
43                                                      test_size=0.3,
44                                                      random_state=0)
45  modelo=svm.SVC(kernel='linear')
46  modelo.fit(X_train, y_train)
47  y_pred = modelo.predict(X_test)
48
49  #+++++++++++++++++++++++++++++++++++++++++++++++++++++++++++
```

As linhas de margem do hiperplano devem seguir as Equações definidas em (6.13), (6.14) e (6.15), programadas no Python pelas linhas a seguir.

```
#+++++++++++++++++++++++++++++++++++++++++++++++++++++++++++
# separacao do hiperplano
w=modelo.coef_[0]
a=-w[0]/w[1]
xx=np.linspace(30,35)
yy=a*xx-(modelo.intercept_[0])/w[1]

#+++++++++++++++++++++++++++++++++++++++++++++++++++++++++++
# plot a separacao do hiperplano feito pelo SVC
margem=1/np.sqrt(np.sum(modelo.coef_**2))
yy_baixo=yy-np.sqrt(1+a**2)*margem
```

```
b=modelo.support_vectors_[-1]
yy_alto=yy+np.sqrt(1+a**2)*margem

sns.lmplot('Temp','Umid',data=focos,hue='Focos',fit_reg=False,
           palette='gray_r', markers=['o','x'])
fig.plot(xx,yy,linewidth=2,color='black')
fig.plot(xx,yy_baixo,'k--')
fig.plot(xx,yy_alto,'k--')
```

O resultado desse trecho do programa produz um gráfico onde se veem o hiperplano (a reta central) e as margens para a decisão em linha tracejada, construídas pela função gráfica *lmplot* da biblioteca *Seaborn*. Nesse caso, pontos de previsão acima da reta de classificação serão considerados dias sem focos de incêndios enquanto pontos abaixo da reta, dias com focos de incêndios na região.

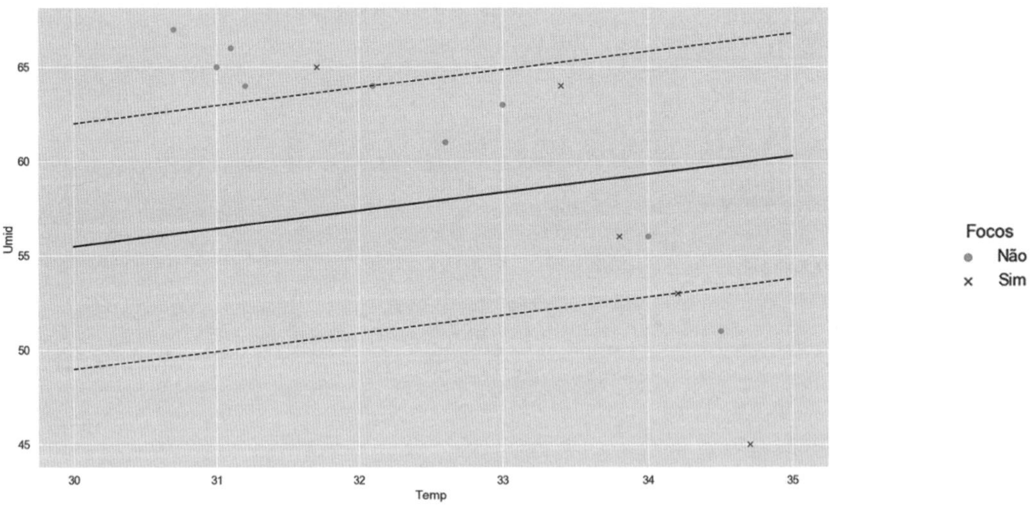

Figura 6.10 – Hiperplano e margens para a classificação em "sim" e "não".

Mas será que realmente o computador aprendeu com essas informações? Por exemplo, quando a temperatura é 32 °C, e a umidade relativa do ar, 65%, o que podemos esperar? Para isso, estas linhas a seguir no código usam a função *predict* do SVM para indicar se teríamos incêndio ou não.

```
#++++++++++++++++++++++++++++++++++++++++++++++++++++++++++++
#cria uma funcao para previsao de "queimadas"(sim) e "não queimadas (não)

def Incendio(Temp,Umid):
   if (modelo.predict([[Temp,Umid]]))==0:
      print('Sem focos de queimadas')
   else:
      print('Com focos de queimadas')
```

```
Temp_prev=32
Umid_prev=65
Incendio(Temp_prev,Umid_prev)
```

Podemos aproveitar a Figura 6.10 e colocar a solução sobreposta para ver o que resultaria da previsão. Nesse caso, com marcador “o” podemos ver que a previsão na Figura 6.11 aponta para um dia sem focos de incêndio, visto que está acima da margem superior de classificação, é um ponto que está acima da reta de classificação.

```
#++++++++++++++++++++++++++++++++++++++++++++++++++++++++++
# plot o ponto de previsao para comparacao de acerto

sns.lmplot('Temp','Umid',data=focos,hue='Focos',fit_reg=False,
               palette='gray_r', markers=['o','x'])
fig.plot(xx,yy,linewidth=2,color='black')
fig.plot(Temp_prev,Umid_prev,'ko', markersize='12')
fig.plot(xx,yy,linewidth=2,color='black')
fig.plot(xx,yy_baixo,'k--')
fig.plot(xx,yy_alto,'k--')
```

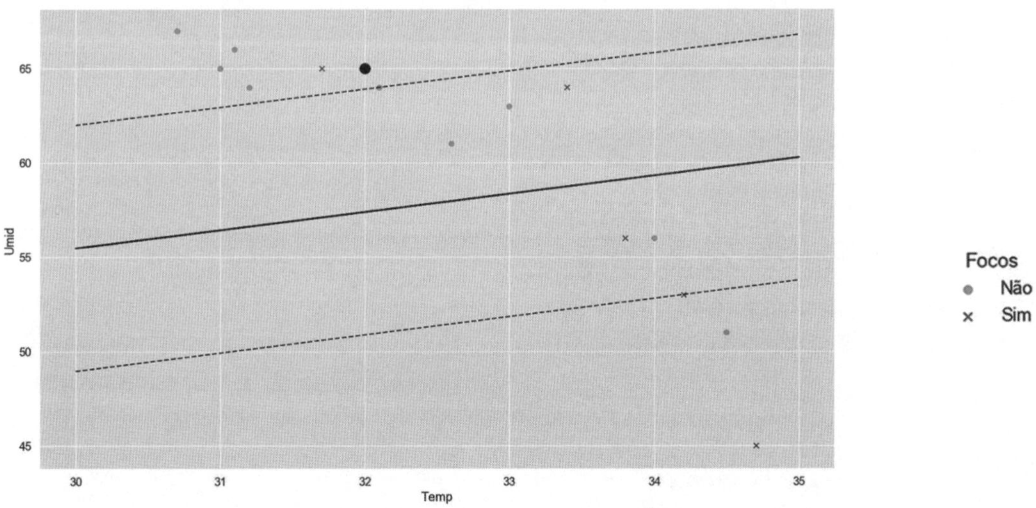

Figura 6.11 – Previsão de nenhum foco de incêndio para temperatura de 32 ºC e umidade relativa de 65% na região.

Podemos confiar nessa decisão?

Para medir se a previsão é boa ou não, podemos usar a função do SVM que mede a acurácia da previsão, com base na amostra que estava no Excel. Obviamente, quanto maior a amostra, melhor o treinamento e a previsão. Como usamos poucos dados apenas para exemplificar o uso do SVM, o resultado não foi muito bom. Usando então, a função accuracy_score para a variável de saída de teste (y_test) e o resultado advindo da previsão y_pred, tivemos 60% de acurácia. Para se obterem esses cálculos de acurácia, é necessária a importação da função *metrics* da biblioteca Sklearn.

```

############### Calculo da precisao do treinamento #####################
print("Accuracy:",metrics.accuracy_score(y_test, y_pred))
```

O código completo é apresentado a seguir para esse exemplo.

```
#########    Machine Learning - SVM        ###############
# Classificador de focos de incendios com dados de
# temperatura e umidade como variaveis de entrada
###########################################################
import numpy as np
import pandas as pd
from sklearn import svm
import matplotlib.pyplot as fig
import seaborn as sns
from sklearn import metrics
from sklearn.model_selection import train_test_split

sns.set(font_scale=1.2)
#+++++++++++++++++++++++++++++++++++++++++++++++++++++++++++++++++++
#importa dados do Excel
focos=pd.read_excel('Incendios.xlsx',sheet_name='Queimadas')
print(focos.head())

#++++++++++++++++++++++++++++++++++++++++++++++++++++++++++++++++++
# plot nossos dados
sns.lmplot('Temp','Umid',data=focos,hue='Focos',fit_reg=False,
           palette='gray_r', markers=['o','x'])

#++++++++++++++++++++++++++++++++++++++++++++++++++++++++++++++++
# formatar para pre-processamento
# se for Sim label(com focos)=1
# se nao for Nao(sem focos) label=0

type_label=np.where(focos['Focos']=='Não',0,1)

#+++++++++++++++++++++++++++++++++++++++++++++++++++++++++++++++++
# transforma as caracteristicas ou titulos de cada coluna em lista
focos_features=focos.columns.values[1:].tolist()

var_entrada=focos[['Temp','Umid']].values
print(var_entrada)

#+++++++++++++++++++++++++++++++++++++++++++++++++++++++++++++++++
# ajuste parametros do modelo
# SVC= Support Vector Classification
X_train, X_test, y_train, y_test = train_test_split(var_entrada,
                                                     type_label,
                                                     test_size=0.3,
```

```
                                                random_state=0)
modelo=svm.SVC(kernel='linear')
modelo.fit(X_train, y_train)
y_pred = modelo.predict(X_test)

#+++++++++++++++++++++++++++++++++++++++++++++++++++++++++++
# separacao do hiperplano
w=modelo.coef_[0]
a=-w[0]/w[1]
xx=np.linspace(30,35)
yy=a*xx-(modelo.intercept_[0])/w[1]

#+++++++++++++++++++++++++++++++++++++++++++++++++++++++++++
# plot a separacao do hiperplano feito pelo SVC
margem=1/np.sqrt(np.sum(modelo.coef_**2))
yy_baixo=yy-np.sqrt(1+a**2)*margem
b=modelo.support_vectors_[-1]
yy_alto=yy+np.sqrt(1+a**2)*margem

sns.lmplot('Temp','Umid',data=focos,hue='Focos',fit_reg=False,
           palette='gray_r', markers=['o','x'])
fig.plot(xx,yy,linewidth=2,color='black')
fig.plot(xx,yy_baixo,'k--')
fig.plot(xx,yy_alto,'k--')

#+++++++++++++++++++++++++++++++++++++++++++++++++++++++++++
#cria uma funcao para previsao de "queimadas"(sim) e "não queimadas (não)

def Incendio(Temp,Umid):
  if (modelo.predict([[Temp,Umid]]))==0:
    print('Sem focos de queimadas')
  else:
    print('Com focos de queimadas')
Temp_prev=32
Umid_prev=65
Incendio(Temp_prev,Umid_prev)

#+++++++++++++++++++++++++++++++++++++++++++++++++++++++++++
# plot o ponto de previsao para comparacao de acerto

sns.lmplot('Temp','Umid',data=focos,hue='Focos',fit_reg=False,
           palette='gray_r', markers=['o','x'])
fig.plot(xx,yy,linewidth=2,color='black')
fig.plot(Temp_prev,Umid_prev,'ko', markersize='12')
fig.plot(xx,yy,linewidth=2,color='black')
fig.plot(xx,yy_baixo,'k--')
fig.plot(xx,yy_alto,'k--')

############### Calculo da precisao do treinamento ####################
print("Accuracy:",metrics.accuracy_score(y_test, y_pred))
```

6.4.2 CLASSIFICAÇÃO COM *NU-SUPPORT VECTOR CLASSIFICATION* (*NU-SVC*)

No exemplo da Seção anterior, vimos que a classificação de forma linear pelo SVC ficou em 60% de acurácia. Essa é uma precisão de resposta baixa, mas pode ser melhorada utilizando-se outra função: *Nu*-SVC.

No classificador SVC, que pertence ao SVM, é acrescentado o parâmetro que torna as margens em torno do hiperplano mais adaptáveis e não fixa os vetores de suporte (as variáveis de entrada).

Ao escolher esses vetores na fase de treinamento, esse parâmetro Nu (representa a letra grega ν), que varia no intervalo (0,1], penaliza uma função objetivo que será otimizada (Schölkopf *et* al., 2000). A função objetivo é a aquela que apresenta o menor erro na escolha das classes, mas que tem como restrição as margens em torno do hiperplano. Quando a solução converge, o resultado é uma margem bem mais adaptada às oscilações nas variações das classes.

Se ν está com valores mais próximos a zero, o hiperplano é não linear e percorre de maneira curvilínea os vetores de suporte. Quanto mais ν se aproxima de 1, mais rígido e próximo da linearidade é o hiperplano. Essa função também está programada na biblioteca *Sklearn* do Python e deve ser importada para os programas classificadores.

```
from sklearn.svm import NuSVC
```

No exemplo dos focos de incêndios, poucas adaptações são necessárias. Uma delas é apenas trocar o modelo que antes era linear com SVC para a NuSVC da seguinte forma:

```
#++++++++++++++++++++++++++++++++++++++++++++++++++++++++++++++
# ajuste parametros do modelo
# NuSVC= Support Vector Classification
X_train, X_test, y_train, y_test = train_test_split(var_entrada,
                                                    type_label,
                                                    test_size=0.3,
                                                    random_state=1)
modelo=NuSVC(nu=0.1)
modelo.fit(X_train, y_train)
y_pred = modelo.predict(X_test)
print(classification_report(y_test,y_pred))

##############################################################
```

Para melhorar a acurácia, escolhemos "nu=0.1" e adotamos nos treinamentos o teste um *random_state*=1 para que o método tenha mais liberdade de alterar os 70% de treinamentos e 30% de testes. Outra alteração necessária é na plotagem do resultado. Devemos plotar o resultado usando a função *decision_function* da biblioteca SVM, pois, como não temos mais uma reta como hiperplano, o resultado deve ser colocado em função da decisão otimizada pelo *Nu-SVC*.

Com esse resultado, basta utilizar a função de interpolação do tradicional *meshgrid* e o tipo de gráfico *imshow* com interpolação entre o espaço gerado, e os pontos do hiperplano não linear.

```
# Plot do treinamento e classificacao de twittie pos e neg
fig.figure()
xx, yy = np.meshgrid(np.linspace(30, 40, 500),
                     np.linspace(30, 70, 500))
################## plot da funcao de decisao do modelo ###

Z = modelo.decision_function(np.c_[xx.ravel(), yy.ravel()])
Z = Z.reshape(xx.shape)

fig.imshow(Z, interpolation='nearest',
           extent=(xx.min(), xx.max(), yy.min(), yy.max()), aspect='auto',
           origin='lower', cmap=fig.cm.Greys)
contours = fig.contour(xx, yy, Z, levels=[0], linewidths=2,
                       linestyles='dashed')
fig.scatter(var_entrada[:, 0], var_entrada[:, 1], s=30, c=type_label,cmap=fig.cm.Paired,
           edgecolors='k')
fig.axis([30, 40, 30, 70])
fig.xlabel('Temperatura(C)')
fig.ylabel('Umidade(%)')
```

O resultado dessas linhas de código pode ser visto na Figura 6.12, em que temos os pontos que representam a classe "sim" e a classe "não" para os focos de incêndios e o hiperplano fazendo uma curva, adaptando-se à amostra de resultados. O ponto do marcador "o" em cor preta na figura é a previsão para a mesma entrada do exemplo anterior, com temperatura sendo 32 °C e umidade relativa do ar de 65%. A resposta do classificador foi de que, com essas entradas não há focos de incêndios em São Felix do Xingu (PA). Com essas linhas de código a seguir, é possível repetir o resultado da Figura 6.12.

```
################ teste da previsao com pontos reais ####
#++++++++++++++++++++++++++++++++++++++++++++++++++++++++++++
#cria uma funcao para previsao de "queimadas"(sim) e "não queimadas (não)

def Incendio(Temp,Umid):
    if (modelo.predict([[Temp,Umid]]))==0:
        print('Sem focos de queimadas')
    else:
        print('Com focos de queimadas')
Temp=32      # entrada
Umid=65
Incendio(Temp,Umid)
fig.plot(Temp,Umid,'ko', markersize='12')
```

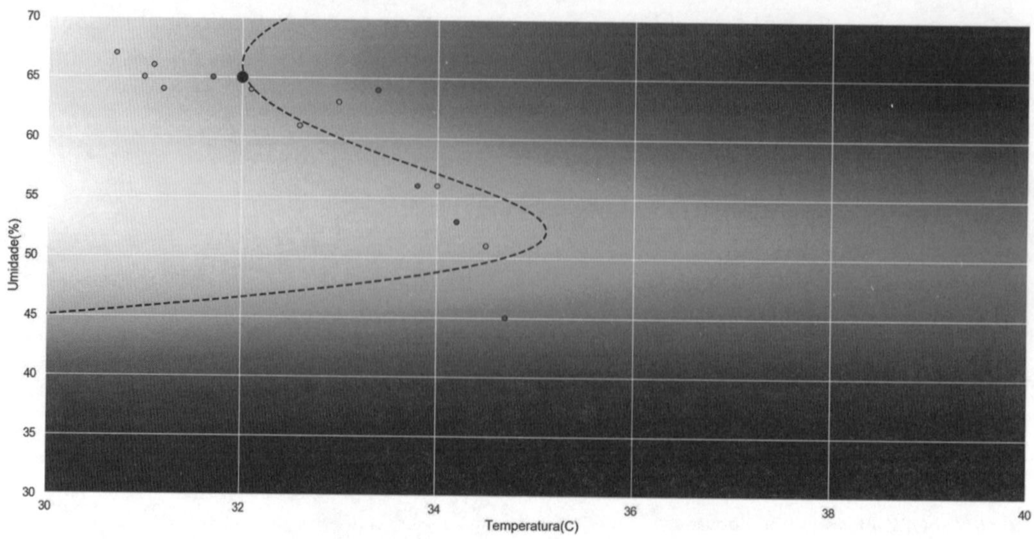

Figura 6.12 – Hiperplano e previsão com Nu-SVC.

Mas a precisão melhorou? A acurácia e precisão da Nu-SVC melhorou consideravelmente e permite-nos mais confiança nas previsões. O relatório das medidas de acurácia é impresso no console, e obteve-se nesse simples exemplo, com poucas amostras, a acurácia de 80%. A acurácia é melhor verificada usando o *classification_report* da função *metrics* que detalha todos os tipos de precisão para cada variável.

```
from sklearn.metrics import classification_report
```

No console do Python, após se rodar o programa, pode-se ver o seguinte relatório e a previsão de não focos de incêndios para a entrada de 32 °C e 65% de umidade:

```
              precision    recall  f1-score   support

           0       0.75      1.00      0.86         3
           1       1.00      0.50      0.67         2

    accuracy                           0.80         5
   macro avg       0.88      0.75      0.76         5
weighted avg       0.85      0.80      0.78         5

Sem focos de queimadas
```

O programa completo para o uso da função *Nu_SVC* é o que se segue.

```
######### Machine Learning - NuSVC  ##############
# Classificador de focos de incendios com dados de
# temperatura e umidade como variaveis de entrada
########################################################
import numpy as np
import pandas as pd
from sklearn.svm import NuSVC
import matplotlib.pyplot as fig
```

```
import seaborn as sns
from sklearn.metrics import classification_report
from sklearn.model_selection import train_test_split

sns.set(font_scale=1.2)
#+++++++++++++++++++++++++++++++++++++++++++++++++++++++++++++++
#importa dados do Excel
focos=pd.read_excel('Incendios.xlsx',sheet_name='Queimadas')
print(focos.head())

#+++++++++++++++++++++++++++++++++++++++++++++++++++++++++++++
# formatar para pre-processamento
# se for Sim label(com focos)=1
# se nao for Nao(sem focos) label=0

type_label=np.where(focos['Focos']=='Não',0,1)

#++++++++++++++++++++++++++++++++++++++++++++++++++++++++++++++
# transforma as caracteristicas ou titulos de cada coluna em lista
focos_features=focos.columns.values[1:].tolist()

var_entrada=focos[['Temp','Umid']].values

#++++++++++++++++++++++++++++++++++++++++++++++++++++++++++++++
# ajuste parametros do modelo
# NuSVC= Support Vector Classification
X_train, X_test, y_train, y_test = train_test_split(var_entrada,
                                                    type_label,
                                                    test_size=0.3,
                                                    random_state=1)
modelo=NuSVC(nu=0.1)
modelo.fit(X_train, y_train)
y_pred = modelo.predict(X_test)
print(classification_report(y_test,y_pred))

#########################################################
# Plot do treinamento e classificacao de twittie pos e neg
fig.figure()
xx, yy = np.meshgrid(np.linspace(30, 40, 500),
                     np.linspace(30, 70, 500))
################## plot da funcao de decisao do modelo ###

Z = modelo.decision_function(np.c_[xx.ravel(), yy.ravel()])
Z = Z.reshape(xx.shape)

fig.imshow(Z, interpolation='nearest',
           extent=(xx.min(), xx.max(), yy.min(), yy.max()), aspect='auto',
           origin='lower', cmap=fig.cm.Greys)
contours = fig.contour(xx, yy, Z, levels=[0], linewidths=2,
                       linestyles='dashed')
```

```
fig.scatter(var_entrada[:, 0], var_entrada[:, 1], s=30, c=type_label,cmap=fig.cm.Paired,
            edgecolors='k')
fig.axis([30, 40, 30, 70])
fig.xlabel('Temperatura(C)')
fig.ylabel('Umidade(%)')

################ teste da previsao com pontos reais ####
#+++++++++++++++++++++++++++++++++++++++++++++++++++++++++++++
#cria uma funcao para previsao de "queimadas"(sim) e "não queimadas (não)

def Incendio(Temp,Umid):
  if (modelo.predict([[Temp,Umid]]))==0:
    print('Sem focos de queimadas')
  else:
    print('Com focos de queimadas')
Temp=32  # entrada
Umid=65
Incendio(Temp,Umid)
fig.plot(Temp,Umid,'ko', markersize='12')
```

6.4.3 REGRESSÃO COM ÁRVORE DE DECISÃO (*DECISION TREE REGRESSOR*)

Na Figura 6.5, é possível ver que um aprendizado de máquina possui o ramo de treinamento supervisionado e não supervisionado. Nas Seções anteriores apresentamos como ensinar uma máquina a separar classes de um determinado experimento, observação ou evento. Uma classificação é um problema em que teremos como saída uma variável qualitativa, que representa uma situação, uma atitude, uma performance de alguma máquina ou de um profissional, enfim, temos uma saída com variável literal ou do tipo *string*. Quando o resultado é uma saída com números, precisamos mudar o foco e trabalhar com o aspecto de tomada de decisão baseada em regressão.

Mas o que vem a ser uma regressão? Uma regressão está ligada intimamente ao conceito de correlação, com estudos originalmente debatidos e publicados por Francis Galton e Karl Pearson nos anos 1800.

Nas próprias palavras de Galton (1888, p. 135):

> (...) é fácil ver que a correlação deve ser consequência das variações entre dois organismos sendo relacionadas a causas comuns. Se as variações forem completamente devido a causas comuns, as correlações serão perfeitas, como é aproximadamente o caso com as partes de um corpo simetricamente dispostas.

Assim, se duas variáveis forem linearmente correlacionadas, podemos prever ou estimar o comportamento das variáveis com base na reta de regressão linear.

Figura 6.13 – Karl Pearson (à esquerda) e Francis Galton (à direita).

Pode-se, então, definir regressão linear como o modelo entre a relação de uma variável dependente y e outra independente x (ou muitas independentes x_1, x_2, ... etc.). O modelo nesse caso é representado por

$$y = \beta_0 + \beta_1 x_1 + \beta_2 x_2 + \cdots + \beta_n x_n + \varepsilon$$

em que y é a variável dependente com x_1, x_2, ...; x_n, as variáveis independentes, e β_1, β_2, ..., β_n os parâmetros que mede a influência das variáveis independentes sobre y. O parâmetro β_0 é a intersecção (uma constante que representa a intersecção entre a reta de regressão com o eixo vertical). Já o parâmetro ε é a perturbação aleatória no modelo associado a medição x_i e com o pressuposto assumido de que os erros tenham distribuição normal, mutuamente independentes, com variância constante e média nula.

Caso se tenha só uma variável explicativa x, o hiperplano corresponderá a reta seguinte:

$$y = \beta_0 + \beta_1 x_1 + \varepsilon$$

em que se podem estimar os valores de β_0 e β_1 pelas fórmulas:

$$\widehat{\beta_0} = \frac{\left(\sum_{i=1}^{n} x_i\right)\left(\sum_{i=1}^{n} x_i^2\right) - \left(\sum_{i=1}^{n} x_i\right)\left(\sum_{i=1}^{n} x_i y_i\right)}{n\sum_{i=1}^{n} x_i^2 - \left(\sum_{i=1}^{n} x_i\right)^2} \tag{6.16}$$

$$\widehat{\beta_1} = \frac{n\sum_{i=1}^{n} x_i y_i - \left(\sum_{i=1}^{n} x_i\right)\left(\sum_{i=1}^{n} y_i\right)}{n\sum_{i=1}^{n} x_i^2 - \left(\sum_{i=1}^{n} x_i\right)^2} \tag{6.17}$$

Uma reta de regressão deve ser utilizada como previsão, desde que as correlações entre as variáveis sejam significativas e que as causas das variações sejam comuns. Correlações importantes começam a partir de 50%.

Exemplo 6.2 – A covid-19 na cidade de São Paulo

Com o surgimento da pandemia de covid-19 causada pelo coronavírus SARS-coV-2, o mundo inteiro foi paralisado no ano de 2020. Com o advento das primeiras vacinas, o número de casos positivos de covid-19 e de internações começaram a cair, revelando a grande importância da vacinação em massa. Tomamos como exemplo dados do Estado de São Paulo mantidos pela Fundação Seade (<https://www.seade.gov.br/coronavirus/>). Para a cidade de São Paulo, escolhemos entre as datas de 6/10/2021 e 4/11/2021 o número de internações diárias, e desses, quantos (em %) entravam para a UTI nos hospitais da cidade. Os dados coletados e dispostos no arquivo Excel chamado "Covid_UTI.xlsx" são apresentados na Figura 6.14.

	A	B	C
1	**data**	**internações**	**uti**
2	06/10/2021	356	40
3	07/10/2021	327	38,58
4	08/10/2021	282	37,4
5	09/10/2021	269	36,45
6	10/10/2021	261	35,44
7	11/10/2021	198	34,97
8	12/10/2021	255	35,63
9	13/10/2021	251	35,96
10	14/10/2021	267	37,1
11	15/10/2021	284	36,14
12	16/10/2021	308	34,52
13	17/10/2021	308	35,58
14	18/10/2021	236	34,88
15	19/10/2021	215	36,52
16	20/10/2021	230	37,47
17	21/10/2021	276	37,31
18	22/10/2021	220	36,65
19	23/10/2021	249	35,15
20	24/10/2021	185	35,92
21	25/10/2021	191	35,7
22	26/10/2021	216	36,43
23	27/10/2021	264	38,28
24	28/10/2021	243	36,87
25	29/10/2021	255	36,09
26	30/10/2021	218	36,21
27	31/10/2021	204	35,08
28	01/11/2021	183	32,88
29	02/11/2021	206	34,1
30	03/11/2021	181	32,2
31	04/11/2021	183	31,51
32			
33			

Planilha1

Figura 6.14 – Dados da cidade de São Paulo sobre internações e ocupação (%) de leitos por covid-19 em UTI.

Sabemos que existe uma forte relação entre casos de internação e, devido às complicações, a procedência dos pacientes internados em grande parte para a UTI por complicações no aparelho respiratório. Na Figura 6.15, é possível ver a relação de frequência para os casos de internações e, consequentemente, entrada nas UTIs. Para o período amostrado, os casos de entradas nos hospitais estavam bem baixos, em torno de 250 por dia, enquanto a transferência para as UTIs, em torno de 36% pacientes por dia.

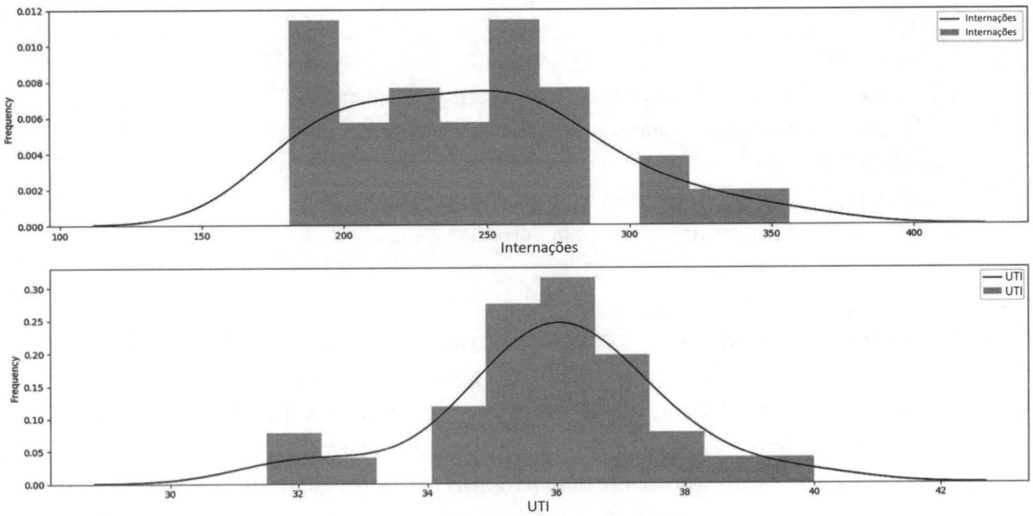

Figura 6.15 – Histograma das internações e ocupação de leitos de UTI (%) por covid-19.

Mas qual a relação entre o número de pacientes que entram no hospital num dia e, no mesmo dia, a porcentagem de transferências para a UTI? Seria o modelo de regressão linear explicativo para uma previsão, ou seja, a variável porcentagem de pacientes na UTI regride para a média com o número de entrada de pacientes no hospital?

Utilizando o Python, tanto a análise de correlação quanto a de regressão linear podem ser calculadas por meio da biblioteca *SciPy*. A função *linregress* na linha 12 do código a seguir calcula os parâmetros de β_0 e β_1 por meio das fórmulas (6.16) e (6.17). Além deles, a função ainda retorna o coeficiente de correlação r_value, o p_value e o erro padrão SE.

```
1   import pandas as pd
2   import matplotlib.pyplot as fig
3   import seaborn as sns
4   from scipy.stats import stats
5   ######################## importacao d oExcel ##########################
6   df=pd.read_excel('Covid_UTI.xlsx',sheet_name='Planilha1')
7
8   ######################## exclusao das datas ############################
9   df=df.reset_index()
10
11  ###################### calculo dos coeficientes da regressao linear ###
12  theta, beta, r_value, p_value, SE = stats.linregress(df['internações'],df['uti'])
13
```

```
##################### grafico da regressao linear #####################
ax1=fig.figure()
ax1=sns.regplot(df['internações'],df['uti'],
                line_kws={'label':'$y=%3.7s*x+%3.7s$'%(theta, beta)},
                color='black')
ax1.legend()

################## comparacao dos histogramas #######################
fig.figure()
fig.subplot(211)
df['internações'].plot(kind='hist',density=True,color='gray',alpha=0.6)
sns.kdeplot(df['internações'],cumulative=False,color='black')
fig.subplot(212)
df['uti'].plot(kind='hist',density=True,color='gray',alpha=0.6)
sns.kdeplot(df['uti'],cumulative=False,color='black')
```

O coeficiente de correlação *r_value* encontrado para esse exemplo foi de 0.653, revelando uma boa correlação entre as duas variáveis e tornando o modelo de regressão linear um bom preditor. Assim, dado o número de pacientes que dão entrada nos hospitais da cidade de São Paulo no período, podemos estimar qual a porcentagem que entrará na UTI no mesmo dia. A Figura 6.16 apresenta o resultado da regressão linear.

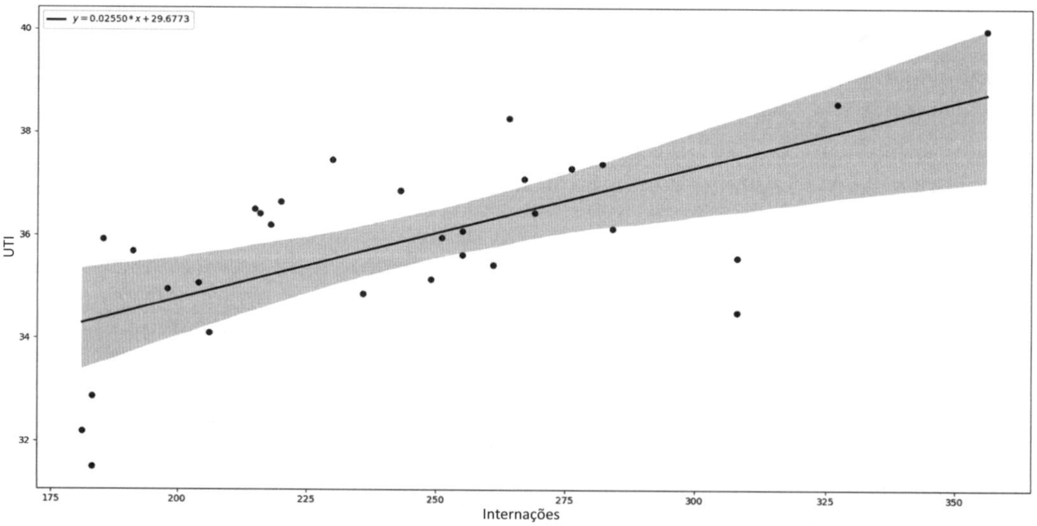

Figura 6.16 – Reta de regressão linear para internações e ocupação de leitos (%) em UTI no mesmo dia da internação na cidade de São Paulo, para a amostra entre 6/10/2021 e 4/11/2021.

O modelo encontrado para a regressão linear é $y = 0.0255x + 29.67$, em que a faixa cinza determina o intervalo de confiança para previsão.

Assim, um modelo de regressão, desde que a correlação tenha uma boa explicação de causa e efeito, serve como estimador para a variável dependente. Mas se essa é uma técnica boa e tradicional, por que utilizar *machine learning*?

A diferença é que o aprendizado de máquina não depende de fórmulas, apenas de entrada de dados. Como não possui fórmulas, mas apenas algoritmos que trabalham no reconhecimento de padrões de repetições, os algoritmos de aprendizado de máquinas são mais rápidos para grandes volumes de dados que precisam de análises.

Outro fator interessante é que às vezes, as fórmulas para regressões não lineares podem apresentar inconsistências nas estimações dos parâmetros, pois essas fórmulas poderão ter indeterminações causadas por divisões por zeros, o que provocam a não determinação de parâmetros em algumas situações.

Com o uso da árvore de decisão de Bayes, é possível usar as regressões entre cada nova observação para cada ramo isolado e medir o desempenho do aprendizado como um todo. No Python, essa função que está na biblioteca *Sklearn* chama-se *decision tree regressor*. Vamos ver seu funcionamento com alguns exemplos simples.

Exemplo 6.3 – Aprendizado para a reta y = 3x

Vamos demonstrar como o aprendizado de máquina se torna interessante para uma máquina de vetores de suporte (SVM) partindo de uma simples equação. Vamos supor que a coluna A do Excel na Figura 6.17 tenha o eixo y, e na coluna B, a variável independente x. Vamos apresentar esses dados para o SVM, e desejamos que ele consiga fazer previsões sem conhecimento das equações da regressão linear. O objetivo é que o computador, apenas observando os dados de x e de y, descubra uma regra própria para prever o resultado da equação y = 3x, sem conhecer obviamente a equação.

O primeiro passo é importar os dados do Excel. O arquivo se chama Reta.xlsx, e as linhas seguintes importam e separam as colunas dos dados para a entrada no modelo SVM. A variável X representa a coluna B dos dados, e a variável y na linha 15 representa os dados da coluna A.

```
1   #++++++++++++++++++++++++++++++++++++++++
2   # Decision Tree Regressor
3   # reta Y = 3*X1
4   #++++++++++++++++++++++++++++++++++++++++
5   import numpy as np
6   import pandas as pd
7   import seaborn as sns
8   import matplotlib.pyplot as fig
9   from sklearn.model_selection import train_test_split
10  from sklearn.tree import DecisionTreeRegressor
11
12  df = pd.read_excel('Reta.xlsx',sheet_name='Planilha1')
13
14  X = df[['X1']] # variavel independente (pd DataFrame)
15  y = df['Y']  # variavel dependente (pd Series)
```

	A	B	C
1	Y	X1	
2	0	0	
3	0,3	0,1	
4	0,6	0,2	
5	0,9	0,3	
6	1,2	0,4	
7	1,5	0,5	
8	1,8	0,6	
9	2,1	0,7	
10	2,4	0,8	
11	2,7	0,9	
12	3	1	
13	3,3	1,1	
14	3,6	1,2	
15	3,9	1,3	
16	4,2	1,4	
17	4,5	1,5	
18	4,8	1,6	
19	5,1	1,7	
20	5,4	1,8	
21	5,7	1,9	
22	6	2	
23	6,3	2,1	
24	6,6	2,2	
25	6,9	2,3	
26	7,2	2,4	
27	7,5	2,5	
28	7,8	2,6	
29	8,1	2,7	
30	8,4	2,8	
31	8,7	2,9	
32	9	3	
33	9,3	3,1	
34	9,6	3,2	
35	9,9	3,3	
36	10,2	3,4	
37	10,5	3,5	
38	10,8	3,6	
39	11,1	3,7	
40	11,4	3,8	
41	11,7	3,9	
42	12	4	
43	12,3	4,1	
44	12,6	4,2	
45	12,9	4,3	
46	13,2	4,4	
47	13,5	4,5	
48	13,8	4,6	
49	14,1	4,7	
50	14,4	4,8	
51			

Planilha1

Figura 6.17 – Dados de y = 3x na planilha do Excel.

A construção e o treino do modelo acontecem numa primeira fase, separando os dados em treino e teste. A função *train_test_split* da biblioteca *sklearn* faz essa tarefa na linha 18 do código a seguir. Como nos outros exemplos, 30% serão usados para teste, e 70%, para treino nessa amostra.

```
17 ############### Cria o modelo de regressao ################################
18 X_train, X_test, y_train, y_test = train_test_split(X, y, test_size=0.3,
19                                                     random_state=2,
20                                                     shuffle=True)
21 modelo = DecisionTreeRegressor(max_depth=4,min_samples_split=2)
22
23 ############ treino do modelo ######################################
24 modelo.fit(X_train, y_train)
25 mean_squared_error=np.mean((y_test.values-modelo.predict(X_test))**2)
26 rmse=np.sqrt(mean_squared_error)
27 print('Erro médio quadrático ', rmse)
```

O modelo de regressão é construído na linha 21, com a função *DecisionTreeRegressor*, e depois ocorre a estimação dos parâmetros com a função *fit* na linha 24. Ao contrário do classificador, as funções métricas de acurácia não são válidas para a regressão, visto que a saída, nesse caso, são números, e não atributos de classe. O que devemos fazer é verificar o erro médio quadrático, observando se a diferença entre a previsões e dos dados reais decaem a cada nova tentativa de aprendizado.

Quanto mais próximo de zero o erro médio quadrático calculado na linha 25, melhor é o aprendizado de máquina com a árvore de regressão. O resultado gráfico pode ser obtido da seguinte forma no algoritmo:

```
29 print('############ previsão ###########')
30 r=pd.DataFrame(df.iloc[:,1:2])
31 prev=pd.DataFrame(r.values)
32 Yprev=modelo.predict(prev)
33 print(' prev dia fut = ' , Yprev)
34
35 ################### grafico da previsao e do resultado correto ##########
36 sns.lineplot(x=df['X1'],y=df['Y'],color='black')
37 sns.lineplot(x=df['X1'], y=Yprev,style=True,dashes=[(4,1)], color='black')
38 fig.legend(['Real','Previsto'])
39 fig.xlabel('dias')
40 fig.ylabel('Função')
```

A Figura 6.18 comprova que o algoritmo aprendeu a regra da equação y = 3x. Usando na linha 32 do algoritmo a função de previsão "predict" com os dados de x, o resultado teve uma ótima acurácia, com apenas 0.42 de erro médio quadrático. A linha tracejada na figura é a previsão do algoritmo, sem o uso de equação, e a linha contínua o valor real obtido quando se entra com x na equação y = 3x.

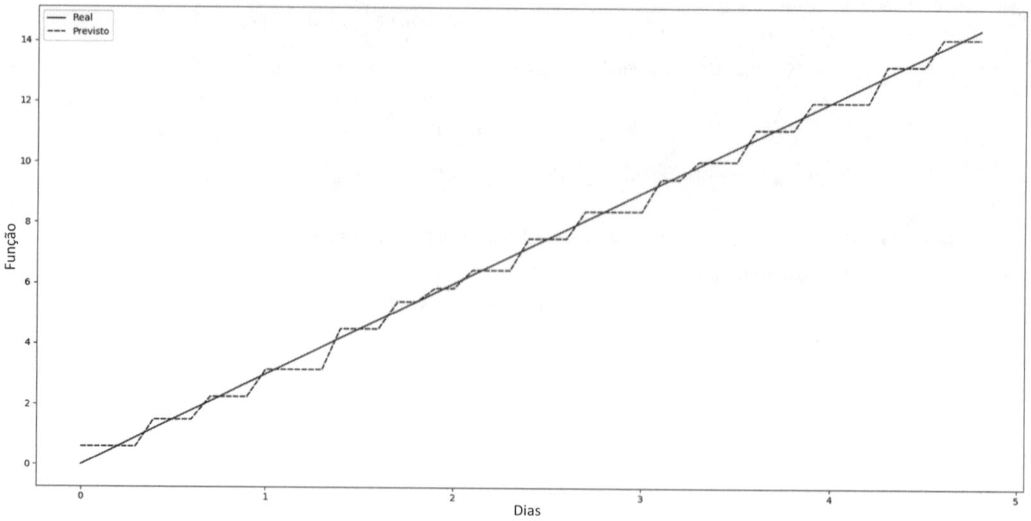

Figura 6.18 – Resultado final comparando previsão e o valor correto sem o uso da equação y = 3x.

A seguir, apresentamos o algoritmo completo para a *decision tree regressor* para o exemplo em questão.

```
#++++++++++++++++++++++++++++++++++++++++
# Decision Tree Regressor
# reta Y = 3*X1
#++++++++++++++++++++++++++++++++++++++++
import numpy as np
import pandas as pd
import seaborn as sns
import matplotlib.pyplot as fig
from sklearn.model_selection import train_test_split
from sklearn.tree import DecisionTreeRegressor

df = pd.read_excel('Reta.xlsx',sheet_name='Planilha1')

X = df[['X1']] # variavel independente (pd DataFrame)
y = df['Y']  # variavel dependente (pd Series)

############## Cria o modelo de regressao ##############################
X_train, X_test, y_train, y_test = train_test_split(X, y, test_size=0.3,
                                                    random_state=2,
                                                    shuffle=True)
modelo = DecisionTreeRegressor(max_depth=4,min_samples_split=2)

############ treino do modelo ####################################
modelo.fit(X_train, y_train)
mean_squared_error=np.mean((y_test.values-modelo.predict(X_test))**2)
rmse=np.sqrt(mean_squared_error)
print('Erro médio quadrático ', rmse)

```

```
print('############ previsão ###########')
r=pd.DataFrame(df.iloc[:,1:2])
prev=pd.DataFrame(r.values)
Yprev=modelo.predict(prev)
print(' prev dia fut = ' , Yprev)

################## grafico da previsao e do resultado correto ##########
sns.lineplot(x=df['X1'],y=df['Y'],color='black')
sns.lineplot(x=df['X1'], y=Yprev,style=True,dashes=[(4,1)], color='black')
fig.legend(['Real','Previsto'])
fig.xlabel('dias')
fig.ylabel('Função')
```

Exemplo 6.4 – Aprendizado de máquina para a equação y = cos(x)

Uma equação linear, como no exemplo anterior, pode passar a impressão de que o algoritmo é muito bom para casos lineares, mas ele seria bom também para não linearidades? Nesse caso, vamos supor que, como no exemplo anterior, apresentamos ao algoritmo do *DecisionTreeRegressor* dado sobre y = cos(x).

Tomamos dados de x partindo de zero até 4.8 com passo de 0.1, perfazendo 50 dados dispostos no arquivo do Excel visto na Figura 6.19. O nome do arquivo foi Cosseno.xlsx e os dados foram importados para o código em Python.

```
# Teste Regressor
# reta Y = Cos(X1)
import numpy as np
import pandas as pd
import seaborn as sns
import matplotlib.pyplot as fig
from sklearn.model_selection import train_test_split
from sklearn.tree import DecisionTreeRegressor

df = pd.read_excel('Cosseno.xlsx',sheet_name='Planilha1')
print(df.head())

X = df[['X1']] #Two-dimensional (pd DataFrame)
y = df['Y']  #One-dimensional (pd Series)

#Create an object (model)
X_train, X_test, y_train, y_test = train_test_split(X, y, test_size=0.3,
                                                    random_state=2,
                                                    shuffle=True)
modelo = DecisionTreeRegressor(max_depth=4,min_samples_split=2)

#Fit (train) the model
modelo.fit(X_train, y_train)

mean_squared_error=np.mean((y_test.values-modelo.predict(X_test))**2)
rmse=np.sqrt(mean_squared_error)
print('Erro médio quadrático ', rmse)
```

	A	B	C
1	Y	X1	
2	1	0	
3	0,995	0,1	
4	0,98007	0,2	
5	0,95534	0,3	
6	0,92106	0,4	
7	0,87758	0,5	
8	0,82534	0,6	
9	0,76484	0,7	
10	0,69671	0,8	
11	0,62161	0,9	
12	0,5403	1	
13	0,4536	1,1	
14	0,36236	1,2	
15	0,2675	1,3	
16	0,16997	1,4	
17	0,07074	1,5	
18	-0,0292	1,6	
19	-0,12884	1,7	
20	-0,2272	1,8	
21	-0,32329	1,9	
22	-0,41615	2	
23	-0,50485	2,1	
24	-0,5885	2,2	
25	-0,66628	2,3	
26	-0,73739	2,4	
27	-0,80114	2,5	
28	-0,85689	2,6	
29	-0,90407	2,7	
30	-0,94222	2,8	
31	-0,97096	2,9	
32	-0,98999	3	
33	-0,99914	3,1	
34	-0,99829	3,2	
35	-0,98748	3,3	
36	-0,9668	3,4	
37	-0,93646	3,5	
38	-0,89676	3,6	
39	-0,8481	3,7	
40	-0,79097	3,8	
41	-0,72593	3,9	
42	-0,65364	4	
43	-0,57482	4,1	
44	-0,49026	4,2	
45	-0,4008	4,3	
46	-0,30733	4,4	
47	-0,2108	4,5	
48	-0,11215	4,6	
49	-0,01239	4,7	
50	0,0875	4,8	
51			

Planilha1

Figura 6.19 – Planilha em Excel com dados do cosseno de x.

A Figura 6.20 apresenta o resultado, comparando os cálculos com y = cos(x) que foram importados do Excel e os previstos pelo modelo de *machine learning* usando a função *DecisionTreeRegressor*. O resultado do aprendizado foi muito bom, com erro médio quadrático de 0.1135. Se pensarmos que o computador apenas tinha uma tabela com dados e criou sua própria regra com base na "observação" do padrão, é um resultado surpreendente.

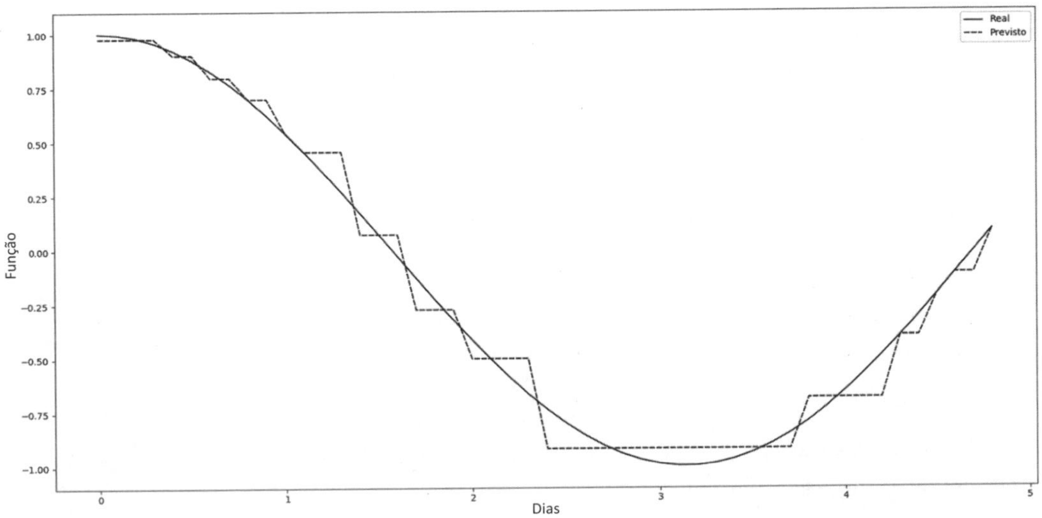

Figura 6.20 – Resultado final comparando previsão e o valor correto sem o uso da equação y = cos(x) pelo aprendizado de máquina.

6.4.4 REGRESSÃO COM *RANDOM FOREST REGRESSOR*

Na Figura 6.20, vimos que o resultado da previsão após o aprendizado por parte do computador foi muito bom, com erro médio quadrático de 0.11. Mas isso ainda pode melhorar. Outra função de aprendizado importante e mais potente é *RandomForestRegressor*, que pode substituir a função *DecisionTreeRegressor*, apresentada na Seção anterior.

A Figura 6.21 apresenta o resultado, mostrando uma melhora visível e considerável em relação ao resultado visto na Figura 6.20 para os dados do cosseno. Os traços constantes que apareciam em alguns trechos do aprendizado da Seção anterior praticamente desapareceram desse novo aprendizado. O erro médio quadrático demonstra isso, caindo para apenas 0.059.

No código a seguir, podemos ver que as únicas alterações, em relação ao código da Seção anterior, são a importação na linha 8 da biblioteca *sklearn.ensemble*, que contém a função *RandomForestRegressor*, e a linha 18, em que se aplica essa função importada para criar um novo modelo.

```
1   # Teste previsao numerica - classificador Random Forest
2   ##########################################################################
3   import numpy as np
4   import pandas as pd
5   import seaborn as sns
6   import matplotlib.pyplot as fig
7   from sklearn.model_selection import train_test_split
8   from sklearn.ensemble import RandomForestRegressor
9
10  df = pd.read_excel('Cosseno.xlsx',sheet_name='Planilha1')
11  print(df.head())
12
```

```
X = df[['X1']] #Two-dimensional (pd DataFrame)
y = df['Y']  #One-dimensional (pd Series)

#Create an object (model)
X_train, X_test, y_train, y_test = train_test_split(X, y, test_size=0.3)
modelo = RandomForestRegressor(n_jobs=-1,random_state=0)

#Fit (train) the model
modelo.fit(X_train, y_train)
previsao=modelo.predict(X_test)


mean_squared_error=np.mean((y_test.values-modelo.predict(X_test))**2)
rmse=np.sqrt(mean_squared_error)
print('+++++++++++++++++++++++++++++++')
print('Erro médio quadrático ', rmse)
```

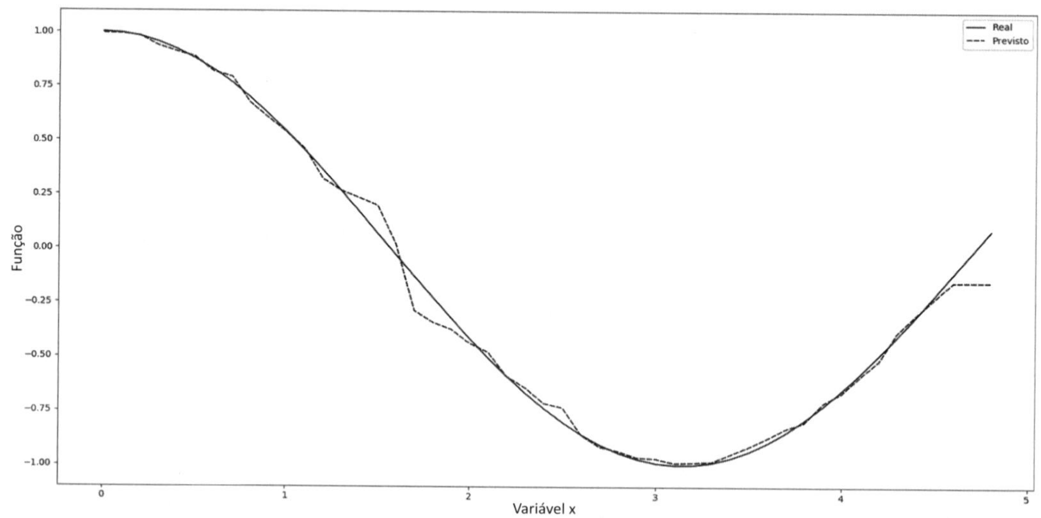

Figura 6.21 – Resultado final comparando previsão e o valor correto para y = cos(x) usando *random forest regressor*.

Mas o que vem a ser um *random forest regressor*?

Vamos supor que tenhamos os dados e o gráfico referente a eles, conforme a Figura 6.22 nos apresenta. Podemos observar muitas lacunas e espaços entre os dados no eixo das abscissas.

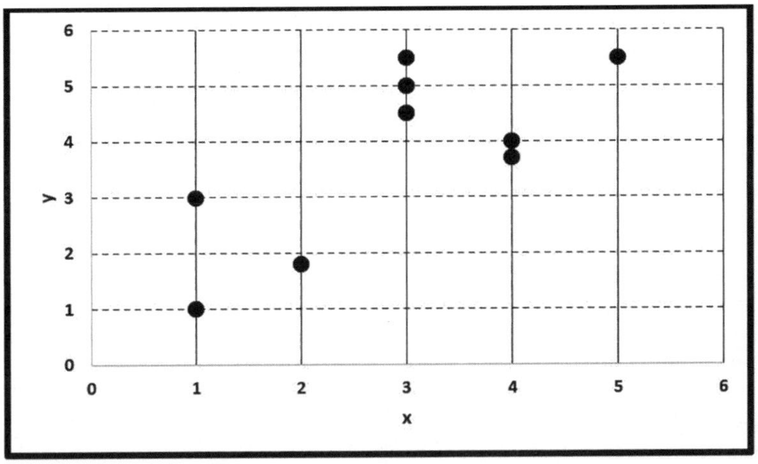

x	y
1	1
1	3
2	1,8
3	4,5
3	5
3	5,5
4	3,7
4	4
5	5,5

Figura 6.22 – Dados para aprendizado e máquina com *random forest regressor*.

O primeiro passo é escolher quem serão os nodos. Por exemplo, se desejarmos apenas dois nodos para esses dados, o computador terá de verificar quais são os dois melhores nodos, no sentido de que o conjunto deles terá o menor erro quadrático médio de y. A escolha deve ser da seguinte forma:

Pontos x = 1 e x = 2: calcula-se a média de x = 1 e x = 2. A média é $\overline{x} = 1.5$ o que se torna o primeiro candidato a nó de decisão. Em seguida, tomam-se como conjunto a ser analisado todos os valores de y à direita do valor de 1.5. Assim, o conjunto de pontos de y será {1.8, 4.5, 5, 5.5, 3.7, 4, 5.5}, que pode ser representado geometricamente pelo gráfico seguinte.

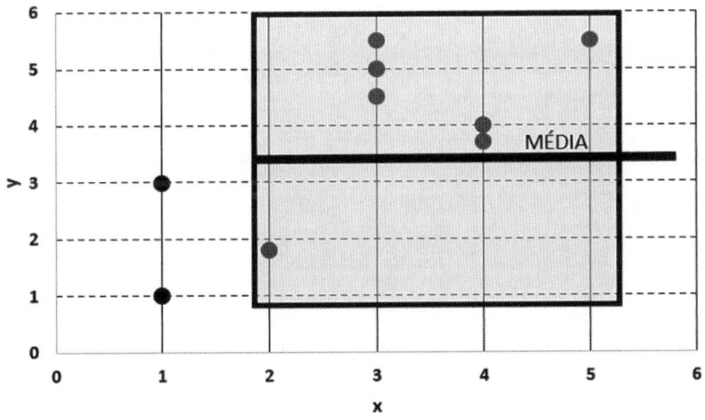

Com esses dados, calcula-se a média de y. Nesse caso, $\overline{y} = 3.78$. Então, calcula-se o erro médio quadrático, ou seja,

$$S = \sum_{i=1}^{7} \left(\overline{y} - y_i\right)^2 = \left(3.78 - 1.8\right)^2 + \left(3.78 - 4.5\right)^2 + \cdots = 11.91$$

Pontos x = 2 e x = 3: calcula-se a média de x = 2 e x = 3. A média é $\overline{x} = 2.5$, o que se torna o segundo candidato a nó de decisão. Em seguida, toma-se como conjunto a ser analisado todos os valores de y à direita do valor de 2.5. Assim, o conjunto de pontos de y será {4.5, 5, 5.5, 3.7, 4, 5.5}, que pode ser representado geometricamente pelo gráfico seguinte.

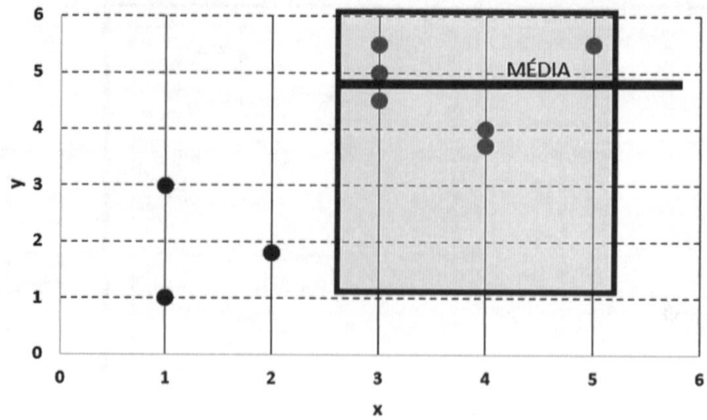

A média de y para esse conjunto é igual a 4.7. Então, calcula-se o erro médio quadrático, ou seja,

$$S=\sum_{i=1}^{6}\left(\bar{y}-y_i\right)^2=\left(4.7-4.5\right)^2+\left(4.7-5\right)^2+\cdots=2.9$$

E, continuando assim, para todos os subconjuntos, teremos que os próximos nodos candidatos serão:

$\bar{x}=3.5 \quad S=1.86$

Cujo conjunto pode ser representado pelo gráfico

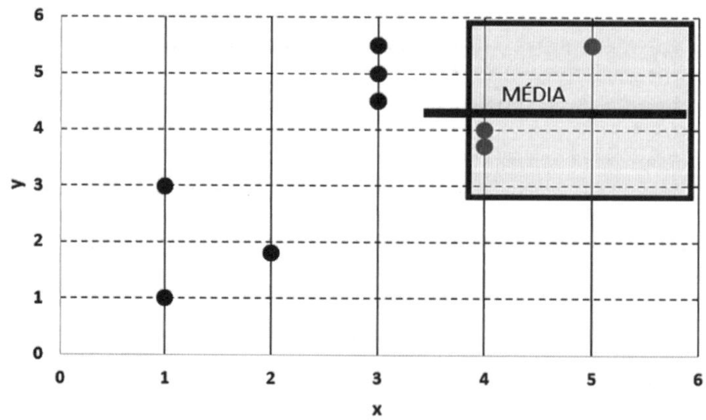

E o nodo

$\bar{x}=4.5 \;\; S=0$

Cujo conjunto é o próprio último número 5.5:

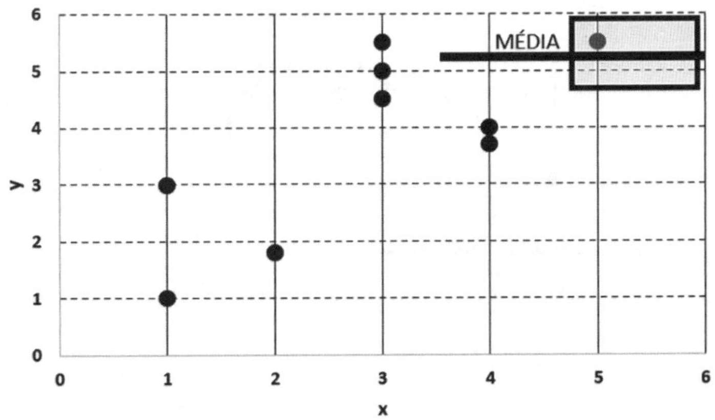

Logo, para os candidatos

x = 1.5 com S = 11.91

x = 2.5 com S = 2.90

x = 3.5 com S = 1.86

x = 4.5 com S = 0

Aqueles que proporcionam os menores resíduos medidos pelo erro médio quadrático S são x = 3.5 e x = 4.5. Mas 4.5 é um conjunto formado por apenas um número, o que provoca muito erro de aprendizado. Então, desconsiderando esse último conjunto, os dois melhores nodos serão x = 2.5 e x = 3.5. A partir desses valores, constrói-se a árvore de decisão da mesma maneira apresentada no teorema de Bayes, com ramos "verdade" ou "falso".

O segundo passo é a construção da árvore de decisão, começando pelo menor valor do nodo x. Nesse caso, começamos por x = 2.5. Se x<2.5, usamos a média dos valores de y à esquerda de x. Nesse caso, $\overline{y} = 1.93$, e a árvore começa a ser formada com todas as médias de y para cada ramo.

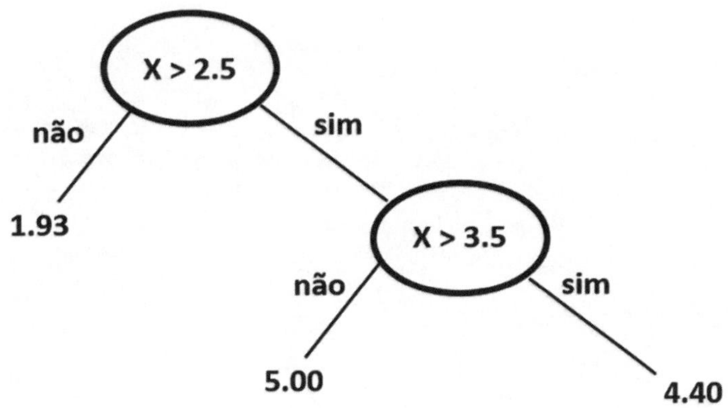

Se unirmos as médias dos ramos, teremos o gráfico da Figura 6.23 para o *random forest regressor*. Por exemplo, se quisemos estimar o valor de y para x = 1.5, observando a árvore, teríamos que y = 1.93, representado pela estrela na figura.

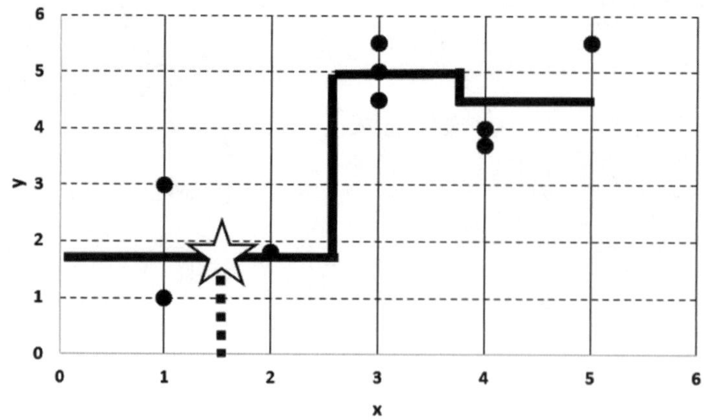

Figura 6.23 – Previsão dos valores de y com *random forest regressor*, em que o símbolo representa o valor estimado para x = 1.5, que não existe nos dados originais.

Apresentamos aqui apenas uma ideia geral de como o algoritmo funciona, mas, para uma floresta de árvores (*random forest*), outros atributos são avaliados por outras árvores, e os melhores ramos (com menores S) de cada atributo são misturados, proporcionando não apenas uma árvore com "x", mas com "z", "w" etc. que podem estar em diversas colunas diferentes.

Então, quando estamos treinando um computador com a biblioteca do Python *sklearn.ensemble*, aplicando a função *RandomForestRegressor*, os passos anteriores estarão sendo seguidos pelo computador. Quanto maiores as amostras ou observações, melhores serão as distribuições da árvore e os valores médios dos ramos menos voláteis, a ponto de proporcionar médias melhores e mais próximas dos valores reais na regressão.

Os programas deste capítulo estão no GitHub, mas o leitor deve ter atenção e verificar se as atualizações das bibliotecas do Python ainda são válidas para os *scripts*. O link é: <https://github.com/malcaetano/Eden_Algoritmos_Python/tree/main/Cap6>.

Capítulo **7**

Aprendizado profundo – *deep learning*

7.1 INTRODUÇÃO

A fala, a escrita, a compreensão, a imaginação e a percepção são funções mentais que realizamos de forma cotidiana e que apresentam elementos fundamentais para nosso aprendizado e crescimento. O ato de aprender é um resultado constante de acertar e errar ao resolver problemas. Podemos não ter consciência de certas separações de sílabas, mas isso não impede que nossa leitura tenha ao final uma compreensão de todo parágrafo que lemos.

O pensamento surge devido à evolução do tecido cerebral, sendo um pensamento sobre um assunto tomado de forma consciente ou não. Por exemplo, ao observarmos uma foto antiga de nossa infância, podemos pensar nos momentos em que ela foi tirada, nas pessoas ao redor, no ambiente vivido à época, e revivemos isso de forma consciente, porque desejamos lembrar. Por outro lado, quando estamos dirigindo numa estrada e estamos conversando com um passageiro ao lado, pensamos no caminho a ser realizado e, de forma quase inconsciente, vamos ultrapassando carros, mudando de estradas, pegando atalhos.

A inteligência tem um forte compromisso com o pensamento e, junto com a educação em nossa infância e a instrução que recebemos do meio em que vivemos, o aprendizado pode ser mais pronunciado e rápido. Não é apenas um componente genético que forma a inteligência; o meio que nos cerca otimiza nossa educação e força-nos a encarar processos de forma racional. Segundo alguns estudos, o cérebro tem a incrível propriedade de dar saltos no aprendizado, chamada de *transição de fase*. Isso acontece quando as conexões e os caminhos elétricos passam por bifurcações de informações e mudam automaticamente toda a configuração da rede formada pelos neurônios (Del Nero, 1997).

Quando nos pronunciamos sobre inteligência artificial, estamos usando uma herança clássica de tratar o cérebro humano como algo mecânico ou eletrônico. Com o advento da ideia de Alan Turing sobre uma máquina capaz de desenvolver um raciocínio parecido com o do cérebro humano, muitos estudos se seguiram de forma paralela, não somente para a construção dessa máquina que hoje chamamos de computador, mas também de sua forma de raciocínio na forma de algoritmos, que chamamos de software.

Um cérebro não é um computador, visto que as informações não estão em compartimentos perfeitamente delineados, ao contrário do computador. Enquanto num computador as memórias estão na forma de arquivos armazenadas fisicamente no *hard disk* (HD) e os softwares são acionados por um sistema que funciona a partir dos chips de memória RAM, no cérebro, informações estão armazenadas, de forma complexa, interligadas, e atividades por correntes elétricas, ainda num processo não compreendido totalmente. Num acidente, às vezes um setor conhecido como fala é atingido, mas nada acontece com a pessoa. Em outros casos, uma lesão em área distante é afetada, mas o impacto da lesão é sentido exatamente no processo de fala de um indivíduo. Mapeamentos com tomografia cerebral mostram o intenso e caótico caminho elétrico que o cérebro executa para as diversas situações de nossos afazeres.

Os seres dotados de sistema nervoso têm neurônios e sinapses, sendo o número de conexões entre eles da ordem de trilhões. Quando uma informação é repassada ao cérebro, o neurônio é atingido por um impulso elétrico no ramo conhecido como *dendrito* (Figura 7.1). A segunda parte do neurônio é conhecida como *corpo celular*, o lugar onde se reúne toda informação vinda dos dendritos.

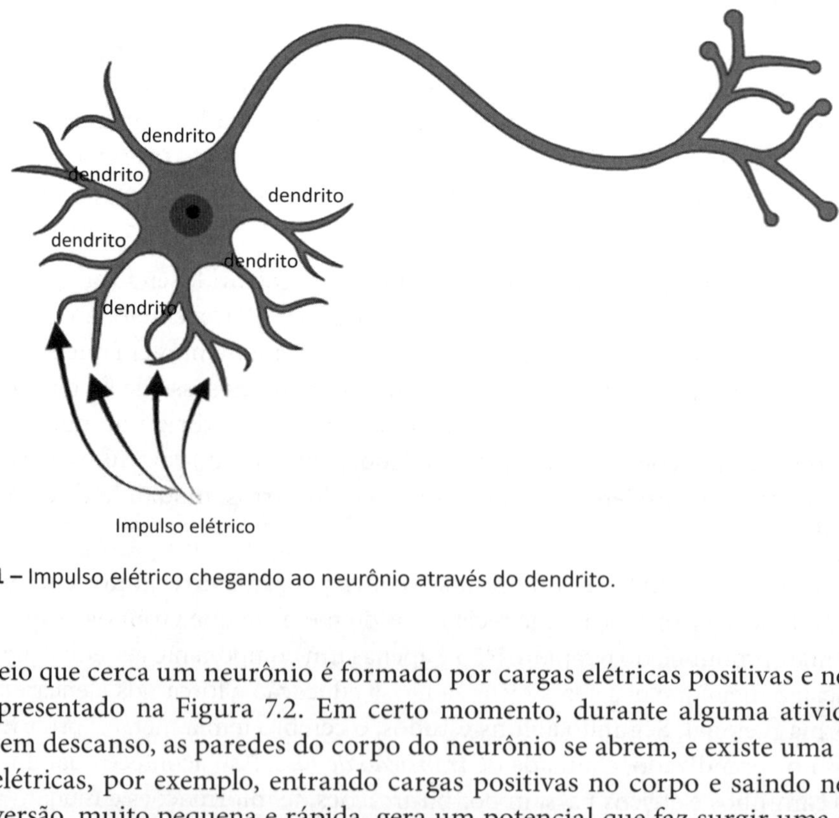

Figura 7.1 – Impulso elétrico chegando ao neurônio através do dendrito.

O meio que cerca um neurônio é formado por cargas elétricas positivas e negativas, como apresentado na Figura 7.2. Em certo momento, durante alguma atividade, ou mesmo em descanso, as paredes do corpo do neurônio se abrem, e existe uma troca de cargas elétricas, por exemplo, entrando cargas positivas no corpo e saindo negativas. Essa inversão, muito pequena e rápida, gera um potencial que faz surgir uma corrente elétrica que dispara do dendrito até a ponta de ligação com o próximo neurônio, chamada de axônio (Del Nero, 1997).

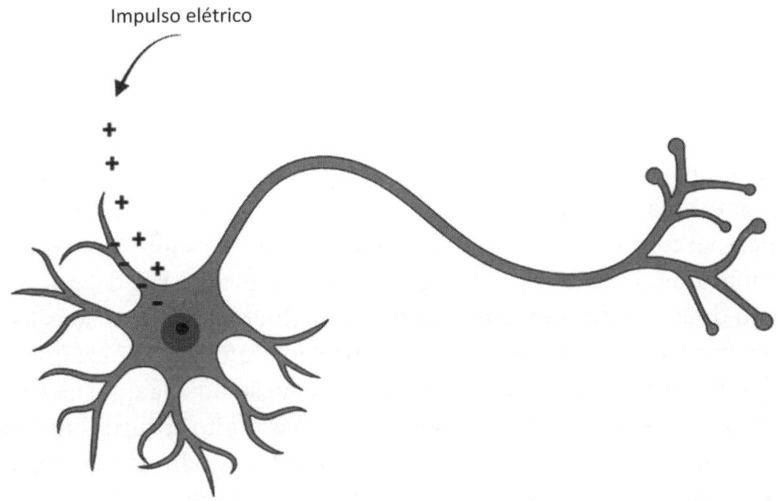

Figura 7.2 – Troca de cargas elétricas que faz surgir corrente de eletricidade para transferência de informação entre dois neurônios.

Como acontece com imagem de televisão, a informação que nos chega é por meio da eletricidade. Um fato é observado e captado por uma câmera, e a imagem decodificada em sinal elétrico que viaja até uma central, que transfere para outra central, chegando até nosso aparelho em casa. Isso tudo acontece porque a imagem foi transformada em eletricidade e viaja até nós. Da mesma forma, a informação no cérebro é convertida em impulso elétrico e transferida de um neurônio para o outro num pequeno espaço entre o axônio (saída) de um neurônio e a entrada (dendrito) de outro. Esse espaço é conhecido como sinapse (Figura 7.3).

Na instalação elétrica de prédios comerciais ou residenciais, utilizam-se diversos tipos de disjuntores no quadro de eletricidade. A função do disjuntor é proteger todo o sistema elétrico contra uma sobrecarga. Quando dois ou mais chuveiros estão ligados numa residência, caso o sistema elétrico não comporte a voltagem exigida, o disjuntor é acionado sempre que um limiar de capacidade é ultrapassado. Ele automaticamente desliga toda eletricidade da residência como forma de proteção.

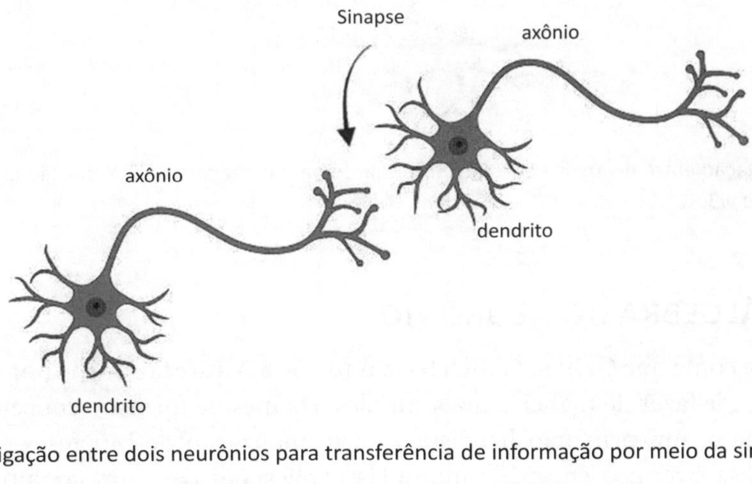

Figura 7.3 – Ligação entre dois neurônios para transferência de informação por meio da sinapse.

Nos neurônios, existem esses limiares de suporte de passagem de informação para evitar danificação nas conexões, que acabam por evitar algum problema cerebral mais sério quando estamos com problemas de saúde. Esses limiares vão delimitar quais correntes elétricas devem passar pelo corpo do neurônio e quais devem ser evitadas.

Nas conexões entre diversos neurônios se ligando a outros neurônios na sinapse, uma disputa para a passagem da corrente elétrica se dá entre eles. Cada neurônio tenta ganhar sua posição como se fosse uma votação ou um debate sobre um tema (Figura 7.4). Vamos imaginar que o professor colocou um tema relevante em debate, e cada aluno tem uma visão diferente do problema e com ideias diferentes. Essas suas formas de resolver os problemas têm pesos diferentes por parte do professor, por exemplo w1, w2, w3 etc. No final, o professor escolhe como a melhor solução aquela que, na sua visão, tem maior peso de informação relevante. Visões e posições muito absurdas não passam pelo limiar do professor, que tende a não aceitar a solução fora do limiar. Apenas são acolhidas as posições que ativam e despertam o interesse do professor.

Nas conexões entre os neurônios, acontece algo similar: os pesos w1, w2, w3 etc. são considerados para aceitar qual sinal elétrico poderá passar. No entanto, ao continuar o processo de aprendizagem, num primeiro momento, a solução escolhida pode ser muito ruim, longe da realidade, e, num processo de retroalimentação, o cérebro reajusta os pesos, até que, ao final, as conexões realizadas sejam reforçadas ou descartadas pelo cérebro.

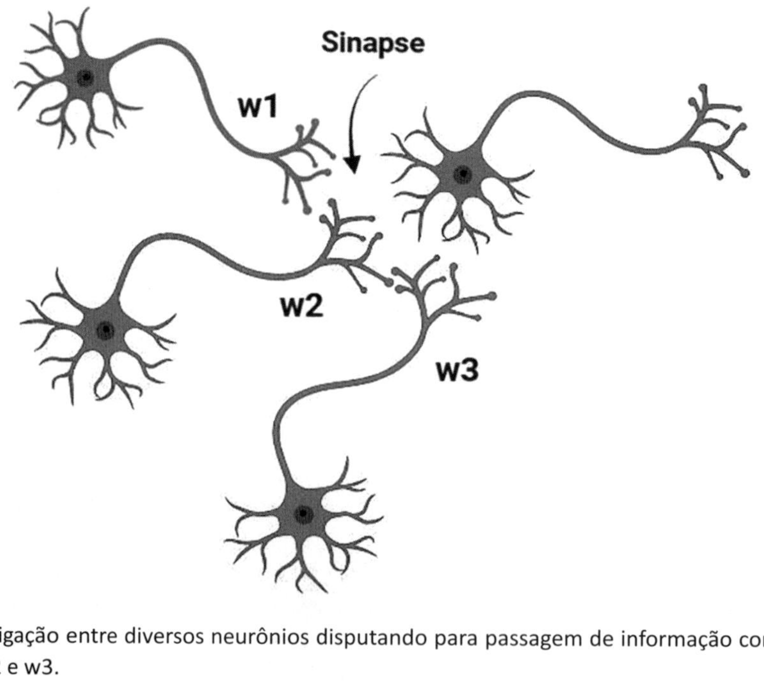

Figura 7.4 – Ligação entre diversos neurônios disputando para passagem de informação com pesos diferentes w1, w2 e w3.

7.2 A ÁLGEBRA DO NEURÔNIO

A história conta que Galileu Galilei teria dito que a natureza não faz por via complexa o que se pode fazer de maneira mais simples. Da mesma forma, o conceito da Navalha de Ockham, um princípio heurístico na formalização de hipóteses explicativas, postula que, se tivermos em mãos múltiplas explicações para um conjunto de fatos, devemos optar pela mais simples. Simples, nesse caso, é aquela que, mesmo onde haja inúmeras variáveis, sua explicação lógica é a mais lógica.

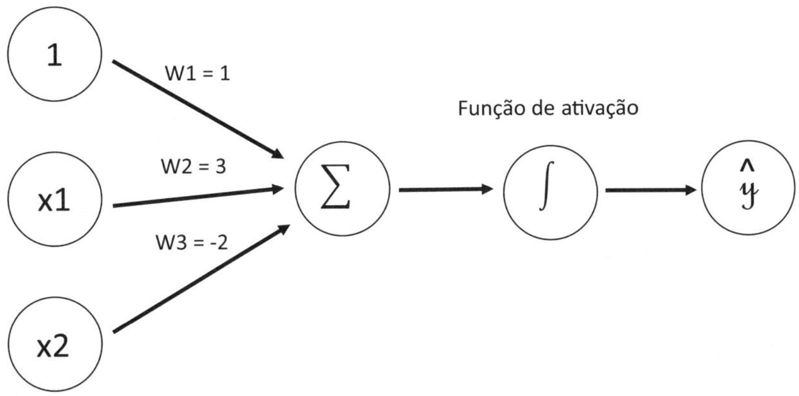

Figura 7.5 – Representação algébrica de um neurônio.

Uma forma simples de representação em forma de esquema de um complexo neurônio é a apresentada na Figura 7.5. Os dendritos são representados pelo número 1, e as variáveis x1 e x2, como entradas no corpo do neurônio. Quando as informações são apresentadas ao corpo, elas são somadas e ponderadas na escolha pelos pesos w1 = 1, w2 = 3 e w3 = –2. Essa soma é representada pelo somatório Σ que aparece no círculo. Uma vez somadas as informações, elas são passadas por uma função g(x), que representa o limiar de ativação que vai determinar qual o valor de saída deve ser repassado ao próximo neurônio. Uma das funções mais simples utilizadas é a função sigmoide ou logística, que é representada por

$$g(s)=\frac{1}{1+e^{-s}}$$

em que s é a soma dos valores que estão chegando dos neurônios. Observando-se a Figura 7.6 apenas como uma representação, quando s está abaixo de –2.0, o valor de g(s) é praticamente nulo, ou seja, não existe ativação do neurônio. Por outro lado, quando s está acima de 2.0, o valor máximo de limiar foi atingido, e, mesmo que valores mais altos cheguem ao neurônio, o máximo de passagem é g(s) = 1.0.

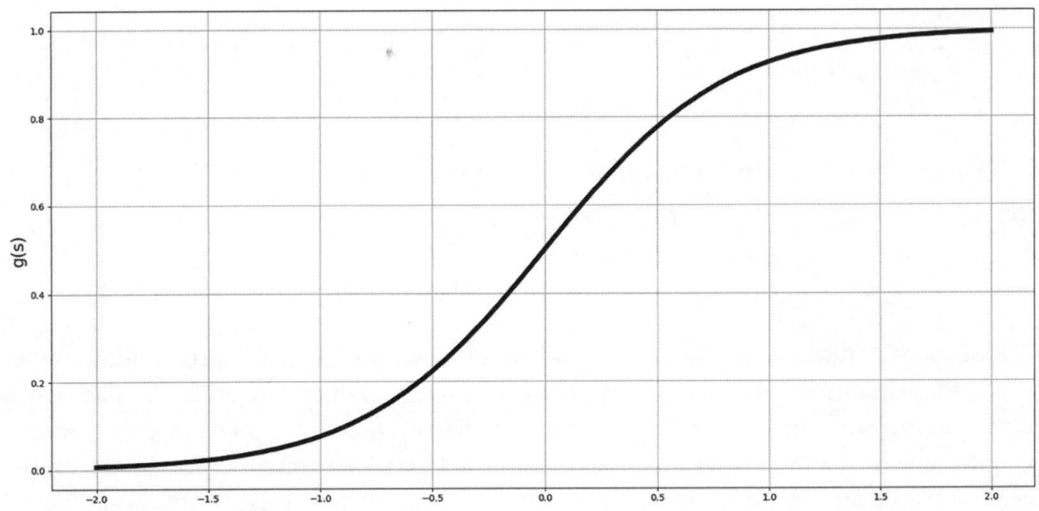

Figura 7.6 – Função sigmoide.

Uma associação interessante com essa função é a seguinte: vamos imaginar que nos machucamos ou espetamos a mão com agulha. À medida que a agulha vai entrando na mão, a dor intensa toma conta de nosso corpo e parece insuportável, até que, em certo momento, a dor é a maior possível e parece que chegou ao seu limite. Esse é o limiar de dor, representado pela convergência da sigmoide no ponto 1.0.

A representação matemática da Figura 7.5 é a seguinte: os pesos W devem ser multiplicados pelos valores das entradas X e somados a uma constante W_0 chamada de *Bias*.

$$W_0 = 1 \quad \text{(Bias)} \qquad W = \begin{bmatrix} 3 \\ -2 \end{bmatrix}$$

A soma da informação deve ser aplicada na função de ativação, para ser calculado o limiar de passagem, ou seja,

$$\hat{y} = g\left(W_0 + X^T W\right)$$

e, substituindo os valores, teremos:

$$\hat{y} = g\left(1 + \begin{bmatrix} x_1 \\ x_2 \end{bmatrix}^T \begin{bmatrix} 3 \\ -2 \end{bmatrix}\right)$$

de onde reorganizando os termos dos colchetes, e lembrando que "T" se refere à matriz transposta, o resultado da estimativa de saída para a sinapse é:

$$\hat{y} = g\left(1 + 3x_1 - 2x_2\right)$$

Vamos assumir como exemplo que temos a seguinte entrada dos neurônios $X = \begin{bmatrix} -1 \\ -2 \end{bmatrix}$; logo, a estimativa da saída será:

$$\hat{y} = g\left(1 + 3(-1) - 2(-2)\right)$$

Então,

$$\hat{y} = g(2)$$

Aplicando $s = 2$ na função sigmoide, teremos:

$$\hat{y} = g(2) = \frac{1}{1 + e^{-(2)}} = 0.88$$

Esse valor pode ser usado pelo neurônio para tomar uma decisão, e, seguindo-se esse princípio, é exatamente isso que os algoritmos de inteligência artificial fazem para descobrir padrão em dados. Observando o valor dentro da função de ativação g(s), é possível notar que forma uma equação da reta. A isso se dá o nome de *reta de hiperplano*, pois divide o plano cartesiano em dois tipos de padrões, usados para determinar qual decisão se tomar sobre um valor de entrada.

A decisão rápida de um computador é tomada apenas analisando a entrada cuja soma pode ser separada em positiva (s > 0) ou negativa (s < 0). Se as entradas fornecem valor positivo, a saída do neurônio será menor do que 0.5; caso contrário, será maior do que 0.5. Isso ajuda a determinar padrões e tornar a solução apenas algébrica e rápida.

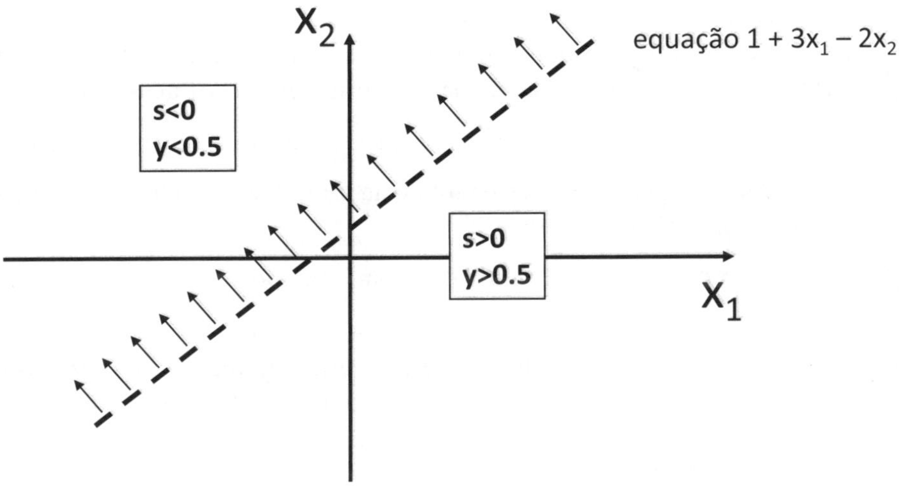

7.3 REDE NEURAL ARTIFICIAL

Desde a máquina de Babbage, os matemáticos e engenheiros buscavam, por meio de equipamentos mecânicos, descrever o processo de atuação do cérebro. Foi após Turing, no entanto, que as pesquisas se desenvolveram de forma mais coordenada e direcionada para entender o funcionamento dos neurônios. Pode-se dizer que o artigo principal que deu uma partida mais programada para o pensamento computacional sobre a representação da atuação de neurônios veio do neurofisiologista McCulloch e do matemático e professor Walter Pitts (McCulloch e Pitts, 1943). No Boletim de matemática biofísica, o artigo descreveu como se poderia repetir a atividade de neurônios usando uma descrição algébrica baseada em portas lógicas (Figura 7.7).

BULLETIN OF
MATHEMATICAL BIOPHYSICS
VOLUME 5, 1943

A LOGICAL CALCULUS OF THE
IDEAS IMMANENT IN NERVOUS ACTIVITY

WARREN S. MCCULLOCH AND WALTER PITTS

FROM THE UNIVERSITY OF ILLINOIS, COLLEGE OF MEDICINE,
DEPARTMENT OF PSYCHIATRY AT THE ILLINOIS NEUROPSYCHIATRIC INSTITUTE,
AND THE UNIVERSITY OF CHICAGO

Figura 7.7 – Artigo de 1943 que primeiro descreve algebricamente a função de ativação de neurônios usando o conceito de portas lógicas.

McCulloch e Pitts seguem todo o artigo partindo de cinco hipóteses que delimitam a atuação matemática da relação entre dendritos e axônios. As hipóteses hoje parecem um pouco erradas, pelo conhecimento biológico adquirido ao longo destes anos, desde 1943, mas foram um importante ponto de partida. São elas:

1) A atividade do neurônio é um processo "tudo-ou-nada".
2) Um certo número fixo de sinapses deve ser excitado dentro do período de latência no sentido de excitar um neurônio a qualquer momento, e seu número é independente de atividade prévia e posição dentro dos neurônios.
3) O único atraso significante dentro do sistema nervoso é o atraso sináptico.
4) A atividade de qualquer sinapse inibitória impede absolutamente excitação do neurônio naquele momento.
5) A estrutura da rede neural não muda com o tempo.

Com base nessas hipóteses, os autores demonstram teoremas e criam regras para a solução de sistemas lineares que determinam os estados de ativação e inibição do tipo "tudo ou nada" adaptando a noção de porta lógica para "E" e "OU", conforme Figura 7.8, original do artigo de 1943.

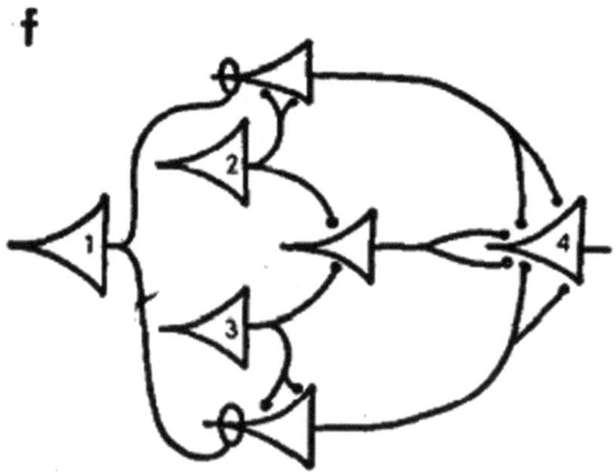

Figura 7.8 – Portas lógicas descrevendo o mecanismo de atuação de um neurônio.

É consenso que o mecanismo inventado para a retropropagação do erro, auxiliando a modificação dos pesos de uma rede, foi fundamental no processo de desenvolvimento computacional de uma rede neural. Essa retropropagação é mundialmente conhecida pelo seu nome em língua inglesa, *backpropagation*. A ideia foi concebida pelo engenheiro aeronáutico e professor da Virgínia, nos Estados Unidos, o doutor Henry J. Kelley. As contribuições de Kelley na área de teoria de controle foram fundamentais, sobretudo um artigo em que ele elabora um método de gradiente para otimizar trajetórias de veículos espaciais. Esse método foi um sucesso e aplicado pelos F11F-1F jatos "Super Tiger" na captura de alvos com mínimo tempo em grandes altitudes.

Figura 7.9 – Professor H. J. Kelley (1926-1988), desenvolvedor do *backpropagation*.

Em 1949, Donald Hebb apontou que os caminhos neurais são fortalecidos e reforçados sempre que são usados. Com computadores mais velozes, os experimentos e projetos relacionados ao estudo de redes neurais avançaram da prancheta para os primeiros protótipos. Dentre eles, em 1950, Nathanial, e, em 1956, John von Neumann. Eles projetaram redes com funções simples para imitar neurônios, usando relés telegráficos e tubos de vácuo. Quase na mesma época, Frank Rosenblatt construiu uma rede simples que ficou conhecida como *Perceptron*, cuja ideia é usar um método para separação binária de padrões, do tipo que está num conjunto predefinido ou não. Por exemplo, se mostramos um conjunto de cães e gatos para o *Perceptron*, a ideia original era que ele soubesse separar os cães numa classe e gatos em outra.

Em 1962, Stuart Dreyfus, outro engenheiro na área da teoria de controle, simplificou o método original de Kelley, baseando-se apenas na regra da cadeia. Da forma como conhecemos hoje, o mecanismo de retropropagação do erro, ou *backpropagation*, não existia nos anos 1960, sendo muito ineficiente seu uso até 1985. Os esforços para desenvolvimento do conceito de aprendizado profundo (*deep learning*) vieram de Alexey Grigoryevich Ivakhnenko, que desenvolveu o *Group method of data handling* (GMDH), uma família de algoritmos indutivos para modelagem matemática multiparamétricas para identificação de características em conjunto de dados.

Alexey era professor do Instituto de Cibernética de Kiev, na antiga União Soviética e atual Ucrânia, em 1968, e criou todos os algoritmos em código aberto, dividindo rapidamente suas ideias em larga escala com pesquisadores de todas as partes do mundo. O método é muito útil e, sobretudo, agiliza o treinamento em redes com múltiplas camadas de neurônios escondidos.

Figura 7.10 – Professor Alexey Grigoryevich Ivakhnenko, desenvolvedor do GMDH.

Em 1979, Kunihiko Fukushima desenvolveu e projetou a primeira rede neural convolucional, chamada de *neocognitron*. Foi a primeira rede com multicamadas hierárquicas e a primeira a reconhecer padrões visuais por meio de aprendizado. Muitos dos conceitos da *neocognitron* continuam sendo usados ainda hoje. Foi, por exemplo, nesse tipo de rede que surgiu a ideia de atenção seletiva, com apresentação de bancos grandes de dados para identificação de padrões.

Figura 7.11 – Kunihiko Fukushima, desenvolvedor da primeira rede multicamadas.

A rede neural de Fukushima (Figura 7.12) aprendia e tinha a capacidade de imitar a rede visual do cérebro, e foi um insight que se tornou a base da moderna tecnologia de inteligência artificial. A rede foi inspirada em dois tipos de neurônio celular, um conhecido por simples ou S, e outro, um complexo ou C arranjados em cascatas, com a tarefa de reconhecer padrões.

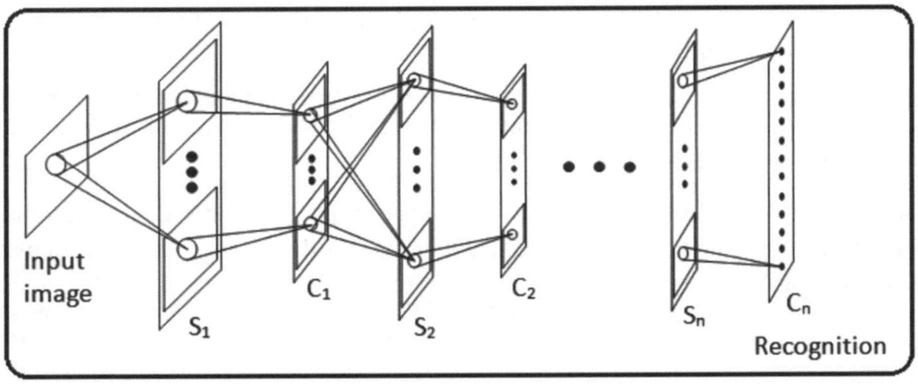

Figura 7.12 – Primeira rede neural multicamadas (*neocognitron*), de 1979, projetada por Kunihiko Fukushima.

E, depois de muitos anos, em 1985 Rumelhart, Williams e Hinton demonstraram que o *backpropagation* em redes neurais poderia fornecer importantes condições para representar distribuições interessantes. E, finalmente, a primeira demonstração prática do *backpropagation* veio de Yann LeCun, dos laboratórios Bell, em 1989 (LeCun *et al.*, 1989). Ele usou *backpropagation* em redes neurais convolucionais multicamadas para reconhecer dígitos escritos à mão.

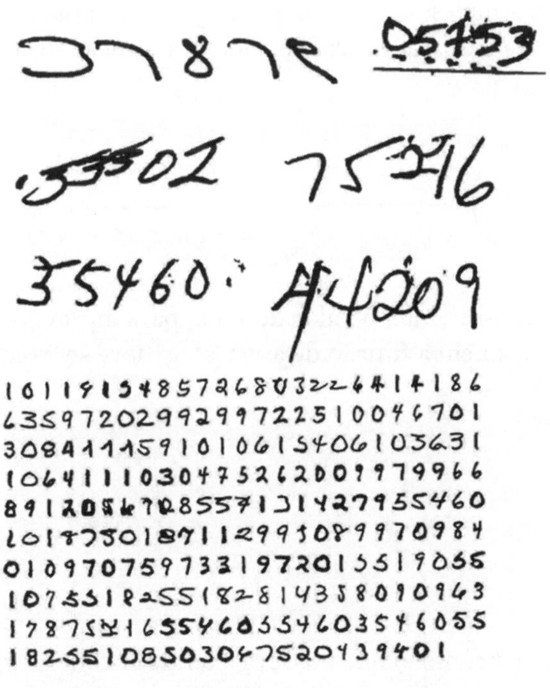

Figura 7.13 – Apresentação do resultado prático por LeCun *et al.* (1989).

Em 1995, Dana Cortes e Vladimir Vapnik desenvolveram a máquina de suporte a vetor, um algoritmo para mapeamento e reconhecimento de dados similares. Esse algoritmo, conhecido pelas iniciais SVM, é hoje a base de qualquer biblioteca de *deep learning*.

Mas, se toda a base do conhecimento e algoritmos foi desenvolvida ainda no século passado, por que apenas mais recentemente estamos vendo e sendo expostos todos os dias aos resultados do aprendizado de máquina e *deep learning*? A resposta vem de duas tecnologias que, só nos últimos 10 anos, está a pleno progresso: velocidade dos computadores e velocidade da internet. Somente com a internet foi possível compartilhar um vasto universo de dados que a cada milissegundo alimentam a rede mundial, fazendo essa sopa de informações ser atualizada e prover CPUs com dados suficientes para aprendizados e reconhecimento de padrões.

Isso foi impossível no final do século passado e, por isso, apesar de toda base ser conhecida, apenas o mundo acadêmico tratava dos resultados em escala muito pequena e somente por simulações.

7.4 UMA REDE NEURAL SIMPLES PARA IMPLEMENTAR NO PYTHON

Como descrito antes, a grande evolução para entender o aprendizado de um neurônio foi o advento do mecanismo de *backpropagation*. Mas o que vem a ser o *backpropagation*? Quando expomos o corpo do neurônio à entrada do dendrito, essa entrada na forma linear com uma equação $x_1w_1 + x_2w_2 + ... + x_nw_n$ não tem como convergir ou acertar o valor desejado na saída do axônio. A única maneira de se acertar essa equação para a previsão do limiar de saída é alterando os pesos w. O *backpropagation* é um *loop* que vai punindo os pesos piores e melhorando os valores daqueles que estão na direção correta do valor desejado na saída y.

De maneira muito simples, vamos imaginar que só temos um neurônio conectado, para uma entrada única x e saída y, sem considerar a função de ativação.

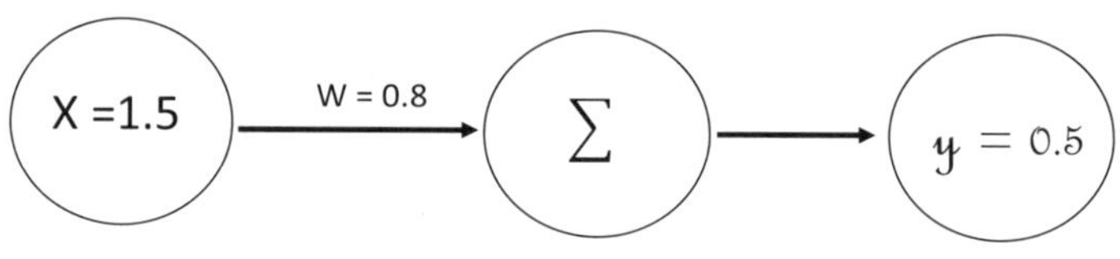

Como foi visto anteriormente, o valor de saída para a previsão de y nesse exemplo, não considerando o Bias nem a função de ativação g, deve ser a equação linear:

$$\hat{y} = X^T W \tag{7.1}$$

Ou nesse caso,

$$\hat{y} = X * W \tag{7.2}$$

Temos apenas um neurônio, o que nos leva a ter de encontrar apenas um valor de W tal que ele faça a previsão se aproximar da saída y. A metodologia desenvolvida nos anos 1960 é que a variação do erro entre a entrada e saída é igual a variação entre o erro e a previsão multiplicada pela variância que ocorre na previsão para as mudanças dos pesos. Em palavras mais técnicas, o neurônio depende de uma derivada convergente para que seu aprendizado siga o caminho na busca do melhor peso. Algebricamente, o que se tem é que o neurônio aplica a conhecida regra da cadeia para a derivada parcial usando:

$$\frac{\partial C}{\partial W} = \frac{\partial C}{\partial \hat{y}} \times \frac{\partial \hat{y}}{\partial W} \tag{7.3}$$

Então, sendo o erro entre a entrada e a saída

$$C(\hat{y}) = (\hat{y} - y)^2 \tag{7.4}$$

e substituindo (7.2),

$$C(X.W) = (X.W - y)^2 \tag{7.5}$$

o mecanismo de *backpropagation* deve corrigir os pesos W a cada nova iteração "i" da seguinte forma:

$$W_i = W_{i-1} - r\frac{\partial C}{\partial W} \tag{7.6}$$

em que *r* é a taxa de aprendizagem do neurônio. Usando a Equação (7.5) e calculando a derivada parcial (7.3), nos é fornecida a regra do *backpropagation*

$$W_i = W_{i-1} - 2r(W_{i-1}.X - y).X \tag{7.7}$$

Para os valores desse exemplo, o que devemos programar iterativamente é a correção dos pesos com base no seu aprendizado para

$$W_i = W_{i-1} - 2r(W_{i-1}.1.5 - 0.5)1.5 \tag{7.8}$$

Nesse caso, quando i = 1 (primeira iteração), devemos ter, para calcular (7.8), o valor inicial do peso $W_0 = 0.8$, a taxa de aprendizado r = 0.1 e o valor de X = 1.5.

Na linguagem Python, as bibliotecas de inteligência artificial são fáceis de usar e apresentam variações de métodos importantes e atualizados. Para esse exemplo, no entanto, vamos usar as Equações anteriores para que o leitor entenda a essência do *backpropagation*. Começamos a programação introduzindo as variáveis iniciais X (entrada no neurônio), W0 (valor inicial do peso), a saída y e r a taxa de aprendizagem.

```
1   # Backpropagation para rede neural simples
2   # Apenas 1 neuronio
3   ##############################################
4
5   import matplotlib.pyplot as fig
6
7   X   = 1.5 # entrada inicial
8   W0  = 0.8 # peso inicial W
9   y   = 0.5 # saida desejada para y
10  r   = 0.1 # taxa de aprendizado
```

As Equações (7.1) a (7.8) são implementadas por meio de uma *function*, chamada nessas linhas de programação de Dc_Dw(y_prev,y,X), como referência a derivada parcial (7.3). A entrada da *function* é a previsão de y, o valor real y e a entrada X. A linha 21 refere-se à derivada na Equação (7.3) $\frac{\partial C}{\partial \hat{y}}$; a linha 22, à derivada $\frac{\partial \hat{y}}{\partial W}$; e, por fim, a linha 23, ao produto das duas derivadas.

```
20 def Dc_Dw(y_prev,y,X):
21     Dc_Dprev = 2*(y_prev - y)**2
22     Dprev_Dw = X
23     derivada = Dc_Dprev * Dprev_Dw
24     return derivada
```

Com a *function* construída, rodamos o programa principal iniciando os valores de partida e colocando-os numa lista que será iterada em seguida, buscando a convergência na correção dos erros. A linha 27 apresenta o primeiro valor previsto de saída do neurônio repetindo a Equação (7.2).

```
26 W = [ W0 ]
27 y_prev = [ X*W0 ]
```

O *backpropagation* é, então, acionado nas linhas seguintes da iteração usando "For". Foram admitidas 100 repetições na avaliação do erro, e na linha 30 é adicionado sempre o mais recente valor previsto na variável y_prev. O mais recente peso recalculado está na variável da lista com representação W[-1], ou seja, a posição mais recente existente na lista de pesos W.

A fórmula do *backpropagation* (7.7) é, então, inserida na linha 31, que se atualiza e aborta as repetições sempre que a função erro for menor do que 0.0001 na linha 32. Essa função é a Equação (7.4), também, por vezes, nomeada de função custo.

```
29 for i in range(0,100):
30     y_prev.append(X*W[-1])
31     W.append(W[-1] - r*Dc_Dw(y_prev[-1],y,X))
32     if (y_prev[-1] - y)**2 < 0.0001:
33         break
```

Após rodar o programa, a saída no console apresenta uma convergência para a previsão y_prev = 0.52 em comparação com a saída desejada y = 0.50. O peso ótimo, nesse caso encontrado, foi de W = 0.34.

```
########## resultado final ##########
 Valor desejado na saída da rede Y =  0.5
 Previsão na saída da rede =  0.5209867229632691
++++++++++++++++++++++++++++++++++++++++
 Previsão do peso ótimo W =  0.3471923492132916
```

A Figura 7.14 apresenta o resultado após 100 iterações. Esse resultado pode ser melhorado alterando, por exemplo, a taxa de aprendizagem r. Por exemplo, se alterarmos a taxa para r = 0.2, o resultado torna-se o seguinte:

```
########## resultado final ##########
 Valor desejado na saída da rede Y =  0.5
 Previsão na saída da rede =  0.5105188785744014
++++++++++++++++++++++++++++++++++++++++
 Previsão do peso ótimo W =  0.3402795309657231
```

A diferença entre a previsão e o valor real da saída y diminui, passando de 0.02 para 0.01 apenas com essa alteração.

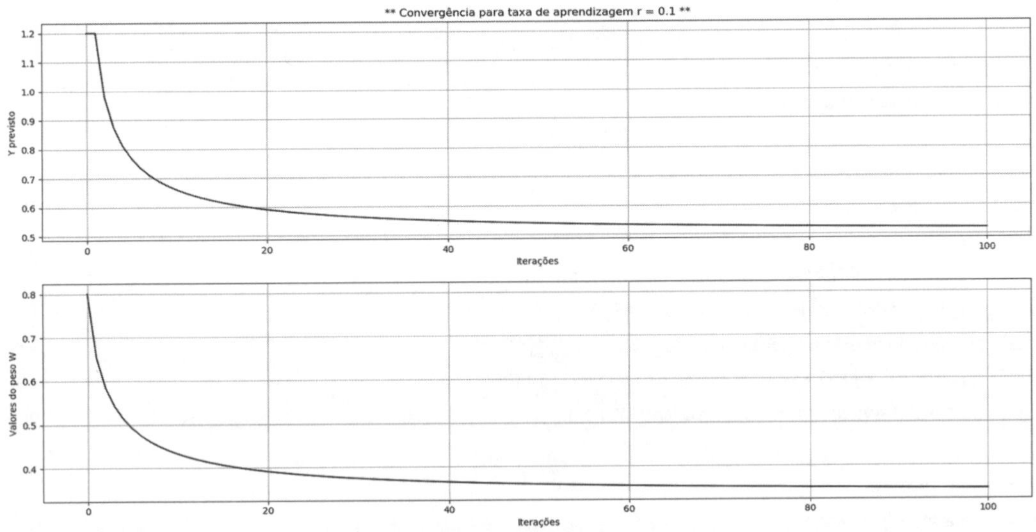

Figura 7.14 – Convergência do *backpropagation* para a saída deseja y = 0.5.

O programa completo do *backpropagation* é o que se segue. Para mais neurônios, os passos são os mesmos, alterando apenas a entrada para a forma vetorial, usando por exemplo, a biblioteca NumPy do Python para trabalhar com os produtos e somas vetoriais.

```
# Backpropagation para rede neural simples
# Apenas 1 neuronio
##############################################

import matplotlib.pyplot as fig

X  = 1.5 # entrada inicial
W0  = 0.8 # peso inicial W
y  = 0.5 # saida desejada para y
r  = 0.1 # taxa de aprendizado

###### bacpropagation baseada na funcao custo C ############
###### Derivada parcial do custo C em relacao aos pesos
```

```
###### A previsao yprev = X.W
###### C(y_prev) = (yprev - yreal)**2
###### A derivada parcial :
###### DC/DW = ( DC/Dyprev ) * (Dyprev/DW)
################################################################

def Dc_Dw(y_prev,y,X):
    Dc_Dprev = 2*(y_prev - y)**2
    Dprev_Dw = X
    derivada = Dc_Dprev * Dprev_Dw
    return derivada

W = [ W0 ]
y_prev = [ X*W0 ]

for i in range(0,100):
    y_prev.append(X*W[-1])
    W.append(W[-1] - r*Dc_Dw(y_prev[-1],y,X))
    if (y_prev[-1] - y)**2 < 0.0001:
        break
print(' ')
print('########## resultado final ##########')
print(' Valor desejado na saída da rede Y = ', y)
print(' Previsão na saída da rede = ', y_prev[-1])
print('+++++++++++++++++++++++++++++++++++++++')
print(' Previsão do peso ótimo W = ',W[-1])

fig.figure()
fig.subplot(211)
fig.plot(y_prev,'-k')
fig.xlabel('Iterações')
fig.ylabel('Y previsto')
fig.grid()
fig.title('** Convergência para taxa de aprendizagem r = 0.1 **')

fig.subplot(212)
fig.plot(W,'-k')
fig.xlabel('Iterações')
fig.ylabel('Valores do peso W')
fig.grid()
```

7.5 A BIBLIOTECA *SKLEARN* PARA *DEEP LEARNING* NO PYTHON

Existem diversas bibliotecas na linguagem Python voltadas para o uso e a aplicação dos algoritmos de aprendizagem profunda (*deep learning*). Uma biblioteca com bastante frequência de uso é a scikit-learn, que pode ser instalada e acessada em: <https://scikit-learn.org/stable/>.

Como todo pacote de programa, inicialmente deve-se estudar as formas de entrada e o que cada método da biblioteca nos volta como solução.

Por exemplo, vamos supor que tenhamos entradas aleatórias X entre 0 e 70, de forma que a saída seja y = –x + 70. Desejamos que o computador aprenda a prever o valor da saída y, mas sem o conhecimento da equação. Para dificultar um pouco do conhecimento, podemos, por exemplo, adicionar ruídos aleatórios que oscilam na saída y entre (–5,5). A equação para gerar o sinal de saída é *y = –x +70 + aleat*, em que *aleat* se distribui de forma aleatória em (–5,5). Para 20 dados no Excel, teríamos a seguinte planilha.

	A	B
1	x	y
2	14	54
3	21	46
4	55	12
5	16	52
6	10	62
7	16	51
8	62	7
9	34	35
10	36	34
11	62	12
12	64	4
13	13	60
14	1	72
15	52	23
16	24	49
17	56	18
18	21	52
19	45	27
20	60	10
21	60	14

As entradas X estão na coluna A do Excel, e as saídas y, na coluna B. Esses valores podem ser passados para o Python via biblioteca Pandas, usando DataFrame. Como o programa necessita de vetores e matrizes, além da Pandas, a biblioteca NumPy e a Matplolib são necessárias para os vetores e os gráficos. As linhas 4 a 7 da programação a seguir são os métodos necessários para o *deep learning* da biblioteca scikit-learn. A linha 9 é a importação da planilha anterior do Excel para o Python.

```
1   import pandas as pd
2   import numpy as np
3   import matplotlib.pyplot as fig
4   from sklearn.preprocessing import StandardScaler
5   from sklearn.model_selection import train_test_split
6   from sklearn.neural_network import MLPRegressor
7   from sklearn.metrics import r2_score
8
9   dad=pd.read_excel('Teste.xlsx')
10
```

Para extrairmos os valores das colunas de entrada X e saída y do DataFrame, precisamos usar o formato observado nas linhas 17 e 18. Isso vai extrair os valores de X e y para *array* ou vetores, e depois serão usados no treinamento do método de *deep learning*. Após a aquisição dos dados, é recomendada uma normalização dos dados, principalmente se os valores entre entrada e saída forem extremamente diferentes. Isso facilitará a convergência no *backpropagation* e trará resultados mais satisfatórios para o aprendizado.

A linha 21 é o método da normalização da biblioteca *Sklearn*. Após tratados os dados, apresentamos os dados para um "fit" inicial dos parâmetros de entrada. O valor de X normalizado será salvo na nova variável de entrada X_norm.

```
17  X=dad[['x']]
18  Y=dad['y']
19
20  # Normalização
21  norma=StandardScaler()
22  norma.fit(X)
23
24  X_norm=norma.transform(X)
```

Podemos ver no console do Python que os valores de X_norm nada lembram os originais do Excel, já transformados em valores normalizados.

```
In [22]: X_norm
Out[22]:
array([[-1.0597479 ],
       [-0.72408114],
       [ 0.90630024],
       [-0.96384311],
       [-1.25155747],
       [-0.96384311],
       [ 1.24196699],
       [-0.10070003],
       [-0.00479524],
       [ 1.24196699],
       [ 1.33787178],
       [-1.10770029],
       [-1.68312901],
       [ 0.76244306],
       [-0.58022396],
       [ 0.95425263],
       [-0.72408114],
       [ 0.4267763 ],
       [ 1.1460622 ],
       [ 1.1460622 ]])
```

Inicia-se, então, a fase de treinamento da rede. Antes, precisamos informar quantos dados vamos separar para treinamento e quantos, para teste dos pesos encontrados. Nas linhas a seguir, isso é feito usando o método train_test_split da biblioteca *Sklearn*. Na chamada desse método, a entrada apresentada é X_norm, a saída y, e informa-se que apenas 30% dos dados devem ser usados para testar a precisão do treinamento. Os outros 70% serão usados para treinar a rede e melhorar a performance dos pesos para os neurônios. Por isso o parâmetro test_size=0.3.

```
26  ######### Treinamento e Teste ####################
27  X_norm_train, X_norm_test, Y_train, Y_test= train_test_split(X_norm,
28                                                               Y,
29                                                               test_size=0.3)
```

Feitos esses ajustes, então, o modelo de rede deve ser construído. Para que o computador saiba qual o formato de rede usará, faz-se uso de alguns métodos de *deep learning*. Um deles, bem interessante, é o MLPRegressor( ). Como no caso do capítulo anterior sobre *machine learning*, esse método é para apresentar previsões numéricas para saídas y. Caso necessitarmos de outro tipo de abordagem, para categorias, por exemplo, métodos diferentes deverão ser usados.

A linha 36 chama, então, o MLPRegressor, informando que temos apenas uma camada escondida entre a entrada e saída. No parâmetro hidden_layer_sizes = (20,) o número no parêntesis indica a quantidade de neurônios desejada. Como o computador saberá o número de camadas?

Se por acaso colocássemos (20, 10, 30), o computador por esse método entenderia que serão 3 camadas escondidas, de modo que a primeira terá 20 neurônios, a segunda, 10, e a terceira, 30. Para esse exemplo, usamos apenas uma camada escondida com 20 neurônios, é o que informa a linha 36 a seguir.

Além disso, importantes informações devem ser passadas. Por exemplo o número de iterações até convergir (no caso 5.000), a tolerância do *backpropagation* (no caso 0.0001), a taxa de aprendizagem (nesse exemplo 0.1) e dois outros parâmetros que indicam os métodos de algoritmos. Por exemplo, o parâmetro solver='sgd' indica qual o otimizador da função custo do erro. Existem vários, mas um dos melhores é o *stochastic gradient descent* (descida estocástica do gradiente) ou sgd. É um método baseado nas derivadas parciais apresentado na Seção anterior.

Por fim, o algoritmo precisa da função de ativação. A função *sigmoid*, já comentada, é aqui referenciada na linha 41 como 'logistic'. O parâmetro verbose apenas indica se desejamos ver passo a passo a iteração ou apenas o valor após a convergência. Nesse caso o número 2 indica qual o passo a passo no console do Python.

```
36  neuro=MLPRegressor(hidden_layer_sizes=(20,),
37                     max_iter=5000,
38                     tol=0.0001,
39                     learning_rate_init=0.1,
40                     solver='sgd',
41                     activation='logistic',
42                     learning_rate='constant',
43                     verbose=2)
```

O modelo aqui foi nomeado de *neuro*. O nome pode ser qualquer um, e será ele usado pelo programa até o final para representar os treinamentos, as previsões, os gráficos, enfim, tudo o que se refere aos neurônios. A linha 45 representa que o modelo de rede *neuro* está sendo treinado com os dados antes separados por meio do método fit( ).

Após o treinamento, a linha 48 retorna a previsão com os dados separados antes, usando, nesse caso, o método predict().

```
44
45  neuro.fit(X_norm_train, Y_train)
46
47  ######### Previsao no conjunto teste ###################
48  Y_prev=neuro.predict(X_norm_test)
49
```

Para saber o erro no ajuste do modelo, devemos usar como medida e sensor do sucesso da aprendizagem o conhecido parâmetro estatístico R^2. Ele é denominado de coeficiente de determinação, e quanto mais próximo de 1.0 melhor indicação de que o ajuste foi perfeito. A fórmula do coeficiente é a seguinte:

$$R^2 = \frac{\sum_{i=1}^{n}\left(\hat{y}_i - \bar{y}\right)^2}{\sum_{i=1}^{n}\left(y_i - \bar{y}\right)^2} \tag{7.9}$$

Quanto menor for a diferença na parte de cima do termo de somatórios na Equação (7.9), maior o poder explicativo do modelo escolhido. Se a soma quadrática das diferenças entre a estimativa e a média convergir para a soma de todas as diferenças entre os valores reais e média real, então teremos que $R^2=1$, pois o termo do numerador é igual ao termo do denominador. No caso do Python, essa equação é programada no método r2_score( ) da biblioteca scikit-learn.

```
######## erro medio quadratico ########################
r2=r2_score(Y_test,Y_prev)
print('Erro médio quadrático ', r2)
```

Uma vez satisfeito o critério de bom ajuste do R^2, passamos para a fase de previsão para pontos não pertencentes ao banco de dados treinados e testados. Por exemplo, para nosso problema, qual o valor da saída de y quando X = 39? E para X = 50?

Para tanto, fazemos a mesma transformação da normalização inicial para podermos inserir os dados no modelo, uma vez que o modelo foi treinado com dados normalizados. Assim, a linha 62 faz a entrada na forma de vetor para os dois valores de X, e a linha 63 transforma esses dados em valores normalizados. Para a previsão, esses valores são inseridos novamente no método de previsão predict( ) na linha 65, no qual salvamos com o nome Y_prev.

```
61 ##### previsao para dado nao existente no banco de dados ###########
62 Xfut=np.array([[39, 50]])
63 Xfut_norm=norma.transform(Xfut.T)
64
65 Y_prev_fut=neuro.predict(Xfut_norm)
66 print('Previsão Rede Neural: ', Y_prev_fut)
```

Como pode ser visto no resultado do console apresentado a seguir, o *backpropagation* convergiu após 667 iterações para esses 20 valores do Excel. Mesmo com poucos dados, o R^2 foi 0.97 e com a seguinte previsão:

Para X = 39, a previsão é **32.90**

Para X = 50, a previsão é **23.16**

Se colocarmos os valores de X na equação original, teremos o valor real de y, ou seja,

Para X = 39, o valor real é **31.0**

Para X = 50, o valor real é **20.0**

```
Iteration 656, loss = 1.25288746
Iteration 657, loss = 1.25278780
Iteration 658, loss = 1.25268850
Iteration 659, loss = 1.25258954
Iteration 660, loss = 1.25249092
Iteration 661, loss = 1.25239265
Iteration 662, loss = 1.25229472
Iteration 663, loss = 1.25219714
Iteration 664, loss = 1.25209989
Iteration 665, loss = 1.25200298
Iteration 666, loss = 1.25190640
Iteration 667, loss = 1.25181016
Training loss did not improve more than tol=0.000100 for 10 consecutive epochs.
Stopping.
Erro médio quadrático  0.9726566471795047
Previsão Rede Neural:  [32.90530915 23.1668351 ]
```

As figuras 7.15 e 7.16 apresentam uma comparação entre previsões e valores reais da saída y para o banco de dados apresentados. Os pontos se aproximam bastante dos dados reais, e isso usando apenas uma camada escondida. O *backpropagation*, como escrito antes, realmente foi um elo importante na explicação de como um neurônio pode aprender com os erros.

Mas, e para mais dados, o resultado seria tão bom? Foram gerados, então, 195 dados usando-se a equação anterior e repetindo todo o processo. O resultado do treinamento e comparação no teste com os dados apresentados mostra uma excelente concordância, como visto na Figura 7.17.

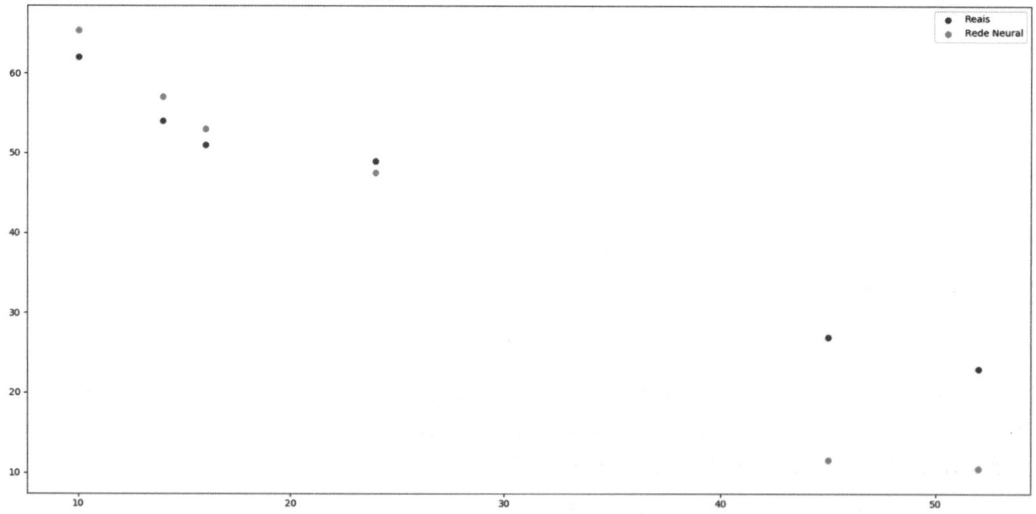

Figura 7.15 – Comparação entre valores reais e treinados pela rede neural.

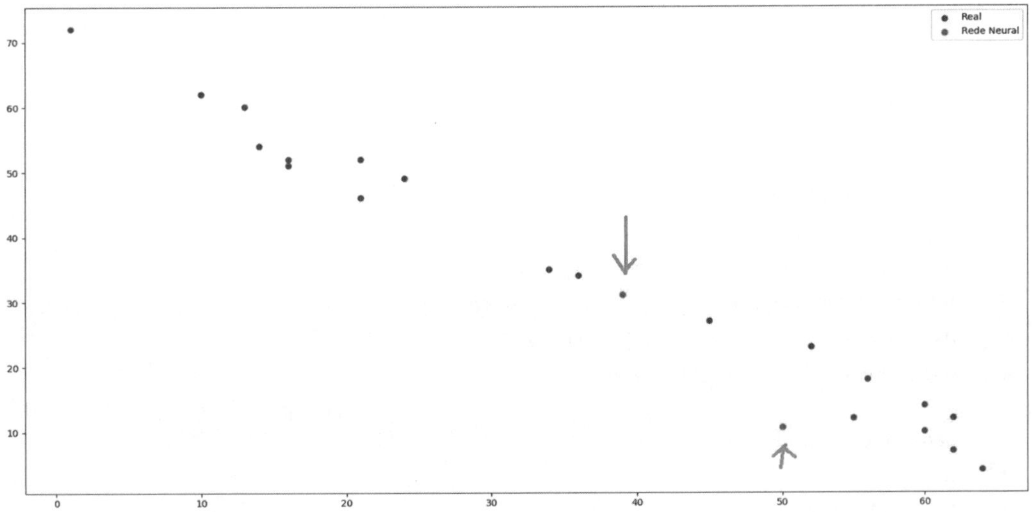

Figura 7.16 – Previsão para os dados X = 39 e X = 50 não pertencentes ao banco de testes.

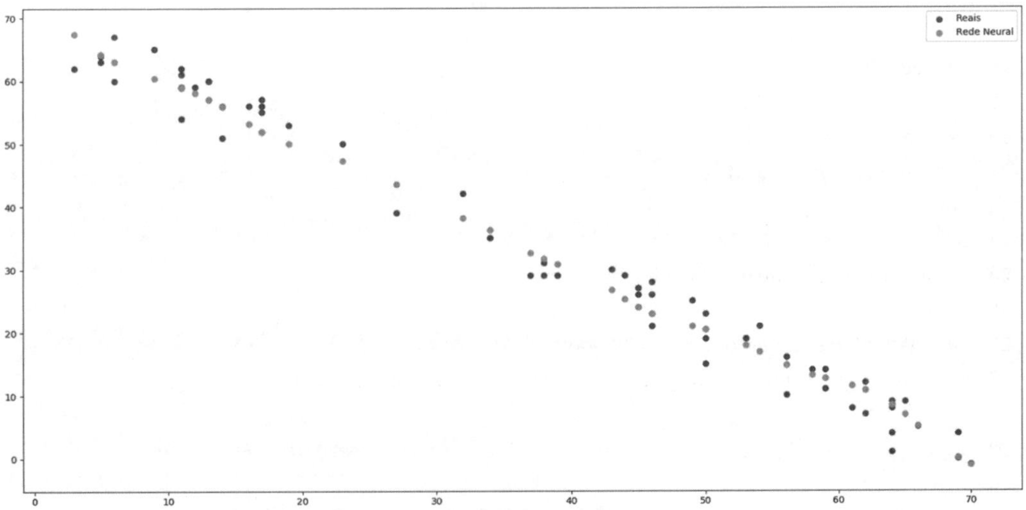

Figura 7.17 – Comparação entre dados reais e previstos pela rede neural, com n = 195 dados.

No console, pode-se ver que o R^2 foi o mesmo, mas os valores previstos para as mesmas entradas de X foram ainda melhores do que os anteriores.

```
Iteration 680, loss = 3.44780543
Iteration 681, loss = 3.44770594
Iteration 682, loss = 3.44760654
Iteration 683, loss = 3.44750725
Iteration 684, loss = 3.44740806
Iteration 685, loss = 3.44730897
Iteration 686, loss = 3.44720999
Training loss did not improve more than tol=0.000100 for 10 consecutive epochs.
Stopping.
Erro médio quadrático  0.9762909254709206
Previsão Rede Neural:  [29.62114559 19.49377249]
```

A seguir, o programa completo do exemplo anterior, para compreensão completa do funcionamento da rede neural via biblioteca *scikit-learn* do Python.

```
import pandas as pd
import numpy as np
import matplotlib.pyplot as fig
from sklearn.preprocessing import StandardScaler
from sklearn.model_selection import train_test_split
from sklearn.neural_network import MLPRegressor
from sklearn.metrics import r2_score

dad=pd.read_excel('Teste.xlsx')

fig.scatter(dad[['x']],dad[['y']])
fig.xlabel('x')
fig.ylabel('y')



X=dad[['x']]
Y=dad['y']

# Normalização
norma=StandardScaler()
norma.fit(X)

X_norm=norma.transform(X)

######### Treinamento e Teste ###################
X_norm_train, X_norm_test, Y_train, Y_test= train_test_split(X_norm,
                                                              Y,
                                                              test_size=0.3)

#### Processamento - aprendizado de maquina
# rede neural de multipla camada
### a tupla (10,5,) indica duas camadas escondidas, com 10 neuronios na 1a
### e 5 neuronios na segunda

neuro=MLPRegressor(hidden_layer_sizes=(20,),
                   max_iter=5000,
                   tol=0.0001,
                   learning_rate_init=0.1,
                   solver='sgd',
                   activation='logistic',
                   learning_rate='constant',
                   verbose=2)

neuro.fit(X_norm_train, Y_train)
```

```
######### Previsao no conjunto teste ####################
Y_prev=neuro.predict(X_norm_test)

######## erro medio quadratico ########################
r2=r2_score(Y_test,Y_prev)
print('Erro médio quadrático ', r2)

X_test=norma.inverse_transform(X_norm_test)

fig.figure()
fig.scatter(X_test, Y_test, label='Reais')
fig.scatter(X_test,Y_prev,label='Rede Neural')
fig.legend(loc=1)

##### previsao para dado nao existente no banco de dados ###########
Xfut=np.array([[39, 50]])
Xfut_norm=norma.transform(Xfut.T)

Y_prev_fut=neuro.predict(Xfut_norm)
print('Previsão Rede Neural: ', Y_prev_fut)

fig.figure()
fig.scatter(X,Y,label='Real')
fig.scatter(Xfut,Y_prev_fut, label='Rede Neural')
fig.legend(loc=1)
```

7.6 *DEEP LEARNING* E O AQUECIMENTO GLOBAL

Nas últimas décadas, o mundo tem discutido com frequência cada vez maior preocupações relacionadas com nosso meio ambiente, sobretudo no que se refere à poluição atmosférica, conservação de reservas de água e redução da cobertura das florestas tropicais.

Um fator decorrente de todas essas preocupações é o aumento na temperatura global do planeta, provocando o conhecido efeito estufa. O aumento nas emissões de dióxido de carbono está intimamente ligado ao aumento da temperatura, sobretudo sendo essas emissões oriundas de hidrocarbonetos, como a queima do petróleo ou gás natural.

Esse aquecimento do planeta não apenas afeta o meio ambiente, mas causa enormes prejuízos financeiros aos países como o aumento de tempestades torrenciais, furacões, tufões, queimadas fora do controle, e, com isso, afetando mais diretamente as populações de baixa renda, com pouca assistência e condições financeiras para se recuperar.

Os dados de emissão de CO_2 podem ser adquiridos em diversos sites que monitoram as emissões de todos os países. A Figura 7.18 apresenta a comparação entre a emissão de CO_2 desde 1750 anualmente e a anomalia na temperatura do planeta. A anomalia é a diferença entre a temperatura média global em um ano em relação a um período de tempo. Para a Figura 7.18, a comparação é em relação à temperatura média entre os anos de 1950 e 1960.

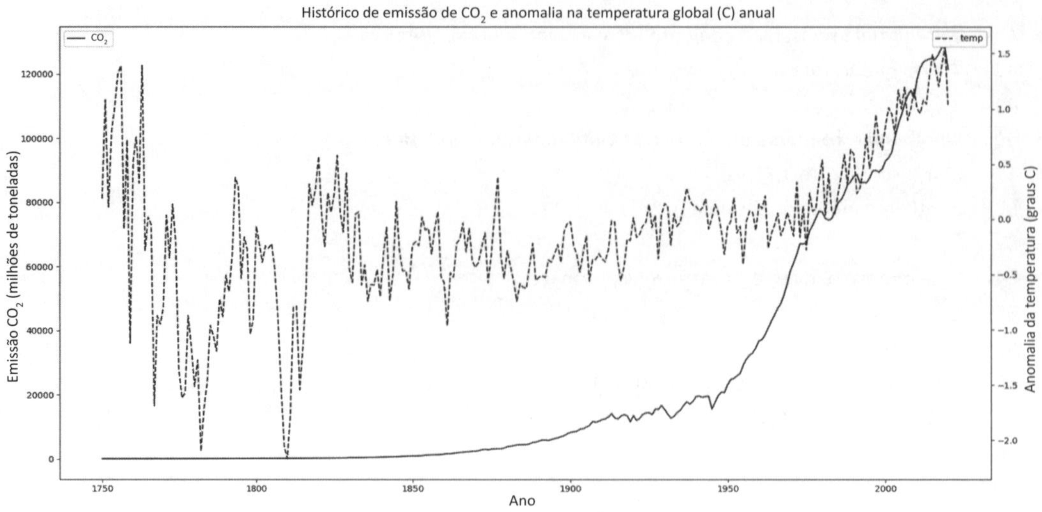

Figura 7.18 – Emissão de CO_2 e anomalia da temperatura global em relação à média de temperaturas entre 1950 e 1960.

Para os dados do CO_2, a aquisição foi feita no site que monitora os dados, conhecido como Our World in Data (<https://ourworldindata.org/co2-emissions>). Para a temperatura, os dados foram obtidos de Berkeley Earth Surface Temperatures, disponível em: <http://berkeleyearth.org/data/>.

As emissões de CO_2 são observadas no eixo da esquerda e estão em milhões de toneladas, apresentando um crescimento exponencial desde 1750. No entanto, por volta de 1950, a curva acelerou, saindo de um patamar de 20 bilhões de toneladas por ano para 80 bilhões de toneladas. Em comparação, o eixo da direita oscilou entre 2 graus negativos de temperatura até 1.5 graus até 1850. Esse é um período que determina o término de uma fase na qual o planeta era mais frio.

Outro fato para oscilação tão forte pode ser devido a erro nas medições e equipamentos mais rústicos de antigamente, apesar de essas temperaturas serem checadas com outras variáveis. O fato é que, a partir de 1850, a amplitude de oscilação diminuiu até 1950. A partir dessa data, a oscilação deixa de existir, e o que se percebe é um crescimento vertiginoso da curva de temperatura global.

O último dado mostra uma queda na temperatura, ocorrida em 2020, ano em que a pandemia da covid-19 obrigou o planeta ao *lockdown*, fazendo com que as emissões de CO_2 reduzissem drasticamente.

Para criarmos uma rede neural, vamos adotar que as emissões de CO_2 serão as entradas, e a previsão de saída será para a temperatura global. Entre a entrada e a saída, serão adotadas 5 camadas escondidas, conforme Figura 7.19.

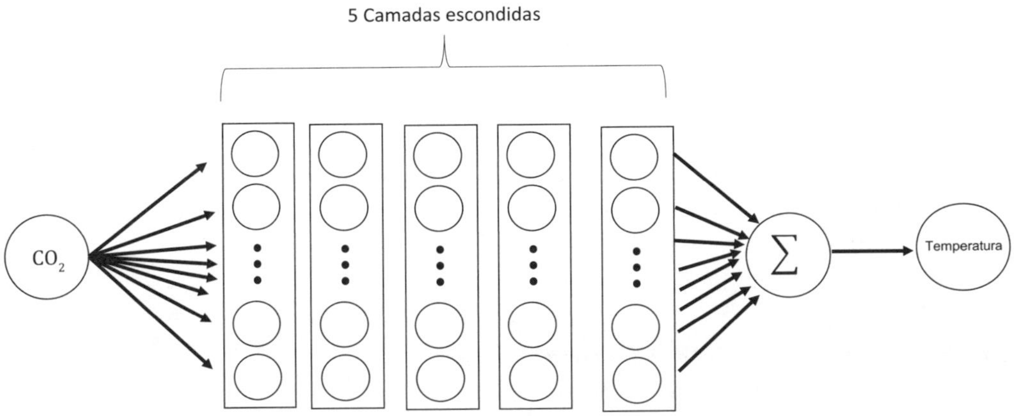

Figura 7.19 – Modelo de rede neural com 5 camadas escondidas para previsão da temperatura global considerando a entrada as emissões de CO_2.

Para importar os dados do Excel (visto que eles estão em formato csv nos sites), usamos no Python a biblioteca Pandas, para o formato de DataFrame, como veremos nas linhas seguintes. A emissão de CO_2 é extraída do DataFrame e transformada em vetor, como a saída desejada (temperatura). Como comentado antes, na linha 15 se dá a normalização dos dados junto com a linha 16 com o método fit( ) e a linha 18 com o método transform( ).

```
9   dad=pd.read_excel('Co2_Temp.xlsx')
10
11  X=dad[['co2']]
12  Y=dad['temp']
13
14  # Normalização
15  norma=StandardScaler()
16  norma.fit(X)
17
18  X_norm=norma.transform(X)
```

Num primeiro teste, com apenas uma camada, o resultado ficou bem aquém do desejado, e passo a passo foi-se aumentando o número de camadas e neurônios. O grande problema é que a temperatura global não depende apenas da emissão de CO_2. Essa é uma hipótese apenas didática para demonstrar o uso das redes neurais em problemas reais. Além das emissões de CO_2, por exemplo, são necessários dados como emissões de carbono relacionados a hidrocarbonetos, queimadas, o nível econômico dos países (mediante o PIB), do crescimento econômico em vendas, em fluxo de exportações e importações, em desmatamentos etc.

Por isso, mesmo com 5 camadas e mais de mil neurônios em algumas delas, o resultado não consegue ultrapassar o nível de R^2 acima de 0.5. A diferença das linhas seguintes em relação à explicação da rede neural simples anterior é que, em vez de ficar testando quais os melhores pesos, colocamos na linha 21 um While para repetir todo o processo de treinamento dos dados, até que o score R^2 fosse maior do que 0.4 na linha 41. A linha 22 apresenta como os dados deverão ser tratados, sendo que 96% serão usados para treinamento da rede de 5 camadas usando o método MLPRegressor( ). A camada escondida 1 tem 500 neurônios; a segunda, 500; a terceira, 1.500 neurônios; a quarta, 1.500; e a última camada tem 500 neurônios.

A função de ativação nesse problema foi modificada e adaptada diferentemente da função sigmoide para a função 'relu'. A função é *rectified linear unit function* e retorna como resultado o máximo valor entre zero e o valor de entrada x. A ativação dessa função está na linha 30 do *script* a seguir.

```
20  ######### Treinamento e Teste ####################
21  while True:
22      X_norm_train, X_norm_test, Y_train, Y_test= train_test_split(X_norm,
23                                                                    Y,
24                                                                    test_size=0.96)
25      neuro=MLPRegressor(hidden_layer_sizes=(500,500,1500,1500,500),
26                         max_iter=5000,
27                         tol=0.0001,
28                         learning_rate_init=0.1,
29                         solver='sgd',
30                         activation='relu',
31                         learning_rate='constant',
32                         verbose=0)  # verbose=0 (nao mostra passos)
33                                     #verbose=2 (mostra passos)
34      neuro.fit(X_norm_train, Y_train)
35      ######### Previsao no conjunto teste ####################
36      Y_prev=neuro.predict(X_norm_test)
37      ######## erro medio quadratico ########################
38      r2=r2_score(Y_test,Y_prev) # coef. determinacao R2 (melhor=1.0)
39                                 # R2= Sum(y_est-med)^2/Sum(y-med)^2
40      print('score = ', r2)
41      if r2>0.4:
42         break
43
44  X_test=norma.inverse_transform(X_norm_test)
```

Após treinar e testar a amostra para encontrar os melhores pesos dos neurônios, o algoritmo passa a fase de previsão com dados não existentes no banco de dados. A entrada é chamada de Xfut e, normalizada, transforma-se em Xfut_norm na linha 55.

```
53  ##### previsao para dado nao existente no banco de dados ###########
54  Xfut=np.array([[120500, 130000]])
55  Xfut_norm=norma.transform(Xfut.T)
56
57  Y_prev_fut=neuro.predict(Xfut_norm)
58  print('#################################################')
59  print('Variação de Temperatura (graus C) - Previsão')
60  print('Previsão Rede Neural: ', Y_prev_fut)
61  print('#################################################')
```

Ao se rodar o programa, o resultado no console é o que se pode ver a seguir. Após testar diversas vezes a rede neural via *backpropagation* a rede chega ao valor-limite imposto de score R^2 acima de 0.4. Para emissões de 120.500 milhões de toneladas de CO_2, a rede estima que a temperatura aumentará 1.17 °C no planeta. Para a entrada de 130.000 milhões de toneladas, a estimativa é um aumento global de 1.32 °C.

```
score =  0.3108515691419712
score =  0.3158327134962790 6
score =  -0.2634451324593172
score =  0.3507403085581724
score =  0.3588732755230214
score =  0.06490876908785981
score =  0.15793260013452148
score =  0.24216922117772088
score =  0.3426726930491102
score =  -0.00675733230323039
score =  0.35025607633219324
score =  -0.10260822213814436
score =  0.3981465077225306
score =  -0.2615933367862009
score =  0.4131782344907755
##################################################
Variação de Temperatura (graus C) - Previsão
Previsão Rede Neural:  [1.17633078 1.32652088]
##################################################
```

A Figura 7.20 apresenta o resultado das previsões para o conjunto de teste das amostras durante a fase de teste pós-treino da rede neural. Os pontos de previsão estão mais contínuos e próximos de uma curva sigmoide, em que o eixo horizontal corresponde às emissões de CO_2, e o vertical à temperatura global. Percebe-se que a distribuição é muito esparsa e lembra uma aleatoriedade, mas, com o aumento das emissões, elas formam uma trajetória ascendente, que, de certa forma, foi captada pela rede neural.

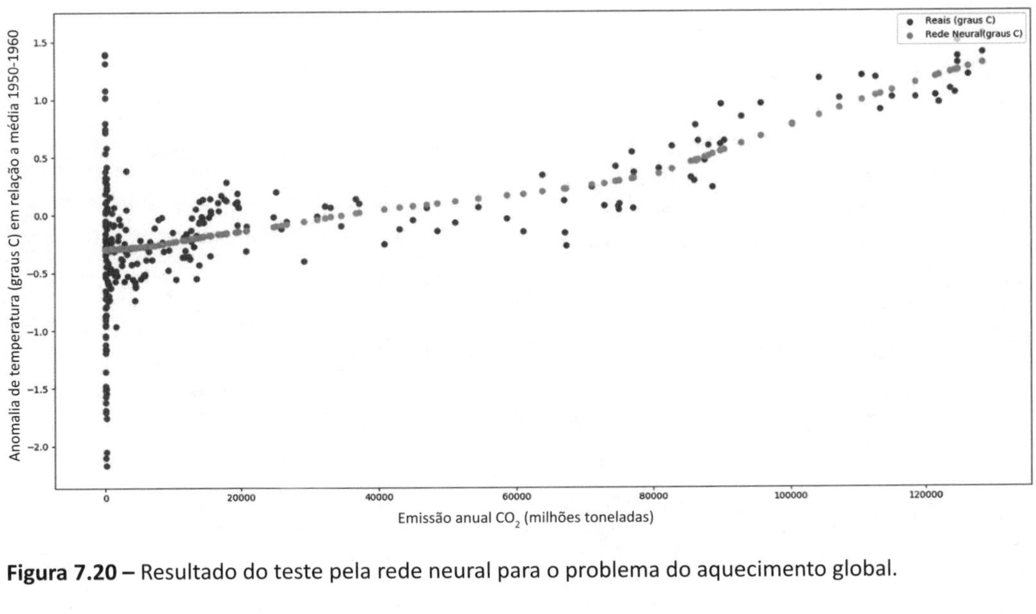

Figura 7.20 – Resultado do teste pela rede neural para o problema do aquecimento global.

Mesmo assim, com esse espalhamento grande para baixos valores de emissão de CO_2, a rede conseguiu devolver oscilações na temperatura que são plausíveis e próximas do esperado pelos especialistas em clima no mundo.

Em seguida, coloca-se o *script* completo em linguagem Python para ser adaptado pelo leitor para o problema do aquecimento global com mais variáveis. Para outros tipos de problemas, a configuração do algoritmo é a mesma, apenas tendo de se modificar os valores desejados do número de camadas, de neurônios e o score de R^2.

```
import pandas as pd
import numpy as np
import matplotlib.pyplot as fig
from sklearn.preprocessing import StandardScaler
from sklearn.model_selection import train_test_split
from sklearn.neural_network import MLPRegressor
from sklearn.metrics import r2_score

dad=pd.read_excel('Co2_Temp.xlsx')

X=dad[['co2']]
Y=dad['temp']

# Normalização
norma=StandardScaler()
norma.fit(X)

X_norm=norma.transform(X)

######### Treinamento e Teste ####################
while True:
    X_norm_train, X_norm_test, Y_train, Y_test= train_test_split(X_norm,
                                                                  Y,
                                                                  test_size=0.96)
    neuro=MLPRegressor(hidden_layer_sizes=(500,500,1500,1500,500),
                       max_iter=5000,
                       tol=0.0001,
                       learning_rate_init=0.1,
                       solver='sgd',
                       activation='relu',
                       learning_rate='constant',
                       verbose=0) # verbose=0 (nao mostra passos)
                                  #verbose=2 (mostra passos)
    neuro.fit(X_norm_train, Y_train)
    ######### Previsao no conjunto teste ###################
    Y_prev=neuro.predict(X_norm_test)
    ######## erro medio quadratico #######################
    r2=r2_score(Y_test,Y_prev) # coef. determinacao R2 (melhor=1.0)
                               # R2= Sum(y_est-med)^2/Sum(y-med)^2
    print('score = ', r2)
    if r2>0.4:
        break
```

```
X_test=norma.inverse_transform(X_norm_test)

fig.figure()
fig.scatter(X_test, Y_test, label='Reais (graus C)')
fig.scatter(X_test,Y_prev,label='Rede Neural(graus C)')
fig.legend(loc=1)
fig.xlabel('Emissão anual CO2 (milhões toneladas)')
fig.ylabel('Anomalia de Temperatura (graus C) em relação a média 1950-1960')

##### previsao para dado nao existente no banco de dados ##########
Xfut=np.array([[120500, 130000]])
Xfut_norm=norma.transform(Xfut.T)

Y_prev_fut=neuro.predict(Xfut_norm)
print('##################################################')
print('Variação de Temperatura (graus C) - Previsão')
print('Previsão Rede Neural: ', Y_prev_fut)
print('##################################################')
fig.figure()
fig.scatter(X,Y,label='Real')
fig.scatter(Xfut,Y_prev_fut, label='Rede Neural')
fig.legend(loc=1)

dad.index=dad['ano']
dad=dad.drop(['ano'],axis=1)

figura,ax=fig.subplots()
ax=dad['co2'].plot(ylabel='Emissão Co2 (milhões de toneladas)',
        legend=True,color='black')
ax.legend(loc='upper left',prop= {'weight':'bold'})

ax2=ax.twinx()
ax2=dad['temp'].plot(ylabel='Anomalia da Temperatura (graus C)',
        legend=True,style='--',color='black')
fig.title('Histórico de emissão de CO2 e anomalia na temperatura global (C) anual')
```

7.7 *DEEP LEARNING* E O MERCADO DE AÇÕES

As bolsas de valores são os locais onde se realizam as operações de compras e venda de ativos financeiros que podem estar ligados às empresas ou às conhecidas *commodities*, como contratos de petróleo, soja, trigo, boi etc. Outros ativos muito negociados além de ações são negócios relacionados aos índices futuros, uma forma de negociar contratos sobre os próprios índices das bolsas de valores.

Uma ação é uma parte de uma empresa que é colocada à venda para captar recurso financeiro, e, com esse montante, os gestores poderão investir no crescimento dos negócios. Como retorno aos compradores, parte dos lucros, caso a empresa tenha, é devolvido aos investidores portadores das ações na forma de dividendo.

O mercado financeiro é talvez o lugar do mundo com maior montante de dados, um vasto universo para que a ciência dos dados possa atuar e testar modelos de aprendizado, usando estatísticas, matemática e computação. A tentativa de compreensão do pensamento econômico, ou o que as pessoas fazem, ou como elas agem, é objeto antigo de desejo por profissionais da área.

Grandes quedas nas bolsas de valores, conhecidas como *crashes*, ainda são objeto de intensos debates acadêmicos sobre como ou por que elas acontecem. Investidores agem como uma manada em momentos de "boas" notícias para um movimento de compra de ativos, e também em momentos de "más" notícias para as empresas.

Na mais recente crise financeira, em 2008, o Banco Central Americano (*Federal Reserve Borad*) precisou abrir linhas de crédito de mais de 1 trilhão de dólares para conter falências dos bancos e empresas de seguros nos Estados Unidos. Alguns movimentos de compra e venda repetem um padrão mais ou menos previsível e podem ser aproveitados para treinar redes neurais para previsão de preços.

Os preços da ação da Petrobras S. A., representada pelo código PETR4 na Bovespa (hoje, denominada B3), têm uma boa correlação com os preços internacionais do petróleo, intimamente ligada ao movimento de sobe e desce na negociação dos contratos.

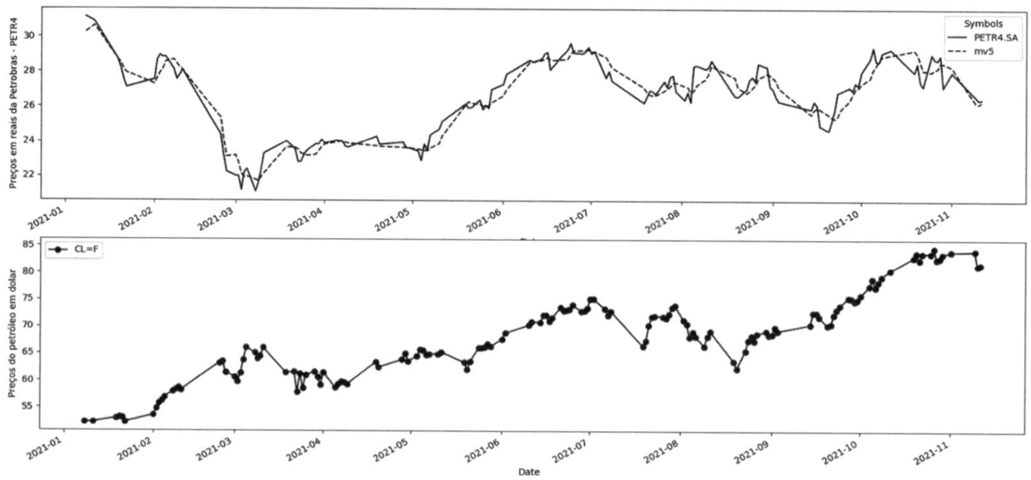

Figura 7.21 – Gráfico superior: preço da PETR4 e média móvel de 5 dias. Gráfico inferior: preços do petróleo internacional em dólar.

A Figura 7.21 apresenta o movimento da ação da Petrobras junto com o movimento dos preços internacionais do petróleo. Na parte superior da Figura, é possível ver além do preço da ação o movimento representado pela média móvel de 5 dias úteis de negócios. Esse tipo de comparação é bem comum entre os corretores (*traders*) para suavizar o movimento e tentar prever o deslocamento da ação no movimento conhecido como *reversão à média*.

Na parte inferior, em comparação, apresentam-se os preços do petróleo em dólar americano. Ambos os gráficos foram feitos para dados no período de 2/1/2021 a 11/11/2021.

Uma possível rede neural para prever preços poderia ser composta do seguinte projeto de desenvolvimento:

Entrada: (média móvel da PETR4); (preço do petróleo); (condição da PETR4)

A condição é uma variável que pode ser binária, referindo-se ao movimento entre dois dias consecutivos. Por exemplo, podemos usar os seguintes dois valores numéricos:

0: se o preço da PETR4 aumentou do dia anterior para o atual;

1: se o preço da PETR4 caiu em relação ao dia anterior.

Saída: previsão do preço da ação PETR4 para o dia futuro.

Para a previsão, usamos o projeto de rede neural, considerando 5 camadas escondidas, cada uma com 1.000 neurônios, projetando na saída o preço da ação PETR4 para um dia à frente. A Figura 7.22 apresenta esse esquema para *deep learning* da previsão.

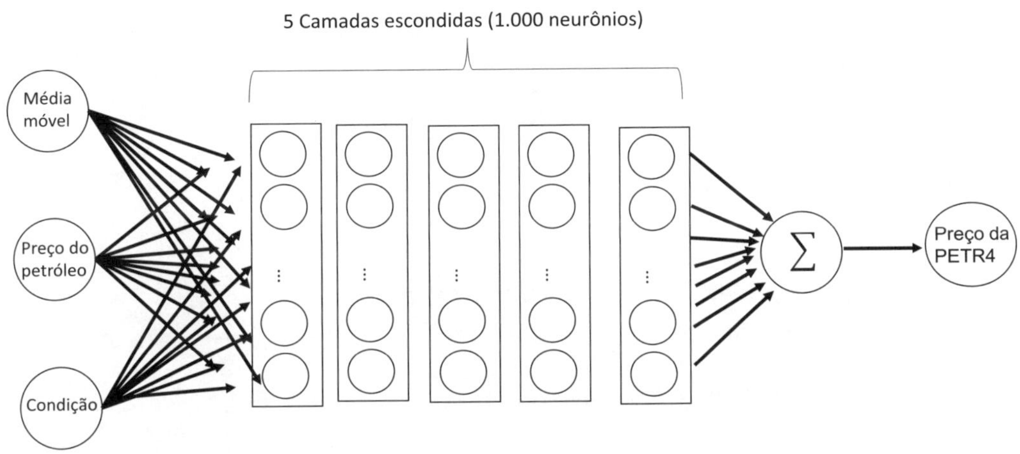

Figura 7.22 – Esquema da rede neural para *deep learning* no mercado financeiro.

O primeiro passo é a obtenção dos preços dos ativos financeiros. Em Python, isso é muito tranquilo, bastando apenas instalar a biblioteca Yahoo-Fin. Com essa biblioteca, a função *get_data* permite, por exemplo, acessar instantaneamente o site do Finance.yahoo.com e obter os preços de todos os ativos em bolsas de valores no mundo. No código a seguir, além de baixar os dados da linha 17 para a Petrobras e da linha 20 para o preço do barril de petróleo, as linhas 18 e 21 alteram os nomes das colunas do Yahoo. Como os dois DataFrames possuem as colunas com mesmo nome, alteram-se, então, nessas linhas o nome "close" que representa o preço de fechamento; para "PETR4.SA", no caso da Petrobras; e "petroleo" (sem acento), para se identificarem os preços do barril.

A linha 23 concatena (junta-se) às colunas do preço do petróleo ("petróleo") e do código ("ticker") do barril para o DataFrame da Petrobras. Com isso, temos num único DataFrame os preços que mais interessam nos dois ativos. A linha 26 usa o método *rolling* do *DataFrame* para calcular a média móvel de 5 dias. Essa coluna recebe o nome de 'mv5', em referência à média móvel de 5 dias.

Como a média começa no sexto dia, o DataFrame ficará com linhas em branco, o que aparecerá como 'Nan" na tabela. Isso gera problema, uma vez que a entrada no MLPRegressor deve ser vetor, e não pode ter valores em vazio. Por isso, a linha 24 e a linha 28 apagam as linhas com valores em que constam 'Nan'.

```
1   import pandas as pd
2   import numpy as np
3   import matplotlib.pyplot as fig
4   from sklearn.preprocessing import StandardScaler
5   from sklearn.preprocessing import MinMaxScaler
6   from sklearn.model_selection import train_test_split
7   from sklearn.neural_network import MLPRegressor
8   from sklearn.metrics import r2_score
9   import datetime as dt
10  from yahoo_fin.stock_info import *
11
12
13  ################ importar a acao #############################
14  inicio=dt.datetime(2021,1,2)
15  fim=dt.datetime(2021,11,11)
16
17  df_acao = get_data('PETR4.SA', start_date=inicio, end_date=fim)
18  df_acao.rename(columns={"close":"PETR4.SA"},inplace=True)
19
20  df_oleo = get_data('CL=F', start_date=inicio, end_date=fim)
21  df_oleo.rename(columns={"close":"petroleo"},inplace=True)
22
23  df = pd.concat([df_acao, df_oleo[['petroleo','ticker']]], axis=1)
24  df.dropna(inplace=True)
25
26  df['mv5']=df['PETR4.SA'].rolling(window=5).mean()
27
28  df.dropna(inplace=True)
```

As linhas 30 a 32 preparam as entradas na rede neural. A linha 30 constrói a variável condição da ação, na qual os valores serão binários, como já comentado. Nessa linha, usando a biblioteca *NumPy* com a função *where*, procuram-se todos os preços da PETR4 e compara-se sempre um dia anterior em relação ao outro usando shift(-1). Se o preço da data atual caiu em relação a data anterior, a variável receberá 1, caso contrário receberá zero.

```
30  df['Preço_aumenta']=np.where(df['PETR4.SA'].shift(-1)>df['PETR4.SA'],1,0)
31  X=df[['Preço_aumenta','mv5','petroleo']].values
32  Y=df['PETR4.SA'].values
```

Como descrito antes, devemos fazer a normalização dos dados para que o processo de *deep learning* seja mais rápido e convergente.

```
34  # Normalização
35  norma=MinMaxScaler()
36  norma.fit(X)
37
38  X_norm=norma.transform(X)
```

Repetem-se, então, as mesmas linhas de código utilizadas para o exemplo do aquecimento global, treinando a rede com *while* e colocando uma condição de *score* que tenha boa confiança na previsão. Nesse exemplo do mercado de ações, o *score* escolhido foi acima de 0.8 como um bom parâmetro para previsão do preço da PETR4.

A linha 45 da parte do *script* a seguir, representa numericamente as 5 camadas escondidas representadas na Figura 7.22. O parâmetro hidden_layer_sizes = (1000, 1000, 1000, 1000, 1000) indica as 5 camadas escondidas com mil neurônios cada. A taxa de aprendizado foi fixada em 0.001, e serão usados 80% dos dados como teste do treinamento, como visto na linha 44.

```
40  ######### Treinamento e Teste ###################
41  while True:
42      X_norm_train, X_norm_test, Y_train, Y_test= train_test_split(X_norm,
43                                                                    Y,
44                                                                    test_size=0.8)
45      neuro=MLPRegressor(hidden_layer_sizes=(1000,1000,1000,1000,1000),
46                         max_iter=5000,
47                         tol=0.0001,
48                         learning_rate_init=0.001,
49                         solver='sgd',
50                         activation='relu',
51                         learning_rate='constant',
52                         verbose=0)  # verbose=0 (nao mostra passos)
53                                     # verbose=2 (mostra passos)
54      neuro.fit(X_norm_train, Y_train)
55      ######### Previsao no conjunto teste ###################
56      Y_prev=neuro.predict(X_norm_test)
57      ######## coef. determinacao R2 #######################
58      r2=r2_score(Y_test,Y_prev) # coef. determinacao R2 (melhor=1.0)
59                                 # R2= Sum(y_est-med)^2/Sum(y-med)^2
60      print('score = ', r2)
61      if r2>0.8:
62          break
```

Após a convergência da rede neural, os dados são transformados para os valores originais e para criar gráficos para a previsão da rede. A linha 64 a seguir faz a transformação dos dados que estão normalizados para os valores dos preços dos ativos.

```
64  X_test=norma.inverse_transform(X_norm_test)
65
66  fig.figure()
67  fig.scatter(X_test[:,1], Y_test, label='Reais (preço real)')
68  fig.scatter(X_test[:,1],Y_prev,label='Rede Neural(preço previsto)')
69  fig.legend(loc=1)
70  fig.xlabel('Preço da média média móvel')
71  fig.ylabel('Preço previsto')
```

Uma vez finalizados o treinamento e o teste, o modelo está pronto para a fase de previsão com dados reais. Por exemplo, usamos como previsão e comparação as seguintes entradas descritas anteriormente:

Dia	Média móvel (PETR4)	Condição do preço	Preço real petróleo	Preço real PETR4	Preço previsto
9/11	R$ 26,29	0 (subiu)	US$ 84,15	R$ 26,63	R$ 26,57
10/11	R$ 26,20	1 (caiu)	US$ 81,33	R$ 26,43	R$ 26,59
11/11	R$ 26,29	0 (subiu)	US$ 81,58	R$ 26,45	**R$ 26,54**
12/11				**R$ 26,70**	

A última coluna da tabela de entradas é o preço previsto pela rede neural para o dia seguinte, e a penúltima, o valor real da PETR4. Assim, a previsão para o dia 10/11 foi R$ 26,57 (feita no dia 9/11), enquanto o preço real foi R$ 26,43. No dia 11/11, a previsão para o dia 12/11 foi de R$ 26,54, e o valor real foi R$ 26,70. O erro foi de 0,6%. O formato de entrada para o Python na estimativa dos preços futuros é em forma de matriz, da seguinte forma:

$$X = \begin{bmatrix} 0 & 26.29 & 84.15 \\ 1 & 26.20 & 81.33 \\ 0 & 26.29 & 81.58 \end{bmatrix}$$

Mas o método MLPRegressor na função *predict* necessita de que as entradas nas camadas sejam a transposta tal qual geramos X. Logo, entramos com os dados de forma transposta aos valores de X anteriores. As linhas 82, 83 e 84 a seguir apresentam o *array* no *NumPy* de forma transposta às entradas apresentadas na Tabela anterior.

```
82  Xfut=np.array( [ [0,    1,  0],
83                   [26.29,       26.20,     26.29],
84                   [84.15, 81.33, 81.58]])
85  Xfut_norm=norma.transform(Xfut.T)
86
87  Y_prev_fut=neuro.predict(Xfut_norm)
88
89  print('##################################################')
90  print('Preço da ação (R$) - Previsão')
91  print('Previsão Rede Neural: ', Y_prev_fut)
92  print('##################################################')
93  fig.figure()
94  fig.scatter(X[:,1],Y,label='Real')
95  fig.scatter(Xfut[1,:],Y_prev_fut, label='Rede Neural')
96  fig.legend(loc=1)
```

Como são várias entradas, no plano bidimensional as variáveis só podem ser visualizadas duas a duas. Por exemplo, a Figura 7.23 apresenta o resultado após a convergência da rede, com *score* de 0.91 na previsão dos preços da PETR4. Considerando a média móvel como entrada no eixo horizontal, os pontos mais claros representam as previsões dos preços em relação aos pontos mais escuros, que são os preços reais da PETR4. O resultado previsto não tem a mesma volatilidade dos preços reais, mas acerta de forma satisfatória a tendência dos preços em relação à média móvel. Para melhorar a previsão ainda mais, seriam necessários outros fatores, como notícias sobre a empresa, sobre a situação do país, sobre a economia mundial, e assim por diante. Com mais informações, o que se configura como mais entradas, a convergência fica mais lenta, mas o resultado final é ainda melhor do que nesse exemplo.

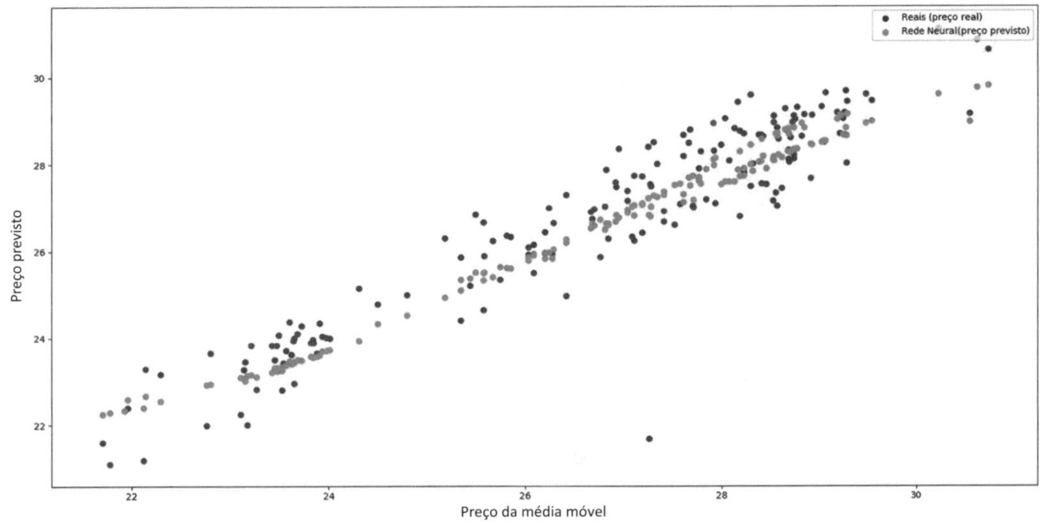

Figura 7.23 – Comparação entre entradas e saídas previstas com os preços reais da PETR4.

O algoritmo a seguir apresenta todas as linhas de programação utilizadas anteriormente na aplicação do método MLPRegressor para o *deep learning* no mercado de ações.

```
import pandas as pd
import numpy as np
import matplotlib.pyplot as fig
from sklearn.preprocessing import StandardScaler
from sklearn.preprocessing import MinMaxScaler
from sklearn.model_selection import train_test_split
from sklearn.neural_network import MLPRegressor
from sklearn.metrics import r2_score
import datetime as dt
from yahoo_fin.stock_info import *


################ importar a acao ############################
inicio=dt.datetime(2021,1,2)
fim=dt.datetime(2021,11,11)

df_acao = get_data('PETR4.SA', start_date=inicio, end_date=fim)
df_acao.rename(columns={"close":"PETR4.SA"},inplace=True)

df_oleo = get_data('CL=F', start_date=inicio, end_date=fim)
```

```
df_oleo.rename(columns={"close":"petroleo"},inplace=True)
df = pd.concat([df_acao, df_oleo[['petroleo','ticker']]], axis=1)
df.dropna(inplace=True)
df['mv5']=df['PETR4.SA'].rolling(window=5).mean()
df.dropna(inplace=True)
df['Preço_aumenta']=np.where(df['PETR4.SA'].shift(-1)>df['PETR4.SA'],1,0)
X=df[['Preço_aumenta','mv5','petroleo']].values
Y=df['PETR4.SA'].values
# Normalização
norma=MinMaxScaler()
norma.fit(X)
X_norm=norma.transform(X)
######### Treinamento e Teste ###################
while True:
    X_norm_train, X_norm_test, Y_train, Y_test= train_test_split(X_norm,
                                                                 Y,
                                                                 test_size=0.8)
    neuro=MLPRegressor(hidden_layer_sizes=(1000,1000,1000,1000,1000),
                       max_iter=5000,
                       tol=0.0001,
                       learning_rate_init=0.001,
                       solver='sgd',
                       activation='relu',
                       learning_rate='constant',
                       verbose=0)  # verbose=0 (nao mostra passos)
                                   # verbose=2 (mostra passos)
    neuro.fit(X_norm_train, Y_train)
    ######### Previsao no conjunto teste ###################
    Y_prev=neuro.predict(X_norm_test)
    ######## coef. determinacao R2 ######################
    r2=r2_score(Y_test,Y_prev) # coef. determinacao R2 (melhor=1.0)
                               # R2= Sum(y_est-med)^2/Sum(y-med)^2
    print('score = ', r2)
    if r2>0.8:
        break
X_test=norma.inverse_transform(X_norm_test)
fig.figure()
fig.scatter(X_test[:,1], Y_test, label='Reais (preço real)')
fig.scatter(X_test[:,1],Y_prev,label='Rede Neural(preço previsto)')
fig.legend(loc=1)
fig.xlabel('Preço da média média móvel')
fig.ylabel('Preço previsto')
```

```
##### previsao para dado nao existente no banco de dados ###########
############## lista 1: altas=0 baixas=1
############## lista 2: preços da media movel
############## lista 3: preços do petroleo em US$
############## Exemplo:
############## baixa       alta       preco mv   preco mv       preco petr1 preco petr2
############## entrad1     entrad2    entrad1    entrad2
#Xfut=np.array( [ [0,       1],       [26,       25]            [84.15        81.7]])
##################################################################################

Xfut=np.array( [ [0,       1,     0],
                 [26.29,   26.20,    26.29],
                 [84.15, 81.33, 81.58]])
Xfut_norm=norma.transform(Xfut.T)

Y_prev_fut=neuro.predict(Xfut_norm)

print('####################################################')
print('Preço da ação (R$) - Previsão')
print('Previsão Rede Neural: ', Y_prev_fut)
print('####################################################')
fig.figure()
fig.scatter(X[:,1],Y,label='Real')
fig.scatter(Xfut[1,:],Y_prev_fut, label='Rede Neural')
fig.legend(loc=1)
```

7.8 *DEEP LEARNING* E A PANDEMIA DA COVID-19

Um novo coronavírus surgiu entre novembro e dezembro de 2019 em Wuhan, na China, e sua dispersão tornou-se uma pandemia declarada pela Organização Mundial de Saúde (OMS) em 11 de março de 2020. O espalhamento da pandemia foi rápido e com altas taxas de mortalidade, levando a OMS a declarar a pandemia com um nome específico, chamando essa doença de covid-19. O vírus se mostrou altamente contagioso, com ondas de infecções não dependentes de clima, região ou características demográficas ao redor do mundo. O vírus infecta humanos quando entra em contato com nariz, olhos ou boca, e ataca células no trato respiratório, provocando agudo quadro da síndrome da doença respiratória, podendo inclusive levar à morte.

Mesmo com o *lockdown* de Wuhan e as restrições dos países para entrada de pessoas provenientes da China, a expansão da covid-19 deu-se de forma rápida e global. Com a tecnologia de *big data*, inúmeros *websites* disponibilizaram dados e gráficos de comparações entre modelos matemáticos de previsão para a expansão da doença, bem como medidas de diversas taxas de epidemiologia e infectologia para alertar a população mundial.

Além de modelos matemáticos, uma quantidade bastante expressiva de softwares foi colocada à disposição das pessoas, apresentando com seus *dashboards* o espalhamento da pandemia à medida que novos dados iam sendo atualizados. Boa parte desses modelos se reservam na simulação computacional dos tradicionais modelos exponenciais como representação do crescimento de casos e mortes.

Muitas aplicações apareceram no mundo acadêmico com o uso da inteligência artificial, sobretudo com a aplicação do *deep learning* para entendimento do comportamento do coronavírus, seu espalhamento, formas de contágio e em áreas farmacológicas, para auxiliar a elaboração de vacinas.

A Figura 7.24 apresenta dados do município de São Paulo mantidos pela Fundação Seade sobre a pandemia no Estado de São Paulo (<https://www.seade.gov.br/coronavirus/>). No gráfico superior da figura, são apresentados no eixo vertical da esquerda os valores da média de 7 dias para o número de casos no munícipio, enquanto, no eixo da direita, estão os dados de mortes, também com média móvel de 7 dias. Os dados foram adquiridos apenas para o período de 1/2/2021 a 16/11/2021. O gráfico de linha contínua retrata o comportamento da infecção em termos de casos novos diários (média 7 dias), e o gráfico com marcadores, os casos de óbitos.

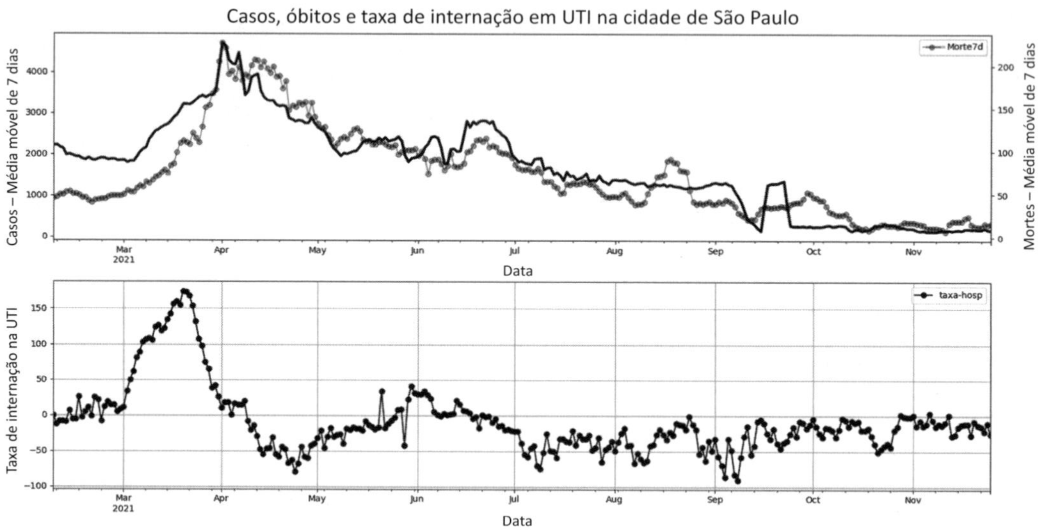

Figura 7.24 – Dados do município de São Paulo para casos, óbitos e taxa de internação em UTI utilizando a média móvel de 7 dias.

Pode-se perceber que, em novembro de 2021, os casos e mortes estavam bem baixos em São Paulo, em alguns dias inclusive não havendo mortes por covid-19. O gráfico inferior na mesma figura apresenta a taxa de internação. Tomam-se os dados de internação média de 7 dias, mantidos pela Fundação Seade, e subtrai-se o valor de um dia em relação ao dia anterior, criando-se, assim, a taxa de internação em UTI. Nesse gráfico, pode-se perceber o valor negativo no gráfico, exatamente no período em que o número de casos e mortes estavam bem baixos.

Uma proposta adotada como exemplo de *deep learning* foi tomar como entrada na rede neural três entradas parecidas com o exemplo anterior da bolsa de valores. Uma entrada será um valor binário indicando altas ou baixas nos casos registrados. Outra variável será a média móvel de 7 dias para os casos e, por último, a taxa de internação em UTI. Como previsão, desejamos a estimação de mortes em média móvel de 7 dias.

Entrada: (média móvel de 7 dias de casos); (taxa de UTI); (condição dos casos)

A condição é uma variável que pode ser binária, referindo ao movimento entre dois dias consecutivos. Por exemplo, podemos usar os seguintes valores numéricos:

0: se os casos aumentaram em relação ao dia anterior;

1: se os casos diminuíram em relação ao dia anterior.

Saída: previsão da média móvel de 7 dias para os óbitos.

A preparação dos dados parte de uma planilha em Excel ou em *.csv, com os dados dispostos conforme segue:

	A	B	C	D
1	data	UTImd7dias	Casos	Mortes
2	01/02/2021	4802,57	468	8
3	02/02/2021	4805,14	3138	71
4	03/02/2021	4802	3036	62
5	04/02/2021	4800,43	3213	49
6	05/02/2021	4797,29	2422	60
7	06/02/2021	4797,57	2419	49

Na planilha, a coluna A mostra as datas; a coluna B, o número de internações em UTI em média móvel de 7 dias; a coluna C, o número de casos diários; e a coluna D, o número de mortes diárias. Para manterem os dados em coerência, a coluna de "casos" e a coluna de "mortes" são transformadas em médias móveis de 7 dias para ter uma comparação com os dados de internação nas UTI. As linhas 15 e 16 do *script* em Python a seguir calculam a média móvel dos casos e dos óbitos. Devido à média móvel, as sete primeiras linhas estarão vazias, com a nomenclatura de 'Nan'. A linha 17 apagará essas linhas, visto que esses dados entrarão na rede neural na forma de *array*, o qual não permite 'Nan'.

```
1   # Deep Learning Covid-19 Cidade de Sao Paulo
2   import pandas as pd
3   import numpy as np
4   import matplotlib.pyplot as fig
5   from sklearn.preprocessing import StandardScaler
6   from sklearn.preprocessing import MinMaxScaler
7   from sklearn.model_selection import train_test_split
8   from sklearn.neural_network import MLPRegressor
9   from sklearn.metrics import r2_score
10
11  df=pd.read_excel('Covid_SP.xlsx')
12  df['taxa-hosp']=df['UTImd7dias'].diff()
13  df.index=df['data']
14  df=df.drop(['data','UTImd7dias'],axis=1)
15  df['Caso7d']=df['Casos'].rolling(window=7).mean()
16  df['Morte7d']=df['Mortes'].rolling(window=7).mean()
17  df.dropna(inplace=True)
18  print(df)
```

A condição de casos será uma variável binária, para aumento ou não em relação ao dia anterior. Essa variável é programada na linha 20, usando a função *where* da biblioteca *NumPy*, e a função shift(-1), para fazer a diferença entre dois dias consecutivos.

```
20  df['Caso_aumenta']=np.where(df['Caso7d'].shift(-1)>df['Caso7d'],1,0)
21  X=df[['Caso_aumenta','Caso7d','taxa-hosp']].values
22  Y=df['Morte7d'].values
```

Como explicado antes, precisamos de uma normalização para facilitar a convergência nos pesos da rede durante o processo de *backpropagation*. Isso é realizado nas linhas seguintes, 25 e 26.

```
24  # Normalização
25  norma=MinMaxScaler()
26  norma.fit(X)
27
28  X_norm=norma.transform(X)
29
```

Quantas camadas escondidas serão necessárias para a previsão de mortes? Nunca iniciamos um projeto de rede neural com certeza sobre camadas e neurônios. Mas, nesse caso da covid-19, tratado apenas com médias móveis, os dados são mais suavizados e de melhor convergência do que os dados de ações do exemplo anterior. Assim, uma sugestão adotada foi a exemplificada na Figura 7.25, com 2 camadas escondidas e 50 neurônios em cada.

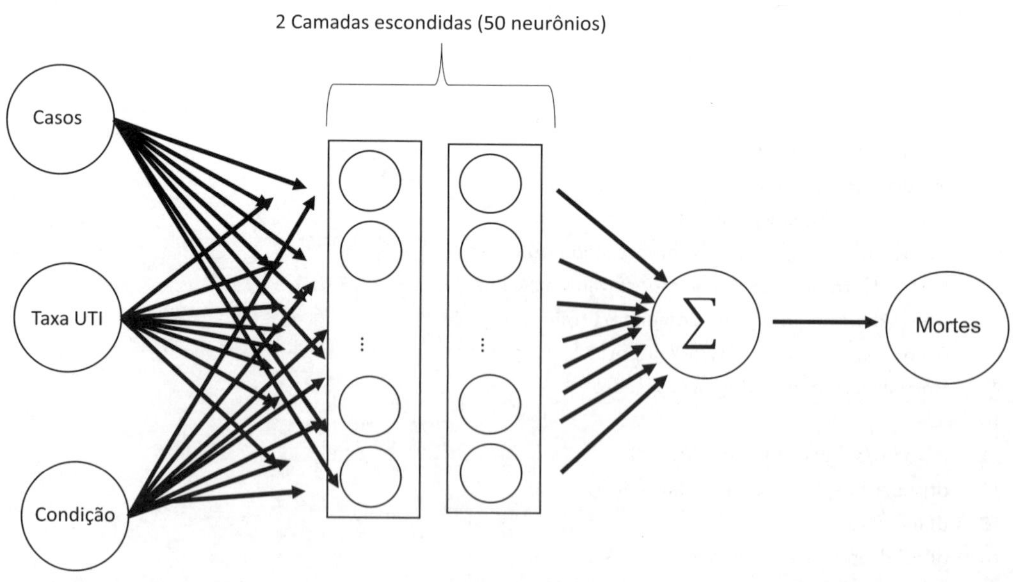

Figura 7.25 – Modelo de rede neural para a previsão de mortes por covid-19 no município de São Paulo (média móvel de 7 dias).

O esquema da Figura 7.25 é, então, implementado pelas linhas seguintes de código em Python. Deixamos 70% da amostra para teste, e, na linha 35, são apresentadas à rede as camadas internas (duas) com 50 neurônios. Por isso, no parêntesis, há (50,50). Também foi utilizado um comando *while* para testar várias redes neurais, até uma configuração nos levar ao *score* estatístico de ajuste acima de 90%.

```
30 ######### Treinamento e Teste ###################
31 while True:
32     X_norm_train, X_norm_test, Y_train, Y_test= train_test_split(X_norm,
33                                                                  Y,
34                                                                  test_size=0.7)
35     neuro=MLPRegressor(hidden_layer_sizes=(50,50),
36                        max_iter=5000,
37                        tol=0.0001,
38                        learning_rate_init=0.001,
39                        solver='sgd',
40                        activation='relu',
41                        learning_rate='constant',
42                        verbose=0) # verbose=0 (nao mostra passos)
43                                   # verbose=2 (mostra passos)
44     neuro.fit(X_norm_train, Y_train)
45     ######### Previsao no conjunto teste ###################
46     Y_prev=neuro.predict(X_norm_test)
47     ######## erro medio quadratico #######################
48     r2=r2_score(Y_test,Y_prev) # coef. determinacao R2 (melhor=1.0)
49                                # R2= Sum(y_est-med)^2/Sum(y-med)^2
50     print('score = ', r2)
51     if r2>0.9:
52        break
```

As variáveis de entrada no vetor X sofrem uma transformação inversa na linha 54 para a construção dos gráficos de teste.

```
54 X_test=norma.inverse_transform(X_norm_test)
55
56 fig.figure()
57 fig.scatter(X_test[:,1], Y_test, label='Mortes (real)')
58 fig.scatter(X_test[:,1],Y_prev,label='Mortes(previsto)')
59 fig.legend(loc=1)
60 fig.xlabel('Casos média 7 dias')
61 fig.ylabel('Mortes (previsão)')
```

Terminado o teste, as linhas de previsão seguiram a seguinte tabela para a covid-19 em São Paulo:

Dia	Média móvel de 7 dias (casos)	Condição dos casos	Taxa de internação UTI	Mortes reais (média 7 dias)	Mortes previstas pela rede neural
14/11	111	1 (caiu)	−26	19	21.06
15/11	52	1 (caiu)	−15	19.14	20.93
16/11	88	0 (subiu)	−13	19	**24.47**
17/11				**22.71**	

A previsão de média móvel de mortes para o dia 17/11 (que não fazia parte do banco de dados de treinamento e testes) foi de 24.47 mortes. Os dados reais da Fundação Seade revelam 22.71. O erro foi de 7% para mais, mas, se considerarmos o quanto de erro foi observado diariamente na divulgação dos dados da covid-19 no Brasil, esse foi um erro baixo. E, se ainda levarmos em conta que só foram utilizadas duas camadas internas com score de mais de 90%, o resultado é bem interessante.

Como mencionado no caso do mercado de ações, as entradas de X devem ser transpostas devido à programação da biblioteca. Nossa entrada em termos de formatação matemática é da seguinte forma:

$$X = \begin{bmatrix} 1 & 111 & -26 \\ 1 & 52 & -15 \\ 0 & 88 & -13 \end{bmatrix}$$

Em termos de linha do Python, as entradas deverão ser no formato da linha 72 do *script* a seguir.

```
72  Xfut=np.array( [ [1,   1,  0],
73                   [111,  52,  88],
74                   [-26, -15, -13]])
75  Xfut_norm=norma.transform(Xfut.T)
76
77  Y_prev_fut=neuro.predict(Xfut_norm)
78
79  print('####################################################')
80  print('Preço da ação (R$) - Previsão')
81  print('Previsão Rede Neural: ', Y_prev_fut)
82  print('####################################################')
```

A previsão aparece no console do Python, mostrando a convergência do método com apenas 3 passos no *while*, para o *score* de 0.902 e previsão de mortes de 24.47 (média móvel de 7 dias).

```
score =   0.8979879830744397
score =   0.8809495445762866
score =   0.9024601431816197
##################################################
Preço da ação (R$) - Previsão
Previsão Rede Neural:  [21.0663689  20.9395208  24.47783255]
##################################################
```

A Figura 7.26 apresenta o resultado dos testes com a previsão em marcados mais claros, e os valores reais da Fundação Seade, em cores mais escuras. O gráfico confirma a boa precisão obtida pelo *score*, com o espalhamento bastante parecido entre os valores previstos e os valores reais para as mortes. Na Figura, apresenta-se apenas uma das variáveis de entrada (casos em média móvel) para a saída de previsão.

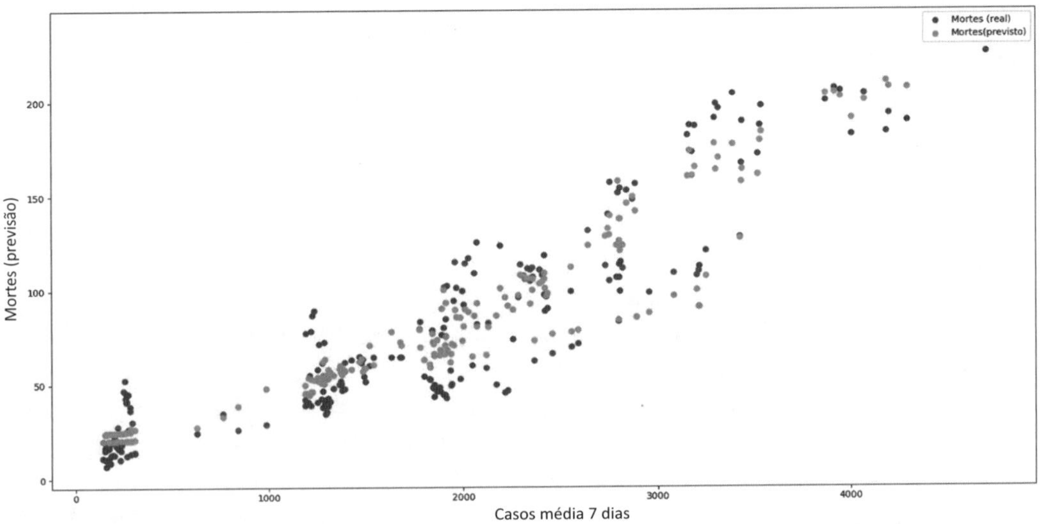

Figura 7.26 – Comparação dos testes da rede neural, com a entrada de casos e saída de previsão das mortes em média móvel de 7 dias.

O programa completo do exemplo é o que se segue.

```
# Deep Learning Covid-19 Cidade de Sao Paulo
import pandas as pd
import numpy as np
import matplotlib.pyplot as fig
from sklearn.preprocessing import StandardScaler
from sklearn.preprocessing import MinMaxScaler
from sklearn.model_selection import train_test_split
from sklearn.neural_network import MLPRegressor
from sklearn.metrics import r2_score

df=pd.read_excel('Covid_SP.xlsx')
df['taxa-hosp']=df['UTImd7dias'].diff()
df.index=df['data']
df=df.drop(['data','UTImd7dias'],axis=1)
df['Caso7d']=df['Casos'].rolling(window=7).mean()
```

```
df['Morte7d']=df['Mortes'].rolling(window=7).mean()
df.dropna(inplace=True)
print(df)

df['Caso_aumenta']=np.where(df['Caso7d'].shift(-1)>df['Caso7d'],1,0)
X=df[['Caso_aumenta','Caso7d','taxa-hosp']].values
Y=df['Morte7d'].values

# Normalização
norma=MinMaxScaler()
norma.fit(X)

X_norm=norma.transform(X)

######### Treinamento e Teste ###################
while True:
    X_norm_train, X_norm_test, Y_train, Y_test= train_test_split(X_norm,
                                                                  Y,
                                                                  test_size=0.7)
    neuro=MLPRegressor(hidden_layer_sizes=(50,50),
                       max_iter=5000,
                       tol=0.0001,
                       learning_rate_init=0.001,
                       solver='sgd',
                       activation='relu',
                       learning_rate='constant',
                       verbose=0)  # verbose=0 (nao mostra passos)
                                   # verbose=2 (mostra passos)
    neuro.fit(X_norm_train, Y_train)

    ######### Previsao no conjunto teste ###################
    Y_prev=neuro.predict(X_norm_test)
    ######## erro medio quadratico #######################
    r2=r2_score(Y_test,Y_prev) # coef. determinacao R2 (melhor=1.0)
                               # R2= Sum(y_est-med)^2/Sum(y-med)^2
    print('score = ', r2)
    if r2>0.9:
      break

X_test=norma.inverse_transform(X_norm_test)

fig.figure()
fig.scatter(X_test[:,1], Y_test, label='Mortes (real)')
fig.scatter(X_test[:,1],Y_prev,label='Mortes(previsto)')
fig.legend(loc=1)
fig.xlabel('Casos média 7 dias')
fig.ylabel('Mortes (previsão)')
##### previsao para dado nao existente no banco de dados ##########
############## lista 1: altas=0 baixas=1
############## lista 2: casos da media movel
```

```
############## lista 3: taxa de hospitalizacao UTI media 7 dias
############## Exemplo:
############## baixa     alta      casos      casos       UTI       UTI
############## entrad1   entrad2   entrad1    entrad2
#Xfut=np.array( [ [0,  1],          [26,  27]             [10  11]])
#####################################################################

Xfut=np.array( [ [1,      1, 0],
                 [111,    52,  88],
                 [-26, -15, -13]])
Xfut_norm=norma.transform(Xfut.T)

Y_prev_fut=neuro.predict(Xfut_norm)

print('#################################################')
print('Preço da ação (R$) - Previsão')
print('Previsão Rede Neural: ', Y_prev_fut)
print('#################################################')
fig.figure()
fig.scatter(X[:,2],Y,label='Real')
fig.scatter(Xfut[2,:],Y_prev_fut, label='Rede Neural')
fig.legend(loc=1)
```

Conforme mostramos neste capítulo, os avanços foram estrondosos em termos de métodos de inteligência artificial. Mas esses avanços já estavam preparados há mais de 30 anos, esperando a tecnologia necessária para tornar realidade o que a academia já sabia de forma incipiente e em teoria. Sem a internet, seria impossível avançar com a quantidade de dados que é necessária para o *deep learning*. Da mesma forma, apenas com a tecnologia nada se resolveria sem os algoritmos criados ainda quando o computador era só uma ideia no papel.

As aplicações que mostramos aqui são ínfimas diante da realidade, mas, aplicadas aos outros problemas, se repetem sempre em conceitos e projetos de redes neurais. Sempre será necessário testar camadas e neurônios, verificando constantemente o resultado das saídas, para que a rede sirva ao seu propósito de ajudar de forma rápida na tomada de decisão.

Todos os *scripts* em Python, bem como os arquivos em Excel, estão disponíveis para downloads no GitHub gratuitamente. O leitor deverá ter cuidado, pois as versões das bibliotecas usadas no capítulo podem ter sido atualizadas e os programas podem não rodar. Se isso ocorrer, provavelmente algumas modificações deverão ser feitas nos *scripts*. O link para baixar os programas é: <https://github.com/malcaetano/Eden_Algoritmos_Python/tree/main/Cap7>

Capítulo **8**

Estimação em *real time* – filtro de Kalman

8.1 INTRODUÇÃO

Já é bastante conhecida a frase de Neil Armstrong, primeiro astronauta da Apollo 11 a pisar na Lua: "Um pequeno passo para um homem, um grande passo para a humanidade". Assim que o módulo lunar Eagle (águia) pousou, Armstrong disse: "Houston, aqui é a base da Tranquilidade. O Eagle pousou".

O controlador de missão em Houston respondeu: "Entendido, Tranquilidade. Nós copiamos vocês. Vocês deixaram uma porção de caras azuis aqui. Nós estamos respirando novamente. Muito obrigado." É interessante não apenas ler essas frases, mas ouvi-las e perceber realmente a sensação de alívio do controlador. O áudio está disponível no site da Nasa, em homenagem à Apollo 11 (<https://soundcloud.com/nasa/sets/apollo-sounds>).

Quem estava acompanhando passo a passo e orientando os astronautas da Apollo 11 era o que se chamava de CapCom, responsável por conversar com a tripulação em tempo real, o tempo todo. Sempre quem estava no CapCom era um astronauta de formação, para usar os termos técnicos corretos na orientação da tripulação. Nesse caso, o CapCom da Apollo 11 era Charles Duke, que viria a pisar na Lua na Apollo 16.

O que Duke fazia o tempo todo era transcrever as condições de voo e traduzir de volta para os engenheiros do centro de controle de missão o que ocorria dentro da nave espacial. E, para orientar Duke, seus parâmetros e verificação de possíveis desvios era uma fantástica criação matemática, conhecida como filtragem linear. E, no caso, devido à sua originalidade, o filtro que acompanhou todas as missões espaciais e ainda acompanha nos dias atuais é o filtro de Kalman.

O filtro recebe esse nome em homenagem ao seu desenvolvedor, o matemático e engenheiro Rudolf Kalman, que modificou toda a linha de raciocínio no estimador de variáveis em tempo real, falecido em 2 de julho de 2016, aos 86 anos. O artigo original foi publicado por Kalman em 1960 e resolveu incontáveis problemas de estimação, proporcionando a habilidade de computadores a rastrearem objetos em movimento (Kalman, 1960).

Nos dias atuais, em tudo o que se imagina em termos de internet das coisas, GPS, guiagem automática de veículos, voos comerciais, corrida de Fórmula 1, enfim, em todas as partes que vemos tecnologia, uma parte importante que não observamos é executada pelo filtro de Kalman.

8.2 A SIMULAÇÃO DO MODELO FÍSICO

Nos anos 1960, o maior problema da engenharia era controlar e guiar sistemas que são corrompidos por ruídos. Ruídos existem na forma de perturbações em sistemas dinâmicos que podem causar apenas uma leve oscilação do movimento, como também podem fazer aparecer um desastre sem precedentes com mortes. No caso de um automóvel, um ruído que sentimos é quando o automóvel é acometido por rajadas de ventos, por uma passagem de caminhão muito próximo da faixa de rolagem em que estamos rodando.

Num avião, um ruído pode advir de uma formação de nuvem de gelo, ou de correntes de frente fria, ou mesmo de fumaça de vulcões, que causa problemas nas turbinas caso a aeronave passe próximo da área onde está ocorrendo uma erupção. Mas, em casa, também ocorrem ruídos que percebemos, como em um mau funcionamento da máquina de lavar roupas. Muitas vezes, por falta de uma disposição correta das roupas no interior máquina e esta começa a trepidar na operação de lavagem.

Entretanto, alguns ruídos não são fisicamente observados, e, sim, apenas consequência de um mau funcionamento do aparelho que mede o desempenho do sistema. No avião, podemos ter medidas inconsistentes dos acelerômetros, dos velocímetros, dos radares, e isso nada tem a ver com a aeronave em si, mas com o sistema eletrônico que mede o sinal para um computador de bordo.

É por isso que, em sistemas com dinâmica, temos um modelo para simular o movimento do objeto e outro modelo para simular como as medidas estão sendo realizadas sobre esse movimento, por exemplo, por meio de algum sensor. E, como todo equipamento eletrônico possui uma imperfeição de fabricação, esse equipamento terá um ruído de operação, normalmente descrito nos manuais do fabricante.

Mas onde estava o problema da engenharia quando Kalman começou a trabalhar em sua tese? Vamos tomar como exemplo um objeto que se move conforme a equação que descreve o movimento uniformemente variado (MUV) na física. Temos que a equação para a posição é:

$$s = s_0 + v_0 t + \frac{a}{2} t^2$$

Essa é uma equação sobre a qual os colegiais se debruçam, estudando, em física do ensino médio, diversas situações, quando se preparam para um vestibular, em que s descreve a posição, v a velocidade, a aceleração e t o tempo decorrido no movimento. Para o MUV a velocidade é descrita como:

$$v = v_0 + at$$

Com essas duas equações, temos a possibilidade de previsão de localização de uma aeronave, de um automóvel, de um barco ou balão, enfim, qualquer objeto que se mova poderá ter uma boa previsão utilizando as equações anteriores que podem ser colocadas para formar um sistema:

$$\begin{cases} s = s_0 + v_0 t + \dfrac{a}{2} t^2 \\ \\ v = v_0 + at \end{cases} \tag{8.1}$$

Para tratar do problema da observação em tempo real do movimento de um objeto, podemos descrever o sistema (8.1) sob o ponto de vista de recursão. Ou seja, em vez de termos um tempo t para calcularmos a posição e a velocidade instantânea, podemos usar um passo anterior para seguir um passo no futuro. Com essa nova abordagem, podemos simular o movimento por completo do objeto, inserindo nele perturbações que desviam sua trajetória da trajetória ideal. Nesse caso, a forma recursiva do sistema (8.1) é:

$$\begin{cases} s(k) = s(k-1) + v(k-1)\Delta t + \dfrac{a(k)}{2} \Delta t^2 \\ \\ v(k) = v(k-1) + a(k)\Delta t \end{cases} \tag{8.2}$$

em que Δt é o tempo de amostragem na discretização das equações do movimento, tornando-se apenas uma referência para cada passo k = 1, 2, 3, ..., n. Perturbações acontecem a todo momento em sistemas em movimento, por exemplo ondas na travessia de um barco, rajadas de ventos em automóveis percorrendo uma estrada, *windshear* (ventos na beirada da pista) em aeroportos, e, na grande maioria, somente podem ser descritos de forma probabilística.

Assume-se que essas perturbações são ruídos que prejudicam o deslocamento, com certa distribuição de probabilidade. Assim, ao acrescentarmos essas perturbações, o sistema (8.2) torna-se:

$$\begin{cases} s(k) = s(k-1) + v(k-1)\Delta t + \dfrac{a(k)}{2} \Delta t^2 + \omega_s(k) \\ \\ v(k) = v(k-1) + a(k)\Delta t + \omega_v(k) \end{cases} \tag{8.3}$$

em que ω_s é o ruído que perturba a posição, e ω_v, o ruído que perturba a velocidade. E como apenas podemos representá-los estatisticamente, podemos assumir que a distribuição de ambos é baseada na distribuição normal com média nula e variância que espalha os valores ao redor da média como σ_s^2.

Matematicamente, representamos essa distribuição como $\omega_s \sim N\left(0,\sigma_s^2\right)$. Da mesma forma, a velocidade possui um ruído aleatório que segue a distribuição $\omega_v \sim N\left(0,\sigma_v^2\right)$. O modelo (8.3) pode ser manipulado para se ter a seguinte representação matricial:

$$\begin{bmatrix} s(k) \\ v(k) \end{bmatrix} = \begin{bmatrix} 1 & \Delta t \\ 0 & 1 \end{bmatrix} \begin{bmatrix} s(k-1) \\ v(k-1) \end{bmatrix} + \begin{bmatrix} \dfrac{\Delta t^2}{2} \\ \Delta t \end{bmatrix} a(k) + \begin{bmatrix} \sigma_s^2 & 0 \\ 0 & \sigma_v^2 \end{bmatrix} \begin{bmatrix} \varphi_s(k) \\ \varphi_v(k) \end{bmatrix} \tag{8.4}$$

em que $\varphi_s \sim N(0,1)$ e $\varphi_v \sim N(0,1)$ são variáveis aleatórias utilizadas para simular os ruídos.

Variáveis aleatórias com média zero e variância unitária podem se moldar a qualquer distribuição, bastando, para isso, serem multiplicadas pelo desvio-padrão do espalhamento do ruído ao redor do movimento médio. A matriz que multiplica essas variáveis aleatórias em (8.4) é conhecida como *matriz de covariância*, na qual os valores nulos fora da diagonal principal descrevem um sistema em que as correlações cruzadas são nulas. Ou seja, os ruídos em cada variável, posição e velocidade são assumidos por hipótese independentes. Essa matriz normalmente é representada por Q e podemos usar Ψ como vetor de variáveis aleatórias

$$Q = \begin{bmatrix} \sigma_s^2 & 0 \\ 0 & \sigma_v^2 \end{bmatrix} \qquad \Psi = \begin{bmatrix} \varphi_s(k) \\ \varphi_v(k) \end{bmatrix} \tag{8.5}$$

Logo, o sistema (8.4) pode ser representado como

$$\begin{bmatrix} s(k) \\ v(k) \end{bmatrix} = \begin{bmatrix} 1 & \Delta t \\ 0 & 1 \end{bmatrix} \begin{bmatrix} s(k-1) \\ v(k-1) \end{bmatrix} + \begin{bmatrix} \dfrac{\Delta t^2}{2} \\ \Delta t \end{bmatrix} a(k) + \sqrt{Q}\Psi(\mathrm{k}) \tag{8.6}$$

Os ruídos aleatórios em (8.3) podem ser calculados pelo produto vetorial $\sqrt{Q}\Psi$, ou seja, é o produto dos desvios-padrão do espalhamento, representados pela matriz de covariância por números aleatórios com média zero e desvio-padrão unitário:

$$W(k) = \begin{bmatrix} w_s(k) \\ w_v(k) \end{bmatrix} = \sqrt{Q}\Psi(\mathrm{k}) \tag{8.7}$$

Isso torna o sistema com notação mais simplificada:

$$\begin{bmatrix} s(k) \\ v(k) \end{bmatrix} = \begin{bmatrix} 1 & \Delta t \\ 0 & 1 \end{bmatrix} \begin{bmatrix} s(k-1) \\ v(k-1) \end{bmatrix} + \begin{bmatrix} \frac{\Delta t^2}{2} \\ \Delta t \end{bmatrix} a(k) + W(k) \tag{8.8}$$

Temos, então, o sistema que representa o deslocamento do objeto, mas precisamos medir. A medida é o que conecta nossa realidade ao sistema que se move. Somente sabemos onde estamos quando temos o retorno de um medidor. O sistema (8.8) precisa de um sensor que possa nos retornar qual a velocidade e qual a posição, e precisamos dele com melhor estimativa possível.

A equação da medida é fundamental na modelagem do sistema. Por exemplo, vamos supor que desejemos medir apenas a posição *s(k)* e não nos importemos com a velocidade *v(k)*. Nesse caso, para cada passo *k*, nossa posição será

$$y(k) = s(k)$$

Mas esse valor de y está retornando de um equipamento eletrônico que tem erro; logo, o correto para essa equação é sua representação como

$$y(k) = s(k) + \eta(k) \tag{8.9}$$

com $\eta(k)$ sendo o ruído de medida com $\eta(k) \sim N(0, \sigma_y^2)$. Como no caso do ruído de estado, o ruído de medida pode ser representado pelo produto de uma matriz de covariância pela variável aleatória φ_v com média nula e desvio-padrão unitário. Sendo $R = \sigma_y^2$ e $\varphi_v \sim N(0,1)$.

$$\eta(k) = \sqrt{R}\varphi_y(k) \tag{8.10}$$

A equação da medida (8.9) pode ser colocada também na forma matricial, como no caso das matrizes que representam a posição s(k) e velocidade v(k), ou seja,

$$y(k) = \begin{bmatrix} 1 & 0 \end{bmatrix} \begin{bmatrix} s(k) \\ v(k) \end{bmatrix} + \eta(k) \tag{8.11}$$

Portanto, para a simulação do movimento do objeto seguindo o MUV, podemos unir as equações de posição e velocidade, conhecidas como Equações do estado (8.8), junto com as Equações de medida (8.11):

Equações do estado

$$\begin{bmatrix} s(k) \\ v(k) \end{bmatrix} = \begin{bmatrix} 1 & \Delta t \\ 0 & 1 \end{bmatrix} \begin{bmatrix} s(k-1) \\ v(k-1) \end{bmatrix} + \begin{bmatrix} \frac{\Delta t^2}{2} \\ \Delta t \end{bmatrix} a(k) + W(k) \tag{8.12}$$

Equações da medida

$$y(k) = \begin{bmatrix} 1 & 0 \end{bmatrix} \begin{bmatrix} s(k) \\ v(k) \end{bmatrix} + \eta(k) \tag{8.13}$$

Uma notação muito tradicional utilizada consiste em representar o estado na forma matricial por x_k e as matrizes de 8.12 pelas letras A e B, sem incluir parêntesis na notação e a matriz de medida em y_k é representada pela letra C. Nesse caso

$$x_k = \begin{bmatrix} s(k) \\ v(k) \end{bmatrix} \quad x_{k-1} = \begin{bmatrix} s(k-1) \\ v(k-1) \end{bmatrix} \quad A = \begin{bmatrix} 1 & \Delta t \\ 0 & 1 \end{bmatrix} \quad B = \begin{bmatrix} \frac{\Delta t^2}{2} \\ \Delta t \end{bmatrix} \quad C = \begin{bmatrix} 1 & 0 \end{bmatrix} \tag{8.14}$$

Então, as novas representações para estado e medida serão:

Estado: $x_k = Ax_{k-1} + Ba_k + W_k$ (8.15)

Medida: $y_k = Cx_k + Ba_k + \eta_k$ (8.16)

Utilizando o Python para simular o modelo físico, começamos com a importação das bibliotecas para se trabalhar com vetores (*array*), figuras e estatísticas. Inicializamos listas vazias nas linhas de 8 a 13 para salvar as variáveis e fazer gráfico do movimento.

```
1   ### Filtro de Kalman para movimento unif. variado
2   import numpy as np
3   import matplotlib.pyplot as fig
4   import seaborn as sns
5   from scipy.stats import norm
6
7   ####### inicializacao das listas para armazenar os dados
8   estado_S=[]
9   estado_V=[]
10  ruido_estado=[]
11  ruido_medida=[]
12  medida=[]
13  tempo=[]
```

Vamos simular nosso modelo partindo das condições iniciais (0,0):

$$\begin{bmatrix} s(0) \\ \\ v(0) \end{bmatrix} = \begin{bmatrix} 0 \\ \\ 0 \end{bmatrix}$$

Essa forma matricial no Python precisa da biblioteca NumPy para transformar os dados de lista na forma de *array* (vetor). A linha 15 a seguir mostra como devemos entrar com a condição inicial com vetor na posição vertical, para facilitar os produtos matriciais. O tempo de discretização assumido será $\Delta t = 0.1$ colocado na linha 16.

```
14  #####################################################################
15  X=np.array([[0], [0]])             # <--- posicao e velocidade iniciais "reais"
16  dt=0.1                             # <--- incremento no tempo
17
```

As matrizes de entrada do modelo de estado e de medida serão as seguintes, conforme as representações em (8.14):

```
18  ################### Matrizes do Modelo #####################
19  A=np.array([[1, dt],[0, 1]])            # <------- Modelo posicao e veloc
20
21  B=np.array([[dt**2/2],[dt]])            # <------- Matriz da aceleracao
22
23  C=np.array([1,0])          # indica que o sensor é apenas de posicao
24
25  a=0.1                              # <--- valor da acelaracao cte
26
```

Precisaremos gerar os ruídos aleatórios representando as perturbações no estado e nas medidas. Para isso, necessitamos informar os desvios padrões. Vamos adotar os desvios de ruídos como:

$$\sigma_s^2 = 0.01$$
$$\sigma_v^2 = 0.02$$
$$\sigma_y^2 = 5$$

O desvio padrão do ruído de medida é bem alto em relação aos ruídos de estado, apresentando um quadro de muita incerteza na posição. As linhas do *script* do Python ficam da seguinte forma.

```
27 ################### Ruidos ##################################
28 desv_s=0.01            # < ---- ruido da posicao
29 desv_v=0.02            # < ---- ruido na velocidade
30 desv_y=5               # ruido na medida da posicao
31
```

Como em (8.7), precisamos da matriz de covariância Q para encontrar o ruído de estado W(k), e em (8.10), precisamos da covariância da medida R para calcular o ruído de medida $\eta(k)$, no Python, iniciamos as duas matrizes da seguinte forma:

$$Q = \begin{bmatrix} \sigma_s^2 & 0 \\ 0 & \sigma_v^2 \end{bmatrix} \qquad R = \sigma_y^2$$

```
32 ################## Matrizes de Covariancia #############
33                          # Covariancia do ruido do estado
34 Q=np.array([[desv_s**2,0],[0,desv_v**2]])
35
36                          # Covariancia do ruido de medida
37 R=desv_y**2
38 ##########################################################
```

Com as inicializações das matrizes, o sistema do MUV está pronto para ser simulado, com as equações de movimento e seus ruídos de estado e de medida. Vamos simular os modelos (8.15) e (8.16) iniciando com t = 0 e finalizando com t = 30. Para isso, podemos usar um *while* no Python para colocarmos as equações recursivas em *loop*.

As variáveis aleatórias que servem para calcular os ruídos, $\varphi_s \sim N(0,1)$ e $\varphi_v \sim N(0,1)$ são simuladas utilizando a função *random* e *randn* da biblioteca *NumPy* no Python. A função *randn* representa distribuição de probabilidade normal, com média zero e desvio padrão unitário. A linha 48 do *script* representa o cálculo do ruído de estado, portanto, a matriz Q precisa ser ter seu produto com φ_s e φ_v com os valores extraídos da raiz quadrada da diagonal principal $\sqrt{Q}\Psi(\mathrm{k})$.

A Equação (8.15) para o estado é programada na linha 50, e a equação de medida na linha 53 com seu respectivo ruído $\sqrt{R}\varphi_y(k)$, na linha 52.

```
41 t = 0
42 tfinal=30
43
44 while t<=tfinal:
45    ws = np.random.randn(1)  # var aleatoria normal(0,1)
46    wv = np.random.randn(1)  # var aleatoria normal(0,1)
47 # --------------- geracao do ruido de posicao e velocidade ----
48    W=np.matmul(np.sqrt(Q),np.array([ws,wv]))
49 #---------------- modelo de estado com ruido -----------------
```

```
50      X = np.matmul(A,X) + B*a + W
51   #---------------- modelo da medida com ruido ------------------
52      eta=np.sqrt(R) * np.random.randn(1)
53      Y = np.matmul(C,X) + eta
```

As variáveis são salvas no formato de lista para depois serem plotados os gráficos nas figuras. O tempo é adicionado ao tempo de discretização, para dar um passo em direção ao futuro $t + \Delta t$ na linha 61.

```
54   #----------------- salvando os valores em lista para figuras ----
55      estado_S.append(X[0])                    # salva a posicao
56      estado_V.append(X[1])                    # salva a velocidade
57      ruido_estado.append(W[0])                # salva o ruido de posicao
58      ruido_medida.append(eta)                 # salva o ruido de medida da posicao
59      medida.append(Y)                         # salva a medida Y da posicao
60      tempo.append(t)                          # salva o tempo decorrido
61      t = t + dt
62
63   ########## transforma a lista do ruido em vetor para o histograma ####
64   ruido_estado=np.array(ruido_estado)
```

E, então, a posição e sua medida com ruído são plotadas na primeira figura. Mas e o comportamento do ruído de medida? O computador consegue realmente moldar a natureza por meio da distribuição de probabilidade normal?

```
66   ###################### Figuras ##################################
67   fig.figure()
68   fig.plot(tempo,estado_S,color='Black',linewidth=4)
69   fig.plot(tempo,medida,color='Black',alpha=0.5)
70   fig.grid()
71   fig.xlabel('tempo')
72   fig.ylabel('posição S(k)')
73   fig.title('Localização com modelo de estado S(k) e medida com ruído')
74
75   fig.figure()
76   sns.distplot(ruido_medida, kde=False, fit=norm,
77                hist_kws={"histtype": "step", "linewidth": 3,
78                          "alpha": 0.5, "color": "k"})
79   fig.title('Ruído de medida n(k) da posição')
```

A Figura 8.1 apresenta a simulação da posição, a linha mais escura no centro do movimento e de que modo o sensor enxerga o movimento. Como o sensor possui um ruído alto, percebemos a forte oscilação em torno do movimento "real" simulado pelo modelo de estado. O modelo de estado nunca é obtido na vida real; nunca sabemos qual é a verdadeira posição e, por isso, dependemos de uma boa medida do movimento. Não é o que acontece nesse caso, e simulamos isso propositadamente para ver o desempenho do filtro.

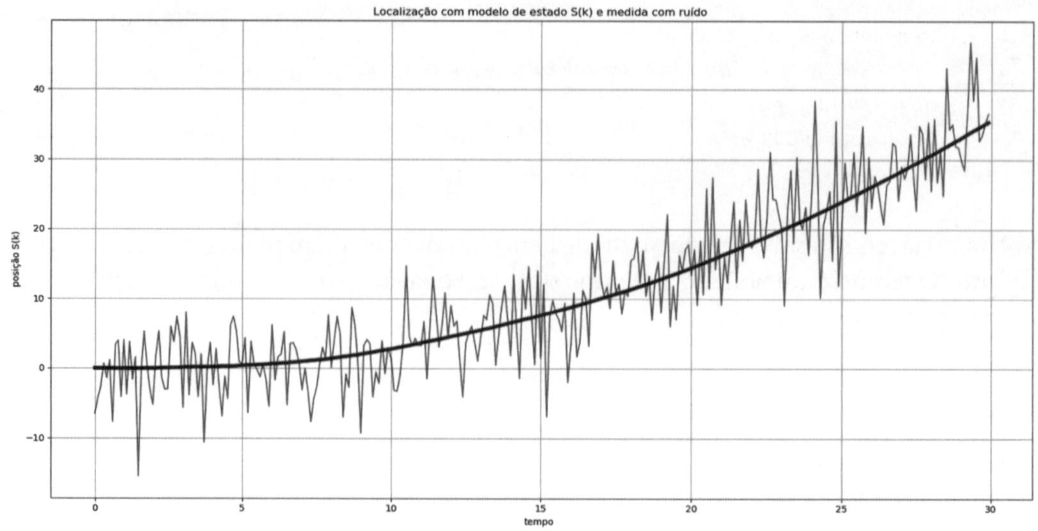

Figura 8.1 – Sinal da posição s(k) e medida do sensor y(k) com ruído.

A Figura 8.2, por sua vez, mostra que o ruído de medida segue exatamente o que o modelo desejava, ou seja, um ruído com distribuição de probabilidade normal com média nula e desvio padrão $\sigma = 5$.

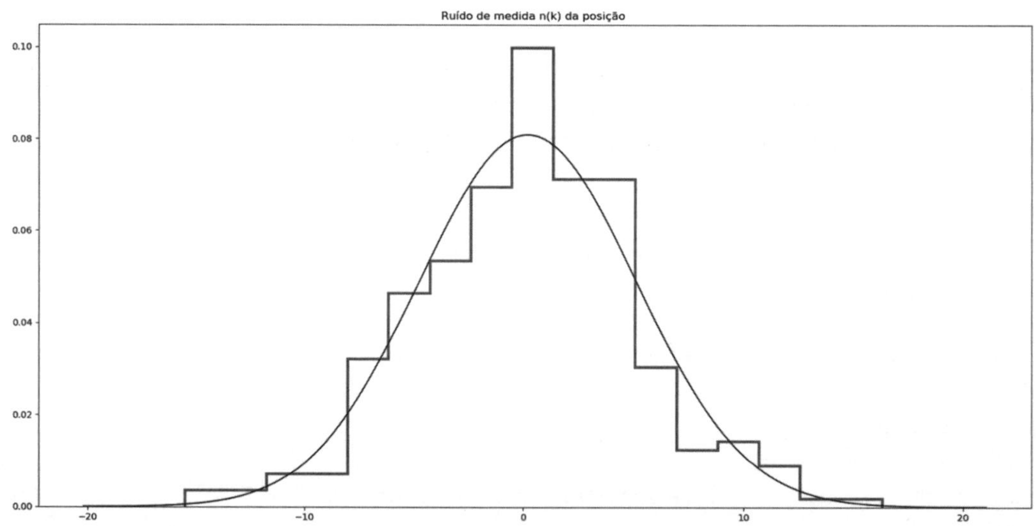

Figura 8.2 – Distribuição do ruído de medida $\eta(k) = \sqrt{R}\varphi_y(k)$.

A seguir, apresenta-se o programa completo da simulação do modelo de estado e da medida para o MUV.

```
### Filtro de Kalman para movimento unif. variado
import numpy as np
import matplotlib.pyplot as fig
import seaborn as sns
from scipy.stats import norm
####### inicializacao das listas para armazenar os dados
estado_S=[]
estado_V=[]
ruido_estado=[]
ruido_medida=[]
medida=[]
tempo=[]
##################################################################
X=np.array([[0], [0]])  # <--- posicao e velocidade iniciais "reais"
dt=0.1                  # <--- incremento no tempo
################### Matrizes do Modelo ######################
A=np.array([[1, dt],[0, 1]])          # <------- Modelo posicao e veloc
B=np.array([[dt**2/2],[dt]])          # <------- Matriz da aceleracao
C=np.array([1,0])       # indica que o sensor é apenas de posicao
a=0.1                      # <--- valor da acelaracao cte
################### Ruidos ##################################
desv_s=0.01             # < ---- ruido da posicao
desv_v=0.02             # < ---- ruido na velocidade
desv_y=5                # ruido na medida da posicao
################## Matrizes de Covariancia #############
                        # Covariancia do ruido do estado
Q=np.array([[desv_s**2,0],[0,desv_v**2]])
                        # Covariancia do ruido de medida
R=desv_y**2
###########################################################
# Simulacao do Movimento +++++++++++++++++++++++++++
t = 0
tfinal=30
while t<=tfinal:
    ws = np.random.randn(1)          # var aleatoria normal(0,1)
    wv = np.random.randn(1)          # var aleatoria normal(0,1)
# --------------- geracao do ruido de posicao e velocidade ----
    W=np.matmul(np.sqrt(Q),np.array([ws,wv]))
#---------------- modelo de estado com ruido ------------------
    X = np.matmul(A,X) + B*a + W
```

```
#---------------- modelo da medida com ruido ------------------
    eta=np.sqrt(R) * np.random.randn(1)
    Y = np.matmul(C,X) + eta
#----------------- salvando os valores em lista para figuras ----
    estado_S.append(X[0])          # salva a posicao
    estado_V.append(X[1])          # salva a velocidade
    ruido_estado.append(W[0])      # salva o ruido de posicao
    ruido_medida.append(eta)       # salva o ruido de medida da posicao
    medida.append(Y)               # salva a medida Y da posicao
    tempo.append(t)                # salva o tempo decorrido
    t = t + dt

########## transforma a lista do ruido em vetor para o histograma ####
ruido_estado=np.array(ruido_estado)

###################### Figuras ##################################
fig.figure()
fig.plot(tempo,estado_S,color='Black',linewidth=4)
fig.plot(tempo,medida,color='Black',alpha=0.5)
fig.grid()
fig.xlabel('tempo')
fig.ylabel('posição S(k)')
fig.title('Localização com modelo de estado S(k) e medida com ruído')

fig.figure()
sns.distplot(ruido_medida, kde=False, fit=norm,
             hist_kws={"histtype": "step", "linewidth": 3,
                       "alpha": 0.5, "color": "k"})
fig.title('Ruído de medida n(k) da posição')
```

A Equação de medida (8.13) representa um sensor ligado ao posicionamento do objeto. Mas o que acontece se nosso objeto só puder ser acompanhado por um sensor de velocidade? O que muda na equação de medida?

A alteração deve se dar na matriz que multiplica a variável de estado, ou seja, a matriz denominada de C. Para o caso de um sensor na velocidade, a matriz deverá mudar para $C = \begin{bmatrix} 0 & 1 \end{bmatrix}$ alterando a Equação da medida para a seguinte forma (8.17).

Equações da medida

$$y(k) = \begin{bmatrix} 0 & 1 \end{bmatrix} \begin{bmatrix} s(k) \\ v(k) \end{bmatrix} + \eta(k) \tag{8.17}$$

A Figura 8.3 apresenta a dinâmica da velocidade e do sensor. Apenas por simplificação, foi mantido o mesmo ruído na medida da velocidade v(k), com variância do sensor em $\sigma_y^2 = 5$.

As alterações na programação são mínimas, mudando apenas a linha correspondente da matriz C, a linha 23 do código inicial em Python.

```
23   C=np.array([0,1])        # indica que o sensor é apenas de posição
```

As linhas correspondentes ao gráfico devem ser alteradas também, agora para o estado v(k), como apresentado a seguir no *script*, na linha 68.

```
66   ####################### Figuras ####################################
67   fig.figure()
68   fig.plot(tempo,estado_V,color='Black',linewidth=4)
69   fig.plot(tempo,medida,color='Black',alpha=0.5)
```

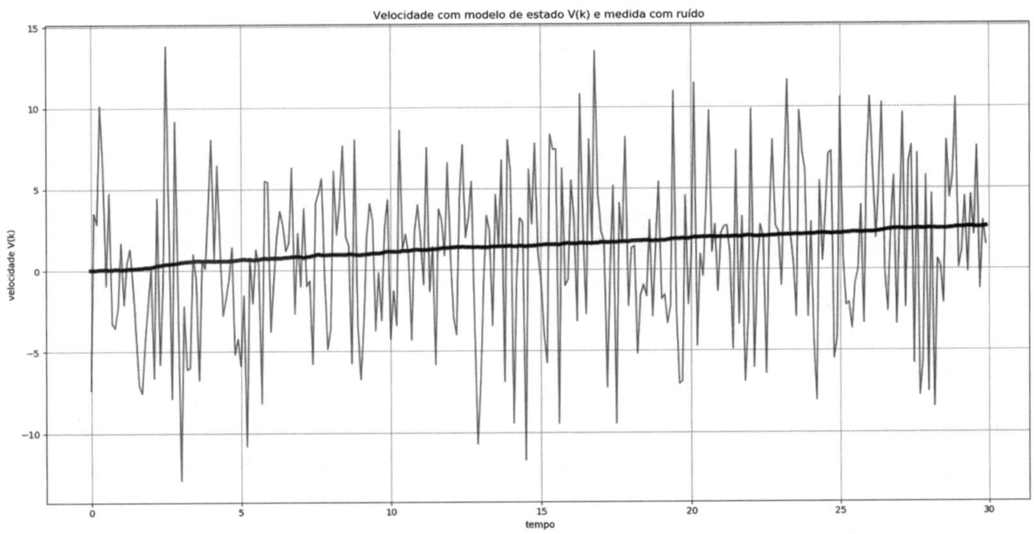

Figura 8.3 – Sinal da velocidade v(k) e medida do sensor y(k) com ruído.

8.3 O PROBLEMA DO ESTIMADOR DE ESTADO COM RUÍDO

Na área de processamento de sinal, existem três configurações de problemas a serem resolvidos. Este capítulo está envolvendo o problema de filtragem, também denominado de estimação. Mas o que vem a ser um filtro?

As três configurações de problemas que normalmente têm métodos diferentes de resolução são a suavização, a filtragem e a predição. A suavização acontece quando estimamos um sinal usando menos dados do que a quantidade original. Se tivermos *m* dados do sinal original, mas usarmos apenas *k* dados para estimar (m>k), teremos um caso de processo de suavização (Figura 8.4).

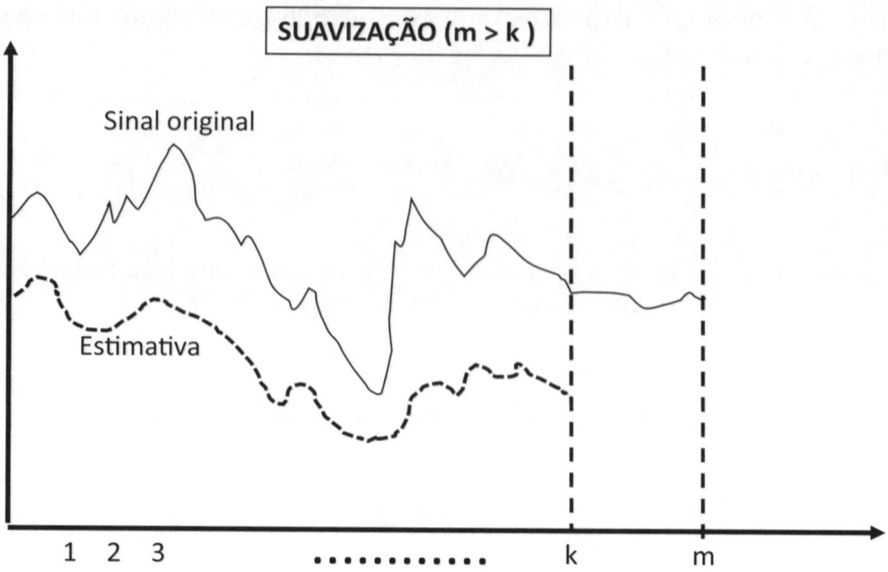

Figura 8.4 – Processo de suavização de sinal.

O processo recebe o nome de filtragem de sinal quando temos *m* dados do sinal original e precisamos usar a mesma quantidade de dados para a estimativa dos dados originais, ou seja, m = k como visto na Figura 8.5.

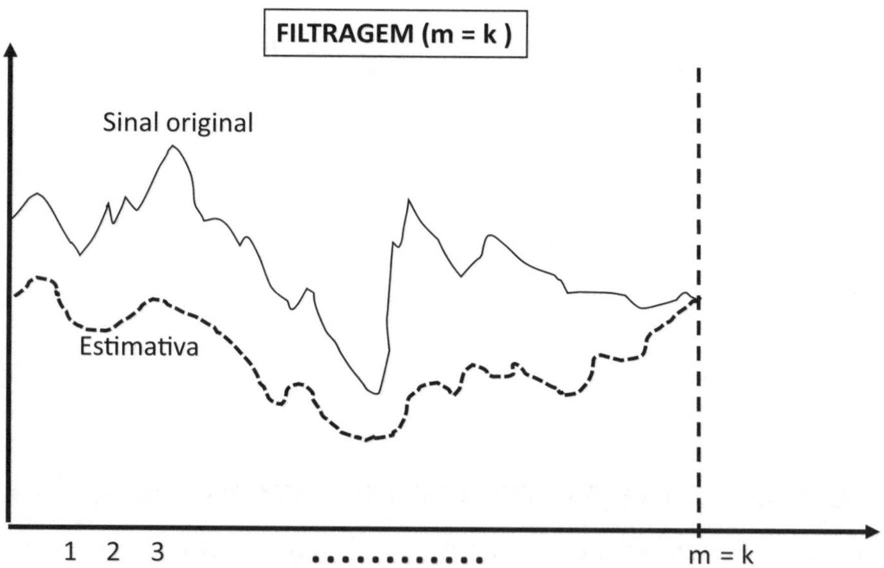

Figura 8.5 – Processo de filtragem de sinal.

Finalmente, temos um processo de predição quando extrapolamos a quantidade inicial de dados do sinal para uma previsão além do limite existente. Nesse caso, temos m dados originais menor do que k dados projetados (por algum modelo, por exemplo). Veja na Figura 8.6 como é feita a comparação entre os dados.

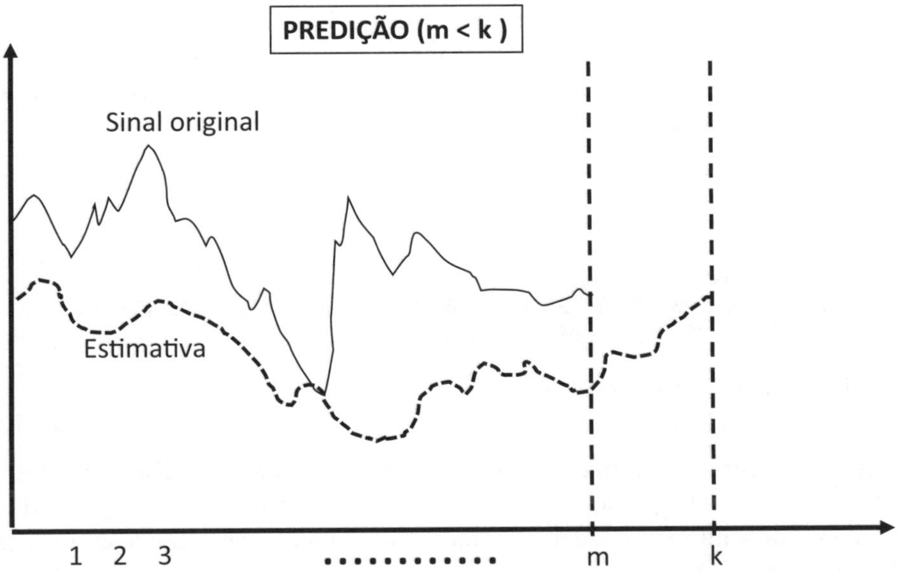

Figura 8.6 – Processo de predição de sinal.

E como podemos estimar algo que não conhecemos? Como podemos inferir sobre o futuro se temos apenas um conjunto de dados? Essa pergunta é tão antiga quanto a própria ciência moderna. E a resposta também, pois qualquer pessoa com bom conhecimento matemático dirá que se deve usar a média, ou a mediana. Na estatística, elas são conhecidas como medida central. Vamos supor que, no Python, usemos a biblioteca NumPy para gerar números aleatórios normais com média nula e desvio padrão unitário. Mas, em vez de apenas essa informação, adicionamos o número 2 a cada dado gerado. A melhor estimativa, ou na verdade, a primeira estimativa que fazemos é calcularmos a média, como feito no programa a seguir.

```
# estimativa de dados aleatorios
import numpy as np

x = 2 + 0.01*np.random.randn(10)
print('')
print('+++++++++++++++++++++++++++++++')
print(x)
print('')
print('média de x =', x.mean())
```

Os números gerados são apresentados a seguir no console do Python, com a média como estimativa dos dados. Como foi somado o número 2 ao conjunto de dados, sabemos que o sinal original "real" é 2, com variações da normal. Observamos que a média nos fornece 2.7 como resultado, o que está bem longe do valor 2.

```
+++++++++++++++++++++++++++++++
[2.85353116 2.66623981 2.56008886 2.68153947 3.30388104 3.62463755
 2.10593082 1.72292843 2.21724219 3.27547044]

média de x = 2.701148977083198
```

Se, no entanto, multiplicamos os números aleatórios por 0.01, representando pouca incerteza no número 2, nossa estimativa via média melhora consideravelmente e dá-nos confiança de que temos uma estimativa confiável. Nesse caso, a média nos retornou 1.9999 quando o esperado era 2.0.

```
4 x = 2 + 0.01*np.random.randn(10)
```

```
++++++++++++++++++++++++++++++++
[1.99418858 1.99450203 2.01442377 2.01093022 1.99078862 2.00182357
 2.00322023 2.00373153 1.98738439 1.99864287]

média de x = 1.9999635813751038
```

Se, para um simples exemplo, a média já mostrou problemas com grandes variações, podemos imaginar quando tivermos sistemas em movimento. Como cada passo do movimento depende do passo anterior, da posição ou da velocidade em que estávamos alguns segundos atrás, se nossa medida possui erro, esses erros aumentam exponencialmente a cada novo passo em direção ao futuro. E, em poucos passos, caso a perturbação do sinal seja um ruído muito forte, a média de nada nos servirá como projeção, predição ou estimativa do sinal.

Vejamos o caso do nosso modelo original com as Equações (8.12) e (8.13). A melhor estimativa para a posição e para a velocidade não pode ser a média simples do sinal. A posição varia para cada momento diferente da velocidade aplicada ao corpo, e, se fizermos a média dos dados passados, esses sempre estarão defasados no passo seguinte.

Uma boa estimativa, nesse caso, é aplicar um operador da teoria de probabilidade, conhecido como operador esperança, representado pela letra E. Ele representa a média da variável envolvida na representação do modelo de movimento. Aplicado esse operador na Equação (8.15), a variável x do modelo se transforma em estimativa, ou seja, teremos a média dessa variável, representada pelo símbolo "^" a seguir.

$$E(x_k) = E\left(Ax_{k-1}\right) + E\left(Ba_k\right) + E\left(W_k\right)$$
$$\hat{x}_k = E\left(Ax_{k-1}\right) + E\left(Ba_k\right) + E\left(W_k\right)$$

E, como A e B são constantes, ou matrizes formadas por constantes, o operador é aplicado apenas sobre a variável x. Essa propriedade vem como resultado da aplicação da operação de cálculo da média com parâmetros constantes multiplicando variáveis. Por exemplo, se tivermos que calcular a média de

$$\overline{x} = \frac{3x_1 + 3x_2}{2} = 3\left(\frac{x_1 + x_2}{2}\right)$$

o número 3 pode ser retirado da operação e ser multiplicado fora da operação. Assim, da mesma forma E(Ax) = AE(x). Teremos, então, que nosso estimador se transforma em

$$\hat{x}_k = AE\left(x_{k-1}\right) + Ba_k + E\left(W_k\right)$$

E, para o caso $E(Ba_k)$, ficará o próprio produto, pois a média de constante é a própria constante. E, por último, $E(W_k)$ será nulo, pois, por hipótese, o ruído do modelo e também o da medida sempre terão média nula. E, como o operador E é a média, a média dos números aleatórios W será zero. Assim, o estimador terá o seguinte modelo de equação:

$$\hat{x}_k = A\hat{x}_{k-1} + Ba_k \tag{8.18}$$

Logo, se desejarmos estimar onde nosso objeto está, melhor do que usarmos a média estatística, utilizamos o modelo (8.18), conhecido como estimador de estado. É ele que nos orientará para onde o objeto pode estar no futuro. Para tempos pequenos de propagação e valores que não se dissipem em relação ao passo anterior, o estimador (8.18) conduz, por algum tempo, nosso reconhecimento na previsão. Por exemplo, para nosso modelo das Equações (8.12) e (8.13), para um tempo começando em t = 0 e terminando em t = 5, temos a previsão na linha tracejada da Figura 8.7.

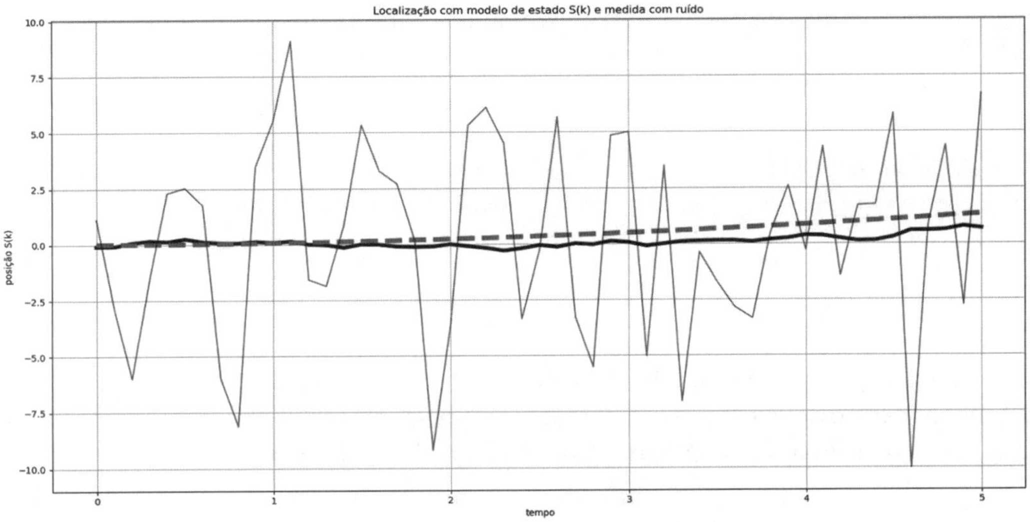

Figura 8.7 – Previsão do estimador de estado (linha tracejada).

Mas quando temos uma expansão do tempo para uma previsão de longo período no futuro, nossa projeção se complica. Como pode ser visto na Figura 8.8, os ruídos de estado, como rajadas de ventos, chuvas, atrito, enfim, qualquer perturbação ao movimento, corrompem nosso estimador (8.18). O estimador começa a afastar-se demais da trajetória real e não serve como modelo de previsão.

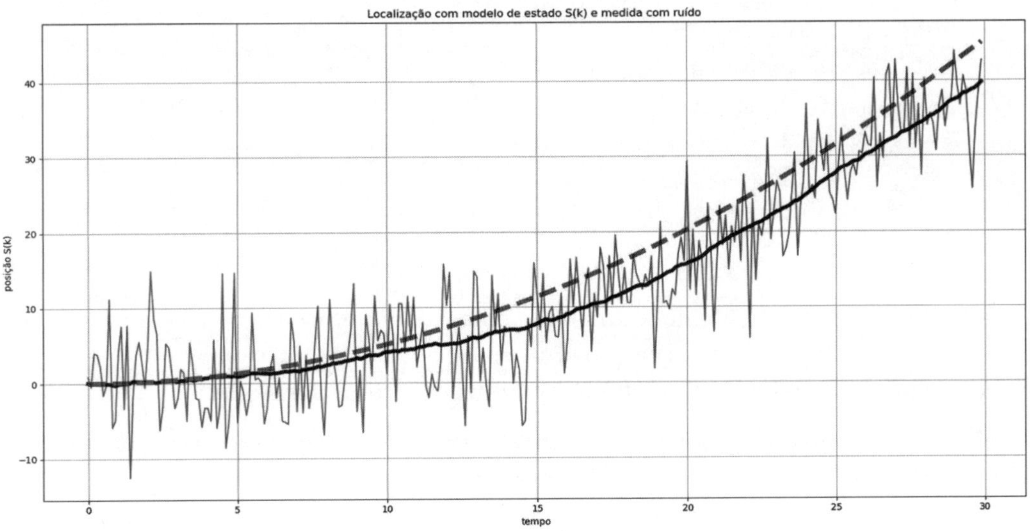

Figura 8.8 – Previsão do estimador de estado (linha tracejada) para tempo distante.

Esse era o grande problema nos anos 1960, um problema e tanto com o qual Kalman se deparou e tratou de trabalhar em cima para tentar resolver. Os matemáticos e engenheiros, sobretudo os envolvidos nas áreas aeronáutica e espacial, não conseguiam acompanhar aviões rápidos por muito tempo de maneira segura por meio dos radares. A previsão de onde um foguete poderia estar com alguns segundos à frente era sempre errada em relação à posição real.

Como o sinal de radar tinha ruídos intensos de medidas, as estimativas de posição do alvo por um foguete eram sempre errôneas. E, dado que a Nasa poderia "acertar" a Lua, se estimasse segundos à frente em posição e velocidade da espaçonave estaria errada?

Acrescentar o estimador no *script* anterior é muito fácil. Podemos começar pela mesma posição do objeto com nosso estimador (tanto para a posição quanto para a velocidade).

```
17  X=np.array([[0], [0]])      # <--- posicao e velocidde iniciais "reais"
18  Xe=np.array([[0],[0]])      # <--- posicao e velocidade do modelo estimado
19  dt=0.1                      # <--- incremento no tempo
```

Xe na linha 18 é a posição estimada e a velocidade estimada, para serem utilizadas com ponto de partida da Equação (8.18) quando k = 0. A outra alteração é colocar nosso estimador dentro do *loop* do *while*, para que ele possa "prever" a posição e velocidade de nosso objeto. A Equação (8.18) é implementada na linha 58 a seguir.

```
46  # Simulacao do Movimento ++++++++++++++++++++++++++++
47  t = 0
48  tfinal=30
49
50  while t<=tfinal:
51      ws = np.random.randn(1)  # var aleatoria normal(0,1)
52      wv = np.random.randn(1)  # var aleatoria normal(0,1)
53  # --------------- geracao do ruido de posicao e velocidade ----
54      W=np.matmul(np.sqrt(Q),np.array([ws,wv]))
55  #---------------- modelo de estado com ruido ------------------
56      X = np.matmul(A,X) + B*a + W
57  #--------------- modelo de estado estimado ------------------
58      Xe = np.matmul(A,Xe) + B*a
59  #--------------- modelo da medida com ruido -----------------
60      Psi=np.sqrt(R) * np.random.randn(1)
61      Y = np.matmul(C,X) + Psi
```

A batalha no pensamento de Kalman foi, então: como proceder para atualizar o estimador para que ele melhorasse suas previsões para os passos posteriores e tornassem-nas mais próximas dos valores reais, ou mais condizentes com as medidas?

No pensamento de Kalman, seriam mesmo os ruídos tão aleatórios assim, a ponto de não termos nenhum controle que pudesse ajudar o estimador de estado?

8.4 AS EQUAÇÕES DE KALMAN

A ideia de Kalman foi corrigir o distanciamento entre a média do estado e o valor real de onde se localiza o objeto, usando para isso apenas algo que é conhecido. Nesse caso, Kalman imaginou que se poderia tomar a diferença entre o sinal que vem do sensor e a estimativa média do estado de um tempo anterior para corrigir o erro dessa estimativa. Mas somente isso não corrigia a trajetória do estado, e precisava de um fator para ampliar e modificar-se conforme as estimativas estivessem cada vez mais próximas do estado real. Para tanto, Kalman criou o ganho de Kalman, conhecido pela letra K, e formulou a correção da estimativa média que sempre se afastava usando a equação:

$$\hat{x}_k = \hat{x}_k + \boldsymbol{K}\left(y_k - C\hat{x}_k\right) \tag{8.19}$$

Esse ganho de Kalman deve ser um fator não constante para amplificar ou diminuir os erros da estimativa $\hat{x}_k$. Esses erros se espalham e ampliam-se com base no afastamento do sistema real, e uma possibilidade de representar a quantidade desse espalhamento e amplificação do erro é por meio do desvio padrão. Quando tratamos de sistemas lineares com múltiplas variáveis, o desvio padrão é representado pela matriz de covariância, que, no caso do ganho de Kalman, é representada pela letra P. Essa matriz P é a covariância do erro entre o estado real e a estimativa

$$e_k = x_k - \hat{x}_k$$

Ao contrário da covariância Q do estado e da covariância R do ruído do sensor, os elementos de P fora da diagonal principal não são nulos, pois as estimativas entre as variáveis podem ser correlacionadas ao longo do tempo. A matriz P tem o formato

$$P = E\left[\left(x - \hat{x}\right)\left(x - \hat{x}\right)^T\right]$$

em que a letra E representa valor esperado do termo nos colchetes. Desenvolvendo esses termos usando a Equação do modelo dinâmico (8.12), chega-se à forma de P para o caso de duas variáveis s e v:

$$P = \begin{bmatrix} \sigma_s^2 & r_{sv}\sigma_s\sigma_v \\ r_{vs}\sigma_v\sigma_s & \sigma_v^2 \end{bmatrix}$$

com $r_{sv} = r_{vs}$ sendo o coeficiente de correlação entre as duas variáveis. Mas e o ganho de Kalman? Como a matriz de covariância pode ajudar o ganho de Kalman para forçar o sistema na convergência do estado real? O desenvolvimento teórico é simples, mas foge do escopo deste livro, sendo possível encontrá-lo na literatura especializada (Maybeck (1979), Stengel (1994), Maclean (2021), Brookner (1998), Simon (2006)). O ganho de Kalman tem a formulação

$$\boldsymbol{K}_k = P_k C^T \left(C P_k C^T + R\right)^{-1} \tag{8.20}$$

A letra *k* embaixo do ganho K e da matriz de covariância P indica que, a cada nova iteração no tempo, o cálculo deve ser refeito e atualizado com as novas informações que vêm do sensor y_k. Outra descoberta de Kalman é que, ao desenvolver a matriz de covariância P, ele chegou à forma na qual depende apenas de elementos conhecidos, como a própria matriz P de um passo anterior, a covariância Q e o ganho de Kalman K.

A cada novo passo k, primeiro se estima P utilizando a equação

$$P_k = AP_kA^T + CQC^T \tag{8.21}$$

E, depois que a estimativa $\hat{x}$ na Equação (8.19) é corrigida pelo ganho, atualiza-se o conhecimento da matriz P com a correção de Kalman

$$P_k = P_k\left(I + \boldsymbol{K}_kC\right)^{-1} \tag{8.22}$$

De maneira mais clara, essas equações do filtro de Kalman são colocadas sobre duas caixas separadas, uma normalmente chamada de *equação de propagação* do filtro, antes da correção do ganho, e outra chamada de *equação de atualização*. O algoritmo para o uso do filtro segue os seguintes passos, dentro do mesmo *loop* com os passos discretos k do tempo de amostragem do sinal.

Equações de propagação

$$\hat{x}_k = A\hat{x}_{k-1} + Ba_k \tag{8.23}$$

$$P_k = AP_{k-1}A^T + CQC^T \tag{8.24}$$

Com condições iniciais

$$\hat{x}_0 = x_0 \tag{8.25}$$

$$P_0 = Q \tag{8.26}$$

Equações de atualização

$$\boldsymbol{K}_k = P_kC^T\left(CP_kC^T + R\right)^{-1} \tag{8.27}$$

$$P_k = P_k\left(I + \boldsymbol{K}_kC\right)^{-1} \tag{8.28}$$

$$Z_k = C\hat{x}_k$$

$$\hat{x}_k = \hat{x}_k + \boldsymbol{K}\left(y_k - Z_k\right) \tag{8.29}$$

Para o nosso exemplo do movimento uniformemente variado de um objeto, a continuação na implementação do *script* em Python é bem simples. Basta o leitor atualizar o programa anterior. A inicialização precisa de novas listas que ajudarão a fazer os gráficos, como a condição inicial da estimativa do estado $\hat{x}_0$ na linha 18, pode ser a mesma do estado real, ou, se for diferente, o filtro corrigirá, e em poucos passos ela convergirá para o valor real. Nesse exemplo $\hat{s}_0 = 0$ e $\hat{v}_0 = 0$.

```
####### inicializacao das listas para armazenar os dados
estado_S=[]
estado_V=[]
estado_Se=[]
estado_Ve=[]
medida=[]
covP=[]
tempo=[]
###################################################################
X=np.array([[0], [0]])          # <--- posicao e velocidade iniciais "reais"
Xe=np.array([[0],[0]])          # <--- posicao e velocidade do modelo estimado
dt=0.1                          # <--- incremento no tempo
```

Assume-se que a condição inicial da matriz de covariância P (8.26) tem o mesmo valor de Q, o que, na linha de programação será:

```
P = Q                           # covariancia inicial
```

Vale aqui lembrar que no Python a multiplicação de matrizes precisa ser realizada por meio da biblioteca NumPy com a função matmul( ). As equações de propagação da estimativa do estado e da matriz de covariância P são programadas dentro do *loop* do movimento do objeto, colocando a Equação (8.24) como apresentada na linha 73 a seguir, e a Equação (8.23) como na linha 75.

```
72  #---------------- covariancia do estado ----------------
73    P = np.matmul(np.matmul(A,P),np.transpose(A)) + np.matmul(np.matmul(C,Q),np.transpose(C))
74  #---------------- estimador do sensor de medida -----------
75    Z = np.matmul(C,Xe)
```

As equações de atualização veem logo a seguir, calculando ganho de Kalman e corrigindo a estimativa e matriz de covariância para o passo *k* seguinte. A Equação do ganho de Kalman K (8.27) deve ser calculada pelas linhas 82, 83 e 84 do *script* seguinte. A correção da estimativa do estado $\hat{x}_k$ (8.29) é programada na linha 85. Os colchetes [:,np.newaxis] são necessários para colocar o ganho K como um vetor coluna, visto que seu cálculo no Python sempre sairá como vetor linha. Para que esse ganho seja um multiplicador das variáveis $[\hat{s}_k \ \hat{v}_k]$ que estão num vetor coluna, a função *newaxis* do Python faz a transposta do cálculo de K.

A Equação da matriz de covariância P_k em (8.28) deve ser programada como apresentado nas linhas 86, 87 e 88.

```
###########################################################################
###### Filtro de Kalman #################################################
# +++++ ganho K
    k1= np.matmul(P,np.transpose(C))
    k2= np.matmul(np.matmul(C,P),np.transpose(C)) + R
    K = k1/k2
    Xe = Xe + K[:,np.newaxis]*(Y-Z)
    p1 = P
    p2 = inv(np.identity(len(Q)) + np.matmul(K,C))
    P = np.matmul(p1,p2)
```

A matriz identidade que advém do desenvolvimento das equações da matriz de covariância na Equação (8.28) é chamada pela função *identity* que está na biblioteca NumPy. Já a inversa da matriz resultante dessa operação de P deve ser calculada chamando-se a função linalg (*linear algebra*), que está na biblioteca NumPy. O nome inv é a função inversa que está na função linalg.

```
from numpy.linalg import inv
```

O programa completo é apresentado a seguir com as equações do filtro já introduzidas dentro do *loop* do *while* que simula o movimento do objeto.

```
### Filtro de Kalman para movimento unif. variado
import numpy as np
import matplotlib.pyplot as fig
import seaborn as sns
from scipy.stats import norm
from numpy.linalg import inv

####### inicializacao das listas para armazenar os dados
estado_S=[]
estado_V=[]
estado_Se=[]
estado_Ve=[]
medida=[]
covP=[]
tempo=[]
#####################################################################
X=np.array([[0], [0]])        # <--- posicao e velocidde iniciais "reais"
Xe=np.array([[0],[0]])        # <--- posicao e velocidade do modelo estimado
dt=0.1                        # <--- incremento no tempo

################### Matrizes do Modelo ######################
A=np.array([[1, dt],[0, 1]])    # <------- Modelo posicao e veloc

```

```
B=np.array([[dt**2/2],[dt]])  # <------- Matriz da aceleracao
C=np.array([1,0])                  # indica que o sensor é apenas de posicao
a=0.1                         # <--- valor da acelaracao cte
#################### Ruidos ##################################
desv_s=0.05                   # < ---- ruido da posicao
desv_v=0.05                   # < ---- ruido na velocidade
desv_y=1                      # ruido na medida da posicao
################## Matrizes de Covariancia #############
                              # Covariancia do ruido do estado
Q=np.array([[desv_s**2,0],[0,desv_v**2]])
                              # Covariancia do ruido de medida
R=desv_y**2
##########################################################
# Equacao da leitura do sensor
Psi=np.sqrt(R) * np.random.randn(1)
Y = np.matmul(C,X) + Psi
##########################################################
P = Q                         # covariancia inicial
# Simulacao do Movimento ++++++++++++++++++++++++++
t = 0
tfinal=30
estado_S.append(X[0])         # salva a posicao
estado_V.append(X[1])         # salva a velocidade
estado_Se.append(Xe[0])         # salva a posicao estimada
estado_Ve.append(Xe[1])         # salva a velocidade estimada
medida.append(Y)              # salva a medida Y da posicao
covP.append(P[0][0])          # salva o elemento (0,0) da mat Cov
tempo.append(t)               # salva o tempo decorrido
while t<=tfinal:
   ws = np.random.randn(1)  # var aleatoria normal(0,1)
   wv = np.random.randn(1)  # var aleatoria normal(0,1)
# --------------- geracao do ruido de posicao e velocidade ----
   W=np.matmul(np.sqrt(Q),np.array([ws,wv]))
#---------------- modelo de estado com ruido ------------------
   X = np.matmul(A,X) + B*a + W
#--------------- modelo de estado estimado ------------------
   Xe = np.matmul(A,Xe) + B*a
```

```
#---------------- covariancia do estado ----------------
    P = np.matmul(np.matmul(A,P),np.transpose(A)) + np.matmul(np.matmul(C,Q),np.transpose(C))
#---------------- estimador do sensor de medida -----------
    Z = np.matmul(C,Xe)
#--------------- modelo da medida com ruido -----------------
    Psi=np.sqrt(R) * np.random.randn(1)
    Y = np.matmul(C,X) + Psi
##########################################################################
###### Filtro de Kalman ###############################################
# +++++ ganho K
    k1= np.matmul(P,np.transpose(C))
    k2= np.matmul(np.matmul(C,P),np.transpose(C)) + R
    K = k1/k2
    Xe = Xe + K[:,np.newaxis]*(Y-Z)
    p1 = P
    p2 = inv(np.identity(len(Q)) + np.matmul(K,C))
    P = np.matmul(p1,p2)
#---------------- salvando os valores em lista para figuras ----
    estado_S.append(X[0])        # salva a posicao
    estado_V.append(X[1])        # salva a velocidade
    estado_Se.append(Xe[0])       # salva a posicao estimada
    estado_Ve.append(Xe[1])       # salva a velocidade estimada
    medida.append(Y)             # salva a medida Y da posicao

    covP.append(P[0][0])         # salva o elemento (0,0) da mat Cov
    tempo.append(t)              # salva o tempo decorrido
    t = t + dt


###################### Figuras ##################################
fig.figure()
fig.plot(tempo,estado_S,color='Black',linewidth=4)
fig.plot(tempo,estado_Se,linestyle='dashed',color='red',linewidth=5)
fig.plot(tempo,medida,color='Black',alpha=0.5)
fig.grid()
fig.xlabel('tempo')
fig.ylabel('posição S(k)')
fig.title('Localização com modelo de estado S(k) e medida com ruído')

fig.figure()
fig.plot(tempo,covP,color='Black',alpha=0.5)
```

Rodando o programa para as mesmas condições anteriores, podemos perceber na Figura 8.9 o quão representativo e importante é a implementação do filtro de Kalman. O leitor poderá observar a Figura 8.8 e comparar as duas situações para ver que a linha tracejada da Figura 8.9 tenta se afastar, mas, graças ao filtro e ao ganho, volta a convergir para próximo do estado real. A figura está estimando apenas a posição s_k, e o afastamento da estimativa $\hat{s}_k$ não mais acontece, pois a Equação (8.29) está atuando para forçar a convergência da estimativa para o estado real.

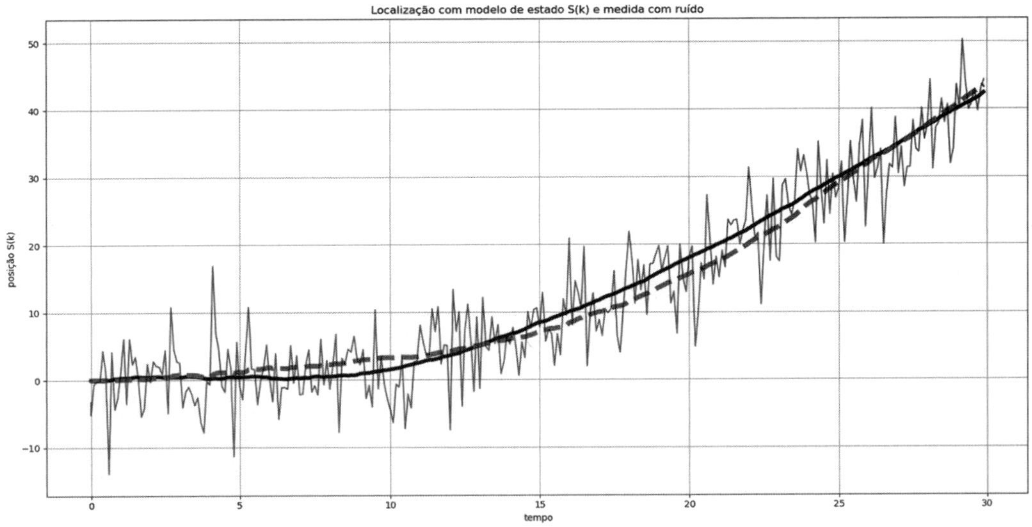

Figura 8.9 – Previsão do estimador de estado (linha tracejada) com Filtro de Kalman.

A título de ilustração, podemos observar o que acontece com a matriz de covariância P. Como essa matriz tem 4 elementos, pois, nesse exemplo, é uma matriz 2x2, selecionamos apenas o elemento $P_k[0,0]$ para ver o comportamento do espalhamento. O que se percebe na Figura 8.10 é um comportamento oscilatório, mas convergindo lentamente para zero da matriz de covariância.

Esse comportamento, apesar de o filtro segurar a estimativa ao redor do estado real, mostra que o filtro não está atuando em sua melhor forma. Isso ocorre porque o ruído de medida em y_k é muito alto. Nesse caso, se pudermos entrar em contato com o fornecedor do equipamento e solicitar uma melhoria no ruído, o problema se resolve. Simulamos isso alterando a linha 33 do programa anterior. Se reduzirmos o ruído de $\sigma_y^2 = 5$ para $\sigma_y^2 = 1$, o resultado melhor rapidamente, como visto na Figura 8.11. Praticamente não é mais possível distinguir a posição estimada (linha tracejada) da posição real (linha contínua mais escura).

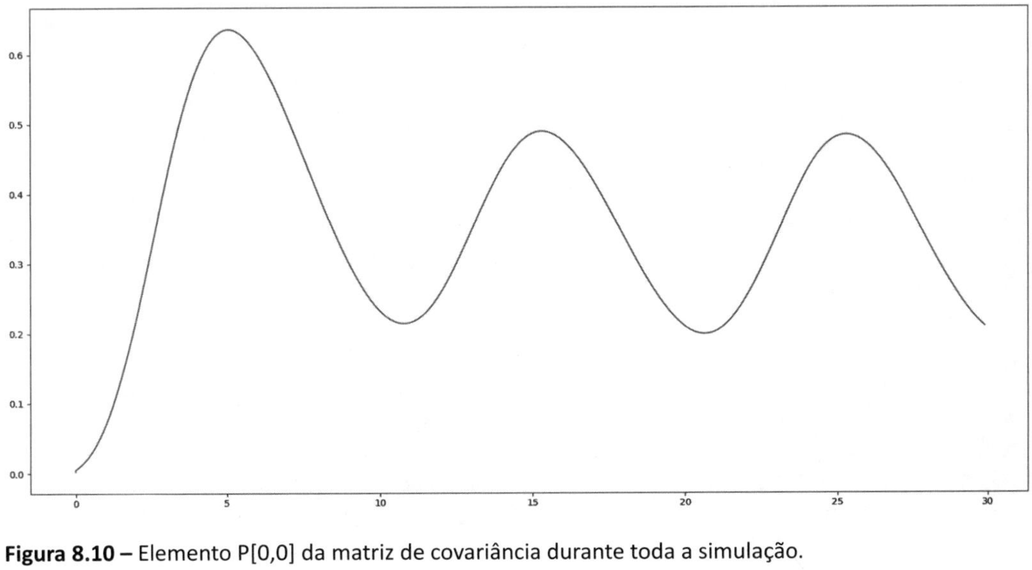

Figura 8.10 – Elemento P[0,0] da matriz de covariância durante toda a simulação.

Os pequenos picos que aparecem na Figura 8.11 são do sensor que ainda apresentará erros, mas muito menores do que anteriormente. Mas isso é factível na prática? Sim, porque existem diversas maneiras que os fabricantes usam para redução de ruídos e perturbações nos sensores.

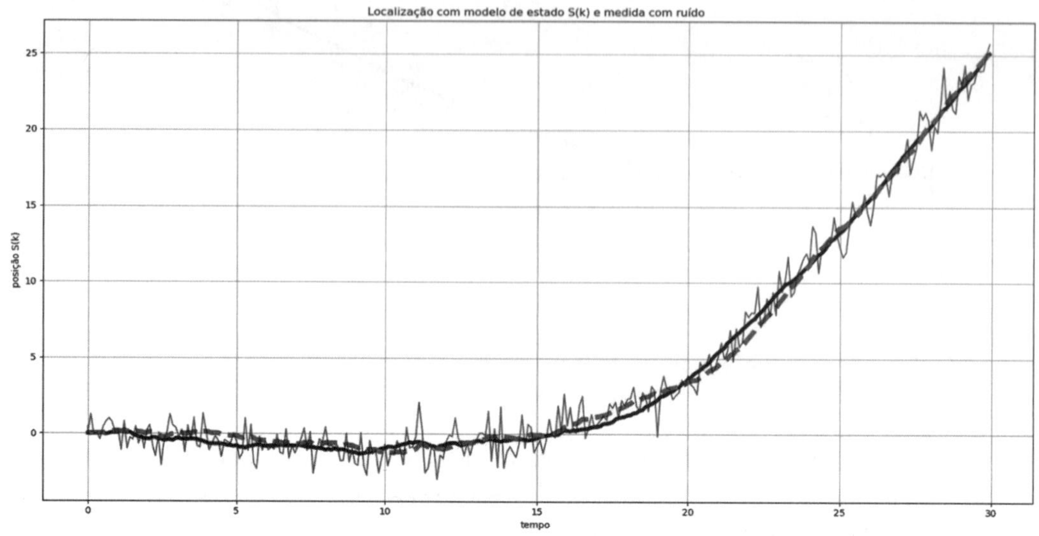

Figura 8.11 – Estimativa $\hat{s}_k$ com menor ruído no sensor y_k.

Para verificar que a filtragem foi ótima, podemos novamente observar o que acontece com a matriz de covariância P. Agora, tomando o elemento $P_k[0,0]$ para essa nova situação, observamos na Figura 8.12 que a matriz P converge e estabiliza-se, mostrando que a flutuação está estável e previsível pelo filtro. Isso é um sinal de ótima estimação do estado do sistema para esse simples problema de movimento uniformemente variável. Se tomarmos a velocidade, o mesmo fenômeno ocorrerá.

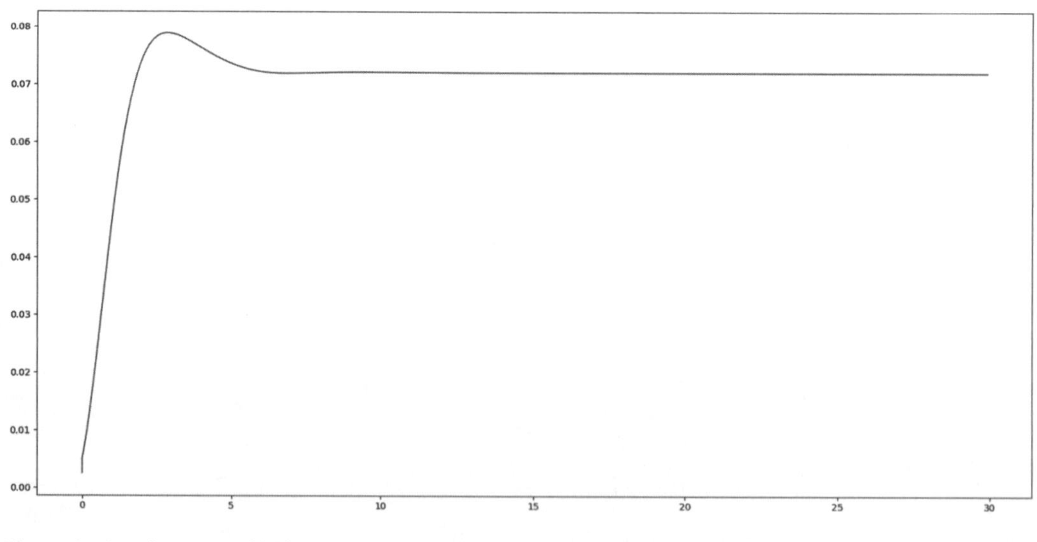

Figura 8.12 – Elemento P[0,0] da matriz de covariância com ruído de sensor reduzido.

Nas simulações anteriores, obrigamos a estimativa do estado no início ser assumida igual aos valores do estado real. Mas isso não é necessário. O filtro de Kalman é ótimo também no sentido de trazer rapidamente os valores iniciais estimados para próximo dos valores corretos e reais. Então, os valores de $\hat{x}_0$, que no programa aparece como vetor Xe, pode ser inicializado longe do valor real.

De maneira exagerada apenas para realçar o exemplo, iniciamos nossa simulação do movimento uniformemente variado mantendo os mesmos parâmetros das simulações anteriores, mas alterando os valores iniciais da estimativa para $\hat{x}_0 = \left[15, 0\right]$ indicando que a posição s(0) = 15 e a velocidade v(0) = 0. A linha do programa é a linha 18.

```
17  X=np.array([[0], [0]])        # <--- posicao e velocidade iniciais "reais"
18  Xe=np.array([[15],[0]])       # <--- posicao e velocidade do modelo estimado
19  dt=0.1
```

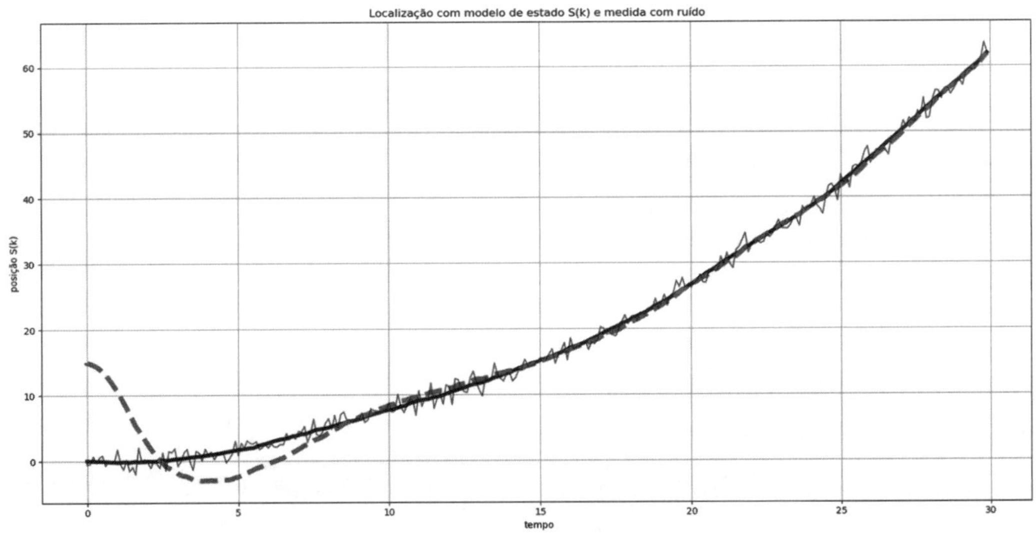

Figura 8.13 – Trajetória estimada da posição iniciando distante do valor real.

A Figura 8.13 mostra a consistência do Filtro de Kalman em corrigir um possível espalhamento e distanciamento da posição estimada (linha tracejada) e da posição real (linha contínua mais escura). A convergência desenvolvida por Kalman é média quadrática, o que força a busca pela minimização em tempo real entre a distância real e a distância estimada. Assim, não é obrigatório iniciar as simulações com a suposição de que o estado estimado deve estar próximo ao estado real, visto que, na prática, nunca sabemos a localização exata do objeto.

8.5 PASSO A PASSO NO PROCESSO DE FILTRAGEM

Vamos calcular o processo de filtragem para um exemplo simples, mostrando os procedimentos dos cálculos que um programa de computador deve realizar. Tomemos um sistema formado por uma única equação do estado e sua medida supondo que $x_0 = 1$:

$$x_k = 0.2x_{k-1} + W_k$$
$$y_k = x_{k-1} + \eta_k$$

em que $W_k \sim N(0,0.5)\ \eta_k \sim N(0,0.7)$. Então, para esse caso as matrizes são na verdade apenas variáveis simples, cujos valores serão:

$$A = 0.2$$

$$B = 0$$

$$C = 1$$

$$Q = 0.5$$

$$R = 0.7$$

$$P_0 = Q = 0.5$$
$$\hat{x}_0 = x_0 = 1$$

Para k = 1, vamos supor que $W_1 = 0.8$ (aleatório) e $\eta_1 = 0.1$ As equações da trajetória serão:

$$x_1 = 0.2x_0 + W_1 = 0.2(1) + 0.8 = 1$$
$$y_1 = x_0 + \eta_1 = 1 + 0.1 = 1.1$$

Equações de propagação

$$\hat{x}_1 = 0.2\hat{x}_0 = 0.2(1) = 0.2$$
$$P_1 = 0.2P_0 0.2 + Q = (0.2)(0.5)(0.2) + 0.5 = 0.52$$

Equações de atualização

$$\boldsymbol{K}_1 = \frac{P_1}{P_1 + 0.7} = \frac{0.52}{0.52 + 0.7} = 0.426$$

$$P_1 = \frac{P_1}{(1 + \boldsymbol{K}_1)} = \frac{0.52}{1 + 0.426} = 0.364$$

$$Z_1 = \hat{x}_1 = 0.2$$

$$\hat{x}_1 = \hat{x}_1 + 0.426(y_1 - Z_1) = 0.2 + 0.426(1.1 - 0.2) = 0.583$$

Para k = 2, vamos supor que $W_2 = 0.3$ (aleatório) e $\eta_2 = 0.1$, assim as equações da trajetória serão:

$$x_2 = 0.2x_1 + W_2 = 0.2(1) + 0.3 = 0.5$$
$$y_2 = x_1 + \eta_2 = 1 + 0.1 = 1.1$$

Equações de propagação

$$\hat{x}_2 = 0.2\hat{x}_1 = 0.2(0.583) = 0.116$$
$$P_2 = 0.2P_1 0.2 + Q = (0.2)(0.364)(0.2) + 0.5 = 0.514$$

Equações de atualização

$$\boldsymbol{K}_2 = \frac{P_2}{P_2 + 0.7} = \frac{0.514}{0.514 + 0.7} = 0.423$$

$$P_2 = \frac{P_2}{(1 + \boldsymbol{K}_2)} = \frac{0.514}{1 + 0.423} = 0.361$$

$$Z_2 = \hat{x}_2 = 0.116$$

$$\hat{x}_2 = \hat{x}_2 + 0.423(y_2 - Z_2) = 0.116 + 0.423(1.1 - 0.116) = 0.532$$

Para k = 3, vamos supor que $W_3 = 0.5$ (aleatório) e $\eta_3 = 0.3$, assim as equações da trajetória serão:

$$x_3 = 0.2x_2 + W_3 = 0.2(0.5) + 0.5 = 0.6$$
$$y_3 = x_2 + \eta_3 = 0.5 + 0.3 = 0.8$$

Equações de propagação

$$\hat{x}_3 = 0.2\hat{x}_2 = 0.2(0.116) = 0.023$$
$$P_3 = 0.2P_2 0.2 + Q = (0.2)(0.361)(0.2) + 0.5 = 0.514$$

Equações de atualização

$$\boldsymbol{K}_3 = \frac{P_3}{P_3 + 0.7} = \frac{0.514}{0.514 + 0.7} = 0.423$$

$$P_3 = \frac{P_3}{(1 + \boldsymbol{K}_3)} = \frac{0.514}{1 + 0.423} = \mathbf{0{,}361}$$

$$Z_3 = \hat{x}_3 = 0.023$$

$$\hat{x}_3 = \hat{x}_3 + \mathbf{0.423}(y_3 - Z_3) = 0.023 + 0.423(0.8 - 0.023) = \mathbf{0.351}$$

Esses são alguns passos de como o algoritmo do filtro de Kalman funciona, exibindo com três passos (k = 3), cujo valor real é $x_3 = 0.6$, e o valor estimado, $\hat{x}_3 = 0.351$. Limitamo-nos a usar apenas três casas decimais de representação, o que estaciona a matriz P e o ganho de Kalman K. Já no computador, esse problema não aparece, pois ele utiliza todas as casas decimais de sua memória, e, como visto no exemplo do movimento uniformemente variado, a convergência se dá em alguns passos.

Seguindo-se os passos anteriores, o modelo de ordem 1, ou ordem 2, pode ser expandido para qualquer ordem com diversas variáveis. A atenção que deve ser dada é que os modelos para esse tipo de filtro de Kalman explanado devem ser lineares e discretos no tempo. Caso se tente usar modelos mais robustos, o leitor deve lembrar de, antes utilizar técnicas para linearização em torno de pontos de equilíbrio ou em torno de trajetórias de equilíbrio. No caso da Apollo 11, sobre a qual comentamos no começo deste capítulo, a trajetória da espaçonave foi linearizada em torno de um modelo teórico padrão de trajetória newtoniana entre a Terra e a Lua.

8.6 PROBLEMA DA ALUNISSAGEM – APOLLO 11

Como mencionado no início do capítulo, o grande problema a ser resolvido na ciência espacial na década de 1960 era a viagem da Terra à Lua pela missão Apollo. Não que esse também não fosse o problema da URSS em suas missões lunares, mas o agravante no caso da Nasa era que dois humanos desceriam em solo lunar. O problema do pouso lunar é conhecido como alunissagem, e a orientação dos astronautas deveria ser não somente visual, mas por meio de medidas dos sensores do módulo lunar. E, como foi visto nas Seções anteriores, os sensores sempre apresentam erros nas medidas.

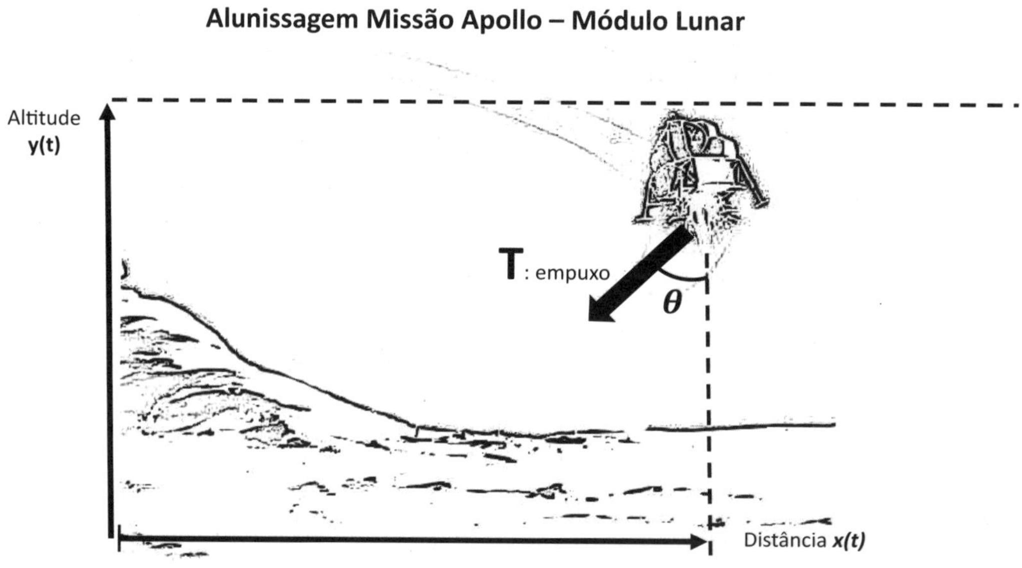

Figura 8.14 – Variáveis da alunissagem do módulo lunar na Apollo.

O pouso lunar deveria ser suave devido às configurações e às estruturas do módulo lunar, considerando, para isso, que a altitude y(t) = 0, e a velocidade dy(t)/dt = 0, conforme apresentado na Figura 8.14. Como exemplo vamos considerar os seguintes valores para o módulo lunar:

Massa do módulo: m = 1 kg

Gravidade lunar: g = 1 m/s^2

Empuxo dos motores: T = 2N

Distância horizontal inicial: x(0) = 0

Velocidade horizontal inicial: dx(0)/dt = 0

Altitude inicial: y(0) = 100 km

Velocidade vertical inicial dy(0)/dt = 0

Ângulo do empuxo dos motores (constante): $\theta = 0.1$ *rad* (aproximadamente 6°)

O ângulo do empuxo não é constante na descida, sendo ele, na verdade, uma variável que controla a nave, oscilando entre –30° a +30° para um pouso perfeitamente suave. O veículo, ao aproximar-se do local do pouso, deve acionar os retrofoguetes para frear e diminuir a velocidade orbital em sua órbita original ao redor da Lua (Figura 8.15). A partir da redução da velocidade, o módulo começa a descer, puxado pela gravidade lunar, e vai modificando o ângulo de empuxo para direcionar o veículo ao local previamente escolhido. Adotamos aqui esse ângulo θ constante e pequeno para os parâmetros reais apenas para a exemplificação e simplificação das equações.

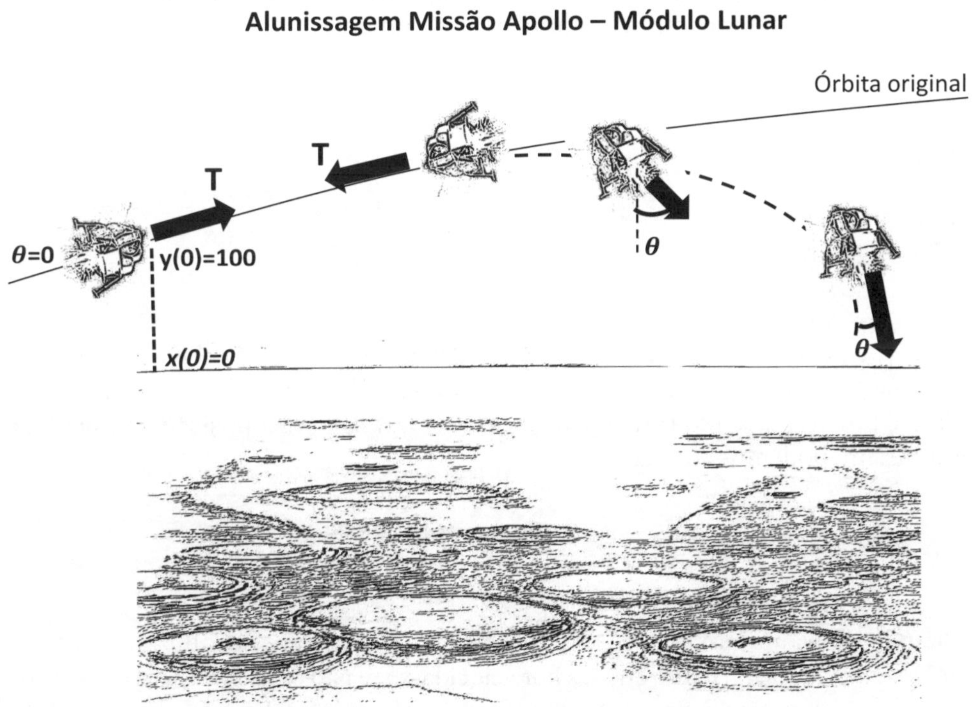

Figura 8.15 – Trajetória da alunissagem.

Pela segunda lei de Newton, o deslocamento em altitude é:

$$m\frac{d^2y}{dt^2} = Tcos\theta - g$$

em que, isolando a aceleração, teremos

$$\frac{d^2y}{dt^2} = \frac{T}{m}cos\theta - \frac{g}{m}$$

E, substituindo os valores dos parâmetros,

$$\frac{d^2y}{dt^2} = 2cos\theta - 1$$

Para o deslocamento horizontal,

$$m\frac{d^2x}{dt^2} = Tsen\theta$$

o que nos leva com a substituição dos valores

$$\frac{d^2x}{dt^2} = 2sen\theta$$

O sistema de equações diferenciais é formado pela altitude y e pela distância horizontal, a partir de uma origem escolhido em solo lunar.

$$\begin{cases} \dfrac{d^2y}{dt^2} = 2cos\theta - 1 \\ \\ \dfrac{d^2x}{dt^2} = 2sen\theta \end{cases}$$

Esse sistema precisa ser transformado em equações apenas de derivadas de primeira ordem, que correspondem às velocidades. Da teoria de equações diferenciais, sabe-se que isso é possível fazendo transformações de variáveis para a posição e velocidade do objeto. Assim, podemos chamar

$$x_1 = y \quad x_2 = \frac{dy}{dt} \quad x_3 = x \quad x_4 = \frac{dx}{dt}$$

Quando derivamos essas novas variáveis x_1, x_2, x_3 e x_4, teremos um novo sistema de equações, mas, agora, formado apenas por velocidades, e não mais por acelerações como se vê a seguir. O leitor com dificuldade de entender essas passagens pode consultar diversos textos sobre equações diferenciais que explicarão os passos dessa transformação simples.

$$\begin{cases} \dfrac{dx_1}{dt} = x_2 \\ \\ \dfrac{dx_2}{dt} = 2cos\theta - 1 \\ \\ \dfrac{dx_3}{dt} = x_4 \\ \\ \dfrac{dx_4}{dt} = 2sen\theta \end{cases}$$

O sistema ainda é um sistema não linear, visto que temos senos e cossenos nas equações. Sob o ponto de vista de filtragem linear, é necessário linearizar as equações acima em torno de pontos ou trajetórias de equilíbrio. A linearização é uma parte importante de cursos introdutórios de Cálculo Diferencial e Integral, em que cada parâmetro das equações deve ser derivado em relação a todas as variáveis. As derivadas parciais em termos de pontos de equilíbrio linearizam e tornam o movimento linear caso ele permaneça orbitando ao redor dessa região estável. A linearização do sistema anterior transforma as equações no sistema matricial seguinte.

A fim de facilitar as equações e a explicação desse exemplo, vamos supor que exista um controlador com uma trajetória de referência e que o ângulo θ oscila muito pouco e que as alterações são próximas a zero. Nesse caso, a expansão em série de Taylor de $cos\theta \sim 0$ e o termo de $sen\theta \sim \theta$. Assim, as equações não lineares anteriores se transformam no seguinte sistema linear:

$$\begin{bmatrix} \dfrac{dx_1}{dt} \\ \dfrac{dx_2}{dt} \\ \dfrac{dx_3}{dt} \\ \dfrac{dx_4}{dt} \end{bmatrix} = \begin{bmatrix} 0 & 1 & 0 & 0 \\ 0 & 0 & 0 & 0 \\ 0 & 0 & 0 & 1 \\ 0 & 0 & 0 & 0 \end{bmatrix} \begin{bmatrix} x_1 \\ x_2 \\ x_3 \\ x_4 \end{bmatrix} + \begin{bmatrix} 0 \\ 0 \\ 0 \\ 2 \end{bmatrix} \theta$$

Existem muitos modelos de filtro de Kalman, um dos quais apresentamos na Seção anterior, conhecido como filtro linear discreto. O termo discreto é porque supõe-se que entre um tempo e outro não existam medidas. Isso é muito útil quando se deseja criar controles digitais via computador, que podem ser controlados por pulsos regulares e determinados. A vantagem da discretização é eliminar o problema da integração numérica das equações diferenciais anteriores. O processo que discretiza um sistema transforma equações diferenciais em equações de diferenças, onde o passo k+1 no futuro depende apenas do passo k atual.

Se tivermos um sistema

$$\frac{dx}{dt} = Ax + Bu$$

de maneira geral, a discretização toma a matriz A e transforma-a usando

$$A^d = I + A * \Delta t + \frac{A^2}{2!} * \Delta t + \ldots$$

em que Δt é o tempo de discretização ou a amostragem do sinal do sistema, e I, a matriz identidade. Já o termo B precisa de uma integração

$$B^d = \int_0^{\Delta t} e^{A^d} B dt$$

Nesse caso, o sistema que era contínuo torna-se discreto na forma

$$x_{k+1} = A^d x_k + B^d u_k$$

O leitor não habituado a esse tipo de transformação encontrará vasto material na literatura especializada, principalmente relacionado a cálculo numérico e álgebra linear. Para o nosso exemplo do módulo lunar, teremos que o sistema será transformado em

$$\begin{bmatrix} x_1(k) \\ x_2(k) \\ x_3(k) \\ x_4(k) \end{bmatrix} = \begin{bmatrix} 1 & \Delta t & 0 & 0 \\ 0 & 1 & 0 & 0 \\ 0 & 0 & 1 & \Delta t \\ 0 & 0 & 0 & 1 \end{bmatrix} \begin{bmatrix} x_1(k-1) \\ x_2(k-1) \\ x_3(k-1) \\ x_4(k-1) \end{bmatrix} + \begin{bmatrix} 0 \\ 0 \\ \Delta t^2 \\ 2\Delta t \end{bmatrix} \theta + \begin{bmatrix} 1 \\ 1 \\ 1 \\ 1 \end{bmatrix} W(k)$$

Esse sistema representará a descida do módulo lunar e o pouso suave na Lua, cujas posição e velocidade estarão o tempo todo sendo monitoradas pelo filtro de Kalman. Para simular a descida do módulo lunar, vamos supor as seguintes condições iniciais, com a altitude iniciando em 100 km.

$$x_1(0)=100 \quad x_2(0)=0 \quad x_3(0)=0 \quad x_4(0)=0$$

Os sensores do módulo são equipados para medirem todas as variáveis, fazendo, assim, com que a matriz C da equação de medida seja identidade.

$$\begin{bmatrix} y_1(k) \\ y_2(k) \\ y_3(k) \\ y_4(k) \end{bmatrix} = \begin{bmatrix} 1 & 0 & 0 & 0 \\ 0 & 1 & 0 & 0 \\ 0 & 0 & 1 & 0 \\ 0 & 0 & 0 & 1 \end{bmatrix} \begin{bmatrix} x_1(k) \\ x_2(k) \\ x_3(k) \\ x_4(k) \end{bmatrix} + \begin{bmatrix} 1 \\ 1 \\ 1 \\ 1 \end{bmatrix} \eta(k)$$

em que o ruído de medida $\eta \sim N(0,1)$. A covariância do ruído de medida será, então, por consequência, visto que $R = \sigma_y^2 = 1$, a matriz identidade seguinte.

$$R = \begin{bmatrix} 1 & 0 & 0 & 0 \\ 0 & 1 & 0 & 0 \\ 0 & 0 & 1 & 0 \\ 0 & 0 & 0 & 1 \end{bmatrix}$$

Vamos assumir que a descida na Lua tem uma perturbação aleatória no movimento da ordem de 0.05, ou seja, a covariância do estado será $\sigma_x^2 = 0.05$ para todas as variáveis do estado W(k). A matriz de covariância Q será

$$Q = \begin{bmatrix} 0.05 & 0 & 0 & 0 \\ 0 & 0.05 & 0 & 0 \\ 0 & 0 & 0.05 & 0 \\ 0 & 0 & 0 & 0.05 \end{bmatrix}$$

Dissemos antes que as estimativas iniciais não precisam necessariamente ser as mesmas do estado inicial, pois, na realidade, nunca conhecemos esse estado. Vamos supor que a altitude inicial foi estimada errada, e, em vez de 100 km, o sistema supõe que o módulo está a 90 km.

$$\hat{x}_1 = 90 \quad \hat{x}_2 = 0 \quad \hat{x}_3 = 0 \quad \hat{x}_4 = 0$$

A adaptação do programa em Python é bem simples ao passar de duas variáveis para quatro variáveis nesse exemplo da alunissagem. Um cuidado especial precisa ser verificado nas dimensões das variáveis, principalmente em elementos que na versão unidimensional são unitários e transformam-se em matriz identidade.

As condições iniciais para o estado e para a estimativa do estado, além das matrizes A, B e C, devem ser inseridas conforme a seguir.

```
#####################################################################
X=np.array([[100], [0], [0], [0]])        # <--- alt, dist e veloc iniciais "reais"
Xe=np.array([[90],[0], [0], [0]])         # <--- inicializacao das estimativas
dt=0.1                                    # <--- incremento no tempo

################### Matrizes do Modelo ######################
A=np.array([[1, dt, 0, 0],
            [0, 1, 0, 0],
            [0, 0, 1, dt],
            [0, 0, 0, 1]])    # <------- Modelo posicao e veloc

B=np.array([[0],
            [0],
            [dt**2],
            [2*dt]])    # <------- Matriz do angulo de descida

C=np.identity(4)                          # indica que o sensor é mede todas as variaveis

theta=0.1                                 # <--- valor do angulo de descida constante
```

A matriz C, que multiplica as medidas do sensor, é uma matriz identidade, pois todas as variáveis são medidas pelo sistema do módulo lunar. A variável theta é o ângulo de descida que estamos mantendo constante.

As matrizes das covariâncias dos ruídos P, Q e R devem ser inseridas no Python da maneira em que se apresenta a seguir. A matriz R, no caso da alunissagem, deve ser identidade, pois todas as variáveis são medidas, e, quando essa matriz é adicionada para o cálculo do ganho de Kalman, a ordem precisa ser a mesma da matriz de covariância. Então, na linha 51, multiplica-se a variância pela identidade da matriz 4x4.

```
43  ################## Matrizes de Covariancia #############
44                            # Covariancia do ruido do estado
45  Q=np.array([[desv_1**2,0,0,0],
46              [0,desv_2**2,0,0],
47              [0, 0, desv_3**2, 0],
48              [0,0,0,desv_4**2]])
49
50                            # Covariancia do ruido de medida para todas as variáveis
51  R=desv_y**2*np.identity(4)
52  ##########################################################
53  #    Equacao da medida do sensor
54  #---------------------------------------------
55  Psi=np.sqrt(desv_y**2) * np.random.randn(1)*np.ones(4)
56  Y = np.matmul(C,X) + Psi[:,np.newaxis]
57  ##########################################################
58
59  P = Q                     # covariancia inicial
60
```

A simulação do movimento do veículo não muda em relação ao exemplo anterior, mas alguns detalhes precisam ser observados. Na linha 79, temos quatro ruídos de estado que são multiplicados pela covariância do erro de estado Q. A estimativa inicial do estado que será posteriormente corrigida pelo Filtro de Kalman é programada na linha 87.

```
73  while t<=tfinal:
74    w1 = np.random.randn(1)  # var aleatoria normal(0,1)
75    w2 = np.random.randn(1)  # var aleatoria normal(0,1)
76    w3 = np.random.randn(1)  # var aleatoria normal(0,1)
77    w4 = np.random.randn(1)  # var aleatoria normal(0,1)
78  # --------------- geracao do ruido de altitude, dist. horizontal e veloc ----
79    W=np.matmul(np.sqrt(Q),np.array([w1,w2,w3,w4]))
80  #---------------- modelo de estado com ruido ------------------
81    X = np.matmul(A,X) + B*theta + W
82  #--------------- modelo de estado estimado ------------------
83    Xe = np.matmul(A,Xe) + B*theta
```

```
84  #---------------- covariancia do estado ----------------
85      P = np.matmul(np.matmul(A,P),np.transpose(A)) + np.matmul(np.matmul(C,Q),np.transpose(C))
86  #---------------- estimador do sensor de medida -----------
87      Z = np.matmul(C,Xe)
88  #--------------- modelo da medida com ruido ----------------
89      Psi=np.sqrt(desv_y**2) * np.random.randn(1)*np.ones(4)
90      Y = np.matmul(C,X) + Psi[:,np.newaxis]
```

As equações de atualização do filtro de Kalman têm algumas importantes modificações em relação ao caso anterior. O ganho de Kalman antes era k1/k2, mas, agora, temos duas matrizes. Logo, não podemos dividir essas matrizes, e por isso aplica-se a função inversa da matriz na linha 97.

Na linha 98 é necessário usar a função matmul( ) do Python, pois, nesse caso, a diferença entre a medida Y e a estimativa Z tem como resultado uma matriz coluna. Essa matriz (Y – Z) precisa ser multiplicada pelo ganho, que, agora, também é uma matriz. Usar apenas o símbolo de produto ' * ' , como feito anteriormente, não é adequado nesse contexto, pois pode levar a erros nos cálculos. Logo, para a multiplicação correta de matrizes, é fundamental usar a função para multiplicar matrizes.

```
92  ##########################################################################
93  ###### Filtro de Kalman ##################################################
94  # +++++ ganho K
95      k1= np.matmul(P,np.transpose(C))
96      k2= np.matmul(np.matmul(C,P),np.transpose(C)) + R
97      K = np.matmul(k1,inv(k2))
98      Xe = Xe + np.matmul(K,(Y-Z))
99      p1 = P
100     p2 = inv(np.identity(len(Q)) + np.matmul(K,C))
101     P = np.matmul(p1,p2)
```

Após essas importantes mudanças, sobretudo prestando atenção nas dimensões, o programa está pronto para rodar e filtrar os sinais. A Figura 8.16 apresenta o estado "real", o estado medido pelo sensor e as estimativas do filtro. O gráfico mostra a trajetória da altitude, caindo lentamente, à medida que o tempo discreto k avança, com a medida oscilando freneticamente ao redor do estado real. A linha tracejada é a estimativa da altitude, que sai de 90 km e rapidamente busca o sinal real (linha contínua), convergindo em poucos passos para a altitude real do módulo lunar, à medida que esse pousa lentamente.

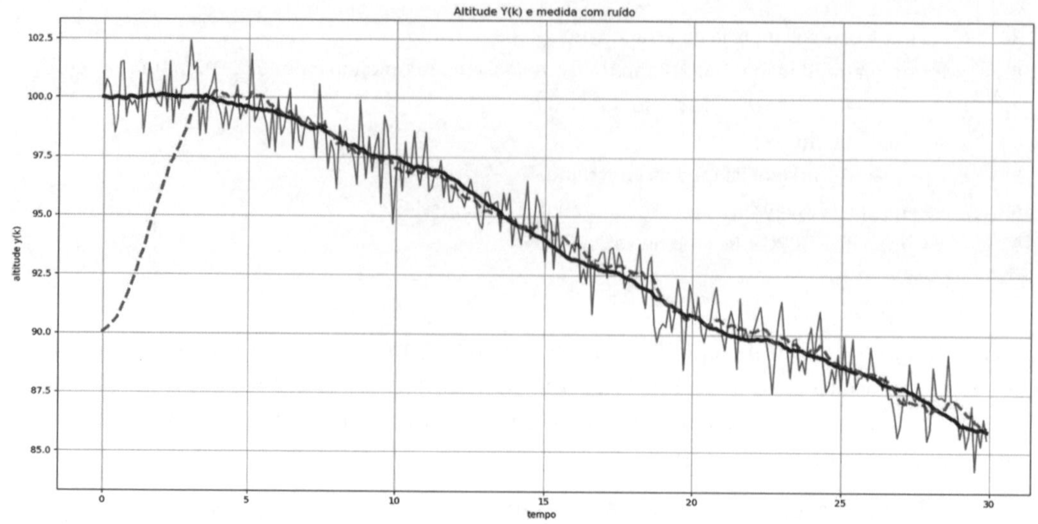

Figura 8.16 – Alunissagem do módulo lunar com medidas e estimativa do filtro de Kalman para a altitude de pouso.

A Figura 8.17 mostra qual o caminho do módulo quando observamos o deslocamento em solo lunar. Ela apresenta a trajetória considerando o eixo horizontal, a distância percorrida e a altitude em que o módulo está descendo.

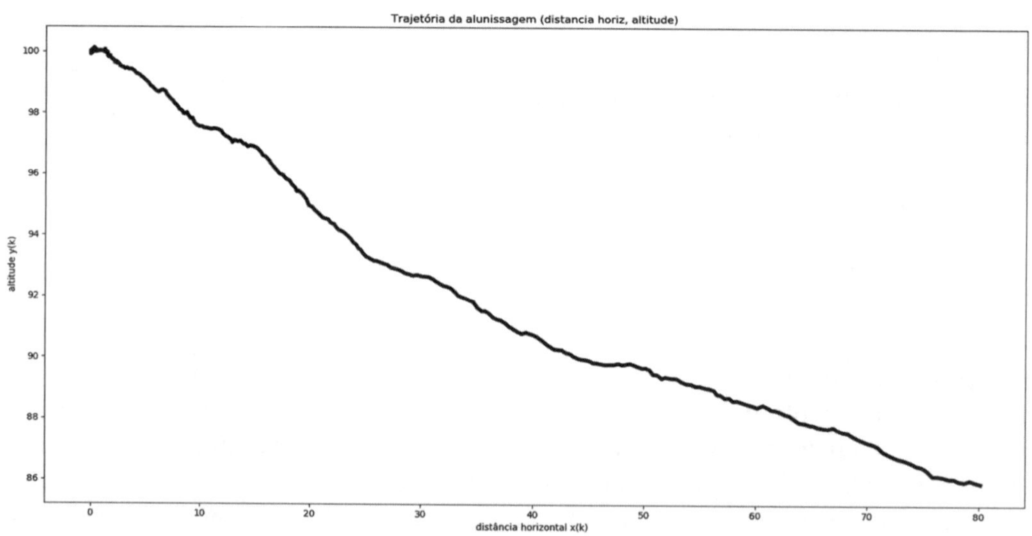

Figura 8.17 – Trajetória na distância horizontal x altitude.

A Figura 8.18 é uma repetição da Figura 8.17, mas agora sob a perspectiva da paisagem lunar. Pode-se perceber que o módulo sobe um pouco antes de começar a descer. O seu deslocamento em solo lunar é de cerca de 80 km, até atingir a altitude de 75 km. Como explicado antes, na situação real, o ângulo de pouso é uma variável de pouso e ajusta-se por meio dos retropropulsores para ter uma descida mais rápida e economizar combustível.

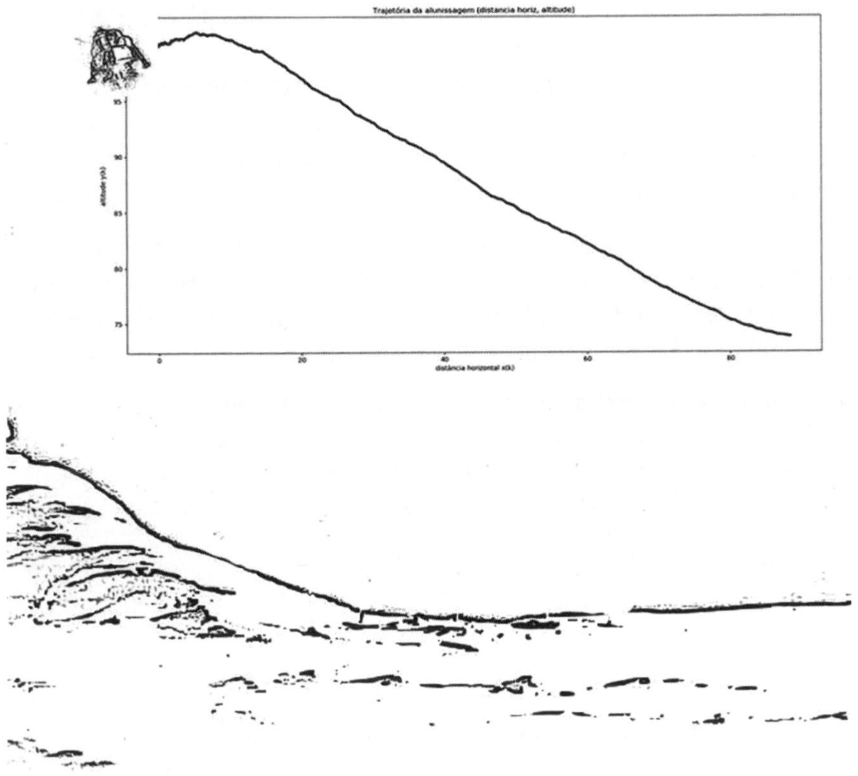

Figura 8.18 – Trajetória percorrida em solo lunar (distância x(k) x altitude y(k)).

A matriz de covariância se estabiliza bem rápido nesse caso, como pode ser visto pelo comportamento de um de seus elementos P(0,0) na Figura 8.19. Isso mostra que o filtro está com ótimas estimativas das variáveis de estado. A linha tracejada da Figura 8.16 já nos mostrava isso, mas, agora podemos comprovar com a convergência da matriz que mede o espalhamento da estimativa.

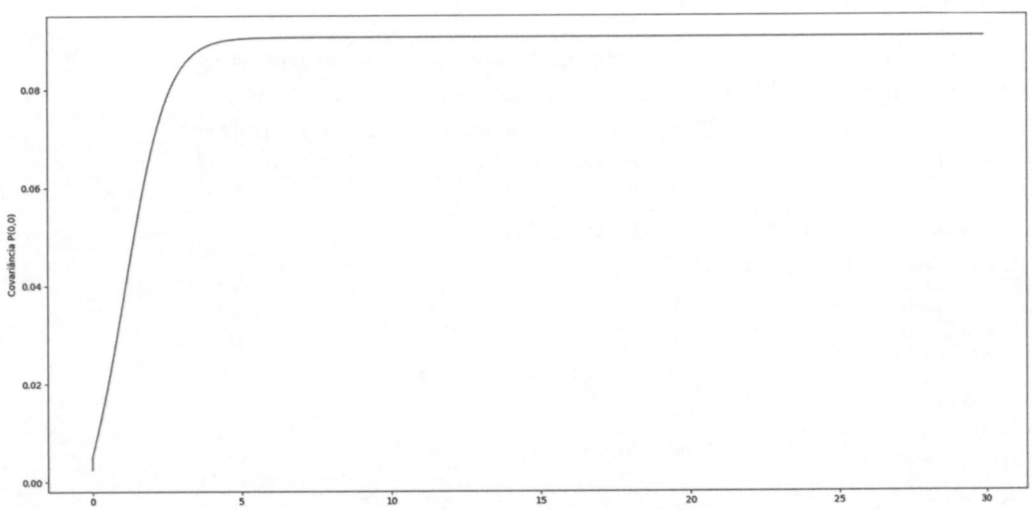

Figura 8.19 – Elemento P(0,0) da matriz de covariância do estado.

Um problema real que surgiu no módulo Eagle da Apollo 11 é que essas estimativas em tempo real eram calculadas num computador de bordo que, hoje, cabe em uma pequena calculadora de bolso. Em questão de poucos minutos de descida, a memória ficou lotada com todas as estimativas, e dois erros soaram na cabine, colocando os controladores na Terra em alerta máximo. Por sorte, esse foi um erro simulado algumas semanas antes pelos controladores que tinham o número e o motivo do alarme.

Como o módulo estava em comando manual após Neil Armstrong tomar o controle, os controladores mandaram os astronautas continuarem a descida e pousar em solo lunar. O Filtro de Kalman foi fundamental para corrigir os erros das medidas, que na época eram bem grandes em relação aos sensores atuais.

A noção de Kalman de desenvolver a matriz de covariância dependente apenas de cálculos reais existentes nos passos k anteriores, sem suposições ou hipóteses que dependiam de tabelas ou operações muito longas, ajudou nas estimativas e filtragens dos erros em diversos problemas de guiagem e controle, tornando o filtro mundialmente usado.

A seguir apresenta-se o programa completo da alunissagem.

```
### MODULO LUNAR - ALUNISSAGEM
# Filtro de Kalman
#############################################################
import numpy as np
import matplotlib.pyplot as fig
from numpy.linalg import inv

####### inicializacao das listas para armazenar os dados
estado_S=[]
estado_V=[]
estado_Se=[]
estado_Ve=[]
medida=[]
covP=[]
tempo=[]
######################################################################
X=np.array([[100], [0], [0], [0]])      # <--- alt, dist e veloc iniciais "reais"
Xe=np.array([[90],[0], [0], [0]])       # <--- inicializacao das estimativas
dt=0.1                        # <--- incremento no tempo

################### Matrizes do Modelo ######################
A=np.array([[1, dt, 0, 0],
            [0, 1, 0, 0],
            [0, 0, 1, dt],
            [0, 0, 0, 1]])   # <------- Modelo posicao e veloc

B=np.array([[0],
            [0],
            [dt**2],
            [2*dt]])   # <------- Matriz do angulo de descida

```

```
C=np.identity(4)                # indica que o sensor é mede todas as variaveis

theta=0.1                       # <--- valor do angulo de descida constante

################### Ruidos ###################################
desv_1=0.05                     # < ---- ruido da altitude
desv_2=0.05                     # < ---- ruido na velocidade vertical
desv_3=0.05                     # < ---- ruido na distancia horizontal
desv_4=0.05                     # < ---- ruido na velocidade horizontal
desv_y=1                        # ruido na medida dos sensores

################## Matrizes de Covariancia #############
                                # Covariancia do ruido do estado
Q=np.array([[desv_1**2,0,0,0],
            [0,desv_2**2,0,0],
            [0, 0, desv_3**2, 0],
            [0,0,0,desv_4**2]])

                        # Covariancia do ruido de medida para todas as variáveis
R=desv_y**2*np.identity(4)
###########################################################
#           Equacao da medida do sensor
#---------------------------------------------
Psi=np.sqrt(desv_y**2) * np.random.randn(1)*np.ones(4)
Y = np.matmul(C,X) + Psi[:,np.newaxis]
###########################################################

P = Q                           # covariancia inicial

# Simulacao do Movimento ++++++++++++++++++++++++++
t = 0
tfinal=30

estado_S.append(X[0])           # salva a altitude
estado_V.append(X[2])           # salva a distancia horizontal x(k)
estado_Se.append(Xe[0])         # salva a altitude estimada
estado_Ve.append(Xe[2])         # salva a distancia horizontal x(k) estimada
medida.append(Y[0])             # salva a medida Y da altitude
covP.append(P[0][0])            # salva o elemento (0,0) da mat Cov
tempo.append(t)                 # salva o tempo decorrido

while t<=tfinal:
  w1 = np.random.randn(1)       # var aleatoria normal(0,1)
  w2 = np.random.randn(1)       # var aleatoria normal(0,1)
  w3 = np.random.randn(1)       # var aleatoria normal(0,1)
  w4 = np.random.randn(1)       # var aleatoria normal(0,1)
# --------------- geracao do ruido de altitude, dist. horizontal e veloc ----
  W=np.matmul(np.sqrt(Q),np.array([w1,w2,w3,w4]))
```

```
#---------------- modelo de estado com ruido ------------------
    X = np.matmul(A,X) + B*theta + W
#--------------- modelo de estado estimado ------------------
    Xe = np.matmul(A,Xe) + B*theta
#---------------- covariancia do estado ----------------
    P = np.matmul(np.matmul(A,P),np.transpose(A)) + np.matmul(np.matmul(C,Q),np.transpose(C))
#---------------- estimador do sensor de medida -----------
    Z = np.matmul(C,Xe)
#--------------- modelo da medida com ruido -----------------
    Psi=np.sqrt(desv_y**2) * np.random.randn(1)*np.ones(4)
    Y = np.matmul(C,X) + Psi[:,np.newaxis]
##########################################################################
###### Filtro de Kalman ##################################################
# +++++ ganho K
    k1= np.matmul(P,np.transpose(C))
    k2= np.matmul(np.matmul(C,P),np.transpose(C)) + R
    K = np.matmul(k1,inv(k2))
    Xe = Xe + np.matmul(K,(Y-Z))
    p1 = P
    p2 = inv(np.identity(len(Q)) + np.matmul(K,C))
    P = np.matmul(p1,p2)
#---------------- salvando os valores em lista para figuras ----
    estado_S.append(X[0])           # salva a altitude
    estado_V.append(X[2])           # salva a distancia horizontal
    estado_Se.append(Xe[0])           # salva a altitude estimada
    estado_Ve.append(Xe[2])           # salva a distancia horizontal estimada
    medida.append(Y[0])                # salva a medida Y da altitude
    covP.append(P[0][0])            # salva o elemento (0,0) da mat Cov
    tempo.append(t)                 # salva o tempo decorrido
    t = t + dt
###################### Figuras ###################################
fig.figure()
fig.plot(tempo,estado_S,color='Black',linewidth=4)
fig.plot(tempo,estado_Se,linestyle='dashed',color='red',linewidth=3)
fig.plot(tempo,medida,color='Black',alpha=0.5)
fig.grid()
fig.xlabel('tempo')
fig.ylabel('altitude y(k)')
fig.title('Altitude Y(k) e medida com ruído')
fig.figure()
fig.plot(estado_V,estado_S,color='Black',linewidth=4)
fig.xlabel('distância horizontal x(k)')
fig.ylabel('altitude y(k)')
fig.title('Trajetória da alunissagem (distancia horiz, altitude)')
fig.figure()
fig.plot(tempo,covP,color='Black',alpha=0.5)
fig.ylabel('Covariância P(0,0)')
```

8.7 NAVEGAÇÃO MARÍTIMA

Quando estamos atravessando um rio, principalmente em embarcações pequenas, é possível perceber como qualquer movimento dentro do barco, ou fora do barco, provocado por onda, por vento ou chuva, fica bastante difícil manter a direção.

Apesar de embarcações maiores possuírem controladores para ajudar a mantê-las na trajetória original calculada, não é difícil encontrar casos de navios de grande porte à deriva no oceano.

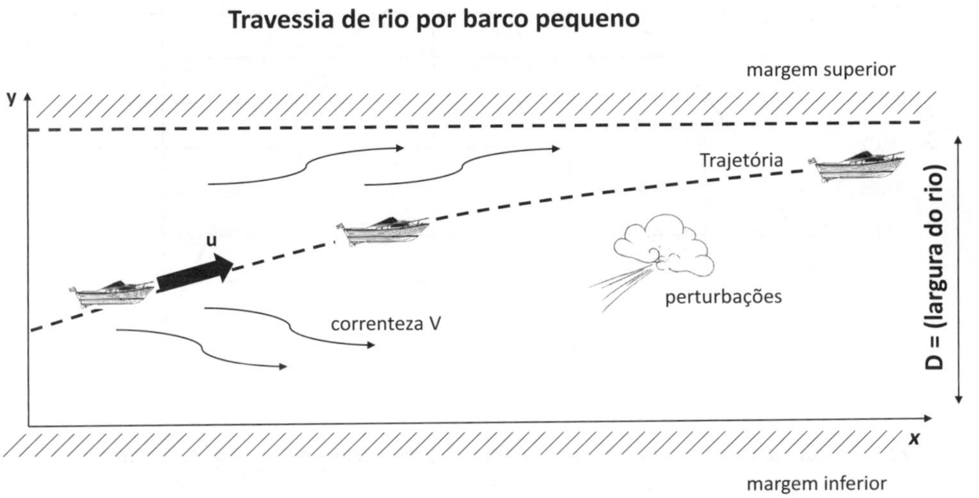

Figura 8.20 – Travessia de barco em rio com correnteza.

8.7.1 MODELO DINÂMICO

Em todos os casos, determinar a real posição torna-se sempre um desafio, seja para pequenos barcos à vela ou até mesmo navios de turismo. Uma tecnologia indispensável nos dias atuais é o uso do GPS para informar em tempo real a estimativa mais confiável possível sobre a localização.

Vamos imaginar que nosso problema é o exposto na Figura 8.20, de modo que desejamos atravessar um rio de largura D, com correnteza V, cuja localização está em termos de (x,y), que obedecem ao seguinte modelo dinâmico não linear:

$$\begin{cases} f1: \dfrac{dx}{dt} = \dfrac{4V_0}{D^2}(D-y)y \\ \\ f2: \dfrac{dy}{dt} = u \end{cases}$$

Em que:

V_0 : velocidadde da correnteza

u : empuxo do motor para movimentar o barco

O perfil da correnteza foi construído de tal maneira que, quando o barco está em uma das duas margens do rio, ou seja, y = 0 ou y = D, a correnteza é nula. A velocidade da correnteza será máxima quando y = D/2. Considerando, por exemplo, Vo=0.04, a correnteza teria o perfil apresentado na Figura 8.21.

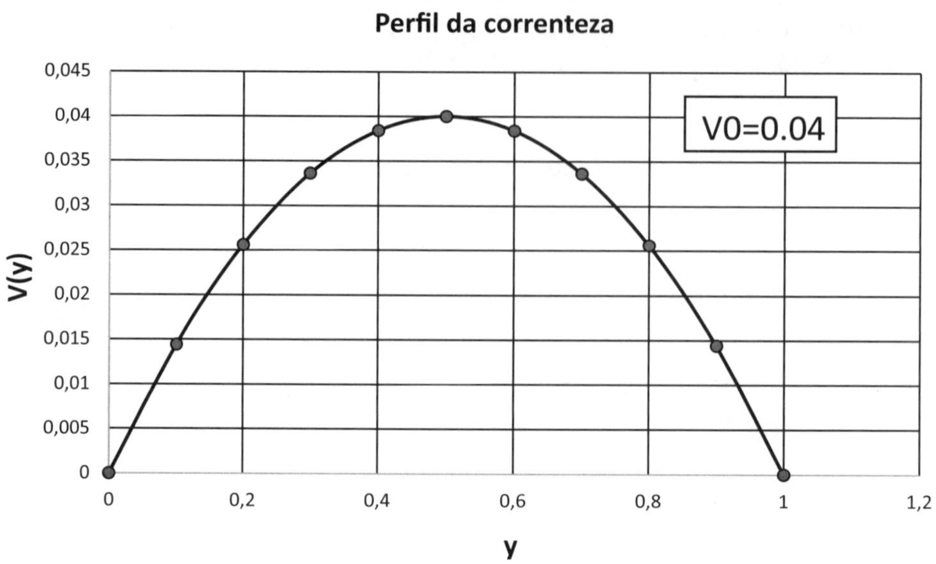

Figura 8.21 – Função da correnteza do rio considerando a distância y percorrida pelo barco de uma margem à outra.

O modelo do deslocamento do barco precisa de um processo de linearização, visto que a filtragem é linear e discreta no tempo. O deslocamento sempre se dá em função de uma trajetória pré-calculada, conhecida como trajetória nominal ou de referência, que vamos chamar de x_n. Em torno dessa trajetória x_n, pequenas alterações ocorrem, de forma a desviar o trajeto, que pode retornar ao ponto de partida em caso de estabilidade de movimento, ou pode se deslocar para longe da região de discretização. Em filtragem de sinais, o filtro é conhecido como estendido, que foge do escopo desse texto. A título de exemplo, vamos supor que desejemos linearizar o modelo inicial, usando expansão em série de Taylor em torno de (0,0). Considerando o vetor $X(t)=\begin{bmatrix} x(t) \\ y(t) \end{bmatrix}$, a trajetória real será

$$X(t)=X_n(t)+\delta X(t)$$

com δX representando pequenas oscilações em torno da trajetória nominal desejada X_n. Aplicando a diferenciação em ambos os lados (derivada em relação ao tempo),

$$\dot{X}(t)=\dot{X}_n(t)+\dot{\delta X}(t)$$

Em que usamos a notação (.) em cima das variáveis para representar o operador d/dt. A expansão em série de Taylor do lado direito será

$$\dot{X}_n(t)+\dot{\delta X}(t)=f(X_n,t)+J_X\,\delta X(t)+J_u\,\delta u(t)$$

Com J_X e J_u sendo os operadores jacobianos, definidos como

$$J_X = \begin{bmatrix} \frac{\partial f_1}{\partial x} & \frac{\partial f_1}{\partial y} \\ \frac{\partial f_2}{\partial x} & \frac{\partial f_2}{\partial y} \end{bmatrix}$$

$$J_u = \begin{bmatrix} \frac{\partial f_1}{\partial u} \\ \frac{\partial f_2}{\partial u} \end{bmatrix}$$

Mas, como $\dot{X}_n(t) = f(X_n, t)$, pois o sistema dinâmico nominal segue as mesmas regras do sistema dinâmico real, esses termos se anulam, e resta-nos a equação linear:

$$\begin{bmatrix} \delta\dot{x}(t) \\ \delta\dot{y}(t) \end{bmatrix} = \begin{bmatrix} \frac{\partial f_1}{\partial x} & \frac{\partial f_1}{\partial y} \\ \frac{\partial f_2}{\partial x} & \frac{\partial f_2}{\partial y} \end{bmatrix}_{(0,0)} . \begin{bmatrix} \delta x(t) \\ \delta y(t) \end{bmatrix} + \begin{bmatrix} \frac{\partial f_1}{\partial u} \\ \frac{\partial f_2}{\partial u} \end{bmatrix} .\delta u(t) \tag{8.30}$$

Substituindo as derivadas do modelo inicial para as duas equações f_1 e f_2:

$$\begin{bmatrix} \delta\dot{x}(t) \\ \delta\dot{y}(t) \end{bmatrix} = \begin{bmatrix} 0 & \frac{4V_0}{D^2}(D-2y) \\ 0 & 0 \end{bmatrix}_{(0,0)} . \begin{bmatrix} \delta x(t) \\ \delta y(t) \end{bmatrix} + \begin{bmatrix} 0 \\ 1 \end{bmatrix} .\delta u(t) \tag{8.31}$$

Considerando o ponto (0,0) ao redor do qual as equações do modelo foram linearizadas, o modelo linear torna-se

$$\begin{bmatrix} \delta\dot{x}(t) \\ \delta\dot{y}(t) \end{bmatrix} = \begin{bmatrix} 0 & \frac{4V_0}{D} \\ 0 & 0 \end{bmatrix} . \begin{bmatrix} \delta x(t) \\ \delta y(t) \end{bmatrix} + \begin{bmatrix} 0 \\ 1 \end{bmatrix} .\delta u(t) \tag{8.32}$$

Esse modelo ainda não está pronto para ser utilizado pelo filtro de Kalman, que exige uma discretização no tempo Δt, usando a fórmula já descrita antes (no problema da alunissagem) como $A^k = I + A.\,\Delta t$, em que I é a matriz identidade, e, no exemplo, a matriz A discreta será

$$A = \begin{bmatrix} 0 & \dfrac{4V_0\,\Delta t}{D} \\ 0 & 0 \end{bmatrix}$$

O modelo discretizado no tempo torna-se, então, o seguinte modelo de estado:

$$\begin{bmatrix} \delta x(k+1) \\ \delta y(k+1) \end{bmatrix} = \begin{bmatrix} 1 & \dfrac{4V_0\,\Delta t}{D} \\ 0 & 1 \end{bmatrix} . \begin{bmatrix} \delta x(k) \\ \delta y(k) \end{bmatrix} + \begin{bmatrix} 0 \\ \Delta t \end{bmatrix} .\delta u(k) \tag{8.33}$$

Como escrito antes, a trajetória sofrerá perturbações provocadas pela ação do vento, pela modificação da correnteza, pela alteração das ondas, e essas oscilações serão consideradas aleatórias e representadas por $\delta w(k)$. O modelo (8.33) torna-se aumentado pelas perturbações da seguinte forma:

$$\begin{bmatrix} \delta x(k+1) \\ \delta y(k+1) \end{bmatrix} = \begin{bmatrix} 1 & \dfrac{4V_0\,\Delta t}{D} \\ 0 & 1 \end{bmatrix} . \begin{bmatrix} \delta x(k) \\ \delta y(k) \end{bmatrix} + \begin{bmatrix} 0 \\ \Delta t \end{bmatrix} .\delta u(k) + \delta w(k) \tag{8.34}$$

E, como visto antes, as perturbações aleatórias $\delta w(k)$ têm distribuições conforme a função normal ou gaussiana, que depende da matriz Q de variâncias descritas como:

$$\delta w(k) = \sqrt{Q} . \begin{bmatrix} w_1 \\ w_2 \end{bmatrix} \tag{8.35}$$

$$w_1 \sim N(0,1)$$
$$w_2 \sim N(0,1)$$

$$Q = \begin{bmatrix} \sigma_x^2 & 0 \\ 0 & \sigma_y^2 \end{bmatrix}$$

As variáveis de x e y serão medidas por um sensor, que também possuirá um ruído devido a componentes eletrônicos, interferências do tempo, estáticas do barco etc. Essas oscilações serão representadas por $\delta\eta(k)$, e o sensor terá o modelo:

$$\begin{bmatrix} Y_x(k) \\ Y_y(k) \end{bmatrix} = \begin{bmatrix} 1 & 0 \\ 0 & 1 \end{bmatrix} . \begin{bmatrix} \delta x(k) \\ \delta y(k) \end{bmatrix} + \delta\eta(k) \tag{8.36}$$

no qual as distribuições aleatórias serão

$$\delta\eta(k) = \sqrt{R}. \begin{bmatrix} \eta_1 \\ \eta_2 \end{bmatrix} \tag{8.37}$$

$$R = \sigma_Y^2$$
$$\eta_1 \sim N(0,1)$$
$$\eta_2 \sim N(0,1)$$

Ao contrário do modelo do estado no qual a perturbação aleatória era diferente nas duas variáveis com a matriz Q, no ruído do sensor, vamos supor que a ordem de grandeza do ruído eletrônico seja igual em x e y. Por isso, a variável R não será matriz, como no caso da variável Q.

Resumindo, para a filtragem linear da travessia do barco, o filtro de Kalman deverá considerar os seguintes modelos:

Modelo do estado do sistema

$$\begin{bmatrix} \delta x(k+1) \\ \delta y(k+1) \end{bmatrix} = \begin{bmatrix} 1 & \dfrac{4V_0\,\Delta t}{D} \\ 0 & 1 \end{bmatrix} . \begin{bmatrix} \delta x(k) \\ \delta y(k) \end{bmatrix} + \begin{bmatrix} 0 \\ \Delta t \end{bmatrix} . \delta u(k) + \delta w(k) \tag{8.38}$$

Modelo do sensor de medida

$$\begin{bmatrix} Y_x(k) \\ Y_y(k) \end{bmatrix} = \begin{bmatrix} 1 & 0 \\ 0 & 1 \end{bmatrix} . \begin{bmatrix} \delta x(k) \\ \delta y(k) \end{bmatrix} + \delta\eta(k) \tag{8.39}$$

Com as matrizes

$$A = \begin{bmatrix} 1 & \dfrac{4V_0\,\Delta t}{D} \\ 0 & 1 \end{bmatrix}$$

$$B = \begin{bmatrix} 0 \\ \Delta t \end{bmatrix}$$

$$C = \begin{bmatrix} 1 & 0 \\ 0 & 1 \end{bmatrix}$$

$$Q = \begin{bmatrix} \sigma_x^2 & 0 \\ 0 & \sigma_y^2 \end{bmatrix}$$

$$R = \sigma_Y^2$$

8.7.2 PROGRAMAÇÃO DA FILTRAGEM EM PYTHON

O primeiro passo para a programação é a entrada das condições iniciais dos parâmetros e variáveis. No Python, inicialmente, as variáveis serão colocadas como listas vazias para que seus valores sejam atualizados à medida que o programa simula o movimento do barco. A correnteza do rio será adotada inicialmente como Vo = 0.04 na linha 16 do trecho do código a seguir. A largura do D do rio será adotada como D = 1.0. As condições iniciais do modelo (8.38) e das estimativas das variáveis serão nulas, apresentadas nas linhas 19 e 20.

O tempo de discretização sobre o qual o filtro atuará foi definido como Δt = 0.1 na linha 21 com a variável chamada de dt. O *loop* será repetido sobre o modelo e filtro a cada Δt, colocado também nos valores das matrizes A e B definidas anteriormente no modelo discreto.

```
1   ### Travessia de barco
2   # Filtro de Kalman
3   ##########################################################
4   import numpy as np
5   import matplotlib.pyplot as fig
6   from numpy.linalg import inv
7
```

```
8   ####### inicializacao das listas para armazenar os dados
9   estado_X=[]
10  estado_Y=[]
11  estado_Xe=[]
12  estado_Ye=[]
13  medida=[]
14  covP=[]
15  tempo=[]
16  V0=0.04        # velocidade da correnteza
17  D=1            # largura do rio
18  ###################################################################
19  X=np.array([[0], [0] ])         # <--- x e y iniciais "reais"
20  Xe=np.array([[0], [0] ])        # <--- inicializacao das estimativas
21  dt=0.1                          # <--- incremento no tempo
```

As variáveis representadas pelas matrizes A e B são inicializadas nas linhas 24, 27 e 30 do código. O empuxo δu do barco inicialmente será adotado como 0.07 na linha 32. As matrizes Q e R das perturbações aleatórias apresentadas em (8.39) estão programadas com valores indicando que as perturbações são maiores em y ($\sigma_y = 0.02$) do que em x ($\sigma_x = 0.01$) nas linhas 34 e 35. Já o ruído do sensor R foi adotado como $\sigma_Y = 0.1$.

```
23  #################### Matrizes do Modelo #######################
24  A=np.array([[1, 4*V0*dt/D],
25              [0, 1]])        # <------- Modelo discreto de x e y
26
27  B=np.array([[0],
28             [dt]])           # <------- Matriz do empuxo d motor
29
30  C=np.identity(2)            # indica que o sensor mede as 2 variaveis x e y
31
32  du=0.07                     # velocidade do barco
33  #################### Ruidos ##################################
34  desv_1=0.01                 # < ---- perturbação do vento
35  desv_2=0.02
36
37  desv_y=0.1                  # ruido na medida do sensor
38
39  ################## Matrizes de Covariancia #############
40                              # Covariancia do ruido do estado
41  Q=np.array([[desv_1**2,0],
42              [0,desv_2**2]])
43
44                              # Covariancia do ruido de medida para todas as variáveis
45  R=desv_y**2*np.identity(2)
```

A equação de medida do sensor é programada com as seguintes linhas:

```
#######################################################
#   Equacao da medida do sensor
#----------------------------------------------
Psi=np.sqrt(desv_y**2) * np.random.randn(1)*np.ones(2)
Y = np.matmul(C,X) + Psi[:,np.newaxis]
######################################################

P = Q                        # covariancia inicial
```

A equação é programada da mesma maneira que nos exemplos anteriores, usando a definição da medida da posição do barco apresentada em (8.39). Terminada a preparação dos valores iniciais do modelo de estado e do modelo do sensor, inicia-se o *loop* de iterações para simular o movimento do barco com as perturbações e filtrar os ruídos. Foi utilizado para o exemplo o tempo final igual a 10 unidades de tempo. A parte do código que executa esse procedimento está no formato das mesmas linhas dos exemplos anteriores.

```
# Simulacao do Movimento +++++++++++++++++++++++++++
t = 0
tfinal=10

estado_X.append(X[0])          # salva x(k)
estado_Y.append(X[1])          # salva y(k)
estado_Xe.append(Xe[0])          # salva x estimado
estado_Ye.append(Xe[1])          # salva y estimado
medida.append(Y[0])               # salva a medida x do sensor
covP.append(P[0][0])           # salva o elemento (0,0) da mat Cov
tempo.append(t)                # salva o tempo decorrido

while t<=tfinal:
   w1 = np.random.randn(1)   # var aleatoria normal(0,1)
   w2 = np.random.randn(1)   # var aleatoria normal(0,1)
# --------------- geracao do ruido de altitude, dist. horizontal e veloc ----
   W=np.matmul(np.sqrt(Q),np.array([w1,w2]))
#---------------- modelo de estado com ruido ------------------
   X = np.matmul(A,X) + B*du + W
#--------------- modelo de estado estimado ------------------
   Xe = np.matmul(A,Xe) + B*du
#---------------- covariancia do estado ----------------
   P = np.matmul(np.matmul(A,P),np.transpose(A)) + np.matmul(np.matmul(C,Q),np.transpose(C))
#---------------- estimador do sensor de medida -----------
   Z = np.matmul(C,Xe)
#--------------- modelo da medida com ruido -----------------
   Psi=np.sqrt(desv_y**2) * np.random.randn(1)*np.ones(2)
   Y = np.matmul(C,X) + Psi[:,np.newaxis]
```

No código, da linha 59 à 65, salvam-se as condições iniciais para os gráficos e as primeiras linhas do *loop*; da linha 67 à 82, simula-se o modelo de estado com perturbação aleatória (linha 73), o modelo estimado do filtro (linha 75), a matriz de covariância do estado P (Equação 8.24) e a medida com ruído na linha 82 (Equação 8.39).

Com esses cálculos, as próximas linhas do *loop* são para as equações do filtro de Kalman, repetindo todos os procedimentos já vistos anteriormente, para as matrizes de covariância do estado e das medidas, além do cálculo das atualizações das estimativas.

```
84   ##########################################################################
85   ###### Filtro de Kalman ##################################################
86   # +++++ ganho K
87       k1= np.matmul(P,np.transpose(C))
88       k2= np.matmul(np.matmul(C,P),np.transpose(C)) + R
89       K = np.matmul(k1,inv(k2))
90       Xe = Xe + np.matmul(K,(Y-Z))
91       p1 = P
92       p2 = inv(np.identity(len(Q)) + np.matmul(K,C))
93       P = np.matmul(p1,p2)
94   #---------------- salvando os valores em lista para figuras ----
95       estado_X.append(X[0])          # salva x(k)
96       estado_Y.append(X[1])          # salva y(k)
97       estado_Xe.append(Xe[0])          # salva x(k) estimado
98       estado_Ye.append(Xe[1])          # salva y(k)estimado
99       medida.append(Y[0])                # salva a medida X do sensor
100      covP.append(P[0][0])           # salva o elemento (0,0) da mat Cov
101      tempo.append(t)                # salva o tempo decorrido
102      t = t + dt
```

8.7.3 RESULTADOS DAS SIMULAÇÕES DO MOVIMENTO DO BARCO

O primeiro cenário foi colocar uma perturbação maior na direção de y (σ_y) do que na direção de x (σ_x). O empuxo do motor (δu) foi superior à velocidade da correnteza (V0) do rio, para que o barco vença a força da correnteza e consiga chegar na margem oposta quando o parâmetro D = 1. Foi colocado um ruído de sensor (σ_Y) alto, quando comparado com as perturbações no estado.

$$V0 = 0.04$$
$$\delta u = 0.07$$
$$\sigma_x = 0.01$$
$$\sigma_y = 0.02$$
$$\sigma_Y = 0.1$$

A distância x(k) em relação ao tempo percorrido pode ser observada na Figura 8.22, em linha mais forte e escura. A linha mais clara apresenta o que o sensor está medindo ao longo da trajetória, com grandes oscilações. Podemos observar que o filtro de Kalman se adapta perfeitamente às oscilações, promovendo uma estimativa que segue a trajetória real do barco bem de perto, em linha tracejada.

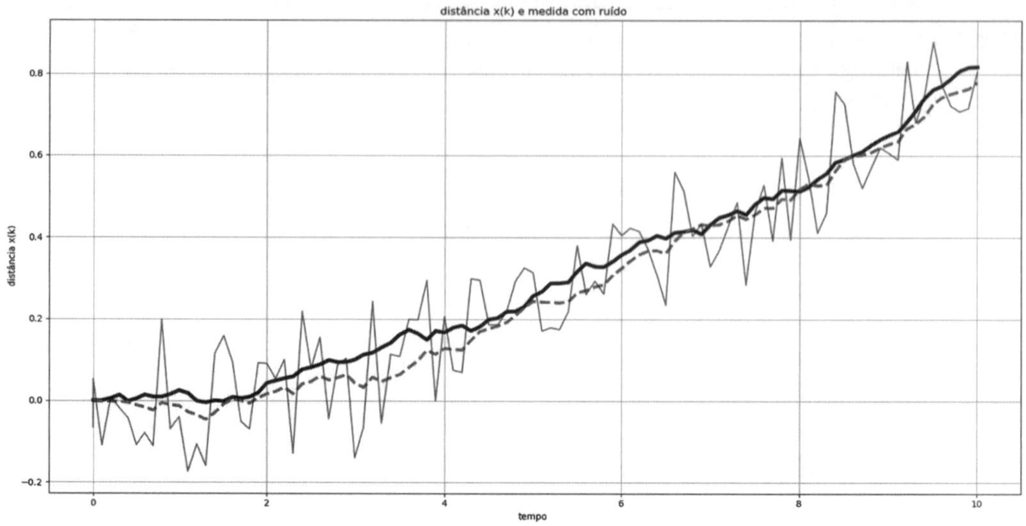

Figura 8.22 – Trajetória na direção x (linha contínua escura), medida pelo sensor (linha contínua clara) e estimativa do sensor (linha tracejada).

Com esse empuxo do barco e as perturbações adotadas, podemos observar que o barco não consegue chegar no tempo determinado à margem superior do rio. Com a largura do rio adotada como D = 1, o barco conseguiu percorrer 90% da distância total, como pode ser visto na Figura 8.23.

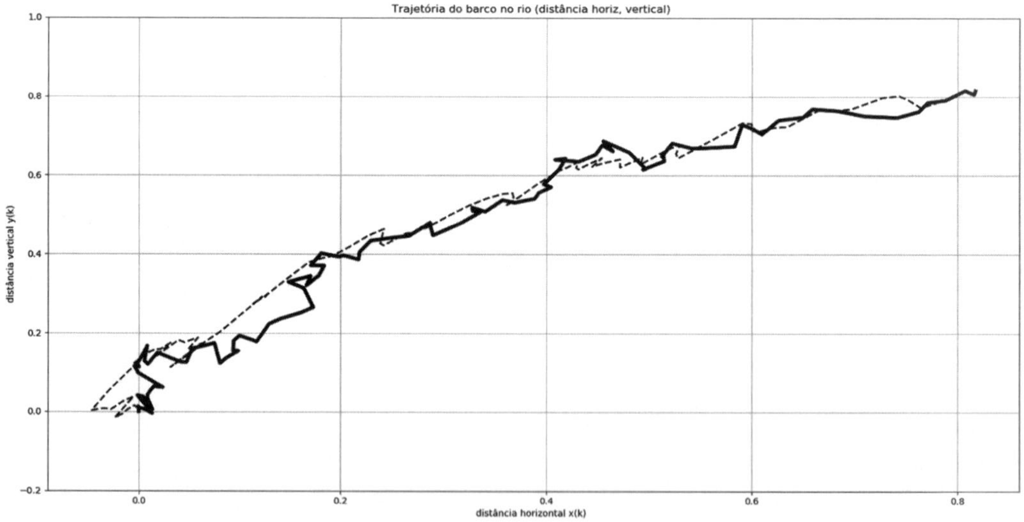

Figura 8.23 – Trajetória do barco em termos da distância vertical e horizontal (linha contínua) e trajetória estimada pelo filtro de Kalman (tracejada).

Na Figura 8.23, pode-se perceber o zigue-zague da trajetória devido às perturbações do estado. Mesmo com o caminho todo tortuoso por parte do barco, o filtro de Kalman consegue acompanhar de perto o movimento, estimando com pouco erro a trajetória real. A linha tracejada da Figura a seguir mostra as estimativas em tempo real do filtro.

A medida da covariância do estado estabilizada demonstra o aprendizado do filtro de Kalman, que cresce rapidamente para aprender com os erros do sensor e estimar, depois de algum tempo, de maneira mais precisa, a trajetória do barco.

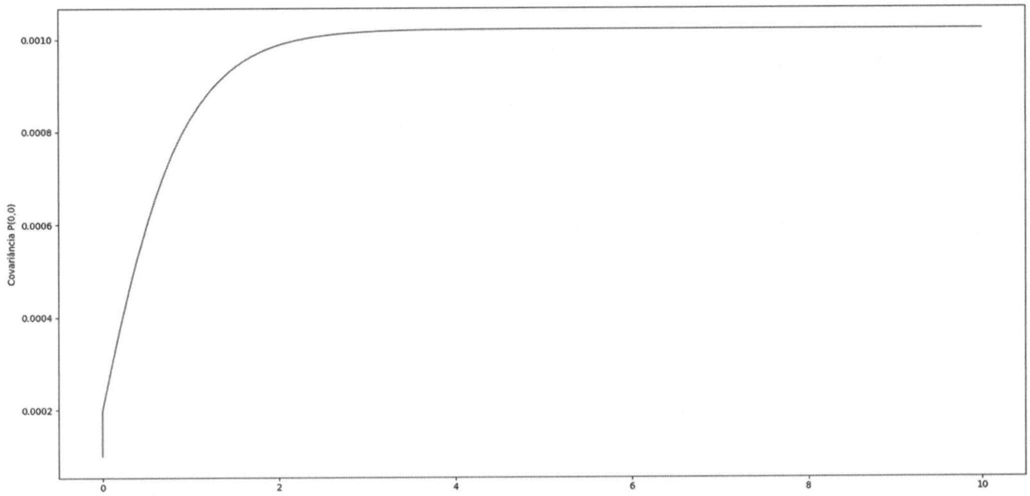

Figura 8.24 – Matriz de covariância do estado apresentando a medida do elemento P(0,0).

Mantendo-se todos os valores iguais e alterando apenas a velocidade da correnteza, é possível perceber que o barco chega a apenas 60% da distância total, como visto na Figura 8.25. O filtro de Kalman continua estimando de maneira muito boa a trajetória, e o problema que ocorre nesse caso não é de filtragem, mas da dinâmica do modelo. Como a correnteza é muito forte, a linearização fica imperfeita para reproduzir o caminho ideal. Outro fato é que o empuxo é constante e baixo, e isso não ocorre quando se projeta um controlador automático.

No caso de controladores de barcos, o empuxo é otimizado de forma a vencer as perturbações, por maiores que elas sejam, e as equações usam outro tipo de filtro de Kalman, não mais o linear, mas um tipo conhecido como filtro de Kalman estendido. Com esse filtro, é possível projetar uma trajetória nominal, de forma a atravessar o rio e ir atualizando o filtro e suas covariâncias para vencer os obstáculos do modelo dinâmico.

Ainda na Figura 8.25, é possível observar que o filtro se perde próximo ao meio do rio, quando a estimativa se afasta do valor real da localização do barco. É nesse trecho do rio, cujo perfil que mostramos no início, apresenta o valor máximo da correnteza. Por isso a linha tracejada entre as posições x = 0.8 e x = 1 fica distante da trajetória real.

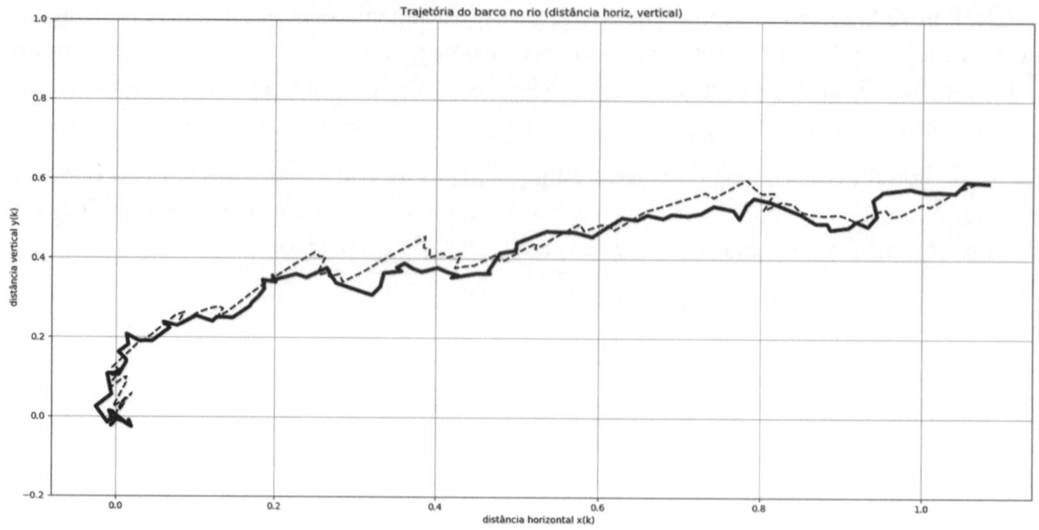

Figura 8.25 – Trajetória do barco com velocidade da correnteza superior à do empuxo do motor.

E o que acontece se o sensor tiver uma pane?

Para simular esse evento, pode-se manter todos os valores iniciais e aumentar consideravelmente o valor da covariância do ruído de medida R.

$$V0 = 0.04$$
$$\delta u = 0.07$$
$$\sigma_x = 0.01$$
$$\sigma_y = 0.02$$
$$\sigma_Y = 0.5$$

Aumentando-se o ruído no sensor em cinco vezes o valor inicial com $\sigma_Y = 0.5$, a Figura 8.26 apresenta o resultado errático do filtro de Kalman. O gráfico da esquerda na Figura mostra a trajetória de x(t) em linha escura, a trajetória medida pelo sensor em cor mais clara e a estimativa do filtro em linha tracejada.

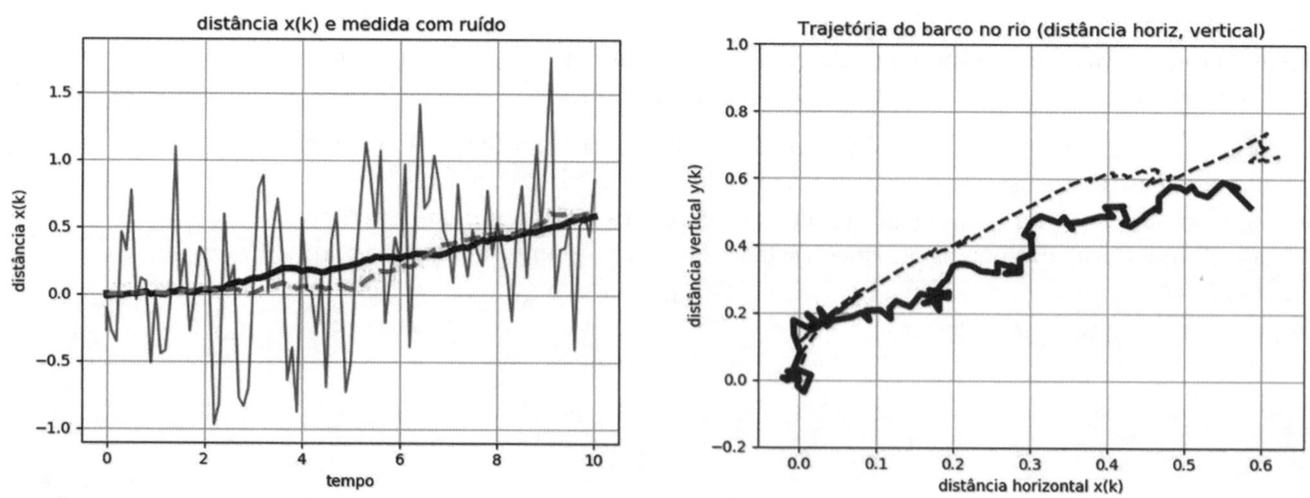

Figura 8.26 – Simulação de pane no sensor de medida da distância, com ruído 5 vezes maior.

O filtro até consegue eliminar bem o ruído, mas não o suficiente para corrigir a tempo e aprender com a trajetória o caminho correto. No gráfico da direita, que demonstra a trajetória em termos das distâncias horizontal e vertical, percebemos que, quando o barco está entre x = 0.6 e x = 0.8, a estimativa está toda errada e longe da realidade.

Ao final, o filtro até retorna para valores próximos dos reais, porém, como ele não teve tempo suficiente para aprender, no total observado vemos mais erros do que acertos nas estimativas.

Outro cenário possível é um aumento significativo nas perturbações no modelo de estado, simulando, por exemplo, uma tempestade no meio da travessia. Nesse caso, a trajetória real sofrerá grandes oscilações, aumentando o zigue-zague ao longo do rio. Mas, se o sensor estiver em perfeitas condições, ele vai conseguir medir corretamente. Por exemplo, aumentando em três vezes as perturbações no estado, simulando grande mudança climática, alteramos os seguintes parâmetros iniciais.

$$V0 = 0.04$$
$$\delta u = 0.07$$
$$\sigma_x = 0.03$$
$$\sigma_y = 0.03$$
$$\sigma_Y = 0.1$$

Os valores da covariância do estado foram alterados para $\sigma_x = 0.03$ e $\sigma_y = 0.03$, provocando o resultado que pode ser acompanhado na Figura 8.27. No gráfico da esquerda, é possível ver que o filtro de Kalman acompanha de maneira precisa as grandes oscilações do modelo atingido pela tempestade. Isso é possível porque a magnitude do ruído é baixa em relação à magnitude das pertubações. Apesar de $\sigma_Y = 0.1$, para os padrões do sensor, o ruído é perfeitamente suportável a ponto de a estimativa estar próxima do valor real.

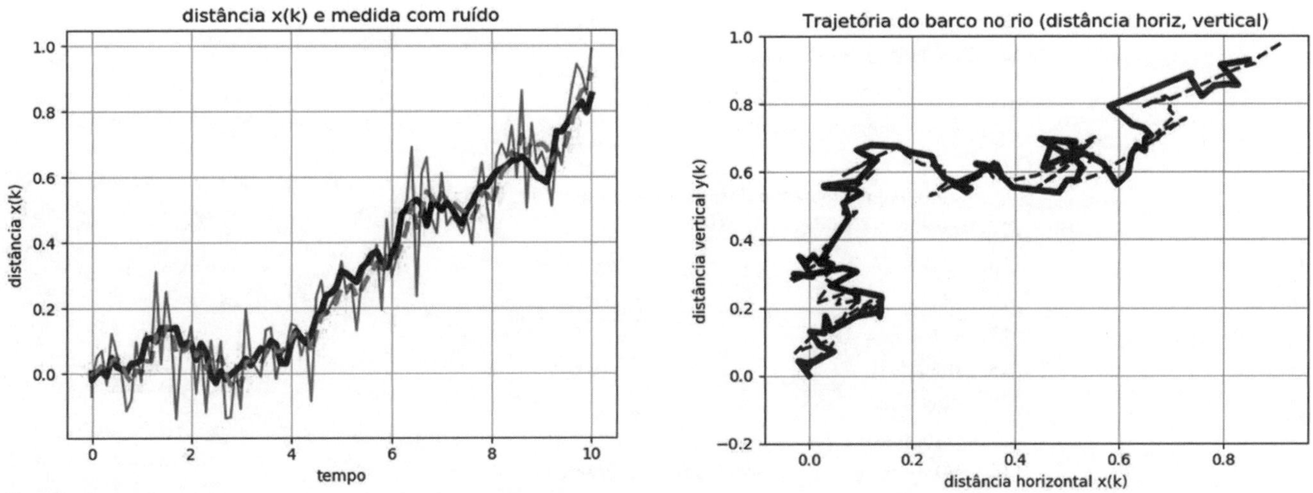

Figura 8.27 – Simulação de tempestade no meio da travessia do rio.

O gráfico da direita na Figura é o caminho do barco. Com o aumento das perturbações, percebemos o barco oscilando erraticamente (linha contínua), mas sendo sua posição perfeitamente estimada pelo filtro. O filtro de Kalman aprendeu rápido, graças ao bom funcionamento do sensor. A prova disso é a curva de aprendizado apresentada pela matriz de covariância do filtro na Figura 8.28.

A Figura 8.28 demonstra que, antes do final de t = 1 (unidade de tempo), a covariância já tinha estabilizado, mostrando o aprendizado ótimo por parte do filtro. Por isso o gráfico da esquerda na Figura 8.27, apesar de todo rebuscado pelas perturbações, é seguido próximo das estimativas em linha tracejada.

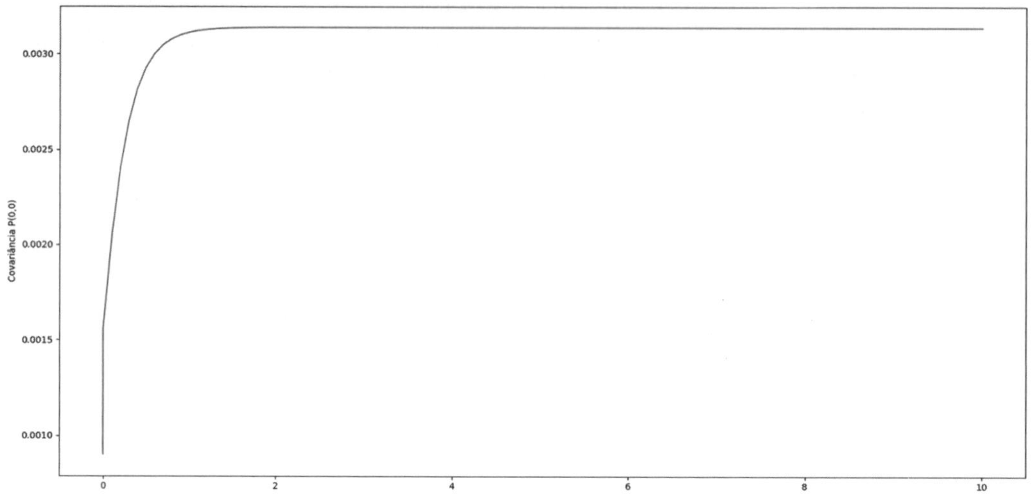

Figura 8.28 – Matriz de covariância do estado, elemento P(0,0).

O código completo da travessia do barco é apresentado em Python a seguir.

```
### Travessia de barco
# Filtro de Kalman
##########################################################
import numpy as np
import matplotlib.pyplot as fig
from numpy.linalg import inv

####### inicializacao das listas para armazenar os dados
estado_X=[]
estado_Y=[]
estado_Xe=[]
estado_Ye=[]
medida=[]
covP=[]
tempo=[]
V0=0.04             # velocidade da correnteza
D=1                 # largura do rio
###################################################################
X=np.array([[0], [0] ])         # <--- x e y iniciais "reais"
Xe=np.array([[0], [0] ])        # <--- inicializacao das estimativas
dt=0.1                          # <--- incremento no tempo

```

```
################### Matrizes do Modelo ######################
A=np.array([[1, 4*V0*dt/D],
            [0, 1]])       # <------- Modelo discreto de x e y

B=np.array([[0],
            [dt]])         # <------- Matriz do empuxo d motor

C=np.identity(2)            # indica que o sensor mede as 2 variaveis x e y

du=0.07                     # velocidade do barco
################### Ruidos ##################################
desv_1=0.01                 # < ---- perturbação do vento
desv_2=0.02

desv_y=0.1                  # ruido na medida do sensor

################## Matrizes de Covariancia #############
                        # Covariancia do ruido do estado
Q=np.array([[desv_1**2,0],
            [0,desv_2**2]])

                    # Covariancia do ruido de medida para todas as variáveis
R=desv_y**2*np.identity(2)
############################################################
#       Equacao da medida do sensor
#--------------------------------------------
Psi=np.sqrt(desv_y**2) * np.random.randn(1)*np.ones(2)
Y = np.matmul(C,X) + Psi[:,np.newaxis]
############################################################

P = Q                       # covariancia inicial

# Simulacao do Movimento ++++++++++++++++++++++++++++
t = 0
tfinal=10

estado_X.append(X[0])       # salva x(k)
estado_Y.append(X[1])       # salva y(k)
estado_Xe.append(Xe[0])       # salva x estimado
estado_Ye.append(Xe[1])       # salva y estimado
medida.append(Y[0])             # salva a medida x do sensor
covP.append(P[0][0])        # salva o elemento (0,0) da mat Cov
tempo.append(t)             # salva o tempo decorrido

while t<=tfinal:
    w1 = np.random.randn(1)     # var aleatoria normal(0,1)
    w2 = np.random.randn(1)     # var aleatoria normal(0,1)
# --------------- geracao do ruido de altitude, dist. horizontal e veloc ----
    W=np.matmul(np.sqrt(Q),np.array([w1,w2]))
```

```
#----------------- modelo de estado com ruido -------------------
    X = np.matmul(A,X) + B*du + W
#---------------- modelo de estado estimado -------------------
    Xe = np.matmul(A,Xe) + B*du
#----------------- covariancia do estado -----------------
    P = np.matmul(np.matmul(A,P),np.transpose(A)) + np.matmul(np.matmul(C,Q),np.transpose(C))
#----------------- estimador do sensor de medida -----------
    Z = np.matmul(C,Xe)
#---------------- modelo da medida com ruido -----------------
    Psi=np.sqrt(desv_y**2) * np.random.randn(1)*np.ones(2)
    Y = np.matmul(C,X) + Psi[:,np.newaxis]

##########################################################################
###### Filtro de Kalman ##################################################
# +++++ ganho K
    k1= np.matmul(P,np.transpose(C))
    k2= np.matmul(np.matmul(C,P),np.transpose(C)) + R
    K = np.matmul(k1,inv(k2))
    Xe = Xe + np.matmul(K,(Y-Z))
    p1 = P
    p2 = inv(np.identity(len(Q)) + np.matmul(K,C))
    P = np.matmul(p1,p2)
#----------------- salvando os valores em lista para figuras ----
    estado_X.append(X[0])          # salva x(k)
    estado_Y.append(X[1])          # salva y(k)
    estado_Xe.append(Xe[0])        # salva x(k) estimado
    estado_Ye.append(Xe[1])        # salva y(k)estimado
    medida.append(Y[0])            # salva a medida X do sensor
    covP.append(P[0][0])           # salva o elemento (0,0) da mat Cov
    tempo.append(t)                # salva o tempo decorrido
    t = t + dt


###################### Figuras ###################################
fig.figure()
fig.plot(tempo,estado_X,color='Black',linewidth=4)
fig.plot(tempo,estado_Xe,linestyle='dashed',color='red',linewidth=3)
fig.plot(tempo,medida,color='Black',alpha=0.5)
fig.grid()
fig.xlabel('tempo')
fig.ylabel('distância x(k)')
fig.title('distância x(k) e medida com ruído')

fig.figure()
ax=fig.subplot(111)
ax.plot(estado_X,estado_Y,color='Black',linewidth=4)
ax.plot(estado_Xe,estado_Ye,color='Black',linewidth=2,linestyle='--')
ax.set_ylim(-0.2,1)
fig.grid()
ax.set_xlabel('distância horizontal x(k)')
```

```
ax.set_ylabel('distância vertical y(k)')
fig.title('Trajetória do barco no rio (distância horiz, vertical)')

fig.figure()
fig.plot(tempo,covP,color='Black',alpha=0.5)
fig.ylabel('Covariância P(0,0)')
```

8.8 BALÃO DE AR QUENTE

Os balões de ar quente já fizeram parte de históricos desenvolvimentos na ciência no que diz respeito ao deslocamento de pessoas. No final do século XIX e início do século XX, existiam competições sobre distâncias mais longas percorridas. Depois, veio a utilização durante as guerras, para se observar o inimigo. Por fim, os balões, ou, mais precisamente, os dirigíveis, fizeram parte de viagens internacionais até o fatídico desastre do dirigível Hindenburg, em 6 de maio de 1937. O acidente causou a morte de 35 pessoas, colocando em dúvida esse modo de transporte.

Nos dias atuais, os balões ainda atuam, como parte de filmagem de jogos, deslocamento de pesquisas em campos abertos ou por diversão e passeios.

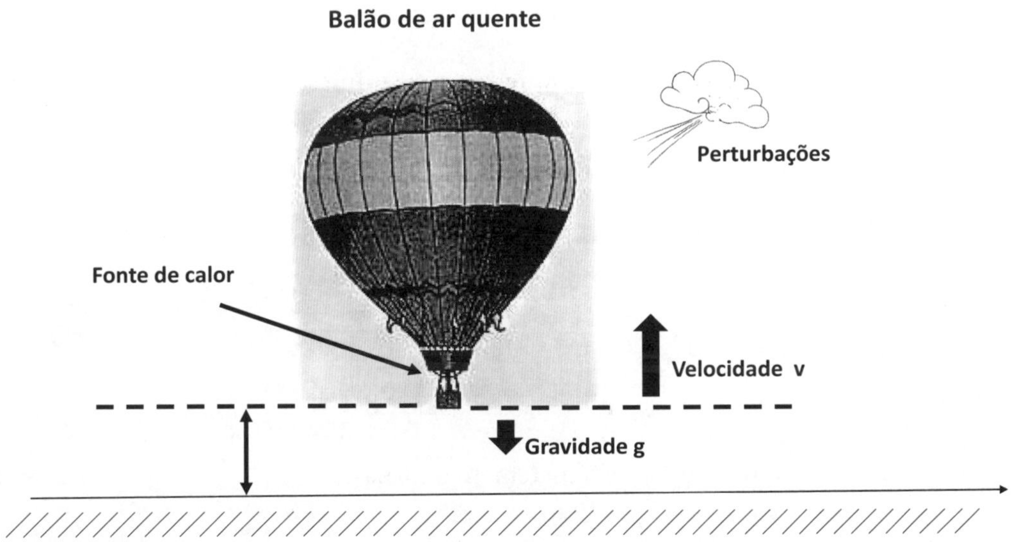

Figura 8.29 – Esquema de um balão de ar quente.

Seguindo o esquema da Figura 8.29, o modelo de um balão de ar quente é:

$$m\dot{v} = F_B - mg + D(w - v)$$

em que F_B é a força de flutuação do balão; m, a massa do balão; e w, a força do vento. Essa força provém do aquecimento do ar, que é proporcional à temperatura.

$$F_B = kT$$

A equação da dinâmica da temperatura é:

$$c\dot{T} = Q - \frac{T}{R}$$

em que c é a capacitância térmica; R, a resistência à perda de temperatura de calor; e Q, o fluxo de calor de entrada no balão, ou seja, o controlador para subir e descer. O símbolo (.) em cima das variáveis denota a derivada em relação ao tempo, ou seja, d(.)/dt. Juntando as equações, o modelo dinâmico é:

$$\begin{cases} \dot{v} = \dfrac{-D}{m}v + \dfrac{kT}{m} - g + \dfrac{Dw}{m} \\ \\ \dot{T} = \dfrac{Q}{c} - \dfrac{T}{Rc} \end{cases}$$

Reescrevendo o modelo no formato do vetor de estado:

$$\begin{bmatrix} \dot{v} \\ \\ \dot{T} \end{bmatrix} = \begin{bmatrix} -D/m & k/m \\ \\ 0 & -1/Rc \end{bmatrix} \begin{bmatrix} v \\ \\ T \end{bmatrix} + \begin{bmatrix} 0 \\ \\ 1/c \end{bmatrix} Q + \begin{bmatrix} -1 \\ \\ 0 \end{bmatrix} g + \begin{bmatrix} D/m \\ \\ 0 \end{bmatrix} w \tag{8.40}$$

Vamos adotar como valores dos parâmetros os seguintes valores:

D = 1, m = 4, k = 1, R = 5, c = 1 e g = 10

Com as condições iniciais:

$$\begin{bmatrix} v(0) \\ \\ T(0) \end{bmatrix} = \begin{bmatrix} 20 \\ \\ 10 \end{bmatrix}$$

Adotando esses valores, o modelo matemático torna-se:

$$\begin{bmatrix} \dot{v} \\ \\ \dot{T} \end{bmatrix} = \begin{bmatrix} -0.25 & 0.25 \\ \\ 0 & -0.2 \end{bmatrix} \begin{bmatrix} v \\ \\ T \end{bmatrix} + \begin{bmatrix} 0 \\ \\ 1 \end{bmatrix} Q + \begin{bmatrix} -1 \\ \\ 0 \end{bmatrix} g + \begin{bmatrix} 0.25 \\ \\ 0 \end{bmatrix} w \tag{8.41}$$

Vamos supor que o termo do vento será apenas uma componente de perturbação aleatória e não fará parte da incorporação do modelo, tornando w = 0. O modelo finalizado será:

$$\begin{bmatrix} \dot{v} \\ \\ \dot{T} \end{bmatrix} = \begin{bmatrix} -0.25 & 0.25 \\ \\ 0 & -0.2 \end{bmatrix} \begin{bmatrix} v \\ \\ T \end{bmatrix} + \begin{bmatrix} 0 \\ \\ 1 \end{bmatrix} Q + \begin{bmatrix} -1 \\ \\ 0 \end{bmatrix} g \tag{8.42}$$

Para o uso do filtro de Kalman, precisamos linearizar o modelo acima. Utilizando a expansão de Taylor e os operadores jacobianos visto no exemplo anterior:

$$\begin{bmatrix} \delta\dot{v} \\ \\ \delta\dot{T} \end{bmatrix} = \begin{bmatrix} -0.25 & 0.25 \\ \\ 0 & -0.2 \end{bmatrix} \begin{bmatrix} \delta v \\ \\ \delta T \end{bmatrix} + \begin{bmatrix} 0 \\ \\ 1 \end{bmatrix} \delta Q \tag{8.43}$$

em que a discretização no tempo Δt tornará o modelo linear e discreto, pronto para ser utilizado com a estimação de estado pelo filtro de Kalman. Os modelos de estado e de medida do sensor para velocidade e temperatura serão:

Modelo do estado do sistema

$$\begin{bmatrix} \delta v(k+1) \\ \\ \delta T(k+1) \end{bmatrix} = \begin{bmatrix} 1-0.25\,\Delta t & 0.25\,\Delta t \\ \\ 0 & 1-0.2\,\Delta t \end{bmatrix} \begin{bmatrix} \delta v(k) \\ \\ \delta T(k) \end{bmatrix} + \begin{bmatrix} 0 \\ \\ \Delta t \end{bmatrix} \delta Q + \delta w(k) \tag{8.44}$$

Modelo do sensor de medida

$$\begin{bmatrix} Y_v(k) \\ \\ Y_T(k) \end{bmatrix} = \begin{bmatrix} 1 & 0 \\ \\ 0 & 1 \end{bmatrix} . \begin{bmatrix} \delta v(k) \\ \\ \delta T(k) \end{bmatrix} + \delta\eta(k) \tag{8.45}$$

Com as matrizes

$$A = \begin{bmatrix} 1-0.25\,\Delta t & 0.25\Delta t \\ \\ 0 & 1-0.2\,\Delta t \end{bmatrix}$$

$$B = \begin{bmatrix} 0 \\ \\ \Delta t \end{bmatrix}$$

$$C = \begin{bmatrix} 1 & 0 \\ \\ 0 & 1 \end{bmatrix}$$

$$Q = \begin{bmatrix} \sigma_v^2 & 0 \\ \\ 0 & \sigma_T^2 \end{bmatrix}$$

$$R = \sigma_Y^2$$

Assumiu-se que o tempo de discretização é $\Delta t = 0.1$, e os demais valores adotados para o balão são:

$$\delta Q = 20$$
$$\sigma_v = 1$$
$$\sigma_T = 1$$
$$\sigma_Y = 3$$

Com esses valores, estamos supondo que o fluxo de temperatura para subir é mais forte do que as perturbações devido ao vento, e que os ruídos do sensor de velocidade e temperatura são maiores do que as perturbações no modelo do estado.

Como nos outros problemas, o código em Python inicia com as variáveis e as preparações das listas que vão salvar os resultados.

```
####### inicializacao das listas para armazenar os dados
estado_X=[]
estado_Y=[]
estado_Xe=[]
estado_Ye=[]
medida=[]
covP=[]
tempo=[]
#####################################################################
X=np.array([[20], [10] ])      # <--- v e T iniciais "reais"
Xe=np.array([[0], [0] ])       # <--- inicializacao das estimativas
dt=0.1                         # <--- incremento no tempo
################### Matrizes do Modelo #####################
A=np.array([[1-0.25*dt, 0.25*dt],
            [0, 1-0.2*dt]])         # <------- Modelo discreto de x e y
B=np.array([[0],
            [dt]])             # <------- Matriz do calor de entrada
C=np.identity(2)               # indica que o sensor mede as 2 variaveis x e y
du=20                          # fluxo do calor de entrada (controle)
```

Os valores dos parâmetros das perturbações da covariância do estado e dos ruídos de medida são programados com as seguintes linhas:

```
################### Ruidos ###################################
desv_1=1                  # < ---- perturbação na velocidade
desv_2=1                  # < ---- perturbação na chama de calor

desv_y=3                        # ruido na medida do sensor
```

O próximo passo da programação é usar o *loop* onde são simuladas as equações do modelo; e o filtro de Kalman, para estimar os valores futuros. O resultado para esse problema e os valores mencionados podem ser vistos na Figura 8.30. Ao contrário dos outros exemplos, nesse problema do balão, supomos que os valores iniciais das estimativas têm seu início no valor nulo e está distante do valor real.

$$\begin{bmatrix} \delta v_e(0) \\ \\ \delta T_e(0) \end{bmatrix} = \begin{bmatrix} 0 \\ \\ 0 \end{bmatrix}$$

Mesmo distante, é possível ver na Figura 8.30 que o filtro converge bem rápido para os valores do estado (linha tracejada) e consegue, a partir disso, seguir de perto, fazendo as estimativas para os valores futuros da velocidade e temperatura do balão.

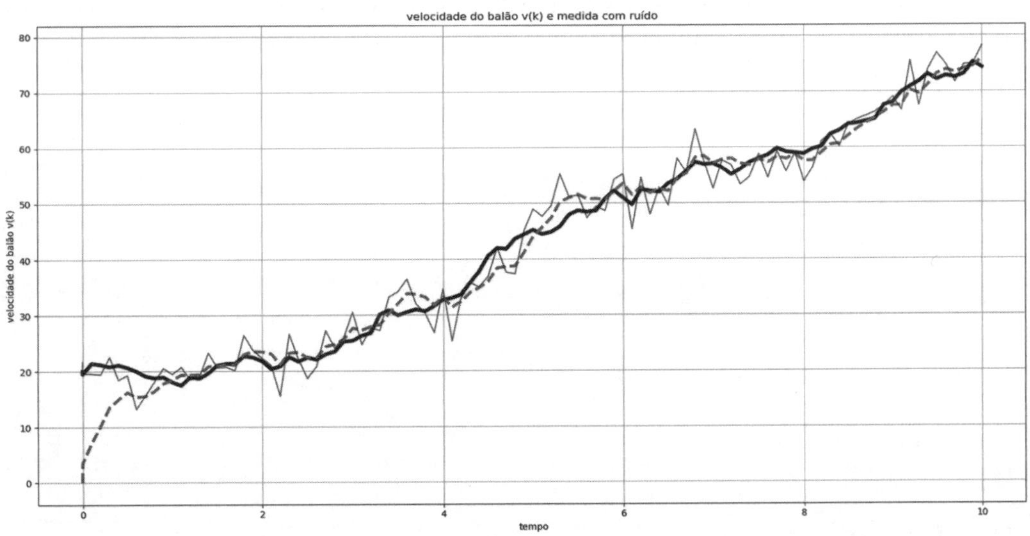

Figura 8.30 – Velocidade de ascensão do balão (linha contínua escura), velocidade medida pelo sensor (linha contínua clara) e velocidade estimada pelo filtro de Kalman (linha tracejada).

Comparando a velocidade de ascensão com a temperatura gerada pelo fluxo do calor que fará o balão subir, na Figura 8.31 é possível ver as estimativas em linha tracejada se aproximando dos valores reais do estado. As perturbações no estado fazem o balão ter velocidades oscilatórias, criando o padrão errático na subida observado na Figura.

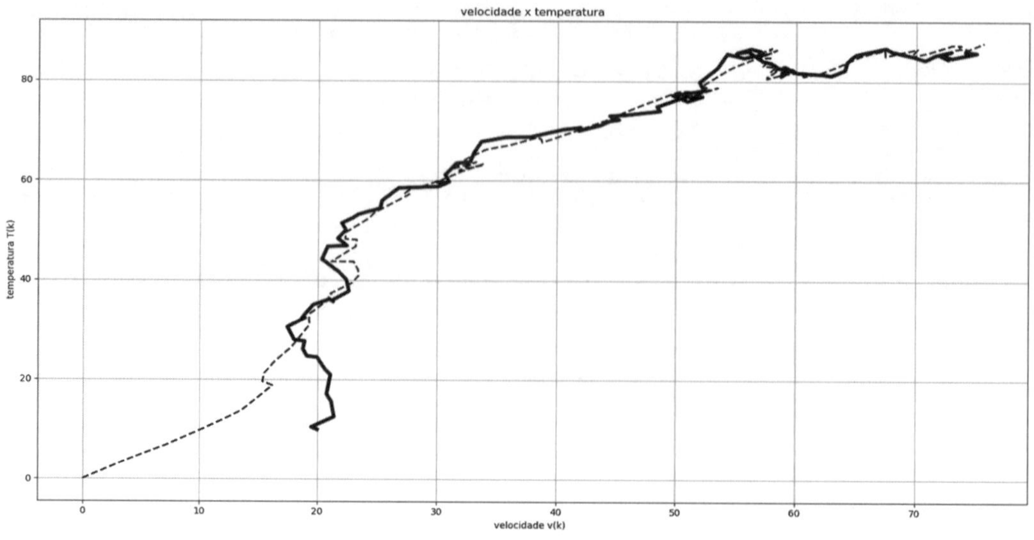

Figura 8.31 – Comparação da velocidade do balão e da temperatura do calor em valores reais do modelo de estado (linha escura contínua) e valores estimados (linha tracejada).

A Figura 8.32 apresenta o elemento P(0,0) da matriz de covariância da perturbação no estado. É possível ver que, mesmo partindo do ponto (0,0), com o modelo linear oscilando bastante, o filtro de Kalman aprende rápido com o padrão do sensor e consegue filtrar as grandes oscilações em pouco tempo. A estabilidade do gráfico mostra que o filtro tem, nesse caso do balão, uma adaptação ótima na previsão do sinal real advindo das variáveis velocidade e temperatura da chama.

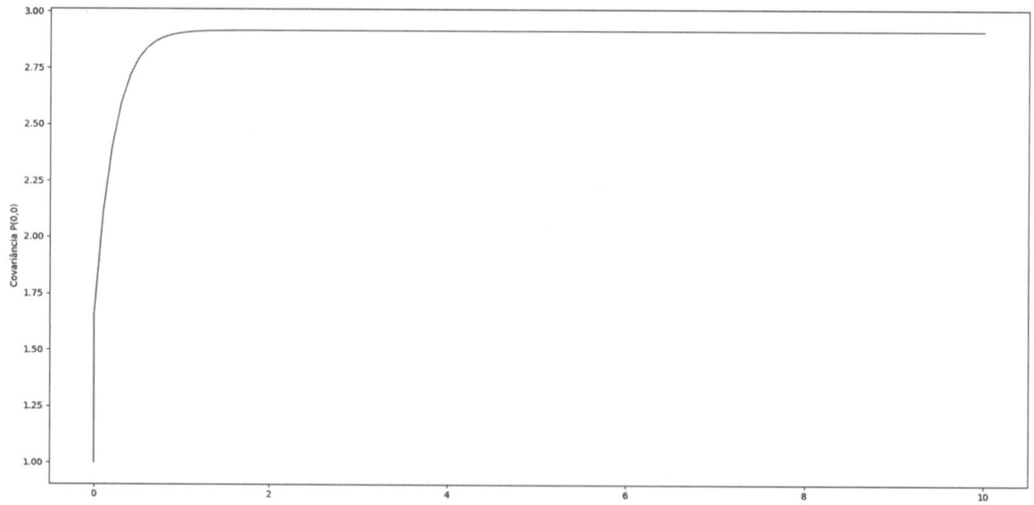

Figura 8.32 – Matriz de covariância do estado, com o elemento P(0,0).

Por fim, o filtro de Kalman foi uma dessas grandes construções de técnicas matemáticas, e, quando aplicada de maneira real, revolucionou toda a área de tecnologia. Ainda hoje, não se pode comentar filtragem de sinais, sobretudo sinais de controle digital, sem usar a implementação do filtro. Após muitos anos de aplicação, hoje, o filtro está inserido em muitas áreas e diversos equipamentos eletrônicos de grande e pequeno porte.

A seguir, apresentamos o *script* completo em Python para repetição da filtragem de sinais do modelo do estado do balão com ar quente. Todos os *scripts* em Python estão disponíveis para serem baixados gratuitamente no GitHub. O leitor deve apenas verificar se as bibliotecas não se alteraram em relação à versão e à data em que os programas foram construídos. Caso ocorram erros, modificações deverão ser realizadas nos códigos para adequação às mudanças na versão do Python ou das bibliotecas utilizadas. O link para baixar os programas é: <https://github.com/malcaetano/Eden_Algoritmos_Python/tree/main/Cap8>.

```
### Balao de ar quente
# Filtro de Kalman
###########################################################
import numpy as np
import matplotlib.pyplot as fig
from numpy.linalg import inv

####### inicializacao das listas para armazenar os dados
estado_X=[]
estado_Y=[]
estado_Xe=[]
estado_Ye=[]
medida=[]
covP=[]
tempo=[]


###################################################################
X=np.array([[20], [10] ])          # <--- v e T iniciais "reais"
Xe=np.array([[0], [0] ])           # <--- inicializacao das estimativas
dt=0.1                             # <--- incremento no tempo

################### Matrizes do Modelo #####################
A=np.array([[1-0.25*dt, 0.25*dt],
            [0, 1-0.2*dt]])          # <------- Modelo discreto de x e y

B=np.array([[0],
            [dt]])         # <------- Matriz do calor de entrada

C=np.identity(2)                   # indica que o sensor mede as 2 variaveis x e y

du=20                              # fluxo do calor de entrada (controle)
################### Ruidos ################################
desv_1=1                           # < ---- perturbação na velocidade
desv_2=1                           # < ---- perturbação na chama de calor

desv_y=3                           # ruido na medida do sensor

################## Matrizes de Covariancia #############
                                   # Covariancia do ruido do estado
Q=np.array([[desv_1**2,0],
            [0,desv_2**2]])

```

```
                    # Covariancia do ruido de medida para todas as variáveis
R=desv_y**2*np.identity(2)
##########################################################
#    Equacao da medida do sensor
#---------------------------------------------
Psi=np.sqrt(desv_y**2) * np.random.randn(1)*np.ones(2)
Y = np.matmul(C,X) + Psi[:,np.newaxis]
##########################################################

P = Q                               # covariancia inicial

# Simulacao do Movimento ++++++++++++++++++++++++++++
t = 0
tfinal=10

estado_X.append(X[0])           # salva x(k)
estado_Y.append(X[1])           # salva y(k)
estado_Xe.append(Xe[0])          # salva x estimado
estado_Ye.append(Xe[1])          # salva y estimado
medida.append(Y[0])               # salva a medida x do sensor
covP.append(P[0][0])            # salva o elemento (0,0) da mat Cov
tempo.append(t)                 # salva o tempo decorrido

while t<=tfinal:
   w1 = np.random.randn(1)   # var aleatoria normal(0,1)
   w2 = np.random.randn(1)   # var aleatoria normal(0,1)
# --------------- geracao do ruido de altitude, dist. horizontal e veloc ----
   W=np.matmul(np.sqrt(Q),np.array([w1,w2]))
#---------------- modelo de estado com ruido ------------------
   X = np.matmul(A,X) + B*du + W
#--------------- modelo de estado estimado ------------------
   Xe = np.matmul(A,Xe) + B*du
#---------------- covariancia do estado ----------------
   P = np.matmul(np.matmul(A,P),np.transpose(A)) + np.matmul(np.matmul(C,Q),np.transpose(C))
#---------------- estimador do sensor de medida -----------
   Z = np.matmul(C,Xe)
#--------------- modelo da medida com ruido -----------------
   Psi=np.sqrt(desv_y**2) * np.random.randn(1)*np.ones(2)
   Y = np.matmul(C,X) + Psi[:,np.newaxis]

########################################################################
###### Filtro de Kalman ################################################
# +++++ ganho K
   k1= np.matmul(P,np.transpose(C))
   k2= np.matmul(np.matmul(C,P),np.transpose(C)) + R
   K = np.matmul(k1,inv(k2))
   Xe = Xe + np.matmul(K,(Y-Z))
   p1 = P
   p2 = inv(np.identity(len(Q)) + np.matmul(K,C))
   P = np.matmul(p1,p2)
```

```
#---------------- salvando os valores em lista para figuras ----
    estado_X.append(X[0])           # salva x(k)
    estado_Y.append(X[1])           # salva y(k)
    estado_Xe.append(Xe[0])          # salva x(k) estimado
    estado_Ye.append(Xe[1])          # salva y(k)estimado
    medida.append(Y[0])               # salva a medida X do sensor
    covP.append(P[0][0])            # salva o elemento (0,0) da mat Cov
    tempo.append(t)                 # salva o tempo decorrido
    t = t + dt


###################### Figuras ##################################
fig.figure()
fig.plot(tempo,estado_X,color='Black',linewidth=4)
fig.plot(tempo,estado_Xe,linestyle='dashed',color='red',linewidth=3)
fig.plot(tempo,medida,color='Black',alpha=0.5)
fig.grid()
fig.xlabel('tempo')
fig.ylabel('velocidade do balão v(k)')
fig.title('velocidade do balão v(k) e medida com ruído')

fig.figure()
ax=fig.subplot(111)
ax.plot(estado_X,estado_Y,color='Black',linewidth=4)
ax.plot(estado_Xe,estado_Ye,color='Black',linewidth=2,linestyle='--')
#ax.set_ylim(-0.2,1)
fig.grid()
ax.set_xlabel('velocidade v(k)')
ax.set_ylabel('temperatura T(k)')
fig.title('velocidade x temperatura')

fig.figure()
fig.plot(tempo,covP,color='Black',alpha=0.5)
fig.ylabel('Covariância P(0,0)')
```

Capítulo 9

A dinâmica de Newton

9.1 INTRODUÇÃO

No Capítulo 2, abordamos rapidamente a dinâmica de sistemas e como determinadas situações podem levar a situação dos eventos ao caos. Modelos que utilizam equações diferenciais constituem a mais poderosa ferramenta de expressão matemática para fenômenos dinâmicos do cotidiano humano. Por meio da resolução das equações diferenciais, já fomos à Lua, viajamos por terra, mar e água, compreendemos doenças, estimamos o futuro da economia de um país; fazemos previsões de tempo, previsões de catástrofes como terremoto e furacão, conhecemos as dimensões de uma catástrofe ecológica etc.

Enfim, o conhecimento e a resolução de equações diferenciais nos fazem capazes de prever o futuro com certo grau de precisão. A acurácia só não é absoluta, pois modelar a natureza exige um conhecimento complexo de todas as variáveis envolvidas e de todas as inter-relações dessas com os parâmetros desconhecidos da natureza.

Uma equação diferencial pode ser *ordinária* ou *parcial*. O que diferencia um tipo de equação de outra é que, nas equações diferenciais ordinárias, as variáveis mudam em relação a um parâmetro, por exemplo o tempo *t*. Já as equações diferenciais parciais mudam em relação a mais de um parâmetro e são bem mais complexas que as ordinárias. As expressões dos dois tipos de equação são representadas de maneira geral:

$$A\frac{d^n y(t)}{dt^n} + By(t) + c = F(t)$$ **Equação diferencial ordinária**

$$\frac{\partial^n \phi(t,x,y)}{\partial t^n} + \frac{\partial^n \phi(t,x,y)}{\partial x^n} + \frac{\partial^n \phi(t,x,y)}{\partial y^n} = F(t,x,y)$$ **Equação diferencial parcial**

A ordem da equação, seja ela parcial ou ordinária, é dada por *n*, ou seja, o expoente da variável ou função que está sendo diferenciada. Assim, uma equação diferencial ordinária de primeira ordem, será aquela em que *n* é um.

Podemos observar que os dois tipos de equações contêm um termo F do lado direito da igualdade. Esse termo representa as forças externas que estão agindo no sistema. Caso F seja nulo, as equações diferenciais receberão o nome de equações homogêneas.

Assim, uma *equação diferencial ordinária não homogênea de segunda ordem* será, por exemplo:

$$y''(t)+y'(t)+y(t)=2ty(t)e^{-t}$$ **Notação de Lagrange**

$$\frac{d^2y(t)}{dt^2}+\frac{dy(t)}{dt}+y(t)=2ty(t)e^{-t}$$ **Notação de Leibniz**

$$\ddot{y}(t)+\dot{y}(t)+y(t)=2ty(t)e^{-t}$$ **Notação de Newton**

Caso um problema envolva quantidades das variáveis com variação no tempo, ou taxas instantâneas, ou, ainda, previsão de taxas futuras, o tempo será a principal variável em questão. Então, trataremos de utilizar equações diferenciais ordinárias. Se, ao contrário, desejarmos saber em que lugar acontecerão os fenômenos, estaremos tratando de equações diferenciais parciais.

Logo, como exemplos, podemos dizer que, para previsão de tempo, de taxas de doenças, de quantidades de poluentes num rio ou atmosfera, de taxas de queimadas no tempo, etc., usamos *equações diferenciais ordinárias*. Para previsões de para onde vai se deslocar uma frente fria, onde as próximas viroses vão ocorrer, para onde se deslocará o buraco na camada de ozônio, qual a próxima região de queimada com a dinâmica da atuação do vento etc., usamos *equações diferenciais parciais*.

9.2 RESOLUÇÃO DE EQUAÇÕES DIFERENCIAIS

Imaginemos que tenhamos em mãos a seguinte equação diferencial:

$$\frac{dy(t)}{dt}=2$$

A resolução desse tipo de equação é muito simples para alunos ingressantes nas disciplinas das áreas de ciências exatas. Para a solução, basta apenas lembrar-se da definição de diferencial. Se a igualdade da equação acima é respeitada, então, isso equivale a dizer que:

$$dy(t)=2dt$$

Se utilizarmos da integral de ambos os lados, simplificando a notação da variável com a exclusão do parêntesis para o tempo t adotando y(t) = y,

$$\int_{y0}^{y}dy=2\int_{t0}^{t}dt$$

Vamos supor que, a partir de então, as seguintes condições iniciais são válidas:

$$t_0 = 0 \qquad y(t_0) = y(0) = 0$$

Então, as integrais anteriores se constituem em:

$$\int_0^y dy = 2\int_0^t dt,$$

o que nos fornecerá a resposta para y como:

$$y(t) = 2t$$

A solução gráfica será a seguinte:

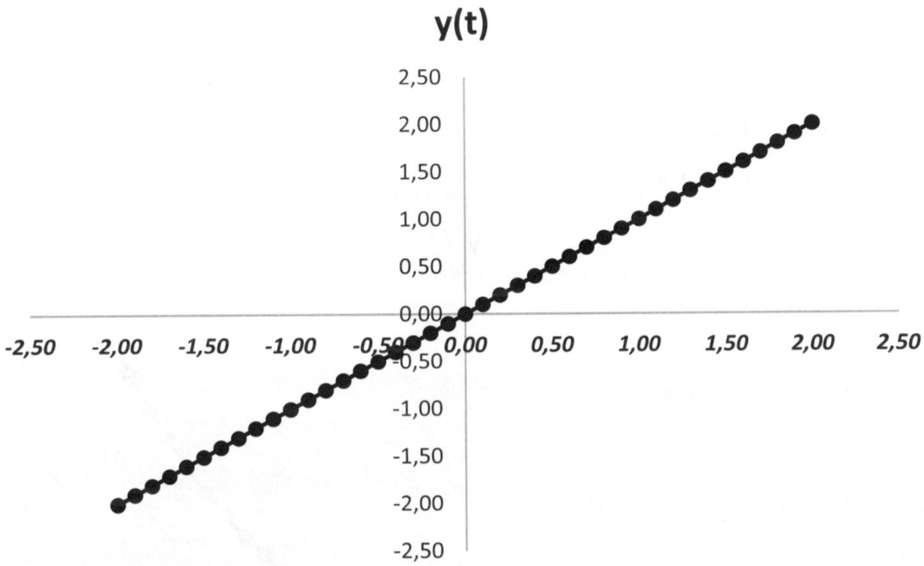

Figura 9.1 – Solução da *equação diferencial ordinária*.

Vamos supor, agora, outro exemplo simples. Observemos a equação diferencial ordinária de primeira ordem:

$$\frac{dy(t)}{dt} = y(t) \qquad y(0) = 1$$

Utilizando o mesmo raciocínio anterior, teremos:

$$dy = ydt$$

Isolando os termos em y de um lado e em t do outro, teremos:

$$\frac{dy}{y} = dt$$

em que, integrando de ambos os lados, deveremos consultar a tabela de derivadas e perceber que a derivada (logaritmo na base neperiana) de *ln*(y) é igual a $\frac{1}{y}$. Logo, no processo inverso de integração, teremos:

$$\int_1^y \frac{1}{y}dy = \int_0^t dt$$

Integrando os termos, tem-se

$$\ln(y) - \ln(1) = t - 0$$

E, então,

$$\ln(y) = t$$

O que nos leva à solução final:

$$y(t) = e^t$$

A solução em termos gráficos será:

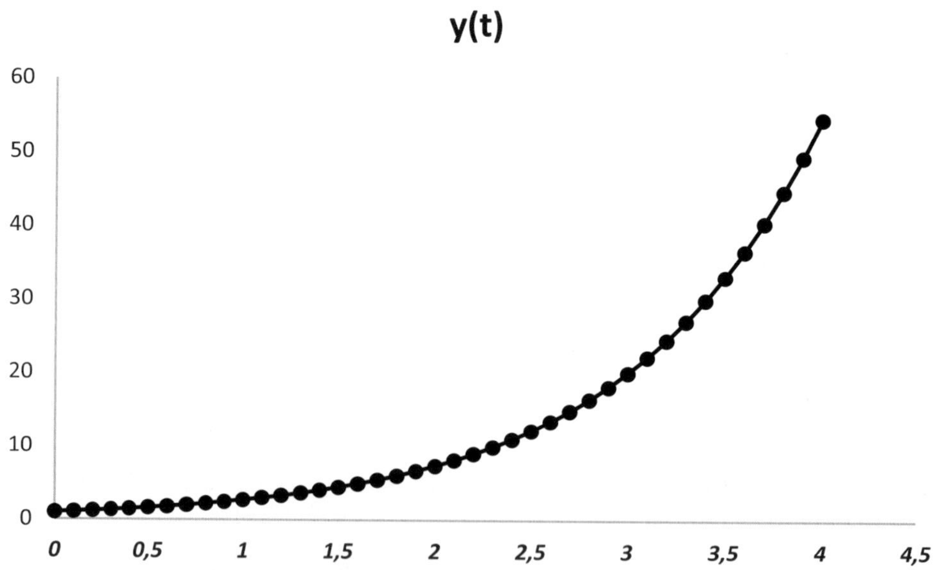

Figura 9.2 – Solução exponencial da equação diferencial.

O leitor poderá perguntar: e se y(0) ≠ 1? Na verdade, foi omitido um fato, que agora poderemos explicar. Se y(0) não fosse unitário, no caso anterior, a solução seria exatamente a mesma, com a seguinte alteração:

$$y(t) = y(0)e^t$$

Então, veremos que a solução é dependente, e muito dependente, do valor inicial, ou valor de partida cuja previsão ou simulação desejamos fazer. Problemas desse tipo são conhecidos como problemas de valor inicial, os PVI. Assim, quando desejarmos fazer uma simulação da variação de um sistema no tempo, precisamos dar como partida para simulação o valor inicial desse sistema.

9.3 INTEGRADORES NUMÉRICOS

Mesmo conseguindo modelar de forma adequada, um pesquisador pode se deparar com uma grande dor de cabeça: como encontrar a solução de um modelo de poluição ambiental que envolva 100 variáveis e 200 parâmetros para serem ajustados? Tentar resolver de maneira analítica: impossível! Mesmo programas computacionais que resolvem de maneira algébrica com aproximações de algumas partes dos modelos não darão resultados satisfatórios e completos nas previsões.

É neste ponto que entram os chamados integradores numéricos, que, por meio de recursividade e iteração, conseguem integrar sistemas complexos com muitas variáveis e parâmetros, partindo-se de condições iniciais que lhes são fornecidas.

Existem excelentes integradores numéricos, e esta é uma área em que muito se investiu nesses algoritmos quando os primeiros computadores mostraram que era viável a utilização de recursividade na resolução de problemas complexos. Dentre os mais tradicionais no meio científico, destacam-se: Runge-Kutta, Runge-Kutta & Felberg, Adams etc., sendo os melhores aqueles que permitem trabalhar com passo de integração variável.

Os métodos de Runge-Kutta são métodos numéricos para solução de equações diferenciais, que dizem quantas avaliações ele realiza ao longo da integração. Assim, o método de Runge-Kutta de primeira ordem, conhecido como método de Euler, tem a seguinte descrição matemática:

$$y_{k+1} = y_k + hk_1$$
$$k_1 = f\left(t_k, y_k\right)$$

Em que h é o passo de integração, e apenas uma avaliação da função é feita, no caso em k_1.

O método de Runge-Kutta de segunda ordem é dado pelas equações:

$$y_{k+1} = y_k + \frac{h}{2}\left(k_1 + k_2\right)$$
$$k_1 = f\left(t_k, y_k\right)$$
$$k_2 = f\left(t_k + h, y_k + hk_1\right)$$

Em que duas avaliações da função são realizadas, k_1 e k_2. Desses métodos, o mais conhecido e utilizado é de Runge-Kutta de quarta ordem, no qual quatro avaliações são realizadas na função:

$$y_{k+1} = y_k + \frac{h}{6}(k_1 + 2k_2 + 2k_3 + k_4)$$

$$k_1 = f(t_k, y_k)$$

$$k_2 = f\left(t_k + \frac{h}{2}, y_k + \frac{h}{2}k_1\right)$$

$$k_3 = f\left(t_k + \frac{h}{2}, y_k + \frac{h}{2}k_2\right)$$

$$k_4 = f(t_k + h, y_k + hk_3)$$

Cuidados especiais devem ser tomados em relação a métodos numéricos, que normalmente, são utilizados sem averiguação da função a ser integrada. Muitas funções devem ser integradas com passos variáveis, pois o integrador de passo fixo pode apresentar resultados camuflados de erros.

Nesse contexto, aparecem os integradores tipo *previsor-corretor*, no qual um método de ordem mais baixa é usado para estimar os valores futuros da função e ajustar o passo, sendo, em seguida, corrigido por um integrador de ordem mais alta. Desses, destaca-se o *integrador de Runge-Kutta-Felberg 7/8 ordem*, no qual um integrador de sétima ordem avalia a função, e um de ordem oito vem logo em seguida corrigindo os resultados. Com o avanço da ciência e das pesquisas na área de cálculo numérico, esses métodos anteriores descritos estão todos incorporados em todas as linguagens de programação científica.

9.4 INTEGRADORES NO PYTHON

A biblioteca *Scientific Python*, ou *SciPy*, possui os integradores mencionados anteriormente dentro da função odeint( ). Essa função precisa de parâmetros de entrada, das equações diferenciais, das condições iniciais, do vetor tempo de integração *t* e, caso existam, dos parâmetros dos modelos.

Vamos supor que desejamos integrar o modelo de equação diferencial

$$\frac{dx}{dt} = ax$$

em que a = 1 e x(0) = 1. O início do *script* em Python deve ser da seguinte forma:

```
import numpy as np
from scipy.integrate import odeint
import matplotlib.pyplot as fig

# Condicao Inicial de x
X0 = 1
```

```
7    #Parametros do sistema
8    a = 1
9    # grade de tempos t
10   t = np.arange(0, 1, 0.05)
```

No *script* anterior, X0 é a condição inicial x(0) = 1 na linha 6, a = 1 é colocado na linha 8, e o tempo desejado de integração é criado na linha 10 com a função arange( ) da biblioteca NumPy. O modelo com a equação diferencial deve ser criado dentro de uma *function*, com os parâmetros locais sendo os valores iniciais de X0 nomeados de s, o vetor de tempo t, e o parâmetro a. A *function* deriv( ) será chamada dentro da função integradora do modelo.

```
12   # Sistema de Eq. Diferenciais
13   def deriv(s, t, a):
14       X= s
15       dXdt = a*X
16       return dXdt
```

A *function* deriv() é colocada dentro da função odeint( ), que possui os métodos de integração de Runge-Kutta descritos anteriormente. A linha 19 é a condição inicial que será repassada em odeint, e args( ) é conhecido como tupla na linguagem Python, usada dentro da odeint( ) para enviar ao integrador a informação sobre o parâmetro constante.

```
18   # Condicoes iniciais no Vetor
19   s0 = X0
20   # Integracao do sistema ##########################
21   res = odeint(deriv, s0, t, args=(a,))
22   X, = res.T
23
24   # Plot dados X
25   ax=fig.subplot(111, axisbelow=True)
26   ax.plot(t, X, 'k')
27   ax.set_xlabel('Tempo')
28   ax.set_ylabel('X')
29   fig.grid()
```

A linha 22 é a transposta do resultado integrado. Ou seja, a solução que retorna do integrador de odeint( ) vem no formato de matriz linha, e, nessa linha 22, faz-se a transposta desses valores para que o tempo *t* esteja numa coluna, e o valor integrado de X, em outra. Com isso, é possível a execução do gráfico da solução, visto na Figura 9.3. Essa solução é a mesma observada na Figura 9.2, resolvida de forma analítica e pela integração via cálculo diferencial.

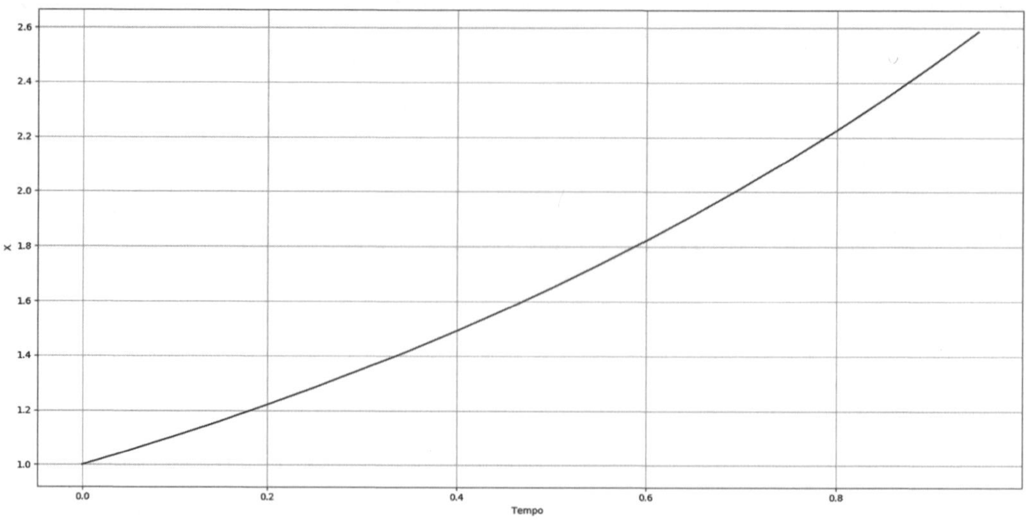

Figura 9.3 – Solução do integrador.

O código completo desse exemplo em Python é apresentado a seguir:

```
import numpy as np
from scipy.integrate import odeint
import matplotlib.pyplot as fig

# Condicao Inicial de x
X0 = 1
#Parametros do sistema
a = 1
# grade de tempos t
t = np.arange(0, 1, 0.05)

# Sistema de Eq. Diferenciais
def deriv(s, t, a):
    X= s
    dXdt = a*X
    return dXdt

# Condicoes iniciais no Vetor
s0 = X0
# Integracao do sistema ##########################
res = odeint(deriv, s0, t, args=(a,))
X, = res.T

# Plot dados X
ax=fig.subplot(111, axisbelow=True)
ax.plot(t, X, 'k')
ax.set_xlabel('Tempo')
ax.set_ylabel('X')
fig.grid()
```

Caso o modelo de equação seja o seguinte,

$$\frac{dx}{dt} = ax$$

em que a = –1 e x(0) = 1, as linhas de programação serão as mesmas, com exceção de que, na linha 8, o parâmetro a deve ser trocado por –1, ou seja, a = –1. O resultado ao rodar o programa é um decaimento exponencial, pois a solução é da forma $y(t) = y(0)e^{-t}$.

Resultado apresentado na Figura 9.4:

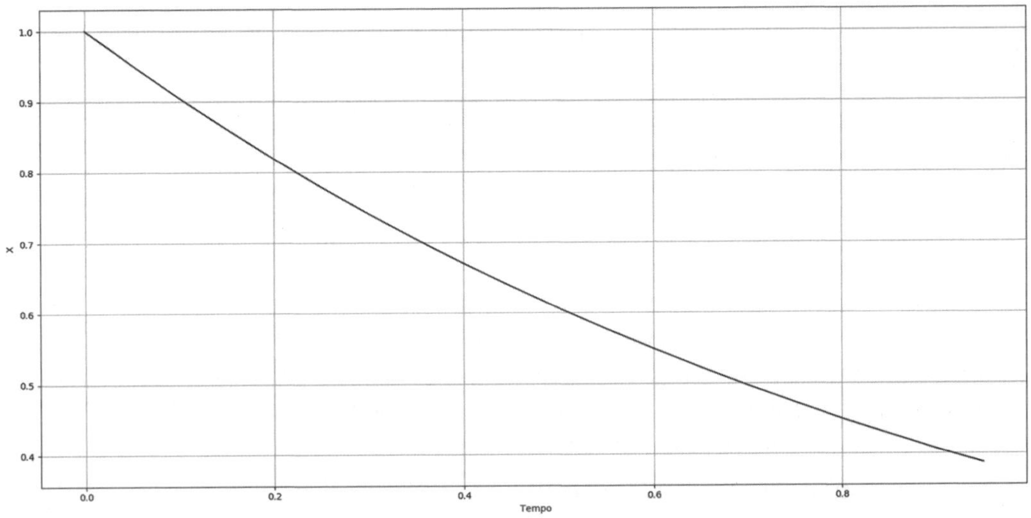

Figura 9.4 – Decaimento exponencial.

9.5 SISTEMAS DE EQUAÇÕES DIFERENCIAIS

Sistemas de equações diferenciais advêm de equações mais complexas, que representam melhor os fenômenos da natureza. Na Seção anterior, a equação diferencial era de primeira ordem, pois tinha apenas uma derivada. Os integradores resolvem sempre sistemas de primeira ordem, mas como fazer quando temos equações de ordem superior? Foi comentado rapidamente no Capítulo 2 como se faz uma mudança de variável na equação diferencial para um pêndulo que levava o sistema ao caos. Vamos adotar um exemplo mais simples.

$$\ddot{x} = ax$$

Onde $x(0) = 1$ e $\dot{x}(0) = 0$ com a = –1.

Para o uso dos integradores, faz-se necessária uma mudança de variável. Esse é um recurso bastante utilizado em matemática. Chamamos, por exemplo, de outros nomes a variável x e a derivada,

$$x_1 = x$$
$$x_2 = \dot{x}$$

Ao derivarmos essas novas variáveis, temos:

$$\dot{x}_1 = \dot{x}$$
$$\dot{x}_2 = \ddot{x}$$

Mas, como definimos que $x_2 = \dot{x}$, o lado direito da primeira equação é substituído por x_2. O sistema fica da seguinte forma:

$$\dot{x}_1 = x_2$$
$$\dot{x}_2 = \ddot{x}$$

No entanto, nesse passo, o lado direito da segunda equação anterior é nosso modelo inicial, $\ddot{x} = a$, e, então devemos substituir pelo parâmetro a o valor da segunda equação:

$$\begin{cases} \dot{x}_1 = x_2 \\ \dot{x}_2 = ax_1 \end{cases}$$

Ou seja, nossa equação diferencial original transformou-se num sistema de duas equações diferenciais de primeira ordem. O número de equações (duas nesse caso) não é coincidência. É que sempre transformamos o sistema em quantidade de equações referentes à ordem da equação diferencial original. Então, caso se tenha uma equação diferencial de quarta ordem na derivada, teremos na transformação um sistema de quatro equações diferenciais de primeira ordem.

Agora, as condições iniciais da variável e sua derivada devem ser modificadas para as novas variáveis de transformação:

$$x_1(0) = 1$$
$$x_2(0) = 0$$

E, uma vez de posse de um sistema de primeira ordem, podemos usar o vetor para as entradas nos integradores, que são preparados para integrar apenas sistemas de primeira ordem, como no caso da função odeint( ) do Python. Para o modelo original, o início do *script* em Python torna-se uma simples duplicação de comandos do primeiro *script*.

Nas linhas a seguir, as condições iniciais estão nas linhas 6 e 7. As equações diferenciais foram adaptadas para o sistema de segunda ordem. A *function* deriv( ), agora, tem duas variáveis recebendo os valores de s na linha 15, e as equações diferenciais de x_1 e x_2, nas linhas 16 e 17.

```
1   import numpy as np
2   from scipy.integrate import odeint
3   import matplotlib.pyplot as fig
4
5   # Condicao Inicial de x
6   X10 = 1
7   X20 = 0
8   #Parametros do sistema
9   a = -1
```

```
# grade de tempos t
t = np.arange(0, 7, 0.05)

# Sistema de Eq. Diferenciais
def deriv(s, t, a):
    X1, X2= s
    dX1dt = X2
    dX2dt = a*X1
    return dX1dt, dX2dt
```

Quando retorna para fora da odeint( ), os valores são salvos no vetor de solução res, que tem seus valores repassados às variáveis X_1 e X_2, utilizadas para a plotagem do resultado.

```
# Condicoes iniciais no Vetor
s0 = X10, X20
# Integracao do sistema ############################
res = odeint(deriv, s0, t, args=(a,))
X1, X2= res.T
```

O resultado obtido já era esperado, visto que o modelo inicial é de um oscilador harmônico sem perturbação ou força atuante. Esse clássico resultado pode ser visto na Figura 9.5:

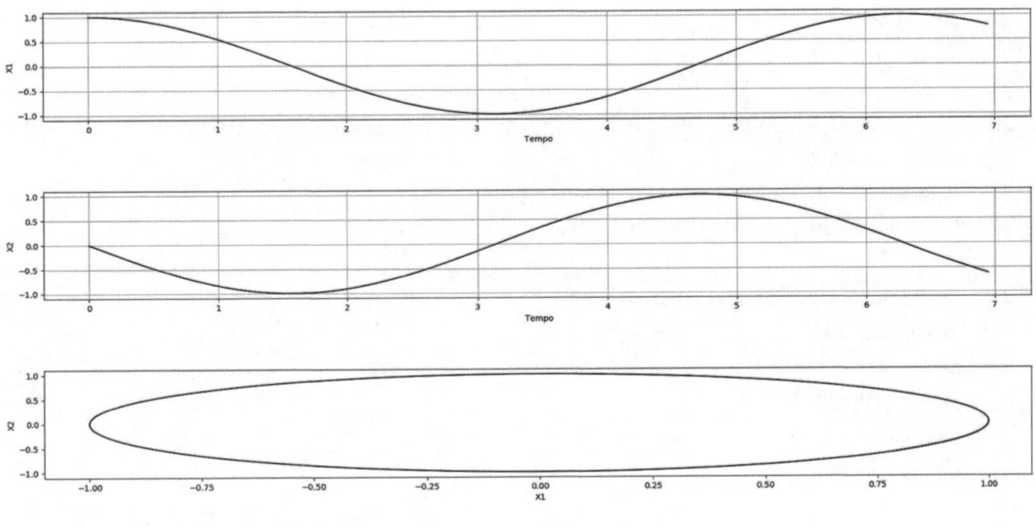

Figura 9.5 – Solução para x1(t), x2(t).

O *script* completo em Python é o que se segue.

```
import numpy as np
from scipy.integrate import odeint
import matplotlib.pyplot as fig

# Condicao Inicial de x
X10 = 1
X20 = 0
#Parametros do sistema
a = -1
# grade de tempos t
t = np.arange(0, 7, 0.05)

# Sistema de Eq. Diferenciais
def deriv(s, t, a):
    X1, X2= s
    dX1dt = X2
    dX2dt = a*X1
    return dX1dt, dX2dt

# Condicoes iniciais no Vetor
s0 = X10, X20
# Integracao do sistema #########################
res = odeint(deriv, s0, t, args=(a,))
X1, X2= res.T

# Plot dados X
ax=fig.subplot(311, axisbelow=True)
ax.plot(t, X1, 'k')
ax.set_xlabel('Tempo')
ax.set_ylabel('X1')
fig.grid()
fig.tight_layout()

ax=fig.subplot(312, axisbelow=True)
ax.plot(t, X2, 'k')
ax.set_xlabel('Tempo')
ax.set_ylabel('X2')
fig.grid()
fig.tight_layout()

ax=fig.subplot(313, axisbelow=True)
ax.plot(X1, X2, 'k')
ax.set_xlabel('X1')
ax.set_ylabel('X2')
fig.tight_layout()
```

9.6 SIMULAÇÃO DE SISTEMAS DE ORDEM SUPERIOR

9.6.1 MODELO PRESA X PREDADOR (LOTKA-VOLTERRA)

Esse é um modelo clássico da matemática, muito utilizado em exemplos de estudos sobre estabilidade e instabilidade de sistemas dinâmicos. Foi originalmente criado por Alfred J. Lotka para reações químicas autocatalíticas, em 1910. Em 1926, Vito Volterra, inspirado pelo modelo de Lotka, utilizou o mesmo nos estudos sobre interações de espécies marinhas, nos quais as presas competiam por espaços com seus predadores. Antes, em 1925, Lotka já tinha ampliado seu modelo para essas interações e competições, o que também foi um dos motivos na inspiração de Volterra.

Nesse modelo, é suposta uma interação entre presas de predadores de duas espécies diferentes, de modo que uma delas (presa) dispõe de alimentos em abundância, e a segunda espécie (predador) tem como suprimento apenas a população das presas, num ambiente teoricamente considerado fechado. Uma outra hipótese é que o meio ambiente não muda, não favorecendo nenhuma das duas espécies, ou mesmo qualquer alteração genética.

Figura 9.6 – Presa x predador.

Teoricamente, o modelo consiste em:

Variações do número de presas = aumento natural – destruição pelos predadores
Variações do número de predadores = (morte na ausência de presas)
+ aumento causado por alimentação disponível de muitas presas

Vamos adotar que:

$x_1(t)$: densidade populacional de presas
$x_2(t)$: densidade populacional de predadores

O modelo matemático de Lotka-Volterra é:

$$\begin{cases} \dot{x}_1 = ax_1 - bx_1x_2 \\ \dot{x}_2 = -cx_2 + dx_1x_2 \end{cases}$$

Com as condições iniciais:

$$\begin{aligned} x_1(0) &= 100 \quad (presas) \\ x_2(0) &= 40 \quad (predadores) \end{aligned}$$

e parâmetros a = 0.5, b = 0.01, c = 0.5 e d = 0.01.

O modelo supõe que as presas crescem exponencialmente na ausência de predadores, com uma taxa de mortalidade dos predadores proporcional à sua população $x_2(t)$. No encontro entre as presas e os predadores, quanto maior o número de presas, mais fácil para a população de predadores crescer, devido ao farto alimento. Com escassez de presas, depois de um tempo, a população de predadores começará a decair.

Para as presas, a taxa de mortalidade é proporcional ao número de encontros com os predadores. No modelo em questão, se supormos que a densidade de presas é maior do que a de predadores, como nas condições iniciais acima, o resultado é um evento cíclico, ora com superpopulação de presas, ora com superpopulação de predadores, como visto na Figura 9.7. O *script* do modelo é o mesmo dos anteriores, mudando apenas a disposição da *function* deriv para a entrada no integrador odeint( ), como visto a seguir.

```
############## EDO PREDADOR X PRESA #####################
###### Modelo Lotka-Volterra ############################

import numpy as np
from scipy.integrate import odeint
import matplotlib.pyplot as fig

# Condicao Inicial de x
X10 = 100    # <--------------- presa
X20 = 40     # <--------------- predador
#Parametros do sistema
a = 0.5
b = 0.01
c = 0.5
d = 0.01
# grade de tempos t
t = np.arange(0, 20, 0.1)

# Sistema de Eq. Diferenciais
def deriv(s, t, a):
    X1, X2= s
    dX1dt = a*X1 - b*X1*X2
    dX2dt = -c*X2 + d*X1*X2
    return dX1dt, dX2dt
```

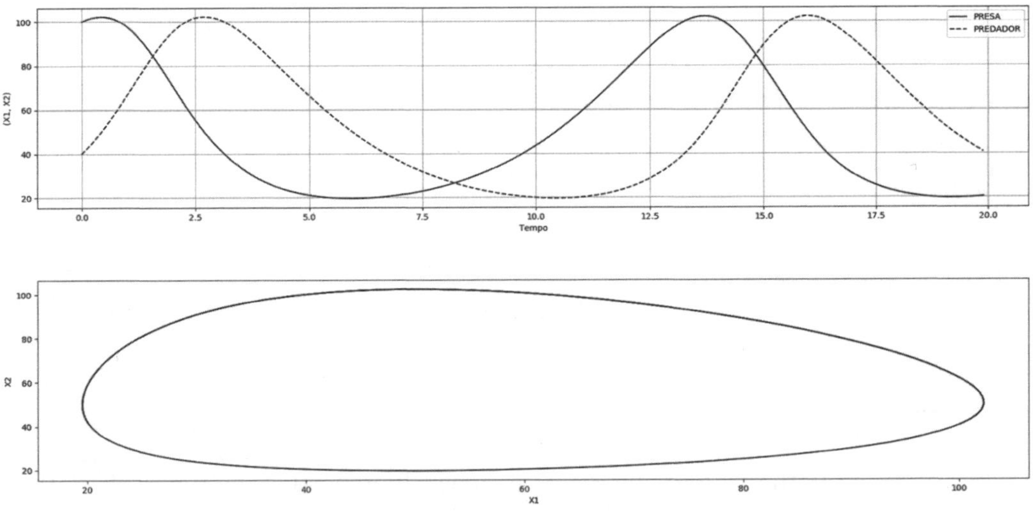

Figura 9.7 – Simulação do modelo presa x predador de Lotka-Volterra.

Na Figura 9.7, o primeiro gráfico acima mostra o comportamento temporal de presas e predadores. O segundo gráfico da mesma figura apresenta a relação entre presas e predadores.

9.6.2 MODELO EPIDEMIOLÓGICO SUSCETÍVEIS, INFECTADOS E RECUPERADOS (SIR)

A modelagem matemática para a expansão de uma epidemia pode ser separada em modelos celulares, para a previsão do ciclo de vida de um vírus; ou modelagem epidemiológica, para a previsão sobre o alastramento da epidemia na sociedade. Os modelos mais elaborados e completos são os modelos de compartimentos, que separam a população em parcelas de indivíduos susceptíveis, infectados e recuperados (SIR). O modelo SIR é conhecido pelo seguinte sistema dinâmico:

$$\dot{S} = -\beta SI$$
$$\dot{I} = \beta SI - \gamma I$$
$$\dot{R} = \gamma I$$

Em que $\dot{S}$ representa a derivada no tempo dS/dt, e os valores dos parâmetros do sistema são estimados com base em dados por meio de métodos estatísticos.

Nesse modelo, S = S(t): indivíduos saudáveis; I = I(t): indivíduos infectados; R = R(t): indivíduos recuperados; β: taxa de infecção; γ: taxa de recuperação de infectados. No início, todos os indivíduos da população N são suscetíveis a infecção viral e diminuem a população S à medida que a infecção se prolifera à taxa βS. Ao mesmo tempo, esses susceptíveis se transformam em infectados I, aumentando essa população com a taxa βS.

Os infectados vão diminuindo à medida que formas de controle começam a fazer efeito, seja devido às vacinas, seja por isolamento social, seja por mais infectados se tornarem imunes e migrarem para o compartimento de recuperados R. Assim, a taxa de diminuição de infectados se dá pela proporção γI, em que γ é a taxa de recuperação. Os indivíduos recuperados, por sua vez, aumentam à medida que mais pessoas são recuperadas ou se tornam imunes, e essa população R cresce pela taxa γI.

Vamos supor que as condições iniciais do modelo SIR sejam as seguintes:

$$
\begin{aligned}
&S(0) = 100 \quad && (\textit{suscetíveis}) \\
&I(0) = 2 \quad && (\textit{infectados}) \\
&R(0) = 2 \quad && (\textit{recuperados}),
\end{aligned}
$$

com os parâmetros sendo:

$$
\begin{aligned}
&\beta = 0.01 \\
&\gamma = 0.2
\end{aligned}
$$

O código em Python, agora, terá três equações diferenciais, e a "function" deriv( ) precisará receber dois parâmetros do modelo SIR. As linhas 9, 10 e 11 recebem as condições iniciais; as linhas 14 e 15, os parâmetros e o modelo dinâmico estão inseridos nas linhas 20 a 25.

O resultado é apresentado na Figura 9.8. O primeiro gráfico na parte superior da figura apresenta os comportamentos e a evolução dos casos para os indivíduos suscetíveis S, os infectados I e recuperados R. Pode-se observar que os suscetíveis começam a cair à medida que os infectados aumentam. A partir do ponto máximo de infectados, o número de recuperados aumenta, causando o início da queda do número de infectados.

É o que se conhece como imunidade coletiva, uma vez que todos aqueles que tinham potencial de contaminação já se contaminaram, e a doença termina, com o valor de recuperados em ascensão.

```
1   ############## EDO SIR ######################
2   ###### Modelo Epidemiológico ############################
3
4   import numpy as np
5   from scipy.integrate import odeint
6   import matplotlib.pyplot as fig
7
8   # Condicao Inicial de x
9   S0 = 100        # <--------------- suscetíveis
10  I0 = 2          # <---------------- infectados
11  R0 = 2          # <---------------- recuperados
12
13  #Parametros do sistema
14  beta = 0.01
15  gamma = 0.2
16  # grade de tempos t
17  t = np.arange(0, 20, 0.1)
18
```

```
# Sistema de Eq. Diferenciais
def deriv(s, t, beta, gamma):
    S, I, R= s
    dSdt = -beta*S*I
    dIdt = beta*S*I - gamma*I
    dRdt = gamma*I
    return dSdt, dIdt, dRdt

# Condicoes iniciais no Vetor
s0 = S0, I0, R0
# Integracao do sistema ##########################
res = odeint(deriv, s0, t, args=(beta,gamma))
S, I, R= res.T
```

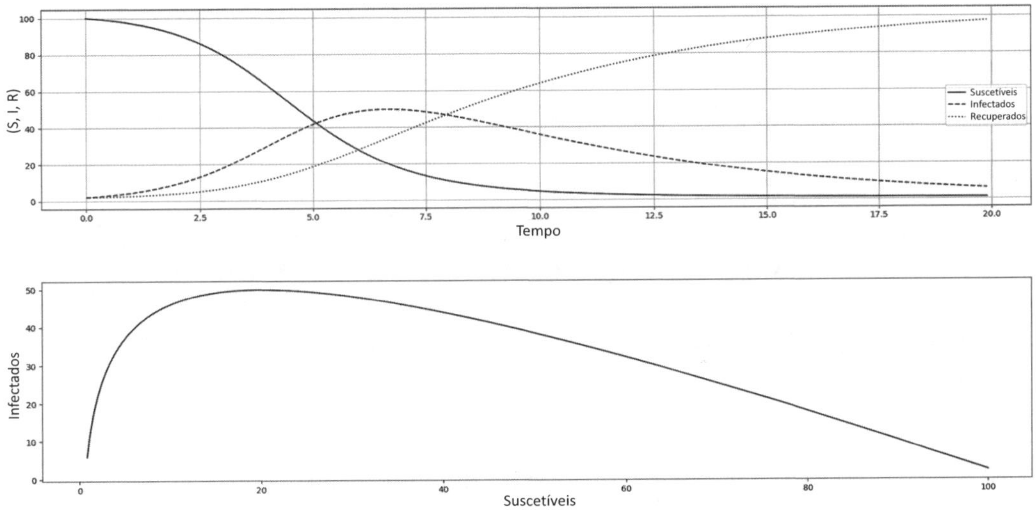

Figura 9.8 – Simulação do modelo dinâmico SIR.

9.6.3 MODELO DE DESPOLUIÇÃO DO RIO PIRACICABA

Estamos vendo ano após ano um intenso debate sobre as condições de poluição das águas, das florestas e de como nosso futuro depende do que fazemos hoje. Nossos rios estão recebendo cada vez mais uma carga insustentável de poluentes, forçando as empresas de saneamento a gastarem mais para purificar a água dos rios que abastecem as cidades.

Figura 9.9 – Poluição no rio Piracicaba em 15/11/2009.

Fonte: <http://riospoluidos2009.blogspot.com/2009/11/poluicao-no-rio-piracicaba.html>.

Um importante rio no interior do estado de São Paulo é o rio Piracicaba, que fornece água não apenas para a cidade de Piracicaba, mas para muitas outras por onde ele passa. O livro de Rodney Bassanezi (2002), professor da Unicamp, já discutia, em termos de modelos matemáticos, um formato interessante de despoluição do rio Piracicaba.

O projeto foi do Centro de Energia Nuclear (CENA), para experimentar a despoluição do rio Piracicaba utilizando dois tanques interligados, construídos às margens do rio. Os tanques possuíam uma população de aguapé, que utilizava parte dos poluentes em suas raízes para seu desenvolvimento.

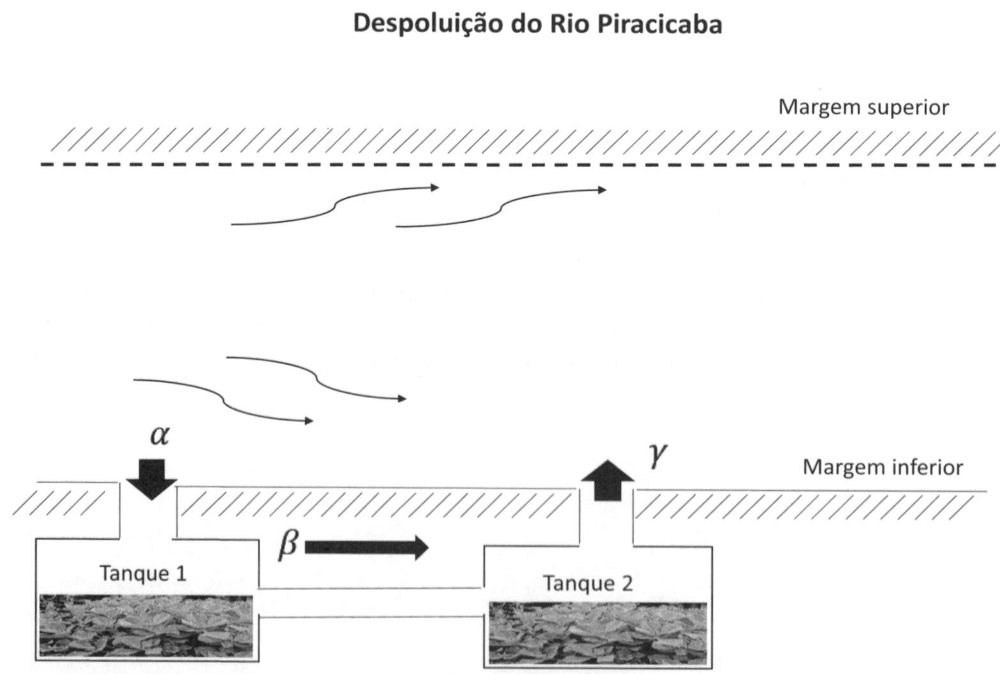

Figura 9.10 – Esquema do modelo dinâmico da despoluição do rio.

As hipóteses adotadas, segundo Bassanezi (2002) foram:

1) A concentração de poluentes do rio é constante, mas pode ser sazonal, sendo mais intensa em alguns períodos do ano e menos, em outros. Por isso, a concentração pode ser $c(t) = 1 - sen(wt)$.
2) $c_1(t)$ e $c_2(t)$ são as concentrações de poluentes nos dois tanques, sendo $c_1(0)$ e $c_2(0)$ as concentrações iniciais.
3) O volume de solução (água do rio + poluentes) que entra e sai de cada compartimento é o mesmo em cada instante. Os volumes de água com poluentes em cada tanque são V_1 e V_2.

Com isso, o modelo matemático do problema é:

$$\begin{cases} \dot{c}_1(t) = \dfrac{\alpha(1 - sen(wt)) - \beta c_1(t)}{V_1} \\ \\ \dot{c}_2(t) = \dfrac{\beta c_1(t) - \gamma c_2(t)}{V_2} \end{cases}$$

Podemos adotar que, ao abrir o tanque somente com aguapé, a densidade de poluentes é nula, enchendo-o com o decorrer do tempo t. Assim, como exemplo, as condições iniciais das concentrações e parâmetros foram adotadas como

$$c_1(0) = 0$$

$$c_2(0) = 0$$

$$\alpha = 0.1$$

$$\beta = 0.2$$

$$\gamma = 0.3$$

$$V_1 = 100\,(litros)$$

$$V_2 = 100\,(litros)$$

O *script* em Python para o modelo da despoluição é o que segue:

```
###### Modelo Despoluicao do rio Piracicaba ###########################

import numpy as np
from scipy.integrate import odeint
import matplotlib.pyplot as fig

# Condicao Inicial das concentracoes
C10 = 0    # <---------------- poluentes no tanque 1
C20 = 0    # <--------------- poluentes no tanque 2

```

```

#Parametros do sistema
alpha = 0.1
beta = 0.2
gamma = 0.3
V1 = 100
V2 = 100
# grade de tempos t
t = np.arange(0, 100, 0.1)

# Sistema de Eq. Diferenciais
def deriv(s, t, alpha, beta, gamma, V1, V2):
    C1, C2 = s
    c = 1 - np.sin(0.1*t)
    dC1dt = alpha*c - beta*C1
    dC2dt = beta*C1 - gamma*C2
    return dC1dt, dC2dt

# Condicoes iniciais no Vetor
s0 = C10, C20
# Integracao do sistema ##########################
res = odeint(deriv, s0, t, args=(alpha,beta,gamma,V1,V2))
C1, C2 = res.T
```

A simulação do modelo de despoluição apresenta o resultado que pode ser visualizado na Figura 9.11. No primeiro gráfico da figura, as concentrações são apresentadas em sua evolução. Inicialmente nulas, as concentrações vão aumentado conforme a sazonalidade da época em que o rio pode estar mais ou menos poluído devido a fatores meteorológicos. A concentração de poluentes no tanque 1 é maior do que no tanque 2, mas, dependendo da retenção, em algumas épocas, ambas as concentrações se equivalem.

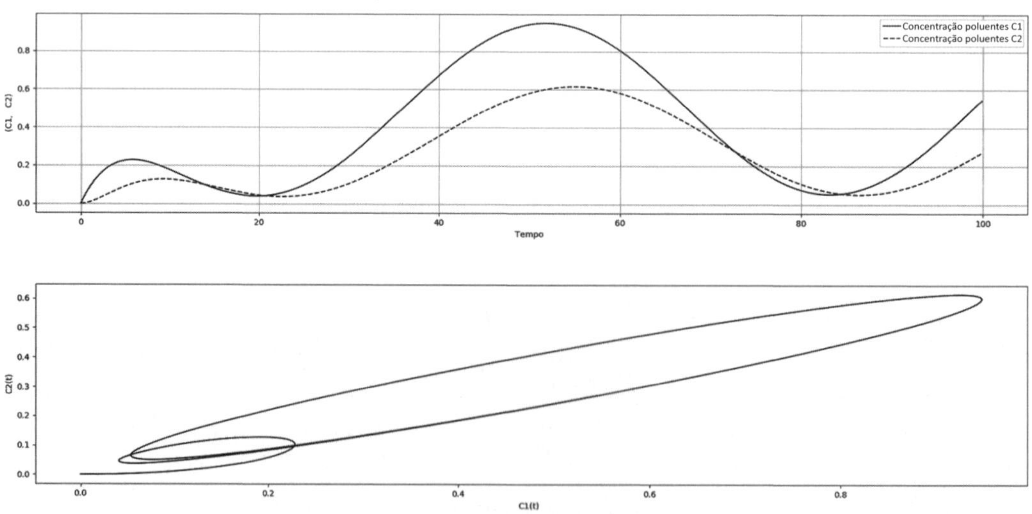

Figura 9.11 – Simulação do modelo de concentração dos poluentes no rio.

O segundo gráfico da figura apresenta a relação entre $c_1(t)$ e $c_2(t)$, mostrando uma certa estabilidade na oscilação entre as duas concentrações.

9.7 SIMULAÇÃO DE MODELOS COMPLEXOS

9.7.1 MODELO INTRACELULAR DA COVID-19 (SARS-COV-2)

Os modelos matemáticos para o SARS-coV-2, responsável pela pandemia da Covid-19, podem conter muitas variáveis, mas isso torna o ajuste dos parâmetros mais difícil devido aos poucos dados de cada paciente, como observou Hernandez-Vargas e Velasco-Hernandez (2020). Pacientes que sobrevivem ao SARS-coV-2 têm o ciclo completo da doença entre 20 dias e 40 dias, o que torna a quantidade de dados disponíveis em publicações escassa, referindo-se em sua maioria apenas à carga viral e às cópias de células CD4-T.

Dos modelos mais complexos aos minimalistas, todos se baseiam no ciclo de replicação viral (Fara *et al.*, 2020) representado na Figura 9.12. Antígenos virais desencadeiam ativação imune inata e adaptativa no sistema de defesa. A resposta mais robusta vem das células CD4-T, que buscam como alvo a proteína Spike viral, associada ao anti-SARS-coV-2 IgC e IgA.

Seguindo os cinco passos da Figura 9.12, o SARS-coV-2 entra nas células epiteliais via fusão com a membrana ou endocitose **(1)**. Dentro do citoplasma, pelo ribossomo, começa o processo de liberação e transcrição do genoma viral **(2)**. A replicação do RNA viral dispara outros processos. Um deles é que, após o RNA viral ser replicado, ele sai da célula para infectar outras células **(6)**. Por outro lado, a proteína Spike dispara TLR4 (receptor TLR), que ativa a produção de NF-kB (*nuclear factor kappa B*, que desempenha a função de transcrição) e IRFs **(4)** (*interferon regulatory fator*, que desempenha a função de ativar citocinas). Por sua vez, é disparada a produção de Interferon TFN-α (*tumor necrosis factor*) e IL-6 (*Interleukins*), entre tantos outros **(5)**.

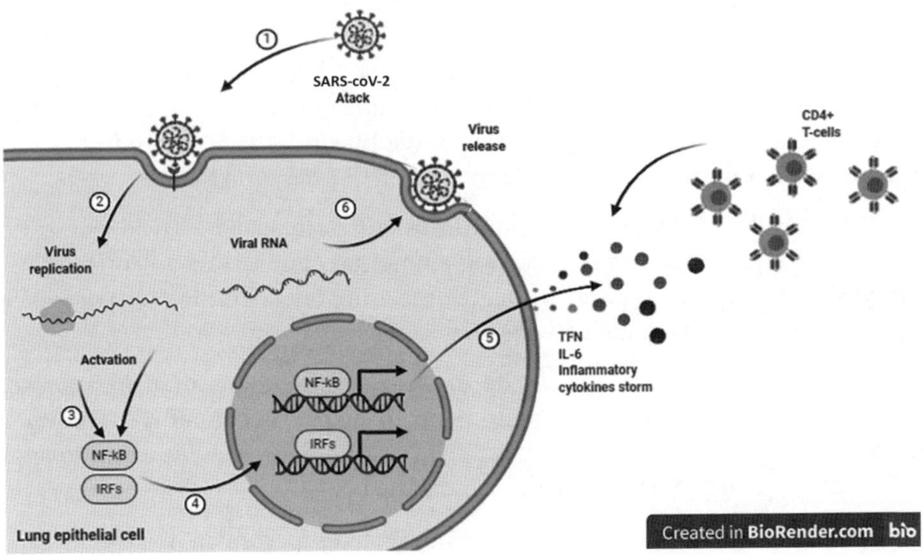

Figura 9.12 – Modelo da invasão celular do SARS-coV-2, causador da pandemia de covid-19.

Fonte: BioTender.com

Com essa transcrição do RNA-viral, também são produzidas citocinas pró-inflamatórias, que sinalizam invasão da célula para as células $CD4^{+}T$ atacarem o SARS-coV-2 (Fara *et al.*, 2020). Tanto as citocinas podem ativar o sistema imune contra um antígeno específico quanto a ativação imune pode independer do antígeno. Contudo, na ausência de um sistema regulatório para essa ativação, a amplificação na atuação das citocinas pode levar ao que se conhece como "tempestade de citocinas".

Uma célula infectada dispara a ativação de grande número de células brancas, incluindo células B, células $CD4^{+}T$, células matadoras naturais, macrófagos, células dentríticas e monócitos. Esse processo libera citocinas inflamatórias, as quais ativam as células brancas num *loop* de retroalimentação positivo. As consequências locais são febres, dores, vermelhidão, tumores e perda de função. Inicialmente esses sintomas são locais, mas, se ocorrer aumento na corrente sanguínea, existirá um extravasamento de leucócitos.

Utilizou-se aqui a ideia de *score* clínico proposta no modelo dinâmico de Manchanda (2014), e anexamos essa variável ao modelo dinâmico minimalista com resposta imunológica de Hernandez-Vargas (2020), composto da variável carga viral e da variável que representa $CD4^{+}T$. A composição dos modelos dos dois artigos forma o modelo dinâmico seguinte, com três variáveis dinâmicas, V(t), T(t) e I(t), em que o ponto em cima da variável indica a derivada temporal (.) = d( )/dt.

$$\dot{V} = pV\left(1 - \frac{V}{K}\right) - c_T VT - cV$$

$$\dot{T} = rT\left(\frac{V^2}{V^2 - k_T^2}\right) - \delta_T T$$

$$\dot{I} = \varepsilon\left(1 + tanh\left(\frac{T - \delta}{\omega}\right)\right) - \rho T$$

Partículas virais V(t) infectam as células e reproduzem-se com taxa p ((Cópias/ml) dia^{-1} $células^{-1}$) com a máxima patogenicidade primária K, conhecida como capacidade de suporte. A eficiência da resposta imunológica no combate ao SARS-coV-2 é representada por c_T. Quando as células de defesa atuam no combate ao vírus, as partículas desaparecem com a taxa c. O primeiro termo na segunda equação representa a ativação do sistema de defesa ao patógeno T(t) com taxa r ((Cópias/ml) dia^{-1}). Quando o patógeno é limpo do organismo, a ativação das células $CD4^{+}T$ decai a uma taxa δ_T.

Como Hernandez-Vargas (2020), assumimos que a ativação de T(t) depende da proliferação de V(t), que segue uma função log-sigmoidal com saturação constante a k_T. O melhor ajuste de parâmetros para a função log-sigmoidal, segundo Hernandez-Vargas, foi obtido considerando o quadrado dos termos da varga viral V(t).

A terceira variável foi incorporada do modelo de Manchanda (2014), representada por I(t), indicando a inflamação devido à resposta pró-inflamatória (Kumar *et al.*, 2004). Essa variável descreve o efeito combinado das citocinas e dos estímulos que danificam o tecido celular devido à disfunção da ativação.

O primeiro termo da equação de I(t) é uma função hiperbólica do sistema de defesa antiviral e da força de atuação de T(t) parametrizada por ε. O parâmetro δ representa o limiar de disparo para a inflamação crônica ao longo do prolongamento da inflamação, representada por ω. O segundo termo representa o relaxamento da inflamação, parametrizado por ρ.

A inflamação I(t) não remove o SARS-coV-2, mas causa severos efeitos colaterais nos tecidos celulares que contribuem para os sintomas que são quantificados por S(t) o qual é a soma:

$$S(t) = V(t) + I(t)$$

Usamos a mesma escala de *score* de Manchanda (2014) com o seguinte *range*:

0 - nenhum sintoma;

1 - dor no pescoço;

2 - dor no pescoço e nas costas;

3 - dor no corpo inteiro, com postura corcunda;

4 - dor no corpo inteiro, com postura corcunda, inatividade incipiente e olhos meio fechados;

5 - dor no corpo inteiro, com postura corcunda, inatividade parcial e olhos fechados;

6 - dor no corpo inteiro, com postura corcunda, inatividade completa e olhos fechados;

7 - morte.

A título de exemplo, adotamos os seguintes parâmetros e condições iniciais para esse paciente fictício:

Tabela 9.1 – Parâmetros do modelo

p	cT	c	δ_T	r	K	kT	ε	δ	ω	ρ	V(0)	T(0)	I(0)
5.2	1E-9	0.9	0.01	2	1E+9	3.8E+8	1	10	1	2	1E+5	1E+8	0.01

As condições iniciais de V(0) estão em unidades de (cópias/ml). As condições iniciais das células T(0) estão também em (células/ml) e foram adaptadas conforme o comportamento da simulação em relação à resposta da carga viral V(t) real. Artigos têm reportado uma variação na ativação das células T no combate ao vírus influenza entre 10^3 a 10^7 células/ml. As condições de inflamação foram hipoteticamente adotadas como I(0)=0.01, indicando algum tipo de inflamação leve no início da contaminação, como dor de cabeça ou dor de garganta.

A Figura 9.13 apresenta o resultado da simulação para esse paciente fictício, com as condições iniciais adotadas. Pode-se perceber que, assim que o corpo do indivíduo sofre a invasão viral, V(t) começa a aumentar continuamente (linha contínua no gráfico) até o terceiro dia. Nesse período, a defesa T(t) começa a atuar e replicar as células de defesa (linha tracejada). As inflamações I(t) disparam (pontos no gráfico) e tornam-se contínuas até o final do período observado.

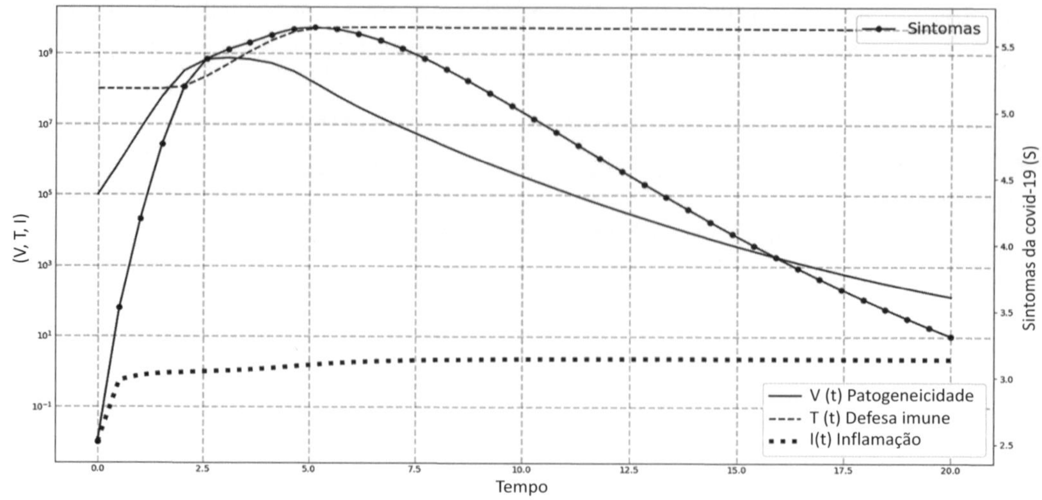

Figura 9.13 – Simulação do modelo da invasão celular do SARS-coV-2.

No eixo vertical à direita, pode-se observar o que acontece com os sintomas S(t) (linha-ponto no gráfico), com a graduação chegando a 5.5, o que indicaria na escala anterior "dor no corpo inteiro, com postura corcunda, inatividade parcial e olhos fechados". A partir do dia t = 15, com as células de defesa atuando, a graduação dos sintomas voltaria para 4.0, indicando "dor no corpo inteiro, com postura corcunda, inatividade incipiente e olhos meio fechados".

Mudando-se os parâmetros, outras situações piores ocorrem, levando o paciente à morte. Os parâmetros dependem de indivíduos para indivíduos, possuindo alguma resposta rápida do sistema imunológico, e outros, respostas mais rápidas, tornando os sintomas leves ou inexistentes.

As linhas do código para esse modelo em Python seguem as mesmas lógicas das programações anteriores, com o uso da função odeint( ) para a integração numérica.

```
############## EDO Covid-19 Intracelular #####################
############## Modelo Sars-Cov-2 ############################
import numpy as np
from scipy.integrate import odeint
import matplotlib.pyplot as plt
import math as m

# Partículas virais iniciais V(t).
V0 = 1e5
# Células de defesa CD4
T0 = 1e8
# Inflamações iniciais
I0=0.01

# ++++ parâmetros do modelo +++++

p, ct, c = 5.2, 1e-9, 9e-1
deltaT, r, K, kt = 1e-2, 2, 1e9, 3.8e8
epson, delta, w, ro = 1, 10, 1, 2

```

```
# vetor do tempo de integracao
t = np.linspace(0, 20, 40)

# Modelo Dinamico
def deriv(y, t, p, ct, c, deltaT, r, K, kt, epson, delta, w, ro):
    V, T, I = y
    dVdt = p*V*(1-V/K)-ct*V*T-c*V
    dTdt = r*T*(V**2/(V**2+kt**2))-deltaT*T
    dIdt = epson*(1+m.tanh((m.log10(T)-delta)/w))-ro*m.log10(I)
    return dVdt, dTdt, dIdt

# Condicao Inicial
y0 = V0, T0, I0

# Integrador numerico
ret = odeint(deriv, y0, t, args=(p, ct, c, deltaT, r, K, kt, epson, delta, w, ro))
V, T, I = ret.T

# ++++++ medida dos sintomas da covid-19 +++++++++++++++++++++++++
S=0.5*np.log10(V)+I
# ++++++++++++++++++++++++++++++++++++++++++++++++++++++++++++++++
ax=plt.subplot(111,axisbelow=True)
#ax = fig.add_subplot(111, facecolor='#dddddd', axisbelow=True)
ax.plot(t, V, '-k', linewidth=2, lw=2, label='V(t) Patogeneicidade')
ax.plot(t, T, '--k',linewidth=2, lw=2, label='T(t) Defesa Imune')
ax.plot(t, I, ':k', linewidth=5, lw=2, label='I(t) Inflamação')

ax.set_xlabel('tempo',fontsize=16)
ax.set_ylabel('(V,  T,  I)', fontsize=16)
ax.set_yscale('log')

ax.yaxis.set_tick_params(length=0)
ax.xaxis.set_tick_params(length=0)
ax.grid(b=True, alpha=0.2, which='major', c='k', lw=2, ls='--')

ax2=ax.twinx()

ax2.plot(t, S, '-ok', lw=2, label='Sintomas')
ax2.set_ylabel('Sintomas da Covid-19 ( S )',fontsize=16)
legend = ax.legend(fontsize=18)
legend.get_frame().set_alpha(0.8)

legend = ax2.legend(fontsize=18)
legend.get_frame().set_alpha(0.8)
```

9.7.2 MODELO VIAGEM ORBITAL

Nas últimas décadas, países dotados de experiências de sucesso na área da ciência espacial têm se concentrado no envio de sondas espaciais a outros planetas. Essas missões têm sido adotadas pelo baixo custo financeiro e pelo alto desenvolvimento de robôs-sondas na investigação de novos ambientes espaciais.

Da segunda lei de Newton, temos que a força de atração gravitacional:

$$\vec{F} = m\vec{a}$$

também podendo ser representada por:

$$\vec{F} = m\frac{d^2\vec{r}}{dt^2}$$

em que $\vec{r}$ é a distância entre o centro de atração a que o corpo está submetido, e m, a massa do veículo espacial. Sua representação é vetorial, pois a força F pode atuar nas três direções do espaço, (x, y, z). Para efeito de dinâmica e da análise de trajetória, é bastante comum na literatura o uso da equação da força sob a forma

$$\frac{d^2\vec{r}}{dt^2} = \frac{\vec{F}}{m}$$

Para evitar de carregarmos os termos ao quadrado da representação da derivada a segunda, adotaremos aqui a representação usando dois pontos para a derivada, ou seja,

$$\ddot{\vec{r}} = \frac{\vec{F}}{m}$$

A representação do movimento deve ser feita tendo como base um referencial inercial, para que as integrações das equações e forças sejam sempre relacionadas com o mesmo tipo de força gravitacional, com intensidade e direção condizente com o movimento do corpo e de todos outros corpos interagindo uns com os outros.

No caso de movimento espacial, a força mais representativa e atuante nos corpos em movimento é a força gravitacional. Em termos da formulação adotada anteriormente, a representação é

$$\ddot{\vec{r}} = -\frac{GMm}{r^2 m}\frac{\vec{r}}{r}$$

ou

$$\ddot{\vec{r}} = -\frac{GM}{r^2}\frac{\vec{r}}{r}$$

Como a força atua em todas as direções, $\frac{\vec{r}}{r}$ representa o versor, ou vetor unitário, atuando nas três direções da força gravitacional. Então, para o movimento de um corpo em relação ao referencial inercial, tem-se

$$\ddot{\vec{r}} = -\frac{GM}{r^3}\vec{r}$$

Teremos de separar a equação para representar as forças atuantes nas três direções cartesianas x, y e z. A representação do modelo será:

$$\begin{cases} \ddot{x} = \dfrac{-\mu_T}{r^3} x \\ \\ \ddot{y} = \dfrac{-\mu_T}{r^3} y \\ \\ \ddot{z} = \dfrac{-\mu_T}{r^3} z \end{cases}$$

em que $\mu_T = GM_T = 3{,}98\,10^5\ km^3/s^2$ e r é a distância do veículo espacial ao centro de referência, no caso de órbitas ao redor da Terra, o centro do planeta. Então, teremos que

$$r^3 = \sqrt{x^2 + y^2 + z^2}$$

A integração numérica é realizada com equações envolvendo a primeira derivada, e não na forma do sistema dinâmico, como o anterior, sendo necessária a mudança de variável descrita na Seção 9.5. A mudança consiste em chamar de x_1 a variável a ser integrada, e de x_2, a sua derivada de primeira ordem, ou seja,

$$\begin{aligned} x_1 &= x \\ x_2 &= \dot{x} \end{aligned}$$

Quando isso é realizado, derivando-se de ambos os lados, tem-se

$$\begin{aligned} \dot{x}_1 &= \dot{x} \\ \dot{x}_2 &= \ddot{x} \end{aligned}$$

Mas, como $\dot{x} = x_2$ então,

$$\begin{aligned} \dot{x}_1 &= x_2 \\ \dot{x}_2 &= \ddot{x} \end{aligned}$$

e, como para o sistema de dois corpos

$$\ddot{x} = -\frac{\mu_T}{r^3} x$$

logo, a mudança de variável se completa como

$$\begin{aligned} \dot{x}_1 &= x_2 \\ \dot{x}_2 &= -\frac{\mu_T}{r^3} x \end{aligned}$$

Para cada equação com segunda derivada do sistema dinâmico dos dois corpos, a mudança acarretará em duas novas variáveis, o que tornará o sistema composto por 3 equações diferenciais de segunda ordem num sistema de 6 equações diferenciais de primeira ordem.

As mudanças de variáveis serão:

$$x_1 = x$$
$$x_2 = y$$
$$x_3 = z$$
$$x_4 = \dot{x}$$
$$x_5 = \dot{y}$$
$$x_6 = \dot{z}$$

Repetindo-se as derivadas e substituições como as demonstradas no sistema de ordem dois, o sistema dinâmico que representa o movimento orbital ao redor da Terra será:

$$\begin{cases} \dot{x}_1 = x_4 \\ \dot{x}_2 = x_5 \\ \dot{x}_3 = x_6 \\ \dot{x}_4 = -\dfrac{\mu_T}{r_s^3} x_1 \\ \dot{x}_5 = -\dfrac{\mu_T}{r_s^3} x_2 \\ \dot{x}_6 = -\dfrac{\mu_T}{r_s^3} x_3 \end{cases}$$

Nos dias atuais, é muito fácil simular modelo de veículos espaciais usando dados reais, visto que a grande maioria torna esses dados públicos na internet. Por exemplo, a estação espacial internacional (ISS) possui um site na Nasa que divulga os dados das coordenadas cartesianas (também chamadas de vetor de estado) para as posições x, y e z que são atualizados a cada nova órbita (<https://spotthestation.nasa.gov/trajectory_data.cfm>). Para o dia 02/junho/2022 às 17h12, a posição real da estação espacial era:

$$x(0) = -806.991791465944 \ km$$
$$y(0) = -5505.916560978470 \ km$$
$$z(0) = -3902.703452279670 \ km$$
$$\dot{x}(0) = 6.14791445996455 \ km/s$$
$$\dot{y}(0) = 2.00114921418649 \ km/s$$
$$\dot{z}(0) = -4.10247590688757 \ km/s$$

Esses valores, bem como os parâmetros do modelo orbital, são introduzidos no programa de integração numérica em Python:

```
11  # ++++ parâmetros do modelo +++++
12  au=1.495978707e+8 # unidade astronomica em Km
13  mit=3.98600440e+5 # GM de TERRA km3/seg2
14  milua=4.9028e+3 # GM da Lua km3/seg2
15  t0=0
16  dia=86400  # quantidade de segundos em um dia
17  tf=0.1*dia
18
19  # condicoes inciais - posicao X
20  xL0 = -806.991791465944
21  # condicoes inciais - posicao Y
22  yL0 = -5505.916560978470
23  # condicoes inciais - posicao Z
24  zL0= -3902.703452279670
25
26  # condicoes inciais - velocidade dX
27  dxL0 = 6.14791445996455
28  # condicoes inciais - velocidade dY
29  dyL0 = 2.00114921418649
30  # condicoes inciais - velocidade dZ
31  dzL0= -4.10247590688757
32
33  # vetor do tempo de integracao
34  t = np.arange(0, tf, 0.8)
```

O tempo final de simulação orbital é medido em segundos, ou seja, um dia de simulação corresponde a 86400 segundos colocados na linha 16 do programa. Para esse exemplo, foi simulado o movimento da ISS em 10% de um dia, ou seja, 8640 segundos (2.4 horas). Essa informação está na linha 17. A linha 34 cria o vetor do tempo t, necessário para ser enviado ao integrador numérico na simulação.

O modelo dinâmico é colocado dentro da função deriv e chamado dentro do integrador de runge-kutta odeint entre as linhas 36 e 53.

```
36  # Modelo Dinamico
37  def deriv(y, t, milua):
38      xL,yL,zL,dxL,dyL,dzL = y
39      r=m.sqrt(xL**2+yL**2+zL**2)
40      dx1dt = dxL
41      dx2dt = dyL
42      dx3dt = dzL
43      dx4dt = -mit*xL/r**3
44      dx5dt = -mit*yL/r**3
45      dx6dt = -mit*zL/r**3
46      return dx1dt, dx2dt, dx3dt, dx4dt, dx5dt, dx6dt
47
```

```
# Condicao Inicial
y0 = xL0, yL0, zL0, dxL0, dyL0, dzL0

# Integrador numerico
ret = odeint(deriv, y0, t, args=(milua,))
X, Y, Z, dX, dY, dZ = ret.T
# ++++++++++++++++++++++++++++++++++++++++++++++++++++++++++++++++++++++++++
```

A Figura 9.14 apresenta o resultado da simulação para a ISS no dia 02/junho/2022 num tempo total de 2.4 horas (8640 segundos). Em particular, a última figura do quadro, embaixo, à direita, apresenta a relação em duas dimensões da órbita da ISS no plano XY.

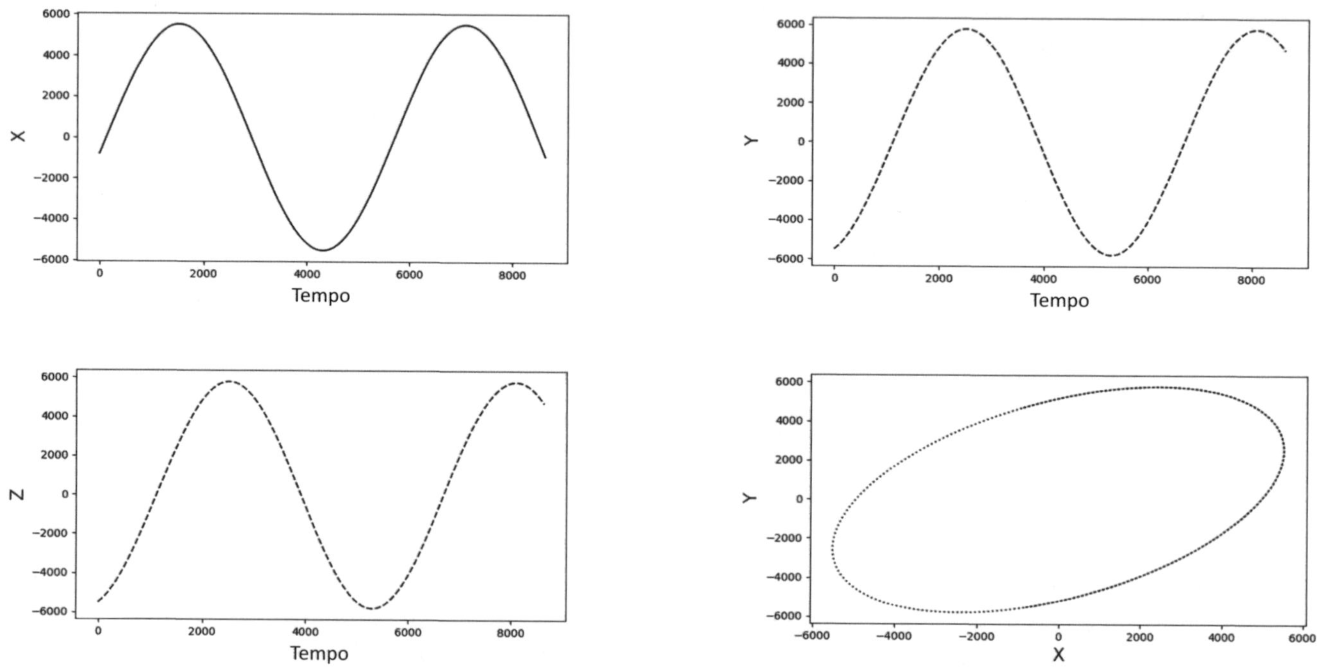

Figura 9.14 – Resultado da simulação da estação espacial internacional (ISS).

Mas como seria a trajetória da ISS em três dimensões? Usando a biblioteca *toolkits* do Python, é possível traçar a órbita da ISS nesse dia simulado numericamente.

```
from mpl_toolkits import mplot3d
```

A Figura 9.15 apresenta como se comporta a ISS ao redor da Terra, traçando para isso o movimento tridimensional.

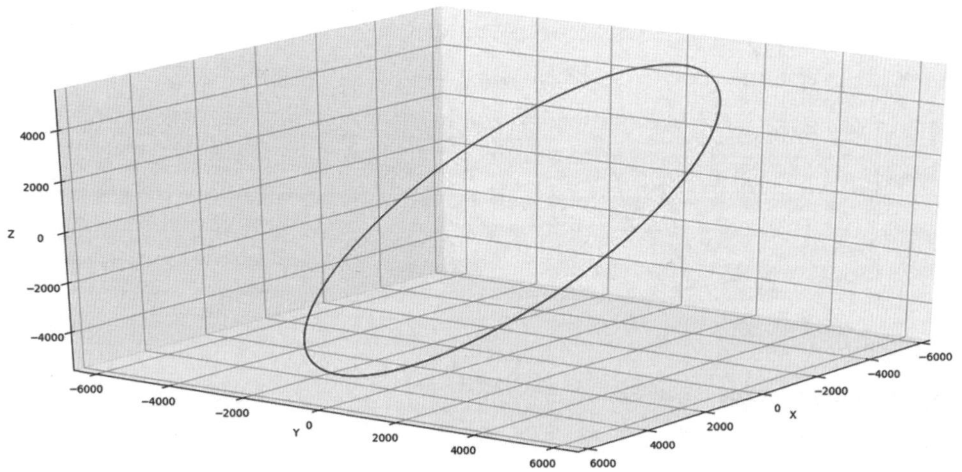

Figura 9.15 – Movimento da ISS em 3D.

Mas somente a órbita espacial não reflete como se comporta a órbita ao redor da Terra em termos de aproximação. A altitude da ISS é aproximadamente de 400 km ao redor do planeta. Então, torna-se interessante apresentar uma representação da Terra junto ao movimento orbital. Usando a representação matemática do círculo em coordenadas esféricas e adotando um raio médio da Terra de 6378 km, podemos criar uma esfera que seja plotada junto à órbita da ISS, usando as seguintes linhas no Python:

```
fig.figure()
# Criando a Terra como uma esfera no gráfico
N = 50
phi = np.linspace(0, 2 * np.pi, N)
theta = np.linspace(0, np.pi, N)
theta, phi = np.meshgrid(theta, phi)

r_Terra = 6378.14 # raio medio da Terra [km]
X_Terra = r_Terra * np.cos(phi) * np.sin(theta)
Y_Terra = r_Terra * np.sin(phi) * np.sin(theta)
Z_Terra = r_Terra * np.cos(theta)
```

O resultado da Figura 9.16 é uma junção entre um *meshgrid* da função scatter3D( ) do Python com os dados X, Y, Z advindos da integração numérica do integrador *odeint*. Pode-se limitar os eixos da apresentação, colocando como limites o raio da Terra, criando uma noção de proximidade mais perto da realidade do movimento orbital da ISS.

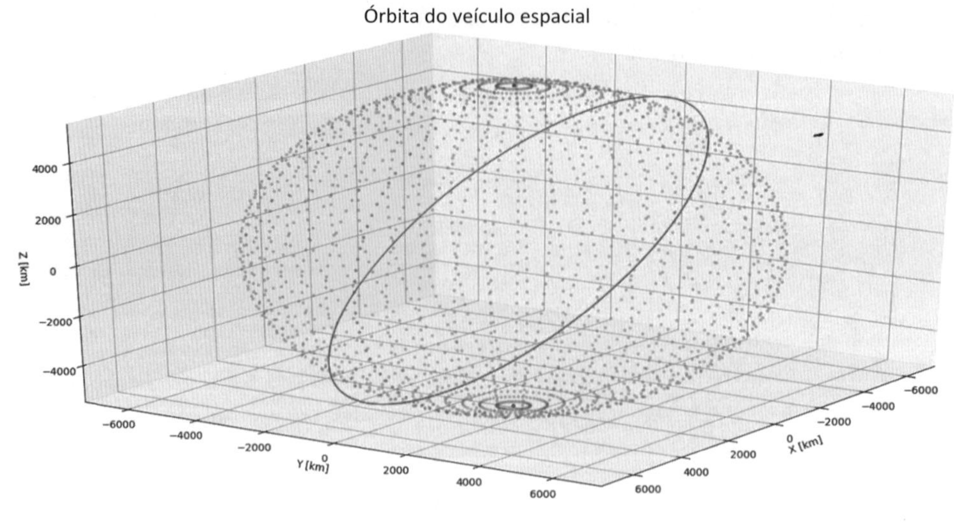

Figura 9.16 – Movimento da ISS em 3D.

As linhas 106 a 111 do código seguinte limitam a figura e colocam a trajetória no mesmo plano em 3D do desenho da esfera que representa a Terra.

```
96  # Gráfico da Terra e Órbita
97  ax = fig.axes(projection='3d')
98  ax.scatter3D(X_Terra, Y_Terra, Z_Terra, marker='.',color='gray', alpha=0.3)
99  ax.plot3D(X, Y, Z, 'red')
100 ax.view_init(25, 34) # angulo inicial da visualizacao
101 fig.title('Órbita do Veículo Espacial')
102 ax.set_xlabel('X [km]')
103 ax.set_ylabel('Y [km]')
104 ax.set_zlabel('Z [km]')
105 
106 xyzlim = np.array([ax.get_xlim3d(), ax.get_ylim3d(),
107                    ax.get_zlim3d()]).T
108 XYZlim = np.asarray([min(xyzlim[0]), max(xyzlim[1])])
109 ax.set_xlim3d(XYZlim)
110 ax.set_ylim3d(XYZlim)
111 ax.set_zlim3d(XYZlim * 3/4)
112 fig.show()
```

Para se ter uma noção real da passagem da ISS na Terra, devemos observar em termos de mapa, para que sua localização na simulação nos diga com boa precisão onde podemos, por exemplo, observar no céu a data e sua hora de aproximação. O Python possui inúmeras bibliotecas que podem ser baixadas e instaladas, em que podemos usar mapas completos junto com a posição de satélites. Foi utilizada neste exemplo a mpl_toolkits.basemap com a função Basemap( ), para auxiliar na construção dos mapas com os contornos dos países.

```
from mpl_toolkits.basemap import Basemap
```

Existem inúmeras projeções dos mapas dentro da cartografia, entre as mais conhecidas, está a de Mercator. Utilizou-se a projeção conhecida como ortográfica (Orthographic Projection) para a construção da representação tridimensional na Figura 9.17. Na linha 119 do *script* seguinte em Python, a projeção é representada na biblioteca Basemap com o nome "ortho".

Figura 9.17 – Órbita da ISS no dia 2 de junho de 2022.

Deve-se notar antes que é necessário passar de coordenadas cartográficas X, Y e Z para as coordenadas de mapa, com latitude e longitude. Essa é uma fórmula matemática bastante conhecida, na qual se transformam coordenadas cartesianas em esféricas usando as equações:

$$r = \sqrt{X^2 + Y^2 + Z^2}$$

$$\theta = arctan\left(\frac{Y}{X}\right)$$

$$\varphi = arcsen\left(\frac{Z}{r}\right)$$

As linhas do Python 114 e 115 usam essas equações para transformar os dados dos vetores X, Y e Z para latitude e longitude. Essas coordenadas são, então, mapeadas (precisam desse passo, sem o qual o gráfico não funciona) para dentro do mapa tridimensional projetado pela função Basemap. Após isso, resta somente plotar conjuntamente os dados de latitude e longitude da ISS com o mapa-múndi da projeção advinda da Basemap.

```
latd = np.degrees(np.arcsin(Z/r_Terra))
long = np.degrees(np.arctan2(Y, X))


fig.figure()
map = Basemap(projection='ortho', lat_0=-20, lon_0=-10,
                        resolution='l', area_thresh=1000.0)
lon, lat=map(long,latd)
map.drawcoastlines()
map.drawcountries()
map.drawmapboundary()

map.plot(lon, lat, marker='o', markersize=6, linewidth=0)
```

Podemos ainda visualizar a órbita da ISS num mapa em duas dimensões, em que a trajetória completa pode ser acompanhada para todas as localidades da Terra. A Figura 9.18 usa os mesmos conceitos de projeção anterior, mas com a projeção cilíndrica Miller, plotando conjuntamente o mapa com países, contornos e continentes, junto com os dados de latitude e longitude da ISS.

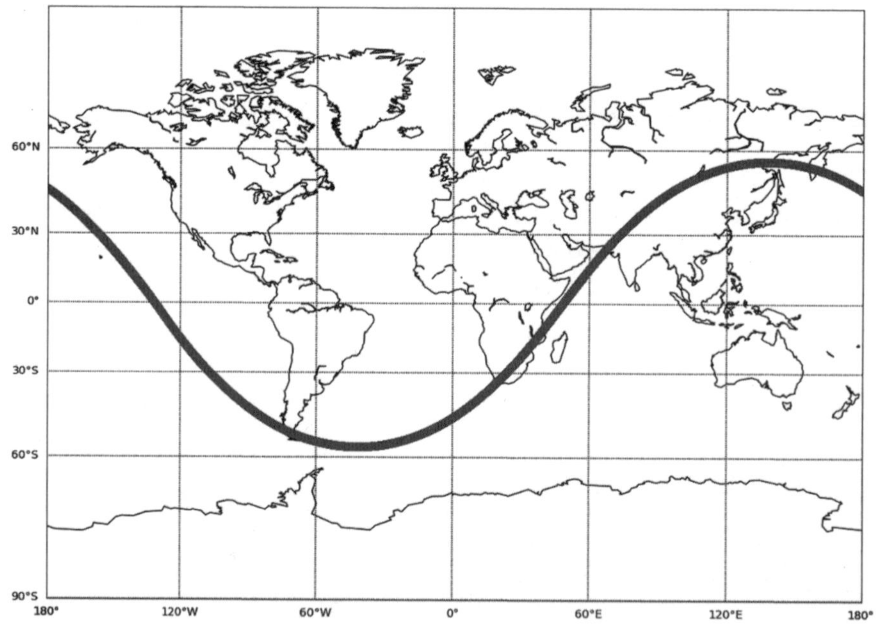

Figura 9.18 – Passagem da ISS na órbita ao redor da Terra em termos de latitude e longitude, construídos por meio do Basemap do Python

As linhas seguintes explicam como a Figura 9.18 foi construída no Python.

```
fig.figure()
map = Basemap(projection='mill',lon_0=0)
# plot coastlines, draw label meridians and parallels.
map.drawcoastlines()
map.drawparallels(np.arange(-90,90,30),labels=[1,0,0,0])
map.drawmeridians(np.arange(map.lonmin,map.lonmax+30,60),labels=[0,0,0,1])
lon, lat=map(long,latd)
map.plot(lon, lat, marker='o', markersize=6, linewidth=0)
fig.show()
```

O algoritmo e o programa completo são apresentados a seguir para o exemplo da órbita da ISS ao redor da Terra.

```
############## EDO Ciencia Espacial #####################
import numpy as np
from scipy.integrate import odeint
import matplotlib.pyplot as fig
import math as m
from mpl_toolkits import mplot3d
import os
os.environ["PROJ_LIB"] = "C:\\Users\\Dell\\Anaconda3\\Library\\share"; #fixr
from mpl_toolkits.basemap import Basemap

# ++++ parâmetros do modelo +++++
au=1.495978707e+8 # unidade astronomica em Km
mit=3.98600440e+5 # GM de TERRA km3/seg2
milua=4.9028e+3 # GM da Lua km3/seg2
t0=0
dia=86400  # quantidade de segundos em um dia
tf=0.1*dia

# condicoes inciais - posicao X
xL0 = -806.991791465944
# condicoes inciais - posicao Y
yL0 = -5505.916560978470
# condicoes inciais - posicao Z
zL0= -3902.703452279670

# condicoes inciais - velocidade dX
dxL0 = 6.14791445996455
# condicoes inciais - velocidade dY
dyL0 = 2.00114921418649
# condicoes inciais - velocidade dZ
dzL0= -4.10247590688757

```

```
# vetor do tempo de integracao
t = np.arange(0, tf, 0.8)

# Modelo Dinamico
def deriv(y, t, milua):
    xL,yL,zL,dxL,dyL,dzL = y
    r=m.sqrt(xL**2+yL**2+zL**2)
    dx1dt = dxL
    dx2dt = dyL
    dx3dt = dzL
    dx4dt = -mit*xL/r**3
    dx5dt = -mit*yL/r**3
    dx6dt = -mit*zL/r**3
    return dx1dt, dx2dt, dx3dt, dx4dt, dx5dt, dx6dt

# Condicao Inicial
y0 = xL0, yL0, zL0, dxL0, dyL0, dzL0

# Integrador numerico
ret = odeint(deriv, y0, t, args=(milua,))
X, Y, Z, dX, dY, dZ = ret.T
# ++++++++++++++++++++++++++++++++++++++++++++++++++++++++++++++++++++++

fig.subplot(221)
fig.plot(t, X, '-k')
fig.xlabel('tempo',fontsize=16)
fig.ylabel('X', fontsize=16)
fig.tight_layout()
fig.subplot(222)
fig.plot(t, Y, '--k')
fig.xlabel('tempo',fontsize=16)
fig.ylabel('Y', fontsize=16)
fig.tight_layout()
fig.subplot(223)
fig.plot(t, Y, '--k')
fig.xlabel('tempo',fontsize=16)
fig.ylabel('Z', fontsize=16)
fig.tight_layout()
fig.subplot(224)
fig.plot(X, Y, ':k')
fig.xlabel('X',fontsize=16)
fig.ylabel('Y', fontsize=16)
fig.tight_layout()

fig.figure()
ax=fig.axes(projection='3d')
ax.plot3D(X,Y,Z)
ax.set_xlabel('X')
ax.set_ylabel('Y')
ax.set_zlabel('Z')
```

```
fig.figure()
# Criando a Terra como uma esfera no gráfico
N = 50
phi = np.linspace(0, 2 * np.pi, N)
theta = np.linspace(0, np.pi, N)
theta, phi = np.meshgrid(theta, phi)

r_Terra = 6378.14 # raio medio da Terra [km]
X_Terra = r_Terra * np.cos(phi) * np.sin(theta)
Y_Terra = r_Terra * np.sin(phi) * np.sin(theta)
Z_Terra = r_Terra * np.cos(theta)

# Gráfico da Terra e Órbita
ax = fig.axes(projection='3d')
ax.scatter3D(X_Terra, Y_Terra, Z_Terra, marker='.',color='gray', alpha=0.3)
ax.plot3D(X, Y, Z, 'red')
ax.view_init(25, 34) # angulo inicial da visualizacao
fig.title('Órbita do Veículo Espacial')
ax.set_xlabel('X [km]')
ax.set_ylabel('Y [km]')
ax.set_zlabel('Z [km]')

xyzlim = np.array([ax.get_xlim3d(), ax.get_ylim3d(),
                   ax.get_zlim3d()]).T
XYZlim = np.asarray([min(xyzlim[0]), max(xyzlim[1])])
ax.set_xlim3d(XYZlim)
ax.set_ylim3d(XYZlim)
ax.set_zlim3d(XYZlim * 3/4)
fig.show()

latd = np.degrees(np.arcsin(Z/r_Terra))
long = np.degrees(np.arctan2(Y, X))


fig.figure()
map = Basemap(projection='ortho', lat_0=-20, lon_0=-10,
              resolution='l', area_thresh=1000.0)
lon, lat=map(long,latd)
map.drawcoastlines()
map.drawcountries()
map.drawmapboundary()

map.plot(lon, lat, marker='o', markersize=6, linewidth=0)
```

9.7.3 MODELO DA REENTRADA ATMOSFÉRICA

A reentrada de espaçonaves na atmosfera terrestre é considerada, dentro dos diversos projetos espaciais, o evento mais severo é cuidadoso a ser tratado. O efeito mais perigoso é que, numa trajetória que lembra uma montanha russa, a maior resistência da atmosfera se dá por volta 60 a 70 km de altitude. Essa subida momentânea da nave espacial causa à tripulação o efeito g (de gravidade) e pode ser uma subida de cerca de 10 km a 15 km. Os trajes da tripulação podem fazer um astronauta suportar uma carga de no máximo 8 vezes a força da gravidade, ou 8 g.

Uma descida muito rápida da espaçonave com ângulo de trajetória muito alto, pode fazer a força g chegar a 14 g. Isso causa um aumento do fluxo sanguíneo para o cérebro, podendo causar grandes problemas para um astronauta, tal como um desmaio. Associado a esse fato, se o ângulo de trajetória for muito alto no momento da reentrada, a fricção com as primeiras camadas da atmosfera faz com que uma onda de choque se forme no bico do módulo de reentrada.

Essa onda de choque faz com que os átomos ao redor da nave se dissociem e causem um rompimento de elétrons de sua órbita molecular. Tal dissociação causa enormes interferências de comunicação, além de ajudar a aumentar a temperatura em torno da nave. Essa temperatura, que chega facilmente aos 2.000 ou 3.000 graus, tem componentes de convecção ao redor da nave, causando efeito de radiação e um terceiro efeito de ablação. Essa ablação ocorre devido à queima das camadas protetoras térmicas da nave. Essas camadas são construídas com cerâmicas especiais e estão preparadas para suportar um calor intenso como esse, mas não além de alguns minutos.

Se o ângulo de reentrada for muito acentuado, essas camadas se queimam e deixam de dar proteção ao veículo. A velocidade de reentrada é de 7.800 m/s, o que nos dá em torno de 28.000 km/h. Uma perda de contato além do tempo esperado pelo centro espacial pode fazer com que o módulo caia em áreas distantes do previsto.

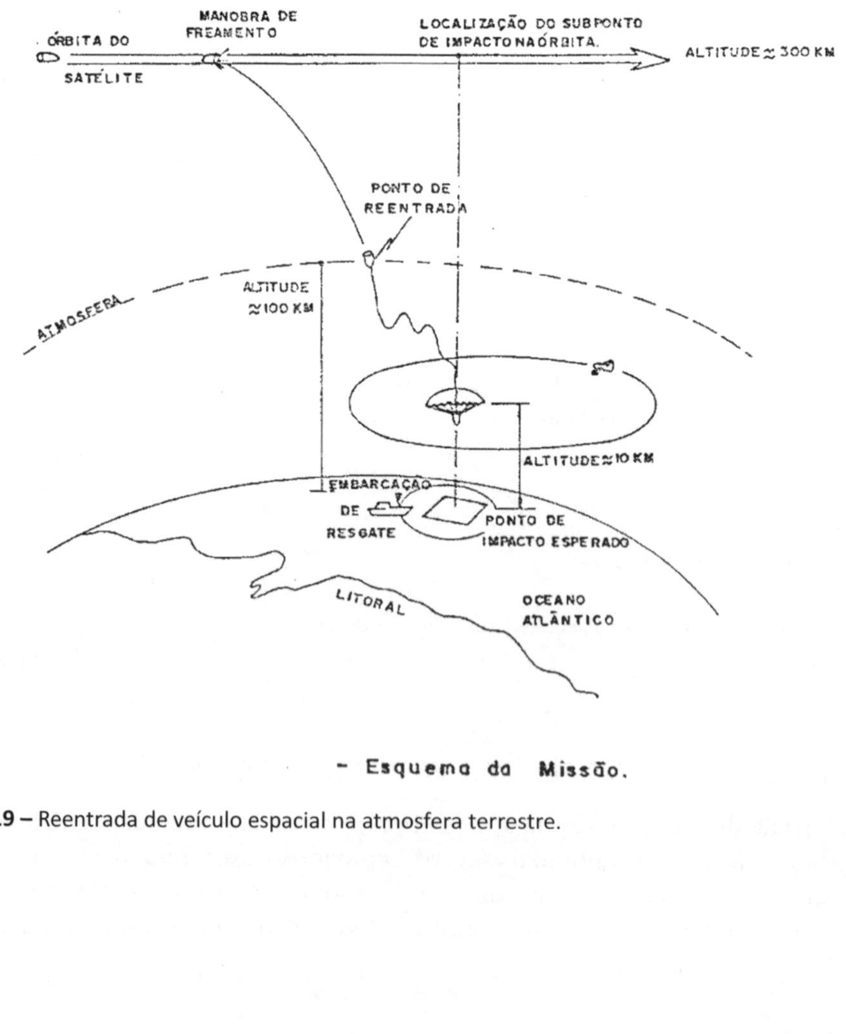

Figura 9.19 – Reentrada de veículo espacial na atmosfera terrestre.

Existem muitos modelos matemáticos para análises em projetos espaciais, seja para simulação computacional, controle de aeronaves, controle de estruturas, análises de estabilidades, enfim, uma porção de ferramentas de matemática que vêm sendo desenvolvidas e aperfeiçoadas há mais de 300 anos. Para reentrada espacial, um dos modelos utilizados tem como base o esquema e relações entre as variáveis da órbita do veículo e das coordenadas apresentados na Figura 9.20.

Na Figura, r é o raio vetor sendo formado pela soma da altitude do veículo e do raio da Terra, ou seja, $r = h + R_T$. As outras variáveis são q, a longitude; f, a latitude; g, o ângulo de trajetória; v, a velocidade; e y, o ângulo de proa do veículo. O ângulo de trajetória é definido como o ângulo entre o plano horizontal local e o vetor velocidade v. O ângulo de proa y é definido como o ângulo entre o paralelo local de latitude e a projeção do vetor velocidade v no plano horizontal. As variáveis s e w representam respectivamente o ângulo de rolamento do veículo e a velocidade angular de rotação terrestre em relação ao sistema inercial, sendo *m* a massa do veículo.

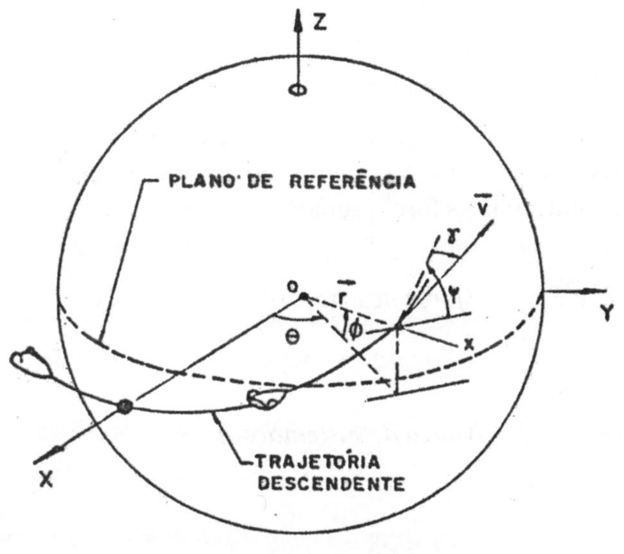

Figura 9.20 – Relação entre variáveis e coordenadas espaciais.

O modelo matemático é formado pelas seguintes equações diferenciais:

$$\dot{h} = v sen\gamma$$

$$\dot{\theta} = \frac{v\, cos\gamma\, cos\psi}{\left(h + R_T\right) cos\phi}$$

$$\dot{\phi} = \frac{v cos\, \gamma\, sen\psi}{\left(h + R_T\right)}$$

$$\dot{v} = \frac{F_T}{m} - g sen\gamma$$

$$\dot{\gamma} = \frac{F_N \cos\sigma}{mv} - \left(\frac{g}{v} - \frac{v}{(h+R_T)}\right)\cos\gamma$$

$$\dot{\psi} = \frac{F_N \, sen\sigma}{mv \cos\gamma} - \left(\frac{v}{(h+R_T)}\right)\cos\gamma \cos\psi \tan\phi$$

$$\dot{x} = v \cos\gamma$$

A variável x é distância percorrida na superfície da Terra, conhecida também como *range* da trajetória do veículo espacial. As forças atuantes no veículo FT e FN são, respectivamente, forças tangenciais e normais. A força tangencial compõe-se principalmente da força de empuxo do veículo e do arrasto atmosférico D, e a força normal compõe-se do empuxo e da força de sustentação do veículo L. A variável g é a aceleração gravitacional dada por:

$$g = \frac{\mu}{r^2} \cong 0.009798 \frac{km}{s^2}$$

em que m é a constante gravitacional terrestre.

Simplificações podem ser realizadas neste modelo; por exemplo, supor empuxo zero durante a fase de reentrada, supor rolamento zero (s = 0) e supor rotação da Terra desprezível durante a reentrada. As forças serão:

$$F_T = D = -\frac{1}{2}\rho C_D v^2 S \qquad (\textit{força de arrasto})$$

$$F_N = L = \frac{1}{2}\rho C_L v^2 S \qquad (\textit{força de sustentação})$$

Em que:

D = arrasto (km/s^{2-})

L = sustentação (km/s^2)

C_D = coeficiente de arrasto

C_L: coeficiente de sustentação

S: área da superfície de referência (metros)

A variável ρ é a densidade atmosférica que depende de uma série de fatores, como temperatura do ar, altitude, camadas da atmosfera, entre muitos outros parâmetros. Um modelo simplificado é que a densidade varia exponencialmente com a altitude, cuja fórmula é

$$\rho = \rho_0 e^{-\beta h}$$

Em que ρ_0 é a densidade com altitude h=0 e $\beta = 0.14\ km^{-1}$. O coeficiente de arrasto depende do ângulo de ataque "u" da aeronave e tem como simplificação a fórmula

$$c_D = c_{D0} - c_{D1}\cos(u)$$

Com essas modificações, o modelo original torna-se:

$$\dot{h} = vsen\gamma$$

$$\dot{\theta} = \frac{v\ cos\gamma\ cos\psi}{(h + R_T)cos\phi}$$

$$\dot{\phi} = \frac{vcos\gamma sen\psi}{(h + R_T)}$$

$$\dot{v} = -\frac{\rho C_d S}{2m} v^2 - gsen\gamma$$

$$\dot{\gamma} = \frac{\rho C_L S}{2m} v - \left(\frac{g}{v} - \frac{v}{(h + R_T}\right) cos\gamma$$

$$\dot{\psi} = -\left(\frac{v}{(h + R_T}\right) cos\gamma\ cos\psi\ tan\phi$$

$$\dot{x} = v\ cos\gamma$$

Os parâmetros de entrada precisam todos estar dentro do mesmo sistema de medidas. No caso, escolheu-se aqui utilizar a altitude medida em km, o que nos fornecerá como entrada os seguintes parâmetros de simulação:

Tabela 9.2 – Parâmetros do modelo

Parâmetros	Valores adotados
μ	3.9860044e+5 (km^3/s^2)
ρ_0	1.217e+9
β	0.149
S	(18.73)e-6 (km^2)
c_{D0}	1.174
c_{D1}	0.9
C_L	0.6
Massa do veículo (m)	4.536 kg
g	0.00979827621756667 (km/s^2)
Raio da Terra (R_T)	6378.14 (km)

Esses valores são colocados logo no início do programa em Python:

```
# ++++ parâmetros do modelo +++++
mit=3.98600440e+5                # GM de TERRA km3/seg2
ro0=1.217e9                      # densidade ao nivel do mar
beta=0.149                       # parametro de ajuste do modelo de densidade atm
S=(18.73)*10**(-6)               # area da superficie de referencia do veiculo
cd0=1.174                        # coeficiente de arrasto
cd1=0.9                          # coeficiente de arrasto
cl=0.6                           # coeficiente de sustentacao
m=4536                           # massa do veiculo em kg
g=0.00979827621756667            # forca gravitacional em km/s2
r_Terra = 6378.140               # raio medio da Terra [km]
```

As condições iniciais adotadas foram as seguintes:

Tabela 9.3 – Condições iniciais da reentrada atmosférica

Variáveis	Condições iniciais
Altitude (h(0))	122 km
Longitude (θ(0))	–80°
Latitude (ϕ (0))	–25°
Velocidade de reentrada (v(0))	7.6 km/s
Ângulo de reentrada (γ(0))	–4°
ψ(0)	30°
Distância do ponto de reentrada (range) x(0)	0

Essas condições são informadas nas linhas do *script* em Python antes da função deriv em que estará o modelo. Os valores tanto dos parâmetros como das condições iniciais são passados para a função deriv, que depois as repassa ao integrador odeint().

Os valores são inseridos entre as linhas 28 e 42 no *script* seguinte.

```
23  t0=0
24  dia=86400  # quantidade de segundos em um dia
25  tf=0.02*dia
26
27  # condicoes inciais - posicao altitude (h)
28  h0 = 122
29  # condicoes inciais - longitude (theta)
30  theta0 = radians(-80)
31  # condicoes inciais - Latitude (phi)
32  phi0= radians(-25)
```

```
33 # condicoes inciais - velocidade (v)
34 v0 = 7.6
35 # condicoes inciais - angulo de trajetoria (gamma)
36 gamma0 = radians(-4)
37 # condicoes inciais - psi
38 psi0= radians(30)
39 # condicoes iniciais da distancia percorrida (range x)
40 x0=0
41 # vetor do tempo de integracao
42 t = np.arange(0, tf, 0.1)
```

Após a leitura dos valores das condições iniciais e dos parâmetros, o programa chama a função odeint() na linha 63. Essa função do integrador chama a função deriv(), na qual está o modelo simplificado. A linha 46 é onde os valores integrados passo a passo são salvos, com os nomes das variáveis. A linha 47 está com o modelo da densidade atmosférica exponencial. A linha 48 está com o ângulo de ataque sendo transformado em radianos. Normalmente esse ângulo de ataque (u) é uma variável de controle, que está relacionado com a mudança de atitude do veículo durante a trajetória, mas nesse exemplo está como constante u = 55°.

O coeficiente de arrasto é programado na linha 49 e será usado no modelo dinâmico junto com o coeficiente de sustentação que foi adotado como constante. A linha 50 é a equação diferencial da altitude h; a linha 51, da longitude θ; a linha 52, da latitude ϕ; a linha 53. da velocidade v; a linha 54, do ângulo de trajetória γ; a linha 55, com a variável ψ; e a linha 56, a distância percorrida pelo veículo desde o ponto de reentrada, conhecido como *range* de descida da aeronave.

```
44 # Modelo Dinamico
45 def deriv(y, t, S,ro0,beta,r_Terra,cd0,cd1,cl,m):
46     h, theta,phi,v,gamma,psi,x = y
47     ro = ro0*exp(-beta*h)
48     u=radians(55)
49     cd=cd0-cd1*cos(u)
50     dhdt = v*sin(gamma)
51     dthetadt = v*cos(gamma)*cos(psi)/((r_Terra+h)*cos(phi))
52     dphidt = v*cos(gamma)*sin(psi)/(r_Terra+h)
53     dvdt = -0.5*S*ro*v**2*cd/m-g*sin(gamma)
54     dgammadt = 0.5*S*ro*v*cl/m-(g/v-v/(r_Terra+h))*cos(gamma)
55     dpsidt = -(v/(r_Terra+h))*cos(gamma)*cos(psi)*tan(phi)
56     dxdt=v*cos(gamma)
57     return dhdt,dthetadt,dphidt,dvdt,dgammadt,dpsidt,dxdt
58
59 # Condicao Inicial
60 y0 = h0, theta0, phi0, v0, gamma0, psi0, x0
61
62 # Integrador numerico
63 ret = odeint(deriv, y0, t, args=(S,ro0,beta,r_Terra,cd0,cd1,cl,m))
64 h, theta, phi, v, gamma, psi, x = ret.T
```

Os gráficos são construídos usando as mesmas linhas do modelo da Subseção anterior, todos com base na função Basemap do Python.

Os gráficos da Figura 9.21 apresentam o resultado da simulação da reentrada atmosférica para as condições iniciais propostas. O primeiro gráfico à esquerda, no alto da figura, apresenta como se comporta a descida da aeronave em relação à distância percorrida em terra (*range*). O efeito da atmosfera faz o veículo ricochetear na atmosfera, subindo mais de 20 km até voltar à trajetória descendente. É nessa fase que ocorre o maior aquecimento do veículo e o alto valor do efeito da desaceleração g.

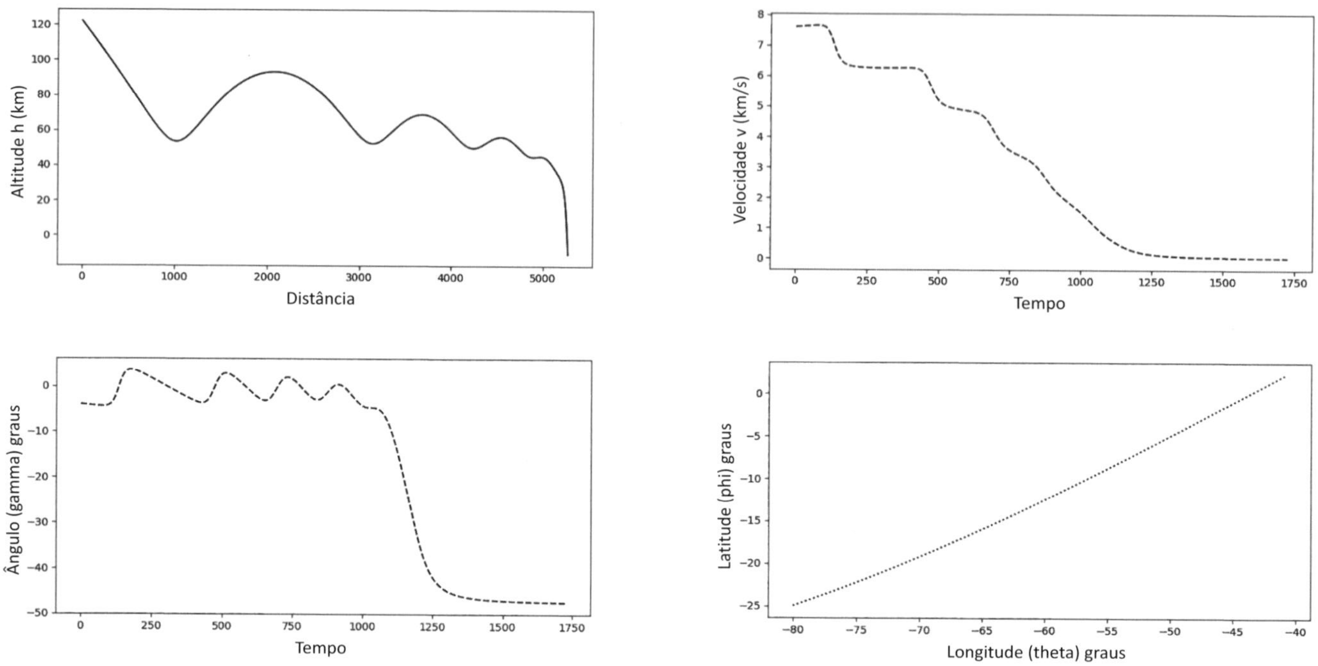

Figura 9.21 – Resultado da simulação da reentrada atmosférica.

O segundo gráfico, à direita, apresenta a velocidade no decorrer do tempo. Devido à resistência do ar, a velocidade não cai como um ponto com movimento balístico, mas apresenta, na alta altitude, momentos de quedas e aumentos nos valores. O terceiro gráfico, à esquerda e abaixo na Figura 9.21, apresenta o ângulo de trajetória. Ele foi ajustado para iniciar a reentrada em -4°. Com valores mais negativos, a aeronave não consegue reentrar e é "arremessada" para fora da atmosfera novamente. Por isso, esse é um parâmetro importante de se controlar o tempo todo na reentrada.

Valores muito altos de γ farão o veículo percorrer um *range* x em km muito distante do ponto de aterrissagem esperado pela equipe de apoio em Terra. Se a reentrada for em alto mar, os navios e aviões de recuperação da aeronave poderão não encontrar o veículo espacial, pois estarão fora do alcance do sinal de contato na região esperada.

O último gráfico, abaixo e à direita da figura, apresenta a trajetória em termos de longitude e latitude, já transformadas em graus. Essa trajetória é mais bem observada na Figura 9.22, na qual as variáveis longitude θ, latitude ϕ e altitude h são plotadas no eixo 3D na função mplot3D do Python. É possível notar como o ricochetear na atmosfera transfere o veículo para grandes distâncias na superfície do planeta.

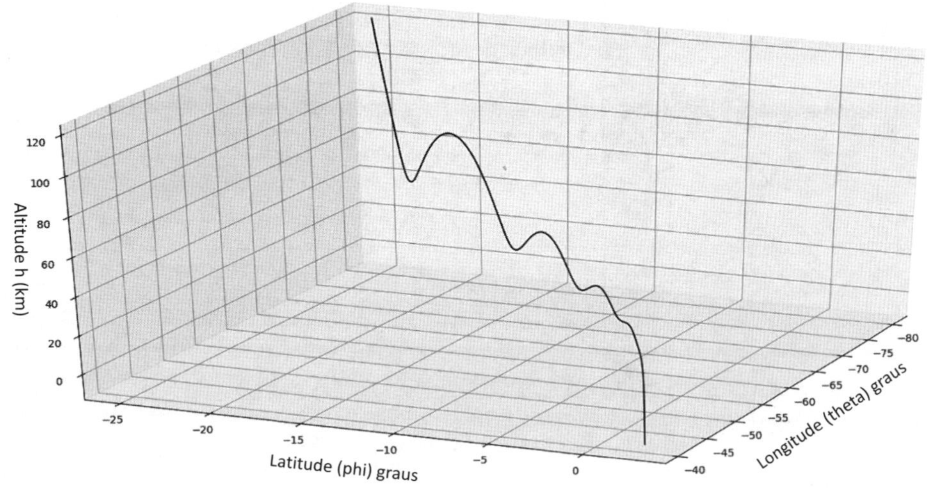

Figura 9.22 – Trajetória da reentrada em 3D.

Para se ter uma ideia melhor do quanto essa trajetória percorre no planeta durante a fase de reentrada, podemos usar os dados da Figura 9.22 para transferirmos ao mapa da biblioteca Basemap do Python e construirmos a Figura 9.23. Os dados do mapa mostram que a reentrada levou o veículo com as condições iniciais, ao aproximar-se da costa brasileira, na região de Alcântara, onde se localiza a base espacial de lançamento de foguetes do Brasil. O traço contínuo mais forte na figura é a trajetória de reentrada do veículo espacial.

Figura 9.23 – Trajetória da reentrada em termos de localização no mapa.

Os dados também podem ser vistos em termos de carta geográfica na projeção de Mercator. A Figura 9.24 também apresenta a trajetória de reentrada da Figura 9.23, mas, agora, em 2D no mapa-múndi.

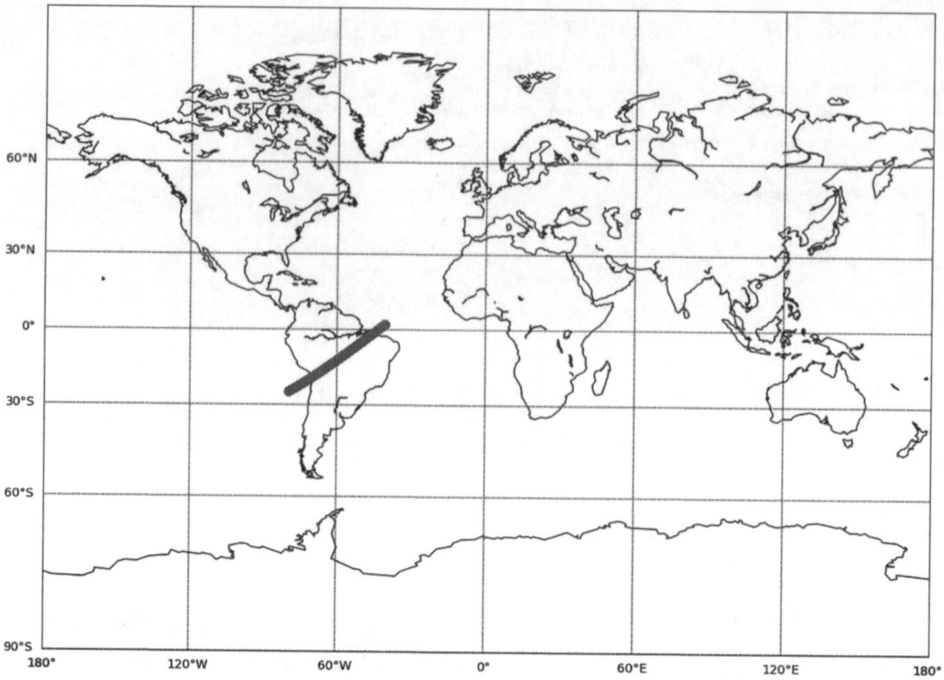

Figura 9.24 – Trajetória da reentrada na carta geográfica.

Podemos notar que o ângulo de reentrada de -4° levou a aeronave a percorrer mais de 5 mil km na superfície. Toda a trajetória durou 1729 segundos, ou 28 minutos. Esse é normalmente o tempo real que, mesmo nos dias atuais, com aeronaves mais modernas, ainda se leva para aterrissar em pontos específicos de recuperação. O evento ainda leva mais tempo, pois não estamos colocando nessa simulação o tempo para abertura dos paraquedas na frenagem da reentrada. Essa abertura ocorre em torno dos 10 km de altitude.

A seguir, apresenta-se o programa completo em Python.

```
############## EDO Reentrada Atmosferica #####################
import numpy as np
from scipy.integrate import odeint
import matplotlib.pyplot as fig
from math import sin, cos, tan, exp, radians, degrees
from mpl_toolkits import mplot3d
import os
os.environ["PROJ_LIB"] = "C:\\Users\\Dell\\Anaconda3\\Library\\share"; #fixr
from mpl_toolkits.basemap import Basemap

# ++++ parâmetros do modelo +++++
mit=3.98600440e+5              # GM de TERRA km3/seg2
ro0=1.217e9                    # densidade ao nivel do mar
beta=0.149                     # parametro de ajuste do modelo de densidade atm
S=(18.73)*10**(-6)             # area da superficie de referencia do veiculo
cd0=1.174                      # coeficiente de arrasto
cd1=0.9                        # coeficiente de arrasto
cl=0.6                         # coeficiente de sustentacao
m=4536                         # massa do veiculo em kg
```

```
g=0.00979827621756667          # forca gravitacional em km/s2
r_Terra = 6378.140             # raio medio da Terra [km]

t0=0
dia=86400      # quantidade de segundos em um dia
tf=0.02*dia

# condicoes inciais - posicao altitude (h)
h0 = 122
# condicoes inciais - longitude (theta)
theta0 = radians(-80)
# condicoes inciais - Latitude (phi)
phi0= radians(-25)
# condicoes inciais - velocidade  (v)
v0 = 7.6
# condicoes inciais - angulo de trajetoria (gamma)
gamma0 = radians(-4)
# condicoes inciais - psi
psi0= radians(30)
# condicoes iniciais da distancia percorrida (range x)
x0=0
# vetor do tempo de integracao
t = np.arange(0, tf, 0.1)

# Modelo Dinamico
def deriv(y, t, S,ro0,beta,r_Terra,cd0,cd1,cl,m):
    h, theta,phi,v,gamma,psi,x = y
    ro = ro0*exp(-beta*h)
    u=radians(55)
    cd=cd0-cd1*cos(u)
    dhdt = v*sin(gamma)
    dthetadt = v*cos(gamma)*cos(psi)/((r_Terra+h)*cos(phi))
    dphidt = v*cos(gamma)*sin(psi)/(r_Terra+h)
    dvdt = -0.5*S*ro*v**2*cd/m-g*sin(gamma)
    dgammadt = 0.5*S*ro*v*cl/m-(g/v-v/(r_Terra+h))*cos(gamma)
    dpsidt = -(v/(r_Terra+h))*cos(gamma)*cos(psi)*tan(phi)
    dxdt=v*cos(gamma)
    return dhdt,dthetadt,dphidt,dvdt,dgammadt,dpsidt,dxdt

# Condicao Inicial
y0 = h0, theta0, phi0, v0, gamma0, psi0, x0

# Integrador numerico
ret = odeint(deriv, y0, t, args=(S,ro0,beta,r_Terra,cd0,cd1,cl,m))
h, theta, phi, v, gamma, psi, x = ret.T
# +++++++++++++++++++++++++++++++++++++++++++++++++++++++++++++++++

fig.subplot(221)
fig.plot(x, h, '-k')
fig.xlabel('distância',fontsize=10)
fig.ylabel('altitude h (km)', fontsize=10)
fig.tight_layout()
```

```
fig.subplot(222)
fig.plot(t, v, '--k')
fig.xlabel('tempo',fontsize=10)
fig.ylabel('velocidade v (km/s)', fontsize=10)
fig.tight_layout()
fig.subplot(223)
fig.plot(t, np.degrees(gamma), '--k')
fig.xlabel('tempo',fontsize=10)
fig.ylabel('ângulo(gamma) graus', fontsize=10)
fig.tight_layout()
fig.subplot(224)
fig.plot(np.degrees(theta), np.degrees(phi), ':k')
fig.xlabel('longitude (theta) graus',fontsize=10)
fig.ylabel('latitude (phi) graus', fontsize=10)
fig.tight_layout()

fig.figure()
ax=fig.axes(projection='3d')
ax.plot3D(np.degrees(theta),np.degrees(phi),h, color='black')
ax.set_xlabel('longitude (theta) graus')
ax.set_ylabel('latitude (phi) graus')
ax.set_zlabel('altitude h (km)')


latd = np.degrees(phi)
long = np.degrees(theta)


fig.figure()
map = Basemap(projection='ortho', lat_0=0, lon_0=-80,
                    resolution='l', area_thresh=1000.0)
lon, lat=map(long,latd)
map.drawcoastlines()
map.drawcountries()
map.drawmapboundary()

map.plot(lon, lat, marker='o', markersize=6, linewidth=0)
fig.show()

fig.figure()
map = Basemap(projection='mill',lon_0=0)
# plot linhas da costa,valores dos meridianos e dos paralelos
map.drawcoastlines()
map.drawparallels(np.arange(-90,90,30),labels=[1,0,0,0])
map.drawmeridians(np.arange(map.lonmin,map.lonmax+30,60),labels=[0,0,0,1])
lon, lat=map(long,latd)
map.plot(lon, lat, marker='o', markersize=6, linewidth=0)
fig.show()
```

9.7.4 MODELO HIV-AIDS

Os modelos matemáticos que representam a dinâmica do sistema imunológico na presença do HIV podem ser determinísticos ou estocásticos. Usualmente, são sistemas constituídos de equações diferenciais ordinárias. O modelo abordado por Tan (Tan; Wu, 1998) é representado pelo seguinte esquema das relações entre as variáveis:

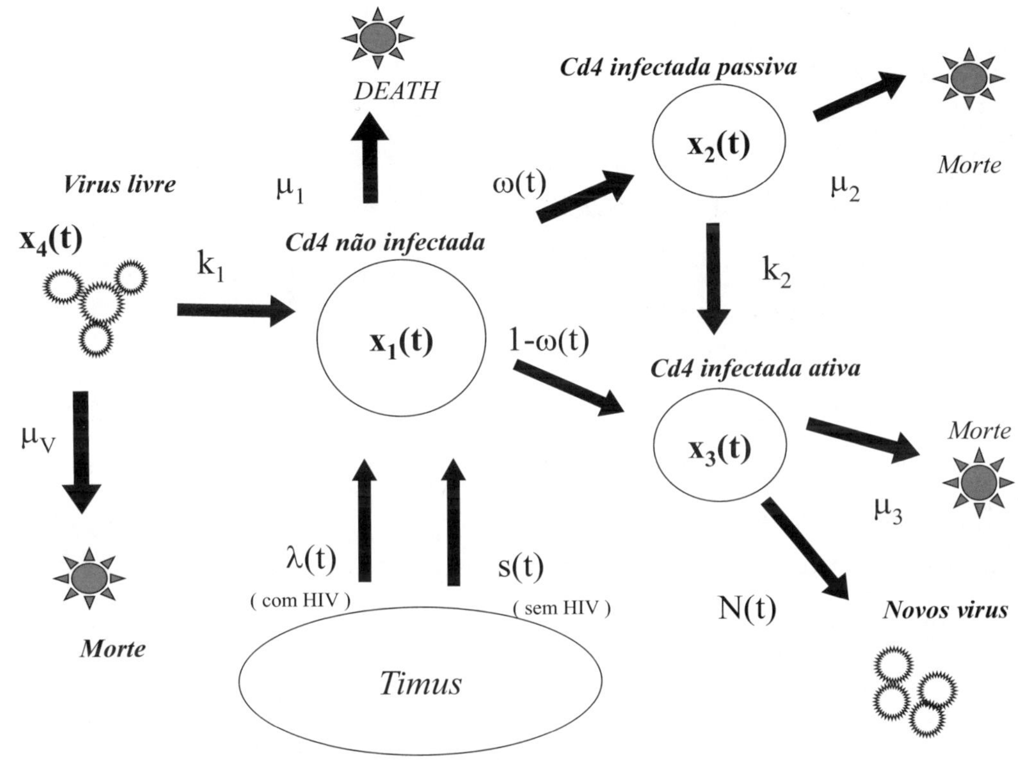

Figura 9.25 – Relação entre as variáveis e os parâmetros do modelo do HIV.

Na presença de vírus livre na corrente sanguínea (x_4), células não infectadas (x_1) podem ser infectadas e tornarem-se ativas (x_2) ou passivas (x_3), dependendo da probabilidade w. As células x_2 podem ser ativadas e tornarem-se células x_3 por meio da taxa de ativação k_2. As células x_3 são de vida curta e, normalmente, morrem com uma taxa m_3. As células x_1, x_2 e o vírus livre na corrente sanguínea tem vida que dependem da taxa de sobrevivência m_1, m_2 e m_v respectivamente. O modelo matemático é composto de quatro equações diferenciais e parâmetros que representam o ataque do HIV às células de defesa CD4-T:

$$\dot{x}_1 = S + \lambda x_1 - x_1\left(\mu_1 + k_1 x_4\right)$$

$$\dot{x}_2 = \omega k_1 x_4 x_1 - x_2\left(\mu_2 + k_2\right)$$

$$\dot{x}_3 = \left(1-\omega\right) k_1 x_4 x_1 + k_2 x_2 - \mu_3 x_3$$

$$\dot{x}_4 = N \mu_3 x_3 - x_4\left(k_1 x_1 + \mu_v\right)$$

Em que $\dot{x}$ representa a derivada no tempo dx/dt, e os valores dos parâmetros do sistema são fornecidos pelas relações:

$$S = \frac{s\theta}{\theta + x_4}$$

$$\lambda = r\left(1 - \frac{x_1 + x_2 + x_3}{T_{max}}\right)$$

$$N = \beta_2 - \left(\beta_2 - N_0\right)e^{-\beta_1 t}$$

com:

$x_1 = x_1(t)$: células $CD4^+$ T não infectadas;

$x_2 = x_2(t)$: célula infectada $CD4^+$ T latente;

$x_3 = x_3(t)$: célula infectada $CD4^+$ T ativa;

$x_4 = x_4(t)$: carga viral do HIV;

s: taxa de geração de x_1;

r: taxa de crescimento estimulada de x_1;

T_{max}: máxima população de célula T;

μ_1: taxa de morte de x_1;

μ_2: taxa de morte de x_2;

μ_3: taxa de morte de x_3;

μ_v: taxa de morte de x_4;

k_1: taxa de infecção de x_1 para x_2 pelos vírus (a ser controlada por medicamento);

k_2: taxa de conversão de x_2 para x_3 (a ser controlada por medicamento);

N: número de vírus produzidos pela célula infectada ativa T;

θ: concentração viral necessária para decrescer s.

De acordo com Tan (Tan & Wu, 1998), quando uma célula x_3 vem a morrer, libera uma quantidade N(t) de vírus na corrente sanguínea. Em todo contexto desses cenários do modelo descrito, existem duas formas possíveis de controle na geração de novos vírus. O primeiro refere-se aos inibidores de transcriptase reversa, e o segundo, aos inibidores de protease.

Existem dois grupos importantes desses inibidores utilizados por pacientes soro-positivos. O grupo dos inibidores de transcriptase reversa é formado por medicamentos como Zidovudina (AZT) e Lamivudina, entre outros, e o segundo grupo formado por Saquinavir, Indinavir e Ritonavir. As terapias podem ser do tipo monoterapia quando utilizado apenas um medicamento de um ou outro grupo. Terapias com mais de um medicamento são conhecidas como multiterapias, ou, ainda, pela sigla HAART – *highly active antiretroviral therapy.*

Os valores de controle com esses inibidores são representados pelos parâmetros k_1 e k_2 no modelo. Para esse exemplo, vamos adotar que o paciente tomará 900 mg de inibidor de transcriptase reversa e 300 mg de inibidor de protease, o que pode ser representado pelo decaimento exponencial na contaminação do paciente por

$$k_1 = K_{10} e^{-med1\,(0.005)}$$
$$k_2 = K_{20} e^{-med2\,(0.005)}$$

Em que med1 = 900 mg e med2 = 300 mg. Para o modelo do HIV, adotaram-se os seguintes valores para a simulação numérica, exibidos na Tabela 9.4.

Tabela 9.4 – Parâmetros do modelo

s = 10	μ_2 = 0.5	θ = 1e+6	β_2 = 65.470	K_{10} = 2.4e-5
r = 0.52	μ_3 = 0.03	ω = 1	μ_1 = 0.4	K_{20} = 0.003
Tmax = 1700	μ_v = 2.4	β_1 = 1		N_0 = 1.400

As condições iniciais da simulação foram as mesmas observadas nos dados reais para CD4 e carga viral, e ajustadas para o número de células latentes e ativas, uma vez que essas não são obtidas por exames.

$x_1(0)$ = 462 células / mm³ $\qquad$ $x_2(0)$ = 0.0128 células / mm³

$x_3(0)$ = 0.027 células / mm³ $\qquad$ $x_4(0)$ = 0.07121 cópias / ml

t_{final} = 365 dias

Os parâmetros da Tabela 9.4 são inseridos no programa em Python, usando-se a função deriv() e odeint(), como nas últimas Subseções. Dois cenários serão produzidos por esses parâmetros, sendo o primeiro aquele em que o paciente estará tomando o medicamento, e um segundo cenário, em que o paciente não toma o medicamento.

Das linhas 12 a 25 do programa a seguir, os parâmetros são inseridos como constantes ao integrador. A linha 28 é o tempo final em dias, considerando neste exemplo 365 dias de simulação. Da linha 31 à linha 37, o programa recebe as condições iniciais anteriores, com as células CD4 ativas, latentes, infectadas e carga viral.

```
11  # ++++ parâmetros do modelo +++++
12  s=10
13  r=0.52
14  Tmax=1700
15  mi1=0.4
16  mi2=0.5
```

```
mi3=0.03
miv=2.4
theta=1e6
w=1
beta1=1
beta2=65470
K10=2.4e-5
K20=0.003
N0=1400

t0=0
tf=365

# condicoes inciais - posicao altitude (h)
x10 = 462
# condicoes inciais - longitude (theta)
x20 = 0.027
# condicoes inciais - Latitude (phi)
x30= 0.128
# condicoes inciais - velocidade  (v)
x40 = 0.07121
# vetor do tempo de integracao
t = np.arange(0, tf, 0.1)
```

O modelo dinâmico é inserido no programa a seguir, das linhas 42 a 55, dentro da função deriv(). A linha 47 e a linha 48 representam a dosagem de 900 mg de inibidor de transcriptase reversa, e 300 mg de inibidor de protease. As linhas 49 e 50 são como os medicamentos atuam em k_1 e k_2, que, logo em seguida aparecem no modelo dinâmico.

O modelo dinâmico propriamente dito é programado entre as linhas 51 e 54, com as equações explicadas anteriormente. As condições iniciais estão na linha 58, com a chamada do integrador na linha 61 com todos os parâmetros sendo enviados para a função deriv() por meio da constante args=( ) dentro da função odeint().

```
41  # Modelo Dinamico
42  def deriv(y, t, s,r,Tmax,mi1,mi2,mi3,miv,theta,w,beta1,beta2,K10,K20,N0):
43      x1,x2,x3,x4 = y
44      S=s*theta/(theta+x4)
45      lamb=r*(1-(x1+x2+x3)/Tmax)
46      N=beta2-(beta2-N0)*exp(-beta1*t)
47      med1=900
48      med2=300
49      k1=K10*exp(-med1*0.005);
50      k2=K20*exp(-med2*0.005);
51      dx1dt = S+lamb*x1-x1*(mi1+k1*x4)
52      dx2dt = w*k1*x4*x1-x2*(mi2+k2)
53      dx3dt = (1-w)*k1*x4*x1+k2*x2-mi3*x3
54      dx4dt = N*mi3*x3-x4*(k1*x1+miv)
55      return dx1dt, dx2dt, dx3dt, dx4dt
56
```

```
57  # Condicao Inicial
58  y0 = x10, x20, x30, x40
59
60  # Integrador numerico
61  ret = odeint(deriv, y0, t, args=(s,r,Tmax,mi1,mi2,mi3,
62                                   miv,theta,w,beta1,beta2,
63                                   K10,K20,N0))
64
65  x1, x2, x3, x4 = ret.T
66  # ++++++++++++++++++++++++++++++++++++++++++++++++++++++++++++++++++
```

O resultado final da simulação é salvo nas variáveis na linha 65, no formato de *array* advindo do integrador de Runge-Kutta da função odeint(). A Figura 9.26 apresenta o resultado da simulação numérica para a invasão do HIV.

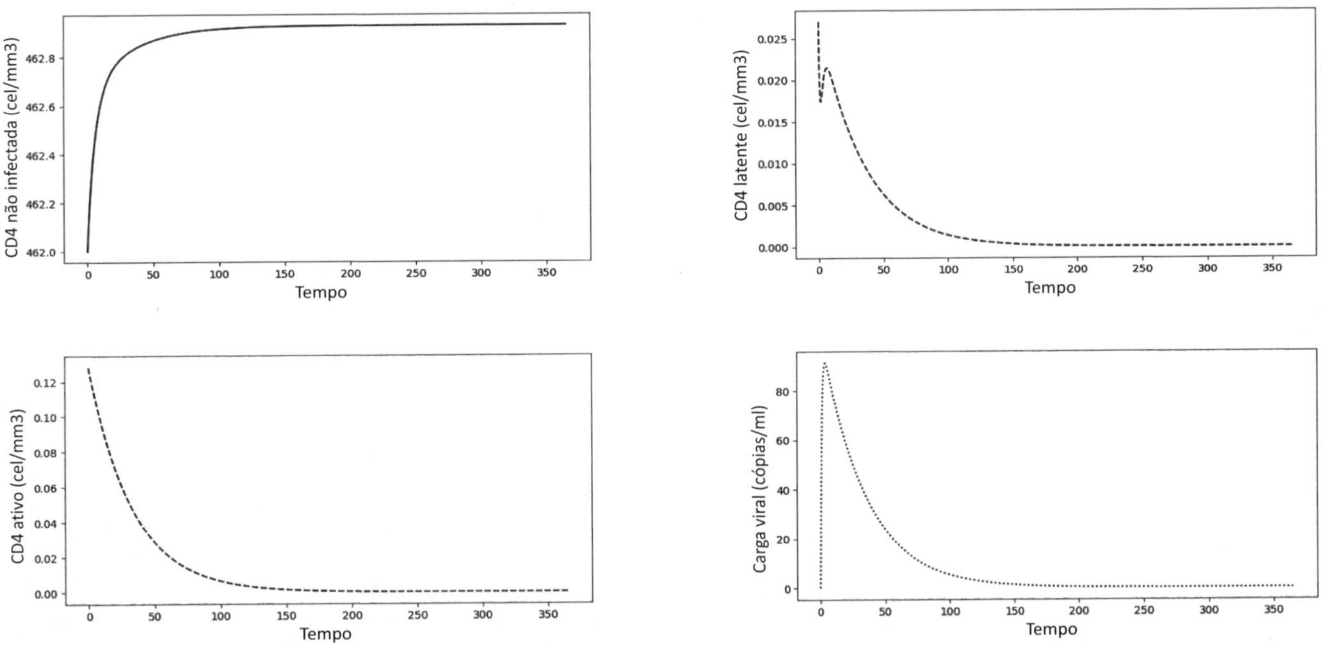

Figura 9.26 – Solução numérica para a invasão celular do HIV com atuação dos medicamentos.

O primeiro gráfico da Figura 9.26, acima e à esquerda, apresenta o resultado de um ano de controle da doença. Mesmo com a invasão das células CD4-T, os medicamentos mantêm a contagem de células sadias, o que resulta na queda das células infectadas passivas do segundo gráfico à direita, e das células infectadas ativas, que produzem novos vírus. Esse resultado das células ativas pode ser visto no terceiro gráfico da figura, abaixo e à esquerda. A queda exponencial mostra que novos vírus vão diminuir na corrente sanguínea.

E, realmente, a carga viral diminui, como pôde ser visto no último gráfico da Figura 9.26, abaixo e à direita. Do valor inicial de 0.07121 cópias/ml, a carga viral chega em poucos dias a 75 cópias/ml, mas, devido ao uso do medicamento, reduz a zero no final do período.

Na Figura 9.27, apresentamos o caso em que o medicamento não é inserido no modelo, simulando um paciente que não está medicado. Para isso, basta colocar o valor zero nas linhas 47 e 48 do *script* em Python, dentro da função deriv().

```
41  # Modelo Dinamico
42  def deriv(y, t, s,r,Tmax,mi1,mi2,mi3,miv,theta,w,beta1,beta2,K10,K20,N0):
43      x1,x2,x3,x4 = y
44      S=s*theta/(theta+x4)
45      lamb=r*(1-(x1+x2+x3)/Tmax)
46      N=beta2-(beta2-N0)*exp(-beta1*t)
47      med1=0
48      med2=0
49      k1=K10*exp(-med1*0.005);
50      k2=K20*exp(-med2*0.005);
51      dx1dt = S+lamb*x1-x1*(mi1+k1*x4)
52      dx2dt = w*k1*x4*x1-x2*(mi2+k2)
53      dx3dt = (1-w)*k1*x4*x1+k2*x2-mi3*x3
54      dx4dt = N*mi3*x3-x4*(k1*x1+miv)
55      return dx1dt, dx2dt, dx3dt, dx4dt
```

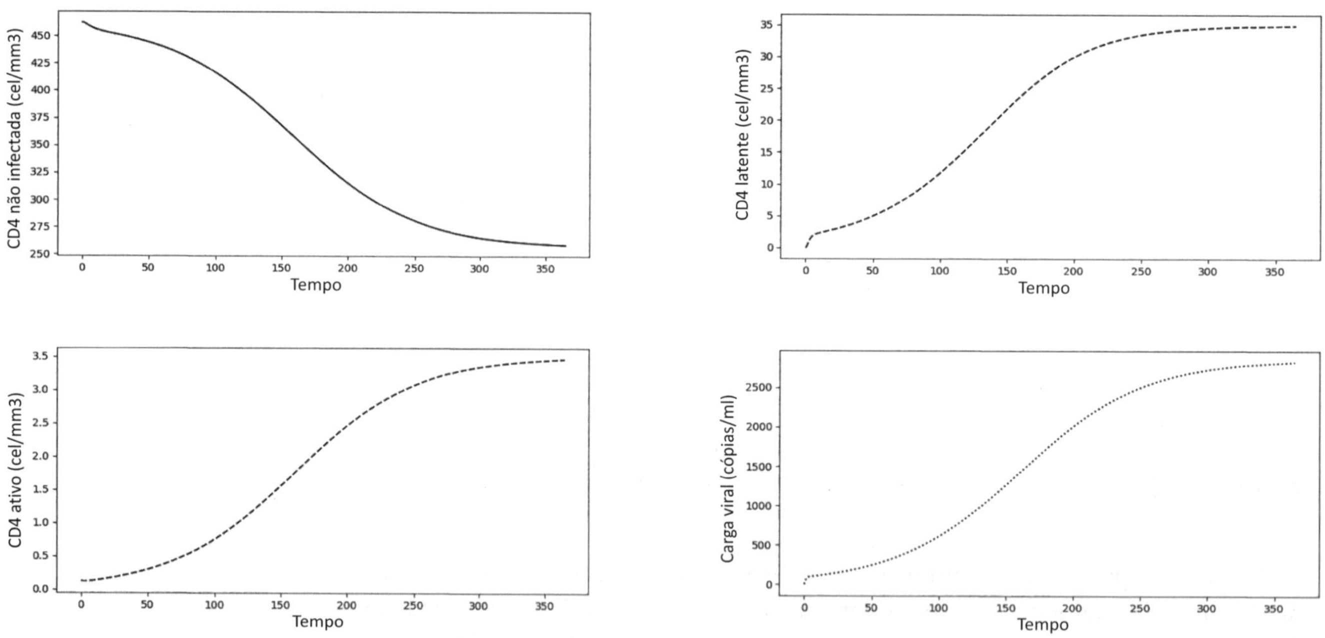

Figura 9.27 – Solução numérica para a invasão celular do HIV sem controle do medicamento para a transcriptase reversa e protease.

As células de defesa CD4 não infectadas, no caso sem medicamento, caem drasticamente do patamar de 462 células/mm^3 para 250 células/mm^3, como visto no primeiro gráfico acima e à esquerda, na Figura 9.27. E, com essa queda, a defesa imunológica perde a batalha diariamente para o vírus, que só aumenta. O último gráfico abaixo e à direita na Figura apresenta o valor da carga viral que sai de 0.071 cópias/ml para 2.824 cópias/ml.

9.7.5 AQUECIMENTO GLOBAL

As pesquisas e o debate sobre o aquecimento global tenderão a ser mais intensificados nos próximos anos. Muita controvérsia e discussão sobre forma de medir, tipos de variáveis, tratamento de dados, qualidade dos sensores, enfim, tudo o que estiver relacionado ao tema será alvo de discussões.

Entre os gases de efeito estufa, está o dióxido de carbono, ou CO_2. Muita discussão está envolvida sobre a influência direta ou não do CO_2 no aquecimento global. Nos diversos painéis de pesquisas do mundo, atualmente há um consenso de que nós, seres humanos, e nosso poder de emissão somos responsáveis pelo aumento na média global da temperatura na Terra.

Observando a temperatura anual global medida por satélites da Nasa e de outras agências espaciais, podemos verificar rapidamente no gráfico que o CO_2, mesmo sem influência direta, exerce fator preponderante no aumento da temperatura global. No portal Our World Data (<https://ourworldindata.org/co2-emissions>), podemos correlacionar e compilar todos os dados sobre emissões e temperaturas desde os anos 1700.

A Figura 9.28 apresenta dados sobre a temperatura média anual na Terra no eixo da esquerda, contra dados sobre a variação absoluta da emissão de CO_2 na atmosfera (em toneladas de CO_2). Por esse gráfico, podemos observar anos com variação negativa de emissão no século XX, sobretudo durante a Segunda Guerra Mundial e na pandemia da covid-19. Mas, fora esses dois períodos, a variação positiva foi superposta à variação negativa.

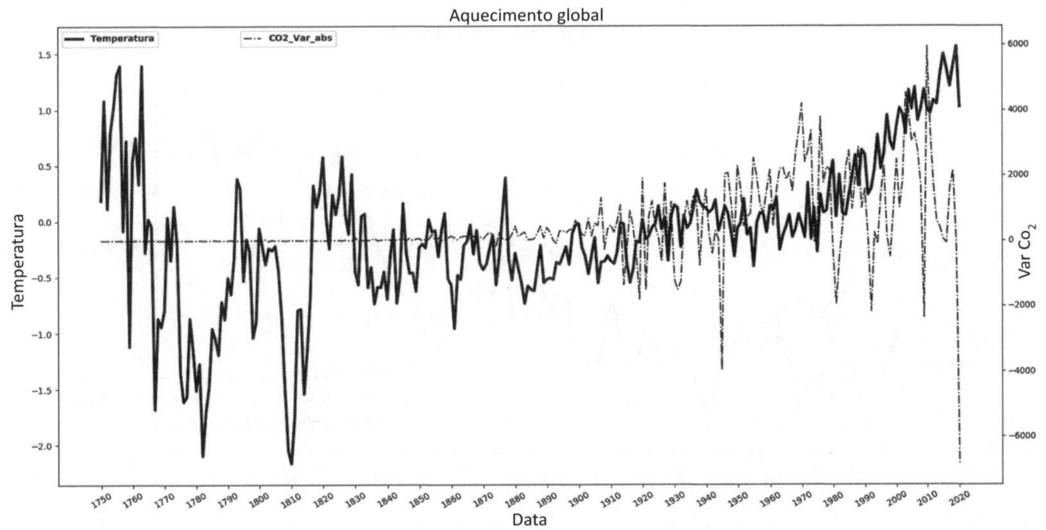

Figura 9.28 – Temperatura global x variação na emissão de CO_2 (*Our World Data*).

Aproveitando os mesmos dados, para eliminarmos possíveis confusões com os valores negativos que provocam grande volatilidade, fizemos um grupamento a cada 50 anos, calculando as mínimas emissões, as médias e as máximas, transportando os resultados para o *boxplot* apresentado na Figura 9.29. A linha de traço mais forte é a união entre as medianas, o que não deixa dúvida sobre o aumento crescente nas emissões, apesar da drástica queda durante a pandemia da covid-19.

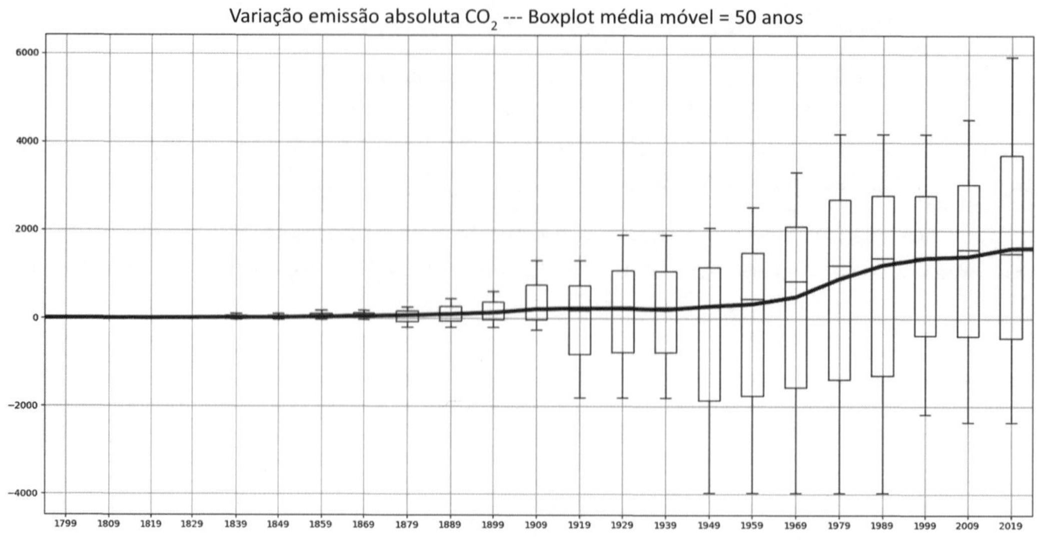

Figura 9.29 – *Boxplot* da variação na emissão de CO_2 a cada 50 anos.

As variações nas emissões de CO_2 estão crescentes e, em mediana, estão aumentando por períodos de 50 anos desde o final dos anos 1700. Para a emissão de CO_2 pelos Estados Unidos desde 1947, podemos ver uma grande correlação na Figura 9.30. E, sendo os Estados Unidos o país de maior importância financeira ao longo do século XX, não se pode negar sua influência sobre o clima global.

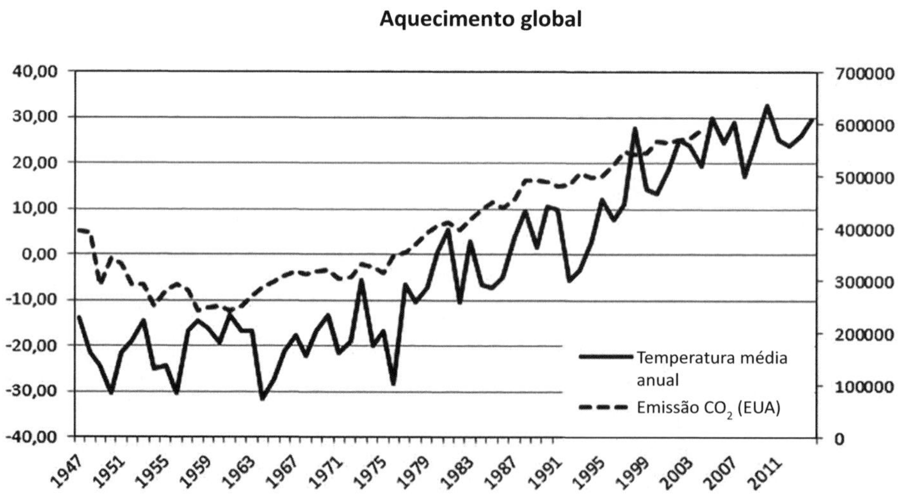

Figura 9.30 – Emissão de CO_2 pelos Estados Unidos e temperatura média anual no mundo.

Outro país de grande importância para o mundo, sobretudo na última década do século XX, é a China. Com sua rápida e crescente expansão da economia, a China tornou-se também, como os Estados Unidos, um dos maiores responsáveis na emissão de gases de efeito estufa, como pode ser observado na Figura 9.31. A discussão, então, obviamente no futuro, dar-se-á em relação à expansão ou não da economia como forma de controlar alterações mais severas sobre o clima

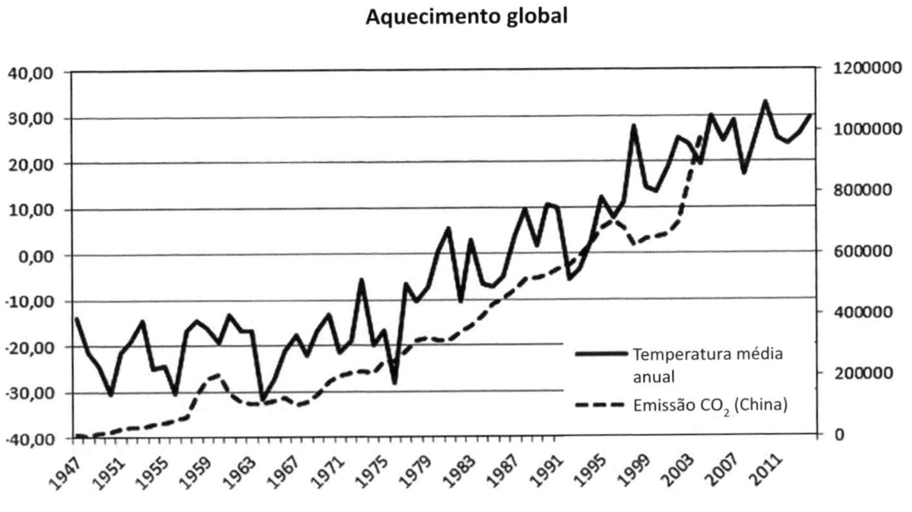

Figura 9.31 – Emissão de CO_2 – China e temperatura média anual global.

Qualquer que seja o país que tenha uma economia aquecida e sem leis ou regras claras sobre o controle na emissão de CO_2, terá por consequência alta correlação entre PIB e aquecimento global. E desse fato não escapam os países em desenvolvimento, entre eles Brasil e Índia.

A Figura 9.32 apresenta um gráfico no qual se percebe claramente, desde os anos 1960, a estreita relação entre crescimento econômico do PIB per capita da Índia por sua emissão de CO_2 em toneladas métricas.

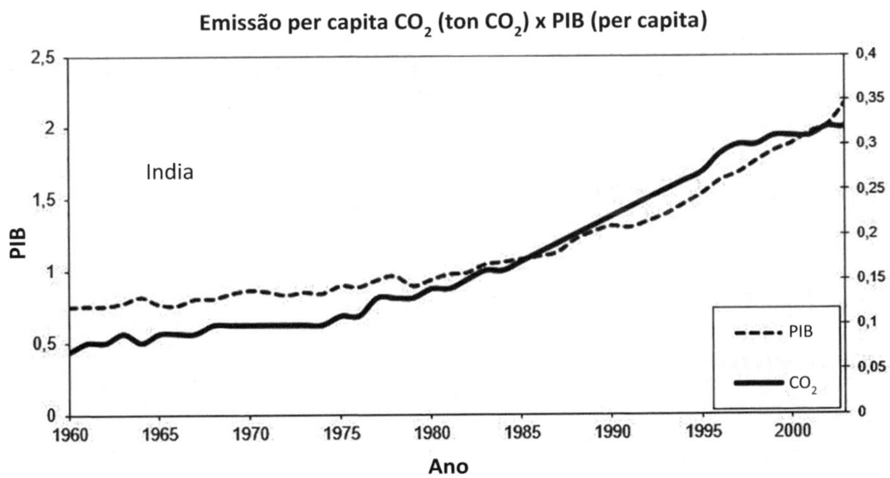

Figura 9.32 – Emissão de CO_2 per capita na Índia e PIB per capita.

Diante desse fato, em 2008, construímos um modelo inédito (Caetano *et al.*, 2008), no qual relacionamos a economia com as emissões de CO_2. Representamos a economia por dados de PIB, um possível controle com dados de área florestal dos países e, por fim, a quantidade de CO_2 nos países. A Figura 9.33 apresenta o esquema dinâmico do modelo construído.

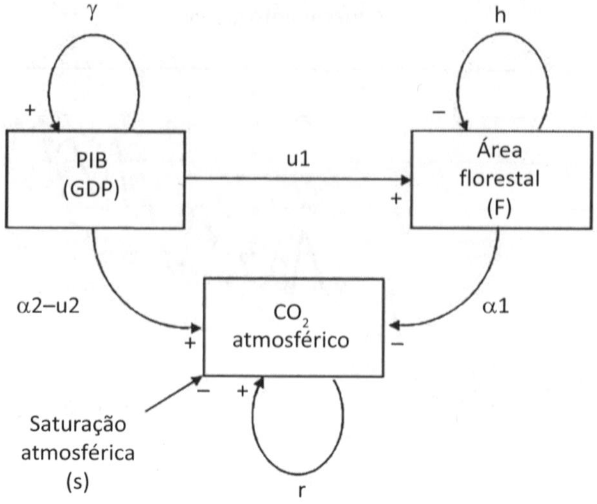

Figura 9.33 – Esquema do modelo dinâmico.

A caixa CO_2 representa emissão de gás carbônico, *F*, área de florestas; GDP representa Produto Interno Bruto (PIB), em sua sigla em inglês, *r* é o parâmetro que indica a taxa de emissão do dióxido de carbono; *s*, o nível de saturação atmosférica; α_1, a proporção de gás carbônico retirado da atmosfera por área florestada; α_2, a porcentagem do PIB que se converte em aumento de emissão de CO_2.

A variável *h* se refere à taxa de desmatamento de floresta; γ, à taxa de crescimento do PIB com u_1 e u_2 sendo as variáveis de controle referentes à percentagem do PIB destinada ao reflorestamento e à percentagem do PIB destinada ao desenvolvimento de tecnologias limpas, respectivamente.

Em termos de modelo matemático, o sistema de equações representa o balanceamento entre as diversas medidas para as emissões do dióxido de carbono (CO_2), o montante em floresta (F) e o quanto o produto interno bruto (PIB) influencia na emissão de CO_2.

$$\begin{cases} [\dot{CO_2}] = r[CO_2]\left(1 - \dfrac{[CO_2]}{s}\right) - \alpha_1 F + (\alpha_2 - u_2)(GDP) \\ \dot{F} = u_1(GDP) - hF \\ (\dot{GDP}) = \gamma(GDP) \end{cases}$$

O ponto acima das variáveis, no lado esquerdo das equações, representa a derivada da variável em relação ao tempo, ou seja, a taxa de variação de cada variável, à medida que o tempo avança (*dx/dt*, *dy/dt* etc.).

O investimento em reflorestamento u_1 é considerado uma variável de controle nas emissões, na medida em que seu aumento faz a segunda equação ampliar a área plantada em floresta. A outra variável de controle é o investimento em tecnologia limpa u_2, cujo aumento faz com que a emissão de CO_2 diminua na primeira equação do modelo.

Para o caso do exemplo, emprestamos as definições de parâmetro e comparamos os valores da simulação numérica com dados reais das coníferas do Leste Europeu, como realizado no artigo (Caetano *et al.*, 2008). Os parâmetros ajustados para os dados reais desde 1961 até 1996 em Python são os apresentados a seguir:

```
# ++++ parâmetros do modelo +++++
s=650                    # capacidade de suporta da atmosfera
r=0.15                   # taxa de emissao
gamma=0.035              # taxa de crescimento do PIB
alfa1=0.0006             # quantidade de remocao de CO2 pela floresta
alfa2=0.00005            # relacao PIB com producao de CO2
u1=0.00012               # investimento em reflorestamento
u2=0.00008               # investimento em tecnologia limpa
h=0.0001                 # desmantamento das florestas
```

Os dados reais estão em tabela Excel, apresentados a seguir, para serem comparados com a simulação numérica. Esses dados serão importados via biblioteca pandas, sendo colocados em formato DataFrame para análise.

Tabela 9.5 – Dados reais para emissão de CO_2 e área de floresta de coníferas

	A	B	C	D
1	ano	co2	floresta	
2	1961	398,612	43	
3	1962	420,84	42	
4	1963	449,51	40	
5	1964	465,366	43	
6	1965	481,651	42,8	
7	1966	495,778	42	
8	1967	505,513	42,7	
9	1968	534,573	44	
10	1969	564,561	46	
11	1970	589,906	49	
12	1971	602,216	50	
13	1972	620,846	50,5	
14	1973	657,695	54	
15	1974	639,279	52	
16	1975	616,737	43	
17	1976	653,454	48	
18	1977	642,065	49,5	
19	1978	661,596	49	
20	1979	697,76	53	
21	1980	685,263	55	
22	1981	654,921	51	
23	1982	629,203	50	
24	1983	615,39	52	
25	1984	608,945	53	
26	1985	630,922	51	
27	1986	622,64	51,5	
28	1987	627,711	52	
29	1988	604,784	53	
30	1989	633,75	57	
31	1990	641,442	59,5	
32	1991	649,163	56	
33	1992	637,565	56,3	
34	1993	618,539	56,4	
35	1994	619,971	62	
36	1995	633,083	64,9	
37	1996	659,227	64	

As condições iniciais para emissão de CO_2 e área plantada de coníferas são retiradas da Tabela 9.5. A condição inicial do PIB europeu foi estimada pelo nosso artigo (Caetano *et al.*, 2008) em US$ 2.787 bilhões, em valores de 1961.

```
22  t0=0
23  tf=36
24
25  # condicoes inciais - emissao de CO2
26  Co20 = 398
27  # condicoes inciais - floresta (F)
28  F0 = 43
29  # condicoes inciais - PIB
30  Gdp0= 2787
31
32  # vetor do tempo de integracao
33  t = np.arange(0, tf, 0.1)
```

A parte de implementação do modelo dinâmico via função deriv() e com o integrador odeint() repete os passos das subseções anteriores, como apresentado a seguir. O modelo é programado entre as linhas 38 e 40 do *script*.

```
35  # Modelo Dinamico
36  def deriv(y, t, s,r,gamma,alfa1,alfa2,u1,u2,h):
37      Co2, F, Gdp = y
38      dCo2dt = r*Co2*(1-Co2/s)-alfa1*F+(alfa2-u2)*Gdp
39      dFdt = u1*Gdp - h*F
40      dGdpdt = gamma*Gdp
41      return dCo2dt, dFdt, dGdpdt
42
43  # Condicao Inicial
44  y0 = Co20, F0, Gdp0
45
46  # Integrador numerico
47  ret = odeint(deriv, y0, t, args=(s,r,gamma,alfa1,alfa2,u1,u2,h))
48
49  Co2, F, Gdp = ret.T
50  # ++++++++++++++++++++++++++++++++++++++++++++++++++++++++++++++++++
```

A Figura 9.34 mostra a comparação entre os resultados da simulação numérica e os dados reais coletados para a emissão de CO_2 da Itália, entre os anos de 1961 e 1996. Com o modelo, pode-se simular crescimentos ou crises econômicas e suas consequências em termos de emissão de CO_2. Uma vez com dados simulados, pode-se ainda adicionar dados aleatórios advindos de estatísticas reais, ou então, usar os resultados por meio de qualquer método dinâmico de otimização, encontrar melhores políticas públicas de controle nas emissões.

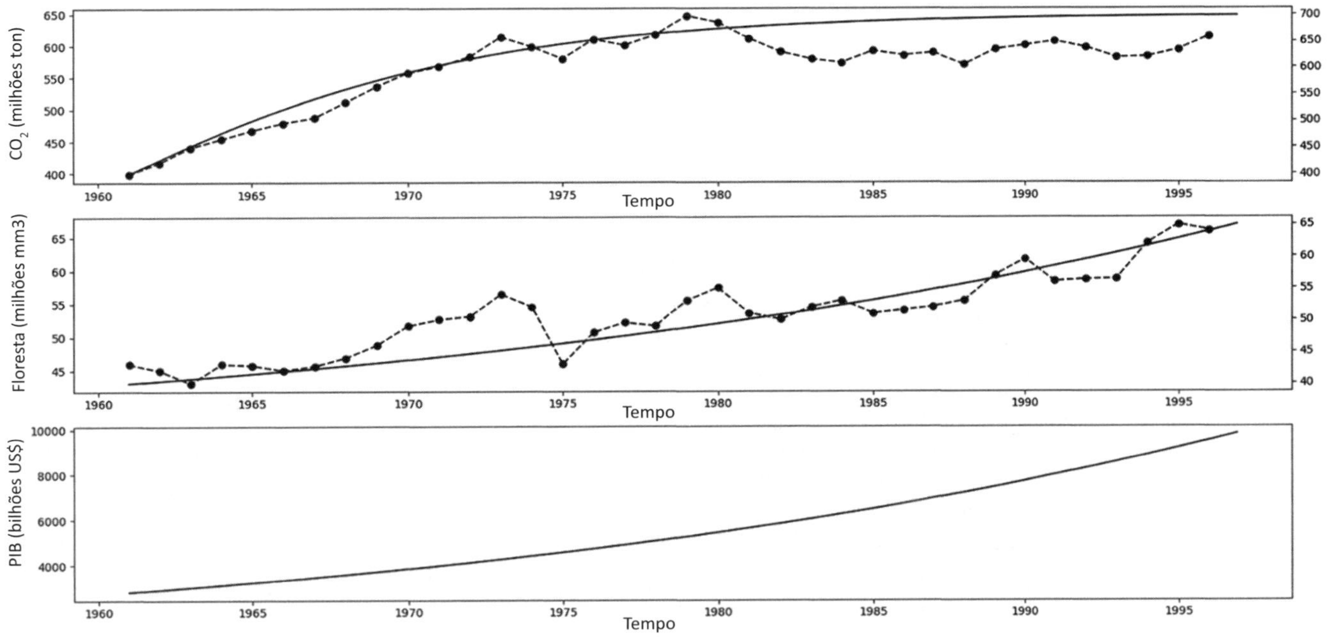

Figura 9.34 – Comparação entre a simulação numérica e dados reais para as coníferas da Europa, de 1961 a 1995.

Na Figura 9.34, podemos ver o bom ajuste entre os dados reais e o modelo matemático, mostrando um crescimento rápido nas emissões da Europa até 1980, quando os reflorestamentos começaram a surtir efeito, estacionando as emissões a partir de então até o final dos dados disponíveis, em 1996. A seguir, apresenta-se o programa completo do modelo de aquecimento global em Python.

Os *scripts* deste capítulo, como de todos os outros capítulos, estão no repositório do GitHub, podendo ser baixados gratuitamente. Como sempre alertamos, o leitor apenas deverá ter cuidado com as atualizações das bibliotecas do Python utilizadas no texto, pois, caso sejam diferentes, os programas não funcionarão a contento. O link é: <https://github.com/malcaetano/Eden_Algoritmos_Python/tree/main/Cap9>.

```
############## EDO AQUECIMENTO GLOBAL #####################
import numpy as np
import pandas as pd
from scipy.integrate import odeint
import matplotlib.pyplot as fig






# ++++ parâmetros do modelo +++++
s=650                  # capacidade de suporta da atmosfera
r=0.15                 # taxa de emissao
gamma=0.035            # taxa de crescimento do PIB
alfa1=0.0006           # quantidade de remocao de CO2 pela floresta
alfa2=0.00005          # relacao PIB com producao de CO2
u1=0.00012             # investimento em reflorestamento
```

```
u2=0.00008            # investimento em tecnologia limpa
h=0.0001              # desmantamento das florestas

t0=0
tf=36

# condicoes inciais - emissao de CO2
Co20 = 398
# condicoes inciais - floresta (F)
F0 = 43
# condicoes inciais - PIB
Gdp0= 2787

# vetor do tempo de integracao
t = np.arange(0, tf, 0.1)

# Modelo Dinamico
def deriv(y, t, s,r,gamma,alfa1,alfa2,u1,u2,h):
    Co2, F, Gdp = y
    dCo2dt = r*Co2*(1-Co2/s)-alfa1*F+(alfa2-u2)*Gdp
    dFdt = u1*Gdp - h*F
    dGdpdt = gamma*Gdp
    return dCo2dt, dFdt, dGdpdt

# Condicao Inicial
y0 = Co20, F0, Gdp0

# Integrador numerico
ret = odeint(deriv, y0, t, args=(s,r,gamma,alfa1,alfa2,u1,u2,h))

Co2, F, Gdp = ret.T
# ++++++++++++++++++++++++++++++++++++++++++++++++++++++++++++++++++++

df=pd.read_excel('AqGlobal.xlsx',sheet_name='Planilha1')
df=df.set_index('ano')
figura, ax1 = fig.subplots(3,1)
ax1[0].plot(t+1961,Co2, '-k')
ax2=ax1[0].twinx()
df['co2'].plot(style='--o',color='black',ax=ax2)
ax1[0].set_xlabel('tempo',fontsize=10)
ax1[0].set_ylabel('CO2(milhões ton)', fontsize=10)
#fig.tight_layout()

ax1[1].plot(t+1961, F, '-k')
ax2=ax1[1].twinx()
df['floresta'].plot(style='--o',color='black',ax=ax2)
ax1[1].set_xlabel('tempo',fontsize=10)
ax1[1].set_ylabel('Floresta(milhões mm3)', fontsize=10)
#fig.tight_layout()

ax1[2].plot(t+1961, Gdp, '-k')
ax1[2].set_xlabel('tempo',fontsize=10)
ax1[2].set_ylabel('PIB(bilhões US$)', fontsize=10)
```

Capítulo **10**

Jogos diferenciais

10.1 INTRODUÇÃO

Um jogo é um evento que ocorre pela interação entre dois ou mais participantes que buscam atingir da melhor maneira possível um único objetivo: vencer o adversário. A teoria dos jogos serve para o modelamento matemático de diversos tipos de jogos, em que os adversários, conhecidos como agentes de decisão, interagem entre si mediante regras lógicas. Mesmo em jogos com regras simples, a dedução e a escolha da melhor tática leva a uma enorme complexidade, em que as soluções, quando existem, rendem teoremas e demonstrações do mais alto nível.

A área mais atuante e beneficiada na teoria dos jogos foi a economia, graças a John von Neumann e Oskar Morgenstern, que publicaram o livro *The Theory of Games and Economic Behaviour* em 1944. A partir de uma área de estudos conhecida como *jogos não cooperativos*, John Nash provou a existência de um equilíbrio de estratégias mistas para esses jogos. Tal equilíbrio passou a ser denominado de *equilíbrio de Nash*, que rendeu a Nash, John Harsanyi e Reinhard Selten o Prêmio Nobel pelas contribuições à teoria dos jogos.

J. von Neumann e Morgenstern inovaram essa teoria, segundo comenta Isaacs (1965). Foram eles que criaram o conceito de estratégia, o valor de um jogo, e delinearam soluções com estratégias ótimas. Jogos usando a clássica teoria dos jogos se deparam com dois grandes problemas.

O primeiro é a dificuldade quando há dois oponentes com objetivos conflitantes, e deseja-se tomar as melhores decisões possíveis, levando em conta que seu antagonista está fazendo o mesmo. O segundo problema é que as restrições são dinâmicas, ou seja, os modelos são baseados em alvos e objetivos que se movem e mudam constantemente. Para isso, esses modelos devem ser tratados usando-se equações diferenciais. Graças a von Neumann e Morgenstern, esses novos tipos de desafios levaram a teoria dos jogos para uma nova linha de pesquisa, conhecida como *jogos diferenciais*.

Por exemplo, batalhas são tratadas como jogos de guerra, em que os personagens dos modelos são aviões de caça, submarinos, mísseis, baterias antiaéreas, e um jogador (exército) e seu inimigo possuem as mesmas armas e táticas. Ambos os jogadores buscam minimizar as perdas de seus homens e maximizar os estragos do exército adversário.

Nas decisões e estratégias em jogos diferenciais, os jogadores devem ter atitudes baseadas em várias ações que são controladas por eles, conhecidas como variável de controle. Isso pode ser um controle de velocidade, de ângulo de ataque, de ângulo de fuga, de potência dos motores, de força de empuxo, entre tantas variações existentes. Essas variáveis de controle acabam governando as outras variáveis associadas ao jogo, conhecidas como *variáveis de estado*. Por exemplo, elas podem ser posição, velocidade, localização espacial, tempo final de ataque; todas as que são controladas teoricamente pelas variáveis de controle.

Para se estabelecer a estratégia ótima, as variáveis de controle maximizam ou minimizam uma regra geral que mede o desempenho do jogador. Essa regra geral é representada por uma função chamada de objetivo.

Este capítulo não tratará de toda a teoria dos jogos diferenciais, que é assunto para muitos livros, mas focará apenas num tipo de jogo diferencial, o jogo perseguidor-evasor, mostrando como as estratégias básicas funcionam com programações simples para resolução de problemas interessantes e reais.

10.2 JOGO PERSEGUIDOR-EVASOR

Um jogo perseguidor-evasor consiste em um jogo cujo objetivo é um jogador perseguir e capturar seu oponente. Essa captura do adversário pode ser para aprisionamento, pela destruição com um míssil de um local, pelo abatimento de uma aeronave de combate ou para saciar a fome, no caso do mundo animal (leopardos capturando antílopes, por exemplo).

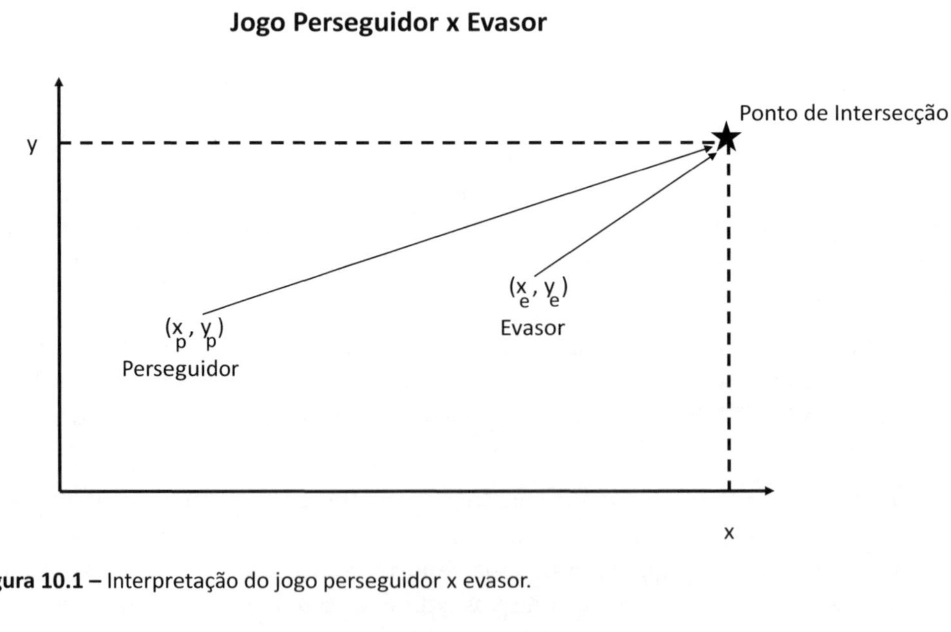

Figura 10.1 – Interpretação do jogo perseguidor x evasor.

Cada jogador parte com velocidades e ângulos, e o perseguidor tem sua velocidade de perseguição supostamente maior do que a velocidade do evasor, para que seu objetivo seja atingido. Sejam

v_p: velocidade do perseguidor;

θ_p: ângulo do perseguidor com a linha horizontal;

v_e: velocidade do evasor;

θ_e: ângulo do evasor com a linha horizontal.

Caso a velocidade do perseguidor v_p não seja maior do que a velocidade do evasor, o perseguidor não conseguirá capturar o evasor. Por isso, adota-se a hipótese de que $v_p = \alpha v_e$ com o parâmetro $\alpha \geq 1$. A Figura 10.2 apresenta a interpretação geométrica da dinâmica de perseguição e evasão, em que *d* é a distância medida a todo instante entre o perseguidor e o evasor

$$d = \sqrt{\left(x_e - x_p\right)^2 + \left(y_e - y_p\right)^2}$$

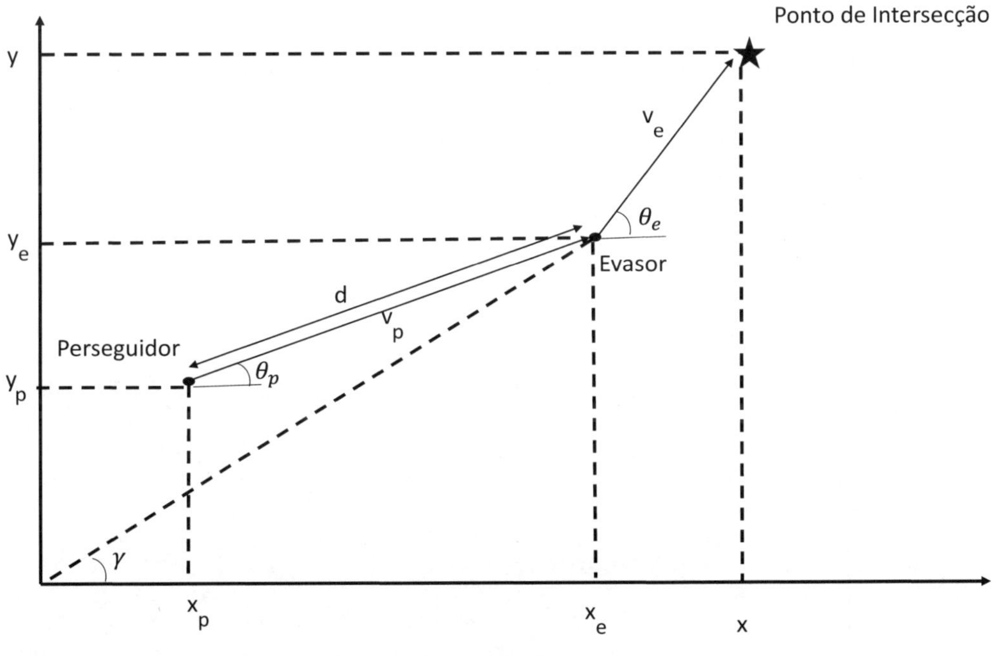

Figura 10.2 – Ângulos e velocidades do perseguidor e evasor.

A dinâmica do jogo em função das velocidades e dos ângulos de deslocamento se dá por meio das seguintes equações diferenciais:

$$\dot{x}_e = v_e \, cos(\theta_e)$$

$$\dot{y}_e = v_e \, sen\left(\theta_e\right)$$

$$\dot{x}_p = v_p \, cos(\theta_p)$$

$$\dot{y}_p = v_p \, sen\left(\theta_p\right)$$

em que o operador ponto representa a derivada no tempo, ou seja, (.) = d/dt. O ângulo do perseguidor pode ser substituído nas equações como

$$sen(\theta_p) = \frac{y_e - y_p}{d}$$

$$cos(\theta_p) = \frac{x_e - x_p}{d}$$

Com essas interpretações, as equações da dinâmica de perseguição e evasão podem ser alteradas para o novo modelo

$$\dot{x}_e = v_e\, cos(\theta_e)$$

$$\dot{y}_e = v_e\, sen(\theta_e)$$

$$\dot{x}_p = v_p \frac{x_e - x_p}{d}$$

$$\dot{y}_p = v_p \frac{y_e - y_p}{d} \qquad (10.1)$$

A determinação dos ângulos de evasão e perseguição precisará da interpretação geométrica sobre o ponto de intersecção. Para interceptar o evasor, o perseguidor não poderá se fixar no ponto onde está o evasor, mas, sim, num ponto à frente, no qual possivelmente o evasor estará. Se o perseguidor ficar mirando o evasor no ponto onde ele está se deslocando, o ponto de intersecção não será alcançado. Então, a determinação dos ângulos θ_e e θ_p deverá ser no ponto fora da linha de ligação entre perseguidor e evasor.

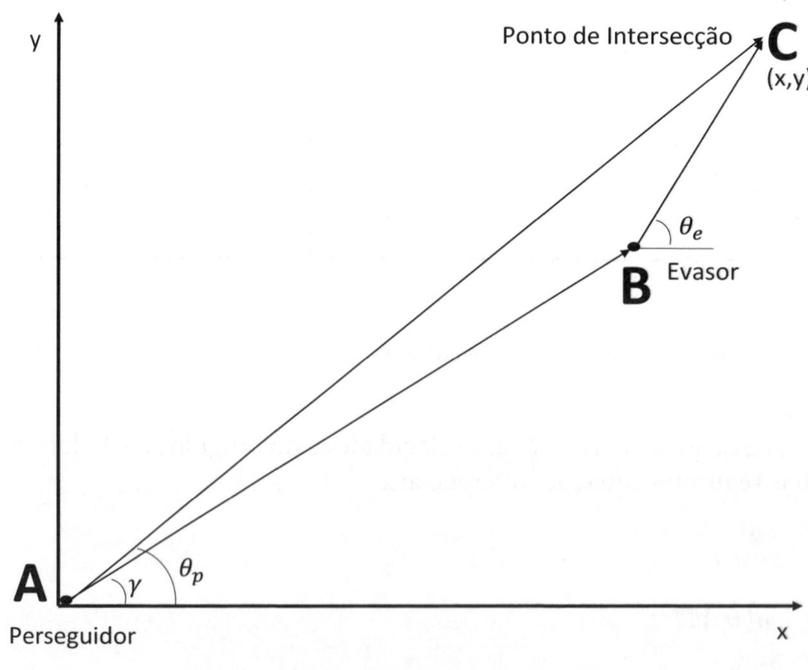

Figura 10.3 – Interpretação geométrica do jogo de perseguição e evasão.

Por hipótese, a velocidade do perseguidor deverá ser maior do que a do evasor, a fim de termos a intersecção, ou seja,

$$v_p = \alpha\, v_e \left(\alpha \geq 1\right)$$

Logo, as distâncias representadas na Figura 10.3 serão

$$dist\left(A, C\right) = \alpha\ dist\left(B, C\right),$$

ou seja,

$$\sqrt{x^2 + y^2} = \alpha\sqrt{\left(x - x_e\right)^2 + \left(y - y_e\right)^2}$$

Elevando ao quadrado ambos os lados,

$$x^2 + y^2 = \alpha^2\left(x - x_e\right)^2 + \alpha^2\left(y - y_e\right)^2 \tag{10.2}$$

(⇒)

$$x^2 - \alpha^2\left(x - x_e\right)^2 = \alpha^2\left(y - y_e\right)^2 - y^2$$

Para o ponto de intersecção ser atingível, mudanças no deslocamento do ponto C devem ser as mesmas para as relações de distâncias entre perseguidor e evasor. A diferenciação em relação a x na expressão anterior deve ser respeitada em ambos os lados da igualdade, ou seja,

$$\frac{d\left(x^2 - \alpha^2\left(x - x_e\right)^2\right)}{dx} = \frac{d\left(\alpha^2\left(y - y_e\right)^2 - y^2\right)}{dx}$$

(⇒)

$$\frac{d\left(x^2 - \alpha^2\left(x - x_e\right)^2\right)}{dx} = 0$$

(⇒)

$$2x - 2\alpha^2\left(x - x_e\right) = 0$$

(⇒)

$$2x - 2x\alpha^2 = -2x_e\alpha^2$$

Isso nos leva à determinação do ponto x na intersecção em função do deslocamento do evasor, ou seja,

$$x = \frac{x_e \alpha^2}{\alpha^2 - 1} \tag{10.3}$$

Para encontrar o ponto y, basta substituir (10.3) em (10.2) e executar os passos para isolar y em função dos pontos conhecidos x_e e y_e. Partindo-se, então, de (10.2),

$$\frac{x_e^2 \alpha^4}{\left(\alpha^2 - 1\right)^2} - \alpha^2 \left(\frac{x_e \alpha^2}{\alpha^2 - 1} - x_e \right)^2 = \alpha^2 \left(y - y_e \right)^2 - y^2$$

(⇒)

$$\frac{x_e^2 \alpha^4}{\left(\alpha^2 - 1\right)^2} - \frac{\alpha^2 x_e^2}{\left(\alpha^2 - 1\right)^2} = \alpha^2 \left(y - y_e \right)^2 - y^2$$

(⇒)

$$\frac{x_e^2 \alpha^2}{\alpha^2 - 1} = \alpha^2 y^2 - 2\alpha^2 y y_e + \alpha^2 y_e^2 - y^2$$

Passando-se o termo $\alpha^2 - 1$, multiplicando o lado direito da equação anterior e fazendo-se as devidas operações, chega-se à equação

$$\alpha^2 \left(x_e^2 + y_e^2 \right) = \left(y\left(\alpha^2 - 1\right) - \alpha^2 y_e \right)^2$$

(⇒)

$$y\left(\alpha^2 - 1\right) = \alpha^2 y_e + \alpha \sqrt{x_e^2 + y_e^2}$$

O que nos leva à relação de y com os pontos do evasor

$$y = \frac{\alpha^2 y_e + \alpha \sqrt{x_e^2 + y_e^2}}{\alpha^2 - 1} \tag{10.4}$$

Agora, com as relações entre (x, y) e (x_e, y_e), poderemos determinar o ângulo do evasor a todo instante θ_e usando a relação trigonométrica da Figura 10.2.

$$tg\left(\theta_e\right) = \frac{y - y_e}{x - x_e}$$

Substituindo (10.3) e (10.4) na relação anterior,

$$tg(\theta_e) = \frac{\dfrac{\alpha^2 y_e + \alpha\sqrt{x_e^2 + y_e^2} - y_e(\alpha^2 - 1)}{\alpha^2 - 1}}{\dfrac{x_e\alpha^2 - x_e(\alpha^2 - 1)}{\alpha^2 - 1}}$$

(⇒)

$$tg(\theta_e) = \frac{y_e + \alpha\sqrt{x_e^2 + y_e^2}}{x_e}$$

O que nos leva à determinação do ângulo do evasor

$$\theta_e = arctan\left(\frac{y_e}{x_e} + \alpha\sqrt{1 + \frac{y_e^2}{x_e^2}}\right) \tag{10.5}$$

Efetuando a mesma maneira para encontrar o ângulo do perseguidor e observando que

$$tg(\theta_p) = \frac{y}{x}$$

chegamos à determinação do ângulo do perseguidor como

$$\theta_p = arctan\left(\frac{y_e}{x_e} + \frac{\sqrt{1 + \dfrac{y_e^2}{x_e^2}}}{\alpha}\right) \tag{10.6}$$

As Equações da dinâmica do jogo em (10.1) foram modeladas como equações diferenciais, mas podemos discretizar o sistema, transformando as equações para serem tratadas de modo iterativo. Assim, lembrando que

$$\frac{dx}{dt} = f(t)$$

a representação discreta pelo método de Euler será:

$$x_{k+1} = x_k + \Delta t \ f(t)$$

Logo, as Equações (10.1) podem ser discretizadas e transformarem-se em equações iterativas que poderão ser calculadas por meio de comandos de *loop* como "*while*" ou "*for*".

$$x_e(k+1) = x_e(k) + \Delta t\ v_e\ cos(\theta_e)$$

$$y_e(k+1) = y_e(k) + \Delta t\ v_e\ sen(\theta_e)$$

$$x_p(k+1) = x_p(k) + \Delta t\ v_p\ \frac{x_e - x_p}{d}$$

$$y_p(k+1) = y_p(k) + \Delta t\ v_p\ \frac{y_e - y_p}{d} \tag{10.7}$$

em que θ_e é dado por (10.5) e

$$d = \sqrt{(x_e - x_p)^2 + (y_e - y_p)^2}$$

Exemplo 10.1 – *Evasor indo ao encontro do perseguidor*

Um evasor pode ser surpreendido em sua viagem e, em vez de fugir do perseguidor, pode, na realidade, ir ao encontro dele. Como adotamos que

$$v_p = \alpha\, v_e \quad (\alpha \geq 1)$$

o valor de α pode ser determinado se soubermos qual a velocidade de escape e a velocidade do perseguidor. Ou seja,

$$\alpha = \frac{v_p}{v_e}$$

Nesse primeiro exemplo, vamos adotar que $v_e = 1$ e $v_p = 1.2$. A posição do evasor será (0.1, 1), e a posição do perseguidor será (0,0). A programação em Python é bem simples, iniciando os parâmetros e criando os vetores para (x_e, y_e) e (x_p, y_p) das linhas 7 a 10.

```
1   # Jogos Diferenciais - PERSEGUIDOR X EVASOR Simples
2   import numpy as np
3   import matplotlib.pyplot as fig
4   vp=1.2
5   ve=1
6   alpha=vp/ve
7   xe=[]
8   xp=[]
9   ye=[]
10  yp=[]
11  xev=0.1
12  yev=1
```

```
13 xper=0
14 yper=0
15 xr=xev-xper
16 yr=yev-yper
17 dist=np.sqrt(xr**2+yr**2);
18 stop_dist=0.01   # distancia entre o perseguidor e evasor
19 i=1
20 temp=0
21 delta=0.01 # incremento delta t
```

A linha 17 do programa calcula a distância inicial "*d*" entre o perseguidor e o evasor, que deverá ser atualizada a cada *loop*. A linha 18 do programa indica qual será o momento da parada na iteração e no cálculo das Equações (10.7). O valor de Δt foi adotado como 0.01 na linha 21. As Equações (10.7) são colocadas no *loop* por meio da seguinte parte do script:

```
23 while dist>=stop_dist:
24     thetae=np.arctan(yev+alpha*np.sqrt(xev**2+yev**2))/xev;
25     xper=xper+delta*vp*xr/dist
26     yper=yper+delta*vp*yr/dist
27     xev=xev+delta*ve*np.cos(thetae);
28     yev=yev+delta*ve*np.sin(thetae);
29     xr=xev-xper;
30     yr=yev-yper;
31     dist=np.sqrt(xr**2+yr**2);
32     xe.append(xev)
33     ye.append(yev)
34     xp.append(xper)
35     yp.append(yper)
```

As equações dinâmicas são programadas nas linhas de 25 a 28, e a distância entre o perseguidor e o evasor, calculada a cada passo na linha 31. O ângulo do evasor necessário nas equações é calculado usando a fórmula deduzida em (10.5), sendo programada na linha 24 do programa em Python.

As linhas de 32 a 35 são apenas para armazenar os resultados em lista, a fim de que sejam plotados em gráfico. Para plotarmos os pontos de deslocamento entre o perseguidor e o evasor, usamos as listas das variáveis da parte anterior do programa.

```
37 for i in range(0,len(xp),2):
38     fig.plot(xp[i],yp[i],'.k',xe[i],ye[i],'>k',markersize=5)
39     fig.pause(0.1)
```

A Figura 10.4 apresenta o resultado dessa simulação, com o evasor fazendo uma manobra que é interceptada facilmente pelo perseguidor, visto que a trajetória está indo na direção da posição do perseguidor que parte da origem (0,0).

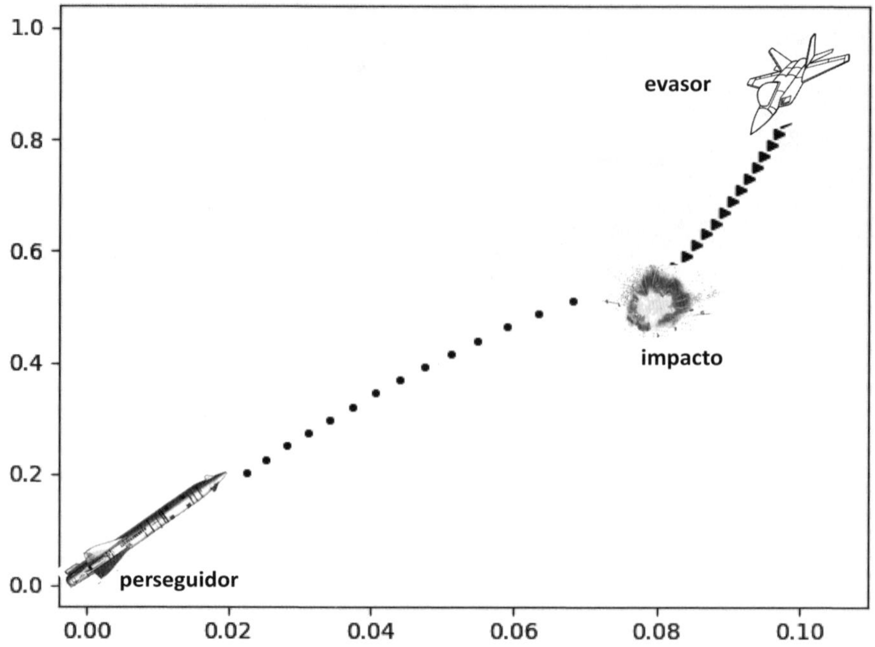

Figura 10.4 – Simulação evasor na direção do perseguidor.

O programa completo desse exemplo é apresentado a seguir.

```
# Jogos Diferenciais - PERSEGUIDOR X EVASOR Simples
import numpy as np
import matplotlib.pyplot as fig
vp=1.2
ve=1
alpha=vp/ve
xe=[]
xp=[]
ye=[]
yp=[]
xev=0.1
yev=1
xper=0
yper=0
xr=xev-xper
yr=yev-yper
dist=np.sqrt(xr**2+yr**2);
stop_dist=0.01 # distancia entre o perseguidor e evasor
i=1
temp=0
delta=0.01 # incremento delta t
```

```
while dist>=stop_dist:
    thetae=np.arctan(yev+alpha*np.sqrt(xev**2+yev**2))/xev;
    xper=xper+delta*vp*xr/dist
    yper=yper+delta*vp*yr/dist
    xev=xev+delta*ve*np.cos(thetae);
    yev=yev+delta*ve*np.sin(thetae);
    xr=xev-xper;
    yr=yev-yper;
    dist=np.sqrt(xr**2+yr**2);
    xe.append(xev)
    ye.append(yev)
    xp.append(xper)
    yp.append(yper)
for i in range(0,len(xp),2):
    fig.plot(xp[i],yp[i],'.k',xe[i],ye[i],'>k',markersize=5)
    fig.pause(0.1)
```

Exemplo 10.2 – *Evasor fugindo do perseguidor*

Um programa mais completo para o jogo é levar em conta a variação não somente do ângulo do evasor (10.5), mas também melhorar o desempenho do perseguidor, usando o cálculo do seu ângulo a partir de (10.6). Lembrando que a equação para o ângulo do perseguidor é

$$\theta_p = arctan\left(\frac{y_e}{x_e} + \frac{\sqrt{1+\frac{y_e^2}{x_e^2}}}{\alpha}\right)$$

e observando na Figura 10.2 que

$$tg(\gamma) = \frac{y_e}{x_e}$$

A fim de melhorarmos as linhas de programação, podemos usar essa relação para modificar a equação do ângulo do perseguidor para

$$\theta_p = arctan\left(tg(\gamma) + \frac{\sqrt{1+tg(\gamma)^2}}{\alpha}\right)$$

Na parte do *loop* do cálculo da dinâmica do jogo, o script em Python torna-se

```
while dist>=stop_dist:
    temp=temp+delta
    gama=np.arctan(yr/xr)
    thetae=np.arctan(np.tan(gama)+alpha*np.sqrt(1+np.tan(gama)**2));
    thetap=np.arctan(np.tan(gama)+np.sqrt(1+np.tan(gama)**2)/alpha);
    xper=xper+delta*vp*np.cos(thetap)+delta*xr*alpha**2/(alpha**2-1);
    yper=yper+delta*vp*np.sin(thetap)+delta*(alpha**2*yr+
                                   alpha*np.sqrt(yr**2+xr**2))/(alpha**2-1);
    xev=xev+delta*ve*np.cos(thetae);
    yev=yev+delta*ve*np.sin(thetae);
    xr=xev-xper;
    yr=yev-yper;
    dist=np.sqrt(xr**2+yr**2);
    xe.append(xev)
    ye.append(yev)
    xp.append(xper)
    yp.append(yper)
    fig.plot(xp,yp,'ok',xe,ye,'>k',markersize=5)
    fig.pause(0.2)
```

Vamos supor que, nesse jogo, o evasor e o perseguidor partem das mesmas posições do exemplo anterior, mas que a velocidade do perseguidor agora será o dobro da velocidade do evasor. As linhas de programação serão:

```
# Jogos Diferenciais - PERSEGUIDOR X EVASOR
import numpy as np
import matplotlib.pyplot as fig
vp=2
ve=1
alpha=vp/ve
xe=[]
xp=[]
ye=[]
yp=[]
xev=0.6
yev=1
xper=0
yper=0
```

O resultado é apresentado na Figura 10.5, na qual o perseguidor leva mais tempo e percorre mais espaço até atingir o evasor. Quanto maior a velocidade inicial do perseguidor, mais rápida é a interceptação.

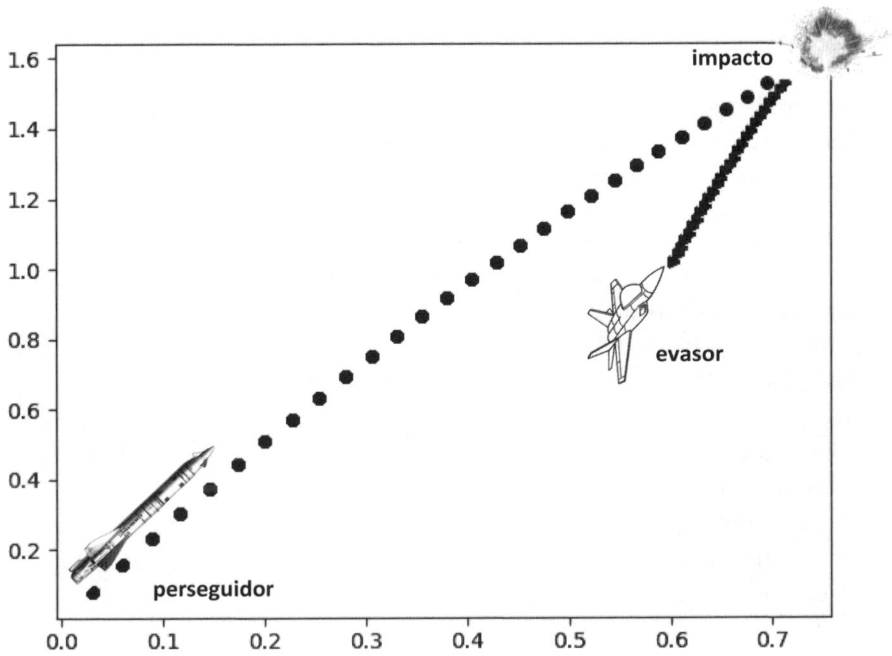

Figura 10.5 – Simulação evasor na direção oposta à do perseguidor.

Segue o programa completo para esse exemplo, usando Python.

```
# Jogos Diferenciais - PERSEGUIDOR X EVASOR
import numpy as np
import matplotlib.pyplot as fig
vp=2
ve=1
alpha=vp/ve
xe=[]
xp=[]
ye=[]
yp=[]
xev=0.6
yev=1
xper=0
yper=0
xr=xev-xper
yr=yev-yper
dist=np.sqrt(xr**2+yr**2);
stop_dist=0.01  # distancia entre o perseguidor e evasor
i=1
temp=0
delta=0.02  # incremento delta t

```

```
while dist>=stop_dist:
    temp=temp+delta
    gama=np.arctan(yr/xr)
    thetae=np.arctan(np.tan(gama)+alpha*np.sqrt(1+np.tan(gama)**2));
    thetap=np.arctan(np.tan(gama)+np.sqrt(1+np.tan(gama)**2)/alpha);
    xper=xper+delta*vp*np.cos(thetap)+delta*xr*alpha**2/(alpha**2-1);
    yper=yper+delta*vp*np.sin(thetap)+delta*(alpha**2*yr+
                                alpha*np.sqrt(yr**2+xr**2))/(alpha**2-1);
    xev=xev+delta*ve*np.cos(thetae);
    yev=yev+delta*ve*np.sin(thetae);
    xr=xev-xper;
    yr=yev-yper;
    dist=np.sqrt(xr**2+yr**2);
    xe.append(xev)
    ye.append(yev)
    xp.append(xper)
    yp.append(yper)
    fig.plot(xp,yp,'ok',xe,ye,'>k',markersize=5)
    fig.pause(0.2)
```

Exemplo 10.3 – *Evasor fugindo do perseguidor, com evasor aumentando velocidade de fuga*

A hipótese de que tanto a velocidade do evasor quanto a do perseguidor são fixas é apenas para se usar como exemplo didático. É óbvio que tanto o perseguidor quanto o evasor possuem velocidades que se alteram o tempo todo durante o jogo. Podemos, por exemplo, modificar os exemplos anteriores, colocando uma nova regra. Quando o evasor percebe que a distância entre ele e o perseguidor está diminuindo, o evasor poderá aumentar sua velocidade para fugir do perseguidor. As linhas da programação seriam as seguintes:

```
23  while  dist>=stop_dist:
24      # ===== o evasor percebe que esta sendo perseguido e aumenta a veloc.
25      if dist<1 and ve==1:
26          ve=ve*1.9
27          stop_dist=0.05
```

Dentro do *loop* em que estão as equações dinâmicas e o cálculo dos ângulos, a função "*if*" será o verificador da distância. E, assim que a distância cair para um certo nível, o controlador de velocidades aumentará a velocidade de escape do evasor. É o que está sendo simulado entre as linhas 25 e 27 anteriores. As demais linhas de programação são iguais às do exemplo anterior.

O resultado é apresentado na Figura 10.6 a seguir. A trajetória é diferente do exemplo anterior, observando-se que, com o aumento da velocidade de escape, os ângulos do evasor e do perseguidor vão se alterando até o ponto de interceptação. Por isso temos uma curva acentuada, diferente da outra trajetória de escape.

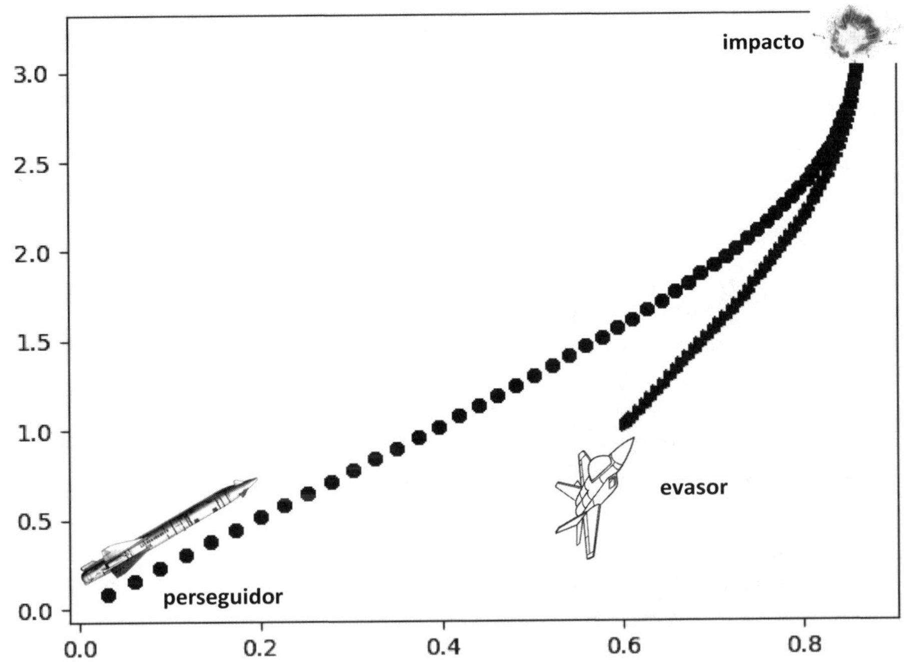

Figura 10.6 – Simulação evasor aumentando a velocidade ao perceber o perseguidor.

O programa completo é apresentado a seguir, com a identificação da alteração na velocidade do evasor.

```
# Jogos Diferenciais - PERSEGUIDOR X EVASOR
import numpy as np
import matplotlib.pyplot as fig
vp=2
ve=1
alpha=vp/ve
xe=[]
xp=[]
ye=[]
yp=[]
xev=0.6
yev=1
xper=0
yper=0
xr=xev-xper
yr=yev-yper
dist=np.sqrt(xr**2+yr**2);
stop_dist=0.01 # distancia entre o perseguidor e evasor
i=1
temp=0
delta=0.02 # incremento delta t

while dist>=stop_dist:
  # ===== o evasor percebe que esta sendo perseguido e aumenta a veloc.
  if dist<1 and ve==1:
    ve=ve*1.9
```

```
stop_dist=0.05
temp=temp+delta
gama=np.arctan(yr/xr)
thetae=np.arctan(np.tan(gama)+alpha*np.sqrt(1+np.tan(gama)**2));
thetap=np.arctan(np.tan(gama)+np.sqrt(1+np.tan(gama)**2)/alpha);
xper=xper+delta*vp*np.cos(thetap)+delta*xr*alpha**2/(alpha**2-1);
yper=yper+delta*vp*np.sin(thetap)+delta*(alpha**2*yr+
                        alpha*np.sqrt(yr**2+xr**2))/(alpha**2-1);
xev=xev+delta*ve*np.cos(thetae);
yev=yev+delta*ve*np.sin(thetae);
xr=xev-xper;
yr=yev-yper;
dist=np.sqrt(xr**2+yr**2);
xe.append(xev)
ye.append(yev)
xp.append(xper)
yp.append(yper)
fig.plot(xp,yp,'ok',xe,ye,'>k',markersize=5)
fig.pause(0.2)
```

Exemplo 10.4 – *Evasor com posição aleatória fugindo do perseguidor*

Na Guerra do Golfo, iniciada em 1990 por Saddam Hussein quando o Iraque invadiu o Kwait, uma aliança internacional liderada pelos Estados Unidos contra-atacou, impondo limites de território e áreas proibidas de voo. Em retaliação, Saddam Hussein ordenou que fossem disparados mísseis Scud em direção a Jerusalém. Os Estados Unidos haviam colocado baterias antiaéreas com mísseis inteligentes *Patriot* conhecido como *MIM-104*. Mas os primeiros resultados não foram bons.

Descobriu-se depois que os Scud do Iraque usavam menos combustível, pois esses mísseis foram projetados para percorrer distâncias continentais, mas a distância entre Iraque e Israel são bem menores. Com menos combustível, o míssil Scud oscilava muito em muitas direções e posições, sendo perturbado por fortes rajadas de ventos. A bateria antiaérea fixava o ponto do míssil, mas esse ponto mudava aleatoriamente, dificultando um perfeito abate.

Para simular esse fato, basta colocarmos variações aleatórias nas posições do evasor, simulando oscilações devido a efeitos externos à dinâmica do movimento.

```
gama=np.arctan(yr/xr)
thetae=np.arctan(np.tan(gama)+alpha*np.sqrt(1+np.tan(gama)**2));
thetap=np.arctan(np.tan(gama)+np.sqrt(1+np.tan(gama)**2)/alpha);
xper=xper+delta*vp*np.cos(thetap)+delta*xr*alpha**2/(alpha**2-1);
yper=yper+delta*vp*np.sin(thetap)+delta*(alpha**2*yr+
                        alpha*np.sqrt(yr**2+xr**2))/(alpha**2-1);
xev=xev+delta*ve*np.cos(thetae)+0.01*np.random.randn();
yev=yev+delta*ve*np.sin(thetae)+0.01*np.random.randn();
```

Como pode ser notado nas linhas anteriores, a linha 36 simula alteração aleatória na posição x_e, e a linha 37 é a alteração aleatória na posição y_e. A biblioteca NumPy do Python possui a função randn( ) para números aleatórios com distribuição de probabilidade normal, com média zero e desvio padrão 1.0. Ao multiplicar por 0.01 como está no programa, a média continuará sendo zero, mas o desvio padrão se altera para 0.01, para servir apenas como pequena oscilação sem alterar muito a dinâmica do movimento.

A Figura 10.7 a seguir apresenta o resultado. Em alguns momentos o perseguidor chega bem próximo do evasor, mas a mudança repentina na posição altera seu ângulo, que não é rapidamente percebida pelo perseguidor. O caminho aleatório mostra como funciona a alteração nas linhas do programa, dentro do *loop* do "*while*" dos exemplos anteriores.

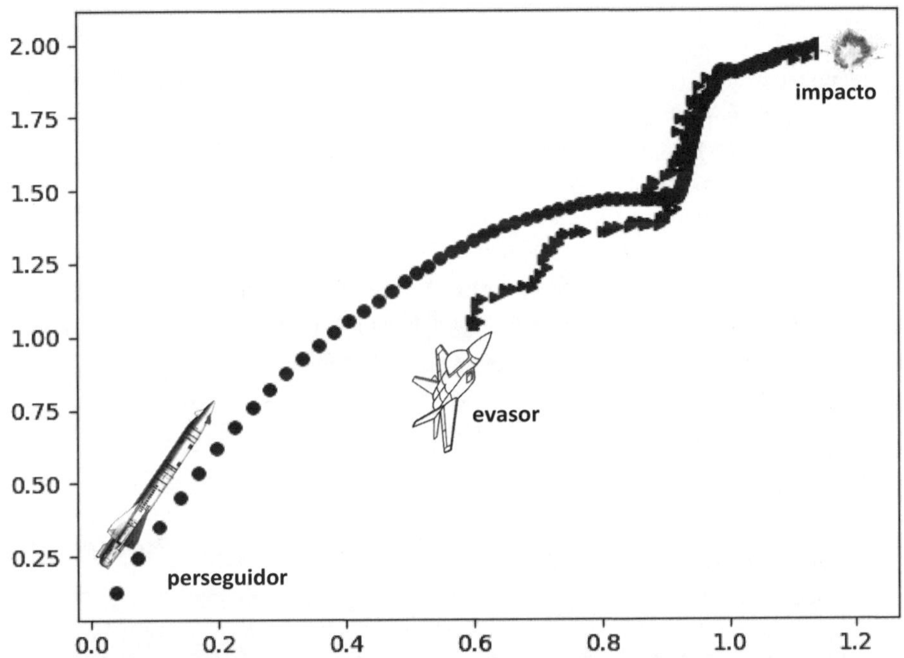

Figura 10.7 – Simulação evasor movimentando-se aleatoriamente em relação ao perseguidor.

A seguir, apresenta-se o programa completo com as alterações aleatórias.

```
1   # Jogos Diferenciais - PERSEGUIDOR X EVASOR
2   ###### Evasor move-se aleatoriamente ########
3   import numpy as np
4   import matplotlib.pyplot as fig
5
6   vp=1.1
7   ve=1
8   alpha=vp/ve
9   xe=[]
10  xp=[]
11  ye=[]
12  yp=[]
13
```

```
xev=0.6
yev=1
xper=0
yper=0

xr=xev-xper
yr=yev-yper
dist=np.sqrt(xr**2+yr**2);
stop_dist=0.01   # distancia entre o perseguidor e evasor

i=1
temp=0
delta=0.01   # incremento delta t

while dist>=stop_dist:
    temp=temp+delta
    gama=np.arctan(yr/xr)
    thetae=np.arctan(np.tan(gama)+alpha*np.sqrt(1+np.tan(gama)**2));
    thetap=np.arctan(np.tan(gama)+np.sqrt(1+np.tan(gama)**2)/alpha);
    xper=xper+delta*vp*np.cos(thetap)+delta*xr*alpha**2/(alpha**2-1);
    yper=yper+delta*vp*np.sin(thetap)+delta*(alpha**2*yr+
                                    alpha*np.sqrt(yr**2+xr**2))/(alpha**2-1);
    xev=xev+delta*ve*np.cos(thetae)+0.01*np.random.randn();
    yev=yev+delta*ve*np.sin(thetae)+0.01*np.random.randn();
    xr=xev-xper;
    yr=yev-yper;
    dist=np.sqrt(xr**2+yr**2);
    xe.append(xev)
    ye.append(yev)
    xp.append(xper)
    yp.append(yper)

for i in range(len(xp)):
    fig.plot(xp[i],yp[i],'ok',xe[i],ye[i],'>k',markersize=5)
    fig.pause(0.2)
```

10.3 JOGOS DINÂMICOS RELACIONADOS

Jogos diferenciais sempre aparecem associados a sistemas dinâmicos, em que os modelos de movimento se baseiam em equações diferenciais. Mas, para que esses sistemas consigam atingir o objetivo final do jogo, é necessário que as variáveis relacionadas ao jogo sejam controladas, de forma a levar o jogo a um final satisfatório para um dos jogadores. Nesse caso, as variáveis principais de controle do jogo precisam ser estimadas a fim de otimizar o jogo para um dos jogadores. A área de otimização de sistemas dinâmicos complementa os jogos diferenciais, direcionando o jogo para um ótimo global ou local, dependendo da complexidade do problema.

Exemplo desses jogos ótimos consiste em movimentos aeroespaciais, como voos espaciais ao redor da Terra, transferência para a Lua ou, como nos casos mais recentes, viagem de espaçonaves até Marte. Outro exemplo se relaciona ao movimento de robôs que têm objetivos que precisam ser cumpridos de maneira ótima ou em tempo mínimo, ou com custo mínimo, ou com precisão máxima em seu movimento. Isso pode ser aplicado ainda em empresas, podendo ser o objetivo do jogo diferencial vencer um concorrente de forma a se minimizarem os custos e maximizarem os lucros.

Essa rica área de otimização que envolve jogos diferenciais não foi abordada nesse capítulo, pois precisa de uma formulação e abordagens mais profundas que se encontram em diversos textos da literatura especializada. Esse tema será abordado com maior aprofundamento no Capítulo 13, sobre "Otimização".

Os programas citados neste capítulo estão disponíveis no repositório GitHub para serem baixados gratuitamente. Caso as bibliotecas do Python do leitor tenham versões diferentes, os programas precisarão de adaptações, para os resultados serem os mesmos do texto. O link é: <https://github.com/malcaetano/Eden_Algoritmos_Python/tree/main/Cap10>.

Capítulo 11

Felicidade e ódio no Twitter

11.1 INTRODUÇÃO

As expressões humanas de felicidade e ódio são, talvez, as mais marcantes dentre tantas reações que apresentamos diante de situações vividas no dia a dia. Um bebê, quando está bem alimentado, acolhido no colo de seus pais, esboça, nos primeiros dias de vida, um sorriso nos lábios em reconhecimento à voz de sua mãe, mesmo que seus olhos ainda não estejam preparados para ver com nitidez as pessoas que lhe amam.

O ódio é um sentimento que vai se formando ao longo da vida, em certas pessoas, decorrente de momentos de estresse, tristeza, revolta, injúrias e difamações. Dificilmente conseguiremos reconhecer num bebê o ódio, sendo que a felicidade (sorriso) e a tristeza (choro) são as primeiras formas de contato e troca de informações com os progenitores.

Situações que não são resolvidas de forma racional na vida de uma pessoa podem levar um sujeito a acumular revoltas que, ao longo da vida, podem tornar-se marcantes para o aparecimento do ódio e da extrema forma de violência. Todos vimos ao que o ódio levou no dia 11 de setembro de 2001, no ataque às Torres Gêmeas, no coração de Nova Iorque. A invasão do Kwait anos antes pelo Iraque e a retomada da liberdade desse território pelos Estados Unidos e aliados junto com a Arábia Saudita fez o sentimento de revolta contra os americanos se aprofundar no mais longínquo rincão do Afeganistão, a ponto de Osama Bin Laden preparar o plano diabólico para matar pessoas milhares de quilômetros de distância.

Mais recentemente, nos últimos 10 anos, o mundo vive uma situação de polarização extrema, levando a caçadas contra políticos, jornalistas, professores, policiais, juízes, enfim, contra qualquer pessoa que não compartilhe das mesmas ideias que uma bolha dissemina entre seus pares. A situação chegou ao extremo até mesmo no berço da maior democracia, os Estados Unidos, com a invasão do Capitólio pelos apoiadores do ex-presidente Donald Trump, por não reconhecerem o resultado da eleição. E também nos atingiu no Brasil no dia 8 de janeiro de 2023, por golpistas inconformados com o resultado da eleição, depredando prédio dos Três Poderes, a troco de ideias absolutamente imaginativas e delirantes.

No Brasil, vemos dia a dia direitos conquistados há décadas serem revertidos em todos os campos de atuação, como meio ambiente, social, trabalhista, educacional e de saúde, numa loucura coletiva de apoiadores da teoria da conspiração como contra a evidência fatal da presença do coronavírus responsável pela pandemia da covid-19.

A Rússia invadiu a Ucrânia por motivo fútil, alegando que os russos que viviam no Leste do país estavam sendo perseguidos e que, após o fim da URSS, essa parte do território pertencia à Rússia, e não à Ucrânia.

O racismo extravasou sua potência contra as populações que há séculos já são escravizadas e ignoradas somente por terem cor de pele diferente. Pobres vêm se tornando ainda mais pobres, e ricos, ainda mais ricos, devido a inúmeros fatores, sobretudo após a pandemia da covid-19.

E, em tempos de internet, a invenção das chamadas redes sociais, que tinham como objetivo principal aproximar as pessoas, acabaram por se tornar um tambor revigorante que espalha revolta e ódio, ou futilidades, revelando um lado obscuro que sempre existiu na vida humana, mas que, agora, encontrou um campo fértil e sem pudor de se fazer ampliar e conquistar novos adeptos. As tais bolhas fechadas das redes sociais estão no centro de todas as polêmicas atuais no mundo.

O Twitter (cujo nome significa, em português, "gorjear") foi criado em 2006 e chamou a atenção do mundo pela facilidade de uso e pela possibilidade de uso de mensagens curtas para notificar algo importante ou alguma chamada de atenção sobre fatos relevantes. Após sua compra pelo bilionário Elon Musk o Twitter mudou de nome e agora se chama apenas X. As estimativas apontam para algo em torno de 284 milhões de usuários da plataforma X, mas cerca de 10% desses apenas possuem conta e nunca enviaram mensagem alguma. Outro fato relevante mais recente é a presença dos chamados robôs (bot) que se passam por usuários humanos, mas são apenas algoritmos para disseminar informações de forma mais ampla, a maioria delas fazendo parte das conhecidas *fake news* (notícias falsas).

O Twitter (ou X) tem algumas terminologias próprias para seu uso:

***Tweet*:** qualquer mensagem no Twitter, contendo texto, fotos, vídeos ou link de website.

***Retweet*:** mensagem retransmitida por outro usuário, dando crédito ao usuário original.

***Hashtag*:** palavra(s)-chave usada(s) para associar um *tweet* com algum tópico específico, sendo antecedida(s) pelo símbolo da cerquilha (#).

***Likes*:** *tweet* salvo de outro usuário em sua conta, permitindo que seus seguidores também possam ver, ler mais tarde, ou apenas dizer que gostaram da mensagem.

O Twitter possui uma área de uso particular para os usuários programadores ou desenvolvedores de conteúdos (<https://developer.twitter.com/en>). A Figura 11.1 apresenta a tela de apresentação do portal do desenvolvedor, que pode ser acessado pelo link anterior. A Figura 11.2 é a área interna na qual serão geradas as *keywords*, ou palavras-chave, que permitem aos programas acessar de forma direta os *tweets* da conta do usuário, proporcionando estatísticas sobre diversas mensagens em toda a área do Twitter. Quando o autor escreve nesse capítulo, essa área e as ferramentas ainda estavam disponíveis, mas com a compra e a renomeação para X pode ser que grandes alterações ocorram nos algoritmos dos robôs a seguir. Mas a ideia permanece a mesma e as novas ferramentas programadas aqui poderão ser adaptadas facilmente para novas bibliotecas que venham a ser disponibilizadas.

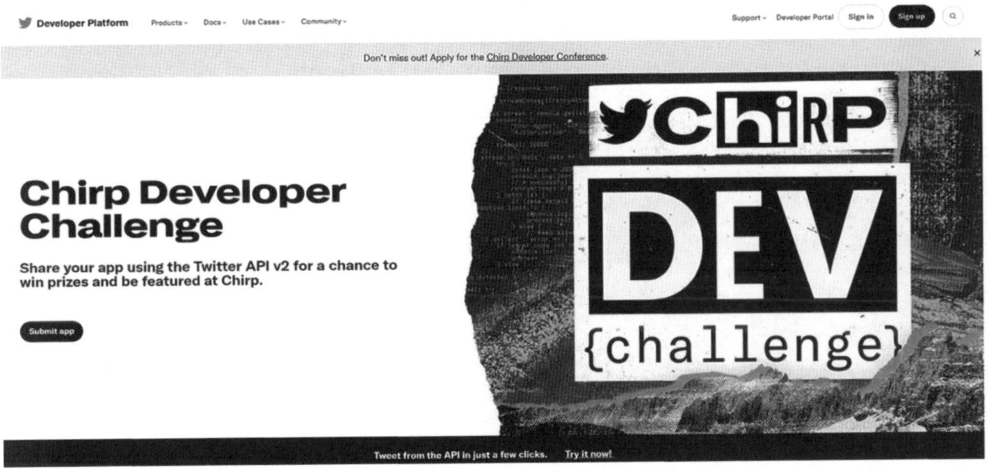

Figura 11.1 – Tela inicial do portal do desenvolvedor do Twitter.

Diversas linguagens proporcionam, com suas bibliotecas particulares, o acesso na área de programação do Twitter. No caso, em Python, a biblioteca utilizada nesse texto será a Tweepy, que poderá ser instalada usando ***pip install tweepy***, conforme documento que pode ser acessado em <https://docs.tweepy.org/en/stable/install.html>.

Muitas variáveis estão disponíveis, e gráficos com os dados de mensagens podem ser gerados, permitindo em tempo real que o usuário de uma conta saiba o comportamento dessa rede social naquele momento.

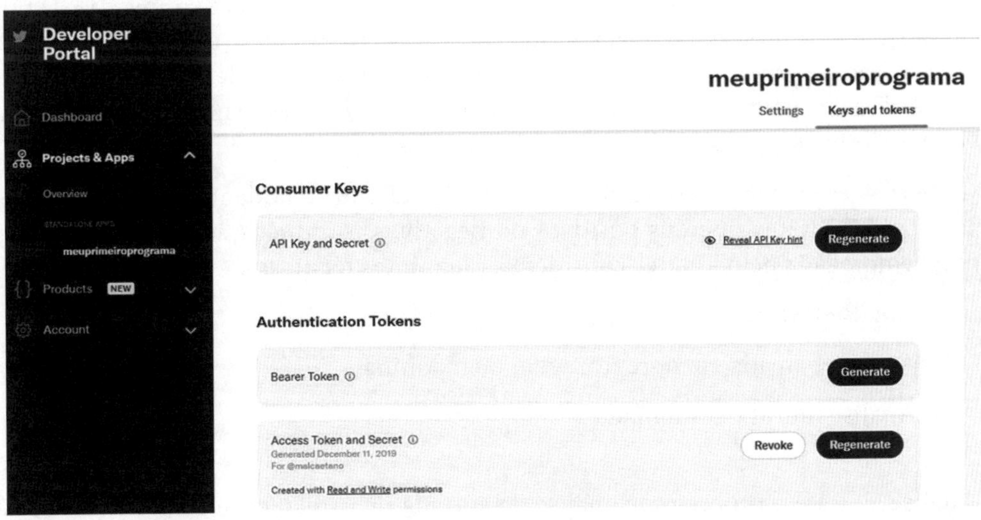

Figura 11.2 – Área interna do portal desenvolvedor para gerar as senhas de acesso para uso em programas particulares dos desenvolvedores.

Um programa do desenvolvedor apenas poderá usar o API do Twitter quando utilizar a chave correta de autenticação criada na área interna do portal do desenvolvedor mencionado. É essa autenticação que permite um programa de acesso direto funcionar corretamente e buscar mensagens naquele momento de acesso.

Além das mensagens, o Twitter possui interessantes ferramentas de análise de sensibilidade daquelas. Além da biblioteca Tweepy, no caso do Python, também deve-se instalar uma biblioteca voltada para trabalhar com textos, na qual se podem separar palavras, limpar símbolos, analisar sentimentos reportados pelas palavras entre diversas outras variáveis. Para tanto, usa-se o **pip install textblob**.

As quatro chaves de acesso geradas na área do desenvolvedor do Twitter devem ser transplantadas para dentro de cada programa de acesso. Elas devem ficar da seguinte forma:

consumer_key = 'xxxxxxxx'

consumer_secret = 'xxxxxxx'

access_token = 'xxxxxxxxx'

access_token_secret = 'xxxxxxxxx'

Cada chave de acesso gerada na área do desenvolvedor (' xxxxxx ') é única e particular para cada usuário. Uma das ferramentas bem interessantes dessas bibliotecas de acesso direto ao Twitter é o analisador de sentimentos *analysis.sentiment.polarity*. Com essa estatística, é possível analisar e quantificar se as palavras usadas num texto são positivas, neutras ou negativas. Com uma quantidade grande de mensagens, tomadas em tempos regulares, é possível inferir, ainda que experimentalmente, o sentimento geral da população que faz parte da rede social.

11.2 ANÁLISE DE SENTIMENTOS

Análise de sentimentos é uma área de estudo do processamento de linguagem natural (NLP, em inglês), textos analíticos e linguística computacional. Em geral, análise de sentimentos determina a opinião capturada de algo objetivo ou subjetivo advindo de uma discussão. Análise de sentimentos tem sido utilizada em muitas áreas como críticas de filmes, revisão de produtos, expectativa de consumidores de um determinado produto. A análise de sentimento tem foco em duas partes: identificação se um dado texto é subjetivo ou objetivo e a polaridade de textos subjetivos.

Os textos, em geral, são separados em categoria binária, podendo as palavras fazer parte de ideias ou julgamentos positivos ou negativos. A mineração de opinião (sentimentos) empregada pelo Twitter considera as seguintes técnicas:

- Análise léxica
- Análise baseada em aprendizagem de máquina
- Análise híbrida/combinada

Análise léxica é o processo de análise da entrada de caracteres e comparação de sua sequência com determinado alfabeto. Após a verificação, se o caractere existe ou não no dicionário, começa-se, então, a análise sintática. Um léxico é uma única lista de caracteres conhecidos que recebem valores conforme determinação do dicionário adotado. Cada palavra da lista é convertida para *token* num processo conhecido como *tokemização*, em que os valores das palavras podem somar positivo, negativo ou valor nulo. Por exemplo, se "fantástico" é um *token* positivo no dicionário, então, esse valor é adicionado ao texto.

No aprendizado de máquina, as palavras são variantes que serão separadas em conjunto de dados para treinamento e conjunto de dados para classificação. Ao classificador, é apresentado um vetor com dados prévios que caracterizam uma palavra como negativa, positiva ou neutra. Essa classificação baseia-se em diversos tipos de algoritmos, como máquinas de vetores de suporte (SVM), apresentado no Capítulo 6, ou algoritmo bayesiano, para tomada de decisão. Por fim, uma mistura de soluções pode ser adotada, tornando a análise da palavra como análise híbrida, na qual parte da consulta é feita com analisador léxico, e parte, com aprendizado de máquina.

Antes de toda essa análise poder ser apresentada ao analisador de sentimentos do Twitter, alguns passos no pré-processamento são necessários para limpar caracteres desconhecidos do dicionários, pois estes terão valores em branco, como @, #, ?, &, ! e tantos outros que sempre aparecem nas mensagens do Twitter. No caso de se usar Python para acessar os dados do Twitter, a biblioteca Textblob auxilia bastante nesse processo de exclusão de caracteres não desejados.

Por fim, após a preparação, é necessário transformar as palavras que estão em língua portuguesa para língua inglesa. Isso porque os valores dos sentimentos (positivos, negativos ou neutros) estão em dicionários da língua inglesa. Esse processo de tradução das palavras pode ser realizado utilizando-se, por exemplo, o tradutor do Google por meio da função *Google. Translator. translate* que está na biblioteca *deep_translator* no Python.

A partir desse ponto, as palavras são apenas números, e estatísticas como frequências, médias, desvio padrão ou gráficos de todos os tipos podem ser construídos, melhorando a informação para o usuário final.

O valor máximo do analisador de sentimentos do Twitter é +1(positivo), e o valor mais próximo de algo como ódio é –1.

11.3 PROCESSAMENTO DE INFORMAÇÕES PARA ANÁLISE DE SENTIMENTOS

A busca por informações sobre o que se pensa de um produto, de uma pessoa, de um evento começa com a simples aquisição das mensagens. Somente após isso começa o processo de limpeza das frases e pré-processamento das palavras para a análise de sentimentos. Por exemplo, observe essas mensagens na ocasião da morte do artista/autor/escritor Jô Soares. Buscou-se mensagens no dia 11 de agosto de 2022 para ver o que as pessoas estavam dizendo sobre Jô Soares.

```
RT @UOL: [?] @mauriciostycer: Morte de Jo Soares lembra a falta que fazem bons programas de humor https://t.co/
8kxwH9h8ZP https://t.co/qAZCP...
--------------------------------------------------
ALOU MEMBROS DO CANAL! Hoje as 18:00 vou fazer REACT da entrevista do REGIS no JO SOARES! Bora! --&gt;... https://
t.co/4JW2PfTGj7
--------------------------------------------------
RT @favsbeltrao: do fundo do meu coracao muito obrigado ao jo soares por ter nos proporcionado essa entrevista
https://t.co/hQFVgOZvIs
--------------------------------------------------
RT @UOL: [?] @mauriciostycer: Morte de Jo Soares lembra a falta que fazem bons programas de humor https://t.co/
8kxwH9h8ZP https://t.co/qAZCP...
--------------------------------------------------
RT @exilado: "Selecao cuidadosa". Acho curioso que os mesmos que ficam assinando cartinha e apavorados com uma
suposta volta de um regime d...
--------------------------------------------------
```

As cinco mensagens anteriores estão cheias de símbolos, cheias de links, e o valor de sentimento que retornará da análise não refletirá o que as palavras querem dizer. No entanto, esse é o primeiro passo de todo o processo. O programa em linguagem Python para recuperar essas mensagens é o seguinte:

```
1  import tweepy
2  from unidecode import unidecode
3
4  consumer_key='coloque aqui sua chave'
5  consumer_secret ='coloque aqui sua chave'
6  access_token ='coloque aqui sua chave'
7  access_token_secret  ='coloque aqui sua chave'
8
9
10 auth = tweepy.OAuthHandler(consumer_key, consumer_secret)
11 auth.set_access_token(access_token, access_token_secret)
12 api = tweepy.API(auth)
13
14 #++++++++++++++++++++++++++++++++++++++++++++++++++++++++++
15 klist=['Jô Soares']
16 public_tweets1 = api.search(klist[0],count=5,result_type='recent')
17 for tweet in public_tweets1:
18                     textPort=unidecode(tweet.text)
19                     print(textPort)
20                     print('---------------------------------------------')
```

Nas linhas de 4 até 7, o programador deverá colocar sua chave secreta, que é gerada no portal do desenvolvedor. Ao se gerarem essas chaves na área apresentada pela Figura 11.2, os números e letras criptografados devem ser inseridos com apóstrofos no lugar da frase 'coloque aqui sua chave'.

As linhas de programação 10, 11 e 12 são obrigatórias e sempre do mesmo tipo, para gerar os valores necessários que serão inseridos dentro da função api.search( ) que está na linha 16. O retorno dessa função pode ser salvo em variável de qualquer nome, sendo aqui, a título de exemplo, criada a variável public_tweets1. A lista klist na linha 15 é uma lista de palavras que o Twitter usará para buscar mensagens. Como nesse exemplo, essa lista só tem a palavra 'Jô Soares", na linha 16 usamos klist[0] (apenas 1 elemento). A variável count=5 na linha 16 indica quantas mensagens são desejadas. E finalmente result_type='recent' retorna do Twitter apenas as mais recentes mensagens.

Outros tipos de mensagens podem ser requisitados, trocando-se para result_type='popular'. Nesse caso, apenas retornarão aquelas mais comentadas ou que tiverem grande número de *retweets*. Detalhes desses parâmetros e suas alterações poderão ser encontrados no documento do próprio Twitter, no link: <https://developer.twitter.com/en/docs/twitter-api/v1/tweets/search/api-reference/get-search-tweets>.

Fazendo-se, então, essa alteração na linha 16:

```
15 klist=['Jô Soares']
16 public_tweets1 = api.search(klist[0],count=5,result_type='popular')
```

Mas atenção: nas versões mais recentes da biblioteca Tweepy, a função de busca mudou para **api.seach_tweets( )**:

```
klist=['Jô Soares']
public_tweets1 = api.search_tweets(klist[0],count=5,result_type='recent')
```

Sem essas alterações no botão de busca, o api do Twitter não funciona e não faz aquisição de mensagens. Caso o leitor tente repetir os programas desse texto e não consiga baixar mensagens, significa que essas trocas de funções deverão acontecer nos algoritmos deste capítulo, passando de api.search( ) para api.search_tweets( ).

As novas mensagens que apareceram no mesmo dia do falecimento de Jô Soares são as seguintes:

```
A coisa mais danosa que existe e a autocensura. Ela e um pequeno fascistinha que cresce dentro da gente e que,
cedo... https://t.co/HWSGmGQuVz
-----------------------------------------------
- Independentemente de preferencias ideologicas, Jo Soares foi uma grande personalidade brasileira que conquistou
a... https://t.co/ck47JhmP32
-----------------------------------------------
Que os Deuses da comedia te recebam com honrarias, Jo Soares.
#JoSoares https://t.co/vczikx0huL
-----------------------------------------------
Faustao faz homenagem a Jo Soares na Band: "O ceu tera mais inteligencia". #FaustaoNaBand https://t.co/BLBHHE7jqK
-----------------------------------------------
Ha 20 anos, Jo Soares deu uma chance a um adolescente chamado @FabioPorchat, que apresentou a plateia do programa
u... https://t.co/UKqAUxGArX
-----------------------------------------------
```

No processo de limpeza do texto, usando a linguagem Python, deve-se fazer uso da biblioteca *re* (*regular expression*), que ajuda a eliminar símbolos que não fazem parte do dicionário da língua escolhida para a análise de sintaxe.

```
import tweepy
from unidecode import unidecode
import re
```

A limpeza e a substituição do texto se faz usando re.sub() da seguinte forma:

```
16  #+++++++++++++++++++++++++++++++++++++++++++++++++++++++++++++++
17  klist=['Jô Soares']
18  public_tweets1 = api.search(klist[0],count=5,result_type='popular')
19  for tweet in public_tweets1:
20      textPort=unidecode(tweet.text)
21      processed_text = re.sub(r"(?:\@|http?\://|https?\://|www)\S+", "", tweet.text)
22      processed_text = re.sub(r"^RT[\s]+", "", processed_text)
23      processed_text = " ".join(processed_text.split())
24      processed_text = processed_text.lower()
25      print(processed_text)
26      print('-----------------------------------------------')
```

As linhas 21, 22 e 23 eliminam os caracteres e espaços indesejados para a vetorização do texto. A linha 24 coloca todo o texto em caracteres minúsculos, e a linha 25 imprime as mensagens no total de 5 limpas e prontas para análise de sentimentos.

```
a coisa mais danosa que existe é a autocensura. ela é um pequeno fascistinha que cresce dentro da gente e que, cedo…
---------------------------------------------
- independentemente de preferências ideológicas, jô soares foi uma grande personalidade brasileira que conquistou a…
---------------------------------------------
que os deuses da comédia te recebam com honrarias, jô soares. #josoares
---------------------------------------------
faustão faz homenagem a jô soares na band: “o céu terá mais inteligência". #faustãonaband
---------------------------------------------
há 20 anos, jô soares deu uma chance a um adolescente chamado que apresentou à plateia do programa u…
---------------------------------------------
```

Como explicado antes, a análise de sentimentos do Twitter se faz usando dicionário em língua inglesa. Este é o momento da tradução das mensagens que estão em português para o inglês. Vamos usar o Google Translator, que, no programa em Python, deve ser importado da seguinte forma:

```
from textblob import TextBlob as tb
import tweepy
import numpy as np
from deep_translator import GoogleTranslator
from unidecode import unidecode
import re
```

A biblioteca TextBlob, também importada como o apelido “tb”, será utilizada para colocar as palavras no formato desejado pelo analisador de sentimentos. A biblioteca NumPy ajudará a calcular o sentimento médio das mensagens com a devida palavra-chave escolhida. O programa alterado ficará:

```
from textblob import TextBlob as tb
import tweepy
import numpy as np
from deep_translator import GoogleTranslator
from unidecode import unidecode
import re

consumer_key='coloque sua chave aqui'
consumer_secret ='coloque sua chave aqui'
access_token ='coloque sua chave aqui'
access_token_secret  ='coloque sua chave aqui'


auth = tweepy.OAuthHandler(consumer_key, consumer_secret)
auth.set_access_token(access_token, access_token_secret)
api = tweepy.API(auth)

#++++++++++++++++++++++++++++++++++++++++++++++++++++++++++++++++
klist=['Jô Soares']
palchv=0
x=np.zeros(1)
public_tweets1 = api.search(klist[0],count=5,result_type='popular')
#Variável que irá armazenar as polaridades
analysis = None
```

```
25 tweets1 = [] # Lista vazia para armazenar scores
26 for tweet in public_tweets1:
27         try:
28             textPort=unidecode(tweet.text)
29             processed_text = re.sub(r"(?:\@|http?\://|https?\://|www)\S+", "", tweet.text)
30             processed_text = re.sub(r"^RT[\s]+", "", processed_text)
31             processed_text = " ".join(processed_text.split())
32             processed_text = processed_text.lower()
33             print(processed_text)
34             print('-----------------------------------------------')
35             textIng=GoogleTranslator(source='auto',target='english'translate(processed_text)
36             analysis = tb(textIng)
37             polarity1 = analysis.sentiment.polarity
38             tweets1.append(polarity1)
39         except:
40                 pass
41 x[palchv]=np.mean(tweets1)
42 x[np.isnan(x)]=0
43 print('+++++++++++++++++++++++++++++++++++++++++++++')

44 print('PALAVRA: ' + str(klist[0]) )
45 print('MÉDIA DE SENTIMENTO: ' + str(x[palchv]))
46
47 med_geral=np.mean(x)
48 if med_geral<0:
49     status='ódio'
50 else:
51     status='neutro'
52
53 print('+++++++++++++++++++++++++++++++++++++++++++++')
54 print('MÉDIA GERAL DOS SENTIMENTOS: ' + str(med_geral))
55 print('STATUS DO SENTIMENTO: ', status)
```

A tradução das mensagens para língua inglesa está na linha 35. A linha 36 usa a biblioteca TextBlob para formatar o texto e ser analisado na linha 37, em que a variável polarity1 (pode ser qualquer nome) recebe os valores numéricos advindos da função *analysis.sentiment.polarity*. Como esses valores estão na iteratividade do "*for*" e escolheram-se as mensagens mais *retweetadas* da palavra-chave 'Jô Soares' para 5 mensagens, a lista numérica tweets1 na linha 38 terá ao final 5 números. Cada número é o valor de sentimento para cada frase, e as frases são as anteriores já colocadas em inglês.

Utiliza-se, então, a função NumPy para calcular o sentimento médio dessa busca na linha 47, e o resultado final será ódio caso negativo ou neutro (positivo), se for positivo. O resultado final dessa simples busca é que o sentimento sobre as mensagens de 'Jô Soares' foi positivo ou neutro, com valor médio de 0.29.

```
a coisa mais danosa que existe é a autocensura. ela é um pequeno fascistinha que cresce dentro da gente e que, cedo…
----------------------------------------------
- independentemente de preferências ideológicas, jô soares foi uma grande personalidade brasileira que conquistou a…
----------------------------------------------
que os deuses da comédia te recebam com honrarias, jô soares. #josoares
----------------------------------------------
faustão faz homenagem a jô soares na band: "o céu terá mais inteligência". #faustãonaband
----------------------------------------------
há 20 anos, jô soares deu uma chance a um adolescente chamado que apresentou à plateia do programa u…
----------------------------------------------
++++++++++++++++++++++++++++++++++++++++++++++
PALAVRA: Jô Soares
MÉDIA DE SENTIMENTO: 0.29125
++++++++++++++++++++++++++++++++++++++++++++++
MÉDIA GERAL DOS SENTIMENTOS: 0.29125
STATUS DO SENTIMENTO:  neutro
```

Ao pedir para o programa imprimir os sentimentos isolados de cada mensagem, teremos os seguintes valores:

```
In [17]: tweets1
Out[17]: [0.15625, 0.8, 0.0, 0.5, 0.0]
```

Interessante notar o alto valor de 0.8 para a segunda frase, o que realmente foi uma frase bastante positiva: "Independentemente de preferências ideológicas, Jô Soares foi uma grande personalidade brasileira que conquistou a...".

11.4 NUVEM DE PALAVRAS

Uma das recorrentes formas de visualizações quando se busca avaliar cenários nas redes sociais, é a apresentação das palavras mais frequentes diferenciadas pelo tamanho, conhecida como nuvem de palavras, ou wordcloud. Essa forma de programação é bem simples e útil para quem não tem intimidade com medidas estatísticas, pois somente com a visualização qualquer pessoa saberá com o sentimento da rede. Usando *pip install wordcloud* no Python é possível adaptar a forma de programação da Seção anterior para buscar em grandes números de mensagens o que se diz sobre um determinado assunto.

Por exemplo, na Figura 11.3, são apresentadas as palavras mais frequentes após a busca por "queimadas" no dia 12 de agosto de 2022. As duas maiores palavras do quadro são "queimadas" e "amazônia", evidenciando a grande associação das duas palavras nas 1.500 mensagens analisadas pelo *script* em Python no Twitter.

Figura 11.3 – WordCloud para a palavra-chave "queimadas" e respectiva análise de setores para mensagens positivas, negativas e neutras sobre essa busca.

Ao lado do quadro, observa-se um gráfico de setores (também conhecido como pizza), no qual se separam as porcentagens de palavras que refletem um sentimento positivo, negativo ou neutro nas frases.

A programação deve começar pela importação da biblioteca "wordcloud" após sua instalação. Essa biblioteca possui a função WordCloud, que coloca as palavras mais frequentes no formato de nuvem, como na Figura 11.3. Outra função importante é a STOPWORDS, que cria um conjunto de palavras, as quais não devem ser consideradas para as medidas de frequência. Essa é uma função importante; caso contrário, vamos ver no quadro muitas preposições em letras grandes como, com, para, são, ou, então, vogais a, e, uma vez que são bastante utilizadas na língua portuguesa.

```
from textblob import TextBlob as tb
import tweepy
import numpy as np
from deep_translator import GoogleTranslator
from unidecode import unidecode
import re
from wordcloud import WordCloud,STOPWORDS
import matplotlib.pyplot as fig
```

Nesse programa, escolheu-se as seguintes STOPWORDS:

```
60  twt=" ".join(tweets1)
61  stopwords = set(STOPWORDS)
62  stopwords.update(["da", "do","dos","meu", "em", "você", "de", "ao", "os","mas",
63                      "para","sua", "pra", "que", "e", "a", "um", "ser","pela",
64                      "uma", "seu", "quem", "o", "pq", "é","sobre","sem","isso",
65                      "vai", "vão", "são", "aos", "na", "no", "né","tua","teu",
66                      "tá","se","só", "qual", "até", "está", "terá", "lo", "la",
67                      "quer","sai","já","ele", "à", "fui","nós", "nosso", "por","brasil",'saúde'])
```

Na linha 60, a nova variável "twt" foi criada para receber todas as palavras das mensagens já limpas dos símbolos, e essas palavras foram colocadas num formato de lista para que a wordcloud fizesse a contagem das repetições. As palavras aparecem sem os símbolos, formando apenas uma mensagem contínua, conforme se pode verificar a seguir.

```
In [15]: twt
Out[15]: 'fala do ministro da economia paulo guedes sobre comparação das queimadas da amazônia com incêndio na catedral
de no… ao rebater críticas de um ministro francês sobre as queimadas na amazônia, paulo guedes relativizou a importância
d… com mourão no conselho da amazônia, servidores denunciam militarização e desmonte do inpe para controlar dados de d…
absurdo! não deixaremos a esquerda mexer com o nosso agro. que a esquerda sempre fez acusações infundadas sobre o… essa
decisão absurda responde à política de destruição ambiental do governo bolsonaro, que incentiva queimadas, des…
considerado um dos biomas mais sensíveis do brasil, o pantanal depende de rios que nascem em planaltos e serras, e… são
discurso de ódio como esse de michelle bolsonaro que fomentam ataques a terreiros e afro-religiosos. precisamos… o fogo
que queima na floresta, reflete na cidade! de julho a setembro, com o tempo mais seco na região norte, as co…'
```

O cálculo sobre sentimentos positivos, negativos ou neutros vem da polaridade, que já foi apresentada na Seção anterior. Com o uso de um simples "*if*", é possível contar quantas mensagens indicam positividade, negatividade e neutralidade na rede social. A parte do programa para calcular esses valores e colocar no gráfico de setores é a seguinte:

```
21 klist=['queimadas']
22 num_tw = 1500
23 public_tweets1 = tweepy.Cursor(api.search,q=klist[0],result_type='popular').items(num_tw)
24 pos=0
25 neg=0
26 neu=0
27 polarity1=0
28 tweets1 = [] # Lista vazia para armazenar scores
29 pos_list=[]
30 neg_list=[]
31 neu_list=[]
32 for tweet in public_tweets1:
33         try:
34             textPort=unidecode(tweet.text)
35             processed_text = re.sub(r"(!?:\@|http?\://|https?\://|www)\S+", "", tweet.text)
36             processed_text = re.sub(r"^RT[\s]+,", "",processed_text)
37             processed_text = " ".join(processed_text.split())
38             processed_text = processed_text.lower()
39             textIng=GoogleTranslator(source='auto',target='english').translate(processed_text)
40             analysis = tb(textIng)
41             polarity1 = analysis.sentiment.polarity
42             tweets1.append(processed_text)
43             if polarity1<0:
44                 #neg_list.append(processed_text)
45                 neg=neg+1
46             elif polarity1>0:
47                 #pos_list.append(processed_text)
48                 pos=pos+1
49             else:
50                 #neu_list.append(processed_text)
51                 neu=neu+1
52         except:
53             pass
54 print('+++++++++++++++++++++++++++++++++++++++++')
55 print('TOTAL: ', num_tw )
56 print('POSITIVOS(%)= ',  100 * round(pos/len(tweets1),3))
57 print('NEGATIVOS(%)= ', 100 * round(neg/len(tweets1),3))
58 print('NEUTROS(%)= ', 100 * round(neu/len(tweets1),3))
```

A variável *num_tw* na linha 22 indica quantas mensagens mais populares deseja-se que o Twitter retorne com a palavra-chave indicada na lista *klist* da linha 21. A separação de termos positivos, negativos e neutros se dá da linha 43 até a linha 51. No formato de comentários e um pouco mais claro está, por exemplo, *#neg_list.append(processed_text)* na linha 44. Esse termo pode ser ativado caso o programador queira salvar os termos considerados negativos. O mesmo vale na linha 47, para positivos, e 50, para contagem dos neutros.

Da linha 54 a 58, é realizada a impressão da porcentagem entre cada um dos cálculos, por isso a divisão é multiplicada por 100. A chamada da nuvem de palavras e sua impressão na área de gráfico é apresentada nas linhas a seguir.

```
68  wordcloud = WordCloud(stopwords=stopwords, background_color='white',
69                                    colormap='binary',width=2500, height=2000).generate(twt)
70  fig.imshow(wordcloud)
71  fig.axis('off')
72
73  fig.figure()
74  x=['positivo','negativo','neutro']
75  y=[pos,neg,neu]
76  fig.pie(y,explode=(0.2,0.1,0),labels=x,autopct='%1.1f%%')
```

Deve ser observado que a função WordCloud gera sua estatística usando a variável (twt), já comentada, ao final da linha 69. Então, o gráfico é construído na linha 70, e o gráfico de setores na linha 76. A seguir, é apresentado o programa completo da wordcloud para a palavra-chave queimadas.

```
from textblob import TextBlob as tb
import tweepy
import numpy as np
from deep_translator import GoogleTranslator
from unidecode import unidecode
import re
from wordcloud import WordCloud,STOPWORDS
import matplotlib.pyplot as fig

consumer_key='coloque sua chave aqui'
consumer_secret ='coloque sua chave aqui'
access_token ='coloque sua chave aqui'
access_token_secret  ='coloque sua chave aqui'


auth = tweepy.OAuthHandler(consumer_key, consumer_secret)
auth.set_access_token(access_token, access_token_secret)
api = tweepy.API(auth)

#+++++++++++++++++++++++++++++++++++++++++++++++++++++++++++++++++
klist=['queimadas']
num_tw = 1500
public_tweets1 = tweepy.Cursor(api.search,q=klist[0],result_type='popular').items(num_tw)
pos=0
neg=0
neu=0
polarity1=0
tweets1 = [] # Lista vazia para armazenar scores
pos_list=[]
neg_list=[]
neu_list=[]
```

```
for tweet in public_tweets1:
        try:
            textPort=unidecode(tweet.text)
            processed_text = re.sub(r"(!?:\@|http?\://|https?\://|www)\S+", "", tweet.text)
            processed_text = re.sub(r"^RT[\s]+,", "",processed_text)
            processed_text = " ".join(processed_text.split())
            processed_text = processed_text.lower()
            textIng=GoogleTranslator(source='auto',target='english').translate(processed_text)
            analysis = tb(textIng)
            polarity1 = analysis.sentiment.polarity
            tweets1.append(processed_text)
            if polarity1<0:
              #neg_list.append(processed_text)
              neg=neg+1
            elif polarity1>0:
              #pos_list.append(processed_text)
              pos=pos+1
            else:
              #neu_list.append(processed_text)
              neu=neu+1
        except:
            pass
print('++++++++++++++++++++++++++++++++++++++++++')
print('TOTAL: ', num_tw )
print('POSITIVOS(%)= ',  100 * round(pos/len(tweets1),3))
print('NEGATIVOS(%)= ', 100 * round(neg/len(tweets1),3))
print('NEUTROS(%)= ', 100 * round(neu/len(tweets1),3))

twt=" ".join(tweets1)
stopwords = set(STOPWORDS)
stopwords.update(["da", "do","dos","meu", "em", "você", "de", "ao", "os","mas",
                  "para","sua", "pra", "que", "e", "a", "um", "ser","pela",
                  "uma", "seu", "quem", "o", "pq", "é","sobre","sem","isso",
                  "vai", "vão", "são", "aos", "na", "no", "né","tua","teu",
                  "tá","se","só", "qual", "até", "está", "terá", "lo", "la",
                  "quer","sai","já","ele", "à", "fui","nós", "nosso", "por","brasil",'saúde'])
wordcloud = WordCloud(stopwords=stopwords, background_color='white',
                      colormap='binary',width=2500, height=2000).generate(twt)
fig.imshow(wordcloud)
fig.axis('off')

fig.figure()
x=['positivo','negativo','neutro']
y=[pos,neg,neu]
fig.pie(y,explode=(0.2,0.1,0),labels=x,autopct='%1.1f%%')
```

11.5 ANÁLISE COM MÚLTIPLAS PALAVRAS

Até este momento, apresentamos como realizar buscas de mensagens usando apenas uma palavra-chave. No entanto, os eventos e situações vividas por todos acontecem com múltiplas sequências de informações. Em muitos casos, queremos medir o sentimento global do que está ocorrendo numa rede social, mas, dependendo do fenômeno discutido pela rede, muitas palavras devem ser usadas para declarar opiniões.

Por exemplo, quando desejamos saber o comportamento da rede social em relação a algum tipo de onda que busca atendimento médico, não basta fazermos busca apenas pela palavra-chave "saúde". A saúde, em geral, deve ser descrita por uma série de acontecimentos, como busca de atendimento por gripe, resfriado, covid, dor de garganta, febre, entre muitas causas que ajudam a medir o comportamento em relação a saúde.

Nesses casos, é mais interessante fazer uso de planilhas em Excel para entrar com as palavras e salvar os resultados, criando um histórico de sentimentos para usar estatísticas adequadas.

A utilização de planilhas fica bem facilitada no Python com o emprego da biblioteca Pandas, que auxilia com diversas análises de dados, dentre as quais ler e salvar resultados em planilhas Excel. E, como, em geral, queremos aproveitar resultados anteriores, é interessante também usarmos a biblioteca Openpyxl. Podemos importar essas duas bibliotecas dentro do rol das bibliotecas anteriores já apresentadas.

```
from textblob import TextBlob as tb
import tweepy
import numpy as np
import pandas as pd
from datetime import datetime
import matplotlib.pyplot as fig
from unidecode import unidecode
from openpyxl import load_workbook
from deep_translator import GoogleTranslator
import re
from wordcloud import WordCloud,STOPWORDS
import matplotlib.pyplot as fig
```

Vamos supor que vamos analisar a saúde das pessoas para detectarmos algum surto de alguma nova doença. Para isso, em vez de usarmos apenas a palavra "saúde", vamos entrar com um rol de 20 palavras que estão no Excel.

	A	B	C	D
1	Palavra1	Palavra2	Palavra3	Palavra4
2	hospital	tuberculose	pneumonia	resfriado
3	tosse	garganta inflamada	alergia	febre
4	pressão alta	fígado	virose	coceira
5	dengue	infecção antibiótico	diarréia	doar sangue
6	sarampo	enxaqueca	covid	asma

A ideia é usarmos essas palavras para quantificar o sentimento geral do que as pessoas estão comentando a respeito de saúde. Cada uma das 20 palavras terá sua polaridade medida pelo Twitter, e podemos calcular a média geral desse resultado. Quando o resultado for positivo, teremos um sentimento de que as pessoas podem estar elogiando algum ato favorável à sua saúde, e, em caso negativo, algo problemático pode estar sendo relatado. Como cada palavra terá seu valor de polaridade, é possível detectar algum movimento em relação à doença relatada.

```
dados=pd.read_excel('Ent_Pol.xlsx',sheet_name='Planilha1')
df=pd.DataFrame(dados)
palchv=0
x=np.zeros(21)
for j in range(4):
    klist=dados[dados.columns[j]].tolist()
    for i in range(len(klist)):
        public_tweets1 = api.search(klist[i],count=5,result_type='recent')
        analysis = None

        tweets1 = [] # Lista vazia para armazenar scores
        for tweet in public_tweets1:
            try:
                textPort=unidecode(tweet.text)
                processed_text = re.sub(r"(!?:\@|http?\://|https?\://|www)\S+", "", tweet.text)
                processed_text = re.sub(r"^RT[\s]+,", "",processed_text)
                processed_text = " ".join(processed_text.split())
                processed_text = processed_text.lower()
                textIng=GoogleTranslator(source='auto',target='english').translate(processed_text)
                analysis = tb(textIng)
                polarity1 = analysis.sentiment.polarity
                tweets1.append(polarity1)
            except:
                pass
        x[palchv]=np.mean(tweets1)
        x[np.isnan(x)]=0
        print('++++++++++++++++++++++++++++++++++++++++++')
        print('PALAVRA: ' + str(klist[i]))
        print('MÉDIA DE SENTIMENTO: ' + str(x[palchv]))
        palchv=palchv+1

med_geral=np.mean(x)
if med_geral<0:
    status='negativo'
else:
    status='positivo-neutro'

print('++++++++++++++++++++++++++++++++++++++++++')
print('MÉDIA GERAL DOS SENTIMENTOS: ' + str(med_geral))
print('STATUS DO SENTIMENTO: ', status)
```

As 20 palavras que estão na planilha em Excel são lidas no formato de *DataFrame* para a biblioteca Pandas, na linha 29 do *script* anterior. O primeiro "for" de iteração percorre as quatro colunas, e o segundo "for" percorre, dentro de cada coluna, todas as palavras. Não são necessárias muitas mensagens para se ter uma boa estatística, fazendo uso de 5 mensagens para cada palavra-chave. Por isso, na linha 5, o *api.search( )* usa *count*=5 e todas as mensagens mais recentes para a data e hora de busca.

Após a iteração percorrer todas as mensagens de todas as palavras, a média dos sentimentos é calculada na linha 58. Enquanto o programa está dentro das iterações, no console do Python, é possível ver passo a passo qual a polaridade de cada aspecto de doença. Na tela a seguir, é possível ver alguns resultados, como hospital = –0.15, tosse = –0.20, pressão alta = 0.109, e assim por diante.

O passo seguinte é preparar o programa para tomar cada valor desses junto com o sentimento médio geral e salvar os resultados na planilha do Excel. Para esse exemplo, usamos uma planilha na qual as colunas serão as polaridades de todas as palavras-chave, em que o arquivo será nomeado como Rel_Pol.xlsx. Usamos, então, a biblioteca Openpyxl para imprimir os resultados no arquivo do Excel sem apagar os dados anteriores, mas adicionando os novos dados aos já coletados.

Antes, no entanto, os dados são salvos num novo DataFrame, criado especificamente para salvar os resultados da busca atual e ser salvo no arquivo em Excel.

```
++++++++++++++++++++++++++++++++++++++++++++
PALAVRA: hospital
MÉDIA DE SENTIMENTO: -0.15
++++++++++++++++++++++++++++++++++++++++++++
PALAVRA: tosse
MÉDIA DE SENTIMENTO: -0.20833333333333331
++++++++++++++++++++++++++++++++++++++++++++
PALAVRA: pressão alta
MÉDIA DE SENTIMENTO: 0.1092962962962963
++++++++++++++++++++++++++++++++++++++++++++
PALAVRA: dengue
MÉDIA DE SENTIMENTO: 0.05714285714285714
++++++++++++++++++++++++++++++++++++++++++++
PALAVRA: sarampo
MÉDIA DE SENTIMENTO: 0.11000000000000001
++++++++++++++++++++++++++++++++++++++++++++
PALAVRA: tuberculose
MÉDIA DE SENTIMENTO: 0.06333333333333332
++++++++++++++++++++++++++++++++++++++++++++
PALAVRA: garganta inflamada
MÉDIA DE SENTIMENTO: -0.12
++++++++++++++++++++++++++++++++++++++++++++
PALAVRA: fígado
MÉDIA DE SENTIMENTO: -0.014999999999999999
++++++++++++++++++++++++++++++++++++++++++++
PALAVRA: infecção antibiótico
MÉDIA DE SENTIMENTO: -0.0673015873015873
++++++++++++++++++++++++++++++++++++++++++++
PALAVRA: enxaqueca
MÉDIA DE SENTIMENTO: 0.09696969696969696
++++++++++++++++++++++++++++++++++++++++++++
```

As linhas seguintes primeiro transformam os valores de sentimentos das doenças que estão no vetor x em resultados no Dataframe, chamado de "df" na linha 94 a seguir.

```
data=datetime.now()
data=data.strftime("%Y-%m-%d %H:%M:%S")
sensacao1=status
sensacao2=med_geral
sent1=x[0]  # hospital
sent2=x[4]  # tosse
sent3=x[1]  # pressao alta
sent4=x[2]  # dengue
sent5=x[3]  # sarampo
sent6=x[5]  # tuberculose
sent7=x[6]  # garganta inflamada
sent8=x[7]  # figado
sent9=x[8]  # infeccao antibiotico
sent10=x[9] # enxaqueca
sent11=x[10] # pneumonia
sent12=x[11] # alergia
sent13=x[12] # virose
sent14=x[13] # diarreia
sent15=x[14] # covid
sent16=x[15] # resfriado
sent17=x[16] # febre
sent18=x[17] # coceira
sent19=x[18] # doar sangue
sent20=x[19] # asma
df=pd.DataFrame({'A':[data],
                 'B':[sensacao1],
                 'C':[sensacao2],
                 'D':[sent1],
                 'E':[sent2],
                 'F':[sent3],
                 'G':[sent4],
                 'H':[sent5],
                 'I':[sent6],
                 'J':[sent7],
                 'K':[sent8],
                 'L':[sent9],
                 'M':[sent10],
                 'N':[sent11],
                 'O':[sent12],
                 'P':[sent13],
                 'Q':[sent14],
                 'R':[sent15],
                 'S':[sent16],
                 'T':[sent17],

                 'U':[sent18],
                 'V':[sent19],
                 'W':[sent20],})
```

Com todas as colunas do Excel escolhidas para receber os dados do DataFrame, das linhas 95 a 116 anteriores, abre-se e, em seguida, fecha-se o arquivo em Excel para salvar os novos dados.

```
117 book = load_workbook('Res_pol.xlsx')
118 writer = pd.ExcelWriter('Res_Pol.xlsx',engine='openpyxl',mode='a')
119 writer.book=book
120 writer.sheets = {ws.title: ws for ws in book.worksheets}
121 df.to_excel(writer,sheet_name='Planilha1',startrow = writer.sheets['Planilha1'].max_row,
122             index=False,
123             header=False)
124 writer.save()
125 writer.close()
```

No comando ExcelWriter da linha 118, pode-se observar que utilizamos mode = 'a', o que obriga o programa a manter os dados existentes no documento e apenas fazer uma adição (*append*) dos dados. Na versão ***mais recente do openpyxl***, existe uma mudança que deve ser feita nos programas para:

```
writer = pd.ExcelWriter('Sentimento.xlsx',engine='openpyxl',
                        mode='a',
                        if_sheet_exists='overlay')
```

Após o "mode='a'", é necessário colocar agora " if_sheet_exists='overlay' ".

Após essas mudanças, uma vez fechado o arquivo em Excel, o programa está pronto para escolher uma coluna qualquer e fazer o gráfico desejado.

No caso em questão, as linhas a seguir ajudarão a compor um gráfico do sentimento médio geral, em que aparecerá vermelho quando a linha estiver abaixo do valor positivo, e azul, quando estiver acima de zero.

```
#+++++++++++++++++++++++ abrindo os dados para fazer o gráfico +++++++++++
dados=pd.read_excel('Res_Pol.xlsx',sheet_name='Planilha1')
df=pd.DataFrame(dados)

ax1=fig.subplot(111)
ax1.plot(df['data'],df['valor'],'-k',linewidth=3)
ax1.fill_between(df['data'],df['valor'], where=df['valor'] >= 0,
                 facecolor='blue', interpolate=True,alpha=0.4)
ax1.fill_between(df['data'],df['valor'], where=df['valor'] < 0,
                 facecolor='red', interpolate=True,alpha=0.4)
ax1.set_ylabel('Sentimento',fontsize=18,weight='bold')
fig.gcf().autofmt_xdate()
ax1.grid()
```

No arquivo em Excel (Rel_Pol.xlsx), aparece a seguinte configuração salva por essas linhas anteriores:

	A	B	C	D	E	F	G	H	I	J	K	L	M
1	data	sentimento	valor	hospital	tosse	pressão alta	dengue	sarampo	tuberculose	garganta inflamada	fígado	infecção antibiótico	enxaqueca
2	2022-08-12 12:34:13	negativo	-0,008	0,14746	0,01	0,04	0,120444	0,12	0,12666667	-0,095	-0,1049	-0,067301587	-0,1573333
3	2022-08-12 12:37:08	negativo	-0,01	-0,08333	0,01	0,034090909	0,190444	0,010476	0,12666667	0,065	-0,27615	-0,067301587	0,0766667
4	2022-08-12 12:39:32	negativo	-0,016	-0,125	0,01	0,034090909	0,190444	0,206667	-0,07333333	0,241666667	-0,235	-0,067301587	0,1816667
5	2022-08-12 12:41:15	negativo	-0,044	-0,30068	0,01	0,034090909	0,190444	-0,25833	-0,07333333	0,241666667	-0,295	-0,067301587	0,135
6	2022-08-12 12:42:29	negativo	-0,009	0,05	0,01	0,034090909	0,190444	-0,06667	-0,14	0,241666667	0,06	-0,067301587	0,135
7	2022-08-12 12:59:25	negativo	-0,026	-0,025	0,01	-0,076666667	0,238	0,02	0,09	-0,132083333	0,1	-0,067301587	-0,1295455
8	2022-08-12 13:02:54	negativo	-0,015	0,21288	0,01	-0,016666667	0,238	0	0,09	-0,04875	0,25296	-0,067301587	-0,065
9	2022-08-12 13:04:53	negativo	-0,004	0,074545	0,01	-0,076666667	0,238	-0,02667	0,09	-0,11125	0,15296	-0,067301587	0,04
10	2022-08-12 13:11:43	negativo	-0,026	0,144545	0,01	-0,1	0,206667	-0,1	0,09	-0,130277778	0,29333	-0,067301587	-0,51
11	2022-08-12 13:37:02	positivo-neut	0,0152	-0,01833	0	0,02	0,284067	0	-0,1174329	-0,013333333	0,11786	-0,067301587	-0,2422222
12	2022-08-12 13:38:08	negativo	-0,022	0,122338	0	0,02	0,284067	0,04	-0,1174329	-0,033333333	-0,20714	-0,067301587	-0,1997222
13	2022-08-12 13:44:32	negativo	-0,011	-0,01136	0	0	0,327333	-0,035	-0,1174329	-0,12	0,18333	-0,067301587	0,0115909
14	2022-08-12 14:56:44	negativo	-0,025	-0,15	0,11	-0,208333333	0,109296	0,057143	0,06333333	-0,12	-0,015	-0,067301587	0,0969697

Cujo gráfico da coluna B (sentimento médio) no Python aparecerá como se segue:

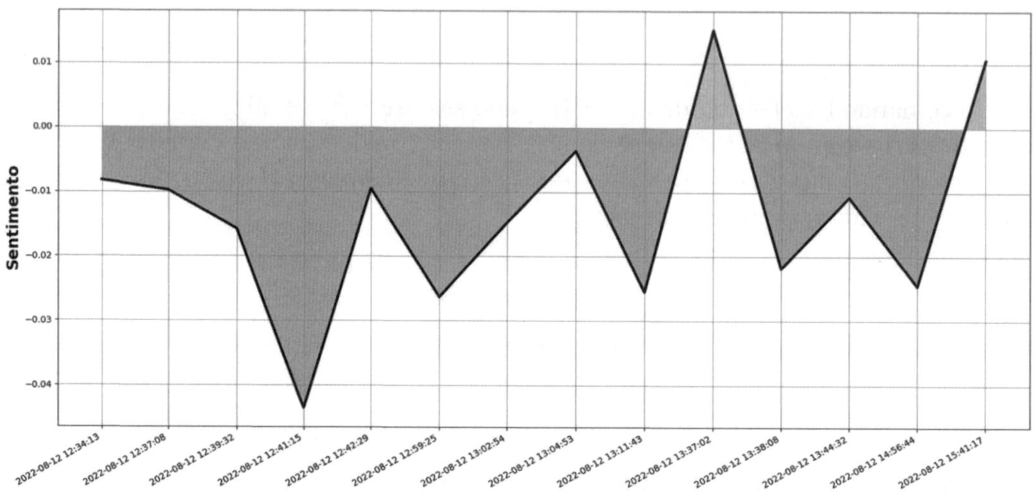

Figura 11.4 – Resultado do sentimento médio geral para as palavras relacionadas à saúde para o dia 12 de agosto 2022, entre 12h00 e 15h00.

Podemos reparar que as datas e horas também foram coletadas e plotadas na Figura 11.4, que reflete o sentimento médio geral. Esses dados vieram da biblioteca *datetime*, que está nas linhas 70 e 71 do programa completo a seguir, que formata sua saída para o arquivo.

```
1   #+++++++++++++++++++++++++++++++++++++++++++++++++++++++++++++++++++++
2   #   Programa para buscar  palavras-chave no Excel
3   #++++++++++++++++++++++++++++++++++++++++++++++++++++++++++++++++++++++
4   from textblob import TextBlob as tb
5   import tweepy
6   import numpy as np
7   import pandas as pd
8   from datetime import datetime
9   import matplotlib.pyplot as fig
10  from unidecode import unidecode
11  from openpyxl import load_workbook
12  from deep_translator import GoogleTranslator
13  import re
14  from wordcloud import WordCloud,STOPWORDS
```

```
import matplotlib.pyplot as fig

consumer_key='coloque sua chave aqui'
consumer_secret ='coloque sua chave aqui'
access_token ='coloque sua chave aqui'
access_token_secret  ='coloque sua chave aqui'


auth = tweepy.OAuthHandler(consumer_key, consumer_secret)
auth.set_access_token(access_token, access_token_secret)
api = tweepy.API(auth)

#++++++++++++++++++++++++++++++++++++++++++++++++++++++++++++++
dados=pd.read_excel('Ent_Pol.xlsx',sheet_name='Planilha1')
df=pd.DataFrame(dados)
palchv=0
x=np.zeros(21)
for j in range(4):
    klist=dados[dados.columns[j]].tolist()
    for i in range(len(klist)):
        public_tweets1 = api.search(klist[i],count=5,result_type='recent')
        analysis = None
        tweets1 = [] # Lista vazia para armazenar scores
        for tweet in public_tweets1:
            try:
                textPort=unidecode(tweet.text)
                processed_text = re.sub(r"(!?:\@|http?\://|https?\://|www)\S+", "", tweet.text)
                processed_text = re.sub(r"^RT[\s]+,", "",processed_text)
                processed_text = " ".join(processed_text.split())
                processed_text = processed_text.lower()
                textIng=GoogleTranslator(source='auto',target='english').translate(processed_text)
                analysis = tb(textIng)
                polarity1 = analysis.sentiment.polarity
                tweets1.append(polarity1)
            except:
                pass
        x[palchv]=np.mean(tweets1)
        x[np.isnan(x)]=0
        print('++++++++++++++++++++++++++++++++++++++++++++')
        print('PALAVRA: ' + str(klist[i]))
        print('MÉDIA DE SENTIMENTO: ' + str(x[palchv]))
        palchv=palchv+1

med_geral=np.mean(x)
if med_geral<0:
    status='negativo'
else:
    status='positivo-neutro'

```

```
print('+++++++++++++++++++++++++++++++++++++++++++++')
print('MÉDIA GERAL DOS SENTIMENTOS: ' + str(med_geral))
print('STATUS DO SENTIMENTO: ', status)

#++++++++++++++++++++++++++ salvando os dados no arquivo texto +++++++++++
#++++++++++++++++++++++++++ salvando os dados no arquivo texto +++++++++++
data=datetime.now()
data=data.strftime("%Y-%m-%d %H:%M:%S")
sensacao1=status
sensacao2=med_geral
sent1=x[0]      # hospital
sent2=x[4]      # tosse
sent3=x[1]      # pressao alta
sent4=x[2]      # dengue
sent5=x[3]      # sarampo
sent6=x[5]      # tuberculose
sent7=x[6]      # garganta inflamada
sent8=x[7]      # figado
sent9=x[8]      # infeccao antibiotico
sent10=x[9]     # enxaqueca
sent11=x[10]    # pneumonia
sent12=x[11]    # alergia
sent13=x[12]    # virose
sent14=x[13]    # diarreia
sent15=x[14]    # covid
sent16=x[15]    # resfriado
sent17=x[16]    # febre
sent18=x[17]    # coceira
sent19=x[18]    # doar sangue
sent20=x[19]    # asma
df=pd.DataFrame({'A':[data],
                 'B':[sensacao1],
                 'C':[sensacao2],
                 'D':[sent1],
                 'E':[sent2],
                 'F':[sent3],
                 'G':[sent4],
                 'H':[sent5],
                 'I':[sent6],
                 'J':[sent7],
                 'K':[sent8],
                 'L':[sent9],
                 'M':[sent10],
                 'N':[sent11],
                 'O':[sent12],
                 'P':[sent13],
                 'Q':[sent14],
                 'R':[sent15],
                 'S':[sent16],
                 'T':[sent17],
                 'U':[sent18],
```

```
                        'V':[sent19],
                        'W':[sent20],})
book = load_workbook('Res_pol.xlsx')
writer = pd.ExcelWriter('Res_Pol.xlsx',engine='openpyxl',mode='a')
writer.book=book
writer.sheets = {ws.title: ws for ws in book.worksheets}
df.to_excel(writer,sheet_name='Planilha1',startrow = writer.sheets['Planilha1'].max_row,
            index=False,
            header=False)
writer.save()
writer.close()

#++++++++++++++++++++++++ abrindo os dados para fazer o gráfico +++++++++++
dados=pd.read_excel('Res_Pol.xlsx',sheet_name='Planilha1')
df=pd.DataFrame(dados)

ax1=fig.subplot(111)
ax1.plot(df['data'],df['valor'],'-k',linewidth=3)
ax1.fill_between(df['data'],df['valor'], where=df['valor'] >= 0,
                  facecolor='blue', interpolate=True,alpha=0.4)
ax1.fill_between(df['data'],df['valor'], where=df['valor'] < 0,
                  facecolor='red', interpolate=True,alpha=0.4)
ax1.set_ylabel('Sentimento',fontsize=18,weight='bold')
fig.gcf().autofmt_xdate()
ax1.grid()

#++++++++++++++++++++++++++++++++++++++++++++++++++++++++++++++++++++++
```

11.6 SUBJETIVIDADE E OPINIÃO

Em textos completos, é possível, com algum grau de precisão, detectar a raiva, o ódio ou a felicidade que são expressos por meio das palavras. Palavras cordiais ou elogios retratam um texto mais expositivo e com debate de ideias. Mas separar fatos de opiniões se encaixam no campo da subjetividade. É muito mais complexo e difícil de detectar quando um texto está relatando um fato real e comprovado, de um texto que mistura opinião pessoal do que realmente está ocorrendo num evento.

Nas Seções anteriores, foi apresentada a análise de polaridade nas mensagens de Twitter com a ferramenta da análise de sentimentos do Python. A subjetividade se refere ao grau ao qual uma pessoa é pessoalmente envolvida num objetivo. Os problemas enfrentados do ponto de vista pessoal diferem de pessoa para pessoa, e, em seu texto, a pessoa pode estar relatando um fato que ocorreu com ela, sua opinião, mas que, na visão de outras pessoas, tem diferentes observações.

Ao contrário da polaridade que varia no intervalo [–1, +1], a subjetividade varia no intervalo [0, +1]. A subjetividade quantifica o montante de opinião pessoal e informação factual contida num texto. Quanto mais próximo de +1 o valor obtido, significa que o texto possui mais opinião pessoal do que uma informação comprovadamente factual.

A biblioteca do Python TextBlob calcula a subjetividade observando a intensidade das palavras. A intensidade determina se uma palavra modifica a próxima palavra. Por exemplo, em "muito bom", a palavra "bom" aumentou seu grau com o advento anterior da palavra "muito".

A frase "Eu não gosto deste exemplo, ele é muito chato" tem polaridade = –1 e subjetividade = +1. Isso porque é uma observação pessoal, mas negativa sobre algo. Já a frase "Esse exemplo é útil, mas eu prefiro outro" tem polaridade = 0 e subjetividade = 0.

O *script* em Python a seguir é o mesmo utilizado em todas as outras Seções, mas, aqui desejamos medir a subjetividade das opiniões em relação à palavra "pão de queijo". A única alteração em relação aos algoritmos anteriores está na linha 58, onde usamos a função de medida ***analysis.sentiment.subjectivity***. Outra alteração está nas linhas de 69 a 72, calculando como opinião o resultado médio acima do valor 0.1 e opinião valores abaixo disso.

```
40  klist=['pão de queijo']
41  palchv=0
42  x=np.zeros(1)
43  public_tweets1 = api.search(klist[0],count=15,result_type='popular')
44  #Variável que irá armazenar as polaridades
45  analysis = None
46  tweets1 = [] # Lista vazia para armazenar scores
47  for tweet in public_tweets1:
48          try:
49                  textPort=unidecode(tweet.text)
50                  processed_text = re.sub(r"(?:\@|http?\://|https?\://|www)\S+", "", tweet.text)
51                  processed_text = re.sub(r"^RT[\s]+", "", processed_text)
52                  processed_text = " ".join(processed_text.split())
53                  processed_text = processed_text.lower()
54                  print(processed_text)
55                  print('------------------------------------------------')
56                  textIng=GoogleTranslator(source='auto',target='english').translate(processed_text)
57                  analysis = tb(textIng)
58                  polarity1 = analysis.sentiment.subjectivity
59                  tweets1.append(polarity1)
60          except:
61              pass
62  x[palchv]=np.mean(tweets1)
63  x[np.isnan(x)]=0
64  print('++++++++++++++++++++++++++++++++++++++++++++++')
65  print('PALAVRA: ' + str(klist[0]) )
66  print('MÉDIA DE SENTIMENTO: ' + str(x[palchv]))
67
68  med_geral=np.mean(x)
69  if med_geral<0.1:
70          status='fato'
71  else:
72          status='opinião'
73
74  print('++++++++++++++++++++++++++++++++++++++++++++++')
75  print('MÉDIA GERAL DOS SENTIMENTOS: ' + str(med_geral))
76  print('STATUS DO SENTIMENTO: ', status)
```

O dia 17 de agosto é o Dia Nacional do Pão de Queijo, segundo calendário comercial e turístico. Colocamos esse algoritmo para rodar nesse dia para coletar as 15 mais populares mensagens no Twitter a respeito do pão de queijo e medimos as subjetividades.

A seguir, os resultados das mensagens já filtradas e "tokenizadas" para o cálculo da subjetividade média.

```
17 de agosto é o dia nacional do pão de queijo e o estagiário resolveu lembrar dessa resenha do nacho com a
-----------------------------------------------
dia do pão de queijo: a eu: pão de queijo de chocolate
-----------------------------------------------
feliz dia do pão de queijo! e não vale comemorar com aquele trem (heresia pura) que vendem pra vocês em sp, rj e em…
-----------------------------------------------
bom dia hoje é o dia internacional do pão de queijo
-----------------------------------------------
um clássico, pão de queijo, cafézinho e xbox series s.
-----------------------------------------------
torcedor aqui foi xingar o cruzeiro: "sai daí time de pão de queijo" uai kkkkkk
-----------------------------------------------
o ruim desse tempinho mequetrefe e que só 101 de caldo verde, um bolo de chocolate, 1kg de pão de queijo e um chá d…
-----------------------------------------------
escrevi um artigo sobre a criação do trf-6, uma especialidade mineira como tutu de feijão e pão de queijo. está lá em
-----------------------------------------------
queria um pao de queijo com nutella
-----------------------------------------------
++++++++++++++++++++++++++++++++++++++++++
PALAVRA: pão de queijo
MÉDIA DE SENTIMENTO: 0.1839506172839506
++++++++++++++++++++++++++++++++++++++++++
MÉDIA GERAL DOS SENTIMENTOS: 0.1839506172839506
STATUS DO SENTIMENTO:  opinião
```

Essas mensagens mais populares demonstraram que estavam mais para opiniões pessoais do que fatos comprovados, visto que o valor médio foi de +0.1839.

11.7 TENDÊNCIAS MOMENTÂNEAS NAS MENSAGENS

O que mais se está comentando numa determinada região? Sempre que acessamos o Twitter, do lado direito da tela aparecem as mensagens ou *hashtags* mais populares na rede social, aquelas mais comentadas ou retuitadas. O método trends_place retorna um conjunto de objetos com informações dos tópicos no formato JSON. Então, é possível utilizar o método dump da biblioteca JSON padrão para fazer o *parsing* e a manipulação dessas informações. Para esse caso, podemos exibir a informação "name" do objeto como mais relevante na busca e na apresentação do resultado.

```
api = tweepy.API(auth)
tendencias=api.trends_place(id =23424768,exclude = 'hashtags')
tendBr=json.loads(json.dumps(tendencias,indent=1))
tam=len(tendBr[0]['trends'])
resultado1=pd.Series([])
resultado2=pd.Series([])
i=0
for r in tendBr[0]['trends']:
    resultado1[i] = r['name'].strip('#')
    resultado2[i] = r['tweet_volume']
    i=i+1
#    print(r['name'].strip('#'),' ',r['tweet_volume'],' ',r['url'])
data = {'Name':resultado1, 'Vol':resultado2}
data=pd.DataFrame(data)
x=data.mask(data.eq('None')).dropna()
resTweet=x.sort_values(by=['Vol'],ascending=False)
print(resTweet)
```

As quatro linhas de 25 a 28 do *script* em Python anterior acessam o Twitter para a região do Brasil. O código do Brasil nesse método trends_place é ***23424768.*** O código da cidade de São Paulo é ***455827.*** As linhas de 32 a 35 são para salvar as palavras na série pandas "resultado1" e "resultado2", para imprimir e fazer um gráfico de barras no final. O resultado dessa busca em 18 de agosto de 2022 é apresentado a seguir.

```
                       Name     Vol
1                  Casemiro  278101
10                   wonwoo  220431
9         BLACKPINK IS BACK  192145
0    TCHUTCHUCA DO CENTRÃO  118881
26                     yuta  109186
2                  YouTuber   66181
15                    Percy   58386
39                     Omar   52138
38           Deshaun Watson   45252
41                   Browns   42031
27                   Rooney   35225
44                     Aria   35140
30                tomlinson   31415
20      São José dos Campos   23797
6                     Missy   20404
32                     wonu   19023
18         Gabriel Monteiro   16398
34             Protagonista   13121
8                 Datafolha   12681
24                  minseok   12303
14                     Tini   10136
```

Com os resultados desses tópicos mais frequentes nas mensagens de brasileiros, é possível salvar a busca em DataFrame e fazer um gráfico de barras, como apresentado na Figura 11.5.

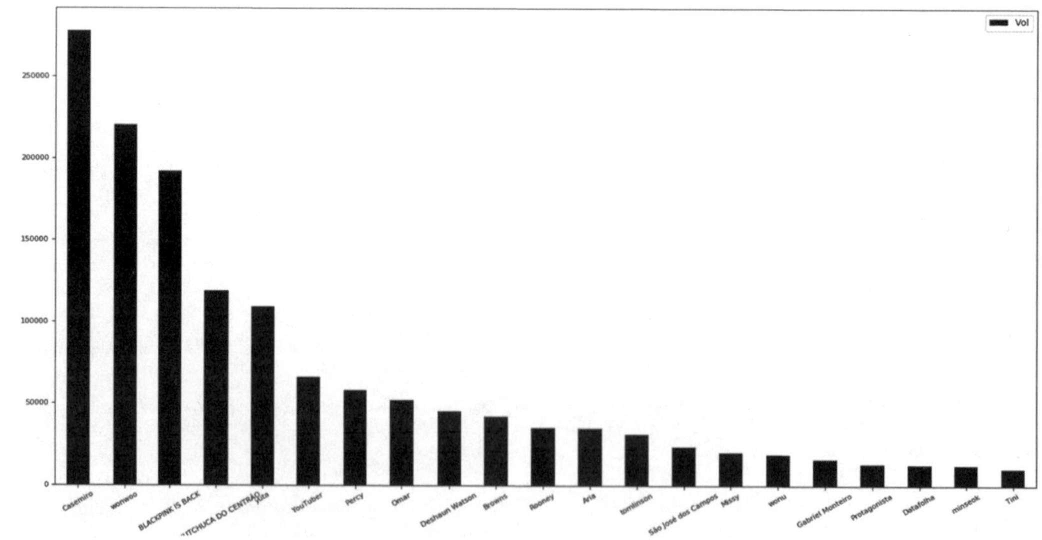

Figura 11.5 – Resultado da busca dos tópicos mais frequentes nas mensagens do Brasil no Twitter em 18 de agosto de 2022.

O código completo para a busca das maiores tendências do Twitter é apresentado a seguir.

```
#+++++++++++++++++++++++++++++++++++++++++++++++++++++++++++++++++++++
#       Programa apenas para buscar
#        as hastags mais acessadas
#+++++++++++++++++++++++++++++++++++++++++++++++++++++++++++++++++++++++
from textblob import TextBlob as tb
import tweepy
import numpy as np
import json
import pandas as pd
import matplotlib.pyplot as fig

consumer_key='coloque sua chave aqui'
consumer_secret ='coloque sua chave aqui'
access_token ='coloque sua chave aqui'
access_token_secret  ='coloque sua chave aqui'


auth = tweepy.OAuthHandler(consumer_key, consumer_secret)
auth.set_access_token(access_token, access_token_secret)
api = tweepy.API(auth)

#++++++++++++++++++++++++++++++++++++++++++++++++++++++++++++++++++
#Brasil = 23424768
#Cidade de São Paulo = 455827
#++++++++++++++++++++++++++++++++++++++++++++++++++++++++++++++++++
api = tweepy.API(auth)
tendencias=api.trends_place(id =23424768,exclude = 'hashtags')
tendBr=json.loads(json.dumps(tendencias,indent=1))
tam=len(tendBr[0]['trends'])
resultado1=pd.Series([])
resultado2=pd.Series([])
i=0
for r in tendBr[0]['trends']:
    resultado1[i] = r['name'].strip('#')
    resultado2[i] = r['tweet_volume']
    i=i+1
#    print(r['name'].strip('#'),'  ',r['tweet_volume'],'  ',r['url'])
data = {'Name':resultado1, 'Vol':resultado2}
data=pd.DataFrame(data)
x=data.mask(data.eq('None')).dropna()
resTweet=x.sort_values(by=['Vol'],ascending=False)
print(resTweet)

resTweet.plot(kind='bar',x='Name',color='black',rot=30,fontsize=8)
```

11.8 LOCALIZADOR GEOGRÁFICO DE MENSAGENS

Quando nos cadastramos no Twitter, podemos permitir ou não que nossa localização seja pública e visível a qualquer outra pessoa. O mais natural é que não deixemos nossa localização pública, a fim de evitarmos invasão de privacidade. Mas, ainda assim, muitas pessoas, e principalmente empresas, desejam que sua localização seja uma parte importante para o contato nos negócios.

Contando com isso, o Twitter deixa disponível para bibliotecas de desenvolvedores a localização geográfica (desde que disponível) das mensagens na rede social. No caso do Twitter, o programador precisa antes instalar o *geocoder*, usando ***pip install geocoder***. É essa biblioteca que permitirá a localização em latitude e longitude de quem postou a mensagem.

Após todas as desanimadoras e preocupantes consequências da covid-19, apareceu com grande força no ano de 2022 no Brasil a varíola dos macacos. Seguindo os mesmos passos de desinformação e negação, o surto da doença começou a aumentar progressivamente. Em 18 de agosto de 2022, resolvemos pesquisar quais as regiões onde mais se comentava sobre a palavra-chave "varíola". A linha 17 do *script* a seguir é a palavra-chave que orientamos o programa a buscar.

```
17  searchString = "varíola"
18
19  cursor = tweepy.Cursor(api.search, q=searchString, count=500,
20                              lang="pt", tweet_mode='extended',result_type='recent')
21
22  maxCount = 200
23  count = 0
24  mat=np.zeros((maxCount,2))
25  list=[]
26  for tweet in cursor.items():
27     print()
28     print("Tweet Information")
29     print("================================")
30     print("Text: ", tweet.full_text)
31     print("Geo: ", tweet.geo)
32     print("Coordinates: ", tweet.coordinates)
33     print("Place: ", tweet.place)
34     print()
35
36     print("User Information")
37     print("================================")
38     print("Location: ", tweet.user.location)
39     print("Geo Enabled? ", tweet.user.geo_enabled)
40     result = geocoder.arcgis(tweet.user.location)
41     # x = longitude, y = latitude
42     tweet.place = (result.x, result.y)
43     if tweet.place[0]!=None:
44           list.append(tweet.place)
45     print(tweet.place)
46     count = count + 1
47     if count == maxCount:
48        break;
```

As linhas de 19 a 20 do programa servem para acionar a biblioteca Tweepy, buscando 500 mensagens mais recentes em língua portuguesa. Dessas mensagens, orientamos a busca, quando possível, de 200 mensagens com sua localização. A linha 22 indica o número máximo de localização desejado, e as linhas entre 26 e 48 buscam localizar latitudes e longitudes de onde se possuem as mensagens no Twitter. Isso é possível graças aos métodos full_text (linha 30), geo (linha 31), coordinates (linha 32) e place (linha 33).

As localizações são salvas na lista *list*, criada pelo programa para salvar latitude e longitude das mensagens. Isso nem sempre é possível, pois a localização pode ser colocada em modo não autorizado pelo usuário da mensagem.

A resposta típica da solicitação e busca do Tweepy é apresentada a seguir, de uma mensagem originária do Guarujá (SP) que discute a informação da varíola dos macacos. A latitude e a longitude não são da casa da pessoa, mas de uma grande região, exatamente para evitar invasão de privacidade.

```
Text:  Tava falando pro meu irmão como pega varíola dos macacos e quando eu falei "relações sexuais" ele riu
(????) como assim meu irmão de 10 ANOS sabe oq é isso meooo
Geo:  None
Coordinates:  None
Place:  None

User Information
================================
Location:  Guarujá, Brasil
Geo Enabled?  True
(-46.25741999999997, -23.99413999999996)
```

Uma vez de posse da latitude e da longitude, podemos usar a biblioteca *mpl_toolkits.basemap* do Python com a função *Basemap* para gerar o mapa do Brasil e a localização das mensagens. Das linhas de 49 a 65 a seguir, implementamos toda a parte gráfica da localização das mensagens no Brasil. A linha 50 cria o mapa da América do Sul; as linhas 52 e 53, as cores de oceano; e terra no mapa, os meridianos e linhas dos paralelos do mapa da Terra, entre as linhas 55 e 61. A função *map* é que mapeia e transforma as coordenadas que foram coletadas na lista *list* para a forma padrão de inserção do mapa usando *map* e plotando os pontos na linha 65.

```
49  #++++++++++++++++ localização no Mapa ++++++++++++++++++++++++++++++++
50  map = Basemap(projection='merc', llcrnrlat=-45, urcrnrlat=15,
51                      llcrnrlon=-90, urcrnrlon=-22, resolution='l')
52  land_color = 'lightgray'
53  water_color = 'lightblue'
54
55  map.fillcontinents(color='white', lake_color=water_color)
56  map.drawcoastlines()
57  #++++++++++++++++ desenhando os meridianos +++++++++++++++++++++++++
58  map.drawparallels(np.arange(-90.,120.,30.))
59  map.drawmeridians(np.arange(0.,420.,60.))
60  map.drawmapboundary(fill_color=water_color)
61  map.drawcountries(linewidth=2,color='#6D5F47')
62  #++++++++++++++++ coletando as coordenadas para plotar a localizacao
63  long, lat = map(*zip(*list))
64  #++++++++++++++++ plotando o local das mensagens ++++++++++++++++++++++
65  map.plot(long, lat, marker='o', markersize=6, markerfacecolor='red', linewidth=0)
```

A Figura 11.6 apresenta as localizações das mensagens relacionadas à varíola dos macacos no dia 18 de agosto de 2022. Essa é uma informação que pode ser atualizada de tempos em tempos, usando a biblioteca datetime do Python para que o mapa seja atualizado. Quanto mais mensagens durante o dia e quanto mais concentrada em alguma região do país, melhor para se definirem políticas públicas de combate à doença.

Figura 11.6 – Localização geográfica das mensagens sobre "varíola dos macacos" no dia 18 de agosto de 2022.

Na Figura, é possível ver uma pequena concentração de mensagens entre SP e RJ, realmente regiões onde se refletiam mais casos, e casos mais graves com óbitos. Aumentando-se o tempo de busca e a quantidade, pode-se ter um mapa completo com os *clusters* bem formados de regiões onde a doença está mais ativa. Isso vale não somente para essa doença, mas para qualquer doença em questão, inclusive para que os sistemas de saúde se preparem melhor.

A seguir, apresentamos o código completo em Python para o localizador geográfico das mensagens. Destaca-se aqui que, como o Python é uma linguagem *open*, as bibliotecas mudam com boa frequência, e os programas devem adaptar as bibliotecas e suas mudanças para continuar rodando. As bibliotecas de geolocalização alteram-se com bastante frequência, pois são amplamente utilizadas na área de ciência dos dados. O programa a seguir pode até não funcionar quando o leitor tentar rodar, mas o importante é o algoritmo, e a simples substituição das bibliotecas tornará o programa operante novamente.

```
import tweepy
import geocoder
import numpy as np
import os
os.environ["PROJ_LIB"] = "C:\\Users\\Dell\\Anaconda3\\Library\\share"; #fixr
from mpl_toolkits.basemap import Basemap

consumer_key='coloque sua chave aqui'
consumer_secret ='coloque sua chave aqui'
access_token ='coloque sua chave aqui'
access_token_secret  ='coloque sua chave aqui'

auth = tweepy.OAuthHandler(consumer_key, consumer_secret)
auth.set_access_token(access_token, access_token_secret)
api = tweepy.API(auth,wait_on_rate_limit=True,wait_on_rate_limit_notify=True)

searchString = "varíola"

cursor = tweepy.Cursor(api.search, q=searchString, count=500,
                                    lang="pt", tweet_mode='extended',result_type='recent')

maxCount = 200
count = 0
mat=np.zeros((maxCount,2))
list=[]
for tweet in cursor.items():
   print()
   print("Tweet Information")
   print("================================")
   print("Text: ", tweet.full_text)
   print("Geo: ", tweet.geo)
   print("Coordinates: ", tweet.coordinates)
   print("Place: ", tweet.place)
   print()

   print("User Information")
   print("================================")
   print("Location: ", tweet.user.location)
   print("Geo Enabled? ", tweet.user.geo_enabled)
   result = geocoder.arcgis(tweet.user.location)
   # x = longitude, y = latitude
   tweet.place = (result.x, result.y)
   if tweet.place[0]!=None:
         list.append(tweet.place)
   print(tweet.place)
   count = count + 1
   if count == maxCount:
      break;
```

```
#++++++++++++++++ localização no Mapa ++++++++++++++++++++++++++++++++
map = Basemap(projection='merc', llcrnrlat=-45, urcrnrlat=15,
                        llcrnrlon=-90, urcrnrlon=-22, resolution='l')
land_color = 'lightgray'
water_color = 'lightblue'
map.fillcontinents(color='white', lake_color=water_color)
map.drawcoastlines()
#++++++++++++++++ desenhando os meridianos +++++++++++++++++++++++++
map.drawparallels(np.arange(-90.,120.,30.))
map.drawmeridians(np.arange(0.,420.,60.))
map.drawmapboundary(fill_color=water_color)
map.drawcountries(linewidth=2,color='#6D5F47')
#++++++++++++++++ coletando as coordenadas para plotar a localizacao
long, lat = map(*zip(*list))
#++++++++++++++++ plotando o local das mensagens +++++++++++++++++++++
map.plot(long, lat, marker='o', markersize=6, markerfacecolor='red', linewidth=0)
```

11.9 A COVID-19 NO TWITTER

A pandemia do coronavírus, denominada covid-19, estraçalhou com toda organização social ao redor do mundo. No Brasil, foi ainda pior. Pessoas de baixa renda, crianças de escolas públicas, pessoas em situações de miséria foram simplesmente esquecidas pelo Estado. A história ainda vai cobrar caro de todos nós por esse momento de tristeza. E, para piorar, uma outra pandemia assolou o mundo todo, mas também com muita força o Brasil: a pandemia da mentira, que ganhou um nome internacional de *fake news*. Com todas essas bibliotecas apresentadas nas Seções anteriores, é possível seguir por meio de estatísticas quanto, de fato, opinião ou polarização de ódio ficou constante nas mensagens do Twitter.

Para a análise de subjetividade, escolheram-se apenas duas células com palavras-chave, como apresentado a seguir. A primeira foi pneumonia, pois os casos de covid na época estavam iniciando com indícios de forte relação entre inflamações no pulmão e garganta. A segunda palavra-chave foi "coronavírus+Brasil", para diferenciar a covid nas mensagens de Twitter do Brasil das mensagens em inglês ou em outras línguas.

	A
1	Palavra1
2	pneumonia
3	coronavirus+brasil
4	

A subjetividade foi medida de fevereiro de 2020 a setembro de 2020. Junto desses dados e no mesmo período, foram coletados os casos positivos de covid-19. O intervalo de dados da subjetividade foi amostrado a cada 15 ou 20 minutos automaticamente, 24 horas por dia. A subjetividade é medida no intervalo [0,+1], e adotou-se para esse experimento que dados abaixo de 0.1 seriam fatos verificados, e acima desse valor, considerados como opinião e boatos. Quanto maior o valor numérico da subjetividade no Twitter, maior a indicação de apenas opinião, não comprovada pelos fatos.

A Figura 11.7 apresenta os dados dessa subjetividade, sendo em cor mais clara os dados reais coletados pelos *scripts* descritos na Seção anterior, e a linha mais escura representando a média móvel. Pode-se observar como existe um aumento da subjetividade, indicando uma enorme quantidade de mensagens mais de opinião do que de observações ou fatos. Mas como se comportaram os dados da covid-19 nesse mesmo período?

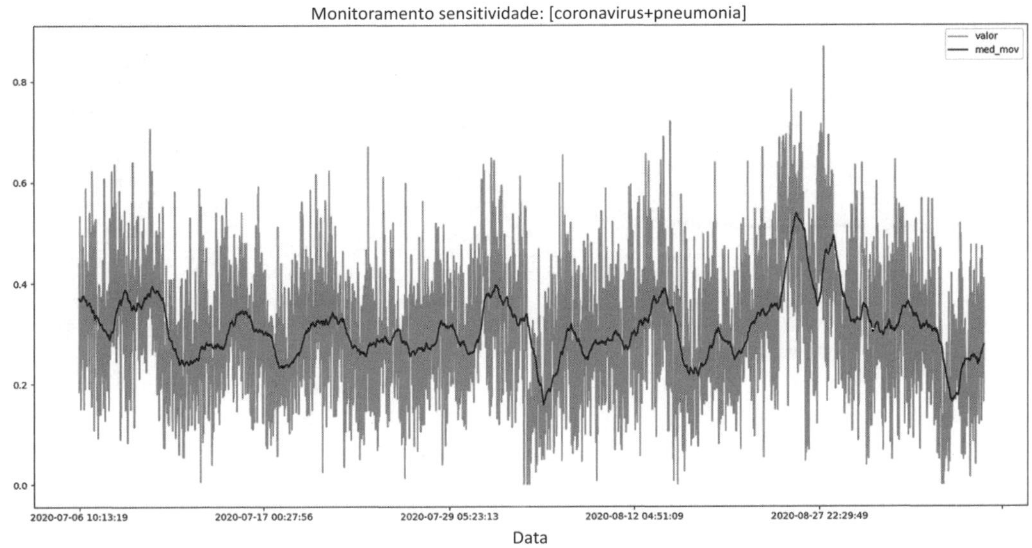

Figura 11.7 – Subjetividade medida pela análise de sentimento para a covid-19 entre julho de 2020 e agosto de 2020.

Na Figura 11.8, pode-se notar que, nesse mesmo período, o aumento dos casos de covid-19 foi avassalador no estado de São Paulo. Em apenas um dia foram notificados mais de 25 mil casos. E isso ocorreu no meio do mês de agosto, mesmo mês em que também as subjetividades foram maiores nas mensagens no Twitter. Nessa época as taxas de mortalidade começaram a disparar, o ódio começou a dominar as mensagens, com discussões acaloradas sobre medicamentos nada eficazes contra o coronavírus, sobre a necessidade de reabrir o comércio, sobre a obrigatoriedade de máscara, enfim, o Twitter sentiu o calor das discussões minuto a minuto.

No final de setembro de 2020, a temperatura das discussões deu um arrefecimento, visto que, na Europa, os estabelecimentos e algumas escolas estavam começando a reabrir. A esperança de dias melhores se refletiu nas mensagens, quando também o número de casos começou a baixar. Para medir essa diferença, separou-se o conjunto de dados da subjetividade em duas partes. A primeira parte toma os dados do início de agosto, e a segunda, no final de setembro.

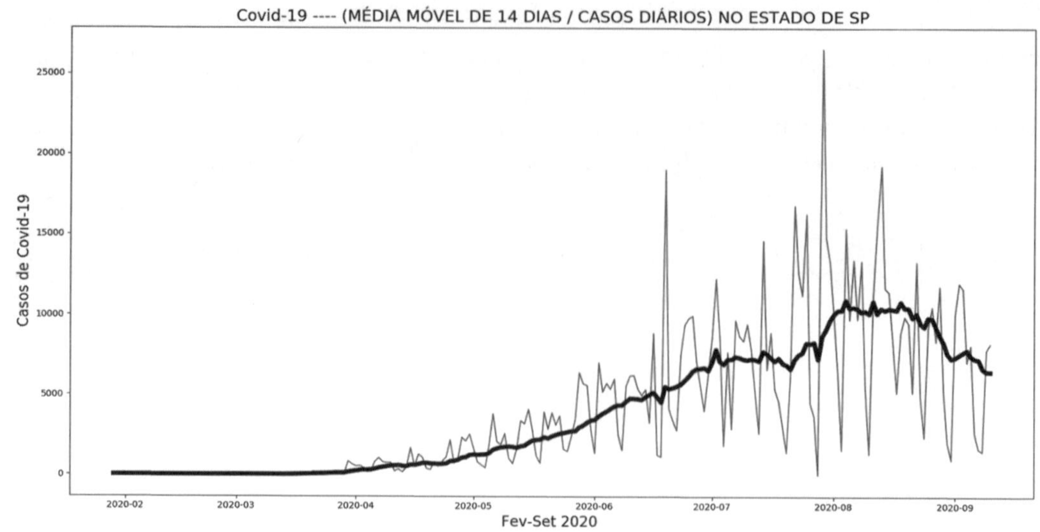

Figura 11.8 – Número de casos positivos de covid-19 de fevereiro de 2020 a setembro de 2020, suavizado pela média móvel de 14 dias.

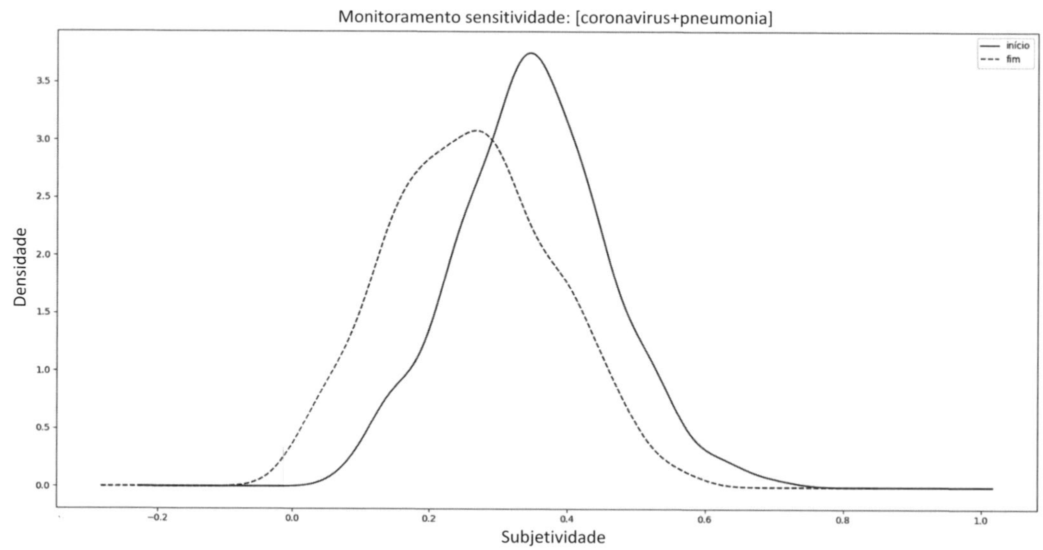

Figura 11.9 – Comparação da densidade de frequência na medida da subjetividade entre início de agosto de 2020 e o final de setembro de 2020. Eixo das abscissas marca a subjetividade entre [0,+1].

Pode-se verificar na Figura 11.9 que realmente a curva de densidade de frequência retraiu-se um pouco (linha tracejada) no final de setembro de 2020 em relação à densidade do início de agosto de 2020 (linha contínua). Isso indica que os valores de subjetividade recuaram no final do período, mostrando que as mensagens estavam mais próximas de fatos e menos de opiniões. Para medir estatisticamente, usamos essa seguinte parte do código para calcular com o Boxplot se ocorreu diferença significativa entre o início de agosto e final de setembro.

```
16 fig.figure()
17 ax=df[len(df)-4900:len(df)-4500].valor.plot(kind='kde',color='black')
18 ax=df[-400:].valor.plot(kind='kde',color='black',linestyle="--")
19 fig.title('Monitoramento Sensitividade: [coronavirus+pneumonia]',fontsize=13)
20 fig.legend(['início','fim'])
21 fig.ylabel('DENSIDADE', fontsize=16)
22 fig.xlabel('SUBJETIVIDADE', fontsize=16)
23 fig.figure()
24 corona1=df[len(df)-4900:len(df)-4500].valor
25 corona1=corona1.reset_index()
26 del corona1['data']
27 corona1=corona1.rename(columns={'valor':'subj_in'})
28
29 corona2=df[-400:].valor
30 corona2=corona2.reset_index()
31 del corona2['data']
32 corona2=corona2.rename(columns={'valor':'subj_fim'})
33
34 corona=pd.concat([corona1,corona2],axis=1)
35 ax=sns.boxplot(data=corona)
36 cor,pvalor=stats.ttest_rel(corona['subj_in'].values,corona['subj_fim'].values)
37 props = dict(boxstyle='round', facecolor='wheat', alpha=0.5)
```

A linha 24 e a linha 29 selecionam os dados de início de agosto de 2020 e final de setembro de 2020 no arquivo de dados. O Boxplot é construído pela biblioteca Seaborn (sns) na linha 35, enquanto o p-valor é calculado usando o teste t-student da biblioteca Statistics (stats) na linha 36. Pode-se verificar na Figura 11.10 que o valor do p-valor menor do que 1E-5 indica diferença estatisticamente significante entre esses períodos.

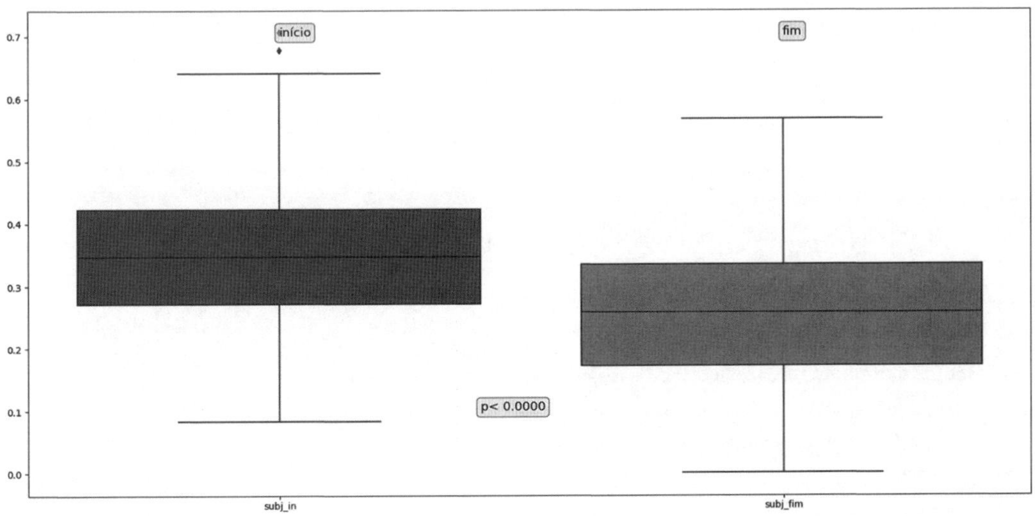

Figura 11.10 – Box-plot e p-valor indicando mudança da subjetividade para mensagens sobre covid-19 entre o início de agosto de 2020 e final de setembro de 2020.

As mensagens no final de setembro de 2020 estavam mais próximas dos fatos do que em agosto de 2020. O programa a seguir, em Python, apresenta como as linhas do *script* funcionam para esses cálculos. Os dados foram armazenados durante a pandemia no arquivo Res_Corona_sensitividade.xlsx (para as mensagens) e COVID_BOX.xlsx (para os dados de casos de covid-19).

```
import matplotlib.pyplot as fig
import pandas as pd
import seaborn as sns
from scipy import stats

dados=pd.read_excel('Res_Corona_sensitividade.xlsx',sheet_name='Planilha1')
df=pd.DataFrame(dados)
df=df.set_index('data')

df['med_mov']=df['valor'].rolling(window=90,min_periods=0).mean()

ax=df[-4900:].plot(y=['valor','med_mov'],
        color=['xkcd:stone','black'])
fig.title('Monitoramento Sensitividade: [coronavirus+pneumonia]',fontsize=13)

fig.figure()
ax=df[len(df)-4900:len(df)-4500].valor.plot(kind='kde',color='black')
ax=df[-400:].valor.plot(kind='kde',color='black',linestyle="--")
fig.title('Monitoramento Sensitividade: [coronavirus+pneumonia]',fontsize=13)
fig.legend(['início','fim'])
fig.ylabel('DENSIDADE', fontsize=16)
fig.xlabel('SUBJETIVIDADE', fontsize=16)
fig.figure()
corona1=df[len(df)-4900:len(df)-4500].valor
corona1=corona1.reset_index()
del corona1['data']
corona1=corona1.rename(columns={'valor':'subj_in'})

corona2=df[-400:].valor
corona2=corona2.reset_index()
del corona2['data']
corona2=corona2.rename(columns={'valor':'subj_fim'})

corona=pd.concat([corona1,corona2],axis=1)
ax=sns.boxplot(data=corona)
cor,pvalor=stats.ttest_rel(corona['subj_in'].values,corona['subj_fim'].values)
props = dict(boxstyle='round', facecolor='wheat', alpha=0.5)
ax.text(0,0.7,s='início',bbox=props,fontsize=13)
ax.text(1,0.7,s='fim',bbox=props,fontsize=13)
ax.text(0.4,0.1,s='p< {:0.4f}'.format(pvalor),bbox=props,fontsize=13)
ax.yaxis.set_tick_params(labelsize=10)

print(stats.pearsonr(corona['subj_in'].values,corona['subj_fim'].values))
```

Os cálculos para os dados da covid-19 no Estado de São Paulo foram coletados a partir do arquivo em Excel, com média móvel de 14 dias e gráficos, usando-se o seguinte programa em Python:

```
import matplotlib.pyplot as fig
import pandas as pd

dados=pd.read_excel('COVID_BOX.xlsx',sheet_name='Casos')
df=pd.DataFrame(dados)
df=df.set_index('data')

df1=df.iloc[:,0:28].rolling(window=14,min_periods=0).mean()

fig.figure()
ax1=fig.subplot(111)
klist=['SP']
for i in klist:
    ax1.plot(df.index,df[i],color='grey')
    ax1.plot(df1.index,df1[i],color='black',lw=5)
    ax1.set_xlabel('Fev-Set 2020',fontsize=16)
    ax1.set_ylabel('Casos de Covid-19',fontsize=16)

fig.title('Covid-19 ---- (MÉDIA MÓVEL DE 14 DIAS / CASOS DIÁRIOS) NO ESTADO DE SP',
          fontsize=18)
```

De onde essas mensagens partiam? Quem eram os responsáveis por tantas mensagens com alta subjetividade e, na maioria, consideradas na época como mentiras ou *fake news*? Com os dados de localização também coletados para o mesmo período da sensitividade, é possível imprimir as localizações das mensagens com alta subjetividade. Na Figura 11.11, podemos ver uma grande concentração e pontos no litoral brasileiro. São quase 5 mil localizações, sendo cada uma coletada a cada 15 minutos.

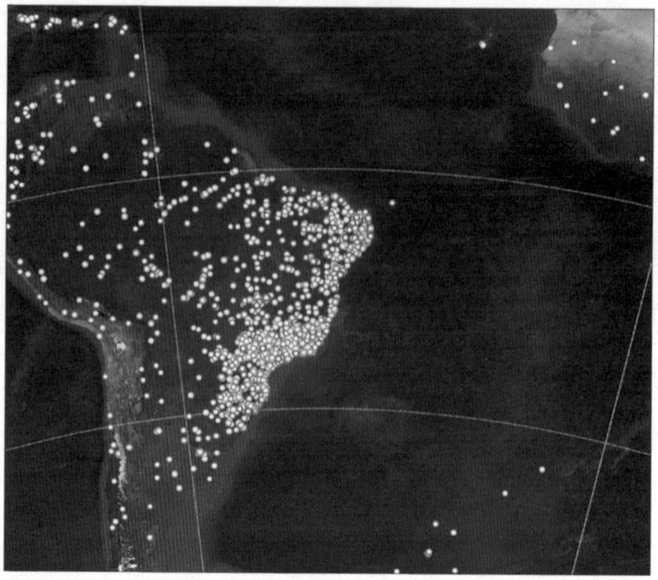

Figura 11.11 – Localização de mensagens de opinião sobre covid-19 entre agosto de 2020 e setembro de 2020.

A Figura 11.12 é um destaque da região e SP, RJ e MG para verificar os pontos das mensagens. Pode-se perceber que o grande montante das mensagens desse período saiu das regiões das capitais. O disparo das mensagens de opiniões (nem sempre verdadeiras) saiu das grandes cidades do Brasil.

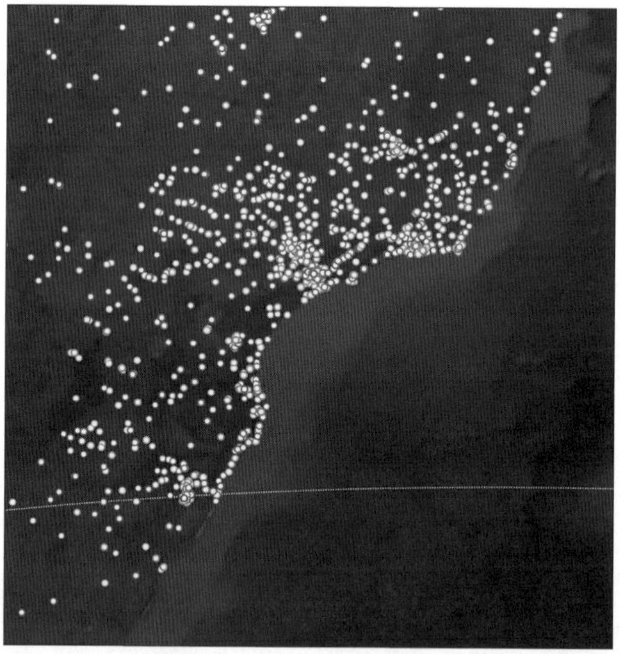

Figura 11.12 – Área de destaque da Figura 11.12 para mensagens com subjetividade alta para covid-19.

Com a biblioteca de geolocalização já explicada nas Seções anteriores, é possível, inclusive, indicar o local mais frequente dessas mensagens com alta subjetividade. A latitude e a longitude, armazenadas e calculadas suas frequências, indicam que, nesse período, a localização campeã não estava nas capitais, mas no interior do MT. A maioria das mensagens sai dos grandes centros, mas as campeãs de repetições estão sempre em poucos lugares, demonstrando que robôs trabalharam para disseminar em massa as mensagens com alta subjetividade.

A Figura 11.13 apresenta o gráfico de setores para as localizações que mais se repetiram no período amostrado. Três dessas regiões obtiveram 10.67%, 10.23% e 8.59%.

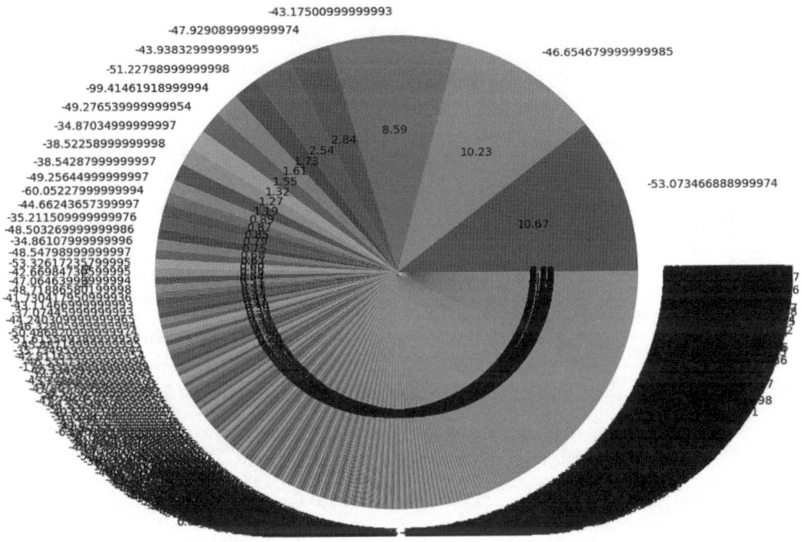

Figura 11.13 – Regiões mais frequentes nas mensagens com alta subjetividade (longitude).

O total de dados no período é de 28.700 dados de localização. Eles ficam salvos no arquivo, conforme este trecho de exemplo amostrado. Tem-se uma coluna com a data e hora da coleta, e outra com latitude e longitude dos dados de quem enviou a mensagem.

```
                    data                                     local
0       2020-07-31 23:46:51  (-46.654679999999985, -23.562869999999975)
1       2020-08-01 00:20:42  (-49.276539999999954, -25.439979999999935)
2       2020-08-01 00:20:45     (14.210930000000076, 40.82416000000006)
3       2020-08-01 00:20:48    (11.307340000000067, 45.194090000000074)
4       2020-08-01 00:20:55    (-43.18203999999997, -22.50383999999997)
...                     ...                                        ...
28695   2020-09-11 18:24:13    (18.846830000000068, -34.08165999999994)
28696   2020-09-11 18:24:15    (-43.17500999999993, -22.91215999999997)
28697   2020-09-11 18:24:31   (-55.72620999999998, -22.537009999999952)
28698   2020-09-11 18:24:33  (-53.073466888999974, -10.769946428999958)
28699   2020-09-11 18:24:36  (-53.073466888999974, -10.769946428999958)

[28700 rows x 2 columns]
```

O programa a seguir apresenta as linhas nas quais se constroem o mapa com as localizações e o gráfico de setores com as localizações mais frequentes. O arquivo do Excel com esses dados é Res_CORONA.xlsx, com a Planilha2, indicados no DataFrame da linha 14. O mapa é continuamente atualizado pelos pontos amostrados na linha 26, dentro do "for", que toma a todo instante a latitude e longitude armazenadas.

```
import pandas as pd
import matplotlib.pyplot as fig
import numpy as np
import os

os.environ["PROJ_LIB"] = "C:\\Users\\Dell\\Anaconda3\\Library\\share"; #fixr
from mpl_toolkits.basemap import Basemap
map = Basemap(width=9000000,height=8000000,projection='lcc',
              resolution=None,lat_1=-20.,lat_2=-20,lat_0=-15,lon_0=-40.)
map.bluemarble()
map.drawparallels(np.arange(-90.,120.,30.),color='white')
map.drawmeridians(np.arange(0.,420.,60.),color='white')

df=pd.read_excel('Res_CORONA.xlsx',sheet_name='Planilha2')
df=df[-28700:]
df.index=range(len(df.index))

x=np.zeros(len(df))
y=np.zeros(len(df))
for i in range(len(df)):
    test_str = df['local'][i]
    res = eval(test_str)
    x[i]=res[0]
    y[i]=res[1]
    long, lat = map(*zip(*[res]))
    map.plot(long, lat, marker='o', markersize=5,
             markerfacecolor='white')

lugar=pd.DataFrame({'lat':y,'long':x})
lugar['data']=df['data']
achou=lugar[lugar['long']==-53.073466888999974]

fig.figure()
################ verificando a longitude mais frequente #################
cont=lugar['long'].value_counts()

cont.plot.pie(autopct='%1.2f')
##################################################################################
```

11.10 MENSAGENS DO TWITTER SOBRE QUEIMADAS E DESMATAMENTOS NA AMAZÔNIA

Pode causar estranheza pessoas serem favoráveis ao desmatamento ou incentivarem incêndios para desmatar a Amazônia, mas isso realmente ocorre. E não são poucas, no Twitter, as mensagens de incentivo à destruição, mas pelo contrário, essas mensagens são postadas diversas vezes ao dia.

Fazendo-se uma coleta de mensagens, utilizando o *script* em Python apresentado no final da Seção 11.5, e trocando as palavras-chave de saúde por palavras relacionadas ao meio ambiente e política, podemos observar fatos interessantes no que se refere ao meio ambiente no Brasil. Automatizando-se o programa para adquirirem mensagens a cada 15 minutos no Twitter de 2020 a outubro de 2021, pode-se coletar um bom conjunto de dados para análises. Esse conjunto foi finalizado com 60 mil dados anotados com valores positivos e negativos analisados pela análise de sentimento no Twitter, utilizando a função *polarity* já mencionada antes.

A Figura 11.14 apresenta uma parte dessa amostra de 26 de março de 2021 a 3 de outubro de 2021 para as palavras-chave "desmatamento", "incêndios" e "amazônia". É possível notar picos importantes de positividade e negatividade nas menções a essas palavras. Mas será que essas mensagens realmente refletem a intenção das pessoas ou apenas são comentários jogados na internet para causar discussão?

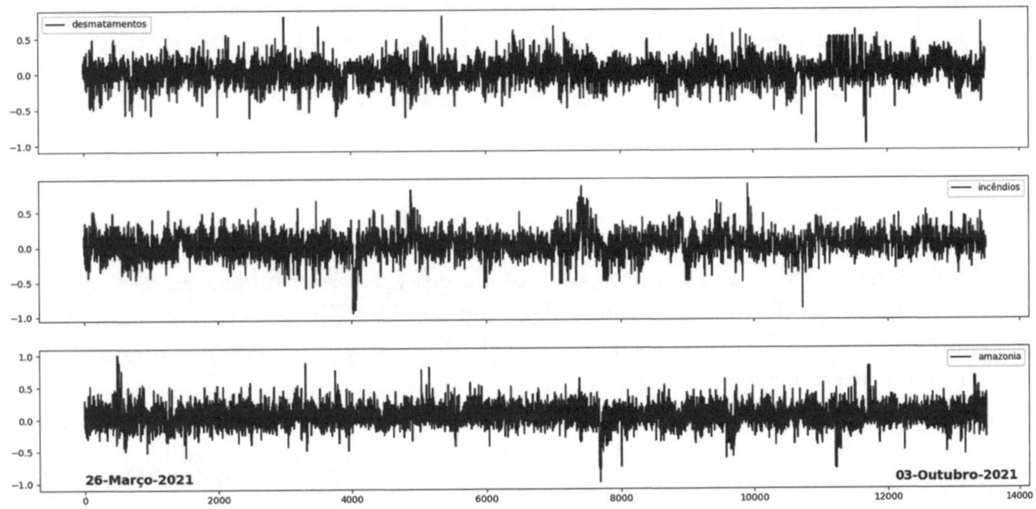

Figura 11.14 – Dados de análise de sentimentos para as palavras-chave do Twitter desmatamento, incêndios e amazônia.

O nome do arquivo em Excel salvo foi Res_Eventos.xlsx com cinco palavras-chave observadas nas discussões em cima do tema desmatamento na Amazônia. As palavras foram: desmatamento, queimadas, amazônia, agricultura e indústria. O programa a seguir importou esses dados salvos no Excel e gerou o gráfico da Figura 11.14, em que é possível notar os altos e baixos, a favor e contra os temas anteriores.

```
import pandas as pd
import matplotlib.pyplot as fig

######################################################################
# Buscando dados do Excel
######################################################################
fatos=pd.read_excel('Res_Eventos.xlsx',sheet_name='Planilha1')
nomes=['data','desmatamento','queimadas','Amazonia','agricultura','indústria']
######################################################################
# reajustando o indice do DataFrame para data
df=pd.DataFrame(fatos[-26536:-13057],columns=nomes)
df=df.reset_index()

df.plot.line(y=[nomes[1],nomes[2],nomes[3]],
             subplots=True,
             layout=(3,1),
             color='k',
             label=['desmatamentos','incêndios','amazonia'])
fig.text(0,-1,'26-Março-2021',fontsize=14,color='k',weight='bold')
fig.text(x=12100,y=-1,s='03-Outubro-2021',fontsize=14,color='k',weight='bold')
```

A Figura 11.15 apresenta uma comparação entre a frequência diária de mensagens negativas sobre a Amazônia e a área desmatada em km^2. A comparação é feita para o mesmo período capturado pelo sistema de vigilância DETER, com responsabilidade do Instituto Nacional de Pesquisas Espaciais (INPE). É possível perceber que, no mesmo período em que as mensagens negativas começaram a aumentar, a área com desmatamento também começou a crescer. Após 10 de outubro de 2020, as mensagens negativas decresceram, ocorrendo o mesmo com o desmatamento nas imagens da Amazônia.

Em termos de queimadas, a situação também não é diferente, como podemos observar na Figura 11.16. Antes do aumento das queimadas em agosto de 2021 e setembro de 2021, observa-se que mensagens positivas surge a favor das queimadas no Twitter.

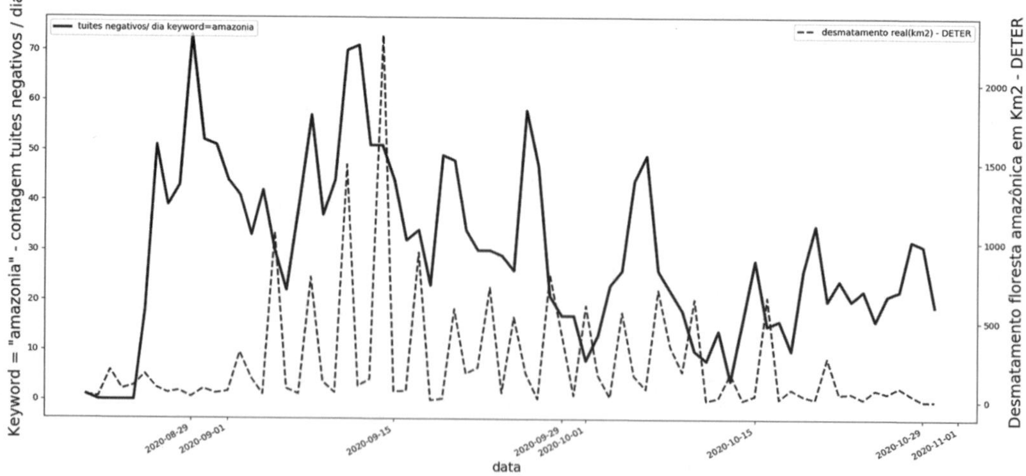

Figura 11.15 – Comparação entre comentários negativos com a palavra-chave amazônia no Twitter e desmatamento real em km^2 de área pelo sistema DETER–INPE.

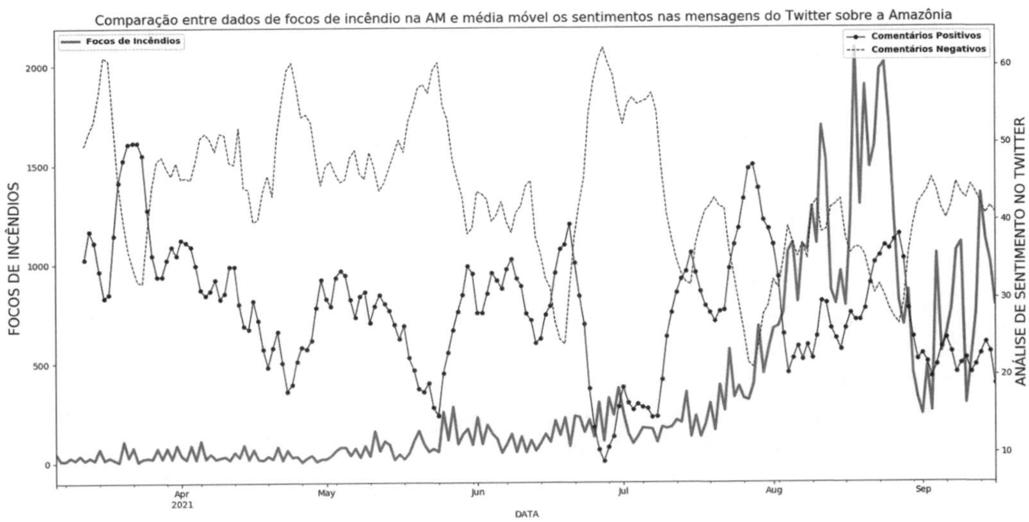

Figura 11.16 – Comparação entre dados de focos de incêndios (INPE) e a média móvel para comentários positivos (-o-) e negativos (---) no Twitter com a palavra-chave queimadas.

Na Figura 11.16, a linha em cinza-claro apresenta o número de focos de incêndios (dados reais do INPE), medidos no eixo da esquerda, dispararem na Amazônia, exatamente após uma sequência de mensagens positivas ter aumentado nas semanas anteriores (sim leitor, mensagens incentivando incêndios na Amazônia). A fim de analisar se os dados correspondem ao que se observa nas figuras, testou-se estatisticamente se as mensagens poderiam alterar o comportamento dos atos em relação a Amazônia. Os dados coletados a cada 20 minutos pelo programa já apresentado na Seção 11.5 foram salvos numa planilha e colocaram-se no mesmo arquivo os dados adquiridos do DETER no site do INPE. A planilha usada para a análise tem o seguinte formato:

	A	B	C	D	E
1	data	Queim_pos	Queim_neg	Queim_soma	Focos
2	06/03/2021	13	41	2,7548244	47
3	07/03/2021	33	58	2,056179523	9
4	08/03/2021	55	38	-2,90858984	9
5	09/03/2021	56	25	-2,167327642	26
6	10/03/2021	37	54	4,377705097	13
7	11/03/2021	21	71	7,736450672	35
8	12/03/2021	31	61	4,390866756	11
9	13/03/2021	38	53	1,59271884	25
10	14/03/2021	23	68	10,97206402	11
11	15/03/2021	29	62	3,800432444	70
12	16/03/2021	32	59	4,164993763	12
13	17/03/2021	40	51	1,104424119	25
14	18/03/2021	74	14	-9,596474648	13
15	19/03/2021	79	5	-12,75454903	2

As colunas B e C do Excel são os dados arquivados que contam as mensagens positivas e negativas para cada dia. A coluna D apresenta a soma dos valores (sentimentos positivos + sentimentos negativos) a cada dia (são números no intervalo -1 a +1 somados diariamente).

Por último, na coluna E, são os dados de quantidade de focos de incêndios por dia na região amazônica, a mesma à qual as mensagens positivas e negativas se referem. Um outro programa muito simples é apresentado em Python a seguir.

```
#Queimadas - comparacao com twitter
# mensagens com sentimentos positivos e negativos em relacao a
# palavra-chave: queimadas
###################################################################
import pandas as pd
import matplotlib.pyplot as fig

df=pd.read_excel('Queimadas_dia.xlsx',
                 sheet_name='Planilha1')

df['mvFoc']=df['Focos'].rolling(window=7).mean()
df['mvPos']=df['Queim_pos'].rolling(window=7).mean()
df['mvNeg']=df['Queim_neg'].rolling(window=7).mean()

ax=df.plot(x='data',y='Focos',xlabel='DATA',
           legend=True,color='black',linewidth=3,alpha=0.5)
ax.legend(['Focos de Incêndios'],loc='upper left',prop= {'weight':'bold'})
fig.title('Comparação entre dados de focos de incêndio na AM e média móvel os sentimentos nas mensagens do Twitter sobre a Amazônia',
          size=15)
ax.set_ylabel('FOCOS DE INCÊNDIOS',size=16)

ax2=ax.twinx()
ax=df.plot(x='data',y='mvPos',color='black',
           legend=True,linewidth=1,ax=ax2,
           style='-o',ms=4)

ax=df.plot(x='data',y='mvNeg',color='black',
           legend=True,linewidth=1,ax=ax2,
           style='--')
ax2.set_ylabel('ANÁLISE DE SENTIMENTO NO TWITTER',size=16)
ax2.legend(['Comentários Positivos','Comentários Negativos'],
            loc='upper right',prop= {'weight':'bold'})
```

Calculou-se, então, a correlação cruzada entre o aumento e o decréscimo dos comentários (positivos e negativos) em relação à palavra-chave "amazônia" e aos valores dos dados de desmatamento nos mesmos dias e momentos.

A Figura 11.17 mostra que, no período analisado, existiu uma correlação cruzada de 72,22% entre os comentários negativos no Twitter sobre a Amazônia e os dados de desmatamento em km^2. Outro dado interessante advindo do cálculo é que as mensagens não atuam de forma imediata, mas elas demoraram um determinado tempo até provocar o aumento no desmatamento.

No caso, o tempo observado entre as postagens e o real aumento de desmatamento na região amazônica foi de 6 dias. Ou seja, após a disparada de mensagens negativas em relação à Amazônia, desmatamentos de grandes áreas ocorreram em média, 6 dias após as postagens.

É isso que aparece na Figura 11.17, no cálculo das correlações cruzadas, destacando-se o valor negativo colocado no eixo das abscissas, mostrando que existe um atraso (conhecido como lag) de informação entre as mensagens e os dados reais do INPE. O valor de atraso -6 (seis negativo) no eixo das abscissas com maior valor do correlograma indica que as maiores correlações entre mensagens negativas e o aumento de desmatamento ocorrem com 6 dias de atraso.

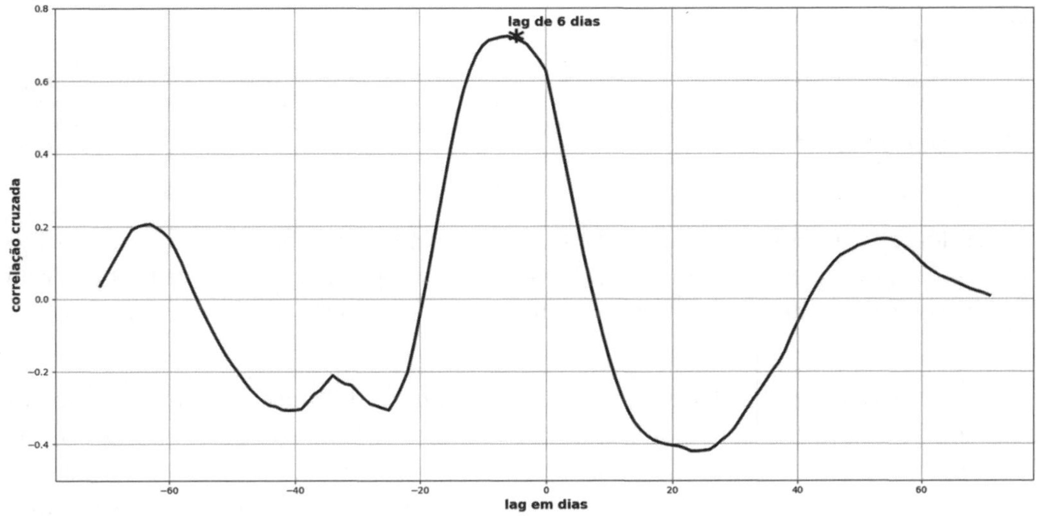

Figura 11.17 – Correlação cruzada entre média móvel (7-dias) nos comentários negativos usando a palavra-chave amazônia no Twitter em comparação à média móvel (7-dias) para o desmatamento real observado pelo INPE em km^2, com atraso de informação de 6 dias.

A correlação cruzada (*cross-correlation*) é uma medida estatística que mede a correlação ponto a ponto entre dois conjuntos de dados, mas deslocando-se um deles para medir qual o maior grau de associação entre eles para posições diferentes. Essa medida calcula a correlação tanto para o conjunto de dados deslocados de posições anteriores em relação a um dado quanto para posições posteriores a um dado inicial. Estatisticamente se refere à covariância dos dados ponderada pelos desvios padrão das duas amostras (x e y), cuja fórmula é

$$\rho_{x,y}(t_1,t_2)=\frac{E\left[\left(x_{t_1}-\mu_x\right)\left(y_{t_2}-\mu_y\right)\right]}{\sigma_x\sigma_y}$$

Na fórmula da correlação, calculam-se os desvios das duas amostras em relação às suas médias, e com os resultados, calculam-se as médias desses desvios para vários deslocamentos de posições. Esse cálculo é apresentado no numerador da fórmula com a letra "E", indicando média dos desvios conjuntos. A esse termo se dá o nome de covariância das amostragens x e y para diversos deslocamentos de posições t_1 e t_2. Para normalizarem esses valores, divide-se o resultado pelos desvios padrões das duas amostras σ_x e σ_y.

No Python, a biblioteca NumPy possui essa função programada, que pode ser usada no caso dos dados de desmatamento da Amazônia e das mensagens negativas em relação à região amazônica. É interessante, em vez de usarem os dados brutos que oscilam muito, calcular a média móvel para termos um resultado mais palpável. Então, os dados da Figura 11.15 foram suavizados com média móvel, dados esses que estavam tabelados numa planilha em Excel com o seguinte formato:

	A	B	C	D	E
1	data	AM_neg	AM_pos	soma_AM	km2
2	20/08/2020	1	2	0,090555556	28,11998749
3	21/08/2020	0	0	0	18,96000099
4	22/08/2020	0	0	0	187,2701416
5	23/08/2020	0	0	0	68,06002045
6	24/08/2020	0	0	0	89,67998505
7	25/08/2020	18	13	-2,323681831	161,4700317
8	26/08/2020	51	67	1,211121321	77,30999756
9	27/08/2020	39	52	0,843158066	45,16000366
10	28/08/2020	43	42	-1,423643708	57,83000946
11	29/08/2020	73	44	-8,025401115	19,50999641
12	30/08/2020	52	64	-1,798973441	69,11000824
13	31/08/2020	51	64	-2,377295256	42,08000565
14	01/09/2020	44	52	-1,478286743	53,21003723
15	02/09/2020	41	30	-3,176943541	300,5001526

Lendo-se essa planilha para um DataFrame no Python, nosso interesse é medir a correlação cruzada entre a contagem de mensagens negativas para *amazônia* que está na coluna B e a área de desmatamento medida pelo sistema DETER do INPE, que está na coluna E.

Após a suavização dos dados das colunas B e E no Dataframe do Python, podemos calcular a correlação cruzada com a biblioteca NumPy, cuja função é *correlate( )*. A linha 75 a seguir cria o eixo das abscissas, no qual estarão as posições deslocadas conhecidas como (lag). As linhas 76 e 77 são a programação da correlação cruzada usando a fórmula discutida anteriormente, resultando num vetor de dados que representam o quanto uma amostra está correlacionada com a outra para deslocamentos em diversas posições. No caso, a primeira amostra é a coluna B do Excel com média móvel, ou seja, a quantidade de mensagens negativas sobre a Amazônia. E a segunda amostra são os dados de desmatamentos na região em termos de km^2 (coluna E do Excel em média móvel).

Na linha 76, o modo *full* é como os dados devem retornar da função de correlação. Se for colocado *same*, a quantidade de dados de correlação que retornará será a mesma dos dados das amostras. Mas, se usarmos *full*, retornarão todos os deslocamentos, para frente e para trás, tornando o vetor muito maior do que os dados de entrada, mas, também, muito mais completo e importante. Por isso, na linha 76, existe a palavra *full* dentro da função do NumPy.

```
70  ######################### Cross-Correlacao #################################
71
72  y1=np.array(df['med_mov_AM'][-npts:])
73  y2=np.array(df['med_mov_km'][-npts:])
74
75  lags = np.arange(-npts+2 , npts-1)
76  ccov = np.correlate(y1 - y1.mean(), y2 - y2.mean(), mode='full')
77  ccor = ccov / (npts * y1.std() * y2.std())
78
79  maxlag = lags[np.argmax(ccor)]
80  minlag = lags[np.argmin(ccor)]
81  signifmax = 2/sqrt(npts-abs(maxlag))
82  signifmin = 2/sqrt(npts-abs(minlag))
83
84  ax7=fig.subplot(325)
85  ax7.plot(lags, ccor,'-k',linewidth=3)
86  ax7.grid()
```

```
87 ax7.set_ylim(-0.5, 0.8)
88 ax7.set_ylabel('cross-correlação',fontsize=14,color='k',weight='bold')
89 ax7.set_xlabel('lag ',fontsize=14,color='k',weight='bold')
```

As linhas de 79 a 82 buscam quando ocorrem as maiores e menores correlações entre as amostras em termos de deslocamentos nas posições (lag) e o grau de significância da correlação.

Para o caso dessa discussão entre mensagens negativas sobre a Amazônia e a área desmatada medida pelo INPE, teremos o seguinte resultado final:

```
######### resultado da correlacao cruzada #############
max correlation is at lag (dias) -6
max correlation = 0.722247

valor de significancia = 0.244339
######### resultado da correlacao cruzada #############
min correlation is at lag (dias) 24
min correlation = -0.420361

valor de significancia = 0.285714
#######################################################
```

Como podemos ler, a maior correlação entre mensagens que falam mal da Amazônia e dados reais de desmatamento na região, ocorrem quando se tem um deslocamento de –6 dias, ou seja, lag igual a 6. A correlação mais negativa ocorre 24 dias à frente, com pode ser visto no resultado anterior. Isso significa que, 24 dias após as mensagens negativas, elas perdem a importância, fazendo com que se tenha uma queda na área desmatada após esse período. A programação das linhas de resultado final anterior foi a seguinte:

```
91 print("######### resultado da correlacao cruzada #############")
92 print("max correlation is at lag (dias) %d" % maxlag)
93 print("max correlation = %f" % ccor[np.argmax(ccor)])
94 print(" ")
95 print("valor de significancia = %f" % signifmax)
96 print("######### resultado da correlacao cruzada #############")
97 print("min correlation is at lag (dias) %d" % minlag)
98 print("min correlation = %f" % ccor[np.argmin(ccor)])
99 print(" ")
100 print("valor de significancia = %f" % signifmin)
101 print("##########################################################")
```

11.11 INFLUÊNCIA DO TWITTER NO MERCADO FINANCEIRO

Em economia e finanças, um jargão comum que se ouve é que ativos de investimentos em bolsas de valores se valorizam nos boatos e realizam-se nos fatos. Os chamados *insiders* adquirem informações privilegiadas por meio de contatos em empresas e começam a mover-se, comprando em grandes volumes ações de empresas que estão prestes a divulgar informações para os investidores. Essas informações acabam escapando do grupo seleto de pessoas e vão para a internet, onde as discussões começam e podem, em tese, alterar a evolução dos preços.

Da mesma forma que na Seção anterior, se pegarmos os programas da Seção 11.5 para adquirirmos de forma automática dados com palavras-chave relacionadas economia, o banco de dados de sentimentos do Twitter pode apresentar alguma tendência positiva ou negativa para o que os investidores estão pensando agir.

Por exemplo, se usarmos o programa em Python da Seção 11.5 para adquirirmos os sentimentos de polaridade do Twitter para as palavras-chave PETR4, pib, inflação, desemprego, indústria, poderemos ter um indicativo do que as pessoas estão colocando nas mensagens, suas expectativas para as finanças. No caso, a palavra-chave "PETR4" é o código da ação preferencial da Petrobras negociada diariamente na Ibovespa.

Para esse exemplo, fizemos o acompanhamento no Twitter dessas palavras entre os dias 16 e 30 de setembro de 2021, tomadas a cada 20 minutos. O banco de dados foi salvo num arquivo em Excel com nome ***Sentimento_PETR4.xlsx***. O arquivo em Excel consta das colunas com as datas, dados do preço da ação da Petrobras na coluna B, dados dos sentimentos nas mensagens referidas à Petrobras na coluna C, sentimentos do PIB (produto interno bruto) na coluna D, sentimento da inflação na coluna E, sentimento do desemprego na coluna F e finalmente, dados dos sentimentos nas mensagens que se referem à indústria.

A planilha em questão é apresentada a seguir, mas poderia ser qualquer outra com temas relevantes e que tragam informações ou observações importantes dos investidores que escrevem mensagens no Twitter. O resultado para três dessas colunas está na Figura 11.18, com sentimentos das mensagens a respeito da Petrobras, sobre expectativas sobre dados do PIB e sobre o comportamento inflacionário no Brasil.

	A	B	C	D	E	F	G
1	**Data**	**Fech**	**TWPetr4**	**Pib**	**Inflação**	**Desemprego**	**Indústria**
2	16/09/2021 10:00	26,28	-0,2428125	0	0,04	0,12055556	-0,03333333
3	16/09/2021 10:25	26,18	0	0,25	0,1724286	0,095	0,84
4	16/09/2021 10:47	25,77	0,081111111	0,0125	0,126	-0,3	0,41
5	16/09/2021 11:10	25,71	-0,085555556	0,04166667	0,0076667	-0,005	0,14444444
6	16/09/2021 11:32	25,75	0,02	0	-0,0125	0,09	0,00666667
7	16/09/2021 11:54	25,75	0,04	0,53055556	0,0732381	0,395	0,17
8	16/09/2021 12:17	25,8	0,0375	0	0,0509524	-0,05	0,4025
9	16/09/2021 12:39	25,76	-0,013333333	0,33333333	0,083	0,12	0,29348485
10	16/09/2021 13:02	25,75	0,025	0,13333333	0,052	0,13	0,03449495
11	16/09/2021 13:24	25,78	0,09	0,14166667	0,01875	-0,01	0,05
12	16/09/2021 13:46	25,86	0,02	0,02083333	0,0783063	0	0,22685714
13	16/09/2021 14:08	25,91	-0,08	0,13041667	0,1420833	0,32	0,11
14	16/09/2021 14:31	25,87	0,09	0,06666667	0,1066667	0,32	0,24
15	16/09/2021 14:53	25,96	-0,14	0,06	0,032	0,09	0,09375

A coluna Fech mostra os preços negociados da Petrobras (PETR4) a todo instante na bolsa de valores. Para corresponder aos mesmos instantes de tempo, deve-se fazer um pareamento nos dados. Isso porque, em 20 minutos de observação, existem centenas de valores e oscilações frequentes nos preços. Nos dias atuais, na verdade, esses preços mudam de valor em milésimos de segundos, graças à alta velocidade da internet, que permite o uso de algoritmos *traders*, os chamados robôs-*traders*, substituindo as ordens de compra e venda realizadas antigamente por humanos.

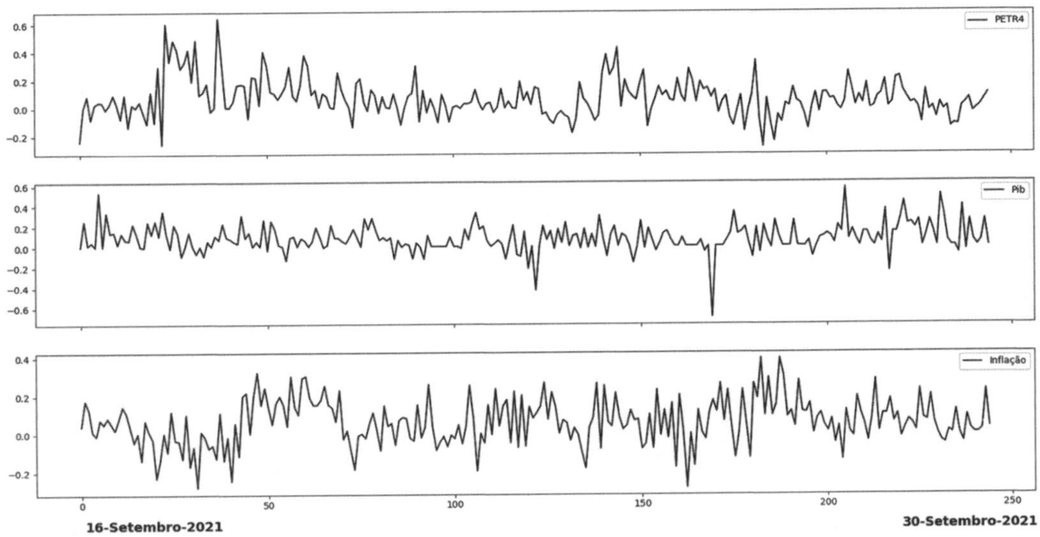

Figura 11.18 – Dados de análise de sentimentos para as palavras-chave do Twitter, PETR4, Pib e Inflação.

O programa em Python para fazer os gráficos da Figura 11.18 é apresentado a seguir, utilizando o arquivo em Excel descrito anteriormente.

```
import pandas as pd
import matplotlib.pyplot as fig

##################################################################
# Buscando dados do Excel
##################################################################
fatos=pd.read_excel('Sentimento_PETR4.xlsx',sheet_name='Planilha1')
nomes=['Data','Fech','TWPetr4','Pib','Inflação','Desemprego','Indústria']
##################################################################
# reajustando o indice do DataFrame para data
df=pd.DataFrame(fatos,columns=nomes)
df=df.reset_index()

df.plot.line(y=[nomes[2],nomes[3],nomes[4]],
             subplots=True,
             layout=(3,1),
             color='k',
             label=['PETR4','Pib','Inflação'])
fig.text(1,-0.5,'16-Setembro-2021',fontsize=14,color='k',weight='bold')
fig.text(x=220,y=-0.5,s='30-Setembro-2021',fontsize=14,color='k',weight='bold')
```

Como comparação aos dados dos sentimentos de polaridade nas mensagens do Twitter, a Figura 11.19 apresenta o comportamento dos preços da ação PETR4 no mesmo período e nos momentos que as mensagens foram coletadas. Pode-se observar o comportamento quase errático e aleatório nos preços, mas que, no longo prazo, sempre apresenta uma tendência, preços esses movidos pelas especulações entre os investidores.

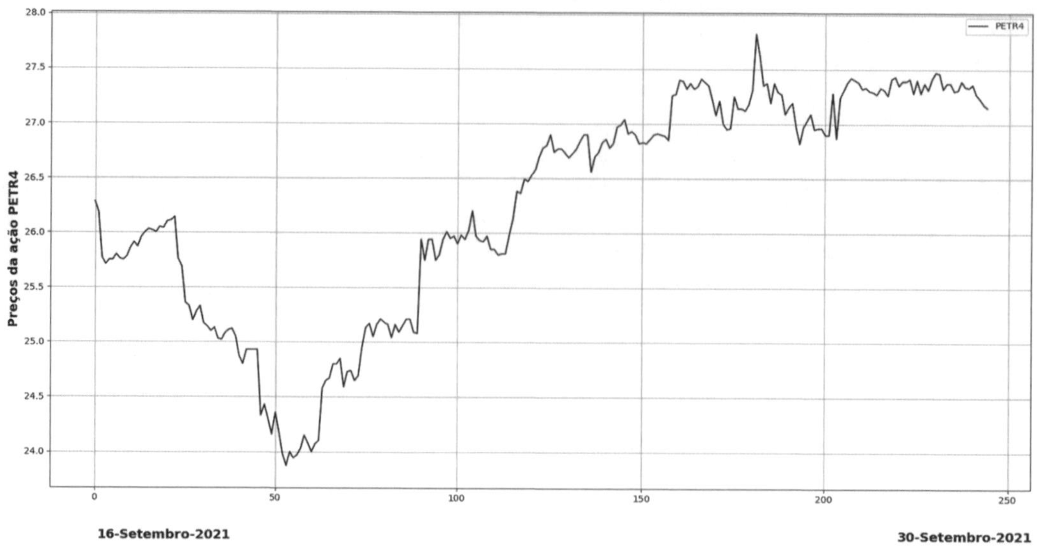

Figura 11.19 – Dados dos preços da PETR4 na Ibovespa nos mesmos instantes que as mensagens foram coletadas no período de observação.

Uma pergunta que podemos fazer é: podemos prever preços com base no sentimento momentâneo das mensagens no Twitter? Será que os investidores, mesmo que de maneira subjetiva, estão expressando sua intenção de comprar ou vender determinado ativo?

No caso da ação da Petrobras aqui apresentada (PETR4), as palavras-chave são bastante importantes, pois elas estão intimamente ligadas às ações promovidas pelo governo. Isso é importante porque, atualmente, o governo é o maior acionista da empresa. Uma economia bem ajustada promove segurança no investidor, que pode se expor com satisfações de ganhos financeiros com amigos ou seguidores na internet. Mas como podemos medir ou prever altas ou baixas dos preços advindos do sentimento?

No Capítulo 6, mais especificamente na Seção 6.4.3 apresentamos o método de aprendizado de máquina baseado em árvore de decisão (*decision tree regressor*). Com os dados dos sentimentos salvos na planilha Excel do arquivo ***Sentimento_PETR4.xlsx***, em que uma parte da planilha foi apresentada, podemos usar esse algoritmo para prever os preços da PETR4.

O programa em Python a seguir é bastante parecido com os exemplos utilizados no Capítulo 6, com pequenas adaptações ao atual problema. O que temos de fazer é definir quem serão as variáveis de entrada que permitirão ao algoritmo aprender com a saída. Nesse caso, nossa saída está na coluna dos preços reais da ação, chamada de coluna Fech, que representa os preços de fechamentos para cada momento de aquisição do sentimento nas mensagens.

A linha 14 forma o vetor de entrada relacionado com as palavras dos sentimentos de polaridade do Twitter. A linha 16 apresenta ao algoritmo os dados de saída, que, no presente caso são os preços da PETR4. A linha 19 cria o modelo de separação dos dados para testar e treinar o algoritmo. A linha 21 gera o modelo com a árvore de decisão; a linha 24 ajusta o modelo para as previsões, ajustando os pesos dos parâmetros; e, finalmente, a linha 27 faz a previsão com os dados passados. Assim, entrando-se com os sentimentos e comparando os preços da saída, o modelo gerado verifica a capacidade de prever a evolução dos preços.

```
1  # previsao numerica - Machine Learning com  Decision Tree
2  ################################################################
3  import numpy as np
4  import pandas as pd
5  import seaborn as sns
6  import matplotlib.pyplot as fig
7  from sklearn.model_selection import train_test_split
8  from sklearn.tree import DecisionTreeRegressor
9
10 df = pd.read_excel('Sentimento_PETR4.xlsx',sheet_name='Planilha1')
11 df=df.drop('Data',1)
12 print(df.head())
13 # Entrada para os dados de Machine Learning
14 X = df[['TWPetr4','Pib','Inflação','Desemprego','Indústria']]
15 # Saida para previsao
16 y = df['Fech']
17
18 #Cria o modelo de previsao
19 X_train, X_test, y_train, y_test = train_test_split(X, y, test_size=0.01)
20
21 modelo = DecisionTreeRegressor(max_depth=15,min_samples_split=3)
22
23 #Fit (treinamento) do Modelo
24 modelo.fit(X_train, y_train)
25
26 #Previsao dos precos da PETR4 com o modelo gerado
27 previsao=modelo.predict(X_test)
28
29 ################### calculo do erro medio quadratico do modelo ######
30 mean_squared_error=np.mean((y_test.values-modelo.predict(X_test))**2)
31 rmse=np.sqrt(mean_squared_error)
32 print('++++++++++++++++++++++++++++++')
33 print('Erro médio quadrático ', rmse)
```

Antes de utilizarmos o algoritmo, temos de calcular o erro médio quadrático, como explicado no Capítulo 6. No console, as entradas e saídas geraram para esse exemplo o seguinte erro do modelo: 2.1305. Ele foi calculado pela linha 30 e pela linha 31.

```
    Fech   TWPetr4       Pib  Inflação  Desemprego  Indústria
0  26.28 -0.242812  0.000000  0.040000    0.120556  -0.033333
1  26.18  0.000000  0.250000  0.172429    0.095000   0.840000
2  25.77  0.081111  0.012500  0.126000   -0.300000   0.410000
3  25.71 -0.085556  0.041667  0.007667   -0.005000   0.144444
4  25.75  0.020000  0.000000 -0.012500    0.090000   0.006667
++++++++++++++++++++++++++++++
Erro médio quadrático  2.130526147848617
```

A previsão dos preços é realizada pela função modelo.predict( ), tomando-se como entrada da função X e Y que veio do arquivo em Excel e transformado em DataFrame. As linhas de 38 a 44 do trecho do *script* em Python descrevem exatamente isso.

Para testar o modelo, a linha 51 colocou alguns sentimentos de polaridade para as palavras-chave. Nesse caso, qual seria o preço previsto pelo modelo do aprendizado de máquina quando os sentimentos foram: PETR4 = 0.16, Pib =0.028, Inflação=−0.017, Desemprego=0.0233 e Indústria=−0.01? O resultado é previsto na linha 51, com a variável *teste*.

```
35  ############################ Previsao do Machine Learning ##########
36  print('############ previsão ###########')
37
38  r=pd.DataFrame(df.iloc[:,1:6])
39  prev=pd.DataFrame(r.values)
40  Yprev=modelo.predict(prev)
41  print(' prev dia fut = ' , Yprev)
42  print(' ')
43  saida=pd.DataFrame(Yprev)
44  saida['med_mov']=saida.rolling(window=2).mean()
45
46  print('++++++++++++++++++++++++++++++++++++++++++++')
47  print(' Previsão Preço PETR4')
48  print('++++++++++++++++++++++++++++++++++++++++++++')
49  Yprev_mean = np.mean(y_test)
50  Yprev_std = np.std(y_test)
51  teste=modelo.predict([[0.167,0.028,-0.017,0.0233,-0.01]])
52  print(teste-2*Yprev_std/np.sqrt(len(df)),teste+2*Yprev_std/np.sqrt(len(df)))
53  print('++++++++++++++++++++++++++++++++++++++++++++')
```

O intervalo de confiança de 95% é calculado na linha de impressão 52, o que gera o resultado do preço variando no seguinte intervalo:

```
++++++++++++++++++++++++++++++++++++++++++++
 Previsão Preço PETR4
++++++++++++++++++++++++++++++++++++++++++++
[26.80212863] [27.09787137]
++++++++++++++++++++++++++++++++++++++++++++
++++++++++++++++++++++++++++++++++++++++++++
```

A Figura 11.20 apresenta o resultado das previsões do modelo comparadas com os preços reais (fechamento) da PETR4. Os dados dos preços previstos em linha tracejada na Figura são comparados aos dados reais em linha contínua, para o intervalo de dias entre 16 e 31 de setembro de 2021. A área cinza em torno dos preços estimados considera o intervalo de confiança de 95%, considerando-se dois desvios padrões.

Figura 11.20 – Previsão dos preços da PETR4 na Ibovespa pelo modelo de aprendizado de máquina *DecisionTreeRegressor* de 16 de setembro de 2021 a 16 setembro 2022.

A Figura 11.21 apresenta os mesmos dados da Figura 11.20, mas em detalhes para os últimos dias de previsão, mostrando a boa qualidade entre a previsão e a realidade dos preços praticados na bolsa de valores.

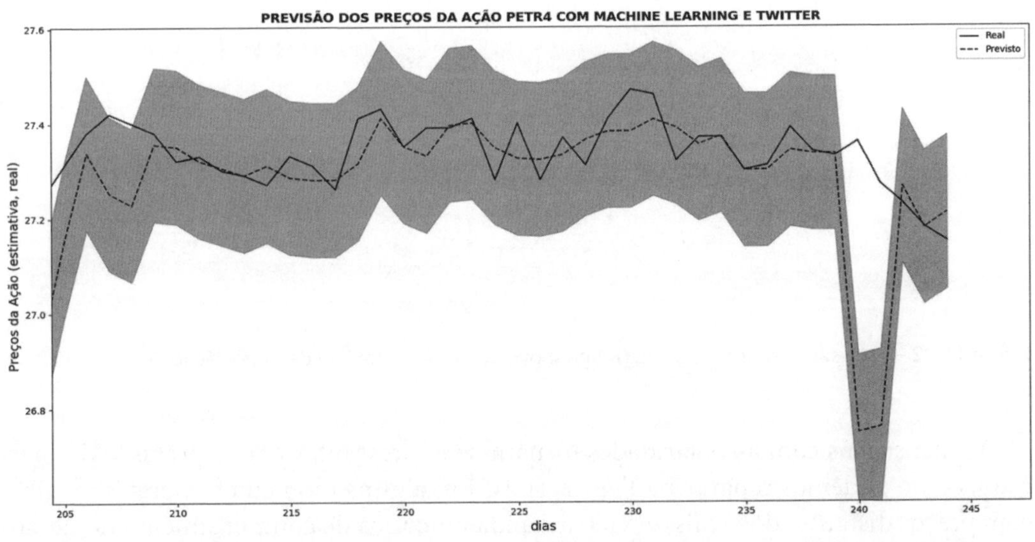

Figura 11.21 – Previsão e comparação com dados reais da PETR4 em detalhe para os últimos dias do arquivo de dados.

Um detalhe que não se pode deixar de passar é que o mercado financeiro abre às 10h00 e fecha às 18h00 (algumas épocas do ano esse horário é alterado para coincidir com as bolsas dos Estados Unidos). Mas as pessoas continuam a conversar no Twitter após esses horários, e os preços não se mexem. Como seria essa previsão utilizando os dados fora do horário de negociação? A previsão segue as mesmas linhas do modelo de aprendizado de máquina anterior, mas usando apenas dados fora do horário de negociação como visto na Figura 11.22. As linhas para essa programação estão nas partes do *script* em Python a seguir.

```
############ Previsao apos o horario de fechamento da Bovespa #############
ForaH = pd.read_excel('Sentimento_PETR4.xlsx',sheet_name='Fora_horario')
teste=modelo.predict(ForaH)
teste_mean = np.mean(teste)
teste_std = np.std(teste)
print('++++++++++++++++++++++++++++++++++++++++++++')
print(' Previsão Preço PETR4 - FORA DO HORÁRIO DO MERCADO')
print('++++++++++++++++++++++++++++++++++++++++++++')

print(teste_mean-2*teste_std/np.sqrt(len(teste)),
      teste_mean+2*teste_std/np.sqrt(len(teste)))
fig.figure()
fig.plot(teste,'-ok')
fig.title('PREVISÃO DOS PREÇOS DA AÇÃO APOÓS HORÁRIO DE FECHAMENTO DA BOVESPA')
fig.ylabel('preços em reais R$', fontsize=14)
```

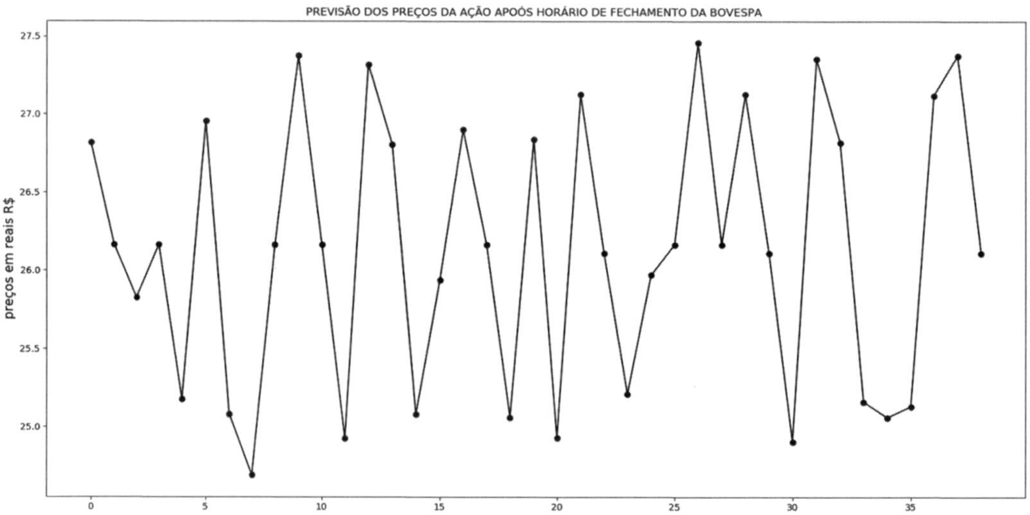

Figura 11.22 – Previsão dos preços da PETR4 na Ibovespa fora do horário de negociação.

As mensagens com as polaridades tornam-se interessantes para a previsão do mercado, como podemos reparar na Figura 11.21. Em alguns momentos, a previsão falha, com preços distantes dos reais, devido à rápida mudança de comportamento no desenrolar das mensagens. Mas o resultado final chega a ser bastante surpreendente, lembrando-se que apenas palavras e seus sentimentos são usados como dados para um valor de saída que representa o preço de um certo ativo.

Obviamente, esse tipo de previsão pode ainda ser melhorado colocando mais palavras-chave e até mesmo outras palavras mais relacionadas ao mercado financeiro. A ideia, no entanto, é bem válida no sentido de usarem diversos métodos para conhecer o que a sociedade pensa e como a sociedade poderá agir no futuro.

O programa completo é apresentado a seguir para esse exemplo da previsão dos preços da PETR4 com base nos sentimentos de polaridade das mensagens no Twitter. Todos os programas deste capítulo estão no repositório GitHub para serem baixados. No entanto, as bibliotecas do Twitter estão em constante mudança, e o leitor deve ficar atento, pois os programas precisarão de modificações para funcionarem corretamente. O link é: <https://github.com/malcaetano/Eden_Algoritmos_Python/tree/main/Cap11>.

```
# previsao numerica - Machine Learning com  Decision Tree
############################################################################
import numpy as np
import pandas as pd
import seaborn as sns
import matplotlib.pyplot as fig
from sklearn.model_selection import train_test_split
from sklearn.tree import DecisionTreeRegressor

df = pd.read_excel('Sentimento_PETR4.xlsx',sheet_name='Planilha1')
df=df.drop('Data',1)
print(df.head())
# Entrada para os dados de Machine Learning
X = df[['TWPetr4','Pib','Inflação','Desemprego','Indústria']]
# Saida para previsao
y = df['Fech']

#Cria o modelo de previsao
X_train, X_test, y_train, y_test = train_test_split(X, y, test_size=0.01)

modelo = DecisionTreeRegressor(max_depth=15,min_samples_split=3)

#Fit (treinamento) do Modelo
modelo.fit(X_train, y_train)

#Previsao dos precos da PETR4 com o modelo gerado
previsao=modelo.predict(X_test)

################### calculo do erro medio quadratico do modelo ######
mean_squared_error=np.mean((y_test.values-modelo.predict(X_test))**2)
rmse=np.sqrt(mean_squared_error)
print('+++++++++++++++++++++++++++++++')
print('Erro médio quadrático ', rmse)

############################ Previsao do Machine Learning ##########
print('############ previsão  ###########')

r=pd.DataFrame(df.iloc[:,1:6])
prev=pd.DataFrame(r.values)
Yprev=modelo.predict(prev)
print(' prev dia fut = ' , Yprev)
print(' ')
saida=pd.DataFrame(Yprev)
saida['med_mov']=saida.rolling(window=2).mean()
```

```

print('+++++++++++++++++++++++++++++++++++++++++++++')
print(' Previsão Preço PETR4')
print('+++++++++++++++++++++++++++++++++++++++++++++')
Yprev_mean = np.mean(y_test)
Yprev_std = np.std(y_test)
teste=modelo.predict([[0.167,0.028,-0.017,0.0233,-0.01]])
print(teste-2*Yprev_std/np.sqrt(len(df)),teste+2*Yprev_std/np.sqrt(len(df)))
print('+++++++++++++++++++++++++++++++++++++++++++++')

######################### Graficos da Previsao dos Precos ###################
dias=np.arange(0,len(df))

fig.figure()
sns.lineplot(x=dias,y=df['Fech'],color='black')
sns.lineplot(x=dias, y=saida['med_mov'], linestyle='--', color='black')
fig.fill_between(dias, saida['med_mov'] + 2*Yprev_std/np.sqrt(len(df)),
                 saida['med_mov'] - 2*Yprev_std/np.sqrt(len(df)),
                 alpha=0.5, color='gray')
fig.legend(['Real','Previsto'])
fig.xlabel('dias', fontsize=14)
fig.ylabel('Preços da Ação (estimativa, real)', fontsize=14)
fig.title('PREVISÃO DOS PREÇOS DA AÇÃO PETR4 COM MACHINE LEARNING E TWITTER',
          fontsize=14,weight='bold')

############ Previsao apos o horario de fechamento da Bovespa #############
ForaH = pd.read_excel('Sentimento_PETR4.xlsx',sheet_name='Fora_horario')
teste=modelo.predict(ForaH)
teste_mean = np.mean(teste)
teste_std = np.std(teste)
print('+++++++++++++++++++++++++++++++++++++++++++++')
print(' Previsão Preço PETR4 - FORA DO HORÁRIO DO MERCADO')
print('+++++++++++++++++++++++++++++++++++++++++++++')

print(teste_mean-2*teste_std/np.sqrt(len(teste)),
      teste_mean+2*teste_std/np.sqrt(len(teste)))
fig.figure()
fig.plot(teste,'-ok')
fig.title('PREVISÃO DOS PREÇOS DA AÇÃO APOÓS HORÁRIO DE FECHAMENTO DA BOVESPA')
fig.ylabel('preços em reais R$', fontsize=14)
```

Capítulo **12**

Mercado de capitais

12.1 INTRODUÇÃO

A economia cotidiana é bastante comum e perceptível para as pessoas que levam a vida no comércio e nas indústrias, com atividades e empregos voltados para esse setor. Mas, além do comércio e da indústria, espreita a cada milésimo de segundos um outro mundo de economia: a economia das finanças do mercado de capital. Esse é um mercado no qual as mercadorias são ativos financeiros, como ações das empresas, opções, derivativos, moedas, mercado futuro, criptomoedas, fundos de investimentos, apenas para citar alguns ativos mais comercializados em bolsas de valores.

No Brasil, a Bovespa, também conhecida nos dias atuais como B3, é o local responsável pela negociação dos ativos mencionados no parágrafo anterior. Nos anos 1970 e 1980, as negociações do chamado "pregão" eram realizadas por telefones, com os corretores disputando compras e vendas no salão principal com gritos e histeria coletiva. Após os anos 1990, todo comércio dos ativos passou a ser feito de maneira digital, no qual os humanos corretores foram substituídos em 100% por algoritmos de computadores. A era dos robôs-*traders* começou nos anos 2000 e segue a todo vapor ainda nos nossos atuais dias.

Toda bolsa de valores possui um índice que mede o desempenho das ações das empresas a cada milésimo de segundo, com as chamadas negociações de alta frequência. O índice da bolsa brasileira é o Ibovespa, um índice cujo valor numérico resulta de uma média ponderada entre os volumes de ações negociadas, tendo cada ação um fator de peso na chamada "carteira teórica" da bolsa de valores.

E, como as ações são negociadas digitalmente, os preços oscilam muitas vezes durante o dia, parecendo em diversos momentos apenas movimentos erráticos e aleatórios. Os analistas e corretores desse mercado financeiro tentam prever esses movimentos, com métodos matemáticos, contabilistas, econômicos, estatísticos; enfim, a previsão sobre a direção ou tendência dos preços é objeto de luta diária entre os atuadores dessa área econômica conhecida como modelagem quantitativa.

Entre as diversas áreas atuantes na previsão dos movimentos dos preços nas bolsas de valores, estão os estudos sobre os fundamentos da empresa (análise fundamentalista) e os estudos sobre a tendência dos gráficos (análise técnica). A análise técnica possui muitos sensores e osciladores numéricos, que medem a tendência futura em relação à tendência passada dos preços dos ativos. Um intenso debate existe entre essas duas áreas de previsão, com adeptos disputando clientes há muitos anos, expondo acertos de uma área e erros da outra, quase como uma briga de irmãos pela atenção dos pais.

Escolheu-se expor neste capítulo alguns sensores e osciladores da análise técnica, para apresentar como os adeptos desses métodos trabalham na previsão dos preços dos ativos no mercado financeiro. Não discutiremos se os métodos são melhores ou piores em relação aos de outras áreas, concentrando-nos apenas em como colocar esses métodos na forma de algoritmos automatizados para análises das ações.

A grande importância de estudar e conhecer os movimentos do mercado financeiro é que o que acontece no mercado de capitais afeta diretamente, algum tempo depois, a economia do cotidiano. Grandes altas nas bolsas de valores demonstram otimismo dos investidores, e seus ganhos podem contribuir para investimentos no comércio e na indústria, aumentando o nível de emprego e diminuindo a inflação. Grandes quedas geram crises, e estas afetam diretamente todas as pessoas, sem distinção, como foram as crises financeiras advindas dos *crashes* nas bolsas de valores em 1929 e 2008.

A Figura 12.1 apresenta dois momentos de *crashes* do principal e mais conhecido índice de bolsa de valores dos Estados unidos, o *Dow Jones*, com sede em Nova Iorque. O eixo da esquerda apresenta os valores entre outubro de 1928 e janeiro de 1931. O gráfico mostra que o movimento não é tão errático e aleatório como se imagina, tendo muitas posições de seguidas altas para, então, aparentemente sem razão, despencar e levar todos os preços para baixo.

Ainda na Figura 12.1, no lado direito está o eixo com os valores do *crash* de 2008 com a crise das hipotecas nos Estados Unidos. Pode-se observar uma aparente estabilidade do *Dow Jones* em 2007, para, então, entrar em regime com tendência de queda em 2008, só voltando a recuperar-se em julho de 2009.

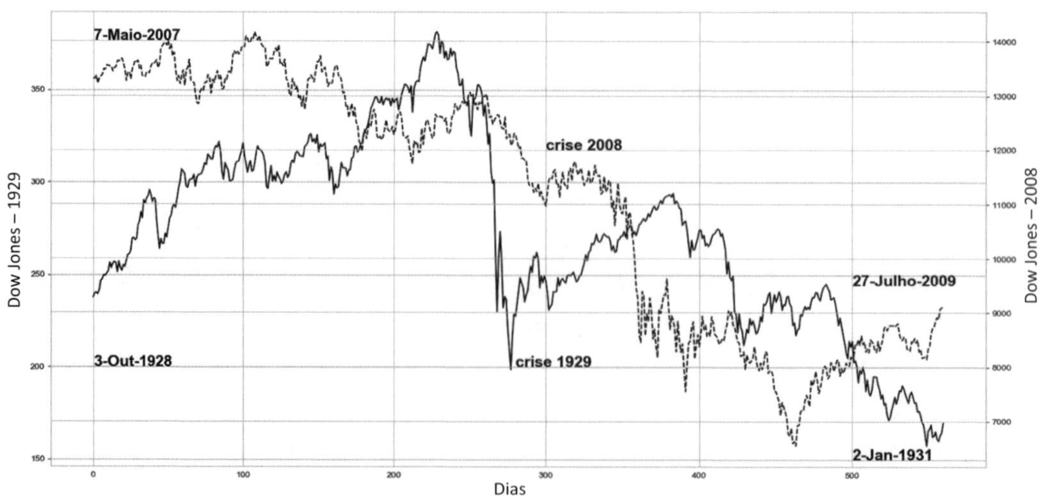

Figura 12.1 – *Crashes* no *Dow Jones* (Estados Unidos) em 1929 (eixo da esquerda) e em 2008 (eixo da direita).

12.2 A MÉDIA MÓVEL

A média móvel é amplamente utilizada pelos adeptos da análise técnica (também conhecida como *análise grafista*). Por ser um método empírico, existem diversas modalidades de aplicação dessa média por parte dos corretores do mercado financeiro (*traders*). Os adeptos dessa técnica afirmam que, sempre que o preço de um ativo está abaixo da média móvel num determinado período de análise, esse é um momento muito bom para compra desse ativo. Isso porque, no futuro ocorrerá o que se conhece como reversão à média, e, quando isso acontecer, será um ótimo momento de venda do ativo para guardar os lucros da operação de compra e venda.

A Figura 12.2 apresenta um histórico do índice da Bovespa (Ibovespa), usando uma média móvel de 500 dias. Isso significa que, a cada 500 dias, uma média dos valores do índice é calculada e atualizada para um novo valor a cada dia. A linha tracejada da Figura indica a média e a linha com movimento errático apresenta o comportamento do Ibovespa.

Pode-se observar que as grandes quedas decorrentes dos *crashes* de 2008 (crise das hipotecas) e 2020 (pandemia da covid-19) levam o índice para baixo da média móvel, retornando em seguida. Claro que essa frase "retornando em seguida" não demonstra o quanto foi a espera para dias melhores, enquanto a pandemia matava centenas de milhares de pessoas. Observando o gráfico, parece que foi uma queda com rápida recuperação para ultrapassar os valores da média móvel, mas, na vida real, sabe-se que o período foi muito difícil, pois essa queda no gráfico levou ao desemprego de milhões de pessoas em todo o mundo.

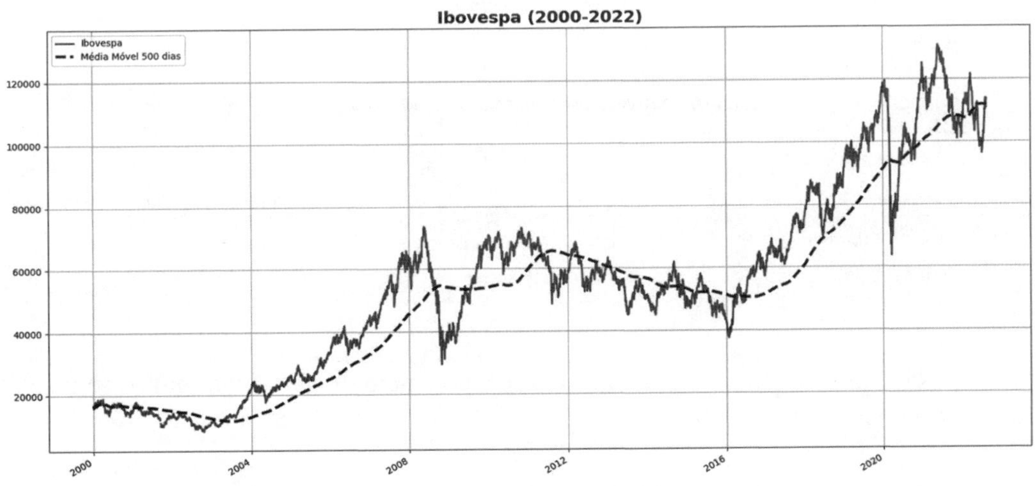

Figura 12.2 – Média móvel de 500 dias para o Ibovespa (2000-2022).

Ter acesso a esses dados, no caso da linguagem Python, é muito simples e rápido, precisando apenas que se instale a biblioteca Yahoo_Fin. Essa biblioteca vai fornecer acesso direto e gratuito ao Yahoo Finance, que disponibiliza dados sobre ativos em quase todos os mercados do mundo. Com essas três linhas do *script* a seguir, por exemplo, podemos adquirir todos os dados da Figura 12.2, apresentando e plotando os dados de fechamentos diários para o índice. A sigla no get_data para buscar os valores do Ibovespa no site do Yahoo Finance é ^BVSP.

```
inicio=dt.datetime(2000,1,1)
fim=dt.datetime(2022,8,26)
df = get_data('^BVSP', start_date=inicio, end_date=fim)
```

Já a média móvel pode ser calculada pelo método rolling( ) no Python, indicando nos parâmetros qual o período da média desejado. Para esse exemplo, pode-se ver no algoritmo a seguir que a linha 18 realiza o cálculo automático para todos os dados com o método rolling( ).

```
1  ######################################################################
2  #                                      #
3  #   ANTES DE RODAR A PRIMEIRA VEZ PRECISA INSTALAR A BIBLIOTECA #
4  #       pip install yahoo_fin                 #
5  #                                      #
6  ######################################################################
7
8  import matplotlib.pyplot as fig
9  import datetime as dt
10 from yahoo_fin.stock_info import *
11
12 ################ importar a acao ############################
13 inicio=dt.datetime(2000,1,1)
14 fim=dt.datetime(2022,8,26)
15 df = get_data('^BVSP', start_date=inicio, end_date=fim)
16
17 df['close'].plot(color='k',lw=2,alpha=0.6)
18 df['med_mov']=df['close'].rolling(window=500,min_periods=0).mean()
19 df['med_mov'].plot(color='k',lw=3,style='--')
20
21 fig.grid()
22 fig.title('Ibovespa (2000-2022)',fontsize=18,weight='bold')
23 fig.legend(['Ibovespa','Média Móvel 500 dias'])
```

Os dados que retornam do Yahoo Finance, por meio do *get_data*, tem os seguintes formatos no Console do Python:

```
                open      high       low  ...      volume  ticker
2000-01-03   17098.0   17408.0   16719.0  ...         0.0   ^BVSP
2000-01-04   16908.0   16908.0   15851.0  ...         0.0   ^BVSP
2000-01-05   15871.0   16302.0   15350.0  ...         0.0   ^BVSP
2000-01-06   16237.0   16499.0   15977.0  ...         0.0   ^BVSP
2000-01-07   16125.0   16449.0   16125.0  ...         0.0   ^BVSP
...              ...       ...       ...  ...         ...     ...
2022-08-19  113807.0  113807.0  111146.0  ...  12678600.0   ^BVSP
2022-08-22  111487.0  111487.0  109858.0  ...  11010900.0   ^BVSP
2022-08-23  110504.0  112965.0  110503.0  ...  11892000.0   ^BVSP
2022-08-24  112856.0  113888.0  112632.0  ...  13758600.0   ^BVSP
2022-08-25  112898.0  114156.0  112768.0  ...  11838500.0   ^BVSP
```

As colunas para os dados são: *data* (formato de data inglês ano/mês/dia), preço mais alto do dia (*high*), preço mais baixo do dia (*low*), preço da abertura (*open*), preço de fechamento (*close*), volume negociado (*volume*) e preço de fechamento ajustado (*adjclose*). Utilizando-se o *close* é possível sempre construir diversas medidas com os sensores da análise técnica. Além disso, a versão do Yahoo_Fin para o Python ainda possui uma última coluna com o símbolo da empresa. No exemplo da tabela anterior, os dados se referiam ao Ibovespa, cujo ticker = ^BVSP.

A Figura 12.3 apresenta a média móvel para uma das ações da Petrobras (PETR4), construindo, junto com os preços de fechamentos (close), que retornaram do Yahoo Finance, o gráfico tracejado da média de 30 dias. O ticker nesse caso é ticker = PETR4.SA. As empresas brasileiras no site do Yahoo devem usar a extensão *.SA para todos os seus símbolos. Na Figura, destacamos como exemplo o que poderiam ser os momentos mais recomendados para compra e venda do ativo. Os pontos abaixo da média móvel, teoricamente, seriam ótimos momentos de compra, esperando o retorno dos valores acima da média móvel. Quando os preços sobem e ficam acima da média móvel, em teoria, seriam ótimos momentos para a venda das ações para embolsar os ganhos e lucros.

Figura 12.3 – Média móvel de 30 dias da ação PETR4(Petrobras) com momentos de compra e venda se baseando nos valores médios.

A modificação no algoritmo anterior é muito pouca, apenas trocando o símbolo para a ação – no caso do site Yahoo Finance, para as ações. No caso PETR4.SA, não se usa o símbolo ^, que só deve ser utilizado para índices das bolsas como Ibovespa, Dow Jones (Estados Unidos), Ftse (Reino Unido), Cac (França), Dac (Alemanha) etc. A alteração dos símbolos se faz na linha 15 do código modificado.

```
8   import matplotlib.pyplot as fig
9   import datetime as dt
10  from yahoo_fin.stock_info import *
11
12  ################ importar a acao ##############################
13  inicio=dt.datetime(2021,6,1)
14  fim=dt.datetime(2022,8,26)
15  df = get_data('PETR4.SA', start_date=inicio, end_date=fim)
16
17  df['close'].plot(color='k',lw=2,alpha=0.6)
18  df['med_mov']=df['close'].rolling(window=30,min_periods=0).mean()
19  df['med_mov'].plot(color='k',lw=3,style='--')
20
21  fig.grid()
22  fig.title('Petrobras(PETR4) (2021-2022)',fontsize=18,weight='bold')
23  fig.legend(['PETR4','Média Móvel 30 dias'])
```

A alteração para a média móvel de 30 dias se faz na linha 18, alterando-se o parâmetro window=30. Os momentos de compra e venda da Figura 12.3 são discutíveis; por isso colocou-se que, teoricamente, seria um bom momento de compra e venda. Os críticos desse método afirmam que precisamos de uma comprovação ou um reforço nessas decisões, pois apenas ultrapassar a linha da média móvel não é suficiente para dizer se a mudança será rápida ou lenta para acima desse valor médio. E, para uma queda generalizada dos preços, a média também começará a cair, mudando os valores para a compra e venda, o que pode demorar muito tempo até voltar aos valores de compra antes dessa queda generalizada.

Assim, para comprovação ou não do momento de compra ou venda, os analistas recomendam outros métodos para obter uma análise mais completa do momento.

12.3 O SENSOR ESTOCÁSTICO

O estocástico é um sensor de análise gráfica utilizado para interpretar as variações anteriores do preço de determinado ativo. Ele é uma ferramenta osciladora utilizada para: 1) determinar zonas de supervalorização; e 2) de subvalorização dos preços de determinado ativo.

Ele determina divergências importantes da variação de preço de determinado ativo. Essa ferramenta rastreia a relação entre o preço de fechamento de um ativo e os valores máximos e mínimos negociados. Dessa forma, se os preços de fechamento se aproximarem dos valores máximos de negociação do ativo, estarão se situando-se em uma zona de supervalorização (acima de 80%). Quando os preços de fechamento se aproximarem dos valores mínimos de negociação do ativo, estarão situando-se em uma zona de subvalorização (abaixo de 20%). A fórmula para o estocástico (uma delas) é:

$$E = 100 \times \frac{\text{Fech} - \text{Min30}}{\text{Max30} - \text{Min30}}$$

em que *Fech* é o preço de fechamento, *Min30* é o menor preço(close) durante os últimos 30 dias e *Max30* é o maior preço(close) durante os 30 últimos dias.

Como exemplo, suponhamos que se baixou os dados do Ibovespa para um determinado período e deseja-se calcular o estocástico dia a dia. Após baixar e configurar corretamente os dados do Yahoo Finance, deve-se manter apenas a coluna com as datas e *close*. Após isso, deve-se criar a coluna Sensor Estocástico.

	A	B	C
1	Date	Close	Sensor Estocástico
2	04/01/2021	118558	
3	05/01/2021	119223	
4	06/01/2021	119851	
5	07/01/2021	121956	
6	08/01/2021	125077	
7	11/01/2021	122807	
8	12/01/2021	123998	
9	13/01/2021	122040	
10	14/01/2021	123481	
11	15/01/2021	120502	
12	18/01/2021	121242	
13	19/01/2021	120673	
14	20/01/2021	119708	
15	21/01/2021	118443	
16	22/01/2021	117172	
17	26/01/2021	116464	
18	27/01/2021	115882	
19	28/01/2021	119314	
20	29/01/2021	116007	
21	01/02/2021	117365	
22	02/02/2021	118234	
23	03/02/2021	119725	
24	04/02/2021	119261	
25	05/02/2021	119925	
26	08/02/2021	119516	
27	09/02/2021	119429	
28	10/02/2021	118430	
29	11/02/2021	119235	
30	12/02/2021	119116	
31	18/02/2021	119140	35,43230016
32	19/02/2021	118748	31,16911365
33	22/02/2021	112668	0
34	23/02/2021	115227	20,6221291
35	24/02/2021	115668	26,47837599

No Excel, a fórmula do estocástico definida anteriormente para 30 dias é expressa da seguinte forma, caso o cursor esteja na linha 31 com a primeira linha sendo os títulos das colunas:

```
=100*(B31-MÍNIMO(B3:B31))/(MÁXIMO(B3:B31)-MÍNIMO(B3:B31))
```

Como podemos perceber, na planilha os cálculos devem começar 30 linhas abaixo do primeiro valor do fechamento, e a fórmula arrastada até o final do período desejado. Tomamos como exemplo novamente a ação da Petrobras (PETR4.SA) no Yahoo Finance entre as datas 1 de fevereiro de 2019 e 28 de julho de 2022 agora com a programação do algoritmo no Python. A linha 16 apaga as colunas do Volume e Fechamentos Ajustados, uma vez que esses dados não serão utilizados. A linha 20 é interessante, pois ela faz automaticamente o cálculo dos retornos financeiros. Esses retornos nos fornecem a volatilidade do ativo, exibindo momento de maior nervosismo e mais calmaria no mercado financeiro. A fórmula matemática do retorno é muito simples:

$$ret = \frac{preço(hoje) - preço(ontem)}{preço(ontem)}$$

```
# SENSOR ESTOCASTICO - PANDAS DATAFRAME
# Prof. Dr. Marco Antonio leonel Caetano
# Instituicao: Insper
##########################################################################
import matplotlib.pyplot as fig
import datetime as dt
import seaborn as sns
from yahoo_fin.stock_info import *
################ importar a acao ##############################
inicio=dt.datetime(2019,2,1)
fim=dt.datetime(2022,7,28)

df = get_data('PETR4.SA', start_date=inicio, end_date=fim)

#++++++++++++++ apagar as colunas volume e adj close +++++++
df=df.drop(['volume','adjclose'],axis=1)
##################################################################


############### calculo do retorno ########################
df['ret']=df['close'].pct_change()
#################################################################

################# grafico do fechamento e retorno ############
df.plot(y=['close','ret'],subplots=True,
        title=['Fechamentos','Retornos'],color=['black','black'])
```

A Figura 12.4 apresenta o resultado do fechamento e dos retornos da PETR4. Como pode ser observado, o retorno apresenta uma excessiva oscilação em 2020, exatamente o pior período da pandemia da covid-19. As incertezas sobre o desenrolar da doença, as vacinas, as falências de empresas, o desemprego, a inflação, a escassez de produtos de consumo, enfim, muitas dúvidas ocorreram nesse período. E isso foi automaticamente transportado para o mercado de capitais, como aparece nos retornos da PETR4.

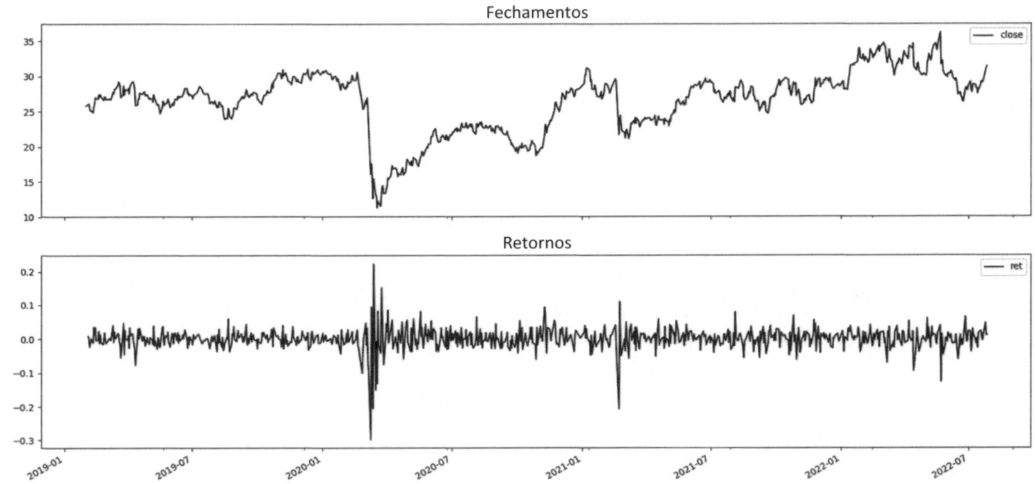

Figura 12.4 – Fechamentos e retornos da ação PETR4 de 1/fev/2019 e 28/jul/2022.

O cálculo do estocástico no Python é bem simples e interessante, bastando apenas colocar os dados que retornaram do Yahoo Finance no formato de DataFrame. O resto é apenas um uso algébrico de operações com as colunas, como pode ser observado nas linhas do *script* a seguir. As principais linhas onde se calcula o estocástico são as linhas 33, 34 e 35, colocando-se uma média móvel de 30 dias para uso futuro na linha 36. A Figura 12.5 apresenta o comportamento do estocástico nesse período de dados da PETR4.

```
27  ################## calculo do estocastico ###################
28  # cria as colunas necessarias para os calculos do sensor
29  # min30: minimo de 30 em 30 dias
30  # max30: maximo de 30 em 30 dias
31  # estocast: 100*(fech-min30)/(max30-min30)
32
33  df['min30']=df['close'].rolling(window=30,min_periods=30).min()
34  df['max30']=df['close'].rolling(window=30,min_periods=30).max()
35  df['estocast']=100*((df['close']-df['min30'])/(df['max30']-df['min30']))
36  df['med_mov']=df['close'].rolling(window=30).mean()
37
38  ########### imprime o dataframe completo
39  print(df)
40
41  ########## grafico em subplot fech e sensor
42  df.plot(y=['close','estocast'],subplots=True,
43          title=['Fechamentos','Estocástico'],
44          color=['black','black'])
45
46  ######## grafico comparando media movel e fechamento ######
47  df.plot(y=['close','med_mov'],
48          title='Comparação entre Fechamento e Média Móvel 30 dias',
49          color=['black','black'])
```

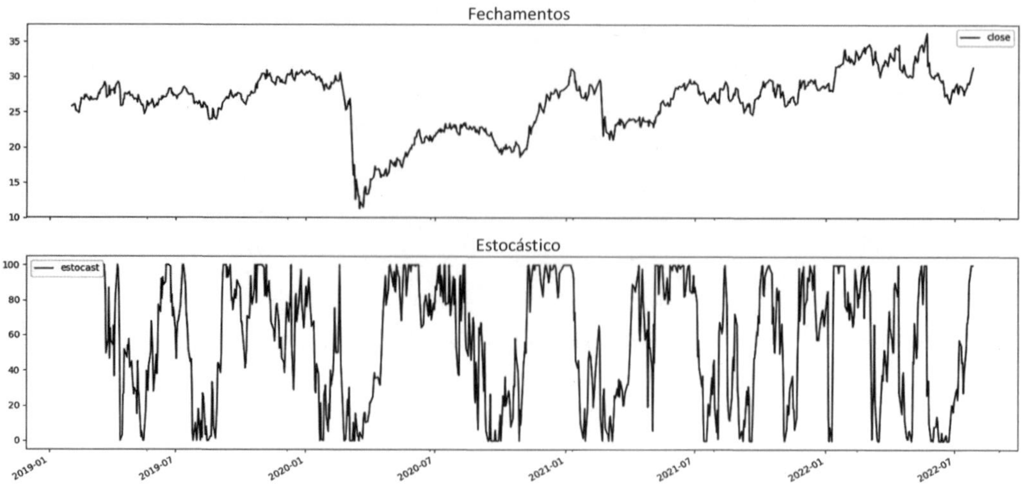

Figura 12.5 – Fechamentos da PETR4 e o sensor estocástico para os mesmos dias.

Na Figura 12.5, podemos notar que, muitas vezes no período, os valores do estocástico ficam acima de 80%, e, muitas vezes, abaixo de 20%, indicando os momentos de compra e venda, como já comentado. Esses valores, então, podem ser comparados aos valores da média móvel e convergir ou não para a decisão de compra ou venda do ativo. Para esses mesmos dados da Figura 12.5, calculou-se a média móvel da PETR4 que pode ser observada na Figura 12.6, que está nas linhas 47 a 49 do *script* anterior.

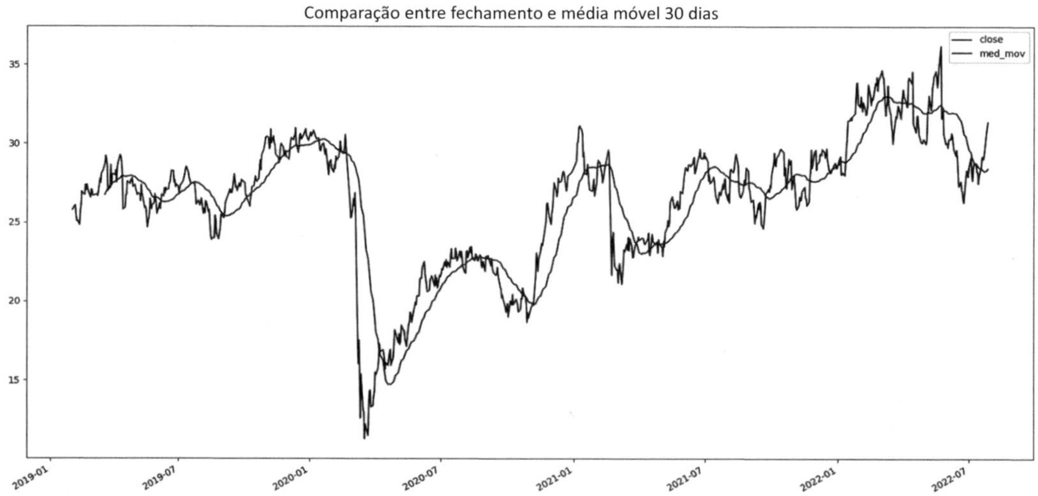

Figura 12.6 – Fechamentos da PETR4 e média móvel de 30 dias para ser acompanhada junto com o sensor estocástico da Figura 12.5.

Outra medida que pode acompanhar a média móvel e o sensor estocástico é o histograma de frequências dos retornos. Isso pode nos indicar se existem assimetrias no histograma, o que pode ser favorável, no caso de assimetrias positivas, ou desfavorável, no caso de assimetrias negativas. As assimetrias podem reforçar a decisão de compra e venda do ativo, indicando mais perdas do que lucro, ou, em caso contrário, mais lucros do que perdas para os preços no período observado.

A parte do programa em Python que constrói o histograma é apresentado a seguir. Para isso, usamos a função *dropna*, que elimina linhas em vazio e sem dados geradas pelo cálculo da média móvel. Essas linhas sem dados causam erros na geração dos gráficos de histograma. A função que faz o histograma está na biblioteca Seaborn do Python, mas é possível encontrar também em outras bibliotecas. Escolheu-se o método distplot( ) para gerar o histograma, apresentado na linha 60 que está na Figura 12.7.

```
51  ######### grafico em subplot do retorno a esquerda e histograma do
52  ######### retorno a direita
53  df.dropna(inplace=True)
54  fig.figure()
55  fig.subplot(121)
56  fig.plot(df.index,df['ret'].values,color='black')
57  fig.xticks(rotation=30)
58  fig.title('Retornos')
59  fig.subplot(122)
60  sns.distplot(df['ret'],color='black')
61  fig.title('Histograma dos Retornos')
```

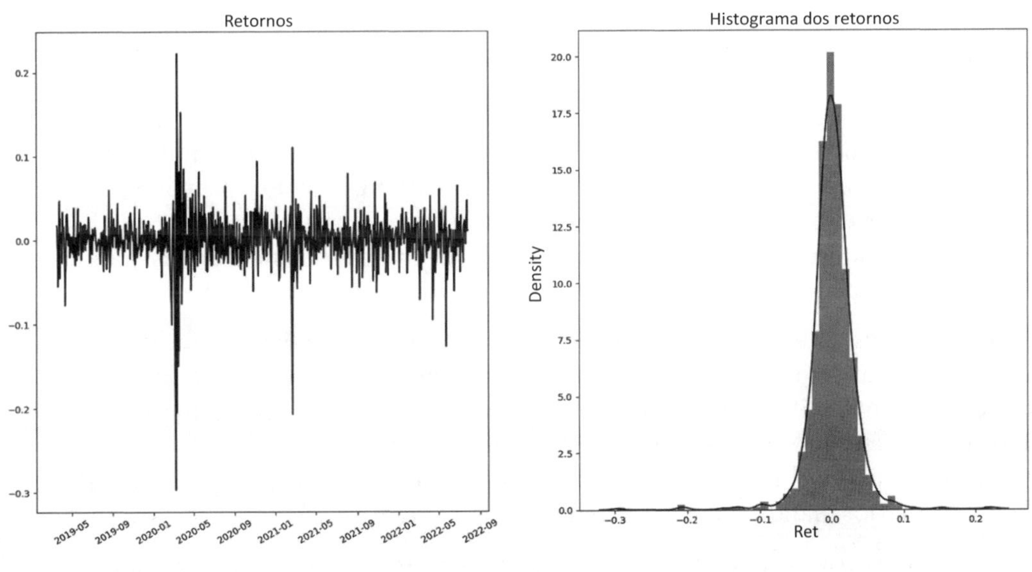

Figura 12.7 – Histograma dos retornos da PETR4 no mesmo período do cálculo do sensor estocástico.

Boxplot dos fechamentos diários também são outras formas de comprovação ou não dos resultados advindos da média móvel e do sensor estocástico. Para construir Boxplot, são necessários os dados de abertura, preço mais alto, mais baixo e mediana dos preços, que estão nas colunas que retornam do Yahoo Finance na biblioteca Yahoo_fin.

Se o estocástico recomenda compra, e a média móvel, também, mas a tendência dos Boxplot é de quedas, essa decisão de compra deve ser esperada. Isso porque a largura do Boxplot determina se a volatilidade é alta ou não, indicando se o mercado ainda está sob estresse para continuar caindo, ou entrando em calmaria, esperando notícias para os preços voltarem a subir. A Figura 12.8 apresenta a sequência de Boxplot diário para a PETR4, mas apenas para os últimos 30 dias da amostra, começando em 16/jun/2022. Escolheu-se esse período para que os retângulos dos Boxplot sejam visíveis como ponto didático de informação.

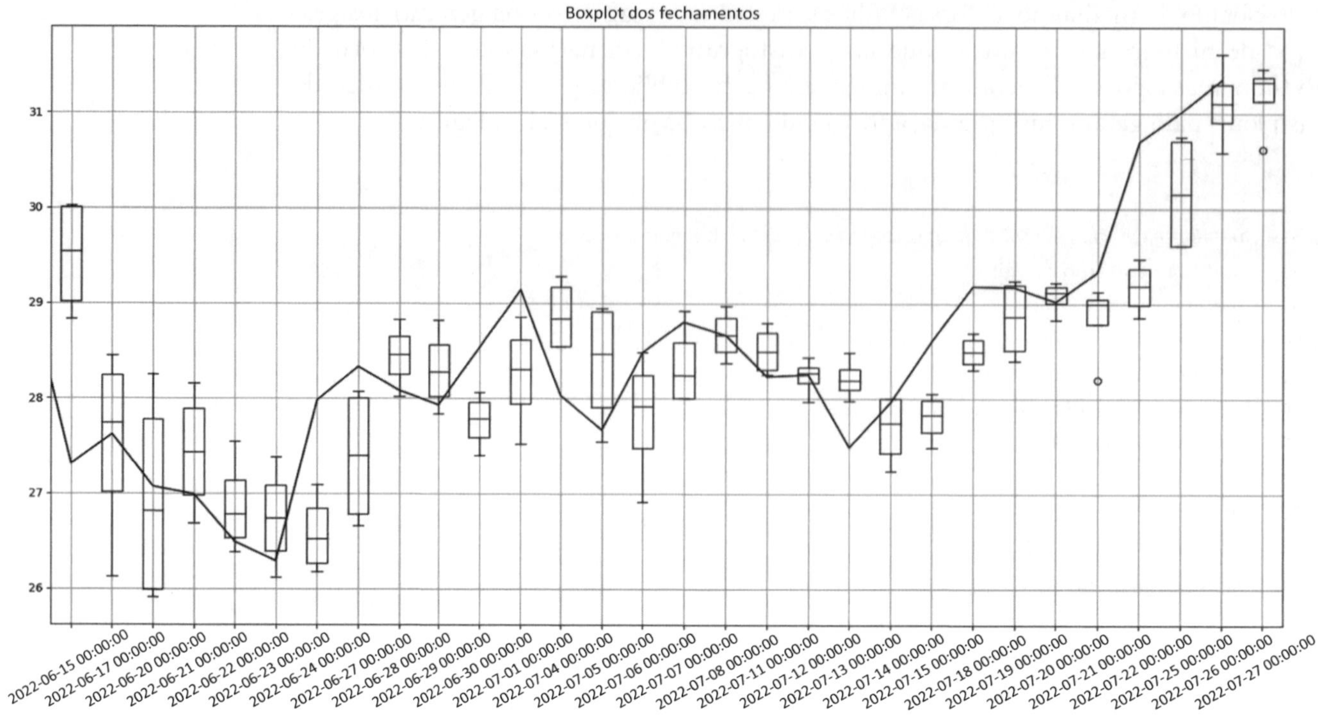

Figura 12.8 – Boxplot da PETR4 para os últimos 30 dias de dados do período amostrado.

É possível notar que retângulos dos Boxplots mais largos indicam mudança de trajetória nos preços. A parte do script em que se constrói o Boxplot é apresentada a seguir. Um primeiro passo é apagar colunas de cálculo que atrapalham a construção do Boxplot, o que é realizado na linha 68 com o comando "drop" com os nomes das colunas que serão eliminadas.

Para termos os Boxplots diários, com as altas, baixas, medianas e fechamentos dos preços, precisamos transpor o DataFrame dos valores. Isso porque a definição da função do Boxplot no Python é feita para colunas. Ou seja, se tivermos duas colunas com 100 dados, teremos apenas dois Boxplots. Se quisermos 100 Boxplots, teremos que transformar as 100 linhas em 100 colunas, para que a função do Python construa os Boxplots diários, dando o formato apresentado na Figura 12.8.

Essa transposição é feita na linha 73, ao mesmo tempo que se chama o método "boxplot( )" para fazer o gráfico com os dados transpostos.

```
63  ############# apaga as colunas do calculo do estocastico para salvar
64  #####              em outro dataframe para fazer o boxplot diario
65  ##### isso eh necessario pois precisamos fazer a transposta da
66  ##### matriz para ver o boxplot dia a dia
67
68  dfbox=df.drop(['min30','max30','estocast','med_mov','ret','ticker'],axis=1)
69
70  ############## figura plotando juntos as curvas de fechamento e boxplot #######
71  figura,ax=fig.subplots()
72  ax.plot(df['close'].values[-30:],color='black')
73  dfbox[-30:].T.boxplot(color='black')
74
```

```
75 fig.xticks(rotation=30) #---> rotaciona as datas em 30 graus no eixo x
76 fig.title('Boxplot dos Fechamentos')
77 ########################## estatisticas ##########################
78 print('############## ESTATISTICAS DA AÇÂO ##################################')
79 print('ÚLTIMO PREÇO FECH (R$): %6.3f' % df['close'][-1])
80 print('MÁXIMO PREÇO DO FECH(R$): %6.3f' % df['close'].max())
81 print('MÍNIMO PREÇO DO FECH(R$): %6.3f'% df['close'].min())
82 print('PREÇO MÉDIO DO FECH(R$): %6.3f' % df['close'].mean())
83 print('MÁXIMO RETORNO DO FECH(porcent): ', 100 * round(df['ret'].max(),3) )
84 print('DIA DO MÁXIMO RETORNO FECH: ', df.index[df['ret'].argmax()])
85 print('MÍNIMO RETORNO DO FECH(porcent): ' , 100 * round(df['ret'].min(),3) )
86 print('DIA DO MÍNIMO RETORNO FECH: ', df.index[df['ret'].argmin()])
87 print('VOLATILIDADE (desv.pad. pop) DOS PREÇOS DE FECH: %6.3f' % df['close'].std(ddof=0))
88 print('VOLATILIDADE (desv.pad. pop) DOS RETORNOS DE FECH (porcent): ', 100* round(df['ret'].
std(ddof=0),3) )
89 print('########################################################################')
```

No programa em Python, ainda podemos ver estatísticas importantes para uma noção histórica dos preços da PETR4. Isso é feito nas linhas finais, entre as linhas 78 a 89, medindo por exemplo, o valor das volatilidades da ação. O resultado no console é o que se segue para esse exemplo da PETR4.

```
############## ESTATISTICAS DA AÇAO ##################################
ÚLTIMO PREÇO FECH (R$): 32.290
MÁXIMO PREÇO DO FECH(R$): 36.200
MÍNIMO PREÇO DO FECH(R$): 11.290
PREÇO MÉDIO DO FECH(R$): 26.424
MÁXIMO RETORNO DO FECH(porcent):  22.2
DIA DO MÁXIMO RETORNO FECH:  2020-03-13 00:00:00
MÍNIMO RETORNO DO FECH(porcent):  -29.7
DIA DO MÍNIMO RETORNO FECH:  2020-03-09 00:00:00
VOLATILIDADE (desv.pad. pop) DOS PREÇOS DE FECH:  4.298
VOLATILIDADE (desv.pad. pop) DOS RETORNOS DE FECH (porcent):  3.1
########################################################################
```

O programa completo do sensor estocástico é apresentado a seguir.

```
# SENSOR ESTOCASTICO - PANDAS DATAFRAME
# Prof. Dr. Marco Antonio leonel Caetano
# Instituicao: Insper
########################################################################
import matplotlib.pyplot as fig
import datetime as dt
import seaborn as sns
from yahoo_fin.stock_info import *
################ importar a acao ###########################
inicio=dt.datetime(2019,2,1)
fim=dt.datetime(2022,7,28)

df = get_data('PETR4.SA', start_date=inicio, end_date=fim)

#+++++++++++++ apagar as colunas volume e adj close +++++++
df=df.drop(['volume','adjclose'],axis=1)
```

```
#################################################################

############### calculo do retorno #########################
df['ret']=df['close'].pct_change()
################################################################

################# grafico do fechamento e retorno ############
df.plot(y=['close','ret'],subplots=True,
        title=['Fechamentos','Retornos'],color=['black','black'])

################# calculo do estocastico ###################
# cria as colunas necessarias para os calculos do sensor
# min30: minimo de 30 em 30 dias
# max30: maximo de 30 em 30 dias
# estocast: 100*(fech-min30)/(max30-min30)

df['min30']=df['close'].rolling(window=30,min_periods=30).min()
df['max30']=df['close'].rolling(window=30,min_periods=30).max()
df['estocast']=100*((df['close']-df['min30'])/(df['max30']-df['min30']))
df['med_mov']=df['close'].rolling(window=30).mean()

########### imprime o dataframe completo
print(df)

########## grafico em subplot fech e sensor
df.plot(y=['close','estocast'],subplots=True,
        title=['Fechamentos','Estocástico'],
        color=['black','black'])

######## grafico comparando media movel e fechamento ######
df.plot(y=['close','med_mov'],
        title='Comparação entre Fechamento e Média Móvel 30 dias',
        color=['black','black'])

######### grafico em subplot do retorno a esquerda e histograma do
######### retorno a direita
df.dropna(inplace=True)
fig.figure()
fig.subplot(121)
fig.plot(df.index,df['ret'].values,color='black')
fig.xticks(rotation=30)
fig.title('Retornos')
fig.subplot(122)
sns.distplot(df['ret'],color='black')
fig.title('Histograma dos Retornos')

```

```
#############   apaga as colunas do calculo do estocastico para salvar
#####                  em outro dataframe para fazer o boxplot diario
#####   isso eh necessario pois precisamos fazer a transposta da
#####   matriz para ver o boxplot dia a dia

dfbox=df.drop(['min30','max30','estocast','med_mov','ret','ticker'],axis=1)

############## figura plotando juntos as curvas de fechamento e boxplot #######
figura,ax=fig.subplots()
ax.plot(df['close'].values[-30:],color='black')
dfbox[-30:].T.boxplot(color='black')

fig.xticks(rotation=30) #---> rotaciona as datas em 30 graus no eixo x
fig.title('Boxplot dos Fechamentos')
######################### estatisticas #########################
print('############## ESTATISTICAS DA AÇÂO ##################################')
print('ÚLTIMO PREÇO FECH (R$): %6.3f' % df['close'][-1])
print('MÁXIMO PREÇO DO FECH(R$): %6.3f' % df['close'].max())
print('MÍNIMO PREÇO DO FECH(R$): %6.3f'% df['close'].min())
print('PREÇO MÉDIO DO FECH(R$): %6.3f' % df['close'].mean())
print('MÁXIMO RETORNO DO FECH(porcent): ', 100 * round(df['ret'].max(),3) )
print('DIA DO MÁXIMO RETORNO FECH: ', df.index[df['ret'].argmax()])
print('MÍNIMO RETORNO DO FECH(porcent): ' , 100 * round(df['ret'].min(),3) )
print('DIA DO MÍNIMO RETORNO FECH: ', df.index[df['ret'].argmin()])
print('VOLATILIDADE (desv.pad. pop) DOS PREÇOS DE FECH: %6.3f' % df['close'].std(ddof=0))
print('VOLATILIDADE (desv.pad. pop) DOS RETORNOS DE FECH (porcent): ', 100* round(df['ret'].std(ddof=0),3) )
print('############################################################################')
```

12.4 O SENSOR DE MOMENTO

O sensor de momento, também conhecido oscilador de momento, é um sensor de análise técnica utilizado para interpretar as variações do preço de determinado ativo. O oscilador de momento, também conhecido somente como momento, está relacionado à velocidade de alta ou queda do valor de uma ação. Para entender o conceito do método, pode-se imaginar uma bola jogada para o alto. Quanto mais alta a bola está, menor sua velocidade. Em certo instante, a bola para de subir e reverte posição. O mesmo pode-se dizer sobre as ações que sobem até um patamar, perdendo força e revertendo posição. A fórmula para o momento é

$$Momento = Preço(t) - Preço(t-n),$$

em que n é o número de fechamentos (Close) anteriores para dias úteis. Por exemplo, os analistas comentam que um bom valor de n é 9. Assim, se sua planilha baixar dados a cada 1 dia, n = 9 será 9 dias anteriores ao atual dia t. Então, por exemplo, se uma planilha em Excel possuísse dados que foram adquiridos dia a dia, a planilha seria da seguinte forma:

	A	B	C	D
1	Data	Preço	Mom	Mom(%)
2	04/01/2021	2,843333		
3	05/01/2021	2,918333		
4	06/01/2021	2,706666		
5	07/01/2021	2,71		
6	08/01/2021	3,306666		
7	11/01/2021	3,833333		
8	12/01/2021	4,583333		
9	13/01/2021	4,216666		
10	14/01/2021	4,241666		
11	15/01/2021	4,3	1,46	
12	18/01/2021	4,288333	1,37	
13	19/01/2021	4,145	1,44	34,30
14	20/01/2021	4,713333	2,00	34,03
15	21/01/2021	5,426666	2,12	34,16
16	22/01/2021	5,16	1,33	35,21
17	26/01/2021	4,416666	-0,17	24,75
18	27/01/2021	4,228333	0,01	9,24
19	28/01/2021	4,573333	0,33	1,29
20	29/01/2021	4,6	0,30	4,66
21	01/02/2021	4,658333	0,37	7,17
22	02/02/2021	4,778333	0,63	9,09
23	03/02/2021	5,408333	0,69	10,47

A coluna Mom é a fórmula descrita acima e a coluna Mom(%) é o *momento* em percentual comparado ao preço da ação no dia t, tomados os momentos da coluna C com média de 3 dias. É usado esse artifício para suavizar o sinal do oscilador. Ou seja, a linha 11 na coluna C tem a fórmula:

```
fx  =B11-B2
```

E a linha 13 na coluna D tem a fórmula

```
fx  =100*(MÉDIA(C11:C13)/B13)
```

Recomendações:

Segundo os analistas, é recomendado que compras de ativos sejam feitas quando o *momento (%)* é negativo, e vendas, quando o *momento* (%) é positivo. O momento passa diversas vezes pelos campos positivos e negativos, o que pode confundir o investidor. Assim, o mais adequado seria escolher um patamar do *momento* a partir do qual se recomenda a venda, e, abaixo de um valor, recomenda-se a compra (por exemplo 20% de momento).

As Figuras 12.9 e 12.10 apresentam os resultados do sensor de *momento* em porcentagem para as ações da Petrobras (PETR4) e o histograma dos retornos da mesma ação. Na Figura 12.9, o primeiro gráfico à esquerda e acima apresenta o desenrolar dos preços da PETR4, cujo período selecionado é de 1/1/2022 a 28/8/2022. Abaixo desse gráfico, na mesma figura, apresentam-se os retornos da ação com quedas bastante expressivas durante esse período (algumas delas maiores do 10%). O gráfico acima e a direita é do sensor de *Momento*(%). Pode-se observar a oscilação em torno do valor zero, como comentado antes.

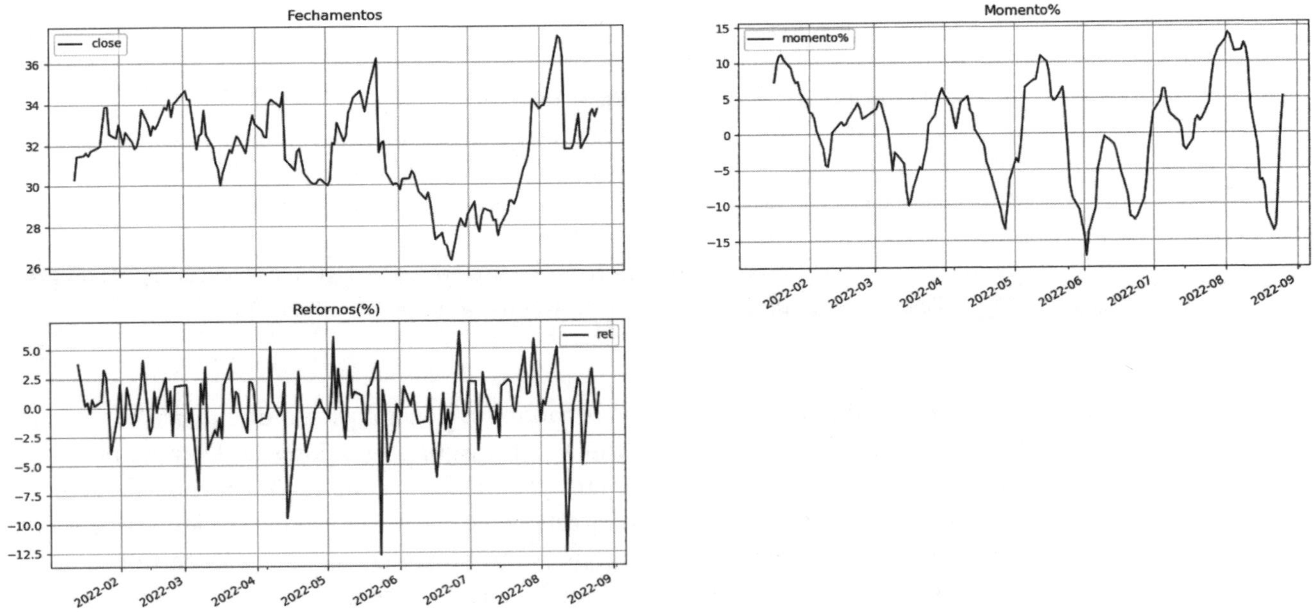

Figura 12.9 – Fechamentos, retornos e *momento* (%) para a PETR4 (1/1/2022 a 28/8/2022).

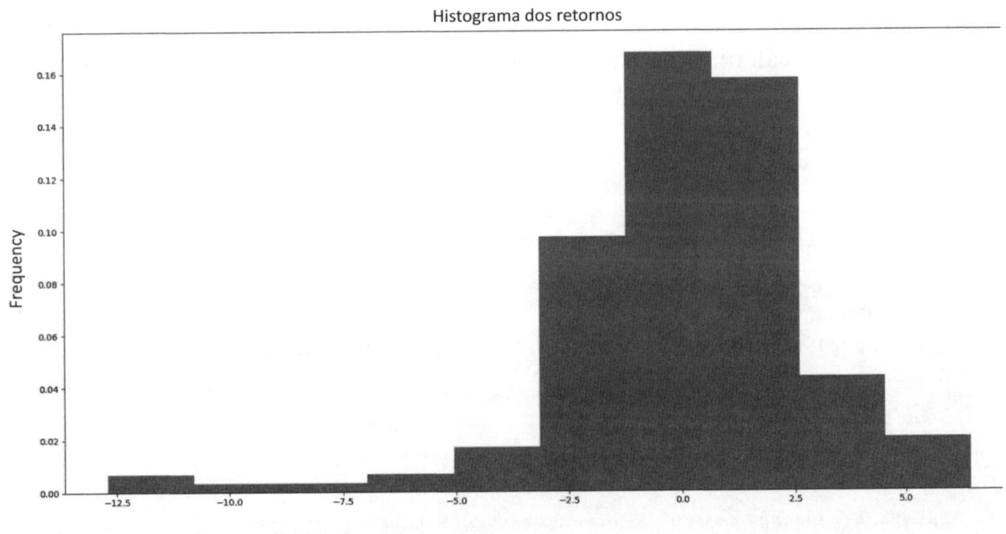

Figura 12.10 – Histograma dos retornos com a abscissa apresentando os valores dos retornos em percentual para todo o período de (1/1/2022 a 28/8/2022).

Na Figura 12.10 o histograma dos retornos comprova as quedas ao longo do período, apresentando uma cauda bem alongada para o lado esquerdo do eixo das abscissas. Isso ocorre porque o valor com maior frequência está em zero, mas essas quedas fortes que ocorreram ao longo do período distorcem a figura, fugindo do padrão de normalidade, seguindo a curva gaussiana tradicional. Essas assimetrias, por sinal, se forem bem captadas pelos investidores, podem indicar excelentes momentos de compras da ação, o que aparece com valores negativos no gráfico do *momento* da Figura 12.9.

O programa em Python é muito parecido com o programa da Seção anterior para o sensor estocástico. O cálculo do momento em porcentagem pode ser programa em Python da seguinte forma:

```
15  #++++++++++++++ apagar as colunas volume e adj close +++++++
16  df=df.drop(['high','low','open','volume','adjclose','ticker'],axis=1)
17  x=df['close'].values            # <--- transforma coluna em vetor
18  dif=x[8:]-x[0:-8]               # <---- faz a diferenca por janela na mesma col
19  df=df.drop(df.index[0:8])       # <---- apaga as 1as 9 linhas iniciais
20  df['momento']=dif.tolist()      # <---- coloca o vetor em coluna no dataframe
21
22  ###################### CALCULO DO MOMENTO EM % ################################
23  df['momento%']=100*(df['momento'].rolling(window=3).mean())/df['close']
```

A linha 16 apenas apaga as colunas não utilizadas no cálculo do *momento*, deixando apenas a coluna do fechamento. A linha 17 transporta os valores do DataFrame correspondentes aos fechamentos em vetor (array) para fazer as subtrações necessárias descritas no início desta Seção. Essas subtrações estão medindo a velocidade do deslocamento dos preços. Assim que as primeiras 9 linhas foram utilizadas na operação de subtração (da mesma forma que foi apresentada na planilha do Excel), podemos apagá-las no DataFrame na linha 19. Então, podemos adicionar o cálculo do *momento* bruto como uma coluna do DataFrame original.

Após o transporte do *momento* bruto para o formato de DataFrame, suavizamos esses valores com a média móvel de 3 dias e calculamos o *momento* em porcentagem na linha 23. Após esse cálculo, os gráficos podem ser dispostos para acompanhar e indicar os momentos de compra e venda do ativo. A seguir, é apresentado o programa completo que gerou as Figuras 12.9 e 12.10.

```
1   # SENSOR MOMENTO - PANDAS DATAFRAME
2   # Prof. Dr. Marco Antonio leonel Caetano
3   # Instituicao: Insper
4   ######################################################################
5   import matplotlib.pyplot as fig
6   import datetime as dt
7   from yahoo_fin.stock_info import *
8
9   ################ importar a acao #############################
10  inicio=dt.datetime(2022,1,1)
11  fim=dt.datetime(2022,8,28)
12
13  df = get_data('PETR4.SA', start_date=inicio, end_date=fim)
14
15  #++++++++++++++ apagar as colunas volume e adj close +++++++
16  df=df.drop(['high','low','open','volume','adjclose','ticker'],axis=1)
17  x=df['close'].values            # <--- transforma coluna em vetor
18  dif=x[8:]-x[0:-8]               # <---- faz a diferenca por janela na mesma col
19  df=df.drop(df.index[0:8])       # <---- apaga as 1as 9 linhas iniciais
20  df['momento']=dif.tolist()      # <---- coloca o vetor em coluna no dataframe
21
```

```
22 ###################### CALCULO DO MOMENTO EM % #################################
23 df['momento%']=100*(df['momento'].rolling(window=3).mean())/df['close']
24
25 ################ calculo do retorno em %  #########################
26 df['ret']=100*df['close'].pct_change()
27
28 ################## grafico do fechamento, momento, retorno e histograma #######
29 df.plot(y=['close','momento%','ret'],subplots=True,
30         title=['Fechamentos','Momento%','Retornos(%)'],
31         color='black',
32         grid=True,
33         layout=(2,2))
34
35 fig.figure()
36 df['ret'].plot(kind='hist',density=True,title='Histograma dos retornos',
37    color='gray')
38
39
40 ########################## estatisticas ##########################
41 print('############### ESTATISTICAS DA AÇÂO ##################################')
42 print('ÚLTIMO PREÇO FECH (R$): %6.3f' % df['close'][-1])
43 print('MÁXIMO PREÇO DO FECH(R$): %6.3f' % df['close'].max())
44 print('MÍNIMO PREÇO DO FECH(R$): %6.3f'% df['close'].min())
45 print('PREÇO MÉDIO DO FECH(R$): %6.3f' % df['close'].mean())
46 print('MÁXIMO RETORNO DO FECH(porcent): ', round(df['ret'].max(),3) )
47 print('DIA DO MÁXIMO RETORNO FECH: ', df.index[df['ret'].argmax()])
48 print('MÍNIMO RETORNO DO FECH(porcent): ' , round(df['ret'].min(),3) )
49 print('DIA DO MÍNIMO RETORNO FECH: ', df.index[df['ret'].argmin()])
50 print('VOLATILIDADE (desv.pad. pop) DOS PREÇOS DE FECH: %6.3f' % df['close'].std(ddof=0))
51 print('VOLATILIDADE (desv.pad. pop) DOS RETORNOS DE FECH (porcent): ', round(df['ret'].std(ddof=0),3) )
52 print('######################################################################')
```

Como no programa do sensor estocástico, podemos gerar uma impressão sobre algumas medidas estatísticas sobre a ação. As linhas de 41 a 52 apresentam esses valores no console do Python, incluindo a volatilidade dos preços no período. O resultado para a PETR4 no período escolhido, aparecerá no console da seguinte forma:

```
############## ESTATISTICAS DA AÇAO ################################
ÚLTIMO PREÇO FECH (R$): 33.640
MÁXIMO PREÇO DO FECH(R$): 37.230
MÍNIMO PREÇO DO FECH(R$): 26.290
PREÇO MÉDIO DO FECH(R$): 31.698
MÁXIMO RETORNO DO FECH(porcent):  6.428
DIA DO MÁXIMO RETORNO FECH:  2022-06-27 00:00:00
MÍNIMO RETORNO DO FECH(porcent):  -12.707
DIA DO MÍNIMO RETORNO FECH:  2022-05-24 00:00:00
VOLATILIDADE (desv.pad. pop) DOS PREÇOS DE FECH:  2.221
VOLATILIDADE (desv.pad. pop) DOS RETORNOS DE FECH (porcent):  2.747
##########################################################################
```

12.5 O SENSOR *ON-BALANCE VOLUME* (OBV)

O sensor *On-Balance Volume* (OBV) é um indicador de compra e venda de ações da análise técnica, utilizado para interpretar as variações do volume e, com base nessa variação, recomendar compra ou venda de um ativo na Ibovespa. O OBV foi desenvolvido em 1963 por Joseph Granville, em seu livro *Granville's New Key to Stock Market Profits.*

A ideia é que, se o volume de uma ação negociada na bolsa de valores aumenta dia após dia, alguma informação importante foi repassada para os "players" do mercado financeiro, que desejam obter lucros nos dias seguintes. O OBV serve para indicar aos investidores do mercado de ação, mudança ou reforço de tendências dos preços de ativos.

A fórmula para o OBV basicamente é a função SE() do Excel dentro de outra função SE() e segue a seguinte lógica:

A fórmula é a seguinte:

$$OBV = OBV_{anterior} + \begin{cases} volume & se\ fechamento > fechamento_{anterior} \\ 0 & se\ fechamento = fechamento_{anterior} \\ -volume & se\ fechamento < fechamento_{anterior} \end{cases}$$

Segundo os analistas, a fórmula do OBV é baseada na observação do volume de operação de determinada ação. Esse valor consta dos relatórios da Ibovespa e de diversos sites financeiros. Se o preço do fechamento (close) de uma ação no dia é maior que o preço do dia anterior, o volume de hoje é somado ao OBV da ação no dia anterior, e o valor salvo na variável sensor OBV do dia de hoje. Se o preço do fechamento (close) hoje for menor do que o de ontem, o OBV de ontem subtrai o volume de hoje e o valor salvo como OBV de hoje. Se o preço for o mesmo, o sensor OBV se mantém o mesmo do dia anterior. Com isso, dia a dia é possível construir um gráfico do sensor OBV. O primeiro OBV é o próprio volume do dia da ação.

A explicação dos analistas técnicos é que, quando a ação sobe muito, tendo o sensor do OBV uma tendência de queda, é sinal de reversão do preço. Se o preço da ação tem tendência de queda com o sensor OBV possuindo também tendência de queda, é sinal de que o preço vai cair ainda mais no futuro, pois o papel está sendo vendido por muitos investidores. Se o preço estiver subindo, e o OBV estiver subindo na mesma tendência de alta, é sinal de que o preço da ação vai subir ainda mais no futuro e de que alguma notícia move os investidores para as compras. A disposição dos dados a seguir é uma ilustração de valores possíveis em colunas para se observar a tendência do sensor OBV para uma ação.

```
                 open       high        low  ...    med_mov  tend_tech      tend_OBV
2022-07-18  28.389999  28.690001  28.299999  ...        NaN  30.764538  9.023196e+07
2022-07-19  28.549999  29.240000  28.400000  ...        NaN  30.900823  1.232049e+08
2022-07-20  29.070000  29.219999  28.830000  ...  28.983334  31.037108  1.561777e+08
2022-07-21  28.980000  29.129999  28.200001  ...  29.123334  31.173392  1.891506e+08
2022-07-22  29.040001  29.469999  28.850000  ...  29.173333  31.309677  2.221235e+08
2022-07-25  29.610001  30.750000  29.610001  ...  29.683334  31.445962  2.550964e+08
2022-07-26  31.200001  31.620001  30.590000  ...  30.346667  31.582247  2.880693e+08
2022-07-27  31.299999  31.469999  30.620001  ...  31.020000  31.718531  3.210422e+08
2022-07-28  31.590000  32.630001  31.430000  ...  31.550001  31.854816  3.540151e+08
2022-07-29  33.599998  34.660000  32.830002  ...  32.596668  31.991101  3.869880e+08
2022-08-01  34.000000  34.150002  33.220001  ...  33.373334  32.127385  4.199609e+08
2022-08-02  33.770000  34.500000  33.480000  ...  33.886668  32.263670  4.529338e+08
2022-08-03  34.009998  34.160000  33.560001  ...  33.786667  32.399955  4.859067e+08
2022-08-04  34.080002  34.400002  33.580002  ...  33.963333  32.536239  5.188796e+08
2022-08-05  34.150002  35.060001  34.119999  ...  34.309999  32.672524  5.518525e+08
2022-08-08  35.139999  36.770000  35.130001  ...  35.236666  32.808809  5.848253e+08
2022-08-09  37.009998  37.459999  36.849998  ...  36.243333  32.945093  6.177982e+08
2022-08-10  37.650002  37.650002  36.610001  ...  36.990000  33.081378  6.507711e+08
2022-08-11  37.450001  37.860001  36.250000  ...  36.863333  33.217663  6.837440e+08
```

A Figura 12.12 apresenta o resultado para o preço da ação PETR4 (Petrobras) de 16/7/2022 até 28/8/2022 e os respectivos valores para o OBV. O gráfico no topo da figura apresenta os preços de fechamentos diários da ação (close) e os preços na parte de baixo da figura o *On-Balance Volume* (OBV) conforme as explicações anteriores. Para a construção dos gráficos, é necessário seguir os cálculos da programação em Python como apresentados no trecho a seguir:

```
28  ################## calculo do OBV  ##################
29  # cria as colunas necessarias para os calculos do sensor
30  df['OBV']=0
31
32  for i in range(len(df)):
33      if i==0:
34          df['OBV'][i]=df['volume'][i]
35      else:
36          if df['close'][i]>df['close'][i-1]:
37              df['OBV'][i]=df['OBV'][i-1]+df['volume'][i]
38          elif df['close'][i]<df['close'][i-1]:
39              df['OBV'][i]=df['OBV'][i-1]-df['volume'][i]
40          else:
41              df['OBV'][i]=df['OBV'][i-1]
```

A linha 30 cria uma nova coluna no DataFrame em que foram adquiridos os valores da ação com o nome "OBV". Essa coluna se inicializa com zero, condição necessária para a criação de uma nova coluna no DataFrame. As linhas 33 e 34 representam a condição inicial para o OBV, em que, no início (quando i = 0), ele assume o mesmo valor do primeiro volume do banco de dados. A partir da linha 35, entram todas as condições para os cálculos do OBV baseados nos valores dos fechamentos.

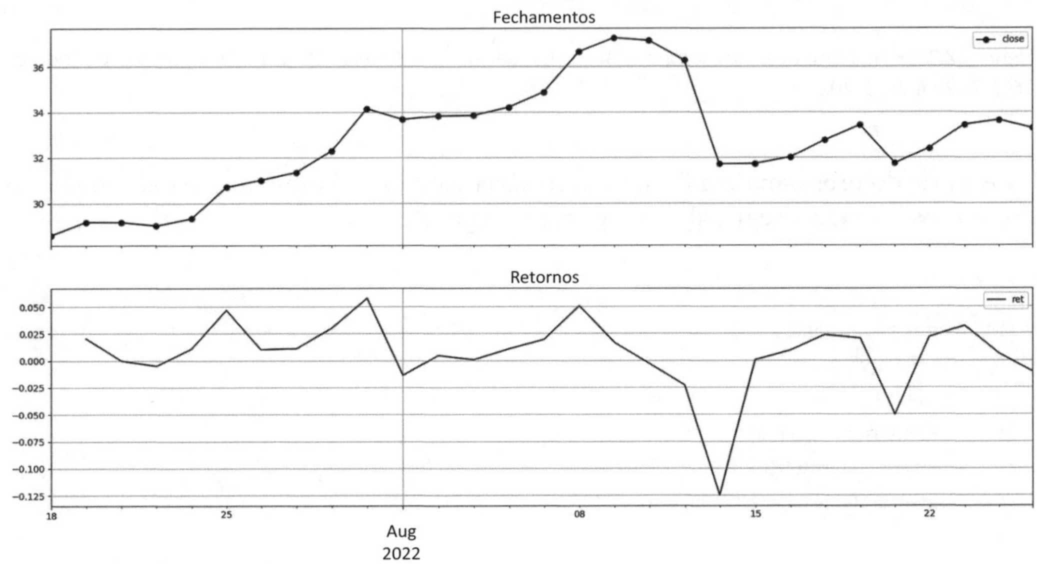

Figura 12.11 – Fechamentos e OBV para a PETR4 de 16 de julho de 2022 a 28 de agosto de 2022.

Os resultados da Figura 12.12 demonstram que o OBV se move primeiro, na maioria das situações, indicando o que poderá acontecer com a tendência dos preços. Por exemplo, podemos observar na Figura que, a partir de 8 de agosto de 2022, o OBV iniciou uma queda forte, enquanto os preços estavam estáveis em sua alta. Com o OBV caindo, naqueles dias tínhamos um indicativo de que os investidores estavam saindo de suas posições nessa ação, ou mesmo diminuindo seu interesse pela ação naqueles dias.

Uma estratégia que os analistas apreciam bastante é ver a concordância ou a divergência entre os valores dos preços e o indicador OBV. Por exemplo, para um movimento de um mês, a linha de tendência da Figura 12.12 para os preços possui a mesma inclinação e tendência do OBV. Isso significa que, apesar de o OBV mostrar quedas em alguns dias, quando se observa um cenário médio de um mês, o indicativo entre o OBV e os preços é que ambos estão se movendo na mesma direção e para o alto. Isso indica que, talvez, para o mês seguinte, os preços ainda sigam para valores mais altos enquanto existir essa concordância entre os preços e os valores do sensor OBV.

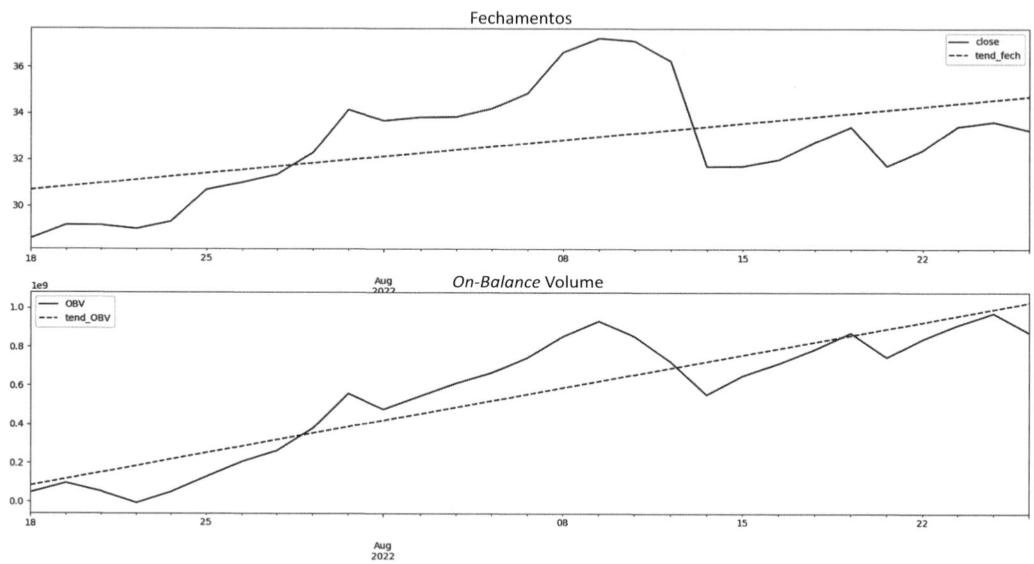

Figura 12.12 – Fechamentos em comparação com o sensor *On-Balance Volume* (OBV) para o período de 16/7/2022 a 28/8/2022.

A parte do programa em Python necessária para essa representação das tendências dos preços e do OBV segue abaixo no trecho seguinte:

```
x1=df['close'].values
x2=df['OBV'].values
lin=len(x1)
eix=np.linspace(1,lin,lin)
coef1=np.polyfit(eix,x1,1)
tendencia_fech= coef1[0]*eix + coef1[1]

coef2=np.polyfit(eix,x2,1)
tendencia_OBV= coef2[0]*eix + coef2[1]
df['tend_fech']=tendencia_fech.tolist()
df['tend_OBV']=tendencia_OBV.tolist()
```

Os valores dos preços e dos OBV são transformados em *array* (vetor) nas linhas 45 e 46, uma vez que o cálculo da tendência realizado no NumPy deve estar em formato de vetor, e não de DataFrame. Com esses dados em vetores, escolhendo o grau de ajuste da curva como 1 (visto que é tendência linear) na função polyfit da linha 49 e 52, teremos dois vetores de tendências.

Esses vetores retornam então no formato de Dataframe para a construção dos gráficos, voltando para o DataFrame como novas colunas nas linhas 54 e 55. usando o método tolist( ) do Python. A Figura 12.13 é construída, a título de complementação de informação, com a média móvel já detalhada na Seção 12.2.

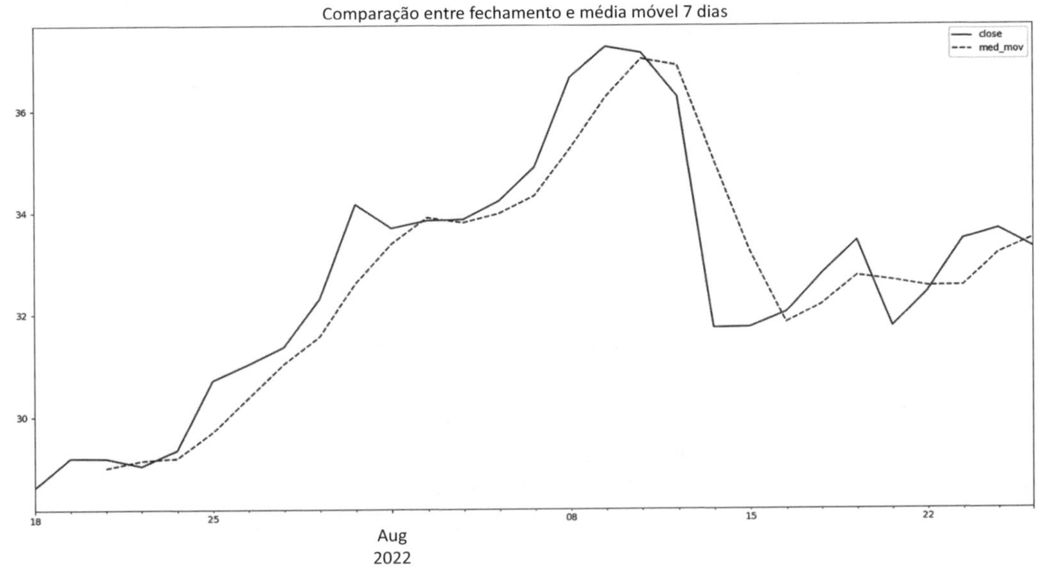

Figura 12.13 – Fechamentos e média móvel para PETR4 de 16/7/2022 a 28/8/2022.

A Figura 12.14 apresenta o histograma dos retornos, o que ajuda a verificar as assimetrias positivas e negativas, fundamental para o histórico da ação em termos de avaliações de lucros e prejuízos. O histograma apresenta uma assimetria à esquerda da média, indicando que, nos dias selecionados, ocorreram mais perdas do que ganhos. Isso realmente pode ser comprovado pelo gráfico à direita da Figura 12.14 com os retornos, em que se pode observar uma grande queda de 12%. A parte do programa em Python que constrói o histograma dos retornos é apresentado a seguir, em que se utiliza a função distplot( ), que faz parte da biblioteca Seaborn:

```
76  fig.figure()
77  fig.subplot(121)
78  fig.plot(df.index,df['ret'].values,color='black')
79  fig.xticks(rotation=30)
80  fig.title('Retornos')
81  fig.subplot(122)
82  sns.distplot(df['ret'],color='gray')
83  fig.title('Histograma dos Retornos')
```

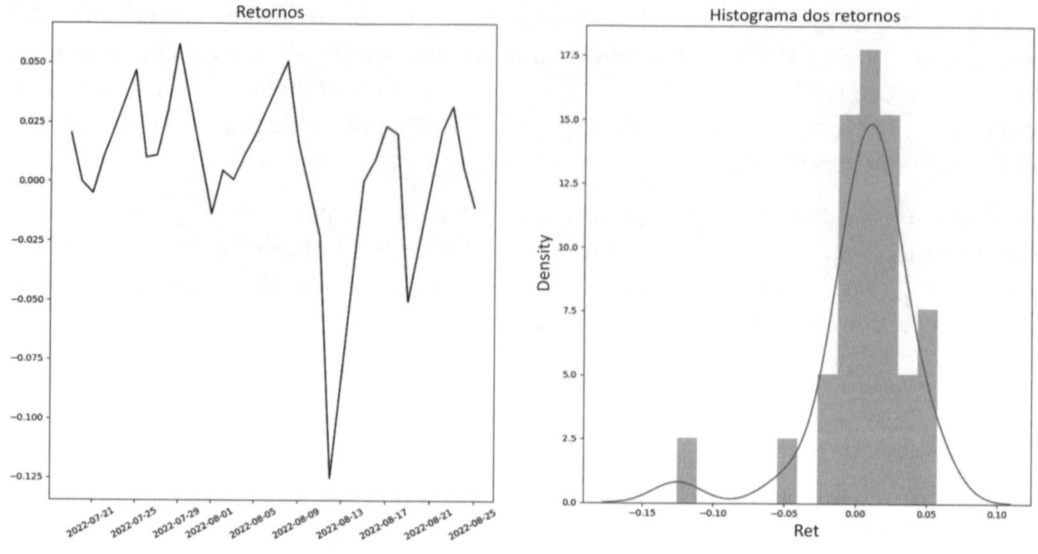

Figura 12.14 – Retornos e histograma dos retornos da PETR4 de 16/7/2022 a 28/8/2022.

A Figura 12.15 apresenta os movimentos dos Boxplots, que são construídos utilizando os dados de abertura, fechamentos, altas e baixas nos preços diários. Essas colunas não podem ser apagadas do DataFrame criado a partir dos dados baixados do Yahoo Finance. Pode-se perceber retângulos mais esticados, exatamente nos períodos com maiores oscilações. Isso demonstra uma distância muito grande entre preços mínimos e máximos, indicando que o desvio padrão se torna muito alto. No entender do mercado financeiro, desvio-padrão alto em relação à média é um indicativo de alta volatilidade, retratando nervosismo dos investidores em relação a ação analisada.

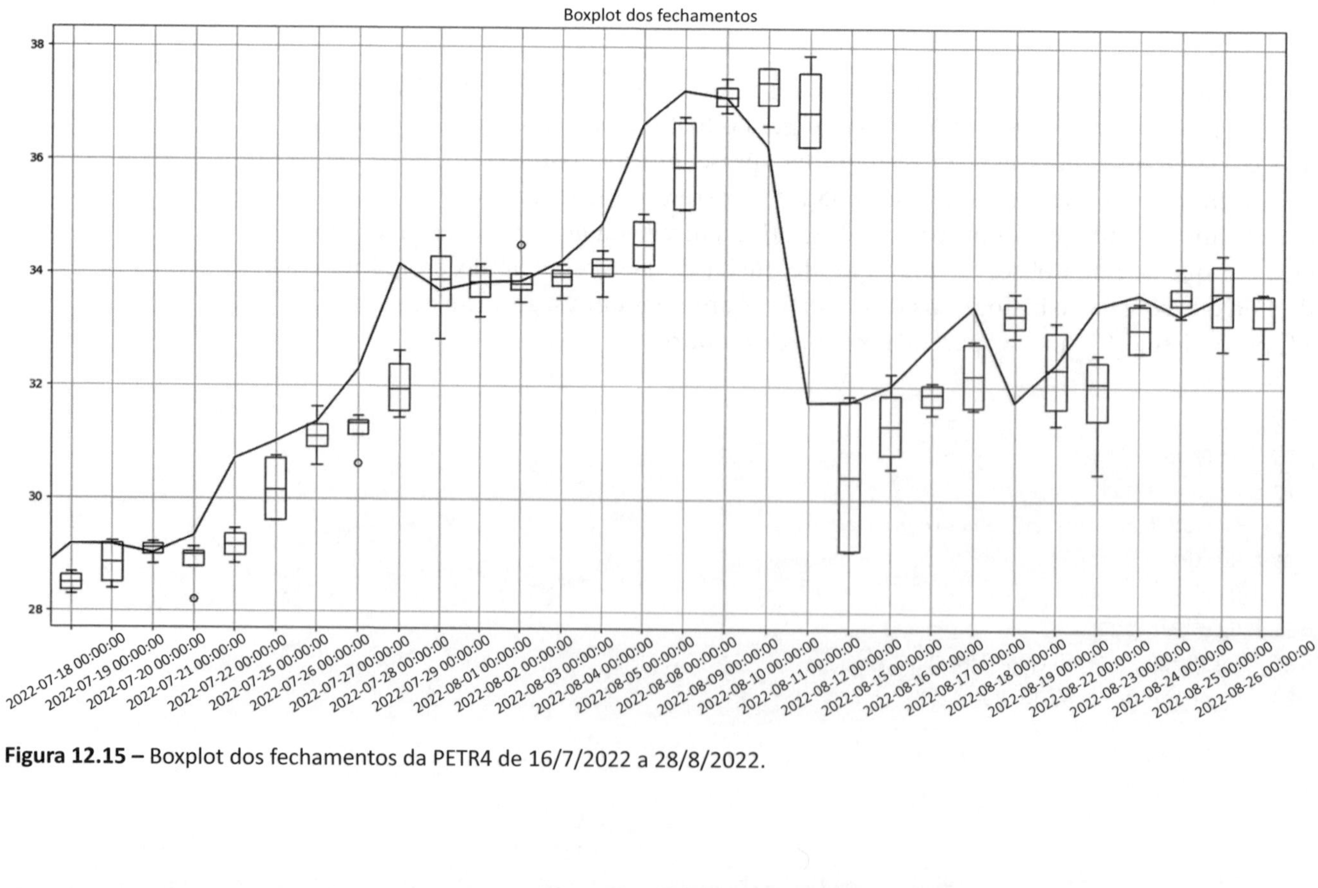

Figura 12.15 – Boxplot dos fechamentos da PETR4 de 16/7/2022 a 28/8/2022.

As linhas de programação dos Boxplots dependem apenas de uma função existente na biblioteca Pandas do Python, função esta chamada de boxplot( ), como pode ser conferida a seguir na linha 95.

```
93  figura,ax=fig.subplots()
94  ax.plot(df['close'].values[-30:],color='black')
95  dfbox[-30:].T.boxplot(color='black')
96
97  fig.xticks(rotation=30) #---> rotaciona as datas em 30 graus no eixo x
98  fig.title('Boxplot dos Fechamentos')
```

O programa completo para o cálculo do OBV é apresentado a seguir:

```
# SENSOR On Balance Volume (OBV) - PANDAS DATAFRAME
# Prof. Dr. Marco Antonio leonel Caetano
# Instituicao: Insper
########################################################################
import matplotlib.pyplot as fig
import datetime as dt
import seaborn as sns
import numpy as np
from yahoo_fin.stock_info import *

################ importar a acao ############################
inicio=dt.datetime(2022,1,1)
fim=dt.datetime(2022,8,28)
df = get_data('PETR4.SA', start_date=inicio, end_date=fim)

#++++++++++++++ apagar as colunas volume e adj close +++++++
df=df.drop(['adjclose'],axis=1)
################################################################

############### calculo do retorno ########################
df['ret']=df['close'].pct_change()
###############################################################

################# grafico do fechamento e retorno ############
df.plot(y=['close','ret'],subplots=True,title=['Fechamentos','Retornos'],
        color='black',style=['-o','-'],grid=True)

################# calculo do OBV   ##################
# cria as colunas necessarias para os calculos do sensor
df['OBV']=0

for i in range(len(df)):
    if i==0:
        df['OBV'][i]=df['volume'][i]
    else:
```

```
        if df['close'][i]>df['close'][i-1]:
            df['OBV'][i]=df['OBV'][i-1]+df['volume'][i]
        elif df['close'][i]<df['close'][i-1]:
            df['OBV'][i]=df['OBV'][i-1]-df['volume'][i]
        else:
            df['OBV'][i]=df['OBV'][i-1]

df['med_mov']=df['close'].rolling(window=3).mean()

x1=df['close'].values
x2=df['OBV'].values
lin=len(x1)
eix=np.linspace(1,lin,lin)
coef1=np.polyfit(eix,x1,1)
tendencia_fech= coef1[0]*eix + coef1[1]

coef2=np.polyfit(eix,x2,1)
tendencia_OBV= coef2[0]*eix + coef2[1]
df['tend_fech']=tendencia_fech.tolist()
df['tend_OBV']=tendencia_OBV.tolist()
########### imprime o dataframe completo
print(df)

########## grafico em subplot fech e sensor
figure=fig.figure()
ax1=figure.add_subplot(211)
ax2=figure.add_subplot(212)
df.plot(y=['close','tend_fech'],title='Fechamentos',
        ax=ax1, style=['-','--'], color=['black','black'])
df.plot(y=['OBV','tend_OBV'],title='On Balance Volume',
        ax=ax2, style=['-','--'],color=['black','black'])
######## grafico comparando media movel e fechamento ######
df.plot(y=['close','med_mov'],
        color='black',
        style=['-','--'],
        title='Comparação entre Fechamento e Média Móvel 7 dias')

######### grafico em subplot do retorno a esquerda e histograma do
######### retorno a direita
#df.dropna(inplace=True)
fig.figure()
fig.subplot(121)
fig.plot(df.index,df['ret'].values,color='black')
fig.xticks(rotation=30)
fig.title('Retornos')
fig.subplot(122)
sns.distplot(df['ret'],color='gray')
fig.title('Histograma dos Retornos')
############# apaga as colunas do calculo do OBV para salvar
#####        em outro dataframe para fazer o boxplot diario
##### isso eh necessario pois precisamos fazer a transposta da
```

```
##### matriz para ver o boxplot dia a dia

dfbox=df.drop(['OBV','med_mov','ret','volume','tend_fech','tend_OBV','ticker'],axis=1)

############## figura plotando juntos as curvas de fechamento e boxplot #######
figura,ax=fig.subplots()
ax.plot(df['close'].values[-30:],color='black')
dfbox[-30:].T.boxplot(color='black')

fig.xticks(rotation=30) #---> rotaciona as datas em 30 graus no eixo x
fig.title('Boxplot dos Fechamentos')

########################## estatisticas #########################
print('############## ESTATISTICAS DA AÇÂO ##################################')
print('ÚLTIMO PREÇO FECH (R$): %6.3f' % df['close'][-1])
print('MÁXIMO PREÇO DO FECH(R$): %6.3f' % df['close'].max())
print('MÍNIMO PREÇO DO FECH(R$): %6.3f'% df['close'].min())
print('PREÇO MÉDIO DO FECH(R$): %6.3f' % df['close'].mean())
print('MÁXIMO RETORNO DO FECH(porcent): ', 100 * round(df['ret'].max(),3) )
print('DIA DO MÁXIMO RETORNO FECH: ', df.index[df['ret'].argmax()])
print('MÍNIMO RETORNO DO FECH(porcent): ' , 100 * round(df['ret'].min(),3) )
print('DIA DO MÍNIMO RETORNO FECH: ', df.index[df['ret'].argmin()])
print('VOLATILIDADE (desv.pad. pop) DOS PREÇOS DE FECH: %6.3f' % df['close'].std(ddof=0))
print('VOLATILIDADE (desv.pad. pop) DOS RETORNOS DE FECH (porcent): ', 100* round(df['ret'].std(ddof=0),3) )
print('########################################################################')
```

Os programas que geraram esses gráficos estão disponíveis no repositório do GitHub para livre acesso. O leitor apenas deverá ter o cuidado de analisar se não houve mudanças nas bibliotecas, principalmente nas relacionadas ao Yahoo Finance. Link: <https://github.com/malcaetano/Eden_Algoritmos_Python/tree/main/Cap12>.

Capítulo **13**

Otimização

13.1 INTRODUÇÃO

Encurtar um caminho para ganhar tempo, economizar para comprar algo, tomar decisão com base em investimentos, sempre estamos interessados nas formas ótimas de aplicarmos nossos recursos. Resolver um problema de otimização significa, sobretudo, procurar sua solução, de forma a se maximizar ou minimizar algo. Esse algo tem uma representação matemática que recebe o nome de *função objetivo* ou *índice de performance*.

Assim, por exemplo, se a fabricação de uma peça depende de dois materiais cujos nomes podem ser (apropriados) x_1 e x_2, o custo total dessa peça é a soma dos custos unitários dos materiais. Então, se x_1 custa R$ 5,00 e x_2 custa R$ 2,00, o custo de uma peça é $5x_1 + 2x_2$. Se quisermos fabricar muitas peças, o problema da otimização é descobrir qual quantidade de cada material (x_1, x_2) é necessária para a fabricação das peças. Da mesma forma, x_1 pode ser o código de uma ação mercado financeiros, e x_2, o código de outra ação, de forma que $5x_1 + 2x_2$ é o rendimento do portfólio. Essa soma, às vezes, pode ser representada pela letra Z, ou, no caso da engenharia, pela letra J, ou seja,

$$z = 5x_1 + 2x_2$$

13.2 OTIMIZAÇÃO UNIDIMENSIONAL

O problema mais simples de otimização envolve funções unidimensionais, nas quais uma única variável é a responsável por toda a variação da função. Em termos matemáticos, busca-se qual o valor mínimo ou máximo de x, tal que f(x) seja o menor possível (no caso do problema de minimização), ou o maior possível (no problema de maximização).

Esse problema é simples, pois depende apenas da derivada em relação à única variável do problema, assunto discutido ainda nos primeiros semestres de todos os cursos de exatas na disciplina de Cálculo I. Para encontrar o valor ótimo de x, calcula-se a primeira derivada e iguala-se a zero $\left(f'(x)=0\right)$.

Esse valor é conhecido como *ponto crítico da função*. Então, calcula-se a segunda derivada, e, caso a substituição resulte em um valor positivo dessa derivada da função, teremos o valor mínimo. Ao contrário, se a segunda derivada for negativa nesse ponto crítico, teremos o valor máximo possível da função *f*(x). Vamos supor o seguinte exemplo.

Exemplo 13.1: Encontrar o valor mínimo da função $f(x)=x^2-5x+6$.

Dada a função, a primeira derivada será:

$$f'(x)=2x-5$$

Igualando-se a zero, teremos como ponto crítico:

$$f'(x)=0 \Rightarrow x=5/2$$

Calculando-se, então a segunda derivada

$$f''(x)=2>0$$

Logo, como a segunda derivada é constante e positiva, o ponto x=5/2 é um ponto de mínimo local, e a função nesse ponto terá um valor ótimo mínimo. E, realmente, ao observarmos a função, vemos que esse ponto 2.5 mínimo é o menor possível na função.

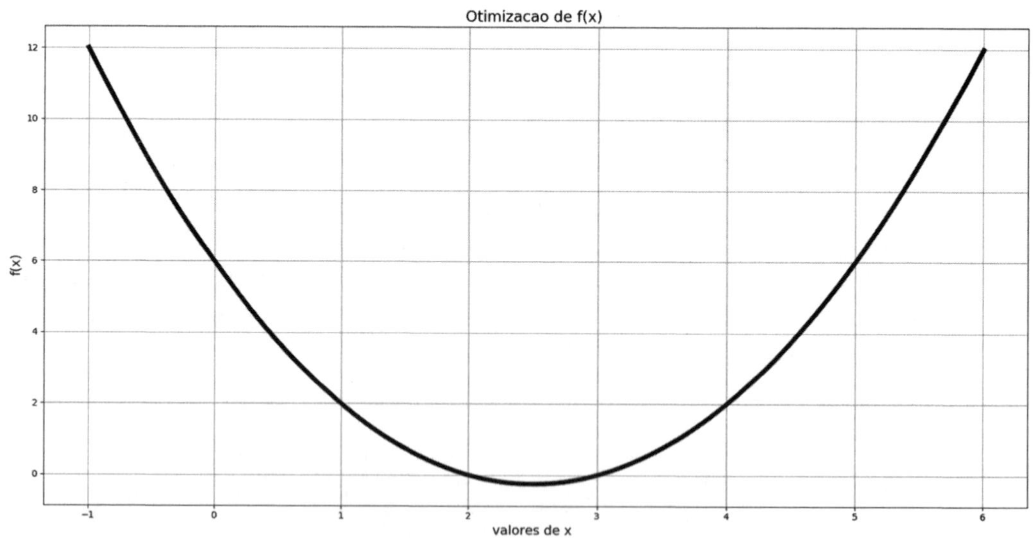

Figura 13.1 – Função a ser minimizada f(x) = x^2 – 5x + 6.

A linguagem Python possui uma biblioteca específica para os problemas de otimização de todos os tipos. A biblioteca *Scientific Python* (SciPy) possui o método conhecido como *optmize* e, dentro dele, a função *minimize_scalar*. Essa função deve ser usada para os problemas mais simples e serve como otimização de problemas unidimensionais. O programa a seguir apresenta as linhas de código para o uso dessa função.

```
1  #Otimizacao
2  from scipy.optimize import minimize_scalar
3  import matplotlib.pyplot as fig
4  import numpy as np
5
6  #++++++++++ funcao a ser otimizada ++++++
7  def f(x):
8      return x**2 -5*x + 6
9  #++++++++++ grafico da funcao ++++++++++
10 x=np.linspace(-1, 6, 100)
11 fig.plot(x,f(x),'-k',linewidth=5)
12 fig.xlabel('valores de x', fontsize=14)
13 fig.ylabel('f(x)', fontsize=14)
14 fig.title('Otimizacao de f(x)',fontsize=16)
15 fig.grid()
16
17 #+++++ Busca o minimo da funcao ++++++++
18 res = minimize_scalar(f)
19 print(res)
```

Primeiro, deve-se entrar com a função desejada a ser otimizada, o que, nesse exemplo, aparece na definição da *function* f(x) na linha 7 e 8 do algoritmo. A linha 10 apenas cria um array (vetor) para que a função *minimize_scalar* busque os melhores valores para a função. Os melhores valores são encontrados pelo Python na linha 18, em que se coloca a função matemática f(x) dentro da função otimizadora do Python, que vai minimizar a função matemática $f(x) = x^2 - 5x + 6$ na linha 8. Como encontrou-se o valor de $x = 5/2$, podemos comparar a resposta do programa em Python. Ao rodar o *script* anterior, obtemos a seguinte resposta no console do Python:

```
     fun: -0.25
    nfev: 9
     nit: 4
 success: True
       x: 2.5
```

Nesse caso, *fun* é o valor mínimo da função, igual a -0.25 e, na última linha, aparece o valor de x mínimo, igual a 2.5, o mesmo que encontramos com as derivadas da função f(x). Para retornarmos apenas os valores de (x, f(x)), podemos utilizar um ponto com o nome da variável desejada na visualização. Assim, como a variável de saída se chama *res*, para x usamos res.x e para a função res.fun, como demonstrado nos valores do console do Python a seguir:

```
res.x
2.5

res.fun
-0.25
```

Exemplo 13.2 - Encontrar o valor mínimo da função $f(x) = 4x^3 + 5(x-2)^2 + x^4$.

O exemplo 13.1 anterior, foi um clássico e simples de Cálculo I. No caso desse exemplo em questão, estamos lidando com uma função de quarto grau. A derivada da função será:

$$f'(x) = 4x^3 + 12x^2 + 10x - 10 = 0$$

Encontrar as raízes dessa equação derivada não é uma tarefa simples de se fazer no papel, mas, no Python, a biblioteca NumPy possui uma função que calcula computacionalmente suas raízes. Essa função é a *roots*, que pode ser programada como nas seguintes linhas.

```
#+++++ raizes da eq. 3o. grau da derivada ########
coef = [4, 12, 10, -10]
raizes= np.roots(coef)
print('++++ coef. da eq. 3o. grau da derivada ++++++++')
print(coef)
print('########### raízes ######################')
print(raizes)
```

O resultado para essa função do exemplo é:

```
++++ coef. da eq. 3o. grau da derivada ++++++++
[4, 12, 10, -10]
########### raízes ########################
[-1.77879107+1.1487152j -1.77879107-1.1487152j  0.55758215+0.j        ]
```

Podemos observar que essa função tem duas raízes imaginárias, ou seja, –1.77+1.148j e a outra raiz –1.77–1.148j. Para o valor real, sobrou apenas a raiz 0.5575. A função tem a característica apresentada na Figura 13.2, e podemos observar que o valor mínimo de x é 0.859, visualmente, é o menor valor que proporciona o mínimo da função f(x). Para resolver esse problema, basta repetir o programa em Python do exemplo anterior, usando a função *minimize_scalar* novamente.

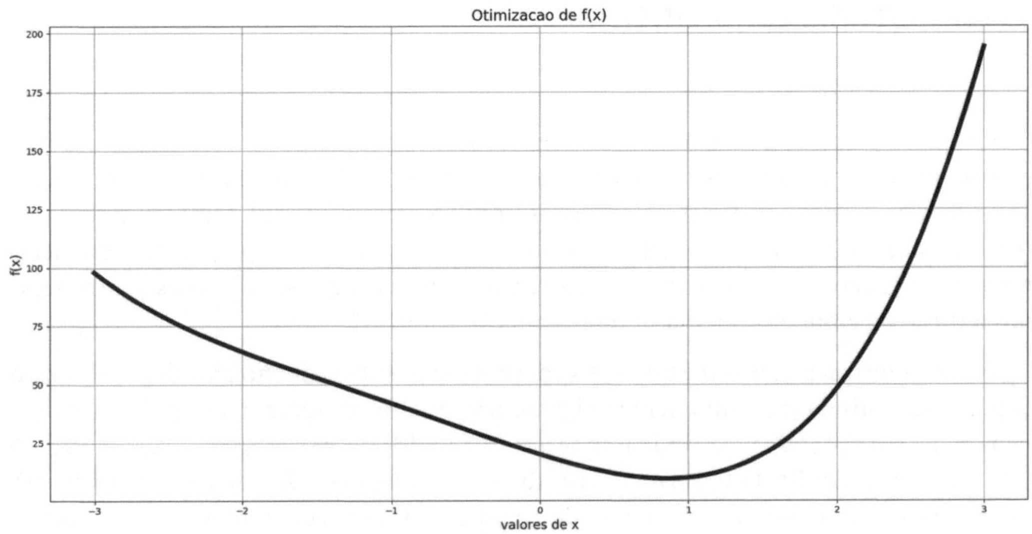

Figura 13.2 – Função a ser minimizada $f(x) = 4x^3 + 5(x-2)^2 + x^4$.

Ao rodar o seguinte programa para procurarmos o mínimo dessa função, encontramos realmente essa raiz como o ponto de mínimo da função

```
     fun: 9.58922738510783
    nfev: 14
     nit: 10
 success: True
       x: 0.8595083158961059
```

com valor mínimo de f(x) = 9.589.

```
#Otimizacao
from scipy.optimize import minimize_scalar
import matplotlib.pyplot as fig
import numpy as np

#++++++++++ funcao a ser otimizada ++++++
def f(x):
   return 4*x**3 + 5*(x-2)**2 +x**4

#++++++++++ grafico da funcao ++++++++++
x=np.linspace(-3, 3, 100)
fig.plot(x,f(x),'-k',linewidth=5)
fig.xlabel('valores de x', fontsize=14)
fig.ylabel('f(x)', fontsize=14)
fig.title('Otimizacao de f(x)',fontsize=16)
fig.grid()

#+++++ Busca o minimo da funcao ++++++++
res = minimize_scalar(f)
print(res)
```

13.3 OTIMIZAÇÃO LINEAR

13.3.1 AS RESTRIÇÕES

Que bom seria se na vida não existissem restrições e todos pudessem fazer o que bem entendem, de forma a não atrapalhar os demais. Mas a vida não é assim, e as restrições aparecem de maneira natural em todos os problemas. E como tal, também podem ser representadas na forma matemática. A restrição natural, por exemplo, no caso das ações no mercado financeiro, é que nunca ocorrerão compras negativas de ações (claro, a menos a título de empréstimo, mas a representação é outra).

Então, a restrição natural é que x_1 e x_2 devem ser positivos ou, no pior dos casos, zero. Suponhamos ainda que um cliente exigente não queira comprar mais de 3 ações de x_1 nem mais de 4 ações de x_2, e ainda impõe a restrição de que, se a ação x_2 chegar a R$ 2,00, e a ação x_1 ficar em R$ 1,00, ele não permite a compra de mais de 9 ações. E por fim, claro, que ele queira o maior rendimento desse portfólio (todos queremos isso). A modelagem desse problema deve seguir os seguintes passos para a solução ótima.

13.3.2 A REPRESENTAÇÃO MATEMÁTICA – MODELAGEM

Todo estudante se assusta quando se depara com a representação matemática de algo, sempre procurando entender como alguém pode pensar na soma de letras! Mas a representação é uma forma filosófica de não nomear ninguém, mas impor um símbolo que represente alguém. O problema proposto anterior fica, então, assim:

Deseja-se:

$$Max\ Z(x_1, x_2) = 5x_1 + 2x_2$$

Sujeito as restrições:

$$\begin{cases} x_1 \leq 3 \\ x_2 \leq 4 \\ x_1 + 2x_2 \leq 9 \\ x_1 \geq 0 \\ x_2 \geq 0 \end{cases}$$

Ainda parecem muito estranhas essas variáveis, mas a representação geométrica ilustra seu sentido, sendo conhecida como *algébrica*. Na verdade, temos toda a história do problema que pode ser contada na forma de retas. Por isso, a otimização linear recebe os nomes de *programação linear* ou de *pesquisa operacional*.

Nas figuras, a geometria se desponta e mostra a beleza escondida atrás das equações anteriores. Talvez por isso os geômetras dominaram o mundo matemático por quase 3 mil anos. Naquela época, o que não se podia ver não se podia provar.

A primeira restrição que diz que x_1 não pode passar de 3 é uma reta perpendicular ao eixo x_1. Qualquer solução que venha a ser encontrada não poderá ultrapassar essa reta perpendicular.

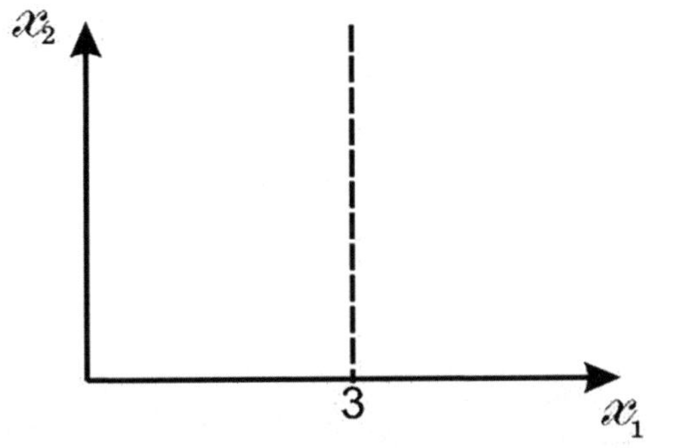

Figura 13.3 – Primeira restrição do problema.

A segunda restrição se refere ao eixo de x_2, e, por isso, a reta é perpendicular a esse eixo, ou seja, agora temos 4 restrições (x_1 e x_2 positivos são as outras duas). Então, qualquer solução ótima deve estar dentro desse quadrado formado pelas restrições.

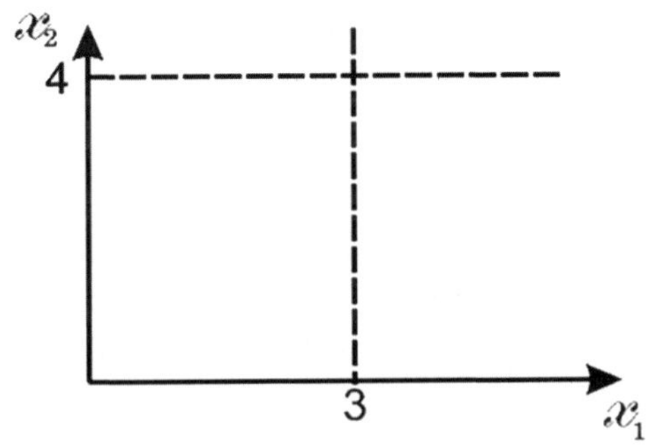

Figura 13.4 – Segunda restrição do problema.

Finalmente, a última restrição é formada pela reta com inclinação que corta as retas perpendiculares, ou seja, a reta $x_1 + 2x_2 = 9$. Aqui, vem um comentário importante sobre o sinal menor ou igual: esse sinal indica que apenas os valores abaixo ou antes das retas é que valem, como o sinal positivo que indica que apenas os valores acima e a direita do eixo é que valem para a resposta.

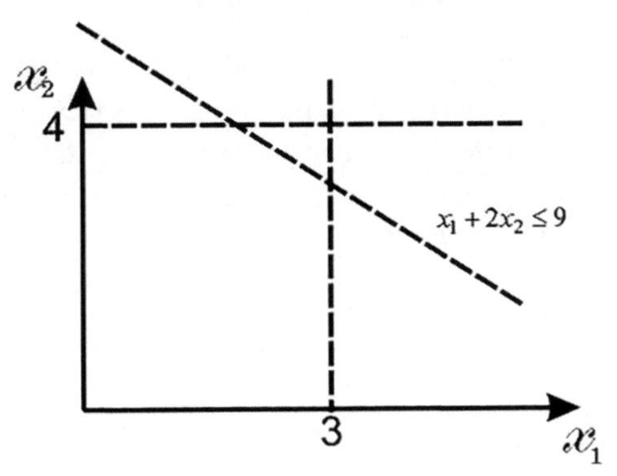

Figura 13.5 – Terceira restrição do problema.

E pronto, temos, então, nossa região, conhecida como *região de soluções viáveis*, ou seja, são pontos que resolvem o problema com as inequações, mas não necessariamente são os melhores.

A última figura apresenta a região hachurada onde podemos buscar a solução de diversas maneiras, seja ela gráfica ou via algoritmo de manipulação de matrizes, conhecido como *simplex*.

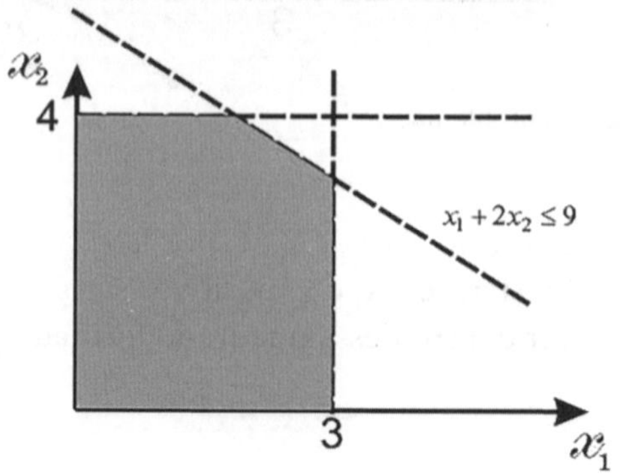

Figura 13.6 – Região das soluções viáveis do problema.

Já vimos que a área hachurada é conhecida como solução viável, o que quer dizer que pontos dentro dessa área servem como solução. Mas o processo de otimização visa a descobrir qual é o melhor de todos. Queremos, nesse caso, o máximo da função Z. Por exemplo, o ponto (1,1) é uma solução para as inequações pois, ao substituí-lo nas equações,

$$1 < 3$$

$$1 < 4$$

$$1 + 2 < 9$$

$$1 > 0$$

$$1 > 0$$

Logo, todas as restrições são satisfeitas. Mas onde está o melhor? O valor de Z para (1,1) é Z = 7. Contudo, o ponto (2,2), que também está dentro da área hachurada, fornece-nos outro valor de Z = 14, melhor que o primeiro. E, se formos descolando para cima, melhor ainda esses valores para cada novo par de valor.

Então, apenas com esse teste, descobre-se qual a direção do maior valor da função Z, conhecido como *direção do gradiente*. Mas não podemos ficar sorteando pontos aleatórios, pois teríamos de testar infinitos pontos. Para isso, devemos seguir um método matemático e construir um algoritmo de solução.

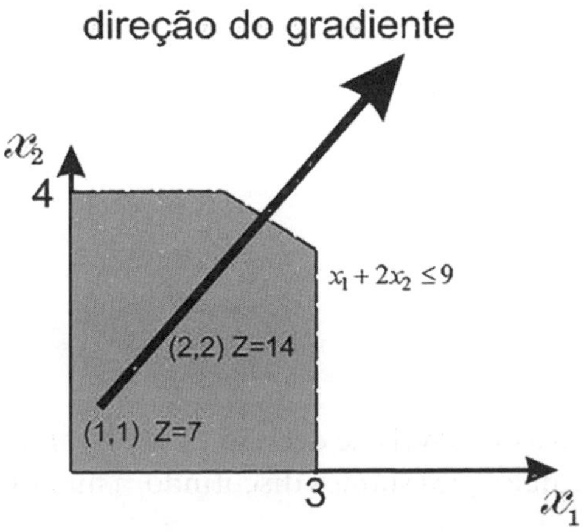

Figura 13.7 – Direção do gradiente para buscar o valor máximo da função Z.

13.3.3 ENCONTRANDO O MELHOR DE TODOS – PONTO ÓTIMO

O segredo está no deslocamento da reta $Z = 5x_1 + 2x_2$ ao longo da direção do gradiente. Na realidade, a área hachurada é conhecida como *poliedro de hiperplano*, pois a função Z, quando desenhada, é uma função em 3D. Nesse caso, a figura é simples, mas, se tivéssemos mais variáveis, seria impossível a visualização, porque, se fossem as variáveis x_1, x_2 e x_3, o gráfico da função objetivo seria em 4D! Obviamente isso não é possível. Teoremas provam, na verdade, que a reta do vetor gradiente é ortogonal à reta da função objetivo Z.

Então, uma maneira simples (mas não eficiente) de se descobrir a solução é atribuirmos valores para z. Por exemplo:

Se, Z = 0 a reta é $5x_1 + 2x_2 = 0$ ou, $x_2 = -2.5\ x_1$

Se, Z = 1 a reta é $5x_1 + 2x_2 = 1$ ou, $x_2 = -2.5\ x_1 + 1$

Se, Z = 2 a reta é $5x_1 + 2x_2 = 2$ ou, $x_2 = -2.5\ x_1 + 2$

O leitor já pode perceber que o coeficiente angular dessas retas não varia; a inclinação delas é sempre a mesma. Outro fato interessante é que o valor de Z é o mesmo ao longo de toda a reta da função objetivo. Nesse caso, como a figura é convexa (fechada), o melhor ponto, o ponto que dará o máximo valor na função objetivo, é aquele no qual não ocorre nenhum maior que ele. E isso ocorre na aresta!

Conforme demonstração dos teoremas de programação linear, podem existir condições para as restrições em existam não um ponto ótimo, mas infinitos pontos em que a função Z será máxima. Ou seja, dependendo de como um portfólio é montado e de como peças são construídas, não existirá uma configuração, mas infinitas delas, que terão o mesmo valor e serão máximas (ou mínimas).

Basta, para isso, que a reta da função objetivo esteja perfeitamente inclinada com uma aresta da restrição, e o problema não possuirá solução única. No Python, a biblioteca SciPy possui, dentro do método *optimize*, uma função específica para calcular valores ótimos de programação linear. A função *linprog* tem entradas específicas que devem ser respeitadas antes de o programa rodar. A formatação é necessária para que a rotina de otimização rode corretamente.

A função é construída para problemas de minimização, mas que podemos adaptar para maximização, apenas com a multiplicação da função objetivo Z por (–1). Isso é conhecido como *problema dual do problema original.* O formato padrão para a entrada no módulo de programação linear do Python é o seguinte:

$$\min_x c^T x$$

Sujeito a

$$A_{ub} x \le b_{ub}$$

$$A_{eq} = b_{eq}$$

$$L \le x \le U$$

em que x é um vetor com as variáveis de decisão, c, b_{ub}, b_{eq}, L e U são vetores, e A_{ub} e A_{eq} são matrizes. Para o exemplo que estamos discutindo, a maximização de Z será adaptada para:

$$\min_x \begin{bmatrix} -5 & -2 \end{bmatrix} \begin{bmatrix} x_1 \\ x_2 \end{bmatrix}$$

Sujeito a

$$\begin{bmatrix} 1 & 2 \end{bmatrix} \begin{bmatrix} x_1 \\ x_2 \end{bmatrix} \le 9$$

$$A_{eq} = b_{eq} \left(\textit{não tem essa condição} \right)$$

$$\begin{bmatrix} 0 \\ 0 \end{bmatrix} \le \begin{bmatrix} x_1 \\ x_2 \end{bmatrix} \le \begin{bmatrix} 3 \\ 4 \end{bmatrix}$$

Os valores ótimos para x produzir máximo na função Z são (3,3), como reproduzidos pelo console do Python. Observando a Figura 13.7, era o esperado, pois, quando $x_1 = 3$, estamos no limite do poliedro convexo (trapézio, nesse caso). O máximo valor da função Z para essa região é 20.999.

```
####### otimizacao ######

valores ótimos de x: [3. 3.]
----------------------------
valor ótimo da função: 20.99999998364439
```

O *script* em Python para esse exemplo de programação linear é o que se segue. As linhas 3, 4 e 5 são as entradas no formato padrão da função *linprog* da biblioteca SciPy. A linha 6, nomeada com a variável x0_bounds, é uma Tupla no Python, que permitirá dois valores dentro de cada posição do *array*. Esses são os valores do limite para x_1. Os valores para os limites de x_2 estão na linha 7 com nome x1_bounds. Finalmente, a linha 8 chama a função que buscará os valores ótimos da função Z.

```
# Otimizacao - Programacao Linear
from scipy.optimize import linprog
c = [-5, -2]
A = [[1, 2]]
b = [9]
x0_bounds = (0, 3)
x1_bounds = (0, 4)
res = linprog(c, A_ub=A, b_ub=b, bounds=[x0_bounds, x1_bounds])
###### valores otimos da funcao ####################
print('####### otimizacao ######')
print(' ')
print('valores ótimos de x:',res.x)
print('---------------------------')
print('valor ótimo da função:', -res.fun)
```

Exemplo 13.3 – Encontrar o valor mínimo, otimizando a seguinte função:

$$Min\ Z(x_1, x_2) = -x_1 + 4x_2$$

Sujeito as restrições:

$$\begin{cases} -3x_1 + x_2 \leq 6 \\ x_1 + 2x_2 \leq 4 \\ x_2 \geq -3 \end{cases}$$

O leitor deverá notar que os limites das variáveis, os chamados L e U do exemplo anterior, nesse caso serão

$$-\infty \leq x_1 \leq \infty$$
$$-3 \leq x_2 \leq \infty$$

A programação do *script* em Python para esse exemplo é o que se apresenta a seguir. No caso dos limites infinitos, no Python, entramos nas Tuplas com os nomes *None*.

```
# Otimizacao - Programacao Linear
from scipy.optimize import linprog
c = [-1, 4]
A = [[-3, 1],[1,2]]
b = [6,4]
x0_bounds = (None, None)
x1_bounds = (-3, None)
res = linprog(c, A_ub=A, b_ub=b, bounds=[x0_bounds, x1_bounds])
###### valores otimos da funcao ####################
print('####### otimizacao ######')
print(' ')
print('valores ótimos de x:',res.x)
print('---------------------------')
print('valor ótimo da função:', -res.fun)
```

Os valores ótimos encontrados são $x_1 = 10$, $x_2 = -3$ e $Z = -22$. No console, aparece como aproximação numérica desses valores da seguinte forma:

```
####### otimizacao ######

valores ótimos de x: [ 9.99999989 -2.99999999]
-----------------------------
valor ótimo da função: 21.99999984082497
```

13.4 OTIMIZAÇÃO NÃO LINEAR

Um problema de otimização não linear tem as mesmas considerações feitas para otimização de sistemas lineares. É necessária uma função objetivo, ou função custo, que será minimizada seguindo-se condições necessárias e suficientes. No caso sem restrições, considerar, por exemplo, que a função a ser maximizada é:

$$Max\ f(x,y) = x^3 + 3xy^2 - 15x - 12y$$

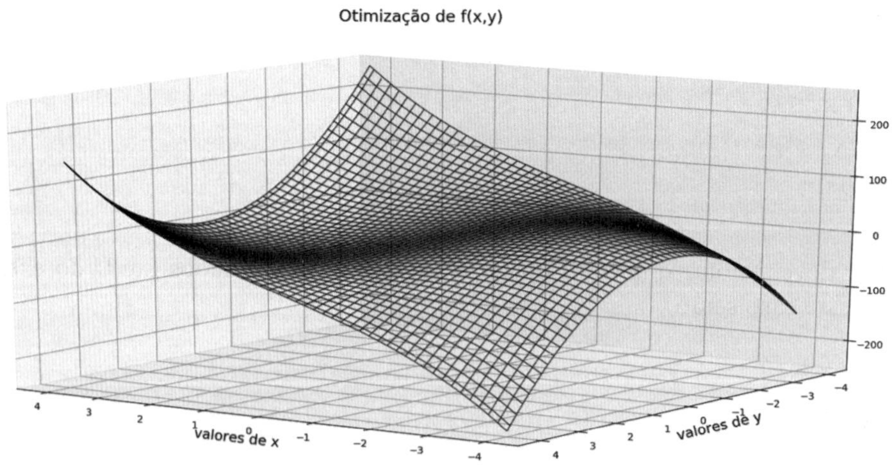

Figura 13.8 – Função f(x,y) para se buscar o ótimo valor.

As condições necessárias para a investigação dos extremos serão:

$$\frac{\partial f(x,y)}{\partial x} = 3x^2 + 3y^2 - 15 = 0$$

$$\frac{\partial f(x,y)}{\partial y} = 6xy - 12 = 0$$

O que nos leva ao sistema

$$\begin{cases} x^2 + y^2 = 5 \\ xy = 2 \end{cases}$$

A resolução:

Da segunda equação, tem-se que y = 2/x, e substituindo na primeira, temos:

$$x^2+\frac{4}{x^2}=5 \quad \Rightarrow \quad x^4+4=5x^2 \quad \Rightarrow \quad x^4-5x^2+4=0$$

Chamando $p=x^2$ na equação anterior,

$$p^2-5p+4=0$$

o que nos leva aos dois valores de p:

$$p'=4$$
$$p''=1$$

Substituindo de volta na equação de x, temos,

$$x^2=4 \quad \Rightarrow \quad x=\pm 2$$

Ou, por outro lado,

$$x^2=1 \quad \Rightarrow \quad x=\pm 1$$

Então, para cada valor de x, é possível encontrar um valor de y, ou seja,

Para x = 2 tem-se y = 1

Para x = –2 tem-se y = –1

Para x = 1 tem-se y = 2

Para x = –1 tem-se y = –2

Assim, os extremos da função serão os pares de valores: (2, 1), (–2, –1), (1, 2) e (–1, –2). Quais desses extremos nos leva ao valor máximo da função? Para isso, é necessário fazer uso da condição suficiente da otimização.

13.4.1 A CONDIÇÃO SUFICIENTE PARA EXTREMOS DA FUNÇÃO

A condição suficiente para encontrar quais desses pontos são ótimos é:

$$\Delta=\left(\frac{\partial^2 f(x,y)}{\partial x^2}\frac{\partial^2 f(x,y)}{\partial y^2}-\left(\frac{\partial^2 f(x,y)}{\partial xy}\right)^2\right)\Bigg|_{\substack{x=a\\y=b}} \tag{13.1}$$

em que (a, b) são os pares de valores possíveis de serem analisados para os extremos da função, sendo esses extremos máximos, mínimos ou indefinidos. Ou seja, a expressão delta dada deve ser avaliada nos pontos candidatos a ótimo.

Se $\Delta > 0$ então, (a, b) é um extremo então,

$$\begin{cases} \text{Se } \dfrac{\partial^2 f(x,y)}{\partial x^2} < 0 \quad \text{então } (\text{a},\text{b}) \text{ e máximo} \\ \\ \text{Se } \dfrac{\partial^2 f(x,y)}{\partial x^2} > 0 \quad \text{então } (\text{a},\text{b}) \text{ e mínimo} \end{cases} \tag{13.2}$$

Se $\Delta < 0$ então, NÃO existirá extremo.

Se $\Delta = 0$ então, o extremo será indefinido.

No caso do exemplo em questão, temos que analisar todas as condições:

(1) Para (a, b) = (2, 1)

$$\frac{\partial^2 f(x,y)}{\partial x^2} = 6x\,|_{(2,1)} = 12 > 0$$

$$\frac{\partial^2 f(x,y)}{\partial y^2} = 6x\,|_{(2,1)} = 12 > 0$$

$$\frac{\partial^2 f(x,y)}{\partial xy} = 6y\,|_{(2,1)} = 6 > 0$$

O que nos leva ao valor de delta:

$$\Delta = (12)(12) - 6^2 = 108 > 0$$

Assim o ponto (2,1) é mínimo local.

(2) Para (a, b) = (–2, –1)

$$\frac{\partial^2 f(x,y)}{\partial x^2} = 6x\,|_{(-2,-1)} = -12 < 0$$

$$\frac{\partial^2 f(x,y)}{\partial y^2} = 6x\,|_{(-2,-1)} = -12 < 0$$

$$\frac{\partial^2 f(x,y)}{\partial xy} = 6y\,|_{(-2,-1)} = -6 < 0$$

O que nos leva ao valor de delta:

$$\Delta = (-12)(-12) - (-6)^2 = 108 > 0$$

Assim, o ponto (–2, –1) é também ponto de mínimo local.

(3) Para (a, b) = (1, 2), o valor de delta é negativo e não é um extremo.

(4) Para (a, b) = (–1, –2), o valor de delta também é negativo, e ele também não é um extremo da função.

Concluindo, temos dois valores de *mínimo local da função f(x, y) que estão em (–2, –1)* e *em (2, 1).*

No Python é possível encontrar o valor mínimo da função *f*(x, y) utilizando a biblioteca SciPy com a função "minimize". Essa função faz uso do método de otimização mínimos quadrados sequencial (*sequential least squares programming* – SLSQP). No caso de se buscar o máximo da função *f*(x, y), basta multiplicar a função por –1, pois o caso é o dual do método de otimização para a busca dos mínimos da função.

O manual e guia da função "minimize" apresenta como formato padrão as seguintes entradas, cujas explicações se encontram em: <https://docs.scipy.org/doc/scipy/reference/optimize.minimize-slsqp.html>

minimize(method='SLSQP')

```
scipy.optimize.minimize(fun, x0, args=(), method='SLSQP', jac=None, bounds=None,
constraints=(), tol=None, callback=None, options={'func': None, 'maxiter': 100,
'ftol': 1e-06, 'iprint': 1, 'disp': False, 'eps': 1.4901161193847656e-08,
'finite_diff_rel_step': None})
```

No caso do exemplo em questão, a adaptação para o *script* do Python para a busca de pontos mínimos da função, cujo gráfico está na Figura 13.8 é a seguinte:

```
# Otimizacao - Programacao Nao Linear
import numpy as np
from scipy.optimize import minimize
import matplotlib.pyplot as fig
from mpl_toolkits import mplot3d

def f(x):
    fx = x[0]**3+3*x[0]*x[1]**2-15*x[0]-12*x[1]
    return fx

x0=np.array([0,0])
res = minimize(f, x0=x0,method='SLSQP')
###### valores otimos da funcao ####################
print('####### otimizacao ######')
print(' ')
print('valores ótimos de x:',res.x)
print('---------------------------')
print('valor ótimo da função:', -res.fun)


ax=fig.axes(projection='3d')
x1=np.linspace(-4, 4, 100)
```

```
23 y1=np.linspace(-4, 4, 100)
24 X, Y = np.meshgrid(x1,y1)
25 Z=X**3+3*X*Y**2-15*X-12*Y
26 ax.plot_wireframe(X,Y,Z, color='black', alpha=0.5)
27
28 ax.set_xlabel('valores de x', fontsize=14)
29 ax.set_ylabel('valores de y', fontsize=14)
30 ax.set_zlabel('f(x,y)',fontsize=14)
31 fig.title('Otimização de f(x,y)',fontsize=16)
32 fig.grid()
```

A função matemática bidimensional a ser otimizada é programada no formato de *function* do Python nas linhas 7, 8 e 9. A linha 11 traz os valores iniciais de partida para que o método SLSQP faça a busca pelos valores mínimos. O método é chamado na linha 12 com a chamada da *function* f, das condições iniciais x0 e com o método desejado (existem outros).

As linhas de 21 a 32 são apenas para a construção do gráfico da função tridimensional, usando a biblioteca do Python que faz gráficos 3D, definida e importada na linha 5 do *script*. A função plot_wireframe faz a superfície 3D com as grades desenhadas em cada um dos eixos, como apresentado na Figura 13.8.

Ao rodar o programa, no console o resultado o mínimo da função que aparece é o seguinte:

```
####### otimizacao ######

valores ótimos de x: [1.99999439 1.00000288]
----------------------------
valor ótimo da função: -27.99999999985821
```

Como na solução desenvolvida matematicamente, a resposta para o ponto de mínimo é (1.999,1.00), com o valor mínimo f(x,y) = –27.999.

Para a busca do máximo, a única alteração no programa é trocar o sinal do valor que retorna da *function* f, ou seja, a *function* fica com sinal negativo, como apresentado a seguir na linha 9 (–fx).

```
7 def f(x):
8     fx = x[0]**3+3*x[0]*x[1]**2-15*x[0]-12*x[1]
9     return -fx
```

Como esperado, o resultado numérico encontrado também coincide com os cálculos anteriores para o máximo da função. Nesse caso, o resultado que aparece no console é o que se segue.

```
####### otimizacao ######

valores ótimos de x: [-1.99999443 -1.00000287]
----------------------------
valor ótimo da função: -27.999999999860233
```

O ponto (–1.999, –1.000) também é de mínimo local com valor mínimo da função f(x,y) = –27.999.

13.4.2 OTIMIZAÇÃO COM RESTRIÇÕES – CONDIÇÕES DE KUHN-TUCKER

Em nosso cotidiano, restrições são sempre comuns para a busca de soluções. Na verdade, soluções sem restrições é que são exceções. No caso de otimização não linear, a busca pelo ótimo é mais complicada do que visto na otimização linear. As condições necessárias devem respeitar as condições conhecidas como Kuhn-Tucker.

Se o problema for de máximo de uma função, do tipo

$$Max\ f(x)$$

Sujeito as restrições:

$$\begin{cases} g(x) \end{cases}$$

O primeiro passo é montar o índice de desempenho estendido na forma:

$$J(x) = f(x) - \lambda g(x) \tag{13.3}$$

em que λ é conhecido como *coeficiente de Lagrange*. Assim, as condições necessárias para ótimo ponto local deverão ser:

(1) $\dfrac{\partial J(x)}{\partial x} = 0$

(2) $g(x) \leq 0$

(3) $\lambda \geq 0$

(4) $\lambda g(x) = 0$ (13.4)

Exemplo 13.4 - Considere o seguinte problema:

$$Max\ f(x) = -(x-2)^2$$

Sujeito a $x \geq 1$

Do ponto de vista da condição de Kuhn-Tucker (13.3), é melhor transformar o enunciado para

$$Max\ f(x) = -(x-2)^2$$

Sujeito a $g(x) = 1 - x \leq 0$

As condições necessárias de Kuhn-Tucker (13.4) devem respeitar o índice estendido:

$$J(x) = -(x-2)^2 - \lambda(1-x)$$

Logo, as condições serão:

(1) $\dfrac{\partial J(x)}{\partial x} = 0 \quad \Rightarrow \quad -2(x-2) + \lambda = 0$

(2) $g(x) \leq 0 \quad \Rightarrow \quad 1 - x \leq 0$

(3) $\lambda \geq 0$

(4) $\lambda(x-1) = 0$

Da condição (4) tem-se que $\lambda = 0$ ou $x = 1$.

Se x = 1 então, na condição (1) :

$2 + \lambda = 0 \quad \Rightarrow \quad \lambda = -2$ (violou a condição K. T. em (13.4))

Se $\lambda = 0$ então, na condição (1):

$$-2(x-2) = 0 \quad \Rightarrow \quad x = 2$$

Logo, a solução será única e igual a $(x, \lambda) = (2, 0)$. De fato, observando a Figura 13.9, o ponto (2,0) é aquele em que se encontra o máximo da função, respeitando a restrição.

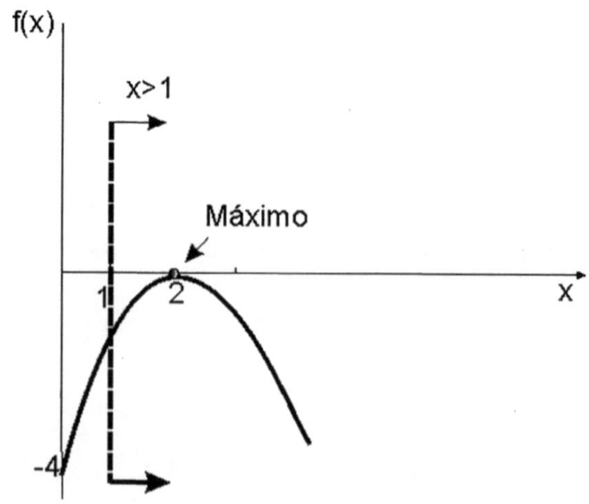

Figura 13.9 – Função f(x) e o valor ótimo.

Exemplo 13.5 – Considere o seguinte problema:

$$Max\ f(x) = -(x-2)^2$$

Sujeito a $x \geq 3$

Do ponto de vista da condição de Kuhn-Tucker (13.3), é melhor transformar o enunciado para

$$Max\ f(x) = -(x-2)^2$$

Sujeito a $3 - x \leq 0$

As condições necessárias de Kuhn-Tucker (13.4) devem respeitar o índice estendido

$$J(x) = -(x-2)^2 - \lambda(3-x)$$

Logo, as condições serão:

(1) $\dfrac{\partial J(x)}{\partial x} = 0 \quad \Rightarrow \quad -2(x-2) + \lambda = 0$

(2) $g(x) \leq 0 \quad \Rightarrow \quad 3 - x \leq 0$

(3) $\lambda \geq 0$

(4) $\lambda(x-3) = 0$

Da condição (4) tem-se que $\lambda = 0$ ou $x = 3$.

Se x = 3 então, na condição (1): $-2 + \lambda = 0 \quad \Rightarrow \quad \lambda = 2$

Se $\lambda = 0$ então, na condição (1): $-2(x-2) = 0 \quad \Rightarrow \quad x = 2$

(violou a segunda condição de K. T., pois x>3)

Logo, a solução será única e igual a $(x, \lambda) = (3, 2)$. Nesse caso, como mostrado na Figura 13.10, o máximo está exatamente sobre a limitação imposta na função.

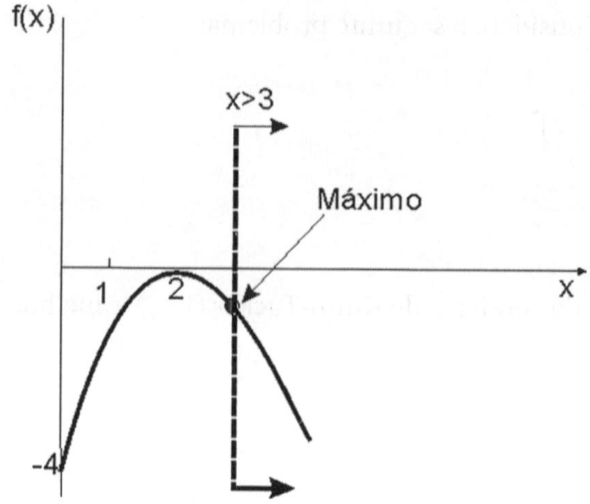

Figura 13.10 – Função f(x) e o valor ótimo.

13.4.3 PADRÃO DE ENTRADA NA FUNÇÃO MINIMIZE COM RESTRIÇÃO

Usando o método *minimize* no Python, precisaremos colocar as restrições como uma das entradas da função. No caso de problemas com restrição, o padrão de entradas na função *minimize* é sempre da seguinte forma:

$$Min \;\; f(x)$$

$$\text{Sujeito a } \; g(x) \geq 0$$

Todos os problemas que serão resolvidos pelo Python precisam estar nesse padrão para que os métodos encontrem as soluções de maneira correta. No caso do exemplo em questão, para manter o padrão do Python, a restrição original deverá ter o formato modificado para

$$x - 3 \geq 0$$

A linha 13 cria a *function*, em que a restrição é informada ao método na linha 14. A linha 17 é o ponto de partida da busca pelo ótimo, e a linha 18 informa qual o tipo de restrição a *function* "restrição(x)" representa. No caso, temos uma inequação, e, por isso, na linha 18, o tipo de restrição aparece como *ineq*. Essa restrição é, então, informada na linha 19 do algoritmo que estará pronto para encontrar o ponto ótimo.

Como o formato *minimize* é para problemas de mínimo, no caso desse exemplo, em que desejamos o máximo, duas alterações precisam ser realizadas. A saída da function f(x) deverá ser multiplicada por (–1), como está na linha 12, e, para a impressão, a saída res.fun também deverá ser multiplicada por (–1), como na linha 25 do *script* seguinte.

```
# Otimizacao - Programacao Nao Linear
#  Max f(x) = -(x-2)**2
# suj a x >= 3
########################################################
import numpy as np
from scipy.optimize import minimize
import matplotlib.pyplot as fig
from mpl_toolkits import mplot3d

def f(x):
    fx = -(x[0]-2)**2
    return -fx
def restricao(x):
    g = x[0] - 3
    return g

x0=np.array([0])
cons={'type':'ineq','fun':restricao}
res = minimize(f, x0=x0,method='SLSQP',constraints=cons)
###### valores otimos da funcao ####################
print('####### otimizacao ######')
print(' ')
print('valores ótimos de x:',res.x)
print('---------------------------')
print('valor ótimo da função:', -res.fun)
```

Ao rodar o programa, o resultado no console do Python encontra o mesmo valor deduzido da solução matemática anterior, ou seja,

```
####### otimizacao ######

valores ótimos de x: [3.]
----------------------------
valor ótimo da função: -1.0000000000000018
```

O máximo valor da função f(x) com a restrição imposta é f(x) = –1, com o valor ótimo de x = 3, conforme provado pelo desenvolvimento analítico anterior com Kuhn-Tucker (13.4).

Exemplo 13.6 – Considere o seguinte problema de função bidimensional:

$$Max\ f(x,y) = -(x-4)^2 - (y-4)^2$$

Sujeito a $x + y \leq 4$

$$x + 3y \leq 9$$

Antes de resolver, precisamos adequar o problema à entrada padrão do Python, modificando o problema original para

$$Max\ f(x,y) = -[-(x-4)^2 - (y-4)^2]$$

$$\text{Sujeito a } -x - y + 4 \geq 0$$
$$-x - 3y + 9 \geq 0$$

No programa em Python, essas modificações entram na *function* "f(x)" na linha 18, com a multiplicação da saída por (–1), e as restrições são alteradas na *function* "restrição(x)" em g1 e g2, nas linhas 20 e 21, adequando às entradas anteriores. Caso o problema fosse de minimização e com restrições positivas, essas alterações não seriam necessárias.

```
16  def f(x):
17      fx = -(x[0]-4)**2 - (x[1]-4)**2
18      return -fx
19  def restricao(x):
20      g1 = -x[0]-x[1] + 4
21      g2 = -x[0] - 3*x[1] + 9
22      return g1, g2
23
```

A característica dessa função é apresentada na Figura 13.11. Os planos inclinados da Figura são as duas restrições lineares impostas pelas inequações do problema. O método de otimização deve buscar a solução ótima restringindo seu movimento na região de contato dos planos com a função.

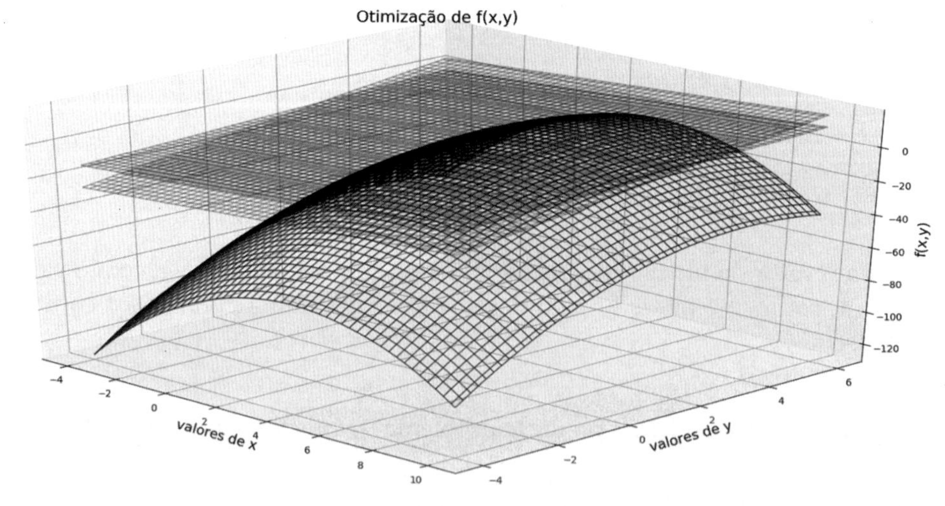

Figura 13.11 – Função f(x,y) e as restrições das inequações.

Os valores ótimos são obtidos rapidamente pela rotina utilizando o método SLSQP, apresentando no console do Python as soluções seguintes:

```
####### otimizacao ######

valores ótimos de x: [2. 2.]
----------------------------
valor ótimo da função: -8.000000000000988
```

Isso indica que os valores ótimos de $(x^*, y^*) = (2, 2)$, sendo o valor máximo da função f(x,y) igual a –8.0. O programa em Python completo é apresentado a seguir. O método de otimização segue até a linha 32. Após essa linha, o resto da rotina se dedica à construção da Figura, mostrando os planos de restrição. Nessa parte, utiliza-se a importação da biblioteca mpl_toolkits, com a função mplot3d, para gráficos em três dimensões.

```
1   # Otimizacao - Programacao Nao Linear
2   #   max f(x,y) = -(x-4)**2 - (y-4)**2
3   #   suj a
4   #      g1: x + y <= 4
5   #      g2: x + 3y <= 9
6   #--------------------------------------------------
7   #O formato no Python deve ser alterado
8   #      g1: -x-y+4>=0
9   #      g2: -x-3y+9>=0
10  ##################################################
11  import numpy as np
12  from scipy.optimize import minimize
13  import matplotlib.pyplot as fig
14  from mpl_toolkits import mplot3d
15
16  def f(x):
17      fx = -(x[0]-4)**2 - (x[1]-4)**2
18      return -fx
19  def restricao(x):
20      g1 = -x[0]-x[1] + 4
21      g2 = -x[0] - 3*x[1] + 9
22      return g1, g2
23
24  x0=np.array([0, 0])
25  cons={'type':'ineq','fun':restricao}
26  res = minimize(f, x0=x0,method='SLSQP',constraints=cons)
27  ###### valores otimos da funcao ####################
28  print('####### otimizacao ######')
29  print(' ')
30  print('valores ótimos de x:',res.x)
31  print('----------------------------')
32  print('valor ótimo da função:', -res.fun)
33
```

```
################# grafico da funcao 3D #################
ax=fig.axes(projection='3d')
x1=np.linspace(-4, 10, 100)
y1=np.linspace(-4, 6, 100)
X, Y = np.meshgrid(x1,y1)
Z1=-(X-4)**2 - (Y-4)**2
Z2= X + Y -4
Z3= X + 3*Y - 9
ax.plot_wireframe(X,Y,Z1, color='black', alpha=0.5)
ax.plot_wireframe(X,Y,Z2, color='black', alpha=0.2)
ax.plot_wireframe(X,Y,Z3, color='black', alpha=0.2)
#+++++++++++ titulos dos eixos +++++++++++++++++++++++
ax.set_xlabel('valores de x', fontsize=14)
ax.set_ylabel('valores de y', fontsize=14)
ax.set_zlabel('f(x,y)',fontsize=14)
fig.title('Otimização de f(x,y)',fontsize=16)
fig.grid()
```

13.5 OTIMIZAÇÃO DINÂMICA

Como no caso da otimização linear e da otimização não linear, a otimização de sistemas dinâmicos precisa de uma função custo ou índice de desempenho, ou também conhecida como função objetivo, que será maximizada ou minimizada. A diferença, nesse caso, é que as restrições que otimização linear são retas e na otimização não linear são funções não lineares, na otimização de sistemas dinâmicos as restrições serão equações diferenciais. Essa não é apenas uma diferença, mas um enorme complicador. Todos os métodos de otimização serão diferentes: os tipos de resolução, as condições de existência e inclusive os métodos numéricos de resolução.

Até bem pouco tempo atrás, os métodos numéricos existentes eram bem limitados e conseguiam resolver versões muito simples de problemas reais. Mesmo o caso do pouso na Lua foi bastante simplificado com aproximações lineares das equações diferenciais, para possibilitar a resolução. O início de tudo se baseia no conhecimento da dinâmica que está envolvida no problema a ser minimizado, ou seja, quais as leis de movimento que regem o problema.

Essa dinâmica, representada por equação diferencial, define o estado do sistema, e, por isso, equações desse tipo são conhecidas como *equações de estado.*

$$\frac{dx}{dt} = f\left(x,u,t\right) \tag{13.5}$$

Em que x(t) é a variável de estado; u(t), a variável de controle do sistema; e t, o tempo.

No caso de simulação de sistemas dinâmicos, apenas a equação anterior e as condições iniciais seriam suficientes. Basta apenas fazer a integração analítica ou numérica usando Runge-Kutta, e tem-se uma certa "previsão" de onde o sistema estará no futuro. Mas, para o caso de otimização, deseja-se não somente saber onde o sistema estará no futuro, mas, sim, onde estará de forma ótima.

A otimização dependerá, sobretudo, da ação externa u(t). Essa ação é que deve direcionar o sistema com regras e leis matemáticas previamente calculadas, de forma a maximizar a função custo (função objetivo) ou minimizar essa função, dependendo do que se deseja resolver.

Se fosse desejado apenas que, no final do percurso do sistema, o custo fosse mínimo ou máximo, a forma da função custo, também conhecida como *índice de desempenho* ou *índice de performance*, seria:

$$J = h\left(x\left(t_f\right), t_f\right) \tag{13.6}$$

Mas a melhor forma de otimização é aquela em que um sistema inteligente minimiza toda a trajetória do início ao fim. Então se deseja que o valor da função custo seja ótimo não somente no fim, mas na soma de todo o percurso. Essa soma em sistemas contínuos se traduz como integral, pois os passos são *infinitesimais*. Logo, a função custo, ou o índice de desempenho, deverá ter a forma:

$$J = h\left(x\left(t_f\right), t_f\right) + \int_{t_0}^{t_f} g\left(x, u, t\right) dt \tag{13.7}$$

Imagine o seguinte exemplo:

Um motorista deseja sair de sua casa num certo horário (t = 0, para zerar o cronômetro do carro) e tem hora certa para chegar ao seu trabalho (T = t_F, tempo final do percurso). Sabemos da lei de Newton que *força = massa x aceleração*, ou $F = m \times a$. Do cálculo, sabemos que *aceleração* é, na verdade, a derivada segunda do espaço a ser percorrido em relação ao tempo. Então, a lei de Newton pode ser expressa pela fórmula seguinte:

$$\frac{d^2x}{dt^2} = \frac{F}{m}$$

em que x varia no tempo (na verdade o correto é x(t)) e representa o espaço a ser percorrido. A ação F/m vai representar a aceleração ou desaceleração, ou, ainda, uma composição das duas.

Por exemplo, a força F pode ser F = aceleração + freio + atrito + vento +..., enfim, pode ser cada vez mais sofisticada. Então, nosso motorista pode escolher a cada dia o que deseja fazer conforme os compromissos de sua agenda. Ele pode desejar chegar ao trabalho o mais rápido possível (tempo mínimo), se o combustível for pouco em seu tanque, ele pode desejar economizar combustível (energia mínima), pode desejar um caminho mais curto (distância mínima), pode querer aumentar o rendimento do combustível (maximizar energia), enfim, dependendo de sua escolha, a função custo deve ser alterada.

Se o motorista desejar mínimo tempo de percurso, o problema matemático terá a seguinte forma padrão:

$$Min \quad J = \int_{t_0}^{t_f} 1 \, dt$$

Sujeito a

$$\frac{dx}{dt} = f(x,u,t)$$

com as condições de contorno

$$x(0) = x_0$$
$$x(t_f) = x_f$$

Condições de contorno significam condições em que o sistema dinâmico deverá iniciar e terminar seu trajeto. Essas condições são diferentes de sistemas que possuem apenas a condição inicial, pois a lei de controle ótimo u(t) é que vai guiar o sistema para obedecer às condições estabelecidas. Por isso, esse problema também é conhecido como *problema de valor de contorno em dois pontos*, ou em inglês, *Two-Point Boundary Value Problem* (TPBVP).

Além de a modelagem dinâmica ser um problema para os pesquisadores, a elaboração do tipo de índice a ser otimizado é outro problema que deve ser formalizado antes da resolução. Alguns desses índices ou funções-custo são clássicos e históricos desde o desenvolvimento da teoria de controle ótimo. Segue alguns deles:

- Índice para problemas de tempo mínimo

$$J = \int_{t_0}^{t_f} 1\,dt \tag{13.8}$$

Esse índice mede o tempo mínimo, pois a integração fornece como resultado final a diferença $J = t_f - t_0$, que é exatamente o intervalo de tempo a ser percorrido pelo sistema dinâmico. Como o tempo final é livre e depende da lei de controle, conforme o controle vai sendo utilizado pelo sistema dinâmico, a função custo vai sendo medida para encontrar a menor trajetória possível.

- Problemas de erro mínimo

$$J = \int_{t_0}^{t_f} (\bar{x} - x)^2\,dt \tag{13.9}$$

Esse é um tipo índice que calcula os desvios da trajetória x(t) em relação a uma trajetória predefinida e que deve ser seguida. Como o desvio de trajetória está elevado ao quadrado, essa penalização obriga o sistema dinâmico a buscar a maior proximidade possível com a trajetória de referência. Essa trajetória de referência pode ser constante ou variar no tempo.

- Problemas de energia mínima

$$J = \int_{t_0}^{t_f} \frac{u^2}{2}\,dt \tag{13.10}$$

Essa função custo obriga o sistema dinâmico a usar o mínimo de controle, visto que o controle está ao quadrado e dentro da integral. Se o controle não tiver restrição nenhuma, a solução nesse caso é conhecida {u(t) = 0 }. Se o controle tiver restrição, ela será o menor valor e deverá ser usada no intervalo todo.

- Problemas de energia mínima com referência a ser seguida

$$J = \int_{t_0}^{t_f} \left(\bar{u} - u\right)^2 dt \tag{13.11}$$

O mesmo caso anterior, mas, agora, a energia utilizada pelo sistema deve seguir uma energia de referência. Por exemplo, um estabilizador de energia que deve manter a voltagem sempre em torno do ideal de um equipamento pode utilizar esse tipo de função custo.

- Problemas com função custo não linear

$$J = \int_{t_0}^{t_f} g\left(x, u, t\right) dt \tag{13.12}$$

Muitas vezes, temos um funcional próprio do sistema dinâmico, não linear que pode conter senos, cossenos, equações polinomiais envolvendo o estado *x(t)* e o controle *u(t)*. Então essa função deve integrar a função custo para ser calculada ao longo da trajetória.

- Problemas com regulador linear quadrático (LQR)

$$J = P \times h \times \left(x\left(t_f\right) - a\right)^2 + \int_{t_0}^{t_f} \left[Q \times \left(x - b\right)^2 + R \times \left(u - c\right)^2\right] dt \tag{13.13}$$

Essa função custo é muito utilizada quando se deseja regular o estado *x(t)*, o controle *u(t)* e o estado final $x(t_f)$. Quando se deseja obrigar o estado a seguir de perto a trajetória *b*, o peso Q deve ser o maior de todos. Quando se desejar fazer o controle seguir próximo de uma condição de referência *c*, então, R deve ser maior de todos. Esses valores, quando altos, significam deixar estados e controles mais caros ao longo da trajetória.

Assim, sendo caros esses valores, o sistema dinâmico vai utilizar o estado com distância mínima da referência *b* e o controle o mínimo possível, ou o mais perto possível de *c*. Se desejar obrigar o sistema a cumprir o estado final *a* a qualquer custo, basta aumentar o preço a pagar por isso, aumentando o valor de P.

Uma vez definidos e escolhidos o índice de performance J a ser minimizado ou maximizado e a dinâmica do sistema envolvido, deve-se abordar sob quais condições o controle deve atuar sobre esse sistema, de forma a satisfazer as condições iniciais e finais. Definir essa lei de controle significa criar regras sobre o conjunto de controle admissíveis existentes sob a dinâmica envolvida. O conjunto dos controles admissíveis {normalmente representado pela letra maiúscula U} é o conjunto de todos os possíveis controles *u(t)* com *t<=Tempo final*, de forma a satisfazer esses valores de contorno do sistema dinâmico.

Mas qual é o melhor?

O melhor controle *u*(t)* (representado por asterisco em cima da variável de controle) dentre todos os admissíveis é aquele que não somente provoca o melhor valor total do índice de performance J. O melhor controle $u^*(t)$ é aquele sob o qual a função *hamiltoniana* seja constante sob todo o intervalo. Essa função, emprestada da física, é uma forma de medida de energia do sistema dinâmico. Conhecido como princípio de máximo {ou de mínimo} de Pontryagin, esse princípio estabelece que o melhor controle dentro do conjunto de todos os admissíveis é aquele em que o valor da função *hamilotniana* para esses controles ótimos $u^*(t)$ é o menor dentre todos os $u(t)$ e ainda, essa atuação externa de $u^*(t)$ faz com que a *hamiltoniana seja constante*.

Em termos matemáticos, queremos que a forma de atuação externa ao sistema dinâmico não introduza *nova energia* e esse valor satisfaça

$$\begin{aligned} &H\left(u^*\right) \leq H(u) \\ &u^* \in U \end{aligned} \tag{13.14}$$

em que a condição de não variabilidade da *hamiltoniana* significa, em termos matemáticos, que esse controle deve manter a variabilidade nula, ou,

$$\frac{\partial H\left(u^*\right)}{\partial u^*} = 0 \tag{13.15}$$

Essas condições provocam regras a fim de se encontrar o controle ótimo, mas são condições apenas *necessárias*. Ou seja, um sistema pode satisfazer as regras necessárias, mas, mesmo assim, o controle encontrado pode não ser ótimo. Para isso, deve-se fazer uso de *condições suficientes* para a garantia de que o controle encontrado seja ótimo. Essas condições suficientes são mais rígidas e devem garantir que, numa região fechada em torno dos controles admissíveis, a norma {medida entre o estado e controle dentro de todo intervalo $t<=T$} seja limitada, ou,

$$\left\| x(t; x_0, u(.)) \right\| \leq \alpha, \quad \forall\, t \geq t_0$$

E o que é a função *hamiltoniana*?

A função *hamiltoniana* é como se fosse a função *lagrangeana* da otimização não linear, na qual são criados os multiplicadores de Lagrange para se expandir a função custo e encontrar o ótimo dessa função expandida. No caso em questão, a função se torna diferente, pois os vínculos dessa nova função não são estáticos, mas baseados nas equações diferenciais. Então, a função *hamiltoniana* é definida como

$$H = g + \lambda f \tag{13.16}$$

em que g e f advêm do índice de performance e da dinâmica respectivamente, ou seja,

$$J = h\left(x\left(t_f\right), t_f\right) + \int_{t_0}^{t_f} g(x,u,t)\,dt$$

$$\frac{dx}{dt} = f(x,u,t)$$

Toda a geração das condições necessárias ao controle ótimo advém do cálculo variacional e demanda um bom tempo e precioso entendimento da geração dessas condições, que pode ser resumido da seguinte forma.

13.5.1 CONDIÇÕES NECESSÁRIAS PARA OTIMIZAÇÃO DE SISTEMAS DINÂMICOS

Para minimizar (maximizar) o índice de performance (função custo)

$$J = h\left(x\left(t_f\right), t_f\right) + \int_{t_0}^{t_f} g\left(x, u, t\right) dt \tag{13.17}$$

Sujeito a

$$\frac{dx}{dt} = f\left(x, u, t\right) \tag{13.18}$$

deve-se criar a função *hamiltoniana* de forma a satisfazer

$$\frac{d\lambda}{dt} = -\frac{\partial H}{\partial x} \tag{13.19}$$

$$\frac{\partial H\left(u^*\right)}{\partial u^*} = 0 \tag{13.20}$$

e ainda as condições conhecidas como *transversalidades*

$$\frac{\partial\left(x^*\left(t_f\right), t_f\right)}{\partial t_f} = \lambda^*\left(t_f\right)$$

$$\frac{\partial h\left(x^*\left(t_f\right), t_f\right)}{\partial t_f} = H(x^*\left(t_f\right), u^*\left(t_f\right), \lambda^*\left(t_f\right), t_f) \tag{13.21}$$

Não vamos explorar aqui as condições de transversalidades, bem como desenvolvimentos importantes dessas condições completas, visto que isso foge do escopo do livro. Na verdade, a literatura é extensa e tradicionalmente completa sobre esse assunto com textos teóricos e práticos que devem ser explorados pelo leitor mais ávido pelo assunto (Bryson, (1975), Bulirsch & Stoer (1980), Citron (1969), Fleming & Rishel (1975), Kirk (1970), Lewis (1986), Stengel (1986)). Demonstraremos aqui como utilizar esses conceitos como ponto de partida na construção de algoritmos relacionados ao tema importante e aplicável em nosso dia a dia.

Ao contrário da otimização linear, que possui um método numérico, e os casos sempre se resumem a poucas situações diferentes, a otimização em sistemas dinâmicos propicia muitos casos diferentes, e para cada um existe uma formulação adequada e diferente. E, mesmo assim, às vezes, são problemas que não têm solução. Por isso, deixaremos o tema em aberto para um estudo mais aprofundado do leitor.

O que podemos explorar rapidamente aqui é que existem formas de se tratarem as condições iniciais e finais que mudam a estratégia de como se construírem os algoritmos. Algumas condições que diferenciam a forma de tratamento do controle ótimo são listadas a seguir.

- Tempo final livre, estado final livre.

Não existe compromisso com os vínculos de contorno, e busca-se apenas a otimização do índice de performance.

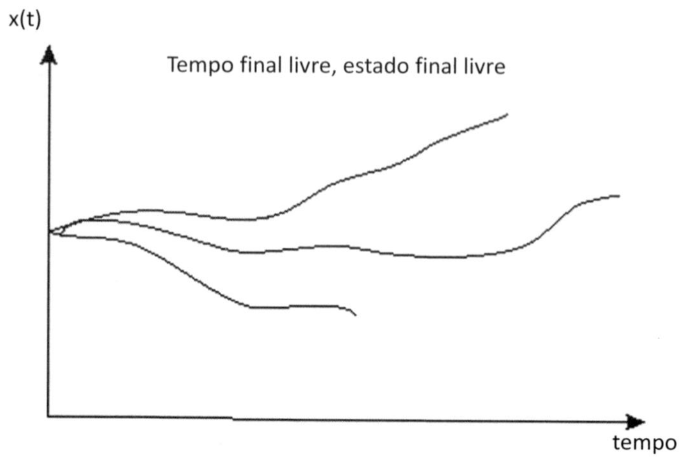

Figura 13.12 – Otimização com tempo final livre, estado final livre.

- Tempo final fixo, estado final livre.

Além da otimização do índice de performance *J*, o controle é obrigado a levar o estado final para qualquer lugar, mas no exato tempo definido.

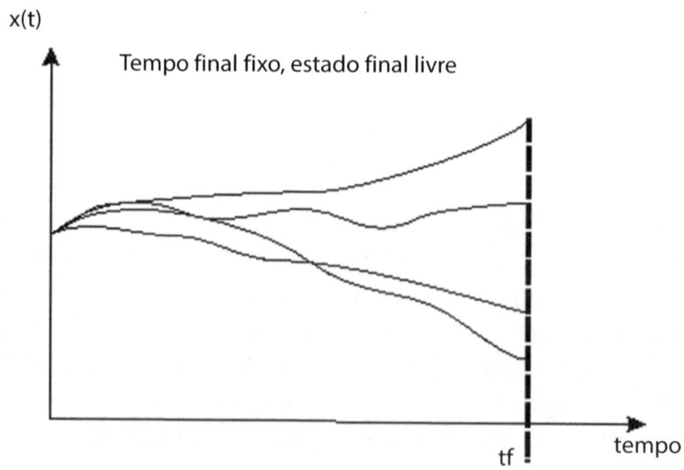

Figura 13.13 – Otimização com tempo final fixo, estado final livre.

- Tempo final fixo, estado final fixo.

É o tipo de otimização em que o controlador não tem liberdade alguma. Além da otimização, o tempo é limitado, e o estado final deve ser conduzido ao valor desejado.

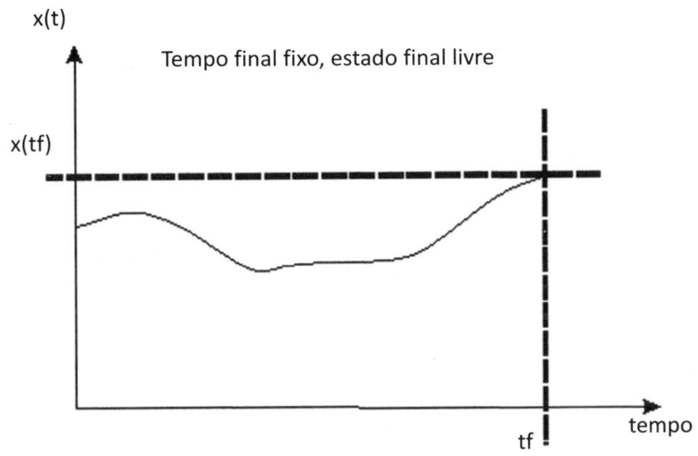

Figura 13.14 – Otimização com tempo final fixo, estado final fixo.

- Tempo final livre, estado final fixo.

Além da otimização, o estado final deve ser alcançado, mas o controlador tem certa liberdade para adequar qual o tempo necessário para a trajetória ótima.

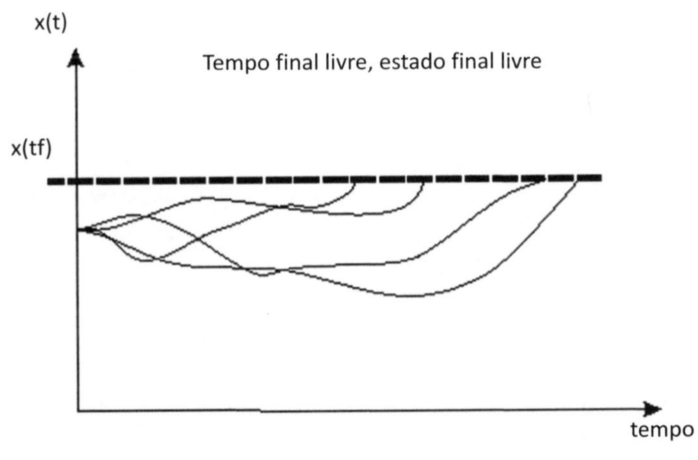

Figura 13.15 – Otimização com tempo final livre, estado final fixo.

- Regulador ou rastreador.

Normalmente, em problemas conhecidos como LQR servem para regular equipamentos em torno de um sinal de referência (no caso regulador). Servem também para guiar trajetórias com erro mínimo (no caso rastreador). O principal compromisso é manter a trajetória do sistema dinâmico o mais perto possível da trajetória de referência.

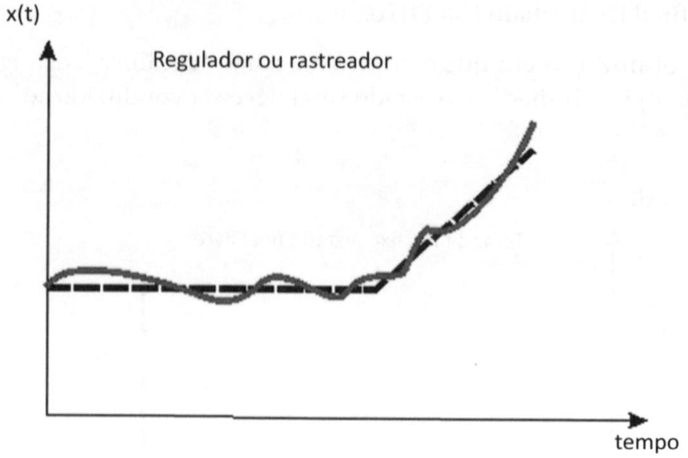

Figura 13.16 – Otimização com regulador linear quadrático.

13.5.2 EXEMPLOS DE CONTROLE ÓTIMO DE SISTEMAS DINÂMICOS

Exemplo 13.7

Deseja-se *minimizar*

$$J = \int_0^1 u^2\, dt$$

Sujeito a

$$\frac{dx}{dt} = -2x + u$$

Com as condições de contorno

$$x(0) = 10$$
$$x(1) = livre$$

Resolução:

A função hamiltoniana (13.16) desse problema é

$$H = u^2 + \lambda(-2x + u)$$

A equação de co-estado, ou também conhecida como variável adjunta (13.19), será:

$$\frac{d\lambda}{dt} = -\frac{\partial H}{\partial x} = 2\lambda$$

A Equação de controle (13.20) é fornecida pela condição de não variabilidade da hamiltoniana, ou seja,

$$\frac{\partial H\left(u^*\right)}{\partial u^*} = 0$$

o que nos leva a

$$2u^* + \lambda = 0$$

o que, por sua vez, leva-nos à lei de controle ótimo

$$u^* = \frac{-\lambda}{2}$$

Então, o problema inicial torna-se

$$Min\ \ J = \int_0^1 u^2\ dt$$

Sujeito a

$$\frac{dx}{dt} = -2x + u$$
$$\frac{d\lambda}{dt} = 2\lambda$$

com as condições de contorno

$$x(0) = 10$$
$$x(1) = livre$$

e lei de controle

$$u^* = \frac{-\lambda}{2}$$

Solução:

Partindo-se da equação diferencial da adjunta

$$\frac{d\lambda}{dt} = 2\lambda$$

Começamos integrando-a, o que nos leva a

$$\lambda(t) = C_1 e^{2t}$$

em que C1 será determinado. Substituindo-se o valor de λ no controle u* e, depois, na primeira equação diferencial, torna-se possível, nesse caso, a integração direta. A integração da equação diferencial de estado x(t) fornecerá

$$x(t)=C_1\left(\frac{e^{-2t}}{8}-\frac{e^{2t}}{8}\right)+C_2e^{-2t}$$

Para eliminar as constantes C_1 e C_2, utilizam-se as condições de contorno tanto para as variáveis de estado quanto para as variáveis adjuntas. Assim, para achar a primeira constante, faz-se uso do fato de x(0) = 10, e, então,

$$10=C_1\left(\frac{1}{8}-\frac{1}{8}\right)+C_2e^{0}$$

ou seja,

$$C_2=10$$

Para a constante C_1, lembrar o fato que x(1) é livre. Nesse caso pode-se fazer uso da condição terminal para a variável adjunta, que pelas condições de transversalidades (13.21) nos fornece $\lambda(1) = 0$. Como se tem a solução analítica da variável adjunta, então:

$$\lambda(1)=C_1e^{2}$$

e, dessa forma,

$$C_1=0$$

Usando-se os valores das constantes determinadas, chega-se à solução analítica para a variável de estado x(t). A solução para esse problema é

$$x(t)=10e^{-2t}$$

Com a variável de controle

$$u^{*}(t)=0$$

Esse resultado para a variável de estado já era intuitivo, pois, para minimizar a energia do sistema a fim de levá-lo a qualquer estado final, é não fazer nada, por isso o controle u(t) é nulo em todo o tempo percorrido pelo sistema dinâmico representado pelas equações diferenciais. Os gráficos apresentam essa solução em comparação com a rotina numérica do Python. A trajetória para o estado x(t) é coincidente, enquanto para o controle a diferença é que o zero numérico do Python é 1E-6.

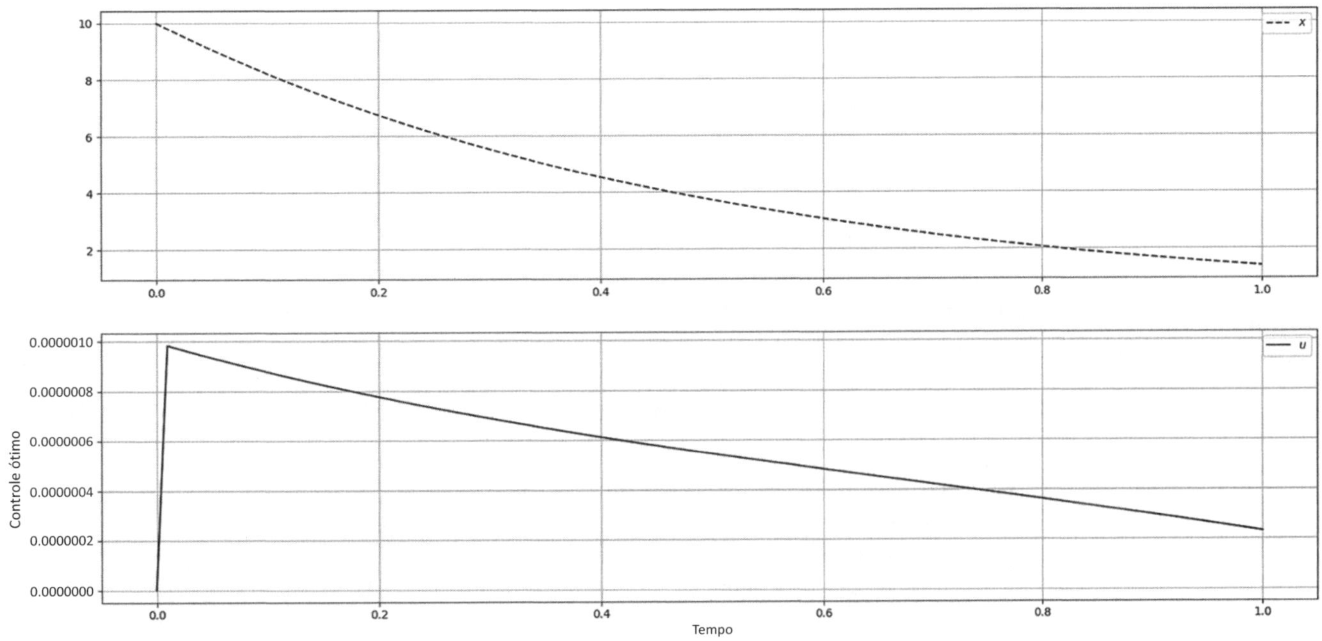

Figura 13.17 – Solução do problema de controle ótimo para a variável x(t) e controle u(t).

Como o leitor pode perceber, resolver um problema de controle ótimo é uma tarefa árdua, pois necessitamos de uma solução integrada entre as equações diferenciais que representam a dinâmica do sistema e as equações adjuntas (ou de co-estados). Se o problema consiste em duas equações diferenciais, precisamos resolver quatro equações, pois teremos mais duas equações adjuntas. Sem algumas eliminações pelas condições de transversalidades, na maioria das vezes o problema com n-equações transforma-se em problema com 2n-equações.

Em termos computacionais, os últimos anos têm avançado bastante nos softwares para resolução dos problemas de controle ótimo. Um dos mais divulgados no início da década de 1990 é o método dos múltiplos tiros, que consiste em resolver as equações por trechos e com potentes interpoladores acoplarem as diversas soluções para uma única solução final.

Esse tipo de método, por exemplo, está numa biblioteca do Python conhecida como GEKKO. O interessante dessa biblioteca de otimização é que não precisamos construir as equações adjuntas, pois elas estão incorporadas dentro dos métodos de resolução da GEKKO. Isso é um grande avanço, visto que todo o desenvolvimento analítico por meio das equações adjuntas nos é poupado pelo software. Para usar a GEKKO, primeiro deve-se instalar a biblioteca usando o comando do Python: *pip install gekko.*

Para esse exemplo em questão, primeiro devemos chamar a biblioteca GEKKO e construir o ambiente de resolução fornecendo um nome de variável associada ao problema. Na linha 14 do *script* a seguir, o nome escolhido foi "m". Todas as variáveis e os métodos relacionadas ao problema de controle ótimo sempre serão adotados com essa letra que representará todas as respostas do método numérico.

O método precisa que sejam fornecidos vetores e a quantidade de pontos desejada para a solução numérica. A linha 16 cria o vetor tempo, a linha 17 indica a condição inicial de x(0) = 10, e a linha 18 indica se o problema é com controle u(t) livre ou limitado. Como nesse exemplo o controle u(t) não tem limitações, a linha 18 informa que o controle não tem limites.

```
1  # Otimizacao - Controle Otimo
2  #   min Integ{u**2}dt
3  #   suj a
4  #      dx/dt = -2x + u
5  #-      x(0) = 10
6  #      x(1) = livre
7  #      tf = 1
8  #      u-livre
9  ##################################################
10 import numpy as np
11 from gekko import GEKKO
12 import matplotlib.pyplot as fig
13
14 m = GEKKO()
15 nt=101
16 m.time = np.linspace(0,1,nt)
17 x = m.Var(value=10) #### cond incial x1(0) = 10
18 u = m.Var(fixed_initial=False) ### u - livre
```

A teoria de controle ótima possui diversas situações diferentes de resolução, como já comentado. Por exemplo, para tempo final fixo, é necessário criar um vetor que vai parametrizar a função objetivo J. Para indicar que a integral da função objetivo deverá ter seu valor acumulado parametrizado e adaptado ao vetor do tempo, com o total final sendo o valor para o tempo final, primeiro cria-se um vetor de parâmetros da integral com todos os valores nulos, mas indicando que o último é 1 (linha 21 a seguir). Isso indica que os parâmetros de peso na otimização não entrarão na integral ao longo da integração numérica, mas apenas no último valor acumulado. Por isso, a variável "final" na linha 22 é multiplicada na integral de J da linha 27.

A equação da dinâmica

$$\frac{dx}{dt} = -2x + u$$

é colocada na linha 25, e a integral da função objetivo J,

$$Min\ J = \int_0^1 u^2\ dt$$

é colocada na linha 27. É necessário, antes de acionar o método de resolução numérica, informar qual o tipo de problema será formulado. Para o caso do controle ótimo, o número do MODO é 6, como indicado na linha 29. E, para resolver o problema, basta chamar a rotina *solve* da linha 30. O parâmetro *disp=False* indica que não desejamos ver as tabelas com informações numéricas ao final, como número de iterações, parâmetros de convergência, tolerâncias, erros etc.

```
p = np.zeros(nt)  # marca o ponto do tempo final
p[-1]=1
final = m.Param(value=p)

####### Eq. diferenciais ########
m.Equation(x.dt()== -2*x + u)
###### Funcao Objetivo #########
m.Minimize(m.integral(u**2)*final)

m.options.IMODE=6  # modo de otim dinamica e controle otimo
m.solve(disp=False) # solucao otima do problema
```

Para a construção dos gráficos, usamos a letra *m* com as devidas associações das variáveis, como *m.time*, para o vetor de tempo; *x.value*, para os valores de x(t); e *u.value*, para o controlador u(t) encontrado pelo método numérico.

```
################# graficos ################
fig.subplot(211)
fig.plot(m.time,x.value,'k--',label=r'$x$')
fig.legend()
fig.grid()
fig.subplot(212)
fig.plot(m.time,u.value,'k-',label=r'$u$')
fig.legend()
fig.xlabel('Tempo')
fig.ylabel('Controle Ótimo')
fig.grid()
```

O programa completo do exemplo é o *script* que se segue em Python.

```
# Otimizacao - Controle Otimo
#   min Integ{u**2}dt
#   suj a
#       dx/dt = -2x + u
#-      x(0) = 10
#       x(1) = livre
#       tf = 1
#       u-livre
##############################################
import numpy as np
from gekko import GEKKO
import matplotlib.pyplot as fig

m = GEKKO()
nt=101
m.time = np.linspace(0,1,nt)
```

```
x = m.Var(value=10) #### cond incial x1(0) = 10
u = m.Var(fixed_initial=False) ### u - livre
p = np.zeros(nt) # marca o ponto do tempo final
p[-1]=1
final = m.Param(value=p)
####### Eq. diferenciais ########
m.Equation(x.dt()== -2*x + u)
###### Funcao Objetivo #########
m.Minimize(m.integral(u**2)*final)
m.options.IMODE=6 # modo de otim dinamica e controle otimo
m.solve(disp=False) # solucao otima do problema
################ graficos ################
fig.subplot(211)
fig.plot(m.time,x.value,'k--',label=r'$x$')
fig.legend()
fig.grid()
fig.subplot(212)
fig.plot(m.time,u.value,'k-',label=r'$u$')
fig.legend()
fig.xlabel('Tempo')
fig.ylabel('Controle Ótimo')
fig.grid()
```

Um problema de controle ótimo pode ser formulado com três formas tradicionais que induzem a métodos diferentes de resolução, mas que, na verdade, convergem para a mesma solução. Podemos formular o problema como um problema de Bolza, em que a função objetivo é apresentada com a integral

$$J = h\left(x\left(t_f\right), t_f\right) + \int_{t_0}^{t_f} g\left(x, u, t\right) dt \tag{13.22}$$

Se o problema se preocupa apenas com a otimização da integral da função objetivo J, ele é conhecido como problema de Lagrange,

$$J = \int_{t_0}^{t_f} g\left(x, u, t\right) dt \tag{13.23}$$

Mas, em muitos casos, o problema se preocupa apenas com a parte da função objetivo relativa ao estado final do sistema. Nesse caso, é conhecido como problema de Mayer e refere-se à seguinte função objetivo

$$J = h\left(x\left(t_f\right), t_f\right) \tag{13.24}$$

É possível sempre passar de uma forma para a outra, mudando a forma de apresentação e usando métodos específicos para cada uma das formas. Uma passagem bastante utilizada, é a transformação de problemas de Lagrange em problemas na forma de Mayer. Isso é interessante, pois a integral na forma de Lagrange se transforma em equação diferencial da função objetivo J, que é renomeada como uma nova variável do sistema dinâmico e incorporada às equações diferenciais na modelagem do sistema. Vejamos o seguinte exemplo, no qual transformamos a forma de Lagrange (13.23) em forma de Mayer (13.24).

Exemplo 13.8

O problema na forma de Lagrange se apresenta como:

Deseja-se *minimizar*

$$J=\frac{1}{2}\int_0^2 x_1^2\,dt$$

Sujeito a

$$\frac{dx_1}{dt}=u$$

Com as condições de contorno

$$x_1(0)=1$$
$$x_1(2)=livre$$

Sujeito às limitações do controle

$$-1\leq u(t)\leq 1$$

A transformação do problema na forma de Mayer (13.24) para a implementação numérica no Python terá de passar pela criação de uma nova variável, em que

$$x_2=J=\frac{1}{2}\int_0^2 x_1^2\,dt$$

A dinâmica da nova variável será

$$\frac{dx_2}{dt}=\frac{x_1^2}{2}$$

Assim, no Python, o novo problema com a forma de Mayer (13.24) será:

Deseja-se *minimizar*

$$J=x_2(t_f)\quad \text{com}\quad t_f=2$$

Sujeito a

$$\frac{dx_1}{dt} = u$$

$$\frac{dx_2}{dt} = \frac{x_1^2}{2}$$

Com as condições de contorno

$$x_1(0) = 1$$

$$x_1(2) = livre$$

$$x_2(0) = 0$$

$$x_2(2) = livre$$

Sujeito às limitações do controle

$$-1 \leq u(t) \leq 1$$

A implementação no Python com o uso da biblioteca GEKKO passa por duas modificações em relação ao exemplo anterior. Agora, precisamos usar uma segunda variável que representa a função objetivo na forma de variável, que está programada na linha 19 a seguir. A sua condição inicial é $x_2(0) = 0$; por isso, dentro do parêntesis, temos *value = 0.*

Nesse exemplo, a variável de controle é limitada e deve ser informada sobre seus limites, para que a biblioteca GEKKO modifique a forma de resolução. Na linha 20, a informação dos limites é colocada de modo que lb = –1 significa *lower boundary* (limite inferior) igual a –1. O limite superior up = +1 significa *upper boundary.*

As linhas 22, 23 e 24 têm a mesma função descrita no exemplo anterior, para indicar que o valor da função objetivo se refere ao acumulado no tempo final do vetor de parametrização *p* criado na linha 22.

```
1   # Otimizacao - Controle Otimo
2   #   min x2(tf)
3   #   suj a
4   #       dx1/dt = u
5   #       dx2/dt = 0.5 x1**2(t)
6   #-       x1(0) = 1
7   #       x2(0) = 0
8   #       tf = 2
9   #       -1 <= u <= 1
10  ##################################################
11  import numpy as np
12  from gekko import GEKKO
13  import matplotlib.pyplot as fig
14
```

```
15 m = GEKKO()
16 nt=101
17 m.time = np.linspace(0,2,nt)
18 x1 = m.Var(value=1) #### cond incial x1(0) = 1
19 x2 = m.Var(value=0) #### cond incial x2(0) = 0
20 u = m.Var(value = 0, lb = -1, ub = 1) ### -1<=u<=1
21
22 p = np.zeros(nt)
23 p[-1]=1
24 final = m.Param(value=p)
```

As duas equações diferenciais são colocadas nas linhas 27 e 28 a seguir. A função objetivo na forma de Mayer é colocada na linha 31, com a função *Obj* da biblioteca GEKKO. No exemplo anterior, usamos a Minimize, pois havia a necessidade de minimizar uma integral. Na forma de Mayer não existe integral, e deve-se usar essa função *Obj* para indicar que o problema é de mínimo, mas apenas para os valores finais. O padrão da biblioteca é sempre a minimização da função objetivo J, e, quando for o caso, a maximização da função deverá aparecer com sinal negativo na função objetivo. A minimização de algo negativo torna-se o dual da otimização, e o método numérico encontrará o valor máximo da função.

```
26 ####### Eq. diferenciais ########
27 m.Equation(x1.dt()==u)
28 m.Equation(x2.dt()==0.5*x1**2)
29
30 ###### Funcao Objetivo #########
31 m.Obj(x2*final)
32 m.options.IMODE=6  # mode de otim dinamica e controle
33 m.solve(disp=False)  # solucao otima do problema
```

Para esse problema, a solução é apresentada a seguir, na Figura 13.18.

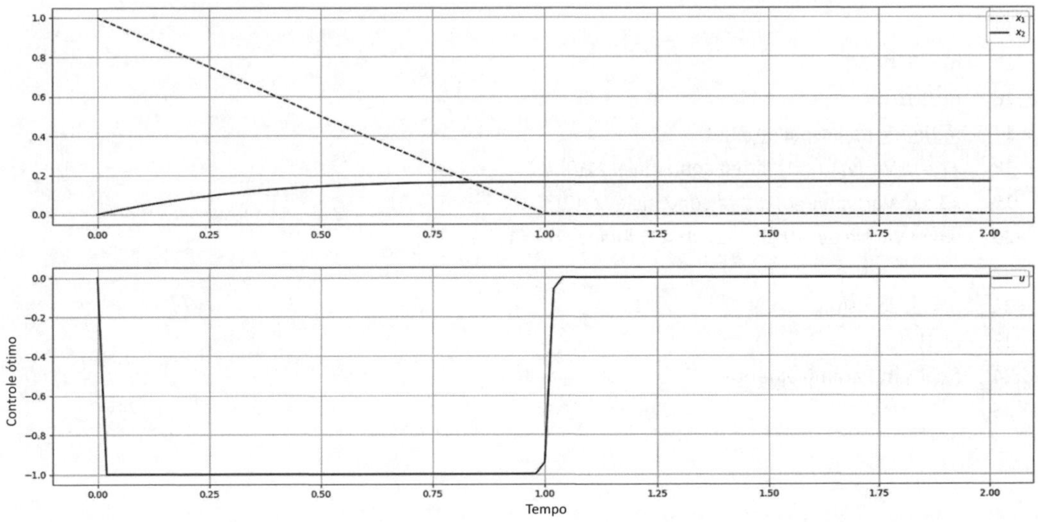

Figura 13.18 – Solução do problema de controle ótimo para as variáveis de estado e controle.

Mas qual o valor mínimo da função objetivo J? Como a dinâmica da função objetivo é acumulativa, o valor total da minimização será o último valor de x_2 que representa J. No gráfico da Figura 13.18, vemos uma curva com forma parabólica estabilizando no valor final. Esse valor representa o quanto foi obtido na otimização do sistema. No console do Python, se escrevermos o nome da variável, teremos todos os valores intermediários da solução, que, nesse caso, será o seguinte vetor:

```
In [13]: x2
Out[13]: [0.0, 0.0096040000026, 0.018820000008, 0.027656000016, 0.036120000027, 0.044220000042, 0.05196400006, 0.059360000081,
0.066416000106, 0.073140000135, 0.079540000168, 0.085624000206, 0.091400000247, 0.096876000293, 0.10206000034, 0.1069600004, 0.11158400046,
0.11594000053, 0.1200360006, 0.12388000067, 0.12748000076, 0.13084400084, 0.13398000094, 0.13689600104, 0.13960000114, 0.14210000126,
0.14440400137, 0.1465200015, 0.14845600163, 0.15022000177, 0.15182000192, 0.15326400208, 0.15456000224, 0.15571600241, 0.15674000259,
0.15764000277, 0.15842400297, 0.15910000317, 0.15967600338, 0.1601600036, 0.16056000383, 0.16088400408, 0.16114000433, 0.16133600459,
0.16148000487, 0.16158000518, 0.16164400556, 0.16168000617, 0.16169600777, 0.16170001539, 0.16170001219, 0.16170001217, 0.16170001216,
0.16170001215, 0.16170001215, 0.16170001215, 0.16170001215, 0.16170001215, 0.16170001215, 0.16170001215, 0.16170001215, 0.16170001215,
0.16170001215, 0.16170001215, 0.16170001215, 0.16170001215, 0.16170001215, 0.16170001215, 0.16170001215, 0.16170001215, 0.16170001215,
0.16170001215, 0.16170001215, 0.16170001215, 0.16170001215, 0.16170001215, 0.16170001215, 0.16170001215, 0.16170001215, 0.16170001215,
0.16170001215, 0.16170001215, 0.16170001215, 0.16170001215, 0.16170001215, 0.16170001215, 0.16170001215, 0.16170001215, 0.16170001215,
0.16170001215, 0.16170001215, 0.16170001215, 0.16170001215, 0.16170001215, 0.16170001215, 0.16170001215, 0.16170001215, 0.16170001215,
0.16170001215, 0.16170001215, 0.16170001215]
```

O valor de J ótimo é 0.161, como pode ser visto o último valor do vetor contendo todos os valores intermediários de x_2. Outro fato interessante é que o gráfico do controlador u(t) usa o limite inferior em boa parte do tempo, forçando a variável x_1 a decrescer a zero, e, então, quando atinge o valor nulo, o controlador também se anula, e assim permanece até tempo final $t_f = 2$. O *script* completo em Python é o que se segue.

```
# Otimizacao - Controle Otimo
#    min x2(tf)
#    suj a
#        dx1/dt = u
#        dx2/dt = 0.5 x1**2(t)
#-        x1(0) = 1
#        x2(0) = 0
#        tf = 2
#        -1 <= u <= 1
##################################################
import numpy as np
from gekko import GEKKO
import matplotlib.pyplot as fig

m = GEKKO()
nt=101
m.time = np.linspace(0,2,nt)
x1 = m.Var(value=1)  #### cond incial x1(0) = 1
x2 = m.Var(value=0)  #### cond incial x2(0) = 0
u = m.Var(value = 0, lb = -1, ub = 1) ### -1<=u<=1

p = np.zeros(nt)
p[-1]=1
final = m.Param(value=p)

```

```
####### Eq. diferenciais ########
m.Equation(x1.dt()==u)
m.Equation(x2.dt()==0.5*x1**2)

###### Funcao Objetivo #########
m.Obj(x2*final)
m.options.IMODE=6  # mode de otim dinamica e controle
m.solve(disp=False) # solucao otima do problema

################# graficos ################
fig.subplot(211)
fig.plot(m.time,x1.value,'k--',label=r'$x_1$')
fig.plot(m.time,x2.value,'k-',label=r'$x_2$')
fig.legend()
fig.grid()
fig.subplot(212)
fig.plot(m.time,u.value,'k-',label=r'$u$')
fig.legend()
fig.xlabel('Tempo')
fig.ylabel('Controle Ótimo')
fig.grid()
```

Exemplo 13.9

Muitas vezes, desejamos não apenas deixar livre uma variável no tempo final, mas obrigar o sistema a ter um valor final fixo. Fixar um valor final para uma variável é indicado como uma penalização na função objetivo. Observemos o seguinte problema:

Deseja-se *minimizar*

$$J = \frac{1}{2}\int_0^2 x_1^2 \, dt$$

Sujeito a

$$\frac{dx_1}{dt} = u$$

Com as condições de contorno

$$x_1(0) = 1$$

$$x_1(2) = 0.5$$

Sujeito às limitações do controle

$$-1 \le u(t) \le 1$$

Esse problema é parecido com o anterior, do Exemplo 13.8, mas desejando que no tempo final a variável $x_1(2) = 0.5$. A alteração é que, agora, colocamos como condição uma nova equação que representa a condição de contorno, da seguinte forma:

$$x_1(2) - 0.5 = 0$$

que, no Python, entrará como visto na linha 26 a seguir.

```
24  ####### Eq. diferenciais ########
25  m.Equation(x1.dt()==u)
26  m.Equation(final*(x1-0.5)==0)
```

Outra mudança é que voltamos à forma de Lagrange (13.23), pois queremos minimizar a integral da função objetivo. Então, devemos usar novamente a função *Minimize*

```
28  ###### Funcao Objetivo #########
29  m.Minimize(m.integral(0.5*x1**2)*final)
30  m.options.IMODE=6   # mode de otim dinamica e controle
31  m.solve(disp=False)  # solucao otima do problema
```

A nova solução é vista na Figura 13.19. Em comparação com a Figura 13.18, nesse caso o valor final da variável x_1 não termina em zero, mas em 0.5, como desejado pelo problema. A forma do controle em sua atuação na dinâmica também muda; tem um passo a mais até seu limite maior +1 para levar o sistema até a condição final. Para se recuperar o valor encontrado da função objetivo, utiliza-se a função *OBJFCNVAL*, que armazena o valor total final de J. Usa-se o seguinte comando no *script*.

```
33  print(' ')
34  print('########### Valor Função Obejtivo Otimizada ############')
35  print('J = : ' + str(m.options.OBJFCNVAL))
36  print('#############################################################')
```

No caso desse exemplo, o valor ótimo encontrado foi J = 0.183, como visto a seguir no console do Python:

```
########### Valor Função Obejtivo Otimizada ############
J = : 0.18380001216
#############################################################
```

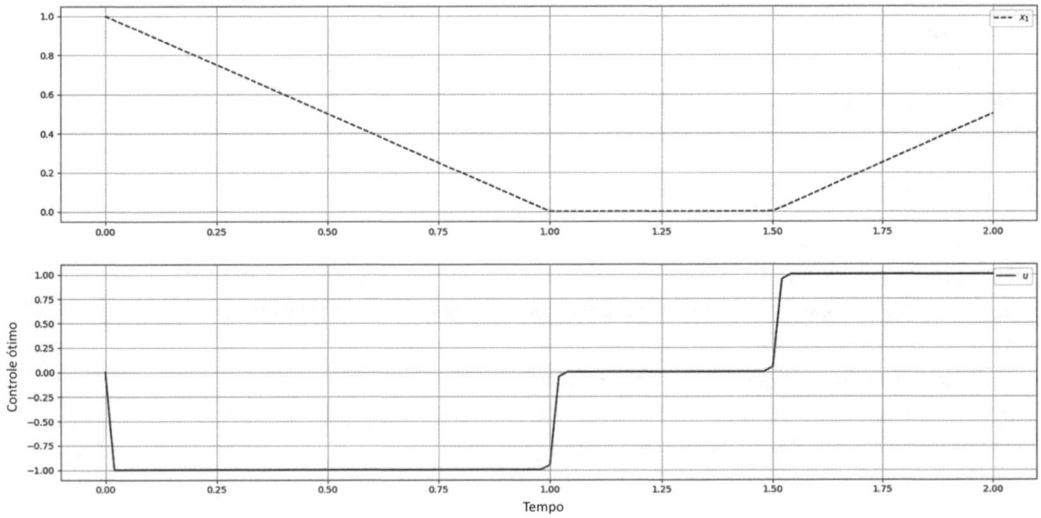

Figura 13.19 – Solução do problema de controle ótimo para x(t) e u(t).

O programa completo desse exemplo é apresentado a seguir:

```
# Otimizacao - Controle Otimo
#   min int{0.5*x1**2}
#   suj a
#       dx1/dt = u
#-       x1(0) = 1
#       x1(tf) = 0.5
#       tf = 2
#       -1 <= u <= 1
##################################################
import numpy as np
from gekko import GEKKO
import matplotlib.pyplot as fig

m = GEKKO()
nt=101
m.time = np.linspace(0,2,nt)
x1 = m.Var(value=1) #### cond incial x1(0) = 1
u = m.Var(value = 0, ib = -1, ub = 1) ### -1<=u<=1

p = np.zeros(nt)
p[-1]=1
final = m.Param(value=p)

####### Eq. diferenciais ########
m.Equation(x1.dt()==u)
m.Equation(final*(x1-0.5)==0)

```

```
###### Funcao Objetivo #########
m.Minimize(m.integral(0.5*x1**2)*final)
m.options.IMODE=6  # mode de otim dinamica e controle
m.solve(disp=False) # solucao otima do problema

print(' ')
print('############ Valor Função Obejtivo Otimizada #############')
print('J = : ' + str(m.options.OBJFCNVAL))
print('#############################################################')

################### graficos ##################
fig.subplot(211)
fig.plot(m.time,x1.value,'k--',label=r'$x_1$')
fig.legend()
fig.grid()
fig.subplot(212)
fig.plot(m.time,u.value,'k-',label=r'$u$')
fig.legend()
fig.xlabel('Tempo')
fig.ylabel('Controle Ótimo')
fig.grid()
```

13.6 CONTROLE ÓTIMO SINGULAR

Na formulação da otimização dinâmica da Seção anterior, foi apresentada a função hamiltoniana como uma função necessária para a formulação do controle ótimo de sistemas dinâmicos. No entanto, dependendo da função objetivo e da dinâmica, a variável de controle pode desaparecer da formulação do controle ótimo. Nesse caso, a equação da derivação do controle ótimo perde o sentido.

$$\frac{\partial H\left(u^{*}\right)}{\partial u^{*}}=0$$

Essa equação perde o sentido porque a variável u(t) desaparece no caso de controle singular. Vamos supor o seguinte caso:

$$Min\ \ J=\int_{0}^{t_f} 1\,dt$$

Sujeito a

$$\frac{dx_1}{dt}=u$$

A função hamiltoniana, nesse caso, levando em consideração a função objetivo e a dinâmica do sistema, será

$$H=1+\lambda u$$

Aplicando a definição da formulação do controle ótimo,

$$\frac{\partial H\left(u^*\right)}{\partial u^*}=0$$

o que nos leva a

$$\lambda=0$$

E, com isso, a variável de controle u(t) desapareceu da lei de controle ótimo. Nesse caso, como a lei de controle ótimo não tem uma formulação, o controle vai usar seu máximo limite e mínimo limite, dependendo do valor da variável adjunta. Em alguns casos, isso nos leva ao clássico controle do tipo *bang-bang*, que utiliza apenas os extremos do intervalo de restrição, a fim de direcionar a trajetória para o ponto desejado, otimizando uma função objetivo. Nesses casos, é interessante usar como função objetivo a minimização do tempo final, deixando a variável tempo livre. Vejamos o próximo exemplo.

Exemplo 13.10 – Pouso suave na Lua

Vamos voltar ao caso apresentado no Capítulo 8, a respeito do pouso suave na Lua pela missão Apollo. De forma simplificada, vamos tratar apenas da variável de altitude y(t) com a direção do eixo apresentado na Figura 13.20. Considerando o empuxo igual a 1 e desprezando a gravidade lunar, teremos apenas a variável altitude y(t) e a variável de controle u(t), que representa o ângulo de empuxo na descida ao solo lunar.

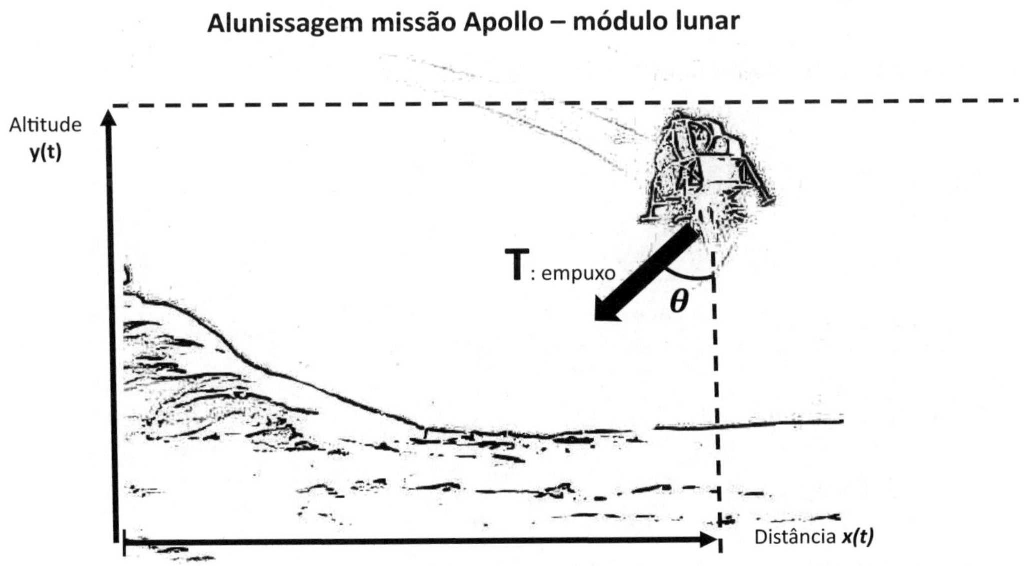

Figura 13.20 – Otimização do pouso lunar.

Podemos adotar ângulos bem pequenos a ponto de sua oscilação nos permitir tratar o problema como linear, eliminando, assim, o termo de cosseno dessas equações, que foram apresentadas no Capítulo 8.

O que se deseja é uma descida suave, mas, além disso, com tempo mínimo, de forma que a quantidade de combustível seja suficiente para pousar o módulo lunar em tempo hábil. Em termos de controle ótimo,

Deseja-se

$$Min \ \ J = \int_0^{t_f} 1 \, dt$$

Sujeito a

$$\frac{d^2 y}{dt^2} = u - 1$$

Em que

$$y(0) = 10 \qquad y(t_f) = 0$$

$$v(0) = 0 \qquad v(t_f) = 0$$

$$t_f \ \ livre$$

e

$$0 \leq u(t) \leq 2$$

Nesse caso, o tempo final é livre e precisa ser determinado pela otimização. A função objetivo deseja o tempo mínimo, e por isso ele deve ser encontrado de forma a se respeitarem as restrições. O sistema completo com as transformações das equações diferenciais em equações de primeira ordem é

$$\begin{cases} \dfrac{dy}{dt} = v \\ \\ \dfrac{dv}{dt} = u - 1 \end{cases}$$

A função hamiltoniana (13.16) será

$$H = 1 + \lambda_y v + \lambda_v (u - 1)$$

As Equações adjuntas (13.19) para o problema serão:

$$\begin{cases} \dfrac{d\lambda_y}{dt} = 0 \\ \\ \dfrac{d\lambda_v}{dt} = -\lambda_y \end{cases}$$

A lei de controle (13.20) não se aplica a esse problema, pois a variável controle desaparecerá, como já comentando. Nesse caso, a minimização dependerá do sinal da variável adjunta λ_v na hamiltoniana, pois essa variável é que está multiplicando o termo de controle. Quanto mais negativa a adjunta λ_v, mais o sistema deverá usar o limite superior do controle, pois isso forçará a um tempo mínimo. Mas, quando a adjunta se tornar positiva, o sistema deverá usar o mínimo possível de controle u(t). Em termos matemáticos,

$$\begin{cases} se \;\; \lambda_v < 0 \;\; então \;\; u(t) = 2 \\ \\ se \;\; \lambda_v > 0 \;\; então \;\; u(t) = 0 \end{cases}$$

Integrando as equações adjuntas, teremos a solução,

$$\begin{cases} \lambda_y(t) = C_1 \\ \\ \lambda_v(t) = -C_1 t + C_2 \end{cases}$$

em que C_1 e C_2 são constantes de integração. Vamos analisar o controle u(t) para seus valores mínimos e máximos.

Caso u(t) = 0, as equações dinâmicas serão

$$\begin{cases} \dfrac{dy}{dt} = v \qquad \dfrac{dv}{dt} = -1 \end{cases}$$

e, integrando a velocidade, teremos,

$$v(t) = -t + d$$

Mas, como v(0) = 0, então, da equação anterior, tem-se que 0 = 0 + d, e o termo constante d será nulo. Logo, a solução para a velocidade após a integração será

$$v(t) = -t$$

Agora que descobrimos a solução para v(t), podemos voltar à derivada da altura y(t) e integrar. Então, substituindo v(t),

$$\frac{dy}{dt} = v \quad \Rightarrow \quad \frac{dy}{dt} = -t \quad \Rightarrow \quad y(t) = -\frac{t^2}{2} + d_2$$

Contudo, como a condição inicial é y(0) = 10, então, d_2 = 10, o que nos leva a solução de y,

$$y(t) = -\frac{t^2}{2} + 10$$

Existirá algum momento t_s em que o sistema terá de mudar de u(t) = 0 para u(t) = 2 a fim de que as condições de contorno sejam satisfeitas. Esse tempo é conhecido como *tempo de chaveamento*, ou *switching time*. Encontrar esse tempo é fundamental para se encontrar o tempo mínimo da trajetória. Esse tempo será calculado a partir do segundo caso de controle.

Caso u(t) = 2,

$$\begin{cases} \dfrac{dy}{dt} = v \\ \\ \dfrac{dv}{dt} = 1 \end{cases}$$

Integrando a equação da velocidade,

$$v(t) = t + C$$

Usando a condição de contorno $v(t_f) = 0$,

$$v(t_f) = t_f + C \quad \Rightarrow \quad 0 = t_f + C$$

E, com isso, temos que $C = -t_f$. Logo, a solução para velocidade nesse período é

$$v(t) = t - t_f$$

Substituindo v(t) na equação diferencial da altura y(t) e integrando,

$$y(t) = \frac{t^2}{2} - (t)(t_f) + d_2$$

Para conhecer quem é a constante d_2, devemos usar a condição de contorno, em que desejamos que a altitude seja nula no tempo final do pouso, ou seja, $y(t_f) = 0$. Assim,

$$y(t_f) = \frac{t_f^{\ 2}}{2} - t_f^2 + d_2 \quad \Rightarrow \quad 0 = \frac{t_f^{\ 2}}{2} - t_f^2 + d_2$$

Logo,

$$d_2 = \frac{t_f^{\ 2}}{2}$$

Então, a solução para a altitude com esse segundo controle será:

$$y(t) = \frac{t^2}{2} - (t)(t_f) + \frac{t_f^{\ 2}}{2}$$

Compondo os dois momentos no controle u(t), temos que a solução será:

Para u(t) = 0

$$\begin{cases} y(t) = -t^2 + 10 \\ & \text{com } t < t_s \\ v(t) = -t \end{cases}$$

Para u(t) = 2

$$\begin{cases} y(t) = \frac{t^2}{2} - (t)(t_f) + \frac{t_f^2}{2} \\ & \text{com } t \geq t_s \\ v(t) = t - t_f \end{cases}$$

Mas qual é o tempo do *switching* t_s? Precisamos encontrá-lo; caso contrário, será impossível saber o tempo mínimo para que o sistema dinâmico respeite as restrições impostas. O tempo t_s será exatamente o momento em que as duas trajetórias com controles u(t) diferentes se igualam. Assim, basta igualarmos os resultados para u(t) = 0 e para o segundo limite u(t) = 2, colocando o tempo genérico t como t_s e resolvendo a igualdade. Fazendo isso, teremos,

$$\begin{cases} -\frac{t_s^2}{2} + 10 = \frac{t_s^2}{2} - t_s t_f + \frac{t_f^2}{2} \\ -t_s = t_s - t_f \end{cases} \tag{13.25}$$

Da segunda equação do sistema anterior (13.25), chegamos a

$$t_f = t_s$$

Substituindo na primeira Equação (13.25) e fazendo as operações necessárias, temos que o tempo de *switching* será

$$t_s = \sqrt{10}$$

E, com isso, teremos que o tempo final mínimo ótimo é

$$t_f = 2\sqrt{10} \cong 6.324$$

Finalmente, a solução completa final será:

$$\begin{cases} com\ u(t)=0 & y(t)=-t^2+10 \\ & v(t)=-t & \text{para } 0 \le t \le \sqrt{10} \\ com\ u(t)=2 & y(t)=\dfrac{t^2}{2}-2t\sqrt{10}+20 \\ & v(t)=t-2\sqrt{10} & \text{para } \sqrt{10} \le t \le 2\sqrt{10} \end{cases}$$

A solução para y(t) (altitude), v(t) (velocidade) e controle ótimo u(t) pode ser visualizada na Figura 13.21. Pode-se observar que, no tempo de chaveamento t_s, o controle faz y(t) e v(t) chegar e convergir para as condições de contorno, às quais são de altitude nula e velocidade zero para que a espaçonave tenha o pouso suave.

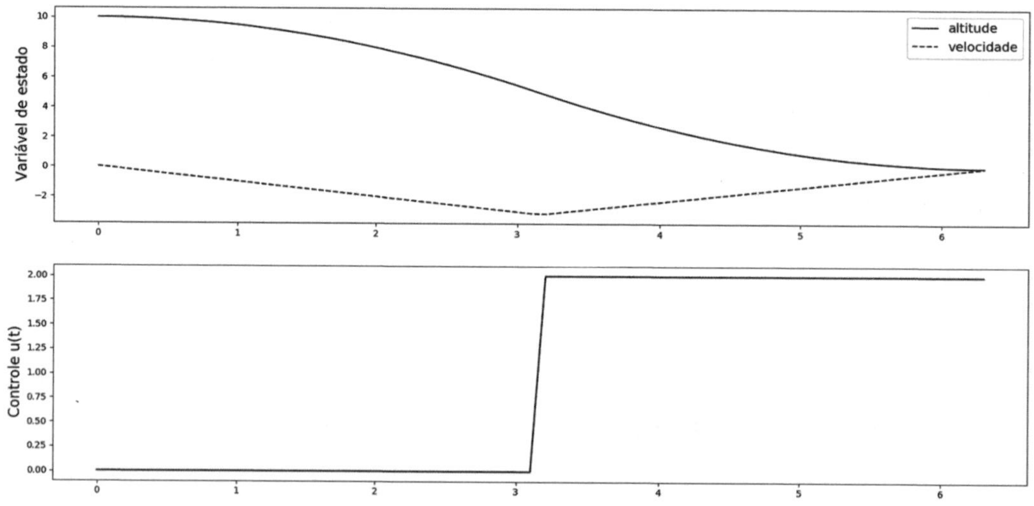

Figura 13.21 – Solução em tempo mínimo do sistema dinâmico.

13.7 MINIMIZAÇÃO DO TEMPO FINAL NO PYTHON

O tempo final livre, como mencionado na Seção anterior, complica a resolução da otimização de sistemas dinâmicos, sendo necessário descobrir os tempos de chaveamento de controle, caso o controle seja singular. Usando a biblioteca GEKKO do Python, é muito interessante resolver esse tipo de problema. Uma das vantagens é que o cálculo interno dessa biblioteca para as variáveis adjuntas auxiliam demais o trabalho na elaboração do problema de otimização.

O exemplo da alunissagem suave busca o pouso na Lua pelo módulo lunar em tempo mínimo. O tempo final livre no Python deverá usar o método FV (*Fixed Value*), iniciando com algum valor e com um intervalo para que esse tempo possa assumir outros valores entre o mínimo desejado lb = 0.1, e o máximo permitido ub = 100 usando STATUS = 1. Esse parâmetro informa ao computador que essa variável deve mudar começando pelo primeiro dado do tempo até o final.

```
# Tempo final livre
####################################
tf=m.FV(value=1.0, lb=0.1, ub=100.0) # --- tempo final livre
tf.STATUS=1 # valor variavel do passo 1 ate o final
```

No caso da alunissagem, o controle estava limitado a

$$0 \le u(t) \le 2$$

o que, no Python, deverá ser inserido como o método MV, com os limites entre o valor zero, e o valor 2, usando STATUS = 1. Isso indica que o controle poderá mudar a partir do primeiro dado do vetor tempo até o final.

```
##### controle variavel dentro dos limites ########
u = m.MV(value = 0, lb = 0, ub = 2) ### 0<=u<=2
u.STATUS = 1    # valor variavel do passo 1 ate o
#               # final em todos os passos de integracao
```

A resolução numérica envolvendo tempo final livre necessita parametrizar as equações de dinâmica de estado pelo estado final t_f quando este se torna uma variável do problema. Então, a formulação matemática é:

Deseja-se

$$Min\ J = \int_0^{t_f} 1\, dt$$

Sujeito a

$$\begin{cases} \dfrac{dy}{dt} = v t_f \\ \\ \dfrac{dv}{dt} = (u-1) t_f \end{cases}$$

Essa transformação matemática no Python seguirá as seguintes linhas de programação:

```
33  # Tempo final livre
34  ##################################
35  tf=m.FV(value=1.0, lb=0.1, ub=100.0) # --- tempo final livre
36  tf.STATUS=1 # valor variavel do passo 1 ate o final
37
38  ####### Eq. diferenciais parametrizadas pelo tf ########
39  m.Equation(x.dt() == v*tf)
40  m.Equation(v.dt() == (u - 1)*tf)
41
42
43  ####### restricoes #############
44  m.Equation(x*final == 0)
45  m.Equation(v*final == 0)
46
47  ###### Funcao Objetivo - Min tempo final tf#########
48  m.Obj(tf)
49  m.options.IMODE=6  # mode de otim dinamica e controle
50  m.solve(disp=False) # solucao otima do problema
```

As linhas 39 e 40 traduzem as equações de movimento com a ponderação do tempo final t_f. As linhas 44 e 45 servem para criar as condições de contorno do problema:

$$y\left(t_f\right)=0$$

$$v\left(t_f\right)=0$$

Ao rodar o programa, podemos ver a solução obtida no Python com a biblioteca GEKKO, na Figura 13.22. Em comparação com a solução analítica na Figura 13.21, pode-se perceber a boa concordância da resolução numérica. Quando se pede para a biblioteca retornar o valor do tempo final mínimo, obtém-se:

```
#### tempo final mínimo #####
tempo final = 6.3245553905
################################
```

Esse tempo final é coincidente com o tempo final calculado na Seção anterior de forma analítica, analisando o tempo de *switching* (chaveamento). O programa completo em Python para cálculo de otimização do tempo final segue em *script* à frente. É importante notar que o tempo real nas simulações, para ser recuperado, precisa ser normalizado novamente. O tempo da otimização sempre estará no intervalo [0, 1], e, para sabermos os valores reais do tempo no movimento, precisamos multiplicar esses valores do intervalo pelo tempo final t_f. A linha 57 do programa faz essa mudança.

```
57  tempo_real=m.time*tf.value[0]
```

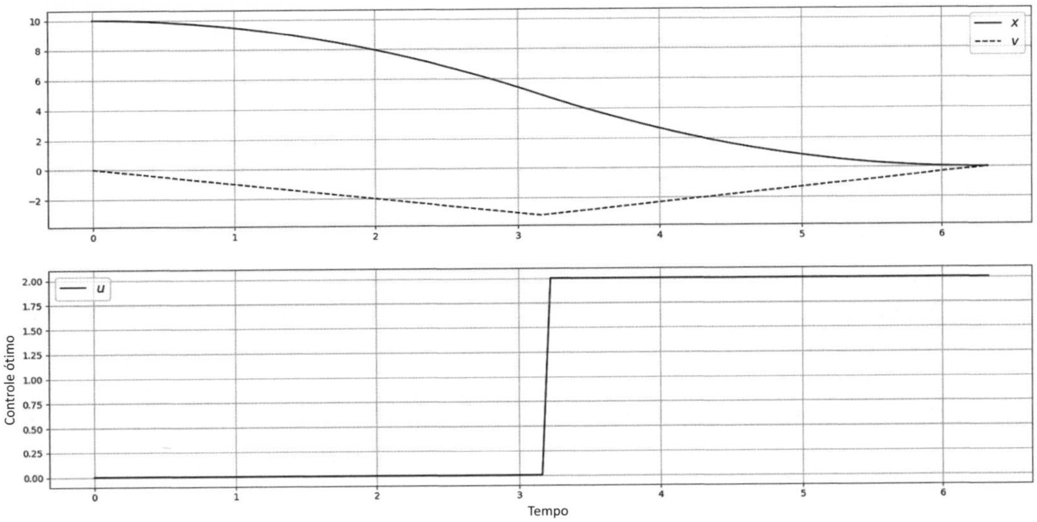

Figura 13.22 – Solução numérica para tempo mínimo usando Python.

```
# Otimizacao - Controle Otimo
#  min tf
#  suj a
#     dx/dt = v
#     dv/dt = u - 1
#-     x(0) = 10
#     v(0) = 0
#     x(tf) = 0
#     v(tf) = 0
#     tf = livre
#     0 <= u <= 2
###############################################
import numpy as np
from gekko import GEKKO
import matplotlib.pyplot as fig

m = GEKKO()
nt=101
m.time = np.linspace(0,1,nt)
x = m.Var(value=10) #### cond incial x(0) = 0
v = m.Var(value=0) #### cond incial v(0) = 0

##### controle variavel dentro dos limites ########
u = m.MV(value = 0, lb = 0, ub = 2) ### 0<=u<=2
u.STATUS = 1   # valor variavel do passo 1 ate o
#                  # final em todos os passos de integracao

#####################################################
p = np.zeros(nt)
p[-1]=1   # marca o ponto do tempo final
```

```
final = m.Param(value=p)    # multiplica a cond. final da func Obj

# Tempo final livre
####################################
tf=m.FV(value=1.0, lb=0.1, ub=100.0) # --- tempo final livre
tf.STATUS=1 # valor variavel do passo 1 ate o final

####### Eq. diferenciais parametrizadas pelo tf ########
m.Equation(x.dt() == v*tf)
m.Equation(v.dt() == (u - 1)*tf)

####### restricoes ##############
m.Equation(x*final == 0)
m.Equation(v*final == 0)

###### Funcao Objetivo - Min tempo final tf#########
m.Obj(tf)
m.options.IMODE=6  # mode de otim dinamica e controle
m.solve(disp=False) # solucao otima do problema

print(' ')
print('#### tempo final mínimo #####')
print('tempo final = ' + str(tf.value[0]))
print('#################################')
################# graficos #################
fig.subplot(211)
tempo_real=m.time*tf.value[0]
fig.plot(tempo_real,x.value,'k-',label=r'$x$')
fig.plot(tempo_real,v.value,'k--',label=r'$v$')
fig.legend(fontsize=14)
fig.grid()
fig.subplot(212)
fig.plot(tempo_real,u.value,'k-',label=r'$u$')
fig.legend(fontsize=14)
fig.xlabel('Tempo')
fig.ylabel('Controle Ótimo')
fig.grid()
```

13.8 VIAGEM TERRA-MARTE

Nos dias atuais, muita divulgação tem sido feita para uma possível viagem espacial levando seres humanos da Terra até Marte. Sondas espaciais já realizam essa tarefa, e, de forma brilhante, desde os anos de 1960 muita informação já é conhecida sobre o Planeta Vermelho. No entanto, para se levarem seres humanos, muita preparação e atenção especial deve ser colocada para otimizar o máximo possível de parâmetros e evitar erros. Muitos textos acadêmicos existem sobre esse tipo de transferência orbital.

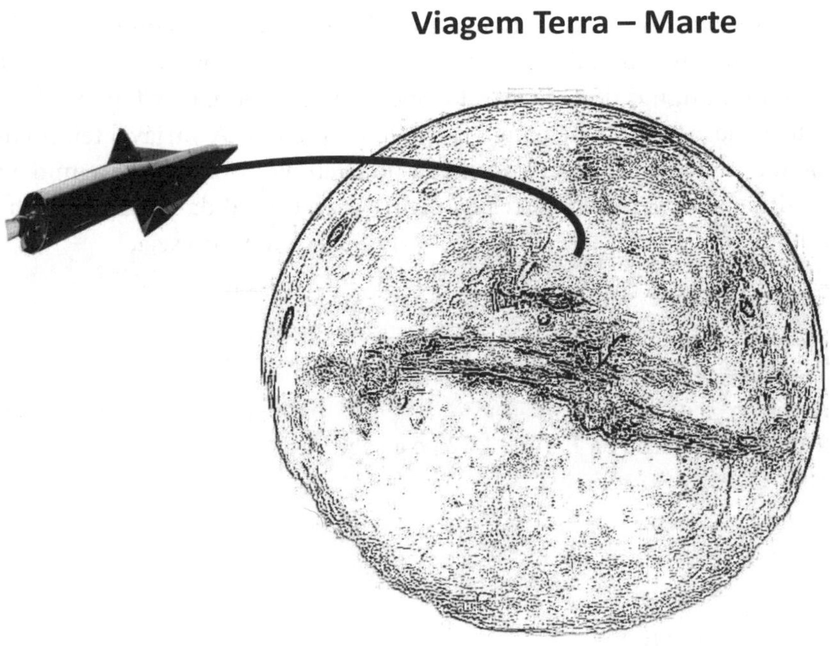

Figura 13.23 – Chegada a Marte via transferência ótima orbital da Terra-Lua.

Uma abordagem para modelar o sistema dinâmico que representa a trajetória interplanetária da Terra à Lua, seguem as variáveis representadas na Figura 13.24. Esse problema de otimização de trajetória é modelado em duas dimensões e heliocêntrico (Sol no centro do sistema) em coordenadas polares. Assume-se que todos os movimentos estão no plano da eclíptica com os ângulos dispostos na Figura 13.24.

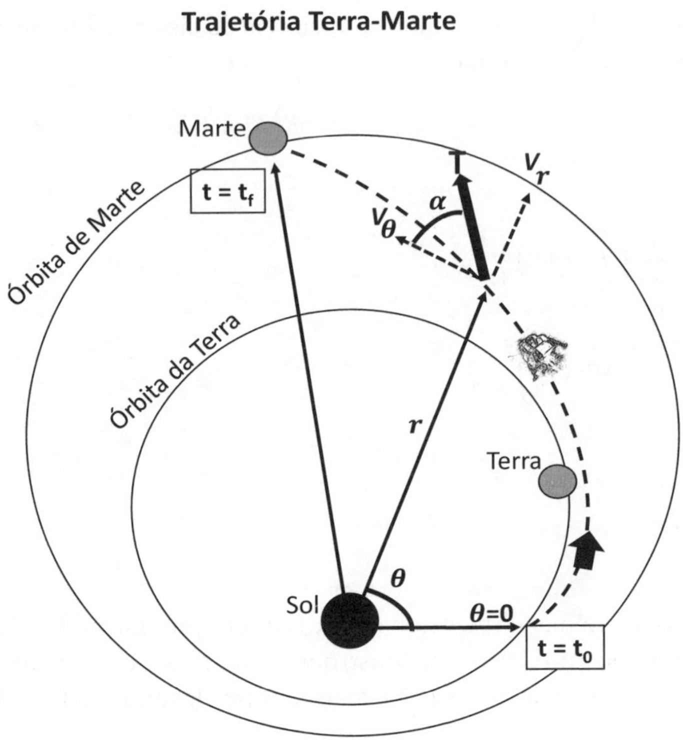

Figura 13.24 – Variáveis para a transferência interplanetária da Terra a Marte.

As variáveis são r: raio-vetor heliocêntrico da espaçonave; θ como o ângulo de fase; v_r como o componente radial da velocidade; v_θ como o componente transversal da velocidade; α como o ângulo de empuxo do veículo para acionar os foguetes e corrigir a trajetória até a chegada a Marte com a força do empuxo T. A variável tempo deverá ser adimensional e somente ser retransformada no final da resolução. O tempo é transformado em adimensional, usando a relação entre o arco total da circunferência dividido pelo período de revolução da Terra ao redor do Sol em dias, ou seja,

$$\tau = \frac{t \times 2\pi}{365.25(dias)}$$

A dinâmica do sistema da Figura 13.23 é a seguinte:

$$\frac{dr}{d\tau} = v_r$$

$$\frac{dv_r}{d\tau} = \frac{v_\theta^2}{r} - \frac{1}{r^2} + Tsen(\alpha)$$

$$\frac{dv_\theta}{d\tau} = -\frac{v_r v_\theta}{r} + Tcos(\alpha)$$

$$\frac{d\theta}{d\tau} = \frac{v_\theta}{r}$$

Em seu artigo e desenvolvimento sobre transferência ótima da Terra a Marte, Jayaraman (1975) transforma o sistema dinâmico anterior em variáveis de estado, adimensional e considera o controle da espaçonave guiado pelo ângulo de empuxo, ou seja, o controlador será adotado como $u(t) = \alpha$. Chamando as variáveis do sistema dinâmico anterior com representação de variáveis de estado,

$$\frac{dx_1}{d\tau} = x_2 t_f$$

$$\frac{dx_2}{d\tau} = \left(\frac{x_3^2}{x_1} - \frac{1}{x_1^2} + Tsen(u)\right) t_f$$

$$\frac{dx_3}{d\tau} = \left(-\frac{x_2 x_3}{x_1} + Tcos(u)\right) t_f$$

$$\frac{dx_4}{d\tau} = \left(\frac{x_3}{x_1}\right) t_f \quad (13.26)$$

Considerando o sistema adimensional, as distâncias são normalizadas em relação à distância da Terra-Sol, ou 1UA (unidade astronômica). Nesse caso, as condições de contorno para a transferência da Terra a Marte usadas por Jayaraman (1975) são:

$$x_1(0)=1 \qquad x_1(t_f)=r_f$$

$$x_2(0)=0 \qquad x_2(t_f)=0$$

$$x_3(0)=1 \qquad x_3(t_f)=\frac{1}{r_f}$$

$$x_4(0)=livre \qquad x_4(t_f)=livre$$

em que a distância da Terra a Marte normalizada é r_f = 1.52558. O empuxo aqui é considerado como o empuxo do artigo, ou seja, T = 0.1405.

13.8.1 MINIMIZAÇÃO DO TEMPO DE CHEGADA A MARTE

Um dos maiores problemas para se levarem astronautas para Marte é o longo tempo de viagem até esse planeta. Uma das premissas de todas as missões da Nasa é buscar a configuração menor possível entre a distância Terra-Marte para uma viagem mais rápida. Nessa primeira abordagem, o tempo final será livre e será minimizado utilizando a dinâmica do sistema adimensional anterior (13.26) com a variável de controle já definida u(t).

Assim, deseja-se

$$Min\ J=\left(x_1(t_f)-r_f\right)^2+\left(x_2(t_f)-0\right)^2+\left(x_3(t_f)-\frac{1}{r_f}\right)^2+\int_0^{t_f}1\,dt$$

Sujeito a

$$\frac{dx_1}{d\tau}=x_2t_f$$

$$\frac{dx_2}{d\tau}=\left(\frac{x_3^2}{x_1}-\frac{1}{x_1^2}+Tsen(u)\right)t_f$$

$$\frac{dx_3}{d\tau}=\left(-\frac{x_2x_3}{x_1}+Tcos(u)\right)t_f$$

$$\frac{dx_4}{d\tau}=\left(\frac{x_3}{x_1}\right)t_f$$

em que a variável de controle é:

$$0\le u(t)\le 6$$

No Python, essa parte do problema deverá ser implementada como se segue:

```
37 ####################################
38 tf=m.FV(value=1, lb=0.1, ub=5.0) # --- tempo final livre
39 tf.STATUS=1 # valor variavel do passo 1 ate o final
40
41 ####### Eq. diferenciais parametrizadas pelo tf ########
42 m.Equation(x1.dt() == x2*tf)
43 m.Equation(x2.dt() == (x3**2/x1-1/x1**2+T*m.sin(u))*tf)
44 m.Equation(x3.dt() == (-x2*x3/x1+T*m.cos(u))*tf)
45 m.Equation(x4.dt() == (x3/x1)*tf)
46 m.Minimize(final*1e5*(x1-1.52558)**2)
47 m.Minimize(final*1e5*(x2-0.0)**2)
48 m.Minimize(final*1e5*(x3-0.8098)**2)
49
50
51 ###### Funcao Objetivo - Min tempo final tf#########
52 m.Obj(tf)
53 m.options.IMODE=6   # mode de otim dinamica e controle
54 m.solve(disp=True)   # solucao otima do problema
```

As linhas de 46 a 48 são as condições de contorno que foram colocadas na função objetivo e penalizadas por um peso alto (1E+05) para obrigar o controlador a cumprir essas condições de contorno. A parte da limitação do controle deve ser implementada com MV da seguinte forma:

```
##### controle variavel dentro dos limites ########
u = m.MV(value = 0, lb = 0, ub = 6)    ### 0<=u<=6
u.STATUS = 1   # valor variavel do passo 1 ate o
#              # final em todos os passos de integracao

############################################################
```

Ao colocar a impressão da saída na resolução da biblioteca GEKKO do Python, pode-se perceber que o cálculo foi muito rápido, usando um computador Dell – core-I7 com 32Mb de Ram. A resolução foi de 0.84 segundos e com êxito.

```
EXIT: Optimal Solution Found.

 The solution was found.

 The final value of the objective function is    395.502619632718

 ---------------------------------------------------
 Solver         :  IPOPT (v3.12)
 Solution time  :   0.846199999999953      sec
 Objective      :    395.502619632718
 Successful solution
 ---------------------------------------------------
```

O tempo final ótimo para levar a espaçonave da Terra a Marte com as formulações anteriores foi de 228 dias.

```
#### tempo final mínimo #####

tempo final (dias) = 228.58487184780788

################################
```

A saída do programa apresentará o tempo final adimensional, e, para tanto, será necessário voltar à transformação inicial para o tempo em dias, usando

$$t_f = \frac{\tau \times 365.25}{2\pi}\ dias$$

No programa, pode-se criar uma nova variável, aqui denominada como *tempo_real*, para calcular os tempos de resolução em dias, como apresentado na linha do programa:

```
tempo_real=m.time*tf.value[0]*365.25/(2*np.pi)
```

O tempo final fica armazenado na variável da biblioteca GEKKO como tf.value, com diversos valores iguais colocados no vetor inicial do tempo criado pela biblioteca NumPy. Assim, basta apenas um dos valores, que será o tempo final ótimo. Por isso, utilizou-se [0] para indicar que o primeiro valor contém o tempo mínimo, mas poderia ser qualquer um dos índices.

A Figura 13.25 apresenta a solução para todas as variáveis envolvidas no sistema dinâmico adimensional. O vetor radial *r*, chamado na versão adimensional de x_1, parte da órbita da Terra com $x_1(0) = 1$ e chega a Marte $x_1(228) = 1.55$, com a trajetória indicada como "-o" na figura. A velocidade radial x_2 aumenta com o aumento do ângulo do empuxo u(t), como pode ser visto na Figura 13.26. Mas quando o ângulo u(t) ultrapassa o valor de 180 graus, em vez de acelerar a espaçonave, começa a freá-la, e, por isso, a velocidade radial x_2 começa a diminuir na Figura 13.25.

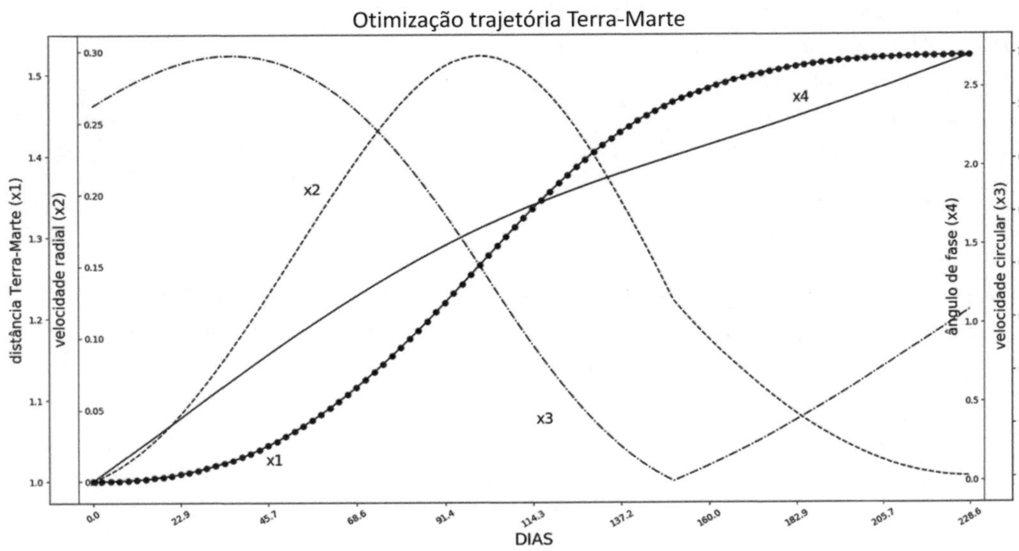

Figura 13.25 – Solução da trajetória ótima Terra-Marte.

Após 140 dias, a velocidade circular x_3 que estava diminuindo começa a aumentar. Isso acontece porque o controle u(t) foi desligado (ver Figura 13.26), e a espaçonave começa o momento de atração influenciada pela gravidade de Marte. A trajetória ótima pode ser visualizada na transferência com linha mais escura na Figura 13.27.

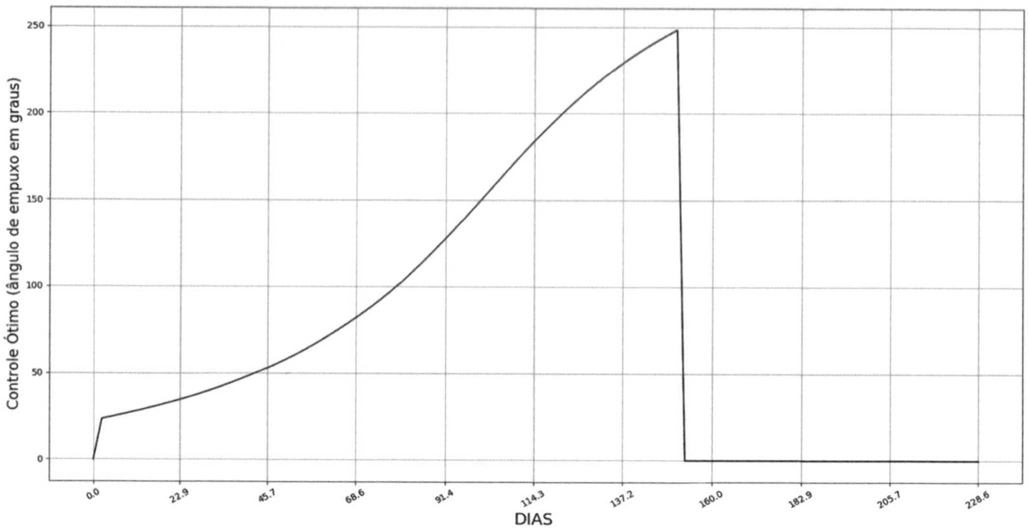

Figura 13.26 – Controle ótimo na trajetória Terra-Marte (ângulo de empuxo T).

Para a construção das linhas da trajetória, basta criar um vetor que começa em zero e termina em 2π, gerando os vetores de distância bidimensional x e u para a Terra, e x e y, para Marte. Após isso, podemos usar os valores de x_1 ótimos multiplicados pelo cosseno e seno dos ângulos de fase da variável x_4 na trajetória ótima. Ao plotar todas as curvas, temos o resultado apresentado na Figura 13.27. As linhas do programa que fazem esses cálculos são as seguintes:

```
112 x_vet=x1.value*np.cos(x4.value)
113 y_vet=x1.value*np.sin(x4.value)
114 theta=np.arange(0,np.pi*2.1,0.1)
115 x_terra=np.cos(theta)
116 y_terra=np.sin(theta)
117 x_marte=1.52558*np.cos(theta)
118 y_marte=1.52558*np.sin(theta)
```

Deve-se lembrar que a distância da Terra ao Sol é 1.0, e, de Marte ao Sol, é de 1.52558, por isso esse valor está multiplicando as equações das linhas 117 e 118 anteriores.

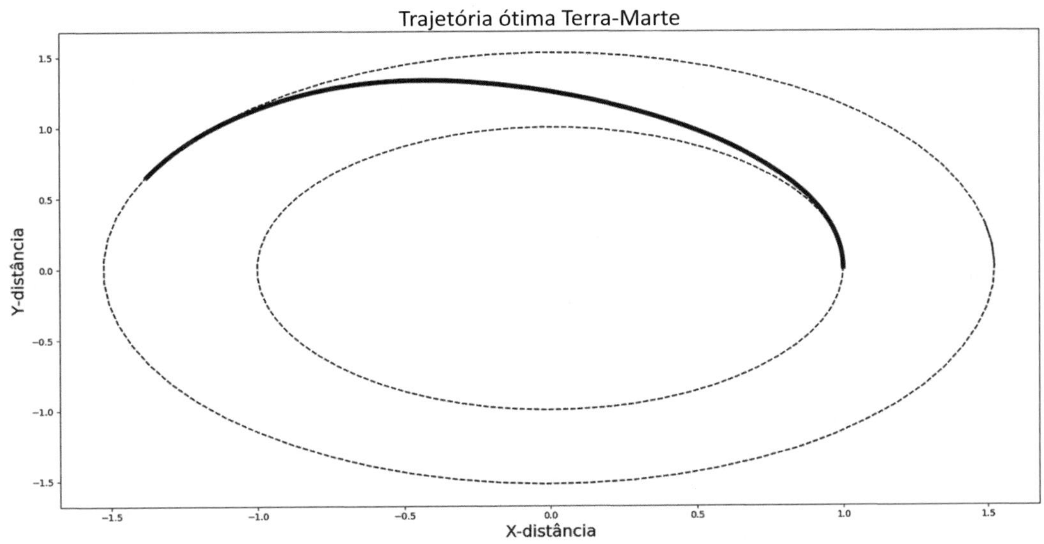

Figura 13.27 – Trajetória com tempo mínimo de 228 dias, saindo da Terra até Marte.

A programação completa da resolução na otimização do sistema dinâmico para tempo final mínimo na transferência da Terra-Marte é a seguinte.

```
# Otimizacao - Controle Otimo
#   min tf
#   suj a
#       dx1/dt = x2*tf
#       dx2/dt = (x3**2/x1-1/x1**2+T*m.sin(u))*tf
#       dx3/dt = (-x2*x3/x1+T*m.cos(u))*tf
#       dx4/dt = (x3/x1)
#       tf = livre
#       0 <= u <= 6
################################################
import numpy as np
from gekko import GEKKO
import matplotlib.pyplot as fig

m = GEKKO()
nt=101
m.time = np.linspace(0,1,nt)
x1 = m.Var(value=1) #### cond incial x1(0) = 1
x2 = m.Var(value=0) #### cond incial x2(0) = 0
x3 = m.Var(value=1) #### cond incial x3(0) = 1
x4 = m.Var(value=0) #### cond incial x4(0) = 0

T = 0.1405  # forca de empuzo adimensional

##### controle variavel dentro dos limites ########
u = m.MV(value = 0, lb = 0, ub = 6) ### 0<=u<=6
u.STATUS = 1 # valor variavel do passo 1 ate o
```

```
#                    # final em todos os passos de integracao
#########################################################
p = np.zeros(nt)
p[-1]=1  # marca o ponto do tempo final
final = m.Param(value=p) # multiplica a cond. final da func Obj
# Tempo final livre
####################################
tf=m.FV(value=1, lb=0.1, ub=5.0) # --- tempo final livre
tf.STATUS=1 # valor variavel do passo 1 ate o final
####### Eq. diferenciais parametrizadas pelo tf ########
m.Equation(x1.dt() == x2*tf)
m.Equation(x2.dt() == (x3**2/x1-1/x1**2+T*m.sin(u))*tf)
m.Equation(x3.dt() == (-x2*x3/x1+T*m.cos(u))*tf)
m.Equation(x4.dt() == (x3/x1)*tf)
m.Minimize(final*1e5*(x1-1.52558)**2)
m.Minimize(final*1e5*(x2-0.0)**2)
m.Minimize(final*1e5*(x3-0.8098)**2)
###### Funcao Objetivo - Min tempo final tf#########
m.Obj(tf)
m.options.IMODE=6  # mode de otim dinamica e controle
m.solve(disp=True) # solucao otima do problema
print(' ')
print('#### tempo final mínimo #####')
print(' ')
print('tempo final (dias) = ' + str(tf.value[0]*365.25/(2*np.pi)))
print(' ')
print('################################')
```

A parte dos gráficos foi mais ampla para dar o mesmo destaque a todas as variáveis envolvidas numa única figura. A continuação do *script* em Python é o que se segue:

```
################# graficos ################
figura, ax = fig.subplots()
tempo_real=m.time*tf.value[0]*365.25/(2*np.pi)
ax.plot(tempo_real,x1.value,'k-o',label=r'$x1$')
ax.set_ylabel('distância Terra-Marte (x1)', fontsize=16)
ax.yaxis.tick_left()
fig.xticks(tempo_real[::10],rotation=30)
ax.text(45,1.02,s='x1',fontsize=16)
```

```
fig.title('Otmização Trajetória Terra-Marte', fontsize=20)
fig.xlabel('DIAS', fontsize=18)

ax_1=ax.twinx()
ax_1.spines['right'].set_position(('axes', 0.03))
ax_1.plot(tempo_real,x2.value,'k--',label=r'$x2$')
ax_1.text(55,0.2,s='x2',fontsize=16)
ax_1.yaxis.set_label_position("left")
ax_1.yaxis.set_label_coords(0.02,0.5)
ax_1.set_ylabel('velocidade radial (x2)', fontsize=16)

ax2=ax.twinx()
ax2.spines['left'].set_position(('axes', 1.0))

ax2.plot(tempo_real,x3.value,'k-.',label=r'$x3$')
ax2.yaxis.set_label_position("left")
ax2.text(115,0.7,s='x3',fontsize=16)
ax2.set_ylabel('velocidade circular (x3)', fontsize=16)


ax3=ax.twinx()
ax3.spines['left'].set_position(('axes', 0.97))

ax3.plot(tempo_real,x4.value,'k-',label=r'$x4$')
ax3.yaxis.tick_left()
ax3.yaxis.set_label_position("left")
ax3.set_ylabel('ângulo de fase (x4)', fontsize=16)
ax3.text(182,2.4,s='x4',fontsize=16)

ax2.spines["right"].set_edgecolor('black')

fig.figure()
ang_graus= np.array(u.value)*180/np.pi
fig.plot(tempo_real,ang_graus,'k-',label=r'$u$')
fig.xticks(tempo_real[::10],rotation=30)
fig.xlabel('DIAS', fontsize=18)
fig.ylabel('Controle Ótimo (ângulo de empuxo em graus)',fontsize=16)
fig.grid()

x_vet=x1.value*np.cos(x4.value)
y_vet=x1.value*np.sin(x4.value)
theta=np.arange(0,np.pi*2.1,0.1)
x_terra=np.cos(theta)
y_terra=np.sin(theta)
x_marte=1.52558*np.cos(theta)
y_marte=1.52558*np.sin(theta)

fig.figure()
fig.plot(x_terra,y_terra,'k--',x_marte,y_marte,'k--')
fig.plot(x_vet,y_vet,'k-',linewidth=5)
fig.xlabel('X-distância',fontsize=18)
fig.ylabel('Y-distância',fontsize=18)
fig.title('TRAJETÓRIA ÓTIMA TERRA-MARTE', fontsize = 20)
```

13.8.2 CONTROLE MÍNIMO NA TRAJETÓRIA TERRA-MARTE

Na subseção anterior, a trajetória da Terra a Marte foi controlada com a minimização do tempo final. Outra abordagem importante é deixar o tempo livre e minimizar o controle da espaçonave. Como o controle u(t) é o ângulo do empuxo, utilizar o mínimo possível esse controle acaba, ao final, economizando combustível para mover o veículo. Diferentemente do outro problema, que gastará todo o combustível no controle, nessa abordagem, o tempo deixa de ser um parâmetro importante, mas a energia toma a prioridade.

Nesse caso, o problema torna-se:

$$Min\ J = \left(x_1\left(t_f\right) - r_f\right)^2 + \left(x_2\left(t_f\right) - 0\right)^2 + \left(x_3\left(t_f\right) - \frac{1}{r_f}\right)^2 + \int_0^{t_f} u^2\, dt$$

Sujeito à dinâmica anterior com as mesmas condições de contorno para as variáveis de estado e limites no controle. No Python, a única alteração no programa é na linha da função objetivo, linha 52 do *script* a seguir. Na função *m.Obj( )*, agora, coloca-se a variável de controle ao quadrado para usar o mínimo possível o acionamento dos motores para mover o ângulo de fase u(t).

```
36  # Tempo final livre
37  ###################################
38  tf=m.FV(value=1, lb=0.1, ub=5.0) # --- tempo final livre
39  tf.STATUS=1 # valor variavel do passo 1 ate o final
40  
41  ####### Eq. diferenciais parametrizadas pelo tf ########
42  m.Equation(x1.dt() == x2*tf)
43  m.Equation(x2.dt() == (x3**2/x1-1/x1**2+T*m.sin(u))*tf)
44  m.Equation(x3.dt() == (-x2*x3/x1+T*m.cos(u))*tf)
45  m.Equation(x4.dt() == (x3/x1)*tf)
46  m.Minimize(final*1e5*(x1-1.52558)**2)
47  m.Minimize(final*1e5*(x2-0.0)**2)
48  m.Minimize(final*1e5*(x3-0.8098)**2)
49  
50  
51  ###### Funcao Objetivo - Minimo Controle #########
52  m.Obj(u**2)
53  m.options.IMODE=6   # mode de otim dinamica e controle
54  m.solve(disp=True)  # solucao otima do problema
```

Por cerca de 200 dias o controle u(t) varia de 80 a 100 graus e desliga-se após essa data, visto que a trajetória da espaçonave é capturada pela gravidade de Marte. Essa variação do controle pode ser vista na Figura 13.28.

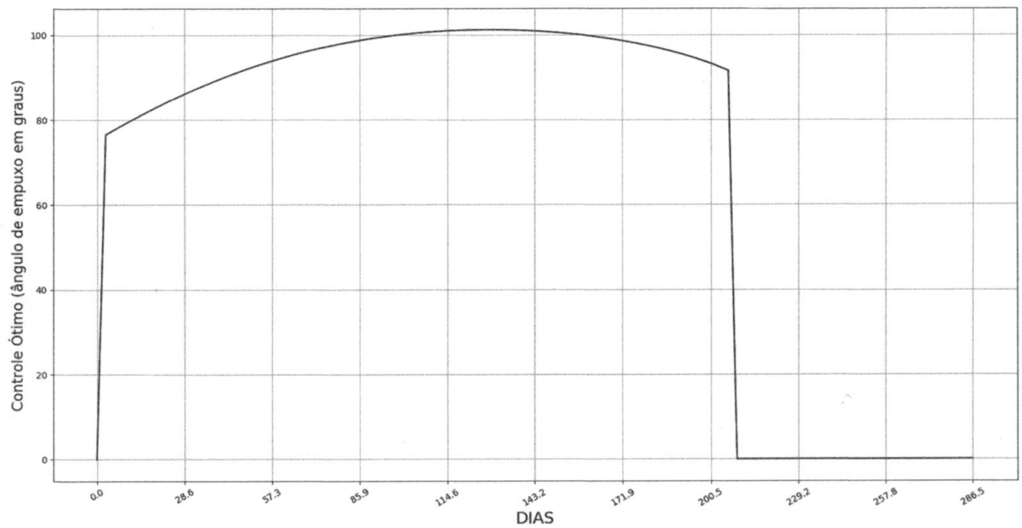

Figura 13.28 – Controle ótimo com função objetivo de mínimo controle.

Pela Figura 13.29, podemos observar que o tempo não é mais mínimo, e o veículo espacial percorre distância maior até o ponto de chegada no planeta Marte. Isso é comprovado quando a solução nos apresenta o tempo final encontrado, agora para 286 dias, enquanto, para o tempo mínimo, foi de 228 dias. No console, a resposta aparece como se segue:

```
#### tempo final mínimo #####

tempo final (dias) = 286.48411249692697

################################
```

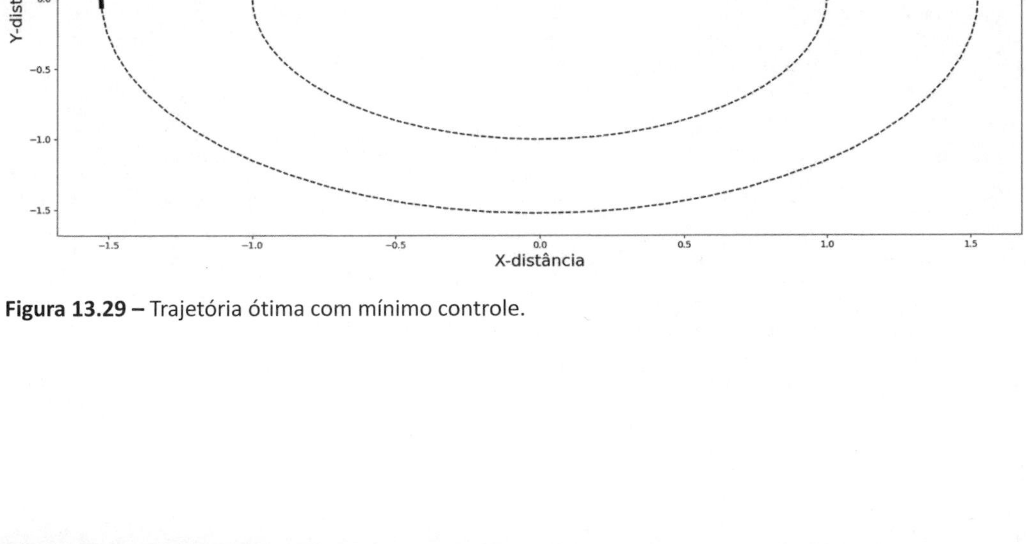

Figura 13.29 – Trajetória ótima com mínimo controle.

13.8.3 DISTÂNCIA MÁXIMA NA TRAJETÓRIA TERRA-MARTE

Uma outra abordagem da viagem Terra-Marte se refere a aumentar a distância percorrida. Mas por que isso seria importante? É que, em alguns casos – por exemplo emergência –, a configuração entre os planetas Terra e Marte não são perfeitas para uma missão. Então, para lançar uma sonda de resgate, por exemplo, o controle u(t) deve trabalhar de forma a permitir que a espaçonave literalmente corra em direção ao planeta Marte.

A hipótese aqui é, no entanto, que o empuxo é sempre existente, e o combustível inesgotável. Isso porque a formulação não leva em conta o uso do combustível e sua diminuição pela exaustão dos gases do foguete. Diversos trabalhos clássicos abordam de maneira mais completa essa abordagem, que foge do escopo desse livre, mas é de suma importância.

A formulação para a máxima distância e as mesmas condições de contorno e controle tornam-se:

$$Max\ J = \left(x_1\left(t_f\right)-r_f\right)^2+\left(x_2\left(t_f\right)-0\right)^2+\left(x_3\left(t_f\right)-{}^{1}\!/_{r_f}\right)^2+\int_0^{t_f}x_1^{\ 2}\,dt$$

Sujeita à dinâmica já apresentada (13.26) e com controle

$$0 \le u\left(t\right) \le 6$$

No Python, novamente apenas trocamos a linha 52, colocando a distância raio-vetor r(t) normalizada por x_1(t) e multiplicada por (–1). Isso deve ser feito porque, como explicado anteriormente, o algoritmo da biblioteca GEKKO é sempre pela minimização. Quando desejamos maximizar algo, basta informar ao método que queremos minimizar algo negativo.

```
36  # Tempo final livre
37  ##################################
38  tf=m.FV(value=1, lb=0.1, ub=5.0) # --- tempo final livre
39  tf.STATUS=1 # valor variavel do passo 1 ate o final
40
41  ####### Eq. diferenciais parametrizadas pelo tf ########
42  m.Equation(x1.dt() == x2*tf)
43  m.Equation(x2.dt() == (x3**2/x1-1/x1**2+T*m.sin(u))*tf)
44  m.Equation(x3.dt() == (-x2*x3/x1+T*m.cos(u))*tf)
45  m.Equation(x4.dt() == (x3/x1)*tf)
46  m.Minimize(final*1e5*(x1-1.52558)**2)
47  m.Minimize(final*1e5*(x2-0.0)**2)
48  m.Minimize(final*1e5*(x3-0.8098)**2)
49
50
51  ###### Funcao Objetivo - Minimo Controle #########
52  m.Obj(-x1**2)
53  m.options.IMODE=6   # mode de otim dinamica e controle
54  m.solve(disp=True)   # solucao otima do problema
```

A Figura 13.30 apresenta a solução para todas as variáveis de estado e controle. A variável de controle u(t) chega a anular-se entre 203 e 240 dias, mas volta a ser acionada, para recuperar a trajetória de encontro com o planeta Marte.

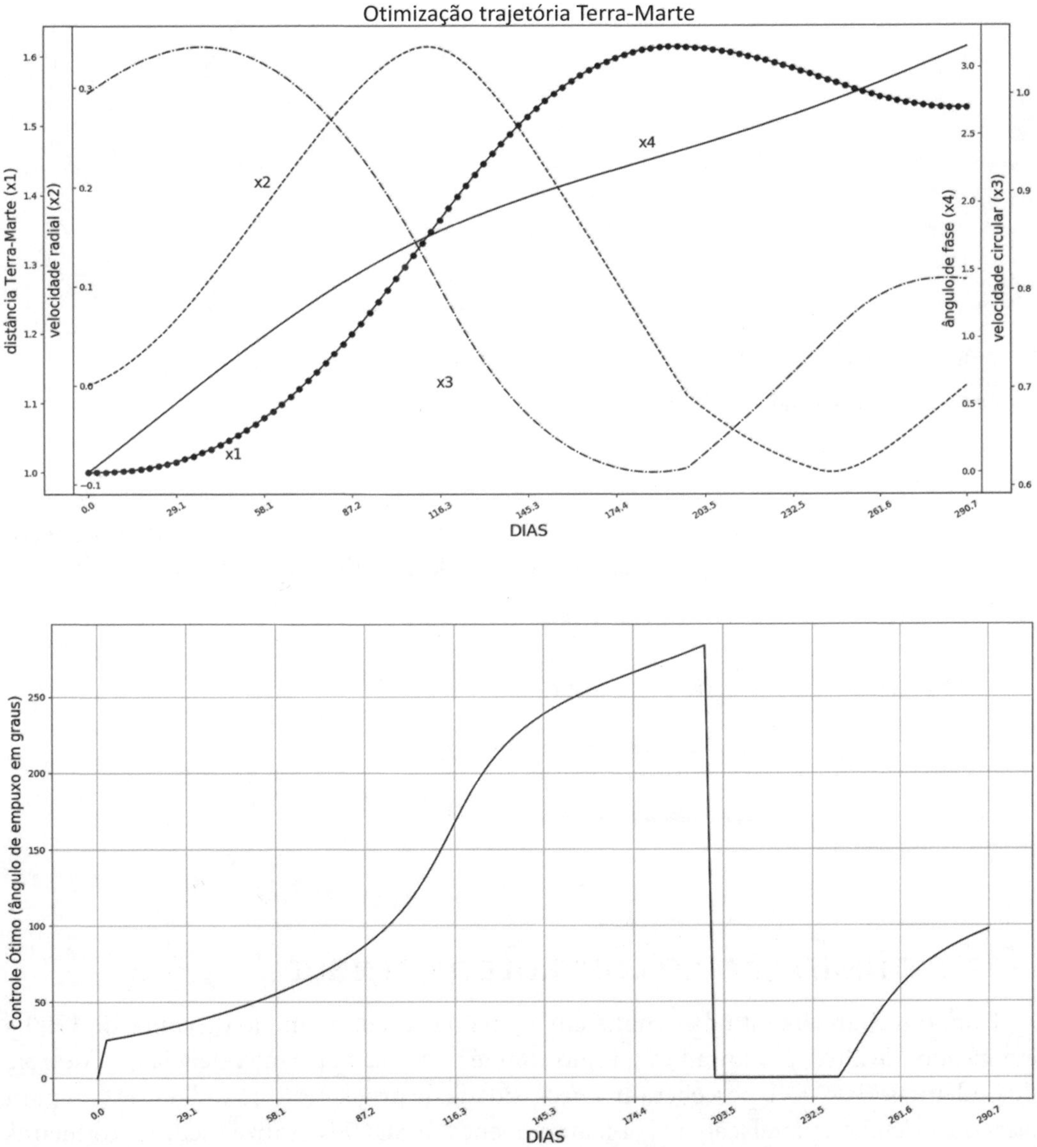

Figura 13.30 – Solução ótima para máxima distância na trajetória Terra-Marte.

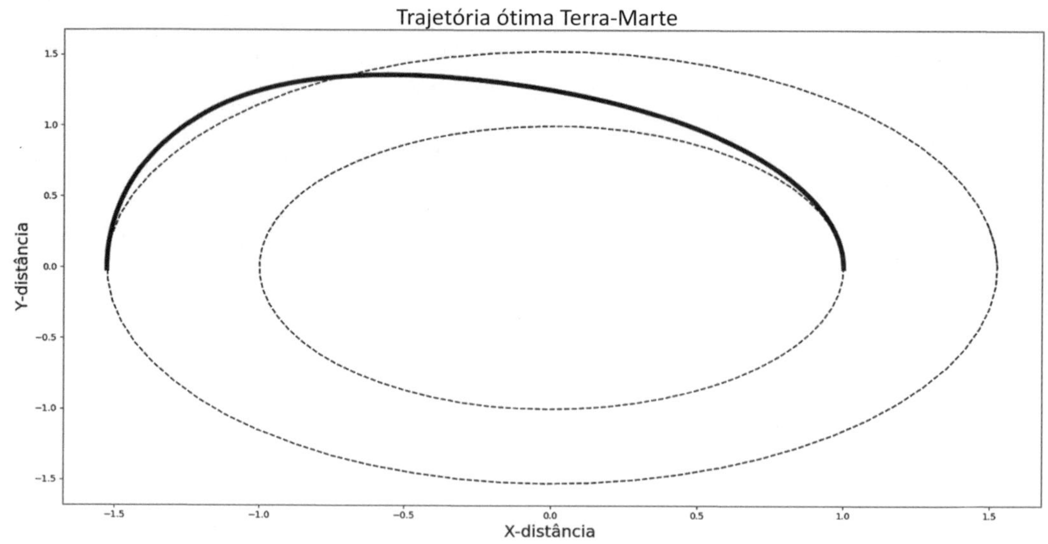

Figura 13.30 – Solução ótima para máxima distância na trajetória Terra-Marte.

Ao final, todas as condições de contorno são cumpridas, mas com o tempo final muito maior do que todas as outras abordagens, como era de esperar. Nessa abordagem de máxima distância, o tempo percorrido em foi de 290 dias, como visto no console do Python a seguir.

```
#### tempo final mínimo #####

tempo final (dias) = 290.65671482157387

################################
```

13.9 OTIMIZAÇÃO NO CONTROLE DA DENGUE

Com o reaparecimento da dengue em escala nacional, no início dos anos de 1990 e em meados de 2000, pesquisadores, junto com técnicos da Superintendência de Controle de Endemias (SUCEN), perceberam a necessidade de projeções e medidas eficazes para alertar e orientar a população no combate à doença. A SUCEN realiza medidas rotineiras no sentido de se detectar um aumento na densidade do mosquito *Aedes aegypti*, principal vetor e hospedeiro do vírus da dengue.

Como principal medida, os técnicos trabalham com o número de *Bretau*, uma estatística da quantidade de larvas do mosquito existentes em amostras com água parada, localizadas em pontos estratégicos das cidades. Apesar de ser uma medida mundialmente adotada pelas vigilâncias sanitárias internacionais, existem falhas que colaboram para projeções errôneas e perspectivas de tendências que, muitas vezes, não condizem com a realidade dos fatos.

O principal problema é que o número de Bretau, como medida estatística, não possui caráter preditivo, mas é apenas um indicativo do que aconteceu num evento passado. Quando as larvas são detectadas, a densidade de mosquito pode ser muito superior do que a quantidade de larvas pode demonstrar. Medidas extremas, então, são adotadas, como o espalhamento de fumaça com produtos químicos pelas ruas dos municípios na tentativa de diminuir a densidade de mosquito.

Esse espalhamento de produtos químicos, além de ter um efeito apenas de curto período (dias ou semanas), ainda causa resistência imunológica em gerações futuras do *Aedes aegypti*. Medidas de educação da população na prevenção da doença são bastante eficazes, mas aparecem na mídia nacional apenas em períodos críticos e em picos de casos da epidemia.

Nesse sentido, diversos modelos matemáticos têm sido elaborados no sentido de se fazerem previsões por meio de simulações computacionais. No entanto, os modelos existentes são desconexos em termos de aglutinar variáveis químicas, populacionais e geográficas. Muitos modelos baseados em fatores químicos apresentam um conjunto enorme de variáveis, preocupando-se com detalhes de trocas químicas, mas perdem o poder de previsibilidade em termos de macrovalores. Modelos de epidemiologia tradicionais conseguem realizar previsões de variáveis populacionais, mas não são relacionados com a distribuição geográfica da doença. Por outro lado, modelos que possuem o poder de previsão sobre a dispersão geográfica perdem seu caráter de sucesso, pois não se relacionam com variáveis químicas, ou mesmo populacionais, da densidade do mosquito e de pessoas infectadas.

O agente etiológico da dengue é um arbovírus do gênero Flavivírus, pertencente à família *Flaviviridae*, sendo conhecidos quatro sorotipos: 1, 2, 3 e 4. Os vetores são culicídeos do gênero *Aedes*, sendo que *Aedes aegypti* é o principal vetor de dengue no mundo. Entre outros vetores de menor importância epidemiológica, estaria o *Aedes albopictus*, vetor de manutenção da doença na Ásia, porém, ainda não foi registrada transmissão de dengue nas Américas, onde *Aedes aegypti* não estivesse presente. A fonte de infecção e reservatório vertebrado é o homem, pois, até hoje somente este desenvolve a doença.

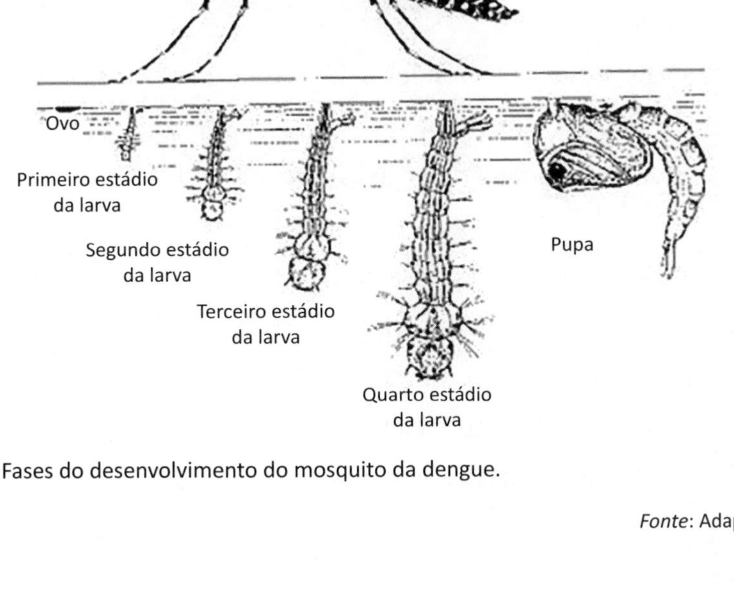

Figura 13.31 – Fases do desenvolvimento do mosquito da dengue.

Fonte: Adaptado de SUCEN.

A transmissão se faz pela picada do mosquito fêmea infectada. O ciclo se dá da seguinte forma: homem em viremia – *Aedes aegypti* – homem suscetível. O período de incubação:

- Nos humanos, varia de 3 a 15 dias, sendo, em média, 5 a 6 dias.
- No mosquito, após um repasto de sangue infectado, o vírus vai se localizar nas glândulas salivares da fêmea do mosquito, na qual se multiplica, e, em média, após 8 a 12 dias, a fêmea está apta a transmitir a doença.

O período de transmissibilidade será:

- Nos humanos, começa um dia antes do aparecimento da febre e vai até o 6º dia da doença, período em que o vírus está presente no sangue (viremia).
- No mosquito, completado o período de incubação, a fêmea estará apta a transmitir a doença enquanto sobreviver.

Um outro modelo foi desenvolvido por nós (Caetano & Yoneyama, 2001), relacionando parâmetros populacionais de insetos e pessoas com investimentos em campanha educacionais. O modelo acompanha o seguinte sistema dinâmico:

$$\frac{dx_1(t)}{dt} = \left[\alpha_R\left(1-\mu sen(\omega t+\phi)\right)-\alpha_M-x_4(t)\right]x_1(t)-u_1(t)$$

$$\frac{dx_2(t)}{dt} = \left[\alpha_R\left(1-\mu sen(\omega t+\phi)\right)-\alpha_M-x_4(t)\right]x_2(t)+\beta\left[x_1(t)-x_2(t)\right]x_3(t)-u_1(t)$$

$$\frac{dx_3(t)}{dt} = -\eta x_3(t)+\rho x_2(t)\left[P-x_3(t)\right]$$

$$\frac{dx_4(t)}{dt} = -\tau x_4(t)+\theta x_3(t)+u_2(t) \tag{13.27}$$

com:

$x_1(t)$: densidade de mosquitos;

$x_2(t)$: densidade de mosquitos portadores do vírus da dengue;

$x_3(t)$: número de pessoas infectadas;

$x_4(t)$: nível de motivação popular no combate ao mosquito.

Os parâmetros são:

α_R: taxa média de reprodução dos mosquitos;

α_M: taxa de mortalidade dos mosquitos;

β: probabilidade de contato entre mosquitos infectados e mosquitos não infectados;

η: taxa de tratamento de pessoas infectadas;

μ: amplitude da oscilação sazonal na reprodução dos mosquitos;

ρ: probabilidade de pessoas tornarem-se infectadas;

θ: fator de conscientização das pessoas no combate ao mosquito;

τ: fator de esquecimento das pessoas no combate aos mosquitos;

φ: angulo de fase;

ω: $2\pi/52$ é a frequência angular do ciclo de proliferação do mosquito em 52 semanas;

P: população na área de risco (normalizada em P = 1.0).

Como parâmetros de controle: temos: $u_1(t)$ = investimento em inseticida; $u_2(t)$ = investimento em campanha educacional.

O problema de otimização de combate à dengue passa pela minimização dos investimentos e pela obtenção do resultado ótimo na política pública de combate à dengue, usando a seguinte função objetivo:

$$Min\ J = \int_0^{t_f} \gamma_D x_3^2 + \gamma_F u_1^2 + \gamma_E x_2^2\ dt \tag{13.28}$$

Sujeito à dinâmica anterior descrita, tempo final livre e com as condições de contorno

$$\begin{aligned} &x_1(0) = 1 && x_1(t_f) = 0 \\ &x_2(0) = 0.12 && x_2(t_f) = 0 \\ &x_3(0) = 0.004 && x_3(t_f) = 0 \\ &x_4(0) = 0.05 && x_4(t_f) = livre \end{aligned} \tag{13.29}$$

Com as restrições

$$x_1 \geq 0 \quad x_2 \geq 0 \quad x_3 \geq 0 \quad x_4 \geq 0 \tag{13.30}$$

E as restrições nos investimentos em inseticida e campanha educacional:

$$\begin{aligned} &0 \leq u_1(t) \leq 1 \quad (inseticida) \\ &0 \leq u_2(t) \leq 1 \quad (campanha\ educacional) \end{aligned} \tag{13.31}$$

Esses valores foram objeto do estudo publicado por nós (Caetano & Yoneyama, 2001), além dos parâmetros ajustados aos dados reais coletados sobre um dos focos da dengue no Brasil e assumidos como constantes a seguir:

$\alpha_R = 0.20$, $\alpha_M = 0.18$,

$\beta = 0.3$, $\lambda = 0.15$,

$\rho = 0.1$, $\theta = 0.005$,

$\tau = 0.1$, P = 1.0,

$$\varphi = 0, \qquad \mu = 0.08,$$
$$\eta = 1, \qquad \gamma_D = 1.0,$$
$$\gamma_E = 0.8, \qquad \gamma_F = 0.4$$

No Python, essa formulação fica descrita da seguinte maneira:

```
53 # Tempo final livre
54 ###################################
55 tf=m.FV(value=1, lb=0.1, ub=5.0) # --- tempo final livre
56 tf.STATUS=1 # valor variavel do passo 1 ate o final
57
58 ####### Eq. diferenciais parametrizadas pelo tf ########
59 m.Equation(x1.dt() == ((alpha_r*(1-mu*m.sin(omega*t+phi))-alpha_m-x4)*x1-u1)*tf)
60 m.Equation(x2.dt() == ((alpha_r*(1-mu*m.sin(omega*t+phi))-alpha_m-x4)*x2+beta*(x1-x2)*x3-u1)*tf)
61 m.Equation(x3.dt() == (-eta*x3+rho*x2)*(P-x3)*tf)
62 m.Equation(x4.dt() == (-tau*x4+theta*x3+u2)*tf)
63 m.Minimize(final*1e5*(x1-0)**2)
64 m.Minimize(final*1e5*(x2-0)**2)
65 m.Minimize(final*1e5*(x3-0)**2)
66
67 m.Equation(x1>0)
68 m.Equation(x2>0)
69 m.Equation(x3>0)
70 m.Equation(x4>0)
```

A dinâmica do sistema que representa o problema da dengue (13.27) está programada entre as linhas 59 e 62 de forma normalizada e colocando o tempo final normalizado como parte dessas equações. As linhas de 63 a 65 obriga as condições de contorno (13.29) para as variáveis que representam a densidade de mosquitos, densidade de mosquitos infectados e indivíduos infectados a serem nulas ao final do período de aplicação dos controles.

As linhas de 67 a 70 são as restrições sobre as variáveis de estado (13.30), não permitindo valores negativos ao longo do cálculo dos valores ótimos. As duas variáveis de controle (13.31) são formuladas no Python da seguinte forma:

```
##### controle variavel dentro dos limites ########
u1 = m.MV(value = 0, lb = 0, ub = 1) ### 0<=u<=1
u1.STATUS = 1   # valor variavel do passo 1 ate o
#               # final em todos os passos de integracao

u2 = m.MV(value = 0, lb = 0, ub = 1) ### 0<=u<=1
u2.STATUS = 1   # valor variavel do passo 1 ate o
#               # final em todos os passos de integracao
#########################################################
```

Os resultados obtidos do cálculo do controle ótimo e das variáveis ótimas de estado são apresentados nas Figuras 13.32 e 13.33. O tempo final para a otimização é de 41.38 semanas, após a transformação dos valores adimensionais do tempo para a dimensão de semanas, usando a fórmula

$$t_f = \frac{t \times 52}{2\pi} \ semanas$$

No console do Python, o valor final aparece da seguinte forma:

```
#### tempo final #####

tempo final (semanas) = 41.38028520389279

################################
```

É possível notar na Figura 13.32 o decréscimo da densidade de mosquitos e de mosquitos infectados ao longo das semanas. Isso acontece porque o uso de inseticida começa forte junto com a campanha educacional de conscientização (Figura 13.33). O uso de inseticida vai até a vigésima semana, fazendo a curva de densidade de mosquitos infectados zerar após esse período de controle.

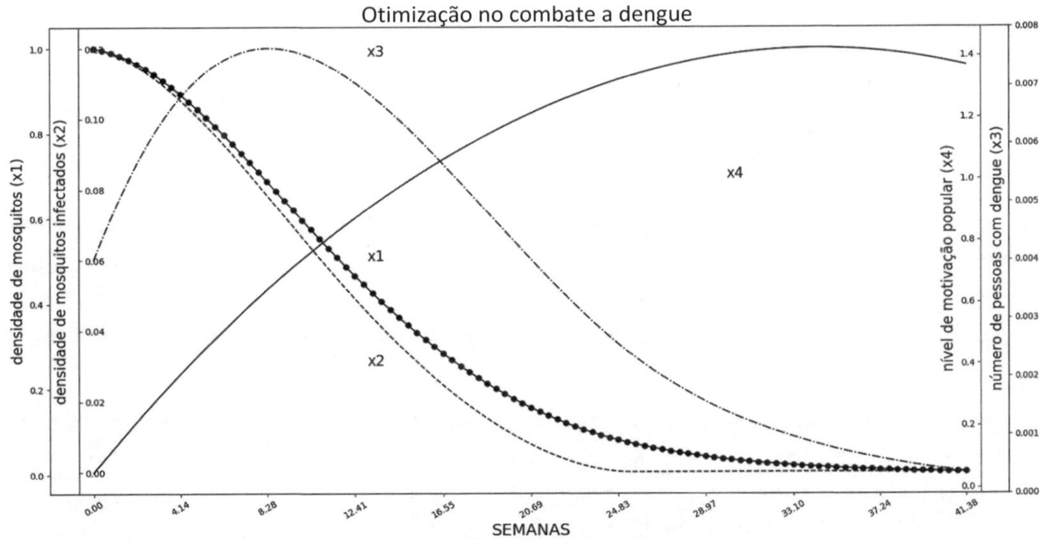

Figura 13.32 – Valores ótimos das variáveis de estado no problema da dengue.

Ao mesmo tempo, com as atividades de campanha educacional, a conscientização (x_4) aumenta, o que se reflete na queda do número de pessoas infectadas (x_3), a partir da décima semana de controle. Esse aumento da conscientização da população força a queda dos investimentos, diminuindo de forma constante, à medida que os indivíduos infectados diminuem e que a conscientização aumenta.

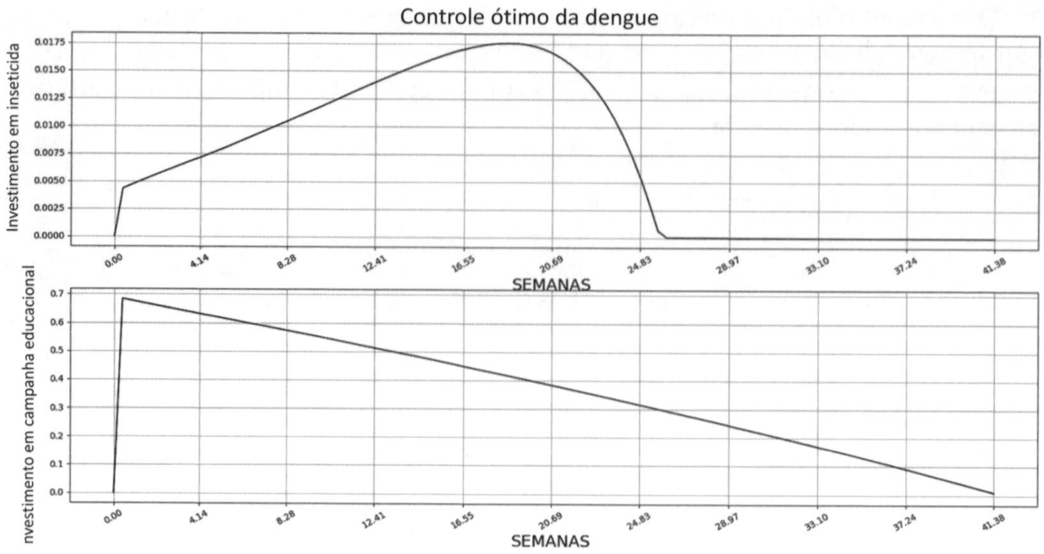

Figura 13.33 – Controle ótimo no uso de inseticida e de campanha educacional.

Nos dias atuais, nos quais movimentos anticiência aumentam e jogam dúvidas do obscurantismo frente às diversas e comprovadas eficácias do método científico, pode-se simular e buscar a otimização, levando em consideração o fator de esquecimento das pessoas. Pode considerar que esse fator de esquecimento advém das redes sociais que divulgam as chamadas *fake news*. O fator que mede esse evento no modelo foi dado inicialmente pelo parâmetro $\tau = 0.1$.

Aumentamos esse fator para $\tau = 0.8$, oito vezes mais, indicando que a população não se sente indignada com as infecções e o avanço da doença (vimos isso no caso da pandemia da Covid-19 no Brasil). O resultado para as 41.38 semanas é apresentado na Figura 13.34. Esse esquecimento ou indiferença causa extremas variações na forma de atuar dos controles em relação ao caso anterior. É possível ver na Figura que o investimento em campanha educacional é muito superior, estacionado em $u_2(t) = 1.0$ até a vigésima semana. Quando esse controle começa a diminuir, a conscientização (x_4) diminui também e começa a cair rapidamente.

Ao mesmo tempo que o investimento em campanha educacional diminui, a segunda forma de controle começa a atuar forte, e o investimento em inseticida sobe de forma rápida ($u_1(t)$). Ou seja, uma população descrente, influenciada por *fake news* ou pelo costume corriqueiro no tratamento da doença, paga um preço muito mais alto para que a saúde pública volte ao normal.

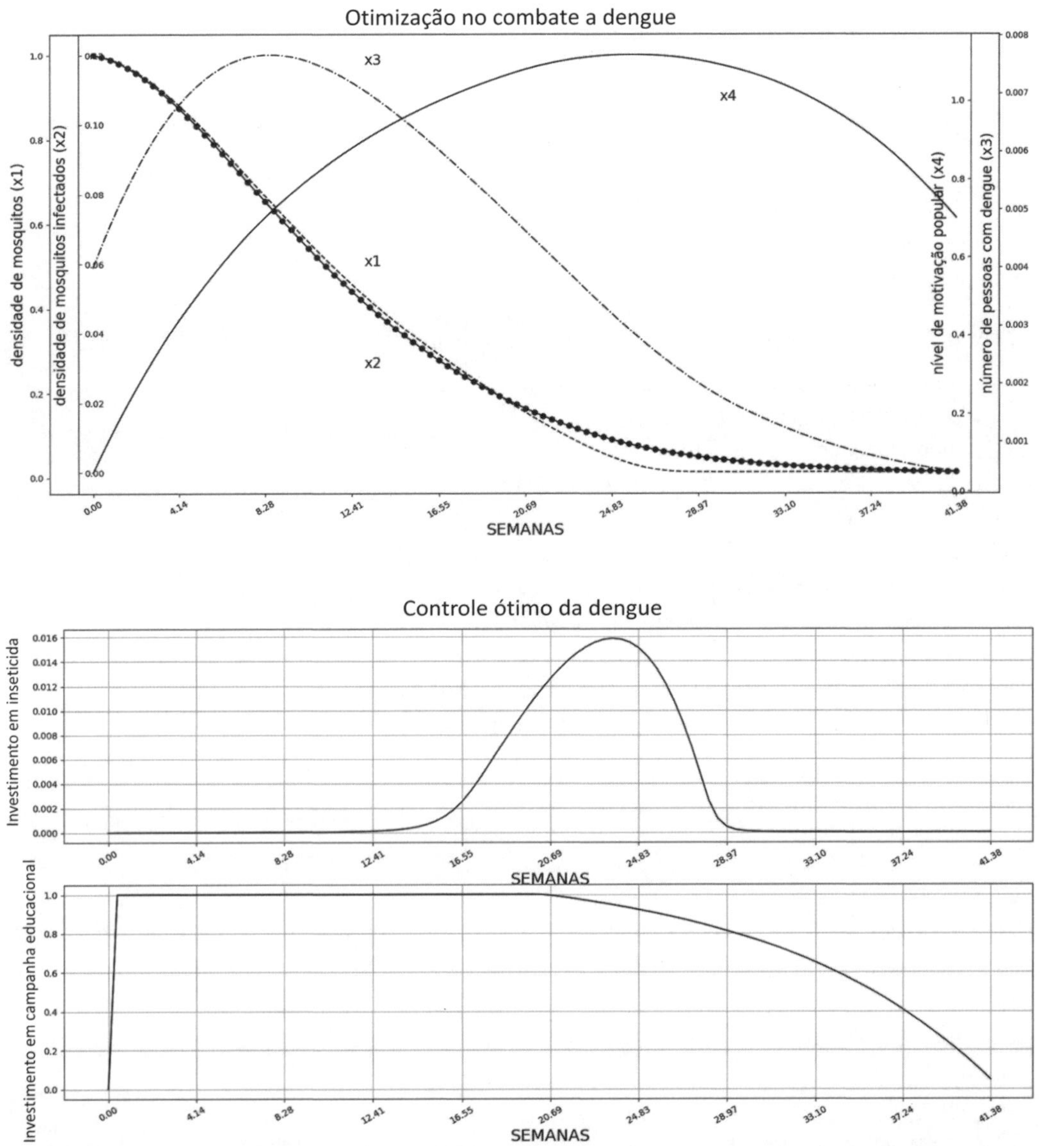

Figura 13.34 – Controle ótimo da dengue com alto fator de esquecimento (τ = 0.8) da população.

O programa completo com as linhas de programação em Python são transcritos a seguir, observando que a parte onde se constroem os gráficos do problema foi realizada no sentido de condensar os valores de todas as variáveis de estado num único gráfico com vários eixos, como visto nas figuras anteriores.

É importante notar a transformação dos dados adimensionais do tempo para as semanas. Isso fornece uma informação importante, localizando o momento em que as diferenças políticas públicas de combate à dengue devem atuar. No Python, essa transformação está na linha 87.

```
87  tempo_real=m.time*tf.value[0]*52/(np.pi*2)
```

```
# Otimizacao - Controle Otimo da Dengue
#   min tf
#   suj a
#   dx1/dt=((alpha_r*(1-mu*m.sin(omega*t))-alpha_m-x4)*x1-u1)*tf)
#   dx2/dt= ((alpha_r*(1-mu*m.sin(omega*t))-alpha_m-x4)*x2+beta*(x1-x2)*x3-u1)*tf)
#   dx3/dt= (-x3+rho*x2)*(P-x3)*tf)
#   dx4/dt=  (-tau*x4+theta*x3+u2)*tf)
#       tf = livre
#       0 <= u <= 6
################################################
import numpy as np
from gekko import GEKKO
import matplotlib.pyplot as fig

m = GEKKO()
nt=101
m.time = np.linspace(0,1,nt)
x1 = m.Var(value=1)             #### cond incial x1(0) = 1
x2 = m.Var(value=0.12)          #### cond incial x2(0) = 0.12
x3 = m.Var(value=0.004)         #### cond incial x3(0) = 0.004
x4 = m.Var(value=0.05)          #### cond incial x4(0) = 0.05
t = m.Var()
alpha_r = 0.20
alpha_m = 0.18
beta = 0.30
lambd = 0.15
rho = 0.10
theta = 0.005
tau = 0.1
eta = 1
P = 1
phi = 0
mu = 0.08
gama_d = 1
gama_e = 0.8
gama_f = 0.4
omega = np.pi*2/52

##### controle variavel dentro dos limites ########
u1 = m.MV(value = 0, lb = 0, ub = 1) ### 0<=u<=1
u1.STATUS = 1 # valor variavel do passo 1 ate o
#                  # final em todos os passos de integracao

u2 = m.MV(value = 0, lb = 0, ub = 1) ### 0<=u<=1
u2.STATUS = 1    # valor variavel do passo 1 ate o
#                   # final em todos os passos de integracao
#######################################################

```

```
p = np.zeros(nt)
p[-1]=1  # marca o ponto do tempo final
final = m.Param(value=p) # multiplica a cond. final da func Obj

# Tempo final livre
####################################
tf=m.FV(value=1, lb=0.1, ub=5.0) # --- tempo final livre
tf.STATUS=1 # valor variavel do passo 1 ate o final

####### Eq. diferenciais parametrizadas pelo tf ########
m.Equation(x1.dt() == ((alpha_r*(1-mu*m.sin(omega*t+phi))-alpha_m-x4)*x1-u1)*tf)
m.Equation(x2.dt() == ((alpha_r*(1-mu*m.sin(omega*t+phi))-alpha_m-x4)*x2+beta*(x1-x2)*x3-u1)*tf)
m.Equation(x3.dt() == (-eta*x3+rho*x2)*(P-x3)*tf)
m.Equation(x4.dt() == (-tau*x4+theta*x3+u2)*tf)
m.Minimize(final*1e5*(x1-0)**2)
m.Minimize(final*1e5*(x2-0)**2)
m.Minimize(final*1e5*(x3-0)**2)

m.Equation(x1>0)
m.Equation(x2>0)
m.Equation(x3>0)
m.Equation(x4>0)

###### Funcao Objetivo - Minimo Controle #########
m.Obj(gama_d*x3**2+gama_f*u1**2+gama_e*u2**2)
m.options.IMODE=6    # mode de otim dinamica e controle
m.solve(disp=True)   # solucao otima do problema

print(' ')
print('#### tempo final  #####')
print(' ')
print('tempo final (semanas) = ' + str(tf.value[0]*52/(np.pi*2)))
print(' ')
print('################################')
################# graficos ################

figura, ax = fig.subplots()

tempo_real=m.time*tf.value[0]*52/(np.pi*2)

ax.plot(tempo_real,x1.value,'k-o',label=r'$x1$')
ax.set_ylabel('densidade de mosquitos (x1)', fontsize=16)
ax.yaxis.tick_left()
fig.xticks(tempo_real[::10],rotation=30)
```

```
ax.text(13,0.5,s='x1',fontsize=16)
fig.title('Otimização no Combate a Dengue', fontsize=20)
fig.xlabel('SEMANAS', fontsize=18)
ax_1=ax.twinx()
ax_1.spines['right'].set_position(('axes', 0.03))
ax_1.plot(tempo_real,x2.value,'k--',label=r'$x2$')
ax_1.text(13,0.03,s='x2',fontsize=16)
ax_1.yaxis.set_label_position("left")
ax_1.yaxis.set_label_coords(0.02,0.5)
ax_1.set_ylabel('densidade de mosquitos infectados (x2)', fontsize=16)
ax2=ax.twinx()
ax2.spines['left'].set_position(('axes', 1.0))
ax2.plot(tempo_real,x3.value,'k-.',label=r'$x3$')
ax2.yaxis.set_label_position("left")
ax2.text(13,0.0075,s='x3',fontsize=16)
ax2.set_ylabel('número de pessoas com dengue (x3)', fontsize=16)
ax3=ax.twinx()
ax3.spines['left'].set_position(('axes', 0.97))
ax3.plot(tempo_real,x4.value,'k-',label=r'$x4$')
ax3.yaxis.tick_left()
ax3.yaxis.set_label_position("left")
ax3.set_ylabel('nível de motivação popular (x4)', fontsize=16)
ax3.text(30,1,s='x4',fontsize=16)
ax2.spines["right"].set_edgecolor('black')
fig.figure()
fig.subplot(211)
fig.plot(tempo_real,u1.value,'k-',label=r'$u$')
fig.xticks(tempo_real[::10],rotation=30)
fig.xlabel('SEMANAS', fontsize=18)
fig.ylabel('Investimento em Inseticida',fontsize=15)
fig.grid()
fig.title('Controle Ótimo da Dengue',fontsize=20)
fig.subplot(212)
fig.plot(tempo_real,u2.value,'k-',label=r'$u$')
fig.xticks(tempo_real[::10],rotation=30)
fig.xlabel('SEMANAS', fontsize=18)
fig.ylabel('Investimento em Campanha Educacional',fontsize=15)
fig.grid()
```

13.10 OTIMIZAÇÃO NO CONTROLE DA EMISSÃO DE CO_2 NA AMAZÔNIA

Nas últimas décadas, uma atenção especial aumentou em relação aos aspectos e correlações existentes entre aquecimento global e emissão de dióxido de carbono (CO_2). Paralelamente a esse processo, a economia globalizada vem despertando atenção em relação aos países poluidores, como China e Índia, com elevadas taxas de crescimento. No Brasil, a atenção se volta pelo desmatamento da floresta Amazônica. Esse crescimento da população nem sempre possui um balanceamento adequado entre o desenvolvimento do país e o desenvolvimento de tecnologias para a produção de energia limpa e renovável. Ainda considerando um aspecto pior, tecnologias de desenvolvimento sustentável, como aproveitamento adequado do solo, equipamentos de filtragem de poluentes, gerenciamento ótimo dos recursos disponíveis no país entre outros diversos, não fazem parte de planos e projetos dos países em desenvolvimento.

O custo estimado para que os países industrializados aplicassem o antigo protocolo de Kyoto era de 0,1% a 0,2% do PIB, mas nem isso foi cumprido pelas nações no mundo. Governos poderiam utilizar certas porcentagens do PIB aliadas ao aumento da cobertura vegetal, o que, além de incentivar a manutenção de extensas áreas de florestas ou o corte controlado, aumentaria tecnologias limpas na obtenção de energia ou na redução da emissão de CO_2.

Sabe-se que as florestas são responsáveis pelo importante balanço entre emissão e captação de CO_2. Um estudo importante é a modelagem e otimização de processos para aumentar a compreensão sobre custos de investimentos em redução de gases de efeito estufa.

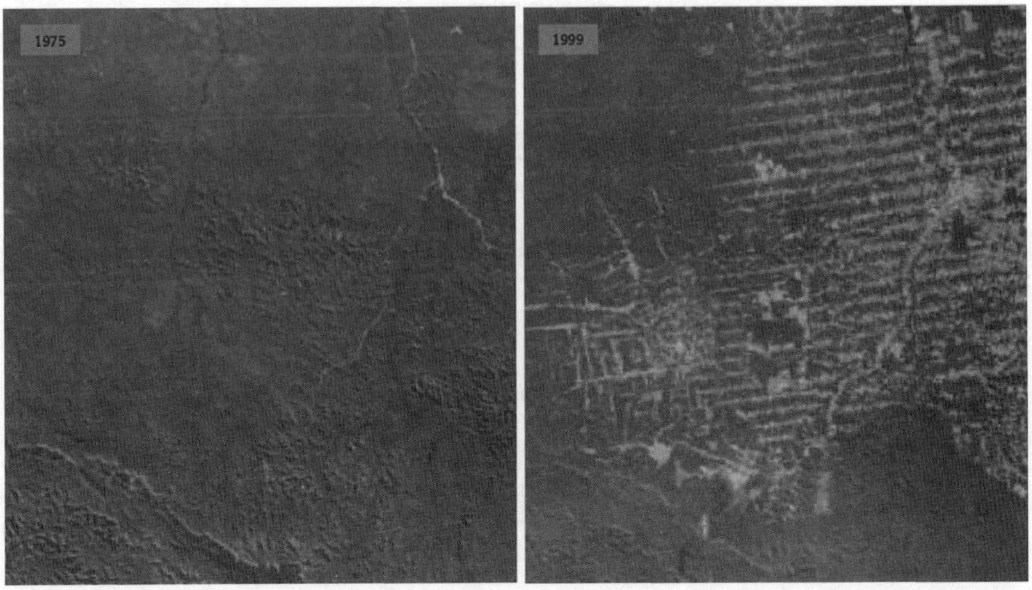

Figura 13.35 – Desmatamento visto na comparação entre duas imagens da mesma região da Amazônia, de anos diferentes (1975 e 1999).

Um bom modelo matemático dinâmico deve levar em conta a concentração do CO_2, a área florestal e o produto interno bruto de um país ou continente. Entende-se que o balanço de emissão e captação do CO_2 envolve não apenas uso de tecnologias, mas de grandes áreas florestais. Como o oceano, também é um elemento responsável pelo balanço na concentração de CO_2 na áreas de florestas. Dados observados de florestas, como desmatamento ou reflorestamento, estão bastante ligados à disposição política e econômica de um governante em controlar tanto a emissão quanto a captação de CO_2.

A Figura 13.36 apresenta um esquema proposto em artigo (Caetano *et al.*, 2011) com as relações de um modelo dinâmico. Uma variável representando o produto interno bruto (PIB) crescerá dependente de anos anteriores, e uma porcentagem de seus resultados poderá ser utilizada para uma política de reflorestamento que, por sua vez, com base em uma taxa de crescimento α, será responsável pela diminuição da concentração de CO_2.

Por sua vez, uma parte do PIB também será utilizada para um aumento ou diminuição da concentração de CO_2. Esse aumento ou diminuição na concentração de CO_2 vai depender da relação $\alpha_2 - u_2$. Um valor positivo significa que ocorrerá investimento em tecnologias limpas e renováveis (que, em nosso caso, será a variável de controle u_2) maior que o gasto de PIB em outras energias (representadas por α_2), e, com isso, será diminuída a concentração de CO_2. Se um governo investe menos em tecnologias limpas (u_2), ocorrerá um aumento na concentração de CO_2.

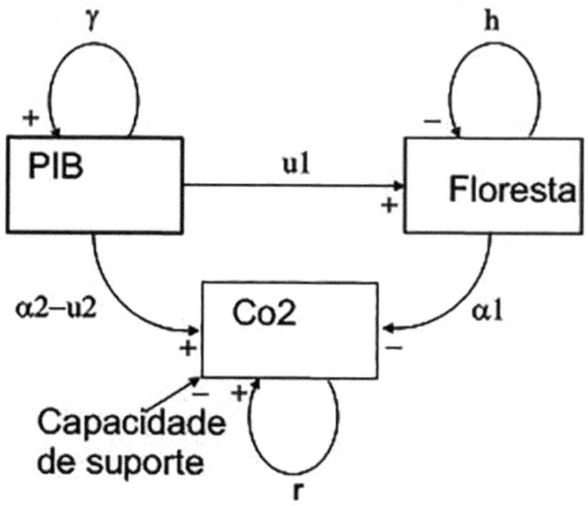

Figura 13.36 – Esquema e relações entre as variáveis do modelo matemático para otimização.

O modelo que se distingue é composto de três equações diferenciais ordinárias, conforme apresentado a seguir:

$$\begin{cases} \dfrac{d[CO_2]}{dt} = \alpha_0 [CO_2]\left(1 - \dfrac{[CO_2]}{s}\right) - \alpha_1 F + (\alpha_2 - u_2)(PIB) \\[2ex] \dfrac{dF}{dt} = u_1(PIB) - hF \\[2ex] \dfrac{d(PIB)}{dt} = \gamma(PIB) \end{cases} \tag{13.32}$$

em que CO_2: emissão de CO_2 em milhões de toneladas na atmosfera; F: área de floresta; e PIB: produto interno bruto do país ou da região de estudo. Os parâmetros devem ser ajustados usando métodos numéricos baseados em dados reais obtidos para cada região de estudo. As variáveis u_1 e u_2 são as variáveis de controle que podem ser utilizadas pelos governos em suas políticas públicas.

A forma de investimento nessas variáveis cria cenários diferentes e interessantes para projeção das emissões de CO_2 num país ou região de estudo. Dependendo da forma ou do montante financeiro aportado em u_1 e u_2, o resultado final pode mostrar um controle de emissões ou um aumento de emissões que, por consequência, pode aumentar a temperatura na região. Apesar de estudos ainda serem controversos sobre a ligação CO_2 e temperatura, adotamos que, mesmo que não haja interferência na temperatura, o aumento de emissão de CO_2 poderá contribuir para outras formas de malefícios aos seres humanos, como doenças respiratórias, interferências em voos, destruição de parques e má visibilidade mundial para um país de composição continental como o Brasil.

No caso desse modelo, u_1 (variável de controle) é nomeada como taxa de investimentos ligada ao reflorestamento. A segunda variável de controle é u_2 e está ligada diretamente às taxas de investimento dos governos em políticas voltadas para tecnologias conhecidas como "limpas" (leis para monitorar meio ambiente, incentivos fiscais para indústrias poluírem menos, incentivos para indústrias ligadas à energia renovável etc.).

Sendo variáveis de controle, u_1 e u_2 podem ser investigadas sobre o ponto de vista de otimização. A utilização da teoria de controle ótimo é uma ferramenta-chave, mas não única, para o controle dessas variáveis.

Seguindo os mesmos passos do que foi proposto em Caetano *et al.* (2011), para facilitar a notação, renomeamos as variáveis como:

$$x = [CO_2]$$

$$y = PIB$$

$$z = F$$

O que se deseja, então, é:

$$Min\ J = Peso\left(x(t_f) - 50\right)^2 + Peso\left(z(t_f) - 3500\right)^2 + \int_0^{t_f} qx^2 + r_1u_1^2 + r_2u_2^2\, dt \tag{13.33}$$

Sujeito a

$$\begin{cases} \dfrac{dx}{dt} = \alpha_0 x\left(1 - \dfrac{x}{s}\right) - \alpha_1 z + (\alpha_2 - u_2)y \\ \dfrac{dy}{dt} = \gamma y \\ \dfrac{dz}{dt} = u_1 y - hz \end{cases} \tag{13.34}$$

O tempo final é livre e com as condições de contorno

$$x(0) = 450(milhões\ ton\ por\ ano) \qquad x(t_f) = 50$$

$$y(0) = 433.16(1E6\ US\$) \qquad y(t_f) = livre$$

$$z(0) = 3649\ Km^2 \qquad z(t_f) = 3500 \tag{13.35}$$

Com as restrições

$$x \geq 0 \quad y \geq 0 \quad z \geq 0 \tag{13.36}$$

E as restrições nos investimentos em reflorestamento e tecnologia limpa

$$0 \leq u_1(t) \leq 750 \quad (\textit{reflorestamento})$$
$$0 \leq u_2(t) \leq 420 \quad (\textit{tecnologia limpa}) \tag{13.37}$$

Os parâmetros ajustados com a utilização de dados reais da Amazônia por meio do Instituto Nacional de Pesquisas Espaciais (INPE) são:

$\alpha_0 = 1.2$ $\quad \alpha_1 = 0.1$ $\quad \alpha_2 = 0.0003$

s = 1900 h = 0.1 $\gamma = 0.05$

q = 1 r1 = 2.3e+6 r2 = 8e+6 Peso = 1e5

A programação no Python para as condições iniciais (13.35) é

```
x = m.Var(value=450)          #### cond incial x(0) = 450(ton/ano)
y = m.Var(value=433.16)       #### cond incial y(0) = 433.16(1E6 US$)
z = m.Var(value=3649)         #### cond incial z(0) = 3649 km2
```

A programação da limitação das duas variáveis de controle (13.37) no Python é:

```
##### controle variavel dentro dos limites ########
u1 = m.MV(value = 0, lb = 0, ub = 750) ### 0<=u<=750
u1.STATUS = 1   # valor variavel do passo 1 ate o
#               # final em todos os passos de integracao

u2 = m.MV(value = 0, lb = 0, ub = 420) ### 0<=u<=420
u2.STATUS = 1   # valor variavel do passo 1 ate o
#               # final em todos os passos de integracao
##########################################################
```

Para a dinâmica (13.34), as restrições (13.36) e a função objetivo (13.33), considerando o tempo final livre e como uma variável a ser determinada, teremos as seguintes linhas no Python:

```
48 # Tempo final livre
49 ##################################
50 tf=m.FV(value=1, lb=0.1, ub=10.0) # --- tempo final livre
51 tf.STATUS=1 # valor variavel do passo 1 ate o final
52
53 ####### Eq. diferenciais parametrizadas pelo tf ########
54 m.Equation(x.dt() == (alpha_0*x*(1-x/s)-alpha_1*z+(alpha_2-u2)*y)*tf)
55 m.Equation(y.dt() == (gama*y)*tf)
56 m.Equation(z.dt() == (u1*y-h*z)*tf)
57 m.Minimize(final*Peso*(x-50)**2)
58 m.Minimize(final*Peso*(z-3500)**2)
59
60 m.Equation(x>0)
61 m.Equation(y>0)
62 m.Equation(z>0)
63
64 ###### Funcao Objetivo - Minimo Controle #########
65 m.Obj(q*x**2+r1*u1**2+r2*u2**2)
66 m.options.IMODE=6  # mode de otim dinamica e controle
67 m.solve(disp=True)  # solucao otima do problema
```

Como os parâmetros foram ajustados com dados anuais, o tempo final que será encontrado será dado em anos. A variável "Peso" na linha 57 e na linha 58 serve para obrigar o controlador, ao minimizar a função objetivo, cumprir a meta de resultado final para a emissão de CO_2 e para a área de florestas na Amazônia. Ao rodar o programa em Python, encontramos os resultados apresentados na Figura 13.37 e na Figura 13.38. Os resultados são para 10 anos no tempo final.

```
#### tempo final  #####

tempo final (anos) = 10.0

################################
```

A meta é uma redução na emissão de 450 milhões de toneladas de CO_2 para 50 milhões de toneladas, colocadas como condição final. Para essa meta ser atingida, foi considerada que a área de floresta poderia ser reduzida no início da aplicação de controle, mas, ao final do período, deveria se recuperar e voltar ao patamar de 3.500 Km^2. Para se conseguir essa meta, observando a Figura 13.38, o controlador começa aplicando grande quantidade de investimentos em tecnologias limpas (u_2), e iniciando no mínimo com reflorestamento (u_1).

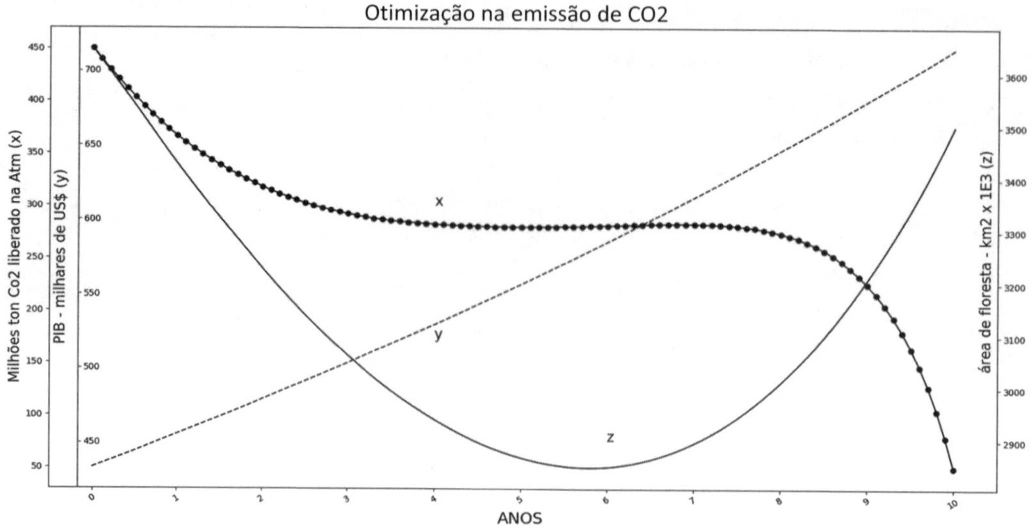

Figura 13.37 – Valores ótimos das variáveis de estado na minimização da emissão de CO_2, crescimento do PIB e aumento da área de florestas.

Ao longo de 10 anos, à medida que as emissões de CO_2 diminuem, a política se altera, aumentando o investimento em reflorestamento e diminuindo gradativamente os investimentos em tecnologias limpas. Com isso, torna-se (segundo o modelo) viável uma drástica redução na emissão de CO_2 na Amazônia com alto grau de preservação. O tempo para isso é de 10 anos.

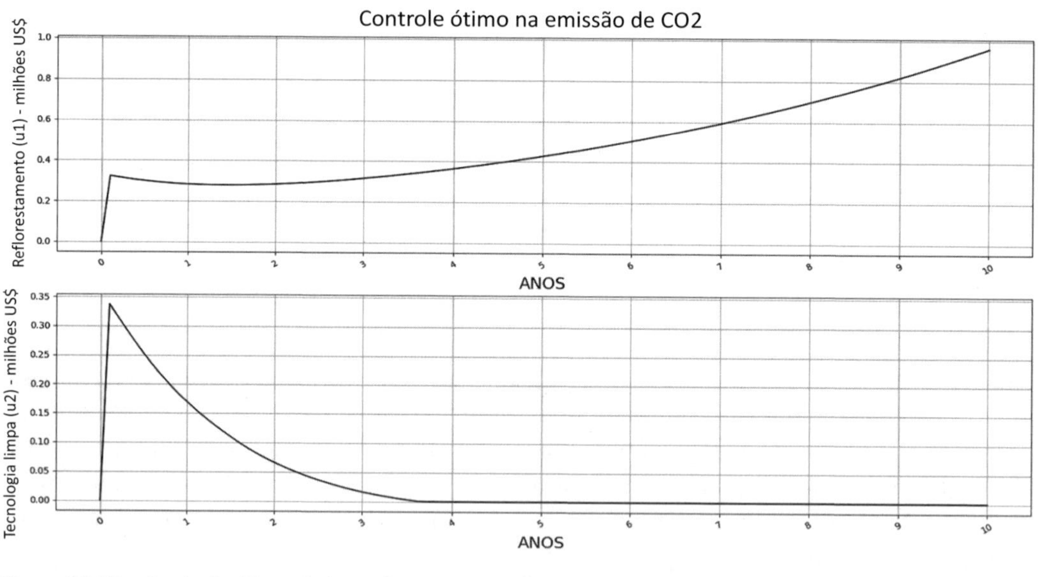

Figura 13.38 – Controle ótimo de investimento em reflorestamento e tecnologia limpa.

Outro fato que se pode observar na Figura 13.37 é que, após uma queda nas emissões de poluentes, estas passam um período estável, enquanto a área florestal continua se degradando. Mas, com o aumento gradual no reflorestamento, após 6 anos, as florestas começam a capturar carbono, levando a um grau acentuado de queda nas emissões de CO_2.

As linhas do código completo para otimização em Python são apresentadas a seguir:

```
# Otimizacao - Controle Otimo na Emissao do CO2
#   min tf
#   suj a
#   dx/dt = (alpha_0*x*(1-x/s)-alpha_1*z+(alpha_2-u2)*y)*tf)
#   dy/dt = (gama*y)*tf)
#   dx/dt = (u1*y-h*z)*tf)
#       tf = livre
#       0 <= u1 <= 750
#       0 <= u2 <= 420
##################################################
import numpy as np
from gekko import GEKKO
import matplotlib.pyplot as fig

m = GEKKO()
nt=101
m.time = np.linspace(0,1,nt)
x = m.Var(value=450)            #### cond incial x(0) = 450(ton/ano)
y = m.Var(value=433.16)         #### cond incial y(0) = 433.16(1E6 US$)
z = m.Var(value=3649)           #### cond incial z(0) = 3649 km2

alpha_0 = 1.2
alpha_1 = 0.1
alpha_2 = 0.0003
s = 1900
h = 0.1
gama = 0.05
q = 1
r1 = 2.3e+6
r2 = 8e+6
Peso = 1e5


##### controle variavel dentro dos limites ########
u1 = m.MV(value = 0, lb = 0, ub = 750) ### 0<=u<=750
u1.STATUS = 1  # valor variavel do passo 1 ate o
#              # final em todos os passos de integracao

u2 = m.MV(value = 0, lb = 0, ub = 420) ### 0<=u<=420
u2.STATUS = 1  # valor variavel do passo 1 ate o
#              # final em todos os passos de integracao
#########################################################

p = np.zeros(nt)
p[-1]=1 # marca o ponto do tempo final
final = m.Param(value=p) # multiplica a cond. final da func Obj

```

```
# Tempo final livre
##################################
tf=m.FV(value=1, lb=0.1, ub=10.0) # --- tempo final livre
tf.STATUS=1 # valor variavel do passo 1 ate o final

####### Eq. diferenciais parametrizadas pelo tf ########
m.Equation(x.dt() == (alpha_0*x*(1-x/s)-alpha_1*z+(alpha_2-u2)*y)*tf)
m.Equation(y.dt() == (gama*y)*tf)
m.Equation(z.dt() == (u1*y-h*z)*tf)
m.Minimize(final*Peso*(x-50)**2)
m.Minimize(final*Peso*(z-3500)**2)

m.Equation(x>0)
m.Equation(y>0)
m.Equation(z>0)

###### Funcao Objetivo - Minimo Controle #########
m.Obj(q*x**2+r1*u1**2+r2*u2**2)
m.options.IMODE=6  # mode de otim dinamica e controle
m.solve(disp=True) # solucao otima do problema

print(' ')
print('#### tempo final  #####')
print(' ')
print('tempo final (anos) = ' + str(tf.value[0]))
print(' ')
print('################################')
################ graficos ################

figura, ax = fig.subplots()

tempo_real=m.time*tf.value[0]

ax.plot(tempo_real,x.value,'k-o',label=r'$x$')
ax.set_ylabel('Milhões ton Co2 liberado na Atm (x)', fontsize=16)
ax.yaxis.tick_left()
fig.xticks(tempo_real[::10],rotation=30)
ax.text(4,300,s='x',fontsize=16)
fig.title('Otimização na Emissão de CO2', fontsize=20)
fig.xlabel('ANOS', fontsize=18)

ax_1=ax.twinx()
ax_1.spines['right'].set_position(('axes', 0.03))
ax_1.plot(tempo_real,y.value,'k--',label=r'$y$')
ax_1.text(4,520,s='y',fontsize=16)
ax_1.yaxis.set_label_position("left")
ax_1.yaxis.set_label_coords(0.02,0.5)
ax_1.set_ylabel('PIB - milhares de US$ (y)', fontsize=16)

```

```
ax2=ax.twinx()
ax2.spines['left'].set_position(('axes', 1.0))

ax2.plot(tempo_real,z.value,'k-',label=r'$z$')
ax2.yaxis.set_label_position("left")
ax2.text(6,2900,s='z',fontsize=16)
ax2.set_ylabel('área de floresta - km2 x 1E3 (z)', fontsize=16)


fig.figure()
fig.subplot(211)
fig.plot(tempo_real,u1.value,'k-',label=r'$u$')
fig.xticks(tempo_real[::10],rotation=30)
fig.xlabel('ANOS', fontsize=18)
fig.ylabel('Reflorestamento(u1) - milhões US$',fontsize=15)
fig.grid()
fig.title('Controle Ótimo na Emissão de CO2',fontsize=20)

fig.subplot(212)
fig.plot(tempo_real,u2.value,'k-',label=r'$u$')
fig.xticks(tempo_real[::10],rotation=30)
fig.xlabel('ANOS', fontsize=18)
fig.ylabel('Tecnologia Limpa(u2) - milhões US$',fontsize=15)
fig.grid()
```

13.11 CONCLUSÃO

A teoria de controle ótimo, bem como a teoria sobre otimização, continua sólida e importante para a ciência. Teoremas garantem seu sucesso e são a prova de que, mesmo séculos após sua fundamentação, esses métodos ainda são úteis e utilizados.

Mas um fato a ser ressaltado é sobre os métodos numéricos contemporâneos, sobretudo os métodos de resolução de controle ótimo, que se tornaram de uma evolução indescritível na resolução de problemas envolvendo sistemas dinâmicos. A biblioteca GEKKO, do Python, que apresentamos neste capítulo é uma prova absurda de sucesso, rapidez e solidez de resultados que, antes, tomavam-nos anos de desenvolvimento analítico.

O problema da viagem Terra-Marte levava pelo menos seis meses de resolução, primeiro para a abordagem das variáveis adjuntas, depois para se encontrar um caminho de se resolverem as equações para a lei de controle ótimo, e, finalmente, sua implementação em computadores. E essa implementação era apenas o início de outro problema sério em controle ótimo, a convergência da solução.

Além de computadores muito lentos, as rotinas rodavam 24 horas por dia durante meses, e, para a tristeza dos pesquisadores, muitas vezes, ao término, a resposta era *not found solution*. Com as rotinas da biblioteca GEKKO, verificaram-se, além de sua extrema velocidade, a coerência com problemas clássicos e as mesmas respostas das soluções analíticas de livros históricos na academia.

Esse fato abre uma janela que, talvez, para o pesquisador iniciante ou jovem, não seja ainda percebido, para um desenrolar de novas e assustadoras técnicas avançadas de previsão em tempo real que deixarão os atuais aparelhos portáteis de soluções para deslocamentos desatualizados em breve. Essa janela está aberta; precisamos apenas saber usá-las para o bem de toda a sociedade, como no caso das doenças aqui apresentadas como exemplos ou do desmatamento da Amazônia e da emissão de CO_2 na atmosfera.

Todos os programas deste capítulo estão disponibilizados no repositório do GitHub de forma gratuita para o leitor baixar e testar em seu computador. No entanto, o leitor deverá se atentar às versões das bibliotecas usadas no Python. Frequentemente, o Python troca os parâmetros das bibliotecas, ou mesmo as desativa. Caso seja apenas uma troca de parâmetro, pequenas alterações poderão ser realizadas nos *scripts* a fim de que voltem a rodar. Mas, se uma biblioteca for desativada, outros métodos e bibliotecas terão de ser trocados nos problemas para que voltem a funcionar.

O link do GitHub para este capítulo é: <https://github.com/malcaetano/Eden_Algoritmos_Python/tree/main/Cap13>.

Capítulo **14**

Redes complexas

14.1 INTRODUÇÃO

Em 1967, Stanley Milgram realizou um estudo que revolucionou o mundo e o conhecimento sobre as relações entre as pessoas. O estudo consistia em identificar, por meio de envio de cartas, qual era o número de ligações de amizades existentes entre duas pessoas. Ou seja, quantas pessoas passariam para a frente tal carta, até a chegar à pessoa desejada. O estudo foi realizado com 300 pessoas, e cada uma delas tinha de entregar uma carta para alguém que possivelmente conhecesse um corretor de bolsa de valores em Boston, não importasse se essa pessoa conhecia pessoalmente ou não o corretor.

Então, por exemplo, uma pessoa que não soubesse nada de bolsa de valores poderia enviar a carta para um parente em Boston que investisse na Bolsa, que, por sua vez, enviaria para alguém que conhecia a corretora do tal corretor da carta, que, então, não, faria chegar ao corretor. A surpresa do experimento foi o resultado: essa carta passava em média por 5,5 pessoas até chegar ao seu destino final. Esse experimento ficou conhecido como *seis graus de separação.*

Milgram mostrou que o mundo e nossas relações entre as pessoas não é tão grande quanto aparenta ser. Por isso, não é de estranhar, às vezes, encontrarmos "alguém que conhece alguém que é nosso amigo muito próximo". Esse experimento ajudou a ampliar os estudos em redes e ligações entre os nodos que as compõem.

A Figura 14.1 descreve quais as principais variáveis, ou medidas, que podemos aferir numa rede complexa. Os nodos, ou nós, de uma rede indicam agentes, polos de atração, também denominados *Hub.* A ligação entre os nodos se denomina como aresta ou ligação, o que indica uma possível influência de um nodo sobre outro quando existe uma aresta de ligação. Quando não existem arestas e o nodo está isolado, significa que sua relação com a rede pode ser muito fraca ou independente.

O número de vizinhos de um nodo se denomina *grau*. Por exemplo, se um nodo possui 3 ligações com vizinhos, seu grau será 3. A rede em si também pode ter seu grau médio, calculado pela média de todos os graus. A rede pode ter uma distribuição de probabilidades dos graus se os nodos forem aleatórios, e todas as medidas estatísticas conhecidas se aplicam à rede complexa, como se fosse uma população.

Claro que as redes reais são muito mais complexas do que a Figura 14.1, em que as ligações podem ser linhas de voos, caminhos percorridos, linhas de trens, linhas de eletricidade, perfazendo os nodos como cidades, empresas, indivíduos e assim por diante.

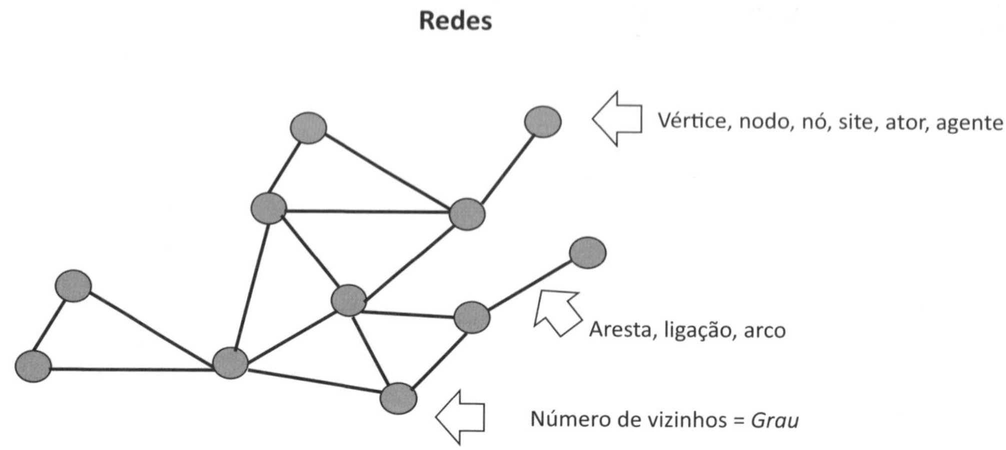

Figura 14.1 – Definições das variáveis de uma rede complexa.

Exemplos de redes são apresentados nas Figuras 14.2 (conexões de internet no mundo), 14.3 (áreas de estudo em matemática), 14.4 (pessoas e lugares ligados à Bíblia) e 14.5 (ligações entre nodos de voos pelo mundo).

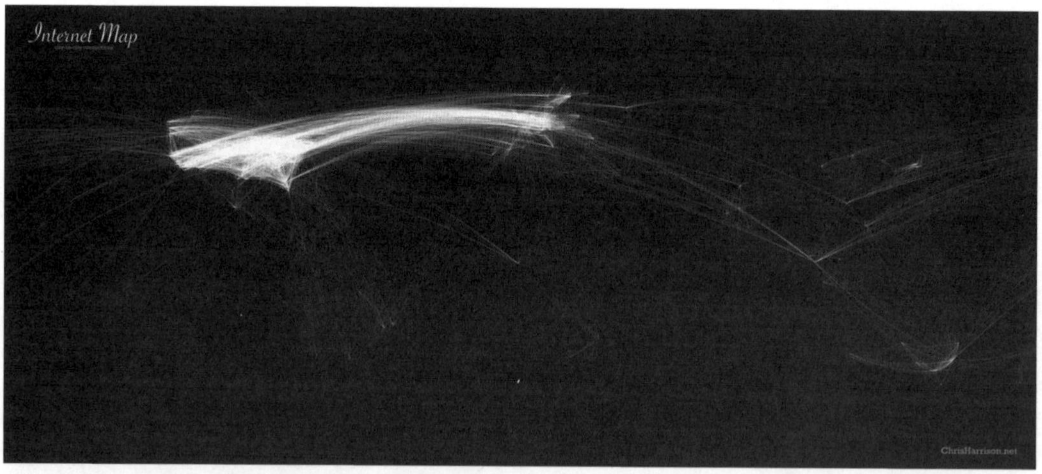

Figura 14.2 – Definições conexões de internet.

Fonte: <www.chrisharrison.net>.

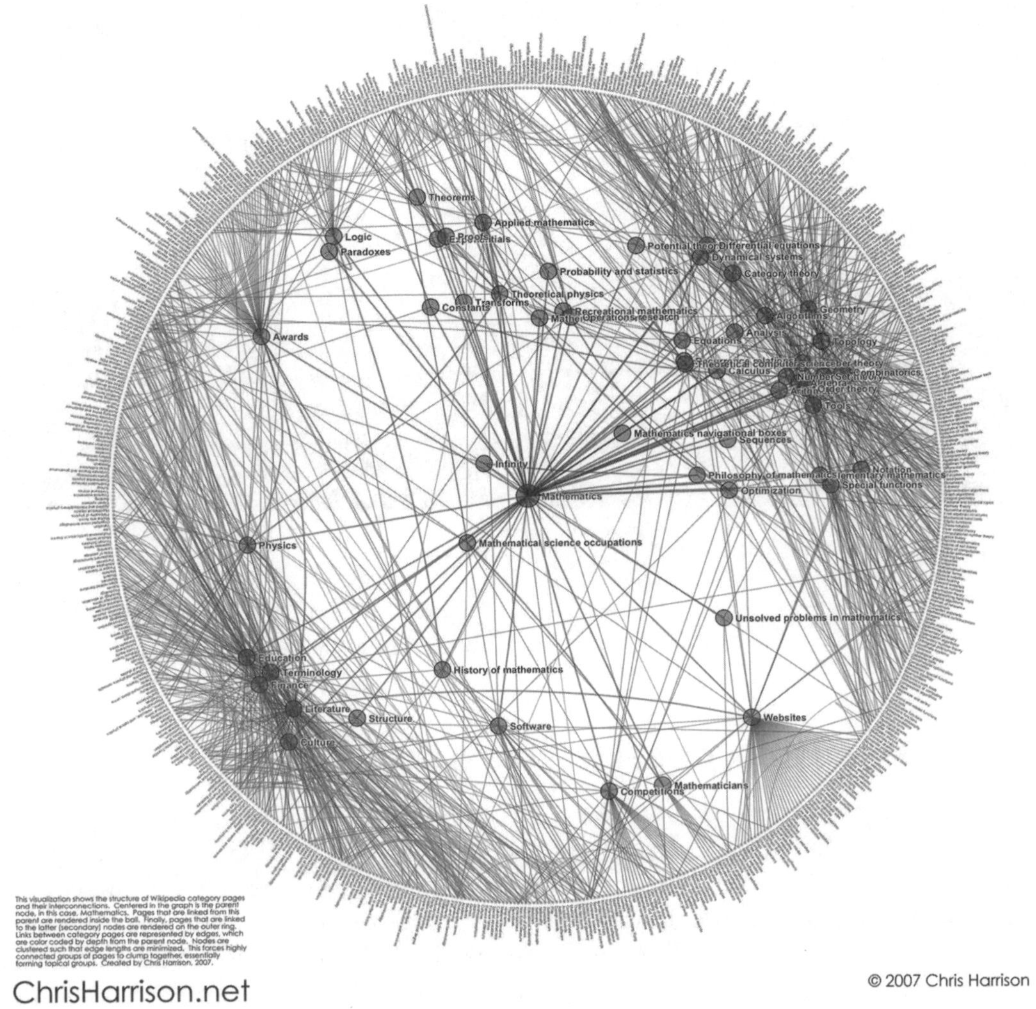

Figura 14.3 – Conexões de áreas de estudo em matemática.

Fonte: <www.chrisharrison.net>.

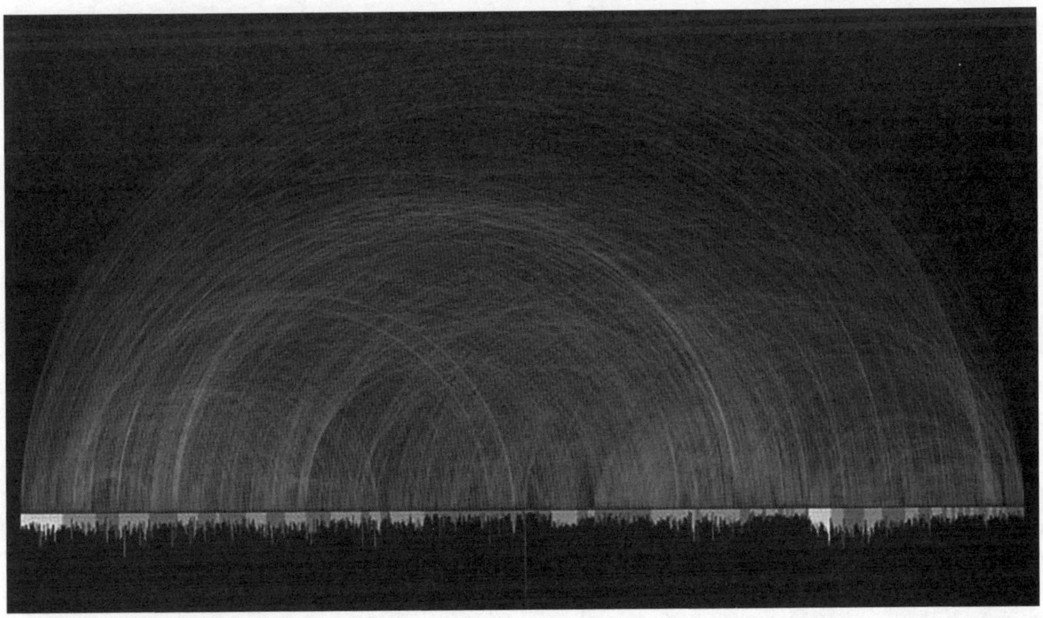

Figura 14.4 – Conexões de pessoas e lugares ligados à Bíblia.

Fonte: <www.chrisharrison.net>.

Figura 14.5 – Conexões e ligações entre nodos de voos pelo mundo.

Fonte: <https://studentwork.prattsi.org>.

14.2 ESTRUTURA DE REDES COMPLEXAS

A palavra *rede* tornou-se muito ampla e comum nos dias atuais, mas estudos nessa área advêm de muitos anos atrás, do início do século XX. Quando falamos em redes sociais, referimo-nos ao relacionamento entre pessoas ou grupo de pessoas. Em redes de informação, estamos falando da associação entre diversos tipos de informação e conhecimento. Redes tecnológicas nos remetem aos produtos desenvolvidos e que poderão ser utilizados pela população. Já em redes biológicas, teremos estudos e referências na codificação de enzimas, no balanceamento químico que movimentam as células e fazem-nos viver. Para redes financeiras, estudos indicam como o dinheiro flui de um sistema bancário ou bolsas de valores para outros sistemas até chegar ao cidadão comum, relacionando comércio e indústria com as ligações, nodos e arestas dessas redes.

A quantificação de medidas depende da topologia e da estrutura da rede estudada, e podemos ter simples medidas que nos fornecem um panorama geral do comportamento da rede, ou medidas muito avançadas e com tal grau de sofisticação que apenas grupos técnicos especializados poderão exercer tal tarefa.

14.2.1 MATRIZ DE ADJACÊNCIA

É uma matriz com *n* por *m* nodos codificando todas as ligações ou arestas existentes, sendo os elementos formados como

$$\begin{cases} a_{ij} = 1, \textit{se existe ligação entre os nodos i e j, em que } i \neq j \\ a_{ij} = 0, \textit{se não existe ligação ou aresta entre os nodos i e j} \end{cases}$$

Além disso, esses elementos poderão ter números que indicam o peso ou grau de importância na ligação dos nodos i e j. Ao longo dos anos de estudos sobre redes, diversos softwares auxiliaram na elaboração e aquisição de informações de importantes redes reais. Nos últimos anos, com a ampla divulgação e uso da linguagem Python, diversas e interessantes bibliotecas surgiram para estudos de maneira bastante simples e interativa. Uma dessas bibliotecas em Python é a *NetworkX*, que pode ser instalada no console de qualquer versão do Python usando *pip install networkx*.

Podemos, com a biblioteca *NetworkX*, não somente criar redes, mas, também, analisar redes reais utilizando as medidas já conhecidas, ou mesmo criar suas próprias medidas, dependendo do interesse da aplicação. Vamos supor que temos uma rede com os nodos A, B, C, D e E. Gostaríamos de criar nossa rede levando em conta as seguintes ligações entre os nodos:

A -> B

A -> C

B -> A

B -> D

B -> E

C -> A

C -> E

D -> B

E -> B

E -> C

Nesse caso, a matriz de adjacência A será como apresentado na Figura 14.6:

Matriz de Adjacência

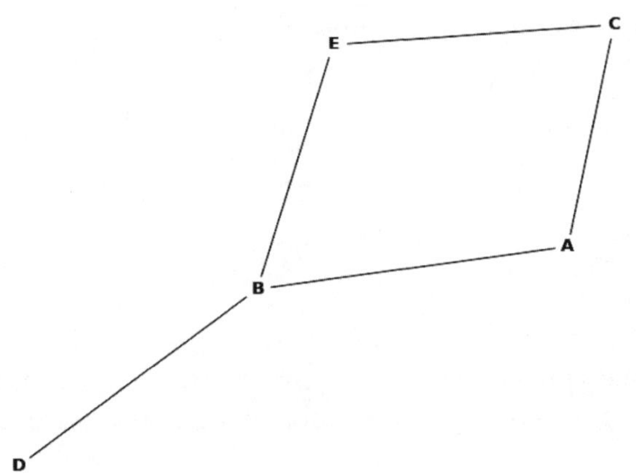

	A	B	C	D	E
A	0	1	1	0	0
B	1	0	0	1	1
C	1	0	0	0	1
D	0	1	0	0	0
E	0	1	1	0	0

Figura 14.6 – Matriz de adjacência.

Pode-se observar na Figura 14.6 que a ligação de A para B recebe o número 1 na primeira linha e também na linha de baixo, pois, nesse tipo de representação, se A está ligado a B, B também está ligado a A. No Python, o programa para gerar e apresentar a matriz de adjacência é o seguinte:

```
1  import networkx as nx
2  import matplotlib.pyplot as fig
3
4  G = nx.Graph()
5  G.add_node('A')
6  G.add_nodes_from(['B','C','D','E'])
7  G.add_edges_from([('A','B'),('A','C'), ('B','D'), ('B','E'), ('C','E')])
8
9  nx.draw(G, node_color='white', with_labels=True, font_weight='bold')
10 fig.show()
11
12 A=nx.adjacency_matrix(G).todense()
13 print(A)
```

Primeiro, devemos criar a topologia da rede. Nesse caso, uma rede é na verdade um grafo, uma estrutura matemática que pode ser formada por grupos específicos de relações entre os diversos nodos, com regras formadas pela teoria dos grupos. O estudo de grafos é ainda mais antigo, remontando da época dos matemáticos mais celebrados de todos os tempos, como o grande Leonhard Euler, que resolveu o clássico problema das sete pontes de Königsberg, em 1736. Assim, a linha 4 do *script* anterior cria uma estrutura de rede que precisa receber um nodo. A linha 5 indica que o primeiro nodo se chama "A".

A partir desse nodo A, a linha 6 cria os outros nodos da rede, e a linha 7, usando a função do Python *G.add_edges_from()*, gera as arestas ou ligações entre os nodos criados na linha 6. A matriz de adjacência é facilmente obtida no Python com a função

nx.adjacency_matrix(G).todense()

A extensão *todense* é interessante porque, no console, a matriz aparecerá no formato e na disposição clássica que se ensina em matemática, e não apenas com uma apresentação com as ligações entre os nodos. No console do Python, a saída é a seguinte.

```
[[0 1 1 0 0]
 [1 0 0 1 1]
 [1 0 0 0 1]
 [0 1 0 0 0]
 [0 1 1 0 0]]
```

Os nodos não precisam ser letras; eles podem ter a nomenclatura que desejarmos para identificação na rede. Por exemplo, vamos supor que desejamos as seguintes relações:

0 -> 1

1 -> 0

1 -> 2

1 -> 3

2 -> 1

2 -> 3

3 -> 1

3 -> 2

Nesse caso, o programa em Python troca os nomes dos nodos que estavam em letras para números.

```
import networkx as nx
import matplotlib.pyplot as fig

G = nx.Graph()
G.add_node(0)
G.add_nodes_from([1,2,3])
G.add_edge(0,1)
G.add_edges_from([(1,2),(2,3),(3,1)])
nx.draw(G, node_color='white', with_labels=True, font_weight='bold')
fig.show()
A=nx.adjacency_matrix(G).todense()
print(A)
```

O resultado é a rede apresentada na Figura 14.7, com a matriz adjacência correspondente às ligações desejadas anteriormente.

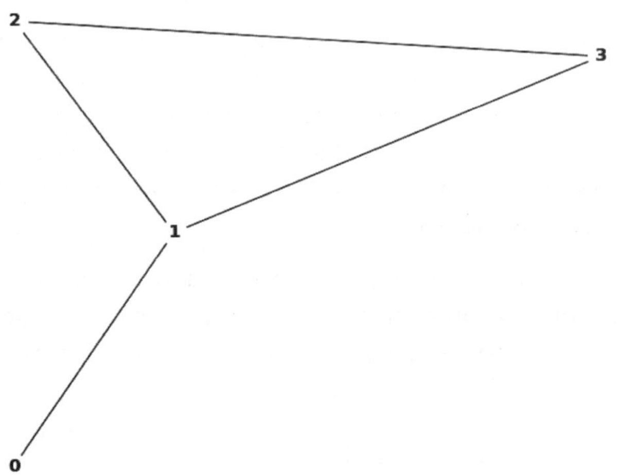

Matriz de Adjacência

	0	**1**	**2**	**3**
0	0	1	0	0
1	1	0	1	1
2	0	1	0	1
3	0	1	1	0

Figura 14.7 – Matriz de adjacência usando nodos como números.

14.2.2 GRAU DO NODO E DISTRIBUIÇÃO DOS GRAUS

A matriz de adjacência é uma representação numérica da rede e auxilia no desenvolvimento de medidas importantes para analisar não somente a estrutura da rede como seu comportamento dinâmico. Uma medida importante é o *grau do nodo*. O grau mede quantas conexões um determinado nodo possui. Isso é importante para saber se ele é um nodo muito conectado aos demais, se é vulnerável a ataques ou se é importante em sua ramificação para nodos periféricos.

Na rede da Figura 14.7, os resultados dos graus são os que se apresentam na Figura 14.8.

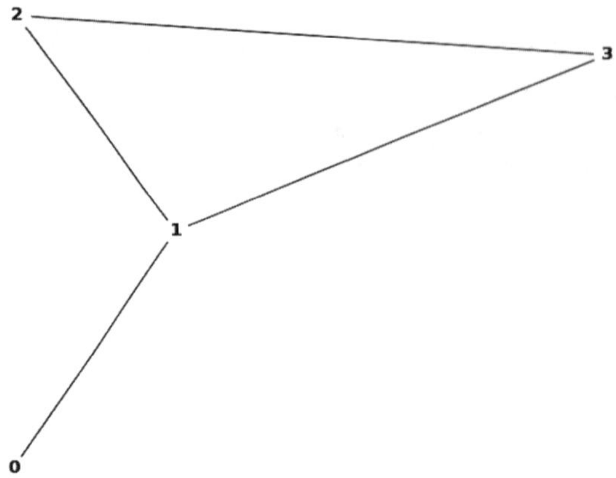

Matriz de Adjacência

	0	1	2	3	*Grau*
0	0	1	0	0	1
1	1	0	1	1	(3)
2	0	1	0	1	2
3	0	1	1	0	2

Figura 14.8 – Matriz de adjacência e grau dos nodos.

Observamos, então, que os graus são os seguintes:

Nodo 0: grau 1

Nodo 1: grau 3

Nodo 2: grau 2

Nodo 3: grau 2

Sob esse aspecto, o nodo mais importante é o nodo 1, que possui o maior grau de ligação entre todos os nodos. Em redes complexas e reais, podemos ter nodos com mesmo grau. Como poderemos representar então a importância dos nodos quando se tem muitas repetições na medida de graus? Nesse caso, devemos tratar o problema do ponto de vista da Estatística, representando esses graus por sua densidade, sua distribuição de probabilidade envolvendo média e desvio padrão.

Para medirmos densidade, apenas o grau médio, ou desvio padrão dos graus, não auxilia no cálculo e nas avaliações sobre o comportamento da rede de maneira global. Uma medida que pode estabelecer a densidade dos graus é a frequência relativa, cuja fórmula é

$$f_k = \frac{\textit{número de vértices com grau k}}{\textit{número total de vértices}}$$

E, com essa frequência, podemos criar histogramas para nos auxiliarem a ajustarmos a densidade dos graus para alguma distribuição de probabilidade. Isso ajuda bastante na previsão de ligações e comportamentos dos nodos da rede, principalmente seu comportamento dinâmico, à medida que as relações e ligações entre os nodos vão se alterando.

Por exemplo, vamos gerar uma rede com 100 nodos e ligações aleatórias no Python. Usando a biblioteca pandas, essa geração fica ainda mais fácil.

```
1   import networkx as nx
2   import matplotlib.pyplot as fig
3   import pandas as pd
4   import numpy as np
5
6   nodos = list(range(100))
7   df = pd.DataFrame({'De': np.random.choice(nodos,100),
8                     'Para':np.random.choice(nodos,100)})
```

O DataFrame da linha 7 cria, de forma aleatória, usando a biblioteca NumPy, números aleatórios inteiros que simularão ligações entre os nodos. A Figura 14.9 apresenta como fica a estrutura dessa rede. Obviamente, se o leitor rodar esse programa em seu computador, a figura será completamente diferente, pois as ligações são aleatórias e nunca se repetirão. Podemos ver, inclusive, que existem nodos que não possuem ligação nenhuma nesse exemplo e permanecem isolados como os nodos 13 e 67 dessa figura.

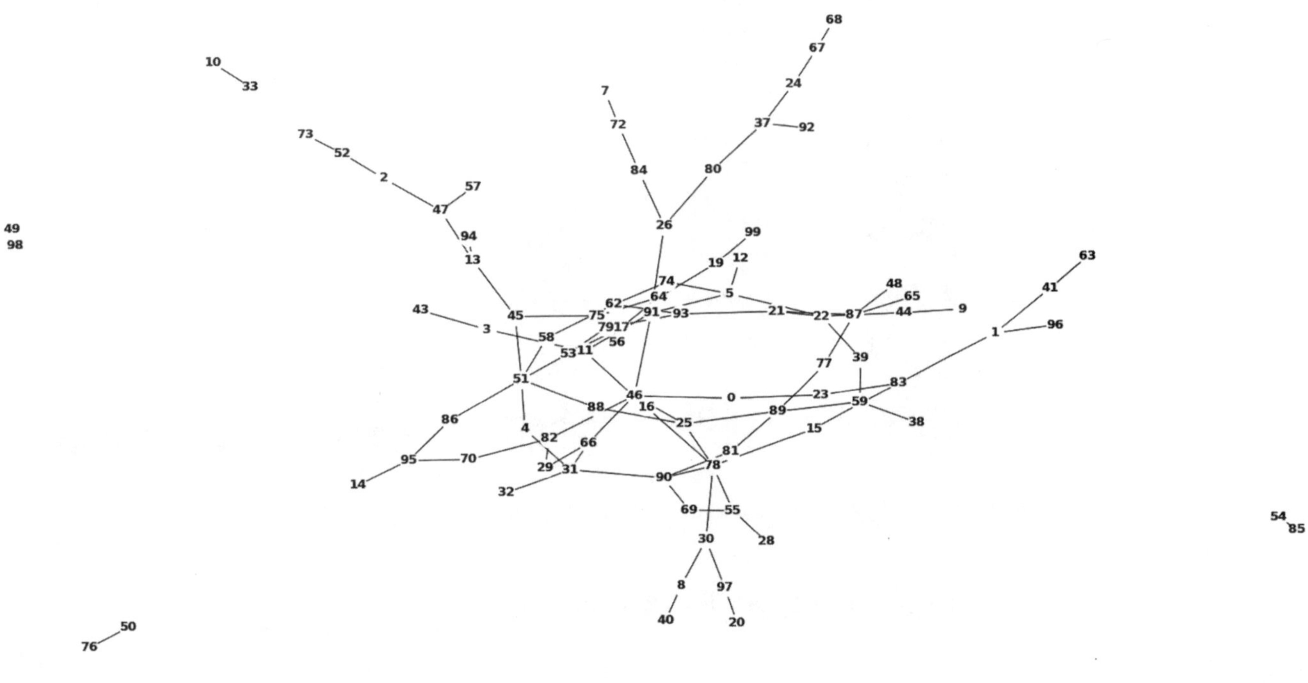

Figura 14.9 – Rede com ligação aleatória e 100 nodos.

Mas como aferir a densidade dessa rede? Analisando a frequência relativa, podemos criar uma linha de programação dentro do histograma, para gerar a contagem dos graus. A Figura 14.9 é criada lendo os dados do DataFrame com as linhas seguintes.

```
G = nx.from_pandas_edgelist(df, source='De',target='Para')
nx.draw(G, node_color='white', with_labels=True, font_weight='bold')
fig.figure()
```

E, para analisarmos a densidade, primeiro devemos conhecer o grau de cada nodo. Nesse caso, a função para nos informar o grau de cada nodo é ***nx.degree(nome da rede)***. As classes e o histograma dos graus são programados com a seguinte linha.

```
fig.hist([v for k,v in nx.degree(G)], color='grey')
```

O comando *v for k*, faz com que o Python percorra todos as k ligações aleatórias geradas e conte o número de vezes que os graus se repetiram e salve esses valores em classes, fazendo, a partir de então, o histograma da Figura 14.10. O eixo das abscissas indica a quantidade de ligações, e o eixo vertical indica a frequência com que essas ligações aparecem na rede. O que mais se nota nessa rede do exemplo é que existem mais ligações com grau 2 do que outras ligações. Por exemplo, nodos com 6 ligações são raros nessa rede.

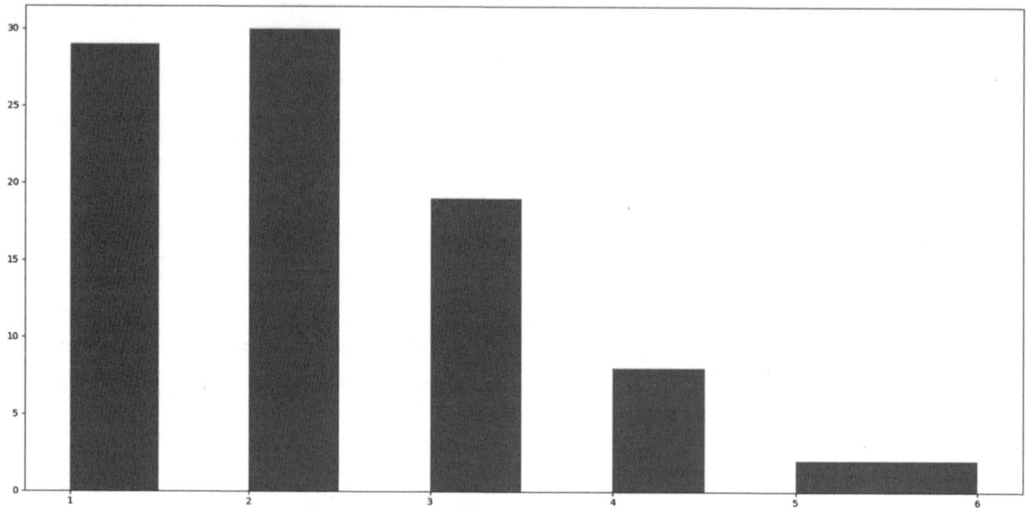

Figura 14.10 – Histograma dos graus dos 100 nodos com as ligações aleatórias.

O programa completo desse exemplo é o que se segue:

```
import networkx as nx
import matplotlib.pyplot as fig
import pandas as pd
import numpy as np

nodos = list(range(100))
df = pd.DataFrame({'De': np.random.choice(nodos,100),
                   'Para':np.random.choice(nodos,100)})

G = nx.from_pandas_edgelist(df, source='De',target='Para')
nx.draw(G, node_color='white', with_labels=True, font_weight='bold')
fig.figure()

fig.hist([v for k,v in nx.degree(G)], color='grey')
```

Outra representação bastante utilizada em redes é a disposição dos nodos e arestas em torno de um círculo. Assim, os nodos são fixos no círculo, e as arestas são desenhadas dentro dele. No Python, com a biblioteca NetworkX, é bem simples; basta trocar a linha 11 do código anterior pela linha:

```
nx.draw_circular(G, node_color='white', with_labels=True, font_weight='bold')
```

A rede no formato circular é desenhada graças à função *draw_circular*( ). O resultado para o exemplo pode ser visto na Figura 14.11.

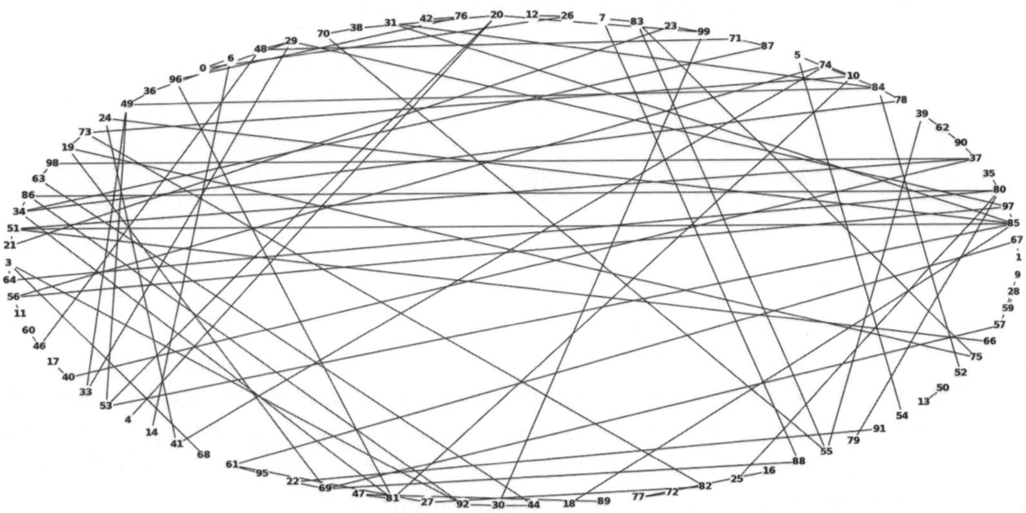

Figura 14.11 – Representação circular de uma rede.

O histograma para os graus desse exemplo é representado na Figura 14.12 a seguir:

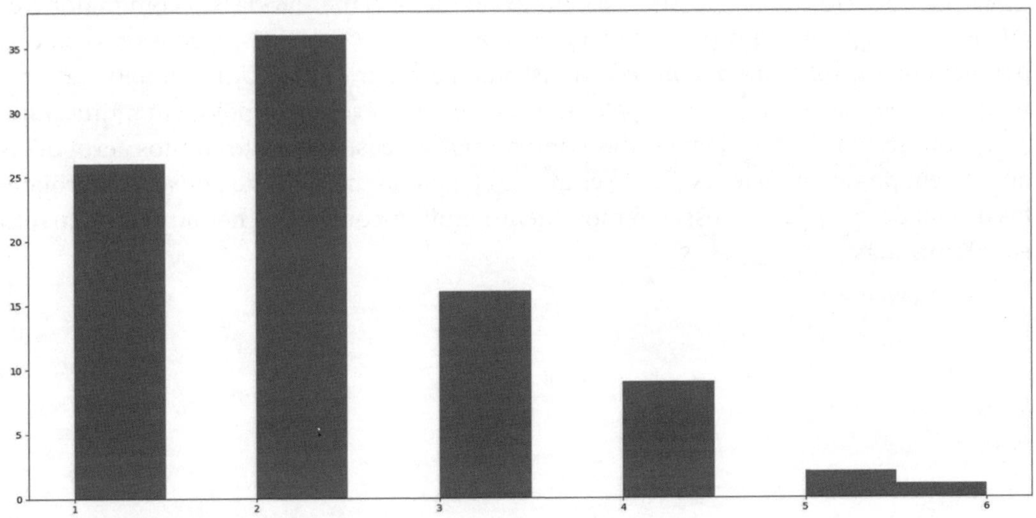

Figura 14.12 – Histograma para os graus dos nodos circulares.

O programa completo, nesse caso, é o que se segue, com a alteração da linha 11.

```
1  import networkx as nx
2  import matplotlib.pyplot as fig
3  import pandas as pd
4  import numpy as np
5
6  nodos = list(range(100))
7  df = pd.DataFrame({'De': np.random.choice(nodos,100),
8                     'Para':np.random.choice(nodos,100)})
9
10 G = nx.from_pandas_edgelist(df, source='De',target='Para')
11 nx.draw_circular(G, node_color='white', with_labels=True, font_weight='bold')
12
13 fig.figure()
14
15 fig.hist([v for k,v in nx.degree(G)], color='grey')
```

Esses exemplos anteriores foram construídos com redes nas quais os nodos eram aleatórios em suas ligações. Mas existem redes bem conhecidas e clássicas para estudos de populações. A rede do tipo Barabási (Barabási & Albert, 1999; Barabási *et al*, 1999) é onde nodos com mais conexões têm maior probabilidade de receber novas conexões. Por exemplo, se tivermos um nodo de grau 5 e outro de grau 2, quando um novo nodo é adicionado à rede, ele terá maior probabilidade de ligar-se ao nodo de grau 5. Essa rede já está disponível na biblioteca NetworkX com o nome

nx.barabasi_albert_graph(n=50, m=2)

em que ***n*** é o número de nodos, e ***m***, o número de arestas para cada novo nodo adicional. A rede de Barabási, nesse caso, é apresentada na Figura 14.13. O interessante é observar a distribuição dos graus dos nodos no histograma. As classes com maior frequência são aquelas com poucas ligações, e as classes com mais ligações são as que possuem pouca frequência, como demonstrado na Figura 14.14. Um exemplo real desse tipo de rede são os aeroportos pelo mundo. Poucos aeroportos possuem muitas ligações, com muitas linhas de voos das companhias aéreas, enquanto muitos aeroportos quase nem possuem ligações. Por exemplo, os pequenos campos de pouso, ou aeroportos de cidades pequenas, possuem movimento muito pequeno, ou nenhum movimento em alguns dias.

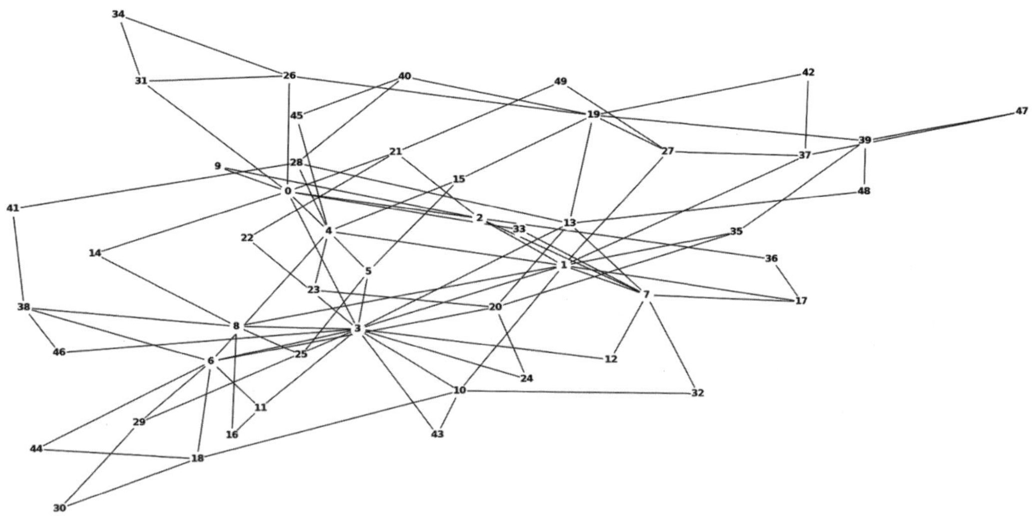

Figura 14.13 – Rede clássica de Barabási e Albert.

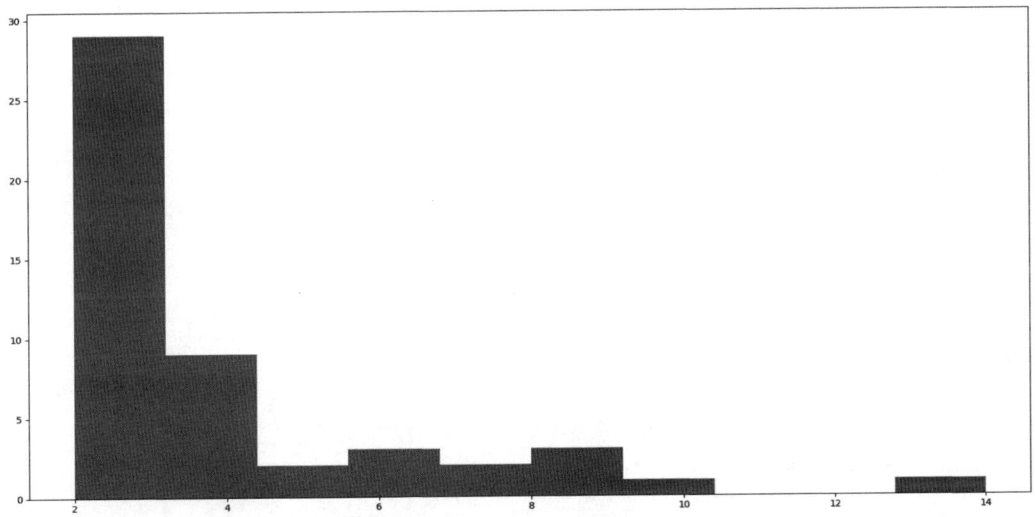

Figura 14.14 – Histograma da rede clássica de Barabási e Albert.

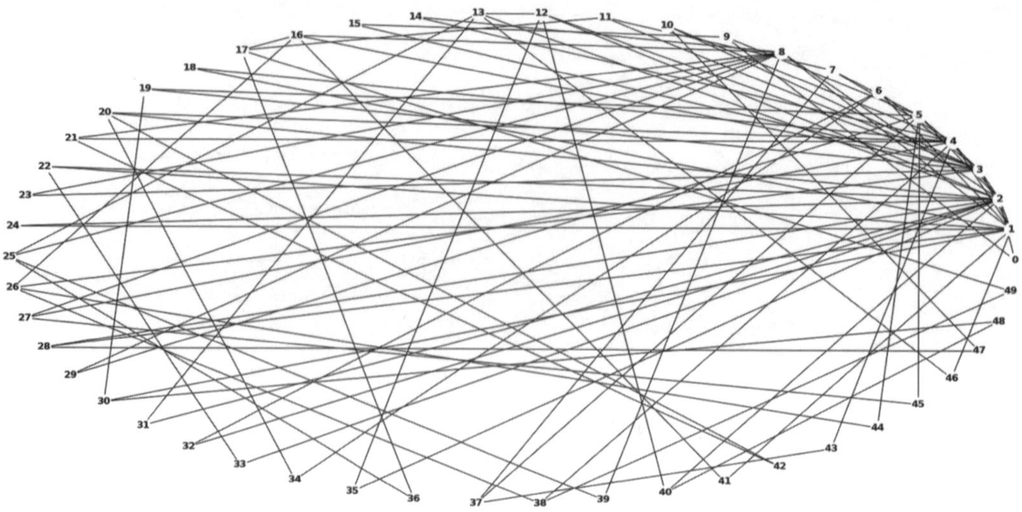

Figura 14.15 – Representação circular da rede de Barabási e Albert.

A Figura 14.15 apresenta a mesma rede de Barabási e Albert, mas com a representação circular. Esse tipo de rede é também conhecido como *rede livre de escala*, pois a distribuição dos graus dos nodos segue a lei da potência. Isto é, a fração P(k) dos nodos na rede tem k conexões para altos valores de K seguindo a fórmula de probabilidade

$$P(k) = k^{-\alpha}$$

em que o parâmetro alpha é um parâmetro que tipicamente oscila no intervalo (2, 3). O programa a seguir descreve as linhas para gerar uma rede de Barabási.

```
import networkx as nx
import matplotlib.pyplot as fig
##################################################
# n eh o número de nodos
# m o número de arestas para cada novo nodo adicional
##################################################

G_peq_mundo = nx.barabasi_albert_graph(n=50, m=2)
nx.draw_circular(G_peq_mundo, node_color='white', with_labels=True,
                 font_weight='bold')
fig.figure()
fig.hist([v for k,v in nx.degree(G_peq_mundo)], color='grey')
```

Outro tipo de rede clássica é a rede *pequeno mundo*, ou *small world*. Essa rede recebeu essa denominação graças ao experimento de Stanley Milgram, já comentado. Na biblioteca NetworkX, a rede é programada com

nx.watts_strogatz_graph(n=100, k = 5, p = 0.4)

em que *n* é o número de nodos; *k*, o número de ligações próximas; e p, a probabilidade de um nodo ser revisitado por um nodo distante. A ideia básica desse tipo de rede é que muitos nodos estão conectados com seus vizinhos mais próximos, enquanto poucos nodos se ligam a vizinhos mais distantes. A Figura 14.16 apresenta um exemplo numérico para esse tipo de rede.

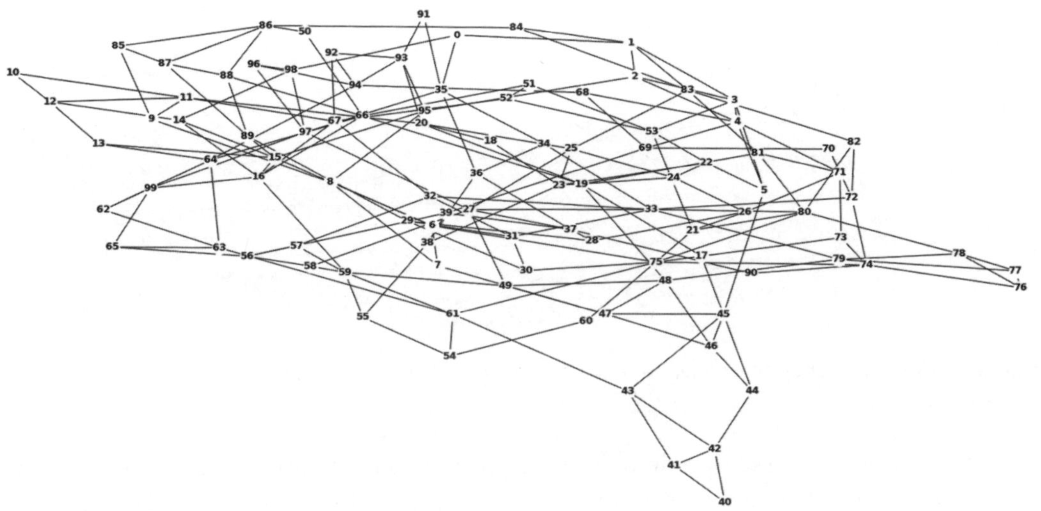

Figura 14.16 – Representação da rede tipo pequeno mundo (*small wold*).

Nesse caso, a distribuição de probabilidade dos graus se aproxima da distribuição de probabilidade Normal, como visto na Figura 14.17.

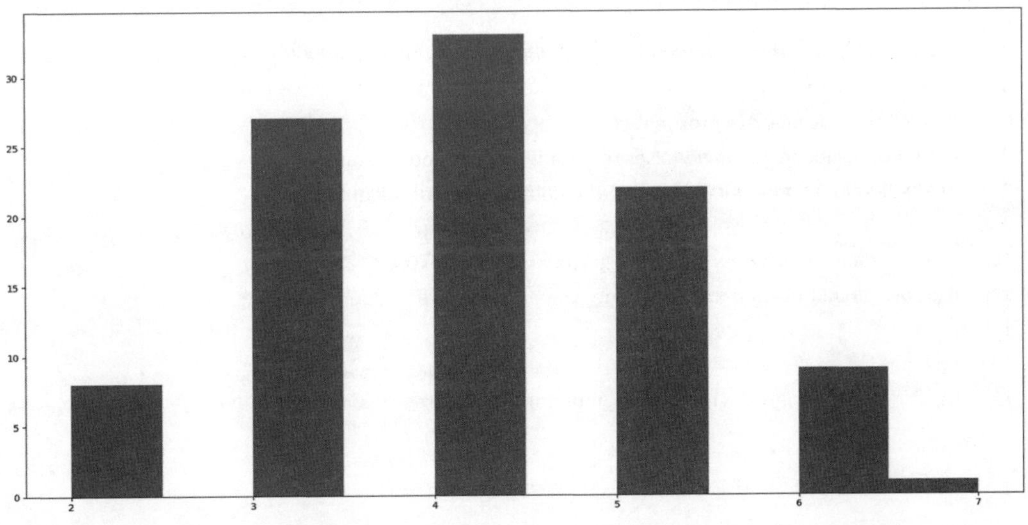

Figura 14.17 – Histograma da rede pequeno mundo (*small world*).

A representação circular da rede *pequeno mundo* é apresentada na Figura 14.18 a seguir. Ela é bem diferente da rede aleatória, podendo ser observados vazios de ligações nos nodos mais distantes e ligações mais contínuas em nodos mais próximos.

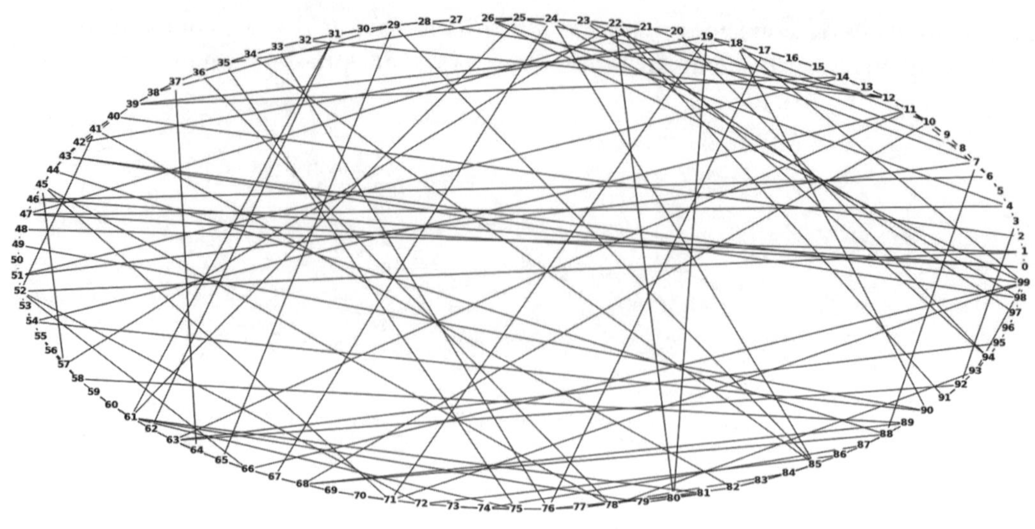

Figura 14.18 – Representação circular da rede pequeno mundo (*small world*).

O programa para esse tipo de rede pode ser escrito como apresentado no *script* em Python a seguir. O parâmetro de probabilidade *p* foi adotado para representar uma chance de 40% de estabelecer ligações com nodos distantes. mas, dependendo da aplicação às redes reais, ele poderá ser modificado por meio de programas para ajustes de parâmetros, usando otimização de mínimos quadrados, por exemplo.

```
import networkx as nx
import matplotlib.pyplot as fig

##############################################################
# n eh o número de nodos
# k o número de ligacoes proximas
# p a probabilidade de um nodo ser revisitado por um nodo distante
##############################################################

G_peq_mundo = nx.watts_strogatz_graph(n=100,k=5,p=0.4)
nx.draw_circular(G_peq_mundo, node_color='white', with_labels=True,
                 font_weight='bold')
fig.figure()
fig.hist([v for k,v in nx.degree(G_peq_mundo)], color='grey')
```

14.2.3 CAMINHOS MAIS CURTOS, DIÂMETRO E CENTRALIDADE DE INTERMEDIAÇÃO

A centralidade de intermediação, também conhecida em inglês como *betweenness centrality*, é uma das métricas mais importantes no estudo de redes. Ela mede o número de vezes que um nodo se encontra no caminho mais curto entre outros nodos. Em outras palavras, ela nos mostra quais são os nodos que são pontes entre todos os nodos da rede.

O ponto desfavorável em ser o centro de intermediação numa rede complexa é que esse nodo sempre será o alvo de ataques para desestruturar a rede. A centralidade de intermediação é definida como o total dos caminhos mais curtos do nodo *s* para o nodo *t* que passam pelo nodo *v* ($g_{st}(v)$), dividido pelo total de caminhos mais curtos entre *s* e *t*, independentemente de se esses caminhos passam ou não pelo nodo *v* (g_{st}) . Matematicamente, a fórmula é:

$$C(v) = \sum_{s \neq v \neq t} \frac{g_{st}(v)}{g_{st}}$$

Vamos analisar a centralidade de intermediação para o nodo (1) na rede que apresentamos na Figura 14.7. Entre o nodo (0) e os nodos (2) e (3), temos apenas três condições que podem ser visualizadas na Figura 14.19. Existe um caminho do nodo (0) para o nodo (2) que passa pelo nodo (1). Existe um outro caminho curto que passa do nodo (0) para o nodo (3), que também passa pelo nodo (1). Por último, existe um caminho curto que liga o nodo (2) ao nodo (3), mas que não passa pelo nodo (1). Por isso $g_{23}(1) = 0$.

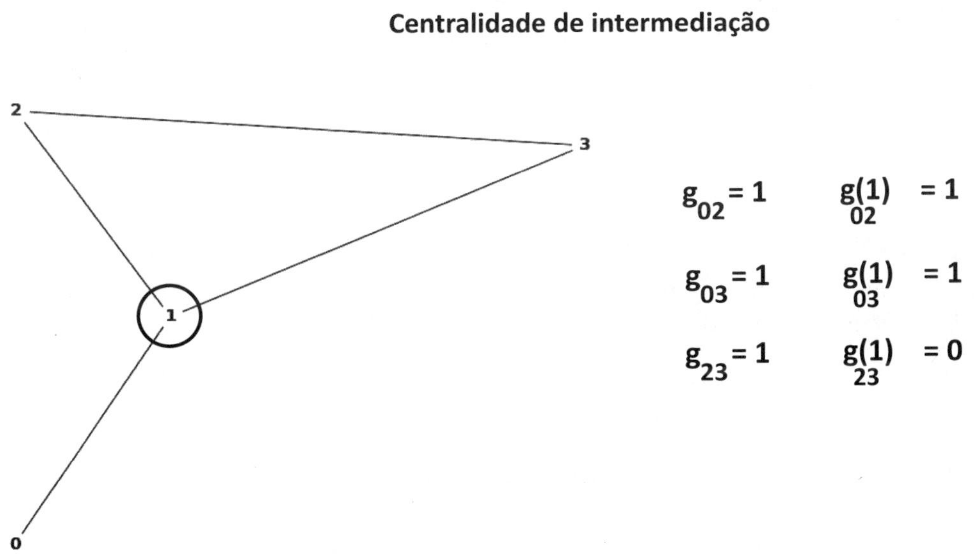

Figura 14.19 – Cálculo da centralidade de intermediação para o nodo (1).

A soma de todas essas condições fornecerá o seguinte valor para a centralidade de intermediação de (1):

$$C(1) = \frac{1}{1} + \frac{1}{1} + \frac{0}{1} = 2$$

Em termos relativos, tomamos C(1) e dividimos pelo total de caminhos curtos entre os nodos dessa rede, que, no caso, serão 3 caminhos. O resultado é que a centralidade relativa é 2/3 ou 0.6666.

No Python, a medida de centralidade de intermediação é dada pela função da biblioteca NetworkX:

```
nx.betweenness_centrality(G)
```

Aproveitando o programa que gerou a rede, podemos adicionar essa função para medirmos a centralidade de intermediação na linha 12 a seguir.

```
1   import networkx as nx
2   import matplotlib.pyplot as fig
3
4   G = nx.Graph()
5   G.add_node(0)
6   G.add_nodes_from([1,2,3])
7   G.add_edge(0,1)
8   G.add_edges_from([(1,2),(2,3),(3,1)])
9   nx.draw(G, node_color='white',with_labels=True,font_weight='bold')
10  fig.show()
11
12  centralidade=nx.betweenness_centrality(G)
13  print('centralidade da rede = ',centralidade)
```

O resultado que aparece nesse caso no console do Python é:

```
centralidade da rede =  {0: 0.0, 1: 0.6666666666666666, 2: 0.0, 3: 0.0}
```

Ele indica o valor da centralidade para cada nodo. Por exemplo, com essa saída, interpretamos que o nodo (0) tem centralidade zero, como o nodo (2) e o nodo (3). A maior centralidade é realmente do nodo (1). Ele torna-se o principal nodo dessa rede.

Alguns comandos interessantes podem ser usados no Python para verificar caminhos curtos e o valor de seus arcos. Por exemplo, se desejarmos saber se existe um caminho curto entre o nodo (0) e o nodo (1), podemos usar a função *has_path(nome, nodo1, nodo2)*, como apresentado no console a seguir.

```
In [43]: nx.has_path(G,0,1)
Out[43]: True
```

A função indica *True*, ou seja, sim, existe um caminho curto entre o nodo (0) e o nodo (1). Outra função interessante é descobrir qual o caminho mais curto entre dois nodos. Nesse caso, podemos usar a função *shortest_path(nome da rede, nodo1, nodo2)* como apresentado abaixo.

```
nx.shortest_path(G,0,2)
[0, 1, 2]
```

A resposta do Python, nesse caso, foi que sim, existe um caminho, e ele ainda fornece qual é esse caminho. Parte-se do nodo (0), vai para o nodo (1), até chegar no nodo (2). E, se desejarmos saber qual o comprimento do caminho percorrido em termos de ligações, basta usar a função da biblioteca *shortest_path_length(nome da rede, nodo1, nodo2)* que o número retornado será o comprimento do caminho.

```
In [46]: nx.shortest_path_length(G,0,3)
Out[46]: 2
```

Visualmente, podemos programar no Python para ele nos apresentar em cores qual o nodo mais central, ou seja, com maior centralidade de intermediação. Aproveitando o exemplo da Figura 14.19, podemos ir graduando os nodos do mais claro até o mais escuro, à medida que a centralidade aumenta. Por exemplo, podemos escolher o mapa de cores (colormap) que vai graduando a intensidade do amarelo até a cor laranja. O colormap nesse caso do Python é a função *Wistia*, com o seguinte resultado na Figura 14.20 (que na impressão desse texto aparecerá em tons de cinza).

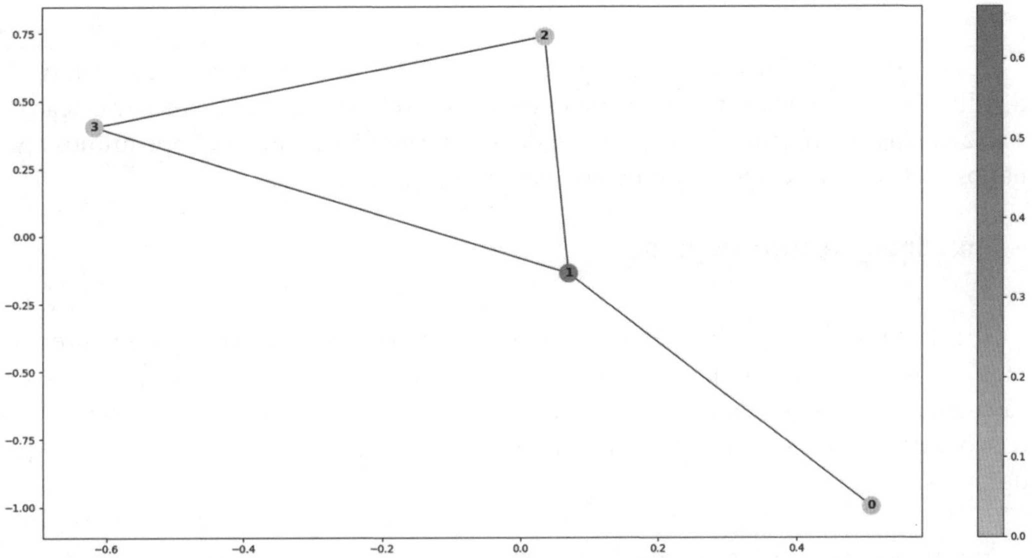

Figura 14.20 – Centralidade com graduação de cores pelos valores.

A cor laranja indica que o nodo 1 é o que tem a maior centralidade de intermediação, o que já vimos e calculamos antes. A barra de cores indica os valores graduados indo da cor amarela até a cor laranja.

```
import networkx as nx
import matplotlib.pyplot as fig
#++++++++++++++ criacao da rede ++++++++++++++++
G = nx.Graph()
G.add_node(0)
G.add_nodes_from([1,2,3])
G.add_edge(0,1)
G.add_edges_from([(1,2),(2,3),(3,1)])
#++++++++++++++ calculo da centralidade ++++++++++
centralidade=nx.betweenness_centrality(G)
cor_central=list(centralidade.values())
print('centralidade da rede = ',centralidade)
#+++++++++++++++ calculo das cores nos nodos com base na centralidade ++++
pos=nx.spring_layout(G)
cmap=fig.cm.Wistia    # <------------ barra em cor laranja
nodos=nx.draw_networkx_nodes(G, pos,
                                        node_color=cor_central,
                                        with_labels=False,
```

```
19                                    font_weight='bold',
20                                    cmap=cmap)
21 #+++++++++++++++ barra de cores +++++++++++++++++++++++++++++++++++++++
22 fig.colorbar(nodos)
23 #+++++++++++++++ desenha as arestas entre os nodos ++++++++++++++++++++
24 arestas=nx.draw_networkx_edges(G,pos)
25 #++++++++++++++ coloca os rotulos nos nodos +++++++++++++++++++++++++++++
26 rotulos=nx.draw_networkx_labels(G,pos,font_weight='bold',font_color='k')
```

Ao colocar cores nos nodos, as ligações das arestas desaparecem. Então, temos de dividir a rede em três partes. A primeira constrói a rede das linhas de programação de 4 a 12, inclusive imprimindo a centralidade de intermediação. Então, imprimimos apenas os nodos e suas cores já graduadas, usando a função na linha 16:

```
:nx.draw_networkx_nodes
```

Precisamos usar essa função anterior, e não apenas a ***nx.draw( ),*** porque precisamos das posições dos nodos para que a cor correta seja colocada. Essas posições são calculadas na linha 14, com a variável ***pos***. A barra de cores é colocada na linha 22, e as ligações das arestas são desenhadas usando outra função, nesse caso, a seguinte função de arestas da linha 24:

```
nx.draw_networkx_edges
```

Por fim, precisamos colocar os rótulos dentro dos nodos, usando a última função para concluir o trabalho, que, aqui, será a função da linha 26:

```
nx.draw_networkx_labels
```

Com isso, o nodo central 1 será aquele com a cor mais forte, e nesse caso, seu valor já conhecido é de 0.666. Isso é bastante útil para redes mais reais e sofisticadas. Por exemplo, na rede Barabási & Albert, podemos destacar o nodo central, como visto na Figura 14.21. No caso do exemplo, o nodo mais central é o nodo 4, com a cor mais forte na barra de cores e tendo seu valor:

```
centralidade máxima da rede =  0.2986396799534554
```

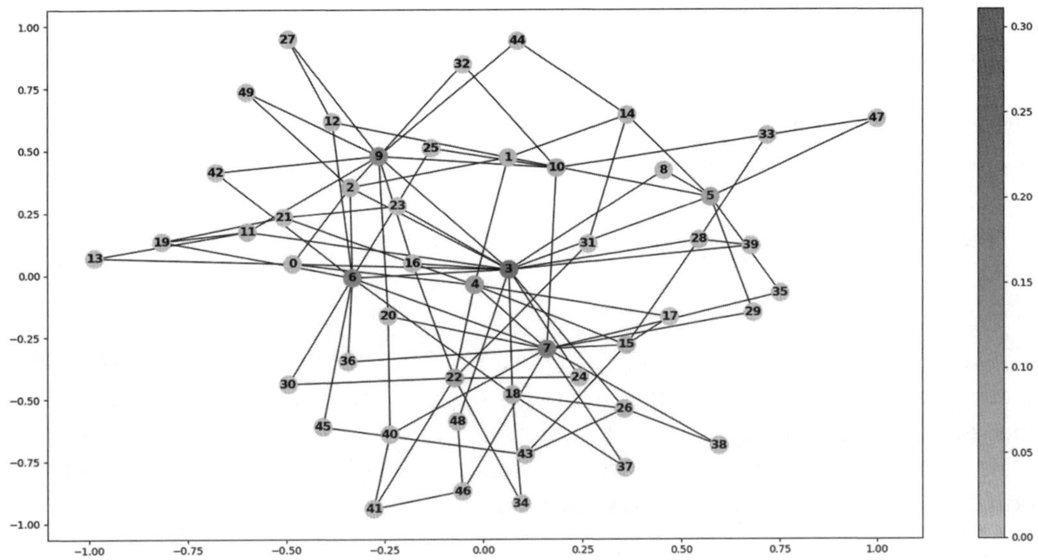

Figura 14.21 – Centralidade com graduação de cores na rede Barabási & Albert.

O programa completo para a Figura 14.21 com as cores e barra de cores identificando o nodo com maior centralidade de intermediação é colocado a seguir.

```
import networkx as nx
import matplotlib.pyplot as fig

##################################################
# n eh o número de nodos
# m o número de arestas para cada novo nodo adicional
##################################################

#+++++++++++++ criacao da rede ++++++++++++++++
G_peq_mundo = nx.barabasi_albert_graph(n=50, m=2)
#+++++++++++++ calculo da centralidade ++++++++++
centralidade=nx.betweenness_centrality(G_peq_mundo)
cor_central=list(centralidade.values())
print('centralidade máxima da rede = ',max(centralidade.values()))

#++++++++++++++ calculo das cores nos nodos com base na centralidade ++++
pos=nx.spring_layout(G_peq_mundo)
cmap=fig.cm.Wistia
nodos=nx.draw_networkx_nodes(G_peq_mundo, pos,
                             node_color=cor_central,
                             with_labels=False,
                             font_weight='bold',
                             cmap=cmap)
#++++++++++++++ barra de cores ++++++++++++++++++++++++++++++++++++
fig.colorbar(nodos)
#++++++++++++++ desenha as arestas entre os nodos +++++++++++++++++++
arestas=nx.draw_networkx_edges(G_peq_mundo,pos)
#+++++++++++++ coloca os rotulos nos nodos +++++++++++++++++++++++++++++
rotulos=nx.draw_networkx_labels(G_peq_mundo,pos,font_weight='bold')
```

O diâmetro de uma rede é a distância máxima existente entre dois nodos de uma rede. A distância significa o número de conexões intermediárias entre seus nodos. Considerando-se a Figura 14.20, o máximo de ligações entre os nodos foi 2 - por exemplo, de 0 até 2, ou de 0 até 3. No Python, para se descobrir o diâmetro, basta utilizar a função *diameter(nome da rede),* como visto a seguir:

```
nx.diameter(G)
2
```

O resultado para a rede da Figura 14.20 retorna para o console o valor 2. Assim como o diâmetro, a medida do caminho médio da rede necessita que, primeiro, calculem-se todos os menores caminhos entre dois nodos, e, depois, faça-se a média desses caminhos. Para a Figura 14.20, encontraremos o valor de 1.33. No caso do Python, podemos utilizar a função *nx.average_shortest_path_length(nome da rede)* que fornecerá

```
caminho_medio=nx.average_shortest_path_length(G)

caminho_medio
1.3333333333333333
```

Para uma rede mais ampliada, como a rede Barabási & Albert da Figura 14.22, teremos como caminho médio e diâmetro os valores

```
centralidade máxima da rede =  0.24150442811157097

caminho médio =  2.840816326530612
diâmetro =  5
```

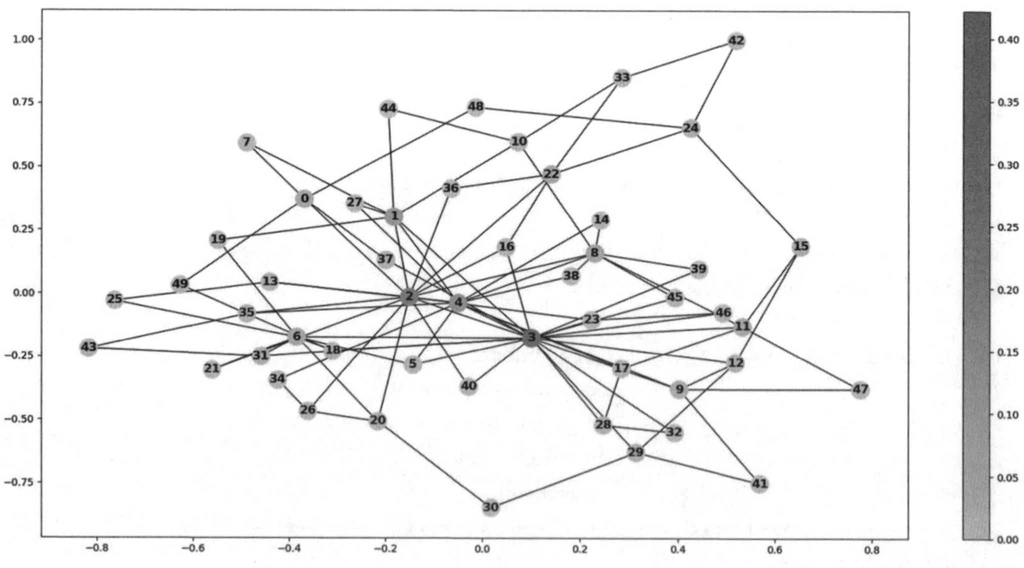

Figura 14.22 – Rede Barabási & Albert com n = 50 nodos e m = 2 arestas.

Considerando N o número de nodos e <k> o número grau médio de conexões entre os nodos, a fórmula matemática para o cálculo do diâmetro é:

$$d = \frac{\ln(N)}{\ln(\langle k \rangle)}$$

E podemos considerar que (Albert & Barabási, 2002):

- – Se <k> < 1.0, então, a rede é composta de árvores isoladas com número igual ao diâmetro da rede.
- – Se <k> > 1.0, aparecerão aglomerados gigantes de nodos e conexões.
- – Se <k> >= ln(N), quase toda a rede estará conectada.

O programa completo com essas medidas é o seguinte *script*:

```
import networkx as nx
import matplotlib.pyplot as fig

##################################################
# n eh o número de nodos
# m o número de arestas para cada novo nodo adicional
##################################################

#++++++++++++++ criacao da rede ++++++++++++++++
G_peq_mundo = nx.barabasi_albert_graph(n=50, m=2)
#++++++++++++++ calculo da centralidade ++++++++++
centralidade=nx.betweenness_centrality(G_peq_mundo)
cor_central=list(centralidade.values())
print('centralidade máxima da rede = ',max(centralidade.values()))

#+++++++++++++++ calculo das cores nos nodos com base na centralidade ++++
pos=nx.spring_layout(G_peq_mundo)
cmap=fig.cm.Wistia
nodos=nx.draw_networkx_nodes(G_peq_mundo, pos,
                             node_color=cor_central,
                             cmap=cmap)
#+++++++++++++++ barra de cores ++++++++++++++++++++++++++++++++++++++
fig.colorbar(nodos)
#+++++++++++++++ desenha as arestas entre os nodos +++++++++++++++++++
arestas=nx.draw_networkx_edges(G_peq_mundo,pos)
#++++++++++++++ coloca os rotulos nos nodos ++++++++++++++++++++++++++++
rotulos=nx.draw_networkx_labels(G_peq_mundo,pos,font_weight='bold')

caminho_medio=nx.average_shortest_path_length(G_peq_mundo)
diametro= nx.diameter(G_peq_mundo)
print(' ')
print('caminho médio = ',caminho_medio)
print('diâmetro = ', diametro)
```

14.2.4 COEFICIENTE DE *CLUSTERING* (AGLOMERAÇÃO), CLIQUES E COMUNIDADES

A vizinhança de um nodo é um conjunto de nodos conectados a ele por uma aresta, não o incluindo. O aglomerado conectado de vizinhos pode ser quantificado pela medida conhecida como *cluster*, ou seja, aglomeração. O coeficiente de cluster de um nodo é a fração de pares de seus vizinhos que têm arestas entre si, como visto na Figura 14.23 para o coeficiente de *cluster* do nodo *A*.

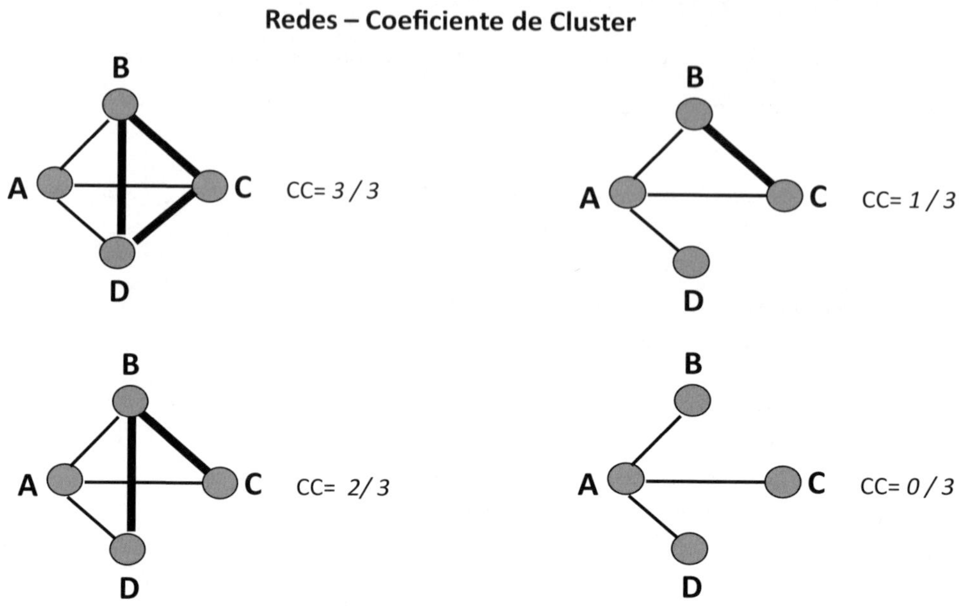

Figura 14.23 – Coeficiente de Cluster para o nodo *A*.

No Python, a função que calcula o *cluster* de cada nodo é

Networkx.clustering(*nome da rede*, **nodes** = *nodos da rede*),

em que *nome da rede* é qualquer nodo da rede que foi criada, e *nodes* são os nodos gerados e suas conexões. O coeficiente de *cluster* nessa função para um nodo *u* é a fração de possíveis triângulos que incluem o nodo, cuja fórmula é

$$C_u = \frac{2T(u)}{grau(u)(grau(u)-1)}$$

em que *T(u)* é o número de triângulos no nodo *u*, e *grau(u)*, o grau do nodo *u*. Essa função depende do tipo de rede: se ela é não direcionada, direcionada, recíproca, com peso ou com arestas no formato de *loop*, conforme apresentado na Figura 14.24.

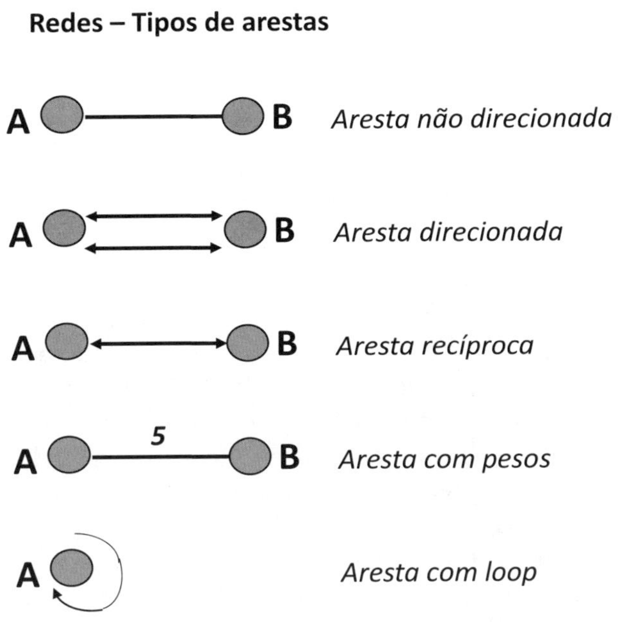

Figura 14.24 – Tipos de arestas em redes.

Até a presente apresentação, apenas usamos no texto o primeiro tipo de rede com arestas não direcionadas. Não é difícil no Python o cálculo do coeficiente de *cluster*. O primeiro passo é importar alguma rede, ou construir as redes já disponíveis da biblioteca. Por exemplo, novamente usando uma rede do tipo Barabási & Albert com n = 50 e m = 2, chamamos essa rede de *G_peq_mundo* na linha 10. O cálculo de *clustering* é chamado e salvo na variável "aglomeração" da linha 12.

```
1   import networkx as nx
2   import matplotlib.pyplot as fig
3
4   ################################################
5   # n eh o número de nodos
6   # m o número de arestas para cada novo nodo adicional
7   ################################################
8
9   #++++++++++++++ criacao da rede +++++++++++++++++
10  G_peq_mundo = nx.barabasi_albert_graph(n=50, m=2)
11  #+++++++++++++ calculando cluster +++++++++++++++
12  aglomeracao=nx.clustering(G_peq_mundo)
13  print('cluster= ',aglomeracao)  # imprimindo clusters
```

Para esse exemplo, o resultado no console do Python é o seguinte:

```
cluster=  {0: 0.10606060606060606, 1: 0.2, 2: 0.0761904761904762, 3:
0.03571428571428571, 4: 0.05454545454545454, 5: 0.05454545454545454, 6:
0.10714285714285714, 7: 0.16666666666666666, 8: 0, 9: 0.3333333333333333, 10: 0,
11: 0, 12: 1.0, 13: 0, 14: 0, 15: 0.09523809523809523, 16: 0.10714285714285714,
17: 0, 18: 1.0, 19: 0, 20: 0, 21: 0, 22: 0, 23: 0, 24: 0, 25: 0, 26: 0, 27: 0,
28: 1.0, 29: 1.0, 30: 0, 31: 0, 32: 0, 33: 0, 34: 0, 35: 0, 36: 0, 37: 0, 38: 0,
39: 0, 40: 1.0, 41: 0, 42: 1.0, 43: 1.0, 44: 0, 45: 1.0, 46: 0, 47: 0, 48: 0, 49:
0}
```

Esse resultado indica o grau de *cluster* de cada nodo, de modo que, no nodo 0, temos 0.106; no nodo 1, temos 0.2; no nodo 2, o cluster de 0.076, e assim por diante. Como no caso da centralidade de intermediação, podemos construir uma barra de cores para mensurar os valores dos coeficientes de *cluster*. Os cálculos advindos da biblioteca têm uma formatação particular, e precisamos transformar os dados no formato de lista para o uso nos gráficos e cores. Por isso, na linha 15, o coeficiente é transformado em lista para retirada das chaves { }. Então, desenham-se os nodos na linha 18, com as cores mapeadas na linha 17, e as posições dos nodos na linha 16, com a função *spring_layout*( ).

```
15  aglomeracao=list(aglomeracao.values())       # transforma em lista para colorir
16  pos=nx.spring_layout(G_peq_mundo)             # posicao dos nodos
17  cmap=fig.cm.Wistia                            # colormap de cores
18  nodos=nx.draw_networkx_nodes(G_peq_mundo, pos,
19                               node_color=list(aglomeracao),
20                               with_labels=False,
21                               font_weight='bold',
22                               cmap=cmap)
23  #+++++++++++++++ barra de cores ++++++++++++++++++++++++++++++++++++++++
24  fig.colorbar(nodos)
```

A Figura 14.25 apresenta o resultado, indicando na barra de cores o mapeamento dos valores. Os valores mais baixos estarão em amarelo claro (cinza claro na impressão), e valores mais altos de *cluster* terão cores mais fortes e no topo da barra, nesse caso, laranja. O programa completo desse cálculo é apresentado a seguir.

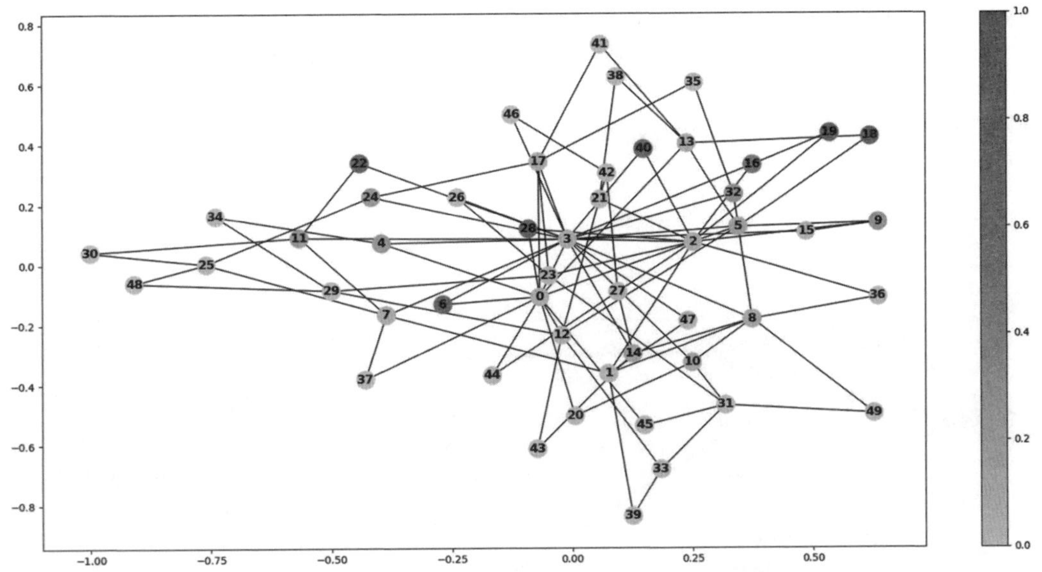

Figura 14.25 – Nodos e coeficientes de *cluster* (mais "claros", valores mais baixos).

```
import networkx as nx
import matplotlib.pyplot as fig

##################################################
# n eh o número de nodos
# m o número de arestas para cada novo nodo adicional
##################################################

#++++++++++++++ criacao da rede ++++++++++++++++
G_peq_mundo = nx.barabasi_albert_graph(n=50, m=2)
#+++++++++++++ calculando cluster +++++++++++++++
aglomeracao=nx.clustering(G_peq_mundo)
print('cluster= ',aglomeracao)  # imprimindo clusters

aglomeracao=list(aglomeracao.values())       # transforma em lista para colorir
pos=nx.spring_layout(G_peq_mundo)            # posicao dos nodos
cmap=fig.cm.Wistia                           # colormap de cores
nodos=nx.draw_networkx_nodes(G_peq_mundo, pos,
                             node_color=list(aglomeracao),
                             with_labels=False,
                             font_weight='bold',
                             cmap=cmap)
#+++++++++++++++ barra de cores ++++++++++++++++++++++++++++++++++++++
fig.colorbar(nodos)
#+++++++++++++++ desenha as arestas entre os nodos +++++++++++++++++++
arestas=nx.draw_networkx_edges(G_peq_mundo,pos)
#++++++++++++++ coloca os rotulos nos nodos +++++++++++++++++++++++++++++
rotulos=nx.draw_networkx_labels(G_peq_mundo,pos,font_weight='bold')
```

Uma medida do uso da noção de aglomeração é reforçada com a medida de cliques para o acompanhamento de formação de comunidades na rede. Um clique é um agrupamento social no qual todos se conhecem (isto é, cada par de nodo da comunidade é conectado entre si), como apresentado na Figura 14.26. A identificação de nodos com máximos cliques junto com máxima centralidade de intermediação permite estratificar sociedades ou comunidades dentro de uma rede.

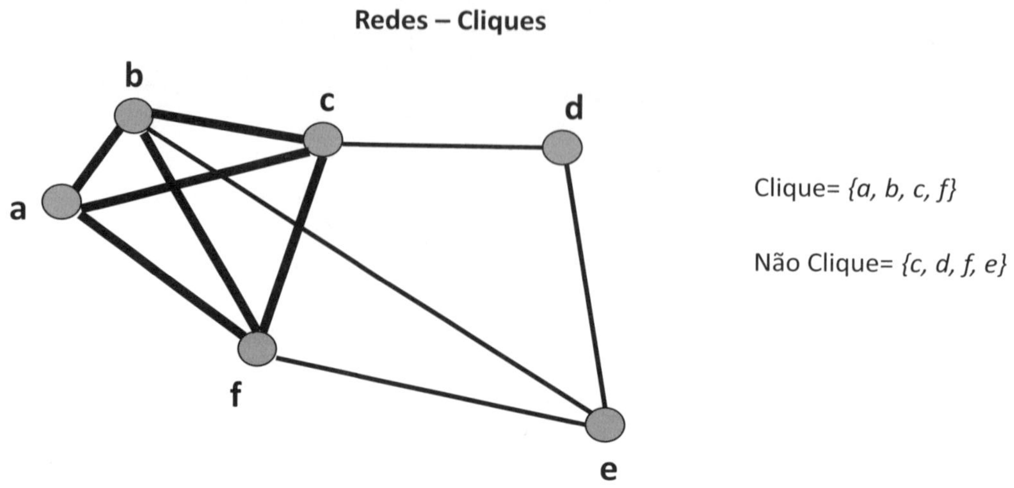

Figura 14.26 – Definição de clique.

A detecção de comunidades pode ter como resultado os gráficos da Figura 14.27 a seguir. As linhas de conexões mais escuras ligam nodos que possuem o mesmo patamar quantitativo de cliques e são o lugar onde os nodos têm alto valor em centralidade de intermediação.

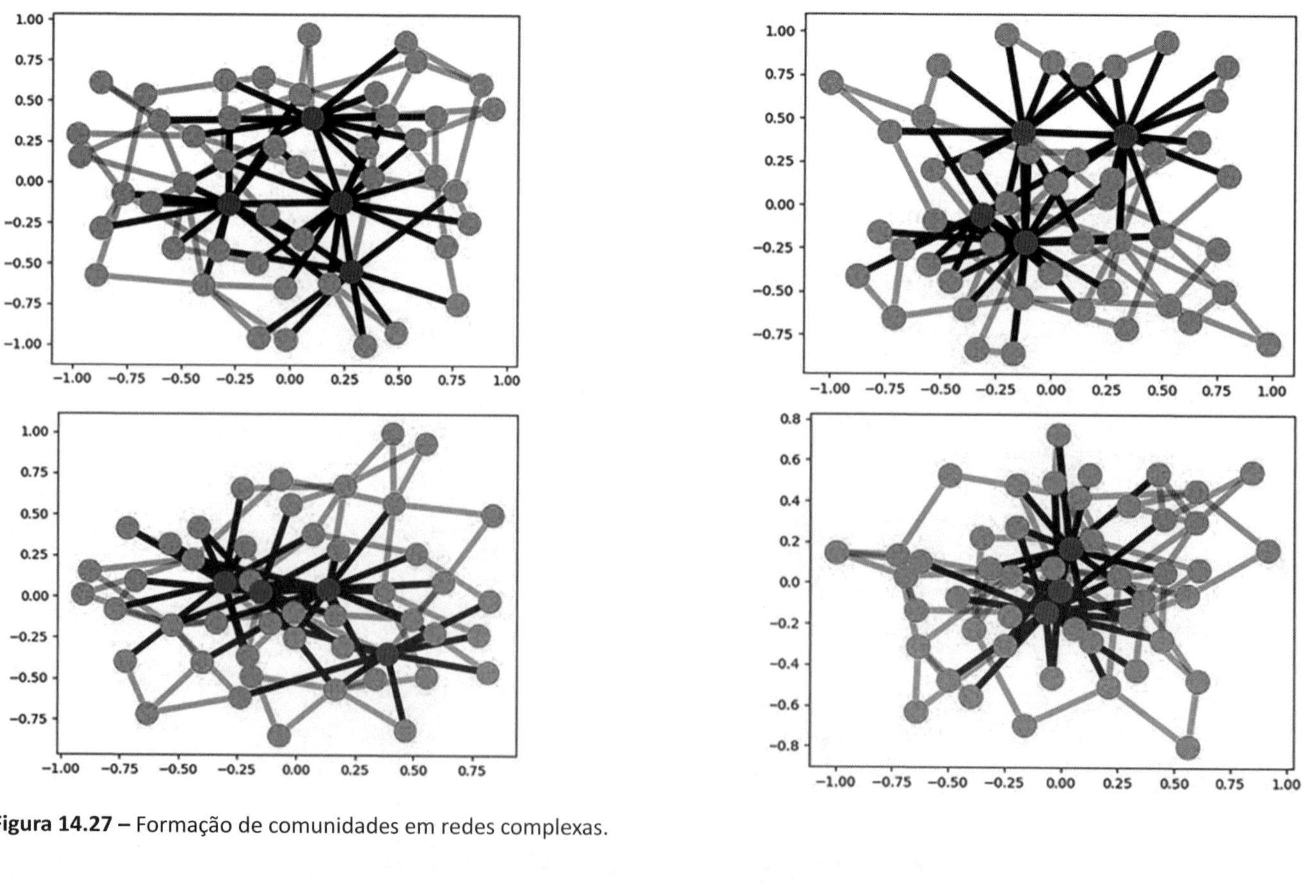

Figura 14.27 – Formação de comunidades em redes complexas.

O primeiro passo é a importação ou criação de alguma rede. Como nos exemplos passados, vamos continuar utilizando a topologia da rede de Barabási & Albert. As linhas 12 e 13 salvam as posições dos nodos na rede, para que, depois, possamos identificar comunidades e usar cores diferentes.

```
1  import networkx as nx
2  import matplotlib.pyplot as fig
3
4  #################################################
5  # n eh o número de nodos
6  # m o número de arestas para cada novo nodo adicional
7  #################################################
8
9  #++++++++++++++ criacao da rede ++++++++++++++++
10 G_peq_mundo = nx.barabasi_albert_graph(n=50, m=2)
11 #+++++++++++++ posicao dos nodos na rede ++++++++
12 pos=nx.spring_layout(G_peq_mundo)
13 nodos=nx.nodes(G_peq_mundo)
```

Após a geração da rede, calculam-se os cliques dos nodos usando a função da biblitoeca do Python *find_cliques( ).*

```
15 cliques=nx.find_cliques(G_peq_mundo)
```

Podemos buscar comunidades em que seus membros (nodos) estejam ligados acima de um certo patamar de conexão. Nesse exemplo, visamos a identificar e separar os nodos que contenham acima de 3 cliques. A linha 17 separa os nodos, mas eles ficam num formato que indica o caminho de ligação entre eles. Isso prejudica sua identificação para colorir depois.

```
16 #+++++++++++++ separacao dos cliques acima de um valor ++++
17 cliques3 = [clq for clq in cliques if len(clq) >= 3]
18 #+++++++++++++ ordenacao dos nodos com cliques acima de um valor+++
19 nodes_cliq = set(n for clq in cliques3 for n in clq)
```

A variável cliques3 (nodos que tem cliques acima de 3) tem a seguinte saída:

```
In [7]: cliques3
Out[7]:
[[0, 4, 18],
 [3, 1, 2],
 [3, 1, 5],
 [3, 1, 6],
 [3, 35, 2],
 [3, 7, 14],
 [3, 7, 6],
 [3, 7, 15],
 [3, 12, 6],
 [3, 13, 2],
 [3, 15, 17],
 [3, 19, 25],
 [9, 7, 11],
 [22, 1, 2],
 [46, 2, 13]]
```

Nesse caso, significa que o nodo 0 se liga ao nodo 4, que se liga ao nodo 18, que volta a se ligar no nodo 0. O segundo elemento dessa variável indica que o nodo 3 se liga ao nodo 1, que se liga ao nodo 2, que volta a ligar-se no nodo 3. E assim sucessivamente. Como os nodos estão no formato de lista, não estão separados para se colorir. A linha 19, então, fornece o seguinte resultado.

```
In [9]: nodes_cliq
Out[9]: {0, 1, 2, 3, 4, 5, 6, 7, 9, 11, 12, 13, 14, 15, 17, 18, 19, 22, 25, 35, 46}
```

Os dois "for" da linha 19 separam os nodos independentemente de suas ligações, e poderemos, assim, identificá-los separadamente. Desse modo, sabemos que os nodos 0, 1, 2 etc. até o nodo 46, estão ligados pelo mesmo número de cliques (no caso acima de 3), formando uma comunidade.

Podemos buscar uma intersecção de informações e verificar dentre desses nodos aqueles que são mais centrais, ou seja, que possuem maior número de centralidade de intermediação. Então, devemos buscar os nodos com maiores graus, o que nesse exemplo, escolhemos como todos aqueles que tem mais do que 10 graus.

```
20 #++++++++++++ separacao e identificacao dos nodos com maiores graus
21 grau=nx.degree(G_peq_mundo)
22 nod=[n for n in nodes_cliq if grau[n] >= 10]
```

Essas linhas de programação proporcionarão as seguintes saidas para "grau" e "nod":

```
In [10]: grau
Out[10]: DegreeView({0: 6, 1: 7, 2: 12, 3: 16, 4: 3, 5: 4, 6: 4, 7: 9, 8: 7, 9: 8, 10: 3, 11: 10, 12: 3, 13: 5, 14: 2, 15: 6,
16: 3, 17: 6, 18: 2, 19: 8, 20: 3, 21: 3, 22: 3, 23: 3, 24: 2, 25: 2, 26: 2, 27: 2, 28: 3, 29: 2, 30: 2, 31: 3, 32: 2, 33: 2,
34: 2, 35: 2, 36: 3, 37: 2, 38: 2, 39: 2, 40: 2, 41: 2, 42: 3, 43: 2, 44: 2, 45: 2, 46: 2, 47: 2, 48: 2, 49: 2})

In [11]: nod
Out[11]: [2, 3, 11]
```

Se olharmos para o resultado da variável *nod* programada na linha 22, veremos que os nodos mais centrais são 2, 3 e 11, que estão também entre aqueles com maiores cliques. Precisamos, agora, identificar quais são suas arestas, que receberão as mesmas cores dos nodos, facilitando o reconhecimento de uma comunidade. A linha 25 a seguir permite esse tipo de separação das arestas.

```
23    #+++++++++++ escolha e separacao das arestas das comunidades para
24    #+++++++++++ colorir arestas com cores diferentes ++++++++++++++++
25    cores_arestas=[(v, w) for v, w in G_peq_mundo.edges if v in nod]
```

O resultado copiado do console para uma parte da solução é:

```
In [12]: cores_arestas
Out[12]:
[(2, 3),
 (2, 9),
 (2, 10),
 (2, 13),
 (2, 20),
 (2, 22),
 (2, 35),
 (2, 40),
 (2, 46),
 (2, 49),
 (3, 4),
 (3, 5),
 (3, 6),
 (3, 7),
 (3, 12),
 (3, 13),
 (3, 14),
 (3, 15),
 (3, 17),
 (3, 19),
 (3, 25),
 (3, 32),
 (3, 33),
 (3, 35),
 (11, 23),
 (11, 27),
 (11, 30),
 (11, 33),
 (11, 36),
```

Para finalizar, duas partes são importantes. Primeiro, criamos e colorimos a rede toda, deixando as ligações mais claras – nesse caso, em tom cinza, pois a cor da aresta escolhida foi preta, mas com alpha = 0.3, como visto nas linhas seguintes. As cores de todos os nodos foram escolhidas como vermelha.

```
27  ################## desenhar a rede sem as comunidades ############
28  nodos=nx.draw_networkx_nodes(G_peq_mundo, pos,
29                                 nodelist=nodos,
30                                 node_color='tab:red')
31  arestas=nx.draw_networkx_edges(G_peq_mundo,pos,
32                                 nodelist=nodos,
33                                 width=5.0,
34                                 alpha=0.3,
35                                 edge_color='black')
36
```

E, então, colorimos por cima, em substituição, as arestas e os nodos que formam a comunidade, com cores e espessuras diferentes identificando visualmente a formação das comunidades. Nesse exemplo, escolhemos cores dos nodos azuis e arestas pretas. Na linha 40, aparece a diferença entre a distribuição anterior. A "nodelist" é que fornece quais os nodos da rede principal estaremos usando. Nesse caso, foi a variável "nod", ou seja, indicamos para o Python que os nodos são aqueles com maiores cliques e com maiores centralidades de intermediações.

O resultado é o que se pode notar na Figura 14.28.

```
37  ################## colorir nodos e arestas das comunidades #######
38
39  nodos_comun= nx.draw_networkx_nodes(G_peq_mundo, pos,
40                                 nodelist=nod,
41                                 node_color='tab:blue')
42  arestas_comun= nx.draw_networkx_edges(G_peq_mundo, pos,
43                                 edgelist=cores_arestas,
44                                 width=5.0,
45                                 alpha=1,
46                                 edge_color='black')
47  ########################################################################
```

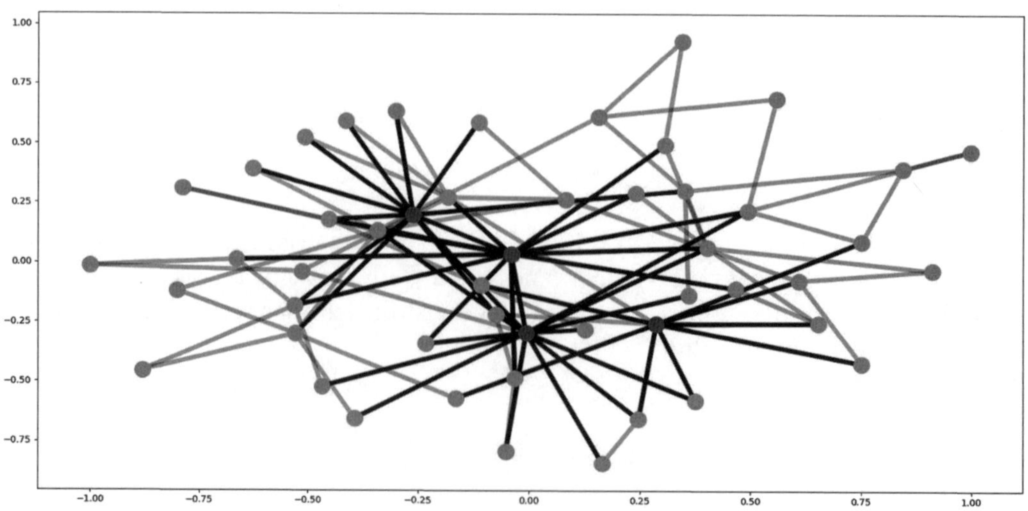

Figura 14.28 – Formação de comunidade para o exemplo.

O programa completo para a identificação das comunidades segue no *script*.

```
import networkx as nx
import matplotlib.pyplot as fig

##################################################
# n eh o número de nodos
# m o número de arestas para cada novo nodo adicional
##################################################

#++++++++++++++ criacao da rede +++++++++++++++++
G_peq_mundo = nx.barabasi_albert_graph(n=50, m=2)
#+++++++++++++ posicao dos nodos na rede ++++++++
pos=nx.spring_layout(G_peq_mundo)
nodos=nx.nodes(G_peq_mundo)
#+++++++++++++ calculo dos cliques ++++++++++++++
cliques=nx.find_cliques(G_peq_mundo)
#+++++++++++++ separacao dos cliques acima de um valor ++++
cliques3 = [clq for clq in cliques if len(clq) >= 3]
#+++++++++++++ ordenacao dos nodos com cliques acima de um valor+++
nodes_cliq = set(n for clq in cliques3 for n in clq)
#++++++++++++ separacao e identificacao dos nodos com maiores graus
grau=nx.degree(G_peq_mundo)
nod=[n for n in nodes_cliq if grau[n] >= 10]
#+++++++++++ escolha e separacao das arestas das comunidades para
#+++++++++++ colorir arestas com cores diferentes +++++++++++++++++
cores_arestas=[(v, w) for v, w in G_peq_mundo.edges if v in nod]

################### desenhar a rede sem as comunidades ############
nodos=nx.draw_networkx_nodes(G_peq_mundo, pos,
                             nodelist=nodos,
                             node_color='tab:red')
arestas=nx.draw_networkx_edges(G_peq_mundo,pos,
                               nodelist=nodos,
                               width=5.0,
                               alpha=0.3,
                               edge_color='black')

################### colorir nodos e arestas das comunidades #######

nodos_comun= nx.draw_networkx_nodes(G_peq_mundo, pos,
          nodelist=nod,
          node_color='tab:blue')
arestas_comun= nx.draw_networkx_edges(G_peq_mundo, pos,
          edgelist=cores_arestas,
          width=5.0,
          alpha=1,
          edge_color='black')
##########################################################################
```

A análise pode ser feita para outras redes, como as de Milgram para pequeno mundo, conhecida na biblioteca do Python como *watts_strogatz*. Geramos uma rede aleatória com n=100, k = 5 e p=0.4

```
G_peq_mundo = nx.watts_strogatz_graph(n=100,k=5,p=0.4)
```

Avaliamos como cliques acima de 3, e foram escolhidas para verificar as comunidades nas quais os nodos tinham mais de 6 cliques na medida de centralidade de intermediação.

```
#+++++++++++++ calculo dos cliques ++++++++++++++
cliques=nx.find_cliques(G_peq_mundo)
#+++++++++++++ separacao dos cliques acima de um valor ++++
cliques3 = [clq for clq in cliques if len(clq) >= 3]
#+++++++++++++ ordenacao dos nodos com cliques acima de um valor+++
nodes_cliq = set(n for clq in cliques3 for n in clq)
#++++++++++++ separacao e identificacao dos nodos com maiores graus
grau=nx.degree(G_peq_mundo)
nod=[n for n in nodes_cliq if grau[n] >= 7]
```

O resultado aparece na Figura 14.29. Nesse caso, apenas um nodo forma as ligações centrais e de comunidade, o nodo 21, que forma um subgrafo de cliques com os nodos 23, 71, 32 e 22. Para aparecerem nesse exemplo os números dos nodos, utiliza-se mais uma função da NetworkX, apenas para colocar os nomes (números) nos nodos:

```
nx.draw_networkx_labels(G_peq_mundo,pos,font_weight='bold')
```

Com essa função, aproveitam-se os números das posições dos nodos gerados na construção da rede para colocá-los dentro dos círculos.

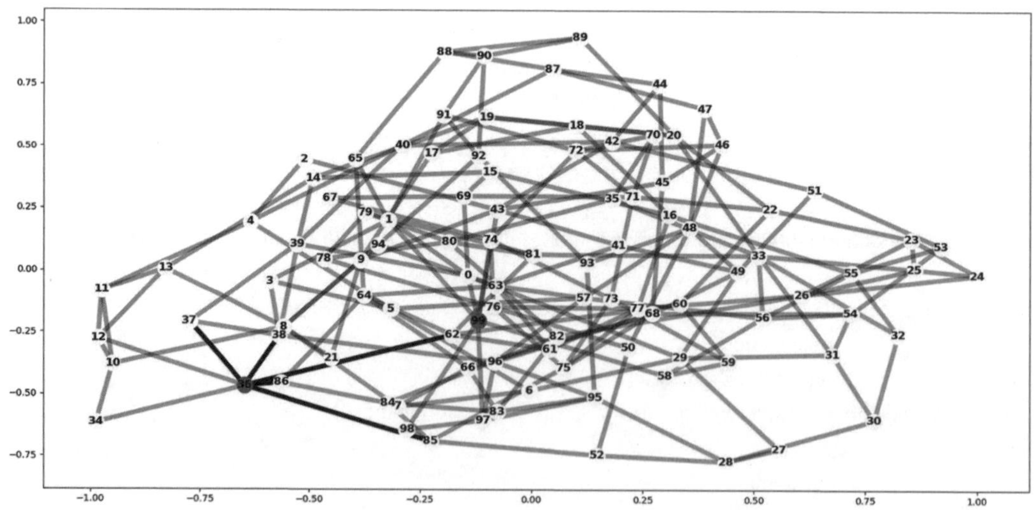

Figura 14.29 – Formação de comunidade para rede pequeno mundo de Milgram (*watts_strogatz*).

O programa completo para essa rede e comunidade é o seguinte.

```
import networkx as nx
import matplotlib.pyplot as fig

############################################################
# n eh o número de nodos
# k o número de ligacoes proximas
# p a probabilidade de um nodo ser revisitado por um nodo distante
############################################################

G_peq_mundo = nx.watts_strogatz_graph(n=100,k=5,p=0.4)

#+++++++++++++ posicao dos nodos na rede ++++++++
pos=nx.spring_layout(G_peq_mundo)
nodos=nx.nodes(G_peq_mundo)
#+++++++++++++ calculo dos cliques +++++++++++++
cliques=nx.find_cliques(G_peq_mundo)
#+++++++++++++ separacao dos cliques acima de um valor ++++
cliques3 = [clq for clq in cliques if len(clq) >= 3]
#+++++++++++++ ordenacao dos nodos com cliques acima de um valor+++
nodes_cliq = set(n for clq in cliques3 for n in clq)
#++++++++++++ separacao e identificacao dos nodos com maiores graus
grau=nx.degree(G_peq_mundo)
nod=[n for n in nodes_cliq if grau[n] >= 7]
#+++++++++++ escolha e separacao das arestas das comunidades para
#+++++++++++ colorir arestas com cores diferentes ++++++++++++++++
cores_arestas=[(v, w) for v, w in G_peq_mundo.edges if v in nod]

################## desenhar a rede sem as comunidades ############

nodos=nx.draw_networkx_nodes(G_peq_mundo, pos,
                             nodelist=nodos,
                             node_color='#FFFFCB')
arestas=nx.draw_networkx_edges(G_peq_mundo,pos,
                               nodelist=nodos,
                               width=5.0,
                               alpha=0.3,
                               edge_color='black')

nx.draw_networkx_labels(G_peq_mundo,pos,font_weight='bold')

################## colorir nodos e arestas das comunidades #######

nodos_comun= nx.draw_networkx_nodes(G_peq_mundo, pos,
                    nodelist=nod,
                    node_color='tab:blue')
arestas_comun= nx.draw_networkx_edges(G_peq_mundo, pos,
                    edgelist=cores_arestas,
                    width=5.0,
                    alpha=1,
                    edge_color='black')
########################################################################
```

14.3 IMPORTAÇÃO DE REDES DE PLANILHAS EXCEL

As gerações das redes apresentadas da biblioteca do Python são mais para estudos das medidas e análises sobre comportamentos. Sempre o que desejamos é analisar nossas próprias redes, que envolvem situações reais. Essas redes podem estar armazenadas em arquivos do tipo texto ou em planilha do Excel. Em ambas as situações, isso não é problema para o Python, uma vez que a biblioteca Pandas ajuda a traduzir de forma correta o tipo de dados na planilha e sua forma de armazenação.

	A	B
1	De	Para
2	0	2
3	0	3
4	1	4
5	1	0
6	2	3
7	2	4
8	2	0
9	3	1
10	3	0
11	4	1
12	4	3

É importante sempre deixar fácil para o Python de onde parte uma aresta num nodo e para onde ela se dirige. Por exemplo, vamos supor que temos o seguinte arquivo chamado de Redes.xlsx, cuja planilha contenha os dados apresentados no formato anterior. A coluna *A* do Excel é o nodo do qual se parte a aresta, e a coluna *B*, aonde ele chega. Por isso, a primeira célula indica os nodos de partida e chegada.

No Python, chamando a biblioteca Pandas, a importação dos dados acontece da seguinte maneira nas linhas de programação.

```
import networkx as nx
import matplotlib.pyplot as fig
import pandas as pd

dados = pd.read_excel('Redes1.xlsx', sheet_name='Planilha1')
df = pd.DataFrame(dados)
```

Com os dados no formato DataFrame *df*, chamamos a biblioteca NetworkX para usarmos esses dados e transformá-los no formato de rede. Isso acontece com as seguintes linhas.

```
7   G = nx.from_pandas_edgelist(df, source='De',target='Para')
8   #+++++++++++++ posicao dos nodos na rede ++++++++
9   pos=nx.spring_layout(G)
10  nodos=nx.nodes(G)
```

A linha 7 cria a rede com as arestas identificando em *df* quem é a origem e quem é o destino. A linha 9 marca a posição do nodo para colocá-los na figura, e a linha 10 gera uma lista com os números dos nodos. A geração da figura se dá com as seguintes linhas, com as explicações sendo as mesmas dos exemplos anteriores. No caso, na linha 14, o parâmetro *node_color* indica a cor desejada, que, no exemplo é '#FFFFCB', que se aproxima de um amarelo claro no nodo. O resultado é apresentado na Figura 14.30.

```
11  ########### geracao da rede na figura #######################
12  nodos_rede=nx.draw_networkx_nodes(G, pos,
13                                    nodelist=nodos,
14                                    node_color='#FFFFCB')
15  arestas=nx.draw_networkx_edges(G,pos,
16                                   nodelist=nodos,
17                                   width=5.0,
18                                   alpha=1,
19                                   edge_color='black')
20
21  nx.draw_networkx_labels(G,pos,font_weight='bold')
```

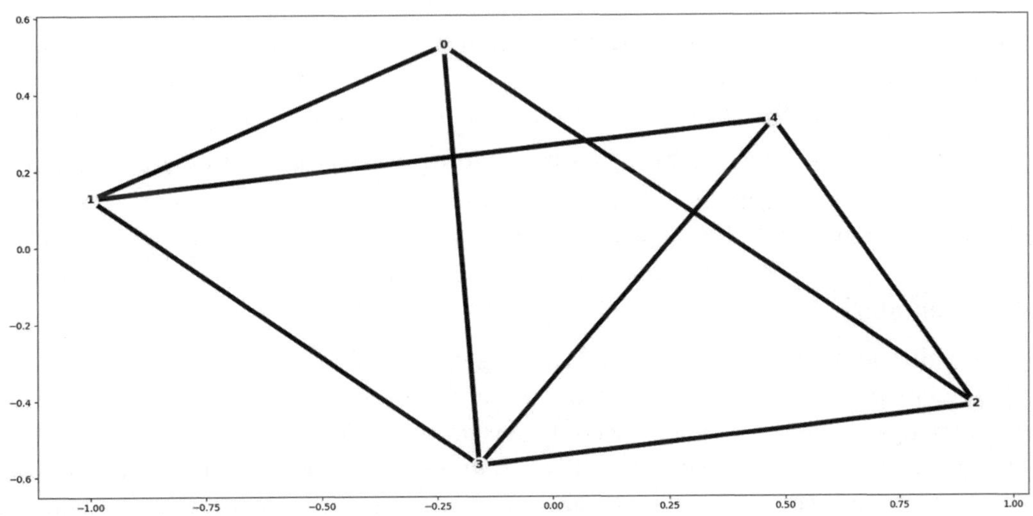

Figura 14.30 – Rede com os nodos importados do Excel.

O programa completo em Python é o seguinte.

```
import networkx as nx
import matplotlib.pyplot as fig
import pandas as pd

dados = pd.read_excel('Redes1.xlsx', sheet_name='Planilha1')
df = pd.DataFrame(dados)
G = nx.from_pandas_edgelist(df, source='De',target='Para')
#+++++++++++++ posicao dos nodos na rede ++++++++
pos=nx.spring_layout(G)
nodos=nx.nodes(G)
########### geracao da rede na figura #######################
nodos_rede=nx.draw_networkx_nodes(G, pos,
                                  nodelist=nodos,
                                  node_color='#FFFFCB')
arestas=nx.draw_networkx_edges(G,pos,
                                  nodelist=nodos,
                                  width=5.0,
                                  alpha=1,
                                  edge_color='black')

nx.draw_networkx_labels(G,pos,font_weight='bold')
```

14.4 APLICAÇÃO: ATAQUES À AMAZÔNIA NO TWITTER

No Capítulo 11, Seção 11.10, foi apresentada uma discussão sobre o uso do Twitter por meio da biblioteca Tweepy para se trabalhar com textos, avaliando sentimentos em mensagens. Uma palavra-chave acompanhada a cada 20 minutos na internet foi *amazônia*, e foram salvos seus índices negativos e positivos sobre os sentimentos nas mensagens.

De 20 de agosto de 2020 a 31 de outubro de 2020, as mensagens foram submetidas a um processo de contagem e separação entre índices positivos e negativos. Em comparação com o sistema DETER do INPE que capta as imagens via satélite das queimadas na Amazônia, é possível correlacionar o poder das mensagens no Twitter e a ação nas vias de fato, produzindo desmatamento.

A Figura 14.31 apresenta o resultado sobre a variação diária dessa contagem, em que, após serem salvos a cada 20 minutos, os índices foram separados em positivos e negativos. Essa figura apresenta apenas as contagens positivas. Assim, por exemplo, uma contagem com valor 40 representa que 40 vezes no determinado dia o índice médio teve patamar positivo, com mensagens de apoio no Twitter (agora chamado de X), no que se refere a Amazônia.

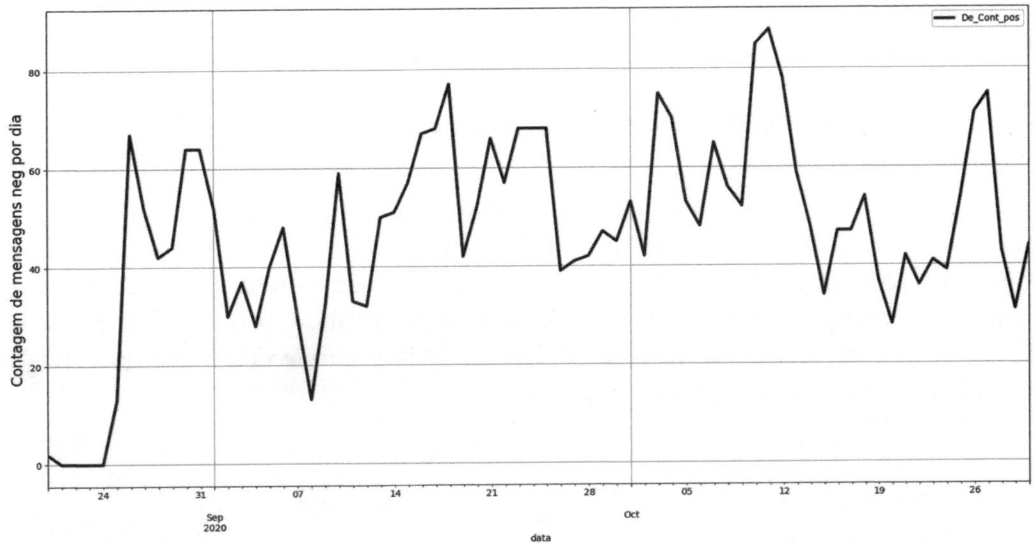

Figura 14.31 – Contagem de índices com sentimentos positivos por dia, a cada 20 minutos, que se referenciavam a palavra-chave *amazônia*.

Aplicar apenas a estatística com a média do período, não nos dirá o quanto de informação positiva a palavra *amazônia* está sendo referenciada. Nesse caso, a média diária do índice de sentimento positivo foi 46.97. O desvio padrão foi 20.08. Então num intervalo de um desvio padrão, teremos entre 16 a 67 índices positivos para *amazônia*. Acaba sendo um range muito grande de intervalo para demonstrar o que se aconteceu num determinado dia.

Podemos melhorar isso usando a noção das medidas das redes, como centralidade de intermediação e cliques para achar as comunidades de valores dos índices positivos. Precisamos, no entanto, preparar a planilha em Excel de forma adequada para a construção da rede.

Podemos transformar a planilha indicando qual coluna será a de partida de um valor e qual será a de chegada. No caso, quando um dado é 25 numa data e no dia seguinte passa a ser 31, temos que o dado na rede saiu de 25 e foi para 31. A planilha fica como apresentado a seguir no Excel.

	A	B	C	D	E
1	**data**	**De_Cont_neg**	**Para_Cont_neg**	**De_Cont_pos**	**Para_Cont_pos**
2	20/08/2020	1	0	2	0
3	21/08/2020	0	0	0	0
4	22/08/2020	0	0	0	0
5	23/08/2020	0	0	0	0
6	24/08/2020	0	18	0	13
7	25/08/2020	18	51	13	67
8	26/08/2020	51	39	67	52
9	27/08/2020	39	43	52	42
10	28/08/2020	43	73	42	44
11	29/08/2020	73	52	44	64
12	30/08/2020	52	51	64	64
13	31/08/2020	51	44	64	52
14	01/09/2020	44	41	52	30

Como visto nas Seções anteriores, a programação importa do Excel esses dados sobre o Twitter com as menções positivas e negativas sobre a Amazônia, e salva no formato de DataFrame. A partir de então, utilizamos os mesmos programas anteriores para avaliar as comunidades, nesse caso, comunidades formadas pela contagem de índice negativo para a Amazônia.

Na parte inicial, chamamos na linha 5 os dados que estão dispostos no arquivo Excel nomeado de Redes2.xlsx, pertencentes à Planilha1. Após isso, na linha 6 esses dados são transformados para o formato DataFrame e, então, é criada a rede na linha 7. O leitor poderá observar que, nessa linha, a função da biblioteca Pandas precisa saber quem são os nodos de partida e quem são os de chegada. Por isso ***source***='De_Cont_pos', pois a coluna de partida tem esse nome.

```
1   import networkx as nx
2   import matplotlib.pyplot as fig
3   import pandas as pd
4
5   dados = pd.read_excel('Redes2.xlsx', sheet_name='Planilha1')
6   df = pd.DataFrame(dados)
7   G = nx.from_pandas_edgelist(df, source='De_Cont_neg',target='Para_Cont_neg')
8   #+++++++++++++ posicao dos nodos na rede ++++++++
9   pos=nx.spring_layout(G)
10  nodos=nx.nodes(G)
```

O resultado é apresentado na Figura 14.32, indicando que a contagem positiva de 42 é o nodo com maior grau de ligações, e as arestas mais escuras que chegam até ele são aquelas com maior número de cliques.

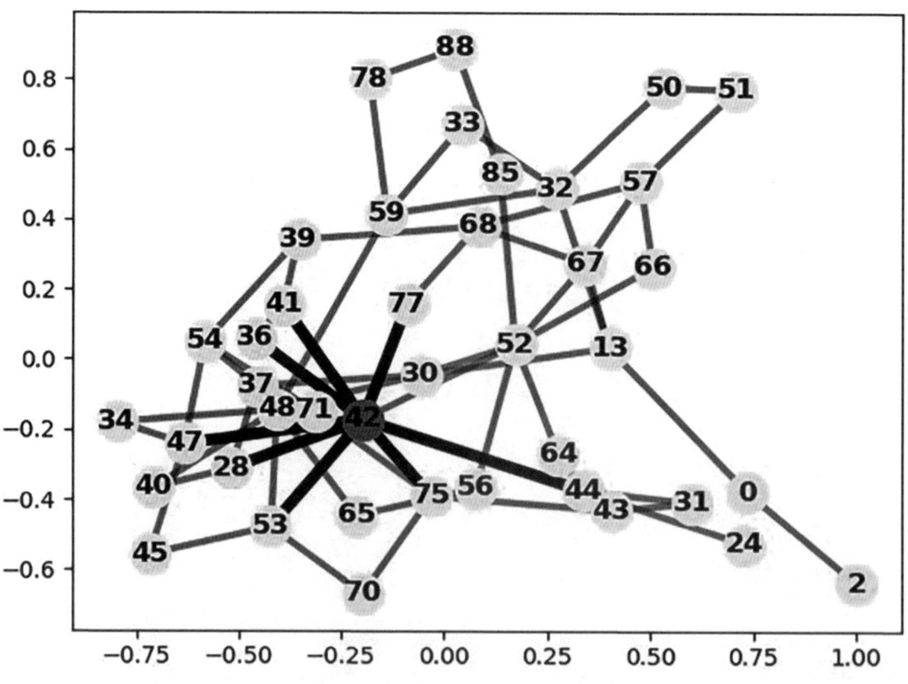

Figura 14.32 – Nodo principal com maior grau e mais cliques é 42 para contagens positivas.

A interpretação desse resultado é que, por mais que as mensagens positivas caiam, elas sempre retornam, passando e estacionando muitas vezes pelo valor 42. Se ultrapassarem esse valor e ficarem muito acima num determinado dia, elas tenderão a retornar para 42. Mas será que o nodo 42 é realmente um super nodo? Se ele também for o nodo com maior centralidade de intermediação, com certeza ele será o nodo mais importante da rede. Para sabermos disso, podemos modificar a disposição da Figura 14.32 e apresentar os círculos ao redor do número, círculos estes cada vez maiores assim que a medida de centralidade aumenta.

Para fazermos essa modificação, colocamos a medida de centralidade na variável CC1 na programação a seguir, na linha 23. E, então, usamos esses números referentes às centralidades dos nodos dentro da linha de programação formando círculos com tamanhos que variam de acordo com os valores da centralidade, como visto na Figura 14.33. Centralidades maiores terão círculos maiores e centralidades pequenas, círculos pequenos ao redor dos números. O comando *for* na linha 28 percorre todos os valores de centralidade e multiplica por 1.000, pois eles são número menores do que 1 devido ao caráter relacional entre as conexões.

```
23  cc1=nx.centrality.betweenness_centrality(G)
24  ################## desenhar a rede sem as comunidades ############
25
26  nodos=nx.draw_networkx_nodes(G, pos,
27                              nodelist=nodos,
28                              node_size=[v * 10000 for v in cc1.values()],
29                              node_color='gray')
```

O resultado fica interessante, e é apresentado na Figura 14.33. Assim, é fácil perceber que, além do nodo 42, temos também um grande nodo de centralidade, que é o 52. Mas esse nodo 52 não tem um grau alto nem um número de clique alto. Ou seja, apesar de passar muito fluxo de informação pelo nodo 52, ele não tem muitos pares em conexão ao seu redor nem muitas ligações. Assim, o nodo 42 é realmente o nodo mais importante, ou seja, durante os dias de observação, sempre as contagens eram atraídas e orbitavam para ser 42 positivas em relação à palavra-chave *amazônia*.

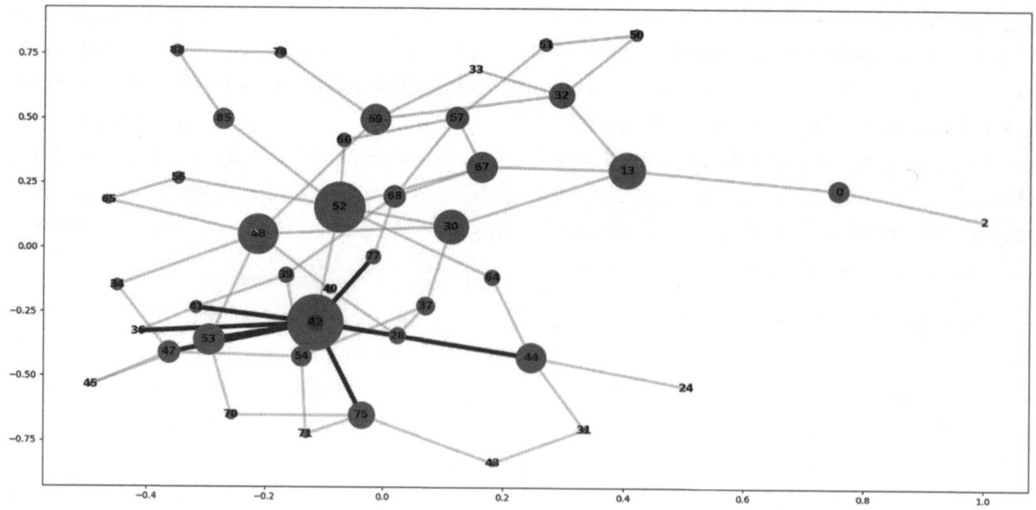

Figura 14.33 – Nodo principal com a medida de centralidade de intermediação conforme o tamanho do círculo ao redor do nodo. O nodo 42 é o mais importante para as contagens positivas para a palavra-chave *amazônia* no Twitter.

O programa completo é o seguinte.

```
import networkx as nx
import matplotlib.pyplot as fig
import pandas as pd

dados = pd.read_excel('Redes2.xlsx', sheet_name='Planilha1')
df = pd.DataFrame(dados)
G = nx.from_pandas_edgelist(df, source='De_Cont_neg',target='Para_Cont_neg')
#+++++++++++++ posicao dos nodos na rede ++++++++
pos=nx.spring_layout(G)
nodos=nx.nodes(G)
#+++++++++++++ calculo dos cliques ++++++++++++++
cliques=nx.find_cliques(G)
#+++++++++++++ separacao dos cliques acima de um valor ++++
cliques3 = [clq for clq in cliques if len(clq) >= 3]
#+++++++++++++ ordenacao dos nodos com cliques acima de um valor+++
nodes_cliq = set(n for clq in cliques3 for n in clq)
#++++++++++++ separacao e identificacao dos nodos com maiores graus
grau=nx.degree(G)
nod=[n for n in nodes_cliq if grau[n] >= 7]
#+++++++++++ escolha e separacao das arestas das comunidades para
#+++++++++++ colorir arestas com cores diferentes +++++++++++++++++
cores_arestas=[(v, w) for v, w in G.edges if v in nod]
cc1=nx.centrality.betweenness_centrality(G)
################## desenhar a rede sem as comunidades ############

nodos=nx.draw_networkx_nodes(G, pos,
                             nodelist=nodos,
                             node_size=[v * 10000 for v in cc1.values()],
                             node_color='gray')
```

```
30  arestas=nx.draw_networkx_edges(G,pos,
31                                 nodelist=nodos,
32                                 width=3.0,
33                                 alpha=0.3,
34                                 edge_color='red')
35
36  nx.draw_networkx_labels(G,pos,font_weight='bold')
37
38  ################## colorir nodos e arestas das comunidades #######
39
40  nodos_comun= nx.draw_networkx_nodes(G, pos,
41                             nodelist=nod,
42                             node_color='tab:blue')
43  arestas_comun= nx.draw_networkx_edges(G, pos,
44                              edgelist=cores_arestas,
45                              width=5.0,
46                              alpha=1,
47                              edge_color='blue')
48  ####################################################################
49
50  Amaz=df.plot(x='data',y='De_Cont_neg',color='k',lw=3)
51  Amaz.set_ylabel('Contagem de mensagens neg por dia', fontsize=16)
52  fig.grid()
```

Trocando a linha 7 para as contagens negativas, podemos comparar as comunidades dos cliques positivos com os nodos de contagens negativas. A Figura 14.34 apresenta uma comunidade maior de nodos interligados, sendo os mais importantes 22, 26 e 44. Ou seja, as oscilações negativas em pares de nodos sempre passam por esses valores, e também o fluxo de informações.

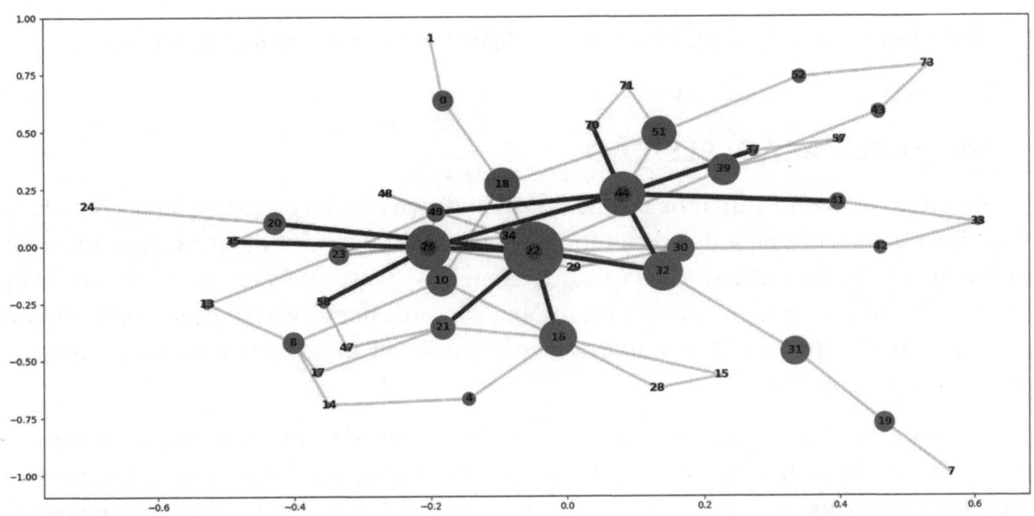

Figura 14.34 – Nodos com variação de tamanho dependente da centralidade de intermediação para contagens positivas na palavra-chave *amazônia*.

Isso indica que a contagem passa por muitos valores diferentes e não possui apenas um nodo para orbitar. Lembrando desse período, foi exatamente quando os incêndios aumentaram na região amazônica, e o presidente Jair Bolsonaro negou a existência das queimadas, junto com seu ministro do Meio Ambiente, Ricardo Salles. Isso gerou uma verdadeira guerra de mensagens contrárias e a favor sobre a preservação da Amazônia. Por isso, na parte de coleta das mensagens negativas, ocorreram muitas alternâncias de valores, não ficando estável em apenas num nodo, portanto, dependendo do humor dos internautas, os valores subiam ou desciam nos patamares de ódio usando a palavra-chave *amazônia*.

A prova dessa batalha de ódio pode ser vista na Figura 14.35, que apresenta as contagens diárias dos índices negativos. O gráfico oscila bem mais forte do que as contagens positivas anteriores. Os saltos são muito maiores entre um valor baixo e valor alto, mostrando períodos entre calmarias e ataques das palavras. Os três nodos importantes na contagem refletem isso na rede da Figura 14.34.

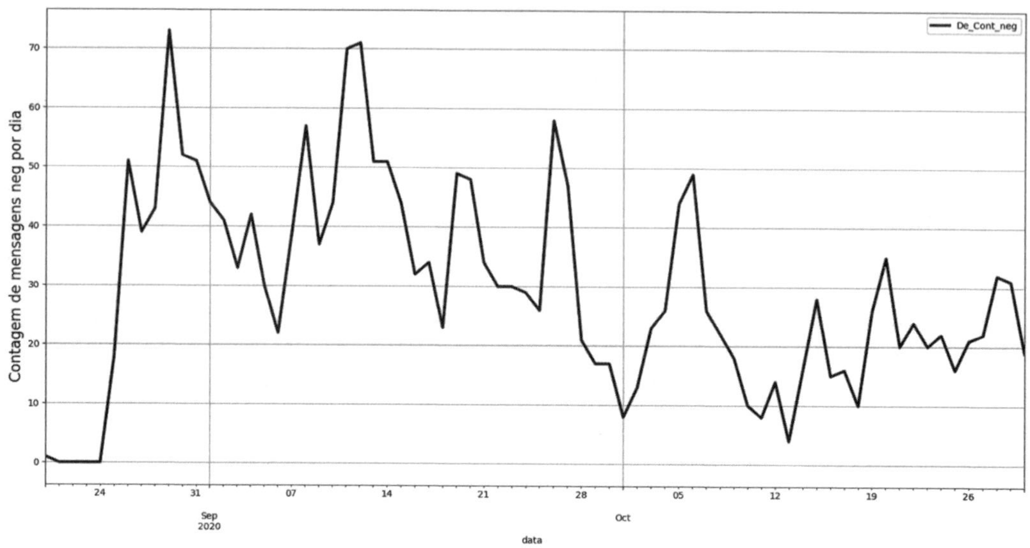

Figura 14.35 – Contagem diária dos índices negativos para a palavra-chave *amazônia* no Twitter.

14.5 APLICAÇÃO: ELEIÇÃO

Seguindo os acontecimentos nos Estados Unidos, a eleição presidencial no Brasil em 2022 foi a mais tensa de todos os tempos, com ataques de todos os tipos e por todos os meios, não somente entre os dois candidatos mais votados, mas em todos os níveis de política. Seguindo os algoritmos para análise de sentimento via Twitter, apresentados no Capítulo 11, é possível investigar os sentimentos por meio das menções em mensagens nessa plataforma.

A Figura 14.36 apresenta as ligações entre os nodos de uma rede formada com os números dos sentimentos entre Lula e Bolsonaro. Os dados foram coletados por três meses até a eleição, 24 horas por dia, a cada 10 segundos. As mais recentes mensagens no Twitter eram separadas a cada período de 10 segundos, filtradas dos símbolos, traduzidas para a língua inglesa e, por fim, avaliadas pelo analisador do Twitter, que é baseado em linguagem natural.

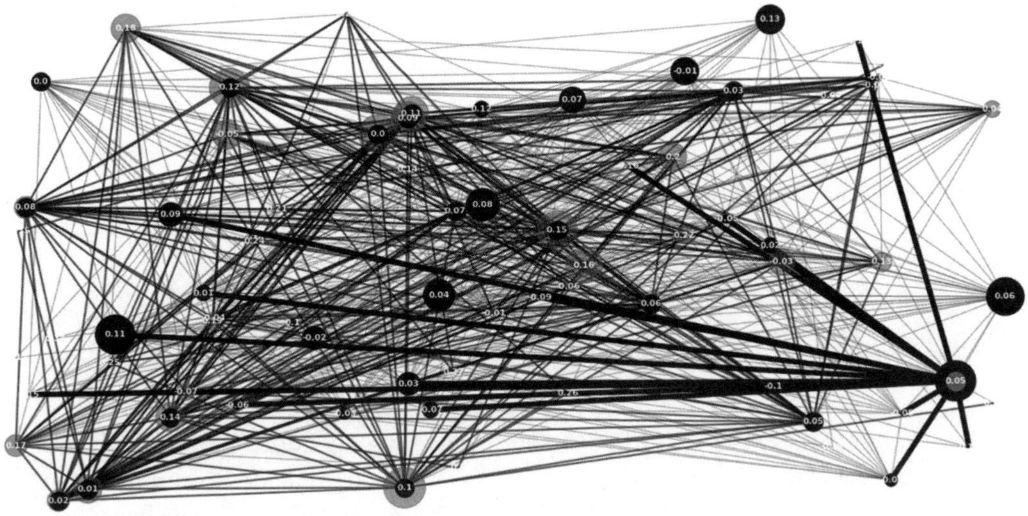

Figura 14.36 – Rede e cliques do índice de sentimento de Lula e Bolsonaro (27/10/2022).

As 40 mais recentes mensagens são salvas a cada 10 segundos, e, seguindo os algoritmos do Capítulo 11, os dados finais a cada 10 segundos são salvos numa planilha Excel. Para a análise de rede neste capítulo, utilizam-se os dados, separando-os no formato *De* e *Para*. Ou seja, caso se tenha os sentimentos 0.08, 0.09, 0.06, 0.07, 0.08, ... criam-se duas colunas. A coluna "De" são os dados originais e a coluna "Para" são os mesmos dados, mas deslocados em relação ao primeiro valor de sentimento.

Assim, para a sequência anterior, o valor 0.08 começa em "De", e o segundo valor 0.09 torna-se o primeiro valor na coluna "Para". Isso criará uma aresta entre esses pontos, e, quanto mais esses valores se repetirem, constituirão nodos mais centrais ou não nas relações de sentimentos positivos e negativos no Twitter.

	A	B
1	De	Para
2	0,08	0,09
3	0,09	0,06
4	0,06	0,07
5	0,07	0,08
6	0,08	0,03
7	0,03	0,03
8	0,03	0,06
9	0,06	0,01
10	0,01	0,05
11	0,05	0,04
12	0,04	0,08
13	0,08	0,07
14	0,07	0,07
15	0,07	0,07

A parte do programa em Python que importa e constrói a rede é a seguinte:

```
dados = pd.read_excel('Redes3.xlsx', sheet_name='Planilha1')
df1 = pd.DataFrame(dados)
df1=df1[-3500:]
G1 = nx.from_pandas_edgelist(df1, source='De',target='Para')
#+++++++++++++ posicao dos nodos na rede ++++++++
pos=pos=nx.random_layout(G1)
nodos=nx.nodes(G1)
```

Observando a rede na Figura 14.36, pode-se notar mais nodos e ligações de arestas para Lula (linha cinza claro). As ligações para os nodos da rede de Bolsonaro estão em linhas pretas mais espessas na rede. Na Figura, não são plotadas todas as ligações, mas apenas aquelas que possuem 16 cliques entre os nodos. Ou seja, são subconjuntos formados por 16 ligações entre cada nodo da rede. Quando isso não ocorre, uma cor diferente e mais clara é traçada. Os cliques formam comunidades e a diferenciação entre os dois candidatos foi evidenciada no gráfico, colocando arestas pretas e espessas para Bolsonaro, e arestas claras e mais finas para Lula.

As redes de Bolsonaro e Lula foram sempre sendo atualizadas a cada 3.500 dados, desde o dia 23 de outubro de 2022, cujo histórico temporal é apresentado na Figura 14.37. Como os dados são muito rebuscados, utiliza-se para melhor visualização a média móvel de 60 minutos.

```
#+++++++++++++ calculo dos cliques ++++++++++++++
cliques=nx.find_cliques(G1)
#+++++++++++++ separacao dos cliques acima de um valor ++++
cliques3 = [clq for clq in cliques if len(clq) >= 16]
#+++++++++++++ ordenacao dos nodos com cliques acima de um valor+++
nodes_cliq = set(n for clq in cliques3 for n in clq)
print(cliques3)
```

Para ver a dimensão e o grau de conexão entre as duas redes, mediu-se a centralidade das redes de Lula e Bolsonaro. Programou-se o encontro dos nodos com máximos graus para diferenciá-los dos demais. Dessa forma, isso faz com que os círculos de destaques dos nodos tenham tamanhos diferentes.

Lula

Bolsonaro

Na rede, os nodos com maiores graus de centralidade de intermediação são pretos com números em branco para Lula, enquanto os de Bolsonaro são cinza com números em branco. A parte do programa em Python que constrói esse desenho é que segue. Foram escolhidos nodos que tinham mais do que 29 como graus em ambas as redes.

```
#++++++++++++ separacao e identificacao dos nodos com maiores graus
grau=nx.degree(G1)
nod=[n for n in nodes_cliq if grau[n] >= 29]
#+++++++++++ escolha e separacao das arestas das comunidades para
#+++++++++++ colorir arestas com cores diferentes +++++++++++++++++
cores_arestas=[(v, w) for v, w in G1.edges if v in nod]
cc1=nx.centrality.betweenness_centrality(G1)
```

A rede de Lula se chama G1 nesse programa e a rede de Bolsonaro foi nomeada como G2, para se separarem cores e arestas.

```
################## desenhar a rede sem as comunidades ############

nodos=nx.draw_networkx_nodes(G1, pos,
                             nodelist=nodos,
                             node_size=[v * 25000 for v in cc1.values()],
                             alpha=0.5,
                             node_color='gray')
arestas=nx.draw_networkx_edges(G1,pos,
                               nodelist=nodos,
                               width=1.0,
                               alpha=0.2,
                               edge_color='black')

nx.draw_networkx_labels(G1,pos,font_weight='bold',font_size=8,font_color='white')

################## colorir nodos e arestas das comunidades #######

nodos_comun= nx.draw_networkx_nodes(G1, pos,
                         nodelist=nod,
                         node_color='black')
arestas_comun= nx.draw_networkx_edges(G1, pos,
                          edgelist=cores_arestas,
                          width=2.0,
                          alpha=0.4,
                          edge_color='black')
########################################################################
```

No dia 23 de outubro de 2022, ocorreu uma disparada no índice de sentimentos para o valor positivo mais alto em relação a Lula, ocorrendo movimento inverso para Bolsonaro. A razão disso é que, no dia anterior, a campanha de Bolsonaro tentou associar fatos não comprovados de que as inserções da propaganda em rádio teriam sido interrompidas por 12 mil rádios no país, o que não se comprovou junto ao TSE. Então, na noite de 22/10/2022, Bolsonaro chamou jornalistas para uma coletiva, e o boato era de que ele faria algum discurso em prol de uma ruptura democrática. Nada disso aconteceu, mas os comentários em relação a esse ato foram muito negativos para Bolsonaro e bastante positivos para Lula, resultando no movimento da Figura 14.37.

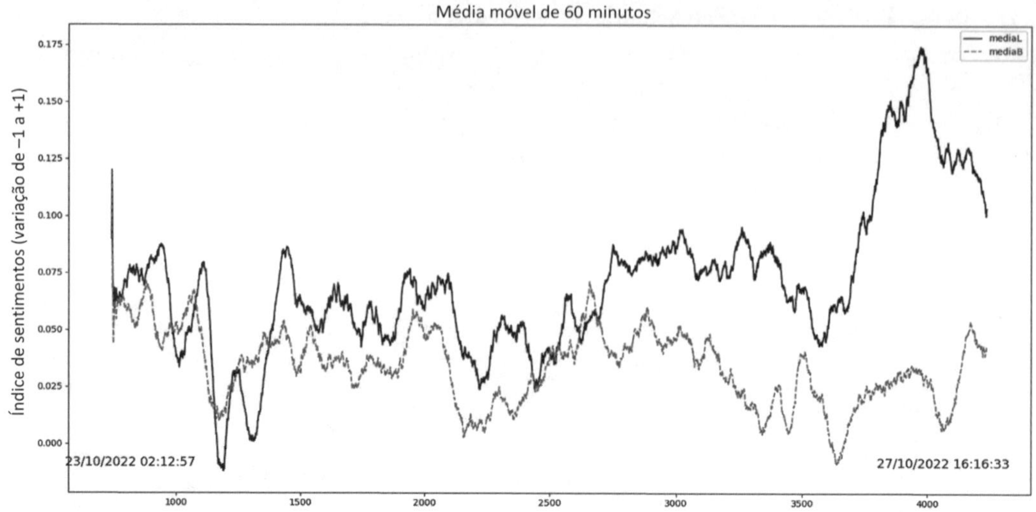

Figura 14.37 – Média móvel de 60 minutos dos sentimentos no Twitter entre Lula e Bolsonaro.

Interessante observar nessa figura é o movimento errático dos sentimentos, bastante sensíveis para cada nova notícia em relação a cada candidato.

A média móvel é calculada usando a ferramenta *rolling* da biblioteca Pandas, como apresentado nas linhas 107 e 108 a seguir.

```
106 ######### grafico na disposicao do tempo ##########################
107 df2['mediaL']=df1['De'].rolling(window=60,min_periods=0).mean()
108 df2['mediaB']=df2['De'].rolling(window=60,min_periods=0).mean()
109
110 df2.plot(y=['mediaL','mediaB'],color=['black','gray'],style=['-','--'])
111 fig.title('média móvel de 60 minutos', fontsize=20)
112 fig.ylabel('Índice de Sentimentos (variação de -1 a +1)', fontsize=14)
113 fig.text(x=550,y=-0.01, s='23/10/2022 02:12:57',fontsize=14)
114 fig.text(x=3800,y=-0.01, s='27/10/2022 16:16:33',fontsize=14)
```

Mas como saber qual candidato estava com mais mensagens positivas nesse dia? Uma maneira de fazer isso é comparar os graus nas centralidades de intermediações dos nodos. A Figura 14.38 representa esse resultado, comparando a centralidade de intermediação das duas redes de Lula e Bolsonaro. No dia 27 de outubro de 2022, Lula tinha valores bastante significativos nos nodos com sentimentos entre 0.14 e 0.25. Bolsonaro não tinha nodo nenhum, ou seja, a centralidade de intermediação para ele era nula. Isso significa que, nesse dia, Lula teve muito mais menções positivas nas mensagens do que Bolsonaro.

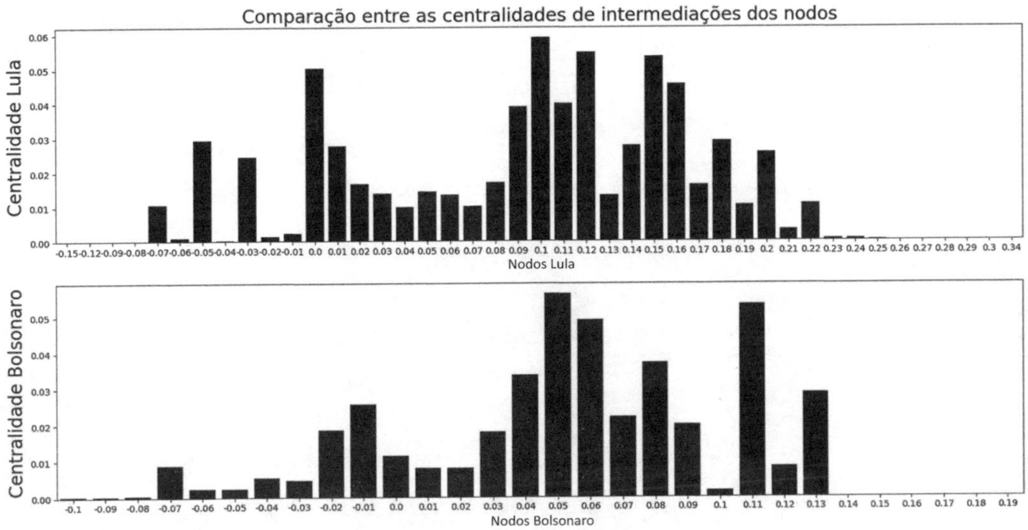

Figura 14.38 – Comparação entre as centralidades dos nodos nas duas redes, Lula e Bolsonaro na data de 27/10/2022.

A parte do programa que realiza esses cálculos é a que se segue. Construíram-se os dataframes nas linhas 117 e 119 para separarem os nodos e facilitar a contagem usando a função *barplot* da biblioteca ***Seaborn*** do Python.

```
115 #+++++++++ comparando as centralidades ++++++++++++++++++++
116
117 df_nd1=pd.DataFrame.from_dict({'node1': list(cc1.keys()),
118                                'centrality1': list(cc1.values())})
119 df_nd2=pd.DataFrame.from_dict({'node2': list(cc2.keys()),
120                                'centrality2': list(cc2.values())})
121 fig.figure()
122
123 fig.subplot(211)
124 fig.title('Comparação entre as centralidades de intermediações dos nodos',
125           fontsize=20)
126 ax1=sns.barplot(data=df_nd1,x='node1',y='centrality1',color='black')
127
128 ax1.set_xlabel("nodos Lula")
129 ax1.set_ylabel("Centralidade Lula", fontsize=20)
130 fig.subplot(212)
131 ax2=sns.barplot(data=df_nd2,x='node2',y='centrality2',color='black')
132 ax2.set_xlabel("nodos Bolsonaro")
133 ax2.set_ylabel("Centralidade Bolsonaro", fontsize=20)
```

Outra medida interessante é sobre a densidade de conexão na rede. Como os nodos estão se conectando? Estão mais perto ou mais longe? O programa, então, mede os caminhos mais curtos entre os nodos e calcula a frequência com que esses valores se repetem. A Figura 14.39 apresenta o resultado de que, no dia 27 de outubro de 2022, a rede de Bolsonaro tinha muito mais caminhos curtos do que a rede de Lula. Mas isso não foi bom, pois todos esses caminhos estavam orbitando ao redor de nodos com valores muito baixos de centralidade de intermediação, ou até mesmo negativos.

Enquanto isso, a rede de Lula se mostrava mais densa e atraía com ligações nodos distantes, como pode ser visto na Figura 14.39, no lado mais à direita. Os caminhos com tamanho de 2 nodos eram muito mais frequentes em Lula do que em Bolsonaro.

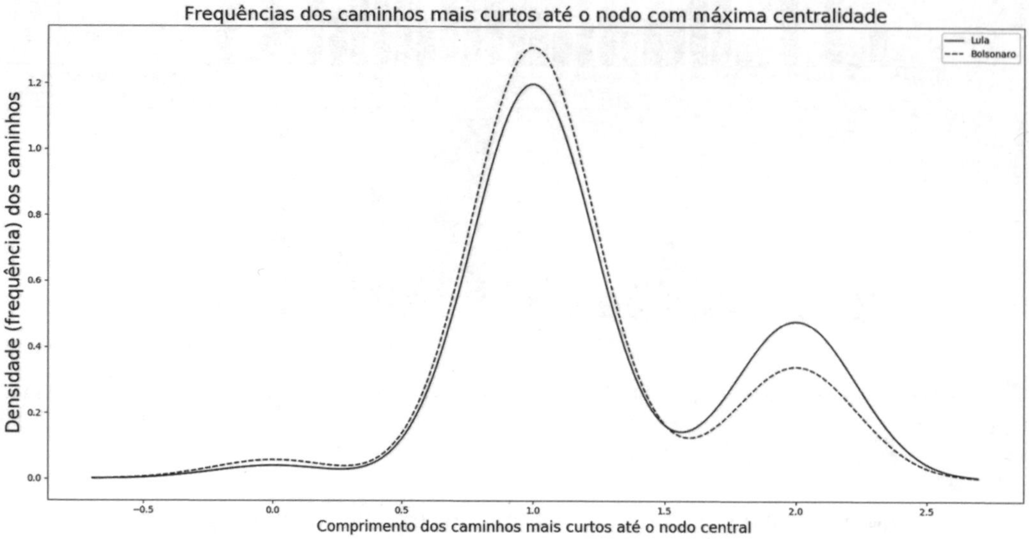

Figura 14.39 – Comparação entre os caminhos mais curtos ao nodo com maior centralidade, Lula e Bolsonaro na data de 27/10/2022.

A parte do programa que calcula e constrói a Figura 14.39 é a que se segue. O caminho mais curto é obtido pela função ***nx.shortest_path_legnth( )*** da biblioteca *NetworkX*, que pode ser vista na linha 145.

```
135  ####### transformando as centralidades em dataframe para achar o maximo nodo
136  ####### para a primeira variavel
137  #++++++++++++++++++++++++++++++++++++++++++++++++++++++++++++++++++++++++
138  df_central1=df = pd.DataFrame.from_dict({'node': list(cc1.keys()),
139                              'centrality': list(cc1.values()) })
140  nd1,cent1 = df_central1.idxmax() #retorna o max nodo onde esta a max centralidade
141
142  ####### descobre oa caminhos mais curtos ate o nodo da max centralidade
143  d1={}
144  for node in G1.nodes():
145      d1[node]=nx.shortest_path_length(G1,df_central1['node'][cent1],node)
146
147
148  ####### transformando as centralidades em dataframe para achar o maximo nodo
149  ####### para a segunda variavel
150  #++++++++++++++++++++++++++++++++++++++++++++++++++++++++++++++++++++++++
151  df_central2=df = pd.DataFrame.from_dict({'node': list(cc2.keys()),
152                                                      'centrality': list(cc2.values()) })
153  nd2,cent2 = df_central2.idxmax() #retorna o nodo onde esta a max centralidade
154
```

```
155 ####### descobre oa caminhos mais curtos ate o nodo da max centralidade
156 d2={}
157 for node in G2.nodes():
158       d2[node]=nx.shortest_path_length(G2,df_central1['node'][cent2],node)
159
160 fig.figure()
161 ax1=sns.distplot(list(d1.values()),hist=False,color='black') #  histograma da 1a
162                                             # centralidade
163 ax2=sns.distplot(list(d2.values()),hist=False,color='black',
164       kde_kws={'linestyle':'--'}) # histograma da 2a centralidade
165 fig.title('Frequências dos caminhos mais curtos até o nodo com máxima centralidade',
166           fontsize=20)
167 fig.xlabel('Comprimento dos caminhos mais curtos até o nodo central',
168             fontsize=16)
169 fig.legend(['Lula','Bolsonaro'])
170 ax1.set_ylabel("Densidade (frequência) dos caminhos", fontsize=20)
```

Essas linhas de *script* em Python são repetidas para as duas redes, a rede de sentimentos de Lula e a rede de Bolsonaro. Nas linhas 161 e 163, o parâmetro hist = False indica que a curva de frequência não será no formato de histograma, mas no formato de densidade, como visto na Figura 14.39. Possuindo as medidas de ambas as redes, é possível comparar a estrutura e métricas sobre elas.

As comparações entre as métricas das redes ajudam bastante a entender a dinâmica e topologia na ligação dos nodos. A função **average_shortest_path_length()** calcula a média do caminho mais curto de ligação entre os nodos. Por exemplo, se a média dos caminhos mais curtos de uma rede for menor do que outra, os nodos estão mais próximos. Se o nodo com maior centralidade de intermediação for positivo e alto, nodos bem próximos a ele, é um ótimo comportamento. Isso porque as oscilações no sentimento ocorrem em torno de pontos de vista positivos. Mas, se o nodo com maior centralidade for negativo, isso é um problema, pois as oscilações estão presas numa espiral de mensagens ruins.

Sendo G1 a rede de Lula e G2 a rede de Bolsonaro, para esse dia 27/10/2022 as médias foram as seguintes:

```
nx.average_shortest_path_length(G1)
1.6400885935769656

nx.average_shortest_path_length(G2)
1.3977011494252873
```

Isso mostra que a rede de Bolsonaro nesse dia estava com nodos mais próximos do que a rede de Lula. Enquanto a distância média dos nodos de Lula foi 1.64, a de Bolsonaro foi 1.39. A remoção de um nodo da rede pode colapsar o comportamento da mesma, criando uma avalanche na dinâmica. Em vários casos, como na crise financeira de 2008, muitos bancos que atuavam como nodo central no sistema financeiro mundial foram desconectados. A remoção desses nodos, do ponto de vista prático, foi a venda indiscriminada de ações ou a retirada de dinheiro em efeito manada, o que desestabilizou todo o mundo financeiro. Se um banco é um nodo periférico, a rede não se altera. Mas, se ele é um nodo importante, toda a métrica pode mudar, indicando que a dinâmica começa a sofrer alterações fortes.

No caso da rede de Lula, na Figura 14.38, podemos observar que o nodo com maior grau de centralidade de intermediação é o sentimento de 0.1 em mensagens no Twitter. O que acontece com a rede se ocorrer uma remoção desse nodo? Para a remoção basta, usar a função da biblioteca NetworkX do Python **remove_nodes_from**(*número do nodo*). Para a rede de Lula, ao retirar-se o nodo 0.1

```
G1.remove_nodes_from([0.1])

nx.average_shortest_path_length(G1)
1.684088269454123
```

O resultado é que, removendo-se o nodo com maior grau da rede de Lula, a distância média entre os nodos saltou de 1.64 para 1.68, ou seja, a rede em média ficou com nodos 2,4% mais distantes entre si. Já no caso da rede de Bolsonaro, o nodo de maior grau era 0.05. Ao remover esse nodo, a distância média entre os nodos também aumentou de 1.39 para 1.42. Mas, nesse caso, a rede de Bolsonaro teve uma mudança muito mais drástica do que a rede de Lula, pois a alteração aumentou as distâncias entre os nodos em 7%.

```
G2.remove_nodes_from([0.05])

nx.average_shortest_path_length(G2)
1.4261083743842364
```

Em redes bem conectadas, uma alteração dessa distância entre os nodos, podem não causar nenhuma consequência grave, mas em redes menos densas, a remoção de um nodo que eleve a distância entre nodos pode levar ao caos. Isso porque o ponto central pode saltar de um valor positivo para um valor negativo, obrigando todos os outros valores do sentimento a concentrarem-se próximos a ele.

Em termos mais cotidianos, a remoção de um nodo positivo pode advir de um evento adverso, alguma declaração mal interpretada pelos seguidores do Twitter, ou mesmo uma mentira ou *fake news*.

A seguir, apresenta-se o programa completo dessa análise para a rede de eleição, lembrando que os dados da rede de Lula estão na planilha Rede3.xlsx, e de Bolsonaro, na planilha Rede4.xlsx.

```
import pandas as pd
import matplotlib.pyplot as fig
import seaborn as sns
from scipy.stats import stats
from scipy.stats import norm
import scipy.stats as st
import datetime as dt
import matplotlib.ticker as ticker
import matplotlib.dates as mdt
import numpy as np

eleic=pd.read_excel('Res_DEBATE.xlsx',sheet_name='Planilha1')
df=eleic[-5400:]
#df=eleic
```

```
df=df.reset_index()
theta, beta, r_value, p_value, SE = stats.linregress(df['lula'][-60:],df['bolsonaro'][-60:])
fig.figure(facecolor='moccasin')
fig.style.use('ggplot')
ax1=fig.subplot(251)
ax1.plot(df['lula'],'-r',df['bolsonaro'],'-b')
ax1.legend(['lula','bolsonaro'])
fig.ylabel('POLARIZAÇÃO')
fig.grid
fig.title('(Polarização Twitter)- lula x bolsonaro',fontsize=8)
ax2=fig.subplot(252)
ax2=sns.regplot(df['lula'][-60:],df['bolsonaro'][-60:],
                line_kws={'label':'$y=%3.7s*x+%3.7s$ $ SE=%3.7s$'%(theta, beta,SE)})
ax2.legend()
fig.title('Regressão (60 minutos mais recentes)',fontsize=8)
ax3=fig.subplot(253)
ax3=df['lula'][-60:].plot(kind='hist',density=True,color='red',alpha=0.2)
ax3=sns.kdeplot(df['lula'][-60:],cumulative=False,color='red')
#odio['Bolsonaro'].plot(kind='kde',color='green')
ax3=df['bolsonaro'][-60:].plot(kind='hist',density=True,color='blue',alpha=0.2)
ax3=sns.kdeplot(df['bolsonaro'][-60:],cumulative=False,color='blue')
ax3.legend(['lula','bolsonaro'])
fig.title('Densidade (60 min recentes) - lula x bolsonaro',fontsize=8)
ax4=fig.subplot(254)
pol=pd.concat([df[-60:].lula,df[-60:].bolsonaro],axis=1)
ax4=sns.boxplot(data=pol,showfliers=False)
cor,pvalor=stats.ttest_rel(df['lula'].values[-60:],df['bolsonaro'].values[-60:])
props = dict(boxstyle='round', facecolor='wheat', alpha=0.5)
fig.title('Comparação dos 60 min mais recentes',fontsize=8)
ax4.text(0.4,0.1,s='p< {:0.4f}'.format(pvalor),bbox=props,fontsize=13)
fig.setp(ax4.get_xticklabels(), visible=True)
df1 = pd.DataFrame(columns=['mediaL'])
df1['data']=df['data']
df1['mediaL']=df['lula'].rolling(window=60,min_periods=0).mean()
df1['minL']=df['lula'].rolling(window=60,min_periods=0).min()
df1['maxL']=df['lula'].rolling(window=60,min_periods=0).max()
df1['mediaB']=df['bolsonaro'].rolling(window=60,min_periods=0).mean()
df1['minB']=df['bolsonaro'].rolling(window=60,min_periods=0).min()
df1['maxB']=df['bolsonaro'].rolling(window=60,min_periods=0).max()
ax5=fig.subplot(245)
```

```
df1.plot(x='data',y=['mediaL','mediaB'],color=['red','blue'],legend=True,
          ax=ax5)
fig.title('Média Móvel de 60 minutos',fontsize=12)
fig.xticks(df1.index[0::1000], df1.data[0::1000], rotation=45)
ax6=fig.subplot(246)
df=df.drop(['index','sentimento','valor'],axis=1)
df['dia']=[dt.datetime.strptime(i,'%Y-%m-%d %H:%M:%S').date() for i in df['data']]
ax6=sns.boxplot(x='dia', y='lula',data=df,
                 showfliers=False,palette=['w','w'],
                 whiskerprops = dict(color='red'),
                 boxprops={"edgecolor": "r"})
ax6=sns.boxplot(x='dia', y='bolsonaro',data=df,
                 showfliers=False,palette='Greens')
fig.xticks(rotation=45)
fig.title('Comparação diária')
ax7=fig.subplot(224)
df['dia']=[dt.datetime.strptime(i,'%Y-%m-%d %H:%M:%S').time() for i in df['data']]
df['hora']=''
for i in range(len(df)):
   df['hora'][i]=df['dia'][i].hour
ax7=sns.boxplot(x='hora', y='lula',data=df,
                 showfliers=False,palette=['w','w'],
                 whiskerprops = dict(color='red', linewidth=3.0),
                 boxprops={"edgecolor": "r"})
ax7=sns.boxplot(x='hora', y='bolsonaro',data=df,
                 showfliers=False,palette='Greens',
                 whiskerprops = dict(color='green', linewidth=3.0))
fig.xticks(rotation=45)
fig.title('Comparação por hora do dia')
ax8=fig.subplot(255)
ax8=sns.ecdfplot(x='lula',data=pol)
ax8=sns.kdeplot(x='lula',data=pol, cumulative=True)
ax8=sns.ecdfplot(x='bolsonaro',data=pol)
ax8=sns.kdeplot(x='bolsonaro',data=pol, cumulative=True)
fig.axvline(0.15,c='black')
fig.legend(['lula','bolsonaro'])
param_LL=1-st.norm.cdf(0.15,pol['lula'].mean(),pol['lula'].std())
param_Bo=1-st.norm.cdf(0.15,pol['bolsonaro'].mean(),pol['bolsonaro'].std())
ax8.text(-0.1,0.2,s='Lula: (p>0.15) = {:0.4f}'.format(param_LL),bbox=props,fontsize=13)
ax8.text(-0.1,0.1,s='Bols: (p>0.15) = {:0.4f}'.format(param_Bo),bbox=props,fontsize=13)
```

Todos os programas do capítulo estão disponíveis para serem baixados gratuitamente do repositório GitHub. O leitor precisa apenas ter cuidado com a versão das bibliotecas que poderão mudar ao longo do tempo. Poucas alterações terão poucas mudanças nos *scripts*, mas grandes alterações ou extinções das bibliotecas requerem reprogramação dos exemplos. O link para baixar os programas é: <https://github.com/malcaetano/Eden_Algoritmos_Python/tree/main/Cap14>.

Capítulo **15**

Fecham-se os portões do Éden

Ao abrirmos os portões do Éden do conhecimento, traçamos uma linha na história, desde o desenvolvimento do pensamento lógico mais antigo até a grande revolução provocada por Alan Turing. Hoje, a palavra *computador* faz parte tão intensamente do cotidiano das pessoas que ninguém mais se lembra da origem desse nome. A Nasa, por exemplo, usava essa palavra para denominar um cargo para as pessoas que calculavam com tabelas, calculadoras e máquinas mecânicas as órbitas e trajetórias de foguetes. O cargo de *computador* era designado para mulheres e homens que calculavam e ajudavam os engenheiros nos anos 1950 e 1960.

Apesar de existir há milhares de anos, algoritmos somente tomaram sua posição de importância alguns anos antes da Segunda Guerra Mundial. Com o uso de computadores para decifrar códigos, os algoritmos simulavam batalhas, e, na academia, foram adentrando em diversas áreas de conhecimento, como em meteorologia. E, dessa área, apareceram os algoritmos mais importantes para o estudo da dinâmica nos movimentos. O caos, ou comportamento caótico de sistemas dinâmicos, apareceu de um simples erro de truncamento numérico, mas esse simples erro tornou-se uma grande teoria, uma grande área, com algoritmos cada vez mais complexos para analisar situações e fenômenos físicos diários.

Mostramos que, nesse Éden de algoritmos, a arte tem seu lugar, como nos conjuntos de Mandelbrot, considerado o pai e criador da teoria dos fractais. Figuras exóticas e intrigantes aparecem nas fórmulas mais simples, que, quando iteradas, produzem resultados estonteantes como no Capítulo 2.

Como tudo na vida, os algoritmos evoluem, reproduzem-se quase que espontaneamente, como que se independessem do raciocínio humano. O fascinante aparecimento do jogo da vida na revista *Scientific American* é prova de que algo muito belo sempre aparece de onde menos se espera. Ver as células nascendo e morrendo sozinhas, e caminhando pela tela, formando figuras como *pulsares* desperta nos leigos a sensação de criação das teorias da conspiração de que somos apenas um resultado de algoritmo central rodando escondido, como no caso do filme *Matrix*.

Se células formadas por matrizes de pontos numéricos podem ter *vida*, será que a vida pode nos mostrar soluções ótimas? A prova de que sim vem por meio dos algoritmos bioinspirados, que ajudam a otimizar custos nas empresas e a traçar rotas ótimas e mais econômicas de viagens aéreas e terrestres. Somente com a observação do comportamento das colônias de formigas e abelhas, nós, humanos, aprendemos o algoritmo natural, que faz com que esses pequenos seres vivos estejam na Terra há milhões de anos, muito antes de nós, humanos. O comportamento dos enxames e das colônias, uma vez estudados e adaptados à computação, proporcionaram algoritmos que estão em celulares, automóveis, indústrias e aeronaves, e tornam o cotidiano conectado entre seres humanos de forma ótima.

E, se a biologia do comportamento dos animais nos ensinou tantas modificações nos códigos algoritmos primórdios, o que dizer do entendimento do funcionamento da magnífica máquina humana. Uma vez estudado por 100 anos, o DNA instigou a bioinformática a construir algoritmos novos, a fim de entender a mutação e o funcionamento dos genes. Observar e adaptar as regras da máquina biológica para a matemática e computação nos lançou aos algoritmos, que melhoraram as tomadas de decisão, o reconhecimento de padrões, a construção de novos equipamentos nas áreas de medicina, de processamento de imagem e, infelizmente, também para armamentos de guerra.

Diversas indústrias de guerra se aportaram desses algoritmos, lançando novos e revolucionários robôs para atuar na frente de combate, em substituição aos soldados. A evolução em uma década de estudo foi absurda, graças aos algoritmos que já estavam concebidos, mas esperando aplicação no final dos anos 1990. Os algoritmos de aprendizado de máquina fizeram com que os filmes de ficção científica do século XX o tornassem, pelo menos em parte, realidade. Algoritmos que identificam padrões em imagens e sons levaram as sondas americanas, europeia e chinesa a outros planetas. Os robôs da Nasa estão caminhando por conta própria, aprendendo a reconhecer o terreno marciano, escolhendo suas próprias rotas e objetivos. Mais atualmente, o ChatGPT faz sucesso, tentando imitar a mente humana com algoritmos ligados ao aprendizado de máquina, na verdade, aprendizado de como o ser humano pensa.

Os dados capturados pela inteligência artificial provêm das medições com erros, que podem ser físicos, mas, também, aleatórios, sem fonte de detecção. O filtro de Kalman, um algoritmo construído no final dos anos 1960, é ainda mais atual e o mais usado em todas as áreas da ciência: possibilita-nos que conversemos por meio dos celulares, melhorou a transmissão das imagens de televisão, a captação do som, provando que algoritmos não têm idade, são eternos.

A prova de que eles não têm idade e serão sempre contemporâneos é a nova fase da exploração espacial, agora tocada por empresas particulares, que se autopromovem como *inovadoras*, sendo, na verdade, a única inovação a velocidade de computadores. Os algoritmos ainda são os mesmos das primeiras missões espaciais soviéticas e americanas. Isso graças a Newton e sua criação do cálculo diferencial e integral.

Contudo, as leis da dinâmica não são apenas utilizadas para estudos de viagens espaciais, mas também nos estudos de pandemias como a covid-19, o aquecimento global, ajudando a ciência a descobrir causas e traçar novas estratégias para evitar um desastre mundial num futuro não muito longe. Os mesmos algoritmos que servem para um caça perseguir e abater seu inimigo é o mesmo que serve para observar que nosso inimigo comum é o ponto de não retorno no aquecimento global, que precisa ser perseguido e abatido. E ambos os algoritmos têm a mesma fonte de criação.

E, sobre abater ou ser abatido, devemos lembrar da dualidade entre felicidade ou o ódio. Com a inveja crescente do seu concorrente, do seu inimigo, os humanos criaram novas formas terríveis de destruir a vida do próximo. A destruição digital de outro ser humano só não é mais severa que a morte, pois essa não nos dá o direito de retorno. Mas a destruição digital, a exposição ligada a *fake news* ou ataques com invenções, ilações e mentiras sobre outra pessoa é um mal tão perverso que parece ser apenas, para quem faz isso, como uma pequena brincadeira.

Foi ao que as redes sociais nos levaram. O mundo todo está conectado em redes, que, em primeira instância, era para aproximar e ajudar o ser humano a desenvolver-se de forma coletiva. Mas isso não ocorreu, e, no Twitter, por exemplo, diariamente diabólicos planos e ataques de ódios são deferidos a outra pessoa apenas por dizer algo que não está de acordo com os padrões dominantes de um certo grupo.

Medir isso por meio da análise de sentimento pode ajudar a prever bolsões de problemas, de ódios que levam a crimes de todos os tipos. E os algoritmos, para isso, adaptaram-se a partir das antigas linguagens naturais, sobre as quais dicionários de interpretações vêm sendo desenvolvidos há meio século nesse sentido. As mais recentes bibliotecas, modernas e desenvolvidas para auxiliar no desenvolvimento de novos algoritmos, ajudaram a eliminar problemas antigos de conexão e armazenamento de dados, operando em cima de algoritmos ligados à ciência de dados para interpretar textos e mensagens nas redes sociais.

Esse tipo de sentimento pode ser observado para que as empresas avaliem seu produto, saibam o que o consumidor acha de novos lançamentos e possam estimar com algoritmos de mercado financeiro se vão lucrar mais; ou, ainda, qual o momento ideal para lançamento, utilizando algoritmos ligados ao mercado financeiro. E, para saberem quanto vão lucrar e como vão lucrar, podem fazer uso dos algoritmos de otimização e controle, que também são usados para guiar automóveis, traçar trajetórias ótimas de aviões, de espaçonaves e de reações químicas nas produções de novas vacinas. Os mesmos algoritmos utilizados para múltiplas funções.

E como interpretar tudo isso? Não estamos mais sozinhos nem quando estamos dormindo ou em locais distantes. Todos fazemos parte de uma grande rede global, ou, como apresentado no Capítulo 14, de um pequeno mundo.

Nesse mundo, muitas pessoas têm poucas conexões, e poucas pessoas são conhecidas como *influencers*, aquelas que os outros nodos seguem e que se realimentam do que é dito. Por isso, os algoritmos nessa rede tornam-se importantes, pois avalanches de eventos negativos podem desconectar os nodos, causando as mais diversas crises, financeiras ou de saúde coletiva.

O texto que apresentamos teve o objetivo de guiar o leitor dentro de uma linha histórica no desenvolvimento dos algoritmos. Devido às conexões e complexidades, nem sempre isso foi possível na disposição dos Capítulos. Mas tentamos apresentar diversos exemplos, com o propósito de reforçar que as diversas situações sempre podem ser tratadas com modelos e abordagens já vistos antes. Essas abordagens estão na vida acadêmica há séculos, e as mudanças que aparecem nos algoritmos mais recentes são aquelas relacionadas às conexões, aos tratamento de dados, ao armazenamento, à descoberta de padrões, e são perfeitamente alinhadas com algoritmos do passado.

O Éden nunca se encerra; fica cada vez maior e é adaptativo à medida que novos conhecimentos da ciência vão sendo tratados do ponto de vista de algoritmos. Esperamos que nosso leitor goste dos algoritmos e use-os para avançar nos estudos e em suas aplicações. O que fizemos para a programação foi utilizar o Python como linguagem padrão de todos os exemplos, porém, como dissemos, um algoritmo não depende da linguagem de programação, mas apenas da colocação correta das linhas de pensamento lógico.

Tentamos escrever os capítulos para que o leitor tenha o prazer da leitura e da repetição dos scripts, satisfazendo com leveza suas curiosidades. Se o texto conseguiu isso, mesmo não conhecendo pessoalmente nosso leitor, consideramos como cumprida a tarefa, e que o livro tenha um grande Éden para salvar todas as suas realizações com seus próprios algoritmos.

Referências

Aczel, A. D. **O mistério do Alef**: A matemática, a cabala e a procura pelo infinito. Tradução Ricardo Gouveia. São Paulo: Globo, 2003.

Albert, R.; Barabási, A. L. Statistical mechanics of complex networks. **Reviews of modern physics**, v. 74, p. 47-97, jan., 2002.

Barabási, A. L., Albert, R. **Emergence of scaling in random networks,** *Science*, v. 286, 509, 1999.

Barabási, A. L.; Albert, R.; Jeong, H. **Mean-field theory for scale-free random networks**, *Physica A*, v. 272, p. 173, 1999.

Barrow, J. D. **Teorias de tudo**. Tradução Maria Luiza X. de A. Borges. Rio de Janeiro: Jorge Zahar, 1994.

Bassanezi, R. C. **Ensino-aprendizagem com modelagem matemática**. São Paulo: Contexto, 2002.

Brookner, E. **Tracking and Kalman Filtering made easy**. New York: John Wiley, 1998.

Bryson, A. E.; Ho, Y. C. **Apllied optimal control**. Hemisphere: CRC Press, 1975.

Bulirsch, R.; Stoer, J. **Introduction to numerical analysis**. Springer: Verlag, 1980.

Caetano, M. A. L.; Gherardi, D. F. M.; Yoneyama, T. Optimal resource management control for CO_2 and reduction of the greenhouse effect. **Ecological Modelling**, v. 213, p. 119-126, 2008.

Caetano, M. A. L; Yoneyama, T. Optimal and suboptimal control in dengue epidemics. **Optimal Control Applications and Methods**. New York: John Wiley & Sons, v. 22, p. 63-73, 2001.

Caetano, M. A. L; Gherardi, DFM; Yoneyama, T. **An optimized policy for the reduction of CO2 emission in the Brazilian legal Amazon**. Ecological Modelling. Amesterdã: Elsevier, v. 222, p. 2835-2840, 2011.

Capra, F. **A Teia da vida**: uma nova compreensão científica dos sistemas vivos. São Paulo: Cultrix, 2004.

Cavicchio, D. J. **Adaptive search using simulated evolution**. PhiD. Dissertation, University of Michigan: Ann Arbor, 1970.

Cayley, A. A memoir on the theory of matrices. **Philosophical Transactions of the Royal Society of London**, v. 148, p. 17-37, 1858.

Citron, J. S. **Elements of optimal control**. New York, Chicago, San Francisco, Atlanta, Dallas, Montreal, Toronto, London, Sydney. Holt, Rinehart and Winston, Inc. 1969.

Conway, J.H.; Kochen, S. The free will theorem. **Found. Phys**. v. 36, p. 1441-1473, 2006.

Dantzig, T. **Number:** The Language of Science. Nova York: Macmillan, 1954.

Del Nero, H. S. **O sítio da mente:** pensamento, emoção e vontade no cérebro humano. Collegium Cognitio: São Paulo, 1997.

Devaney, R. L. A piecewise linear model for the zones of instability of an area-preserving map. **Physica D: Nonlinear Phenomena**, v. 10, n. 3, p. 387-393, 1984.

Duffing, G. **Erzwungene Schwingungen bei ver€anderlicher Eigenfrequenz und ihre technische Bedeutung.** Braunschweig: Vieweg & Sohn, 1918.

Fara A; Mitrev Z; Rosalia RA; Assas BM. Cytokine storm and COVID-19: a chronicle of pro-inflammatory cytokines. **Open Biol.** v. 10, 200160, 2020. Disponível em: <http://dx.doi.org/10.1098/rsob.200160>. Acesso em 20/5/2022.

Fleming, W. H.; Rishel, R. W. **Deterministic and stochastic optimal control**. Springer: Verlag, 1975.

Frantz, D. R. **Non-linearities in genetic adaptive search**. PhD. Dissertation, University of Michigan: Ann Arbor, 1972.

Galton, F. Co-relations and their measurement, chiefly from anthropometric data. **Proceedings of the Royal society of London**, v. 45, p. 135-136, 1888.

Goldstein, R. **Incompletude:** a prova e o paradoxo de Kurt Gödel – Tradução Ivo Korytowski. São Paulo: Companhia das Letras, 2008.

Hernandez-Vargas, E. A. In-host Modelling of COVID-19 Kinetics in Humans. **MedRxiv**, posted March 30, 2020. Disponível em: <https://doi.org/10.1101/2020.03.26.20044487>. Acesso em: 20/5/2022

Hodgson, D. Chapter 7: Science and determinism. **Rationality + Consciousness = Free Will.** Oxônia: Oxford University Press, 2012.

Hollstein, R. B. **Artificial genetic adaptation in computer control systems**. PhiD. Dissertation, Ann Arbor, University of Michigan, 1971.

Horgan, J. Quantum Mechanics, Free Will and the Game of Life. **Scientific American**, 2021. Disponível em: <https://www.scientificamerican.com/article/quantum-mechanics-free-will-and-the-game-of-life/>. Acesso em: 14/07/2021.

Isaacs, R. **Differential games** – A mathematical theory with applications to warfare and pursuit, control and optmization. New York: Dover Publications, 1965.

Jayaraman, T.S. Application of the conjugate gradient method to a problem on minimum time orbit transfer. **IEEE Trans. On Aerospace and Electronic Systems.** v. AES-11, n. 3, p. 406-412, 1975.

Kaku, M. **Hiperespaço - Uma odisséia científica através de universos paralelos, empenamentos do tempo e a décima dimensão**. Rio de Janeiro: Rocco, 2000. 382 p.

Kalman, R. R. A new approach to linear filtering and prediction problems. transactions of the ASME – **Journal of Basic Engineering**, v. 82 (Series D), p. 35-45, 1960.

Kirk, D.E. **Optimal control theory:** an introduction. New Jersey: Prentice-Hall, 1970.

Kovacic, I. e Brennan, M. J. **The duffing equation:** nonlinear oscillators and their Behaviour, First Edition. New York: John Wiley & Sons, 2011.

Kumar, R.; Clermont, G.; Vodovotz, Y.; Chow, C.C. The dynamics of acute inflammation. **J. Theor. Biol**. v. 230, p. 145-155, 2004.

LeCun, Y.; Boser, B.; Denker, J.S.; Henderson, D.; Howard, R. E.; Hubbard, W.; Jackel, L.D. **Backpropagation Applied to Handwritten Zip Code Recognition. Neural Computation**, v. 1, p. 541-551, 1989.

Lewis, F. L. **Optimal control**. New York: John Wiley, 1986.

Lorenz, E. Predictability: does the flap of a butterfly's wings in Brazil set off a tornado in Texas? **Proceedings of AAAS**, 9 dez. 1972. 5 p.

Maclean, A. **The Kalman Filter:** Introduction. Copyright A. Maclean, 2021.

Manchanda, H.; Seidel, N.; Krumbholz, A.; Sauerbrei, A.; Schmidtke, M.; Guthke, R. Within-host influenza dynamics: A small-scale mathematical modeling approach. **BioSystems**. v. 118, 51-59, 2014.

Mandelbrot, B.; Hudson, R. L. **Mercados financeiros fora de controle** – A teoria dos fractais explicando o comportamento dos mercados. Tradução de Afonso Cesar da Cunha Serra. Rio de Janeiro: Elsevier, 2004. 317 p.

Maybeck, P. S. **Stochastic models, estimation, and control**. vol 1. New York: Academic Press, 1979.

McCulloch W.S; Pitts W. A logical calculus of the ideas immanent in nervous activity. **Bull Math Biophys** v. 5, p. 115, 1943.

McGrayne, S. B. **Mulheres que ganharam o Prêmio Nobel em Ciências** – Suas vidas, lutas e notáveis descobertas. São Paulo: Marco Zero, 1995.

Moon, F. C.; Li, G.-X. Fractal basin boundaries and homoclinic orbits for periodic motion in a two-well potential. **Physical Review Letters**. v. 55, n. 14, p. 1439-1442, 1985.

Rosenberg, R. S. **Simulation of genetic populations with biochemical properties**. PhD. Dissertation, University of Michigan, Ann Arbor, 1967.

Sagan. C. **O mundo assombrado pelos demônios:** a ciência vista como uma vela no escuro. Tradução Rosaura Eichemberg. São Paulo: Companhia das Letras, 1996.

Schölkopf, B.; Williamson, R. C.; Bartlett, P. L. New Support Vector Algorithms. **Neural Computation**, v. 12, p. 1207-1245, 2000.

Simon, D. **Optimal state estimation, Kalman, H^{∞}, and nonlinear approaches**. New York: John Wiley, 2006.

Stengel, R. F. **Optimal control and estimation**. Dover Publications: New York, 1994.

Stengel, R. F. **Stochastic optimal control**. New York: John Wiley & Sons, 1986.

Stuart, D. **The face of the calendar stone:** A new interpretation. 13/06/2016. Disponível em: <https://mayadecipherment.com/2016/06/13/the-face-of-the-calendar-stone-a--new-interpretation/>. Acesso em: 15/6/2021.

Sylvester, J. J. On the intersections, contacts, and other correlations of two conics expressed by indeterminate coordinates. In: Baker, H. F. **The Collected Mathematical Papers of James Joseph Sylvester**, v. 1. Cambridge: University press, 1904.

Sylvester, J. J. Additions to the articles "on a new class of theorems", and "on pascal's theorems". In: Baker, H. F. **The Collected Mathematical Papers of James Joseph Sylvester**, v. 1. Cambridge: University Press, 1904.

Tan, W. Y.; Wu, H. Stochastic modeling of the dynamics of $CD4^+$ T-Cell infection by HIV and some Monte Carlo studies. **Mathematical Biosciences**. v 147, p. 173 – 205, 1998.

The National Library of Israel. **Newton's Secrets**. Disponível em: <https://web.nli.org.il/sites/NLI/English/digitallibrary/moreshet_bareshet/Pages/newton.aspx>. Acesso em: 15/6/2021

Ueda, Y. Random phenomena resulting from non-linearity in the system described by Duffing's equation. **International Journal of Non-Linear Mechanics**, v. 20, p. 481-491, 1985.

von Neumann, J.; Morgenstern, O. **Theory of games and economic Behavior**. Princeton: University Press, 1944.

GRÁFICA PAYM
Tel. [11] 4392-3344
paym@graficapaym.com.br